OLDENBOURG
GRUNDRISS DER
GESCHICHTE

OLDENBOURG
GRUNDRISS DER
GESCHICHTE

HERAUSGEGEBEN
VON
LOTHAR GALL
KARL-JOACHIM HÖLKESKAMP
HERMANN JAKOBS

BAND 8

EUROPA IM SPÄTMITTELALTER 1215–1378

VON

ULF DIRLMEIER
GERHARD FOUQUET
BERND FUHRMANN

2. Auflage

R. OLDENBOURG VERLAG
MÜNCHEN 2009

Bibliografische Information der Deutschen Nationalbibliothek
Die Deutsche Nationalbibliothek verzeichnet diese Publikation in der Deutschen
Nationalbibliografie; detaillierte bibliografische Daten sind im Internet über
<http://dnb.d-nb.de> abrufbar.

© 2009 Oldenbourg Wissenschaftsverlag GmbH, München
Rosenheimer Straße 145, D-81671 München
Internet: oldenbourg.de

Das Werk einschließlich aller Abbildungen ist urheberrechtlich geschützt. Jede Verwertung
außerhalb der Grenzen des Urheberrechtsgesetzes ist ohne Zustimmung des Verlages
unzulässig und strafbar. Dies gilt insbesondere für Vervielfältigungen, Übersetzungen,
Mikroverfilmungen und die Einspeicherung und Bearbeitung in elektronischen Systemen.

Umschlaggestaltung: Dieter Vollendorf
Gedruckt auf säurefreiem, alterungsbeständigem Papier (chlorfrei gebleicht).

Satz: primustype Robert Hurler GmbH, Notzingen
Druck: MB Verlagsdruck Ballas, Schrobenhausen
Bindung: Thomas Buchbinderei, Augsburg

ISBN 978-3-486-58796-8

VORWORT DER HERAUSGEBER

Die Reihe verfolgt mehrere Ziele, unter ihnen auch solche, die von vergleichbaren Unternehmungen in Deutschland bislang nicht angestrebt wurden. Einmal will sie – und dies teilt sie mit anderen Reihen – eine gut lesbare Darstellung des historischen Geschehens liefern, die, von qualifizierten Fachgelehrten geschrieben, gleichzeitig eine Summe des heutigen Forschungsstandes bietet. Die Reihe umfasst die alte, mittlere und neuere Geschichte und behandelt durchgängig nicht nur die deutsche Geschichte, obwohl sie sinngemäß in manchem Band im Vordergrund steht, schließt vielmehr den europäischen und, in den späteren Bänden, den weltpolitischen Vergleich immer ein. In einer Reihe von Zusatzbänden wird die Geschichte einiger außereuropäischer Länder behandelt. Weitere Zusatzbände erweitern die Geschichte Europas und des Nahen Ostens um Byzanz und die Islamische Welt und die ältere Geschichte, die in der Grundreihe nur die griechisch-römische Zeit umfasst, um den Alten Orient und die Europäische Bronzezeit. Unsere Reihe hebt sich von andern jedoch vor allem dadurch ab, dass sie in gesonderten Abschnitten, die in der Regel ein Drittel des Gesamtumfangs ausmachen, den Forschungsstand ausführlich bespricht. Die Herausgeber gingen davon aus, dass dem nacharbeitenden Historiker, insbesondere dem Studenten und Lehrer, ein Hilfsmittel fehlt, das ihn unmittelbar an die Forschungsprobleme heranführt. Diesem Mangel kann in einem zusammenfassenden Werk, das sich an einen breiten Leserkreis wendet, weder durch erläuternde Anmerkungen noch durch eine kommentierende Bibliographie abgeholfen werden, sondern nur durch eine Darstellung und Erörterung der Forschungslage. Es versteht sich, daß dabei – schon um der wünschenswerten Vertiefung willen – jeweils nur die wichtigsten Probleme vorgestellt werden können, weniger bedeutsame Fragen hintangestellt werden müssen. Schließlich erschien es den Herausgebern sinnvoll und erforderlich, dem Leser ein nicht zu knapp bemessenes Literaturverzeichnis an die Hand zu geben, durch das er, von dem Forschungsteil geleitet, tiefer in die Materie eindringen kann.

Mit ihrem Ziel, sowohl Wissen zu vermitteln als auch zu selbständigen Studien und zu eigenen Arbeiten anzuleiten, wendet sich die Reihe in erster Linie an Studenten und Lehrer der Geschichte. Die Autoren der Bände haben sich darüber hinaus bemüht, ihre Darstellung so zu gestalten, dass auch der Nichtfachmann, etwa der Germanist, Jurist oder Wirtschaftswissenschaftler, sie mit Gewinn benutzen kann.

Die Herausgeber beabsichtigen, die Reihe stets auf dem laufenden Forschungsstand zu halten und so die Brauchbarkeit als Arbeitsinstrument über eine längere Zeit zu sichern. Deshalb sollen die einzelnen Bände von ihrem Autor oder einem anderen Fachgelehrten in gewissen Abständen überarbeitet werden. Der Zeitpunkt der Überarbeitung hängt davon ab, in welchem Ausmaß sich die allgemeine Situation der Forschung gewandelt hat.

Lothar Gall   Karl-Joachim Hölkeskamp   Hermann Jakobs

INHALT

Vorwort XI
Vorbemerkung zur zweiten Auflage XII

I. Darstellung 1

   A. Einleitung: Das Spätmittelalter – Entfaltung einer Epoche 1

   B. Raum, Wirtschaft und Menschen 6
      1. Der Raum 6
         1.1. Klima, Umwelt, Ernährung 6
         1.2. Bevölkerungsbewegungen, demographische Entwicklungen und Epidemien 15
      2. Die Wirtschaft 22
         2.1. Land- und Stadtwirtschaft 22
            2.1.1. Das Land 22
            2.1.2. Die Stadt 30
         2.2. Hochfinanz und Welthandel 41
      3. Lebensformen 52
         3.1. Familie, Haus und Verwandtschaft 52
         3.2. Nachbarschaft, Genossenschaft und Gemeinde ... 61
            3.2.1. Das Dorf 61
            3.2.2. Die Stadt 68
         3.3. Adel im Wandel 77
         3.4. Gelehrsamkeit und Universitäten 84

   C. Die Staatenwelt des 13. und 14. Jahrhunderts 95
      1. Das Imperium Friedrichs II.: Deutschland – Italien – Sizilien . 95
      2. Deutschland zwischen 1251 und 1378: König, Reich und Territorien 100
      3. Die Entstehung der Eidgenossenschaft 109
      4. Italien 113
      5. Kirche und Papsttum 117
      6. Frankreich 123
      7. England 132
      8. Die Pyrenäenhalbinsel 140
      9. Der Deutsche Orden und Osteuropa 145
      10. Staatliche Entwicklungen in Skandinavien 148

II. Grundprobleme und Tendenzen der Forschung 153

    A. Das Spätmittelalter – eine historiographische Konvention 153

    B. Raum, Wirtschaft und Menschen 158
        1. Der Raum 158
            1.1. Raum und Umwelt 158
            1.2. Bevölkerung und Epidemien 165
        2. Die Wirtschaft 170
            2.1. Land- und Stadtwirtschaft 170
                2.1.1. Das Land 170
                2.1.2. Die Stadt 175
            2.2. Hochfinanz und Welthandel 183
        3. Lebensformen 193
            3.1. Haus und Familie – Soziale Gemeinschaften und Gruppen in Statik und Bewegung 193
            3.2. Die Entfaltung von Dorf und Stadt 202
                3.2.1. Das Dorf 202
                3.2.2. Die Stadt 206
            3.3. Adel im Wandel und die Entstehung des Niederadels ... 208
            3.4. Gelehrsamkeit und Universitäten 214

    C. Die Staatenwelt des 13. und 14. Jahrhunderts 217
        1. Das Imperium Friedrichs II: Deutschland – Italien – Sizilien . 217
        2. Deutschland zwischen 1250 und 1378: König, Reich und Territorien 222
        3. Die Entstehung der Eidgenossenschaft 234
        4. Italien 236
        5. Kirche und Papsttum 241
        6. Frankreich 245
        7. England 250
        8. Die Pyrenäenhalbinsel 254
        9. Der Deutsche Orden und Osteuropa 256
        10. Staatliche Entwicklungen in Skandinavien 259

III. Quellen und Literatur 261

    A. Allgemeines 261
        1. Quellen und Quellenkunden 261
        2. Überblickswerke 262

    B. Raum, Menschen, Wirtschaft 264

    1. Der Raum 264
        1.1. Raum, Klima, Umwelt, Ernährung 264
        1.2. Bevölkerung und Epidemien 268
    2. Die Wirtschaft 271
        2.1. Land- und Stadtwirtschaft 272
            2.1.1. Das Land 272
            2.1.2. Die Stadt 276
        2.2. Hochfinanz und Welthandel 282
    3. Lebensformen 290
        3.1. Familie, Haus und Verwandtschaft 290
        3.2. Nachbarschaft, Genossenschaft und Gemeinde 295
            3.2.1. Ländliche Gemeinde und bäuerliche Bewegungen . 295
            3.2.2. Rat und städtische Gemeinde 297
        3.3. Adel im Wandel 303
        3.4. Kultur und Wissenschaften, schulische Bildung und
            Universitäten, technische Entwicklung 307

C. Die Staatenwelt des 13. und 14. Jahrhunderts 314

    1. Das Imperium Friedrichs II.: Deutschland – Italien – Sizilien . 314
    2. Deutschland zwischen 1251 und 1400: König, Reich und
       Territorien 317
    3. Die Entstehung der Eidgenossenschaft 323
    4. Die drei Italien: Die oberitalienischen Städte –
       der Kirchenstaat – Unteritalien und Sizilien 324
    5. Kirche und Papsttum 327
    6. Frankreich 331
    7. England 335
    8. Die Pyrenäenhalbinsel 337
    9. Der Deutsche Orden und Osteuropa 338
    10. Staatliche Entwicklungen in Skandinavien 341

Abkürzungsverzeichnis 343

Herrscherlisten 346

Zeittafel 350

Personenregister 361

Sachregister 365

Autorenregister 371

Ortsregister 382

VORWORT

Der Band versucht in seiner Zentrierung auf Mitteleuropa, auch die Konturen der europäischen Geschichte des 13. und 14. Jahrhunderts kenntlich zu machen. Zu behandeln war ein ausgedehnter geographischer und herrschaftlich völlig zerklüfteter Raum mit vielen verschiedenen Traditionen und Entwicklungen, aber auch mit differenzierten Forschungstraditionen. Die wissenschaftliche Literatur zu jenem europäischen Spätmittelalter mit seinen immer noch großen Entwicklungsunterschieden ist derart vielgestaltig, daß wir, die drei Autoren dieser Überblicksdarstellung, keinen Anspruch erheben, sie in ihrer Breite zu kennen und in die Darstellung einfließen zu lassen, zumal auch durch das Konzept der Reihe enge Begrenzungen des Umfangs vorgegeben sind. Wir haben daher zumeist auf ältere Darstellungen sowie auf sehr spezielle Untersuchungen verzichtet, welche aber über die Bibliographien der aufgenommenen Literatur erschlossen werden können. Verzichtet wurde konsequenterweise auch auf die Darstellung mancher, allzu esoterischer Forschungskontroversen. Das Manuskript wurde 1999/2000 weitgehend abgeschlossen, später erschienene Literatur konnte nur noch in wenigen Fällen berücksichtigt werden. Die Artikel des ‚Lexikon des Mittelalters' flossen in das Werk ein, auf sie ist aber nur bei direkten Zitaten hingewiesen worden.

Auch wenn wir drei Autoren insgesamt für das Buch verantwortlich zeichnen, war eine Arbeitsteilung zweckmäßig: Die Kapitel A und B stammen aus der Feder Gerhard Fouquets, Teil C verfaßte Bernd Fuhrmann, die inhaltliche wie formale Schlußredaktion besorgte Ulf Dirlmeier.

Unser Dank gilt Vielen, die die lange Wegstrecke begleitet haben. Zuvörderst zu Dank verpflichtet fühlen wir uns Prof. Dr. Hermann Jakobs, dem Mitherausgeber der Reihe: Er war stets ein kritischer Mahner, vor allem ein energischer Lektor allzu üppig geratener Manuskripte. Für Anregungen und Hilfe danken wir namentlich Dr. Hans-Peter Becht, Pforzheim, Prof. Dr. Rainer S. Elkar, München, Prof. Dr. Christine Reinle, Bochum, und Dr. Harm von Seggern, Kiel. Die mühseligen Korrekturarbeiten bei der Schlußredaktion übernahmen Jens Aspelmeier und Alexandra Frömmer, Siegen, Heide Ceulemans, Margit Dahm, Jasper Kock, Alexandra Kursawe, Hendrik Mäkeler Matthias Steinbrink und Gabriel Zeilinger, Kiel. Frau Hubert und Frau Schreiner vom R. Oldenbourg Verlag haben die Drucklegung kraftvoll gefördert.

Siegen und Kiel,   Ulf Dirlmeier, Gerhard Fouquet,
im Juni 2002   Bernd Fuhrmann

VORBEMERKUNG ZUR ZWEITEN AUFLAGE

Seit dem Abschluß der Arbeiten am Manuskript zum vorliegenden Band sind mehr als fünf Jahre vergangen. Inzwischen ist die Forschung natürlich nicht stehengeblieben, trotzdem läßt sich eine unveränderte Neuauflage von ‚Europa im Spätmittelalter' vertreten, denn in seiner Grundkonzeption muß der Band nicht neu geschrieben werden. Mit dieser Aussage soll natürlich nicht bestritten werden, daß das geschichtliche Wissen durch eine Vielzahl von teilweise hochspezialisierten Untersuchungen kontinuierlich weiter zugenommen hat. Eine Vielzahl, die im europäischen Rahmen so groß ist, daß sie hier nicht behandelt werden kann. Bei einem sehr selektiven Überblick fallen ins Auge als in den letzten Jahren intensiver untersuchte Forschungsfelder: Urbanisierung, die (Wieder-) Entdeckung des Raumes, Formen der Kommunikation, Wohlfahrtspflege (Hospitäler), spätmittelalterliches Kriegswesen, der Montanbereich in enger Zusammenarbeit von Geschichtsforschung und Archäologie. Bei einer späteren Neubearbeitung ergäbe sich daraus natürlich eine Fülle zu berücksichtigender Neuakzentuierungen.

I. Darstellung

A. DAS SPÄTMITTELALTER – ENTFALTUNG EINER EPOCHE

Die Bezeichnung Spätmittelalter ist Konvention, „Schulgebrauch, der ungern und mit wenig Glück die Etiketten ändert" [24: HEIMPEL]. Die Epoche, deren Antagonismen und Grundzüge hier zu behandeln sind, ist aus einer bestimmten modernen Perspektive konstituiert und nicht oder nur bedingt aus Zeit, Raum und Horizont jener Jahrhunderte und ihrer Zeitgenossen. Das analytische Verständnis gründet sich auf Europa, auf Vorstellungen vom mittelalterlichen Abendland. Die Rahmendaten sind aus universalen Zusammenhängen des Mittelalters abgeleitet: von 1215 an bis zum Ende des 14. Jhs.; eine Binnengliederung teilt somit das 14. vom 15. Säkulum, dem innerhalb der Grundriss-Reihe ein eigener Band gewidmet ist [Band 9 von ERICH MEUTHEN]. Freilich – ‚1215' und um ‚1400' – diese Jahre und Grenzschneisen bieten unter traditioneller nationaler und so auch heute noch vornehmlich erlebter und geschriebener Geschichte kaum etwas Greifbares, zumal für die atemlose Geschichte der Ereignisse, die den ‚homo politicus' thematisiert, wenig auch für die auf langsamere Bewegungen hin angelegte Geschichte der Verfassungen und gesellschaftlichen Verfasstheiten, überhaupt nichts für die Geschichte der Landschaft, auch wenn sich die Einzelfäden überlagern und sich in Knotenpunkten, in den lebenden und handelnden Menschen zu einem analytischen Ganzen bündeln.

In den Nationalgeschichten Europas gesuchte ‚Zäsuren' und ‚Schwellen' führen, so zwingend sie auch unter nationalen Gesichtspunkten erscheinen mögen, in die Aporie der Ungleichzeitigkeiten. Gewiss ist die in England im Jahre 1215 erlassene ‚Magna carta libertatum' auch am Beginn des 21. Jhs. noch ein Stück gelebte Verfassung. Für das historische Gedächtnis Frankreichs bedeutet der von einer Kreuzzugsstimmung (*nos autem christiani sumus*) getragene und in Paris sieben Nächte lang ‚patriotisch' gefeierte Triumph von Bouvines 1214 die Erhebung des Königtums über die Kronvasallen, er markiert den Beginn des Weges zum ‚modernen Staat'. Für Dänemark beendete die gegen Lübeck sowie norddeutsche Grafen und Fürsten verlorene Schlacht von Bornhöved am 22. Juli 1227 trotz einer kurzzeitigen Renaissance der dänischen Dynastie im nie-

Die Epoche

‚Nationalgeschichte'

derdeutschen Raum zu Beginn des 14. Jhs. die mittelalterliche Expansion. Dem Tag von Bornhöved kommt für „Nordeuropa der Wert eines säkularen Ereignisses zu" [Hoffmann in: ZVLG 57 (1977) 9–37]: Der Aufstieg Lübecks und des Deutsch-Ordens-Staates in Preußen begann. In Ungarn endlich rief weniger die ‚Goldene Bulle' von 1222, in welcher der Adel dem Königtum die Bestätigung seiner errungenen Privilegien abverlangte, als vielmehr der Mongolensturm des Jahres 1241 einschneidende Veränderungen hervor, die nicht nur im politischen System, sondern auch in der gesamten Gesellschaft des Landes ihre Spuren hinterlassen haben.

Zäsuren   Die für diesen Band sehr scharf angesetzte Periodisierung ‚1215–1378' versucht also, über alle Erscheinungen der Gleichzeitigkeit des Ungleichzeitigen und über alle trennenden Raum- und Zeiterfahrungen der in der Tat sehr unterschiedlich gestalteten und weit auseinanderliegenden Länder gemeinsame Grundkonstanten Europas im Blick zu halten – notwendig eine „Mischung aus inkonsistenten Elementen" [S. Kracauer, Geschichte – vor den letzten Dingen, Frankfurt a.M. 1973]: Zunächst steht dafür die universale Kirche mit zwei den Fluss der Zeiten rhythmisierenden Brennpunkten: a) Das IV. Laterankonzil von 1215 – erinnert sei nur an Stichworte der 1215 verabschiedeten und noch 1917 in den ‚Codex iuris canonici' aufgenommenen Canones: Zivilprozess, Eherecht mit Ehekonsens und Besitzlehre, Interdikt, Exkommunikation und Diskriminierung der Juden – sowie b) der Beginn des abendländischen Schismas (1378–1415), das unter dem Schlagwort *deformatio* eine religiöse Dauerkrise auslöste. Wir sind uns dabei bewusst, dass oberitalienische Handelsherren und Bankiers wegen der Kirchenspaltung keine Seelenqualen litten, wie dies insbesondere cisalpine Kirchenhistoriker gerne annahmen. Vielmehr integrierten die Waren- und Geldfernhändler in ganz Europa ihre Wuchergeschäfte in die Frömmigkeit ihrer Zeit – gleich ob im Jahre 1278 oder 1378: Gott war als Gesellschafter in die Firmen mit aufgenommen, die göttlichen Gewinnanteile zahlte man in Form von frommen Stiftungen aus.

Überdies ist ein breiter, neuerdings aber nicht unwidersprochener wissenschaftlicher Konsens nicht nur innerhalb der Wirtschaftsgeschichte für ein Indikatorenbündel gefunden worden, mit dem ‚die Krise Europas um 1400' in vielen Facetten, Verläufen und Konjunkturen – gewiss diskussionswürdig – analysiert wird und ihr Epochencharakter verhältnismäßig gut zur Darstellung kommt, und zwar in allen Teilen Europas. Freilich versuchen wir mit dieser Zusammenschau keineswegs den modernen europäischen Einigungsbestrebungen gleichsam eine aus dem Mittelalter aufsteigende historisch-teleologische Zwangsläufigkeit zu unterlegen. Skepsis gegenüber wohlfeilem Zeitgeist ist vielmehr gerade mit Blick auf das Spätmittelalter angebracht. Sache, Begriff und Idee ‚Europa' waren diffus in jener Zeit, utopisch die um 1300 formulierten Vorstellungen eines Pierre Dubois, ein Europa der Reiche und Nationen als institutionalisierten Raum des Friedens zu schaffen. Nüchtern sind die Worte F. Rapps: „Diese Epoche lässt sich nicht in einer auch noch so breiten Synthese erfassen. Son originalité véritable c'est sa diversité" [1233: Rapp].

Das vielgestaltige und kleinräumige Europa bot während des Spätmittelalters unzählige Schauplätze für ebenso vielgestaltige ‚Krisen'. Davon wussten die Zeitgenossen zu erzählen: Es gab eine „Krise des Sterbens", eine in der Tat als Novum empfundene *epidemia*, ein Massensterben während der Pestumzüge seit der Mitte des 14. Jhs., daneben eine wenig thematisierte, wohl als Alltäglichkeit empfundene hohe Sterblichkeit in den mit Malaria verseuchten Regionen; es gab rapide Geldentwertungen, steigende Preise und Löhne, es gab leidenschaftliche und spektakuläre Ausbrüche von Gewalt, von offener, unverhüllter Brutalität. Dafür stehen die zahlreichen Judenpogrome, die Unzahl von Aufständen in den Städten und – als Massenerscheinung neuartig – auch auf dem Land. Es kam zu einer verstärkten Marginalisierung und Verketzerung ganzer Bevölkerungsgruppen; es gab ekstatische Erregungszustände in Geißlerumzügen und Massenwallfahrten, die weithin die Aufmerksamkeit der Zeitgenossen erregten. Es setzte eine vorher so nicht gekannte Kritik an der Kirche ein, der Garantin des Heils wie der gottgewollten Welt. „Unrast" füllte die Gesellschaft jener Zeit, mehr als je zuvor. Alles schien in Unordnung geraten, man sprach von einer verkehrten, einer verrückten Welt. Unsicherheit und Angst breiteten sich aus, beutelten die Geister und bestimmten den Gang der Dinge. So vielgestaltig die Krisen, so unterschiedlich die Erschütterungen der Zeitgenossen. F. Graus [520] definierte den Begriff der ‚Krise' eben nicht sozusagen im Verständnis eines J. Huizinga als Verfall und Absterben, sondern als Zustand mit offenem Ausgang, als ein „Zusammenfallen verschiedenartiger Erschütterungen (sog. Teilkrisen) objektiver Art (qualitative Umbrüche, Trendeinbrüche, Trendwenden) (…), sofern sie von Erschütterungen (drohenden Verlusten) bisher kaum bestrittener Sicherheiten (Werte) begleitet sind, deren man sich bewusst ist". Graus konstatierte objektive Teilkrisen in Demographie, Wirtschaft, Politik und Kirche, daneben auch subjektive bzw. kollektive Umbrüche. All dies habe zu einem Krisenbewusstsein der Zeitgenossen geführt. Dabei ist aber evident: Epochen ohne ‚Krisen' hat es zuvor und danach nicht gegeben.

Die recht unterschiedlichen und sich bündelnden Erschütterungen, angefangen von den überregionalen Hungerkrisen über die das gesamte Europa in unterschiedlichen Konstellationen heimsuchenden Epidemien und Pandemien bis hin zu den allenthalben nachzuweisenden Wüstungs- und Siedlungsprozessen, sind bei aller zeitlichen Differenzierung und regionalen Vielfalt gleichsam selbst Ausdruck eines neuartigen Grundzuges der Epoche: der Internationalität. „Unification microbienne du monde" nannte dies E. Le Roy Ladurie im Blick auf die großen Seuchendurchzüge [Le Roy Ladurie in: SZG 23 (1975) 627–696]. Die Geißlerbewegung und die Wallfahrten etwa zu den Heiligen Jahren nach Rom seit 1300 gerieten zu Massenereignissen, von den Chronisten mit atemlosem und ungläubigem Erstaunen beschrieben. Mobilität, weite Reisen und die Erfahrung

<small>Krise, Krise, Krise

Grundzüge der Epoche 1: Internationalität</small>

des Fremden kennt zwar das ganze Mittelalter – Rom, Jerusalem und Santiago waren die Fixsterne. Das Reisen wurde aber nun zu einem ‚massenhaften' Phänomen. Auch Bildung und Ausbildung im weitesten Sinne verlangten den Menschen ein erhebliches Maß an geographischer Mobilität ab. Schon die Lateinschüler wurden in die Fremde, in die nächste Stadt, zu entfernten Verwandten und Bekannten gegeben, die Scholaren an den Universitäten der Zeit – bis zur Mitte des 14. Jhs. florierten rund 15 mehr oder minder ausgebaute Hochschulen – bildeten ein Ferment internationaler Beziehungen. Vor den Studenten waren schon die Kaufleute unterwegs gewesen. Sie haben sich nun auf Dauer in fremden, weitab von ihrem Ursprung liegenden Regionen niedergelassen. Handwerker wie Schuhmacher und Bäcker, selbst Ballenbinder sind ihnen gefolgt. Deutsche Handwerker haben beispielsweise in Rom eigene Kolonien ausgebildet. Insbesondere die Wirtschaft, der Geld- und Warenverkehr wurden international – Entgrenzung von Räumen und kaufmännischer Hantierung allenthalben. Die Internationalität der Zeit veränderte auch die auf Universalität angelegte Kirche. Den Päpsten ermöglichten die sich seit dem 13. Jh. ausbreitenden und durch Recht wie Verwaltungspraxis verfestigten Besetzungs- und Reservationsrechte für höhere wie niedere Kirchenämter und Pfründen umfassende, auch finanzielle Eingriffe in die Kirche. Rom bzw. Avignon wurden zu Schauplätzen des internationalen Handels, zu Zentren europaweiter Finanztransaktion, Kommunikation und Moderation. Selbst für die Gesamtkirche belanglose örtliche Streitigkeiten zwischen Bischof und Klerus, Klerus und Stadt, Klerikern und Klerikern wurden an der Kurie entschieden, unehelich Geborene in großer Zahl und gegen gutes Geld legitimiert. Die Überdehnung der Internationalität der Papstkirche war nicht nur Anlass einer sehr weitgehenden Kirchenkritik, sondern bildete auch ein Movens zum Wandel politischer Strukturen in einem Europa, in dem sich Großdynastien ‚national' formierten. Die weitreichenden politischen Suprematieansprüche Bonifaz' VIII. beispielsweise, die in der 1303 zu Anagni gewaltsam beendeten Auseinandersetzung mit dem französischen König Philipp dem Schönen gipfelten, veranlassten u. a. die Einberufung der ersten ‚États généraux' (1302), ein Meilenstein in der Formierung Frankreichs. In Deutschland führte der Anspruch des Papsttums auf Approbation des gewählten römischen Königs als des zukünftigen Kaisers neben anderem zur ‚Goldenen Bulle' von 1356 und damit seit Beginn des 14. Jhs. zur Formierung der Kurfürsten (vgl. Kap. II.C.2).

<small>Grundzüge der Epoche 2: Kommunalismus/Arbeitsverfassung</small>

Blicken wir auf die Verfassung, verstanden als „institutionalisierte Form des Zusammenlebens von Menschen und die organisatorische Verteilung politischer Macht" [BLICKLE in: 612: DERS. (Hg.), 5–38], so sind vor allem zwei epochale Grundzüge zu konstatieren: der Kommunalismus und – mit ihm zusammenhängend – eine neue Arbeitsverfassung. Die Kommune ist im günstigen Milieu spätantiker Kontinuitäten während des Hochmittelalters in Italien und Südfrankreich entstanden. Im Europa nördlich der Alpen reichen erste, genossenschaftlich verfasste Bewegungen ins 11. und 12. Jh. zurück. Im 13. Jh. entfalteten sich dort im Wechselspiel zwischen dem Adel und verschiedenen sozialen Gruppen die Gemeinden. In Skandinavien z. B. entmachteten um 1200 die Landschaften und der König die quasi-adlige Führungsschicht von Wikingerhäuptlingen und Clanchefs. Die neue Herrschaftsform ist als „communal self-rule at the king's command" bezeichnet worden [S. Imsen, Norsk bondekommunalisme. Del I: Middelalderen, Trondheim 1990]. Die Kommunen des Spätmittelalters – Städte, Dörfer, Talschaften, Landschaften – waren beispiellos, sie folgten keinem traditionellen politischen Ideal und keiner Utopie. Sie waren, wie es für Italien formuliert worden ist, „a really new form of political association" [J.K. Hyde, Society and Politics in Medieval Italy. The Evolution of the Civil Life, 1000–1350, London/Basingstoke ³1982] und als solche aus der feudalen Ordnung der Welt herausgetreten. Überhaupt – „das Misstrauen gegen Herrschaft und Macht (wurde) zu einem leitenden Prinzip ihrer inneren Organisation" [Keller in: G. Althoff/D. Geuenich/O.G. Oexle/J. Wollasch (Hg.), Person und Gemeinschaft. Karl Schmid zum 60. Geburtstag, Sigmaringen 1988, 573–616]. Die Gemeinde/Kommune hat mit ihren ‚Freiheiten' im 12./13. Jh. die freie Verfügung über die eigene Arbeitskraft und den Ertrag dieser Arbeitskraft hervorgebracht. Die Befreiung der menschlichen Arbeit von ihrer engen herrschaftlichen Bindung in der Gemeinde markiert „eine Achsenzeit in der Geschichte der Arbeitsverfassung" mit weitreichenden sozioökonomischen und politischen Folgen [611: Blickle]. Der Wandel in der Arbeitsverfassung zwischen Hoch- und Spätmittelalter war so revolutionär, dass es dafür im Grunde nur eine einzige vergleichbare Parallele gibt: der Übergang von der Gesellschaft Alteuropas mit ihrer korporativ-ständisch bzw. genossenschaftlich gebundenen und selbstbestimmten Arbeit des Bauern und des Handwerkers in die lohnabhängige Arbeit des Industriearbeiters.

Wir wollen im folgenden bei allem Zwang zur Vogelschau und der sich aus ihr ergebenden Verflachung des historischen Reliefs von den Menschen ausgehen, von ihren Lebenswelten, die zunächst von den langdauernden Konstanten der natürlichen Umwelt geprägt sind, dann durch die wirtschaftenden und sich sozialisierenden Menschen ausgestaltet und im Laufe der Zeit mehr oder minder verändert worden sind. Politik, Kirche und Rechtsverfassung geben den „Menschenaltern" schließlich ihren Rahmen [Esch, Zeitalter]. Bei dem Versuch einer Zusammenfassung all jener Aspekte, Entwicklungen und Forschungen ist man versucht, ein Bonmot P. Wolffs aus seiner vergleichenden Studie über die Finanzen von Barcelona und Toulouse [Ders. in: Homenaje a Jaime Vicens Vives, Bd. I, Barcelona 1965, 691–704] abzuwandeln: „deux mondes et deux mentalités" – viele Welten und viele Mentalitäten.

Lebenswelten

B. RAUM, WIRTSCHAFT UND MENSCHEN

1. Der Raum

1.1. Klima, Umwelt, Ernährung

Menschen, Wetter, Klima

Chroniken des Spätmittelalters wie etwa die Limburger Chronik des Tileman Elhen von Wolfhagen setzen unvermittelt mit Wetterbeobachtungen und Nachrichten über Natureinwirkungen ein: Der unheilstiftende Sturm, die große Überschwemmung, das Erdbeben geraten zu den Notabilia, stehen gleichberechtigt neben der Erschaffung der Welt und der Abfolge der Weltreiche. Geschichte, so scheint es, ist nicht mehr nur Heilsgeschichte. Sie bezieht sich nun auch auf einen zunehmend säkularisierten und regional zuzuordnenden Horizont menschlichen Handelns. Die Zeitgenossen nahmen die Zusammenhänge ernst, die sich zwischen menschlicher Geschichte und bewohnter Erde zur nämlichen Zeit zeigten. Die Erdstöße von 1348 und 1356 beispielsweise, aber auch das alltägliche Wetter und – in der langfristigen Sicht – das Klima bedeuteten für die Zeitgenossen wichtige Bezugspunkte und Konstanten in ihren historischen Erfahrungen. William Merle aus Driby im englischen Lincolnshire führte von 1337 bis 1344 das erste überlieferte Wettertagebuch überhaupt. Der Straßburger Chronist Jakob Twinger von Königshofen versuchte sich an einem Erdbebenkatalog, der die ihm bekannte behauste Erde seit Christi Geburt umfaßte. In der europäischen Welt des 13. und 14. Jhs. lebten noch 80 bis 90 Prozent der Menschen ausschließlich oder überwiegend von der Landwirtschaft. In der Abhängigkeit von der Urproduktion und den verhältnismäßig gering entwickelten technischen Möglichkeiten des Landbaus beherrschten die Ernteergebnisse das gesamte Leben, kamen Wetterverlauf und Klima größte Bedeutung für das gesamte Gesellschafts- und Wirtschaftsgefüge zu. Aus Quellen physisch-geographischen und menschlichen Ursprungs hat die moderne Klimageschichte unter Berücksichtigung vielfältiger Varianten folgenden Verlauf des Klimas für West- und Mitteleuropa ermittelt: Grundsätzlich sind das 13. und 14. Jh. eingebettet in eine vom 4./5. Jh. bis ca. 1500 reichende Klimaperiode, auch wenn es innerhalb dieser säkulare Schwankungen und Extremperioden zumeist während mehrerer aufeinanderfolgender Jahre gegeben hat. Das europäische Klima dieses Zeitalters zeichnete sich zunächst durch ein Wärmeoptimum aus, das ‚Little Optimum', das sich von ca. 950/1000 bis um 1300 erstreckte. Besonders die Jahrzehnte zwischen 1270 und 1311 sahen sehr warme und trockene Sommer. In England wurde Weinbau bis auf eine nördliche Breite von 53° betrieben, das heißt bis etwa in Höhe von Nottingham. Noch in den ersten zehn Jahren des 14. Jhs. legte man dort neue Weingärten an. Der Umschwung kam nicht auf einmal, war aber von ungeheurer Dramatik. Schon 1296, von 1303 bis 1306 und nochmals 1323 kam es im nördlichen Europa zu extrem kalten Wintern, die zu historischen Kuriosa wurden: Die zugefrorene Ostsee konnte überquert werden. Wölfe sollen damals über das Eis des Skagerraks von Norwegen nach Dänemark gelangt sein. Die Jahre 1313/14 und 1317 brachten außergewöhnlich feuchte Sommer- und überwiegend nasse Frühjahrs- und Herbstzeiten. Besonders spektakulär verlief das Jahr 1315: Im April begann in ganz Europa der unendliche Regen, der bis zum November währte. Das Getreide reifte nicht aus, es kam zu Teuerungen, Hungersnöten und zu verheerenden Seuchen. Aus den westeuropäischen Ländern berichten Chronisten – wie häufig in solchen Krisen – über Kannibalismus. Die tierische Ernährungsgrundlage wurde nachhaltig durch Maul- und Klauenseuche oder andere Epidemien geschädigt. Auf diese Extremzeit, die in Polen und Schlesien sogar bis 1319 währte, folgten Jahrzehnte, die im langfristigen Mittel weiterhin von einer Verschlechterung des Klimas geprägt waren. Bitterkalte und extrem nasse Sommermonate brachten die Jahre von 1342 bis 1347. Für die Sommerkälte des Jahres 1347 gibt es in den letzten 700 Jahren überhaupt keine Parallele. In den späten 1320er und in den 1330er Jahren wie auch während des achten Dezenniums des 14. Jhs. waren die Sommer zwar überwiegend warm, aber oft viel zu trocken. In Osteuropa führten sommerliche Hitze und Dürre während des gesamten Jahrhunderts zu Engpässen in der Ernährung. Die zweite Hälfte des 14. Jhs., immerhin gerade für die Beurteilung der sogenannten Agrarkrise und damit der gesamteuropäischen Krisenzeit wichtig, war zwar im Vergleich zum Hochmittelalter wesentlich kälter, allzu negativ im Hinblick auf die langfristige sommerliche Durchschnittstemperatur darf indes die gesamte Periode des 13. und 14. Jhs. nicht bewertet werden. Im Vergleich zur Mitte des 20. Jhs. nimmt man eine Schwankungsbreite von +/-1°C an. In den 1370er Jahren lagen die sommerlichen Durchschnittstemperaturen sogar um 0,5°C höher als heute. In Mitteleuropa waren daher im Grunde nur Grenzertragsstandorte in den Hoch- und Mittelgebirgen von den Temperaturschwankungen betroffen.

Die Auseinandersetzung mit Klima und Natur der Lebensräume war in den Alpen und an den nördlichen Küsten besonders hart. In den Alpen drangen Gletscherzungen seit der Mitte des 12. Jhs. langsam in die Talregionen vor, Pässe blieben wegen Schnee- und Eismassen zeitweise geschlossen. Seit dem 13. Jh. stieg der Meeresspiegel um etwa zwei Meter an. An den flachen Nordseeküsten wurden bis weit ins 16. Jh. hinein insgesamt rund 10 000 qkm ein Raub des Meeres, große Häfen wie Ravensburgh (östlich von Hull) und Dunwich (an der Küste von Suffolk in East Anglia) gingen verloren. Sturmfluten wie die Marcellusflut von 1362, die Sylt und Föhr zu Inseln machte, blieben Teil des kollektiven Gedächtnisses. Insgesamt dürften bei den Sturmfluten des 14. und 15. Jhs. an der niederländischen und deutschen Küste ca. 100 000 Tote zu beklagen gewesen sein. Sturmfluten

Der Deichbau, seit dem frühen 10. Jh. die Antwort der Menschen auf die andrängende See, wurde erst im 12. und 13. Jh. forciert: Geschlossene Systeme Deichbau mit Schleusen hat man etwa an der flandrischen Küste angelegt. Genossenschaftliche Zwangsverbände bewältigten die großen Aufgaben der Einpolderungen. Die durch Großgrundbesitzer vorangetriebenen Maßnahmen wurden Eindeichungsunternehmern übertragen. In den Niederlanden hat man durch die Einpolderungen im 13. und 14. Jh. jeweils ca. 36 000 ha Land dem Meer abgerungen. In die amphibischen Elbmarschen Holsteins, in die Wilster- und Krempermarsch, die Seestermüher und Haseldorfer Marsch, brachten die Kolonisten, die seit der Mitte des 12. Jhs. das Land besiedelten, ihr Wissen über Deichbau und Entwässerung bereits mit. Die Elbmarschgebiete wurden im 13. Jh. sukzessive von Koog zu Koog bedeicht. Wirksamen Schutz jedoch boten diese zunächst niedrigen Deichanlagen nicht überall, zumindest nicht auf Dauer. Dennoch drang die Kunde von ihnen als Wunder des Nordens bis nach Italien, Dante berichtet über sie.

Kanäle, Brücken, Verkehrsprojekte

Wasserbau und Meliorationen größeren Ausmaßes blieben nicht auf die nördlichen Küstensäume Europas beschränkt. In der Lombardei beispielsweise begann man 1179 mit dem Bau des Ticinello, eines Kanals, der zu Bewässerungszwecken vom Ticino, einem Nebenfluss des Po, abgeleitet wurde und auch Mailand erreichte. Der Ticinello wurde im Spätmittelalter zum ‚Naviglio grande', zu einem Schifffahrtskanal, erweitert. Kanalbauprojekte, überhaupt der Ausbau von Verkehrswegen zu wirtschaftlichen Zwecken, waren, wenn auch keine vorherrschenden, so doch regional wichtige Investitionsprojekte der Zeit: Erwähnt seien der Kanalbau von Bristol in den Jahren 1247/48, der die Stadt in einer großen Kraftanstrengung zur zweiten Hafenstadt Englands aufrücken ließ, und der Stecknitzkanal, der seit 1398 Lübeck mit Lauenburg an der Elbe verband, sowohl dem Transport des Lüneburger Salzes als auch dem Frachtverkehr zwischen Hamburg und Lübeck diente und damit eine wichtige Scharnierfunktion im internationalen Handelsverkehr der Hanse besaß. Von den vielen Brückenbauprojekten seien die 1357 von Peter Parler begonnene Karlsbrücke in Prag (505 Meter) und das Ungetüm über die Rhône in Saint-Saturnin-du-Port (Pont-Saint-Esprit) (1000 Meter) genannt. Die Brücken öffneten weite Landstraßenverbindungen: Zu Beginn des 13. Jhs. wurde durch die Überspannung der Schöllenen-Schlucht der zentral gelegene Gotthard-Pass für den Nord-Süd-Verkehr erschlossen, und an der Brennerroute hat vor 1317 der Kaufmann Heinrich Kunter von Bozen aus einen Saumweg durch die Eisackschlucht nach Klausen bauen lassen. Man ersparte sich dadurch den mühsamen Umweg über den Ritten.

Landesausbau

Um 1200 waren trotz des hochmittelalterlichen Landesausbaus noch zahlreiche Regionen ausgesprochene Wald- und Buschlandschaften. In Polen wurden Rodungen erst im 13. Jh. begonnen, Rodung und Kultivierung des Landes hielten auch im Spätmittelalter überall an. In der Städte- und Gewerberegion Flandern kamen sie aber schon um 1275/80 an ihr Ende, in Frankreich um 1300, wobei zuletzt ähnlich wie in Deutschland auch die ärmeren Böden, sogar das unzugängliche Zentralmassiv erschlossen worden sind. In Holland und Gelderland wurden die Rodungen dagegen bis in die 1370er Jahre hinein fortgesetzt.

Deutschland wies am Ende der Binnen- und Ostkolonisation um 1330/40 trotz des West-Ost-Gefälles in der Bevölkerungsdichte mehr Siedlungsplätze auf als je zuvor oder danach.

Holz war neben Wasser und Wind der Energieträger schlechthin und wurde als Bau-, Werk- und Brennstoff zu allem gebraucht – buchstäblich von der Holzwiege bis zur Bahre. Der Wald diente mittel- wie unmittelbar der Ernährung, war Viehweide und Areal für die Imkerei. Wald und Mensch wurden von den Prozessen betroffen, die das ‚Soziale Ganze' Europas veränderten. Verrechtlichung und Verschriftlichung schlugen sich in Forst- und Waldordnungen nieder. Technische Innovationen in der gewerblichen Produktion und im Bergbau sowie die sich nördlich der Alpen seit Ende des 13. Jhs. beschleunigende Urbanisierung verlangten eine nachhaltige Energiezufuhr aus dem Wald. *Holz und Waldwirtschaft*

Städtische Agglomerationen wie Venedig, Paris und Nürnberg hatten ihre stadtnahen Waldungen. Wo kein ausreichender städtischer Waldbesitz vorhanden war, mussten die Handelswege genutzt werden. Köln z. B. versorgte sich über den Rhein und seine Nebenflüsse aus dem Schwarzwald und Schweizer Jura mit Holz. Basel hatte im 14. Jh. sogar einen Stapelzwang für das Floßholz auf dem Rhein durchgesetzt. Mainz spielte als Holzumschlagplatz eine bedeutende Rolle. Flandern – neben der Lombardei die höchstentwickelte Städtelandschaft – sicherte seinen immensen Holzbedarf über den Hansehandel mit Lieferungen aus Wolgast, Anklam und Stettin, aus dem Düna- und Weichselgebiet, aus Litauen und Norwegen. Hamburger Schiffe und Karren brachten das auf der Elbe geflößte Holz in die südlichen Niederlande. Von Preußen aus wurde das aus Polen stammende Eibenholz in nordwesteuropäische Häfen verfrachtet, wichtig für die Herstellung der berühmten Langbögen. Im Kreislauf von Geldwirtschaft und Fernhandel stiegen die Preise für Holz im 13. Jh. gewaltig an. *Waldbesitz und Holzhandel*

Die im 13. und 14. Jh. immer noch ‚hölzernen' Städte und die Dörfer brauchten neben Brenn- und Bauholz vor allem Werkholz. Für den Bau eines Bürgerhauses wurden zwischen 12 und 36, für den Dachstuhl einer Kirche 300 bis 400 Eichenstämme benötigt. Viele Handwerksberufe wie Wagner, Drechsler, Tischler und Böttcher, aber auch Bäcker, Bader, Schmiede, Lebküchner, Schuhmacher, Gerber, Sattler, Beutler, Riemenschneider und Seiler waren auf eine ausreichende Holznutzung angewiesen. Ohne die Böttcher, Küfer oder Büttner und die von ihnen meist aus Eichenholz erzeugten Fässer, die Konservendosen und universalen Transportbehälter der Zeit, ist die Ausweitung von Verkehr und Transport im Spätmittelalter nicht denkbar. In Hamburg, dem sprichwörtlichen Brauhaus der Hanse, zählte der Rat 1375 neben den ansässigen 457 Brauereien 104 Böttcherbetriebe. *Werkholz*

Ungeheuren Energiebedarf hatten die Salzsiederei, das Berg- und Hüttenwesen sowie die Glasmacherei. Während bei der Erzeugung von einer Gewichtseinheit Roheisen oder Salz lediglich 15 Einheiten Holz benötigt wurden, brauchte es 2000 Einheiten Holz für eine Einheit Pottasche. Auf eine Einheit Glas gingen 2400 *Energieträger Holz*

Gewichtseinheiten Holz: Ein Quadratmeter farbiges Glas verschlang also 100 Quadratmeter Wald. Salz, in den mediterranen Ländern aus Meersalz in Salzgärten gewonnen, hätte im sonnenarmen Mitteleuropa ohne Holz überhaupt nicht erzeugt werden können. Der Energiebedarf der Salinen in den Alpen konnte jahrhundertelang noch durch eigene Sudwälder gedeckt werden. Salinen wie die Lüneburger Betriebe aber, bestehend aus 54 Siedehütten mit jeweils 4 Bleipfannen, verfeuerten im Spätmittelalter nahezu den gesamten Wald des Umlandes: So entstand die Lüneburger Heide. Aus mecklenburgischen Wäldern musste deshalb in schwierigster Treidelflößerei Holz elbabwärts durch eigene Floßkanäle nach Lüneburg herangeführt werden. Bergbau und Metallverhüttung verschlangen zu Beginn des Spätmittelalters allerdings die Ressourcen noch nicht in dem Ausmaß wie seit der Mitte des 15. Jhs. Entsprechend war die Köhlerei nur in Montanrevieren stärker vertreten: in Nürnberg mit der Oberpfalz, in Köln und Aachen mit den links- und rechtsrheinischen Mittelgebirgen, in Südengland (Cotswolds), in Mittelschweden, in der Lombardei.

Übernutzung, Raubbau und Waldschutz

Um 1300 fiel einem Colmarer Dominikanerchronisten auf, dass die Wälder zurückgegangen seien und als Folge davon der Wasserstand in den Gießbächen zugenommen habe. Bereits vom 13. Jh. an sind Waldschutz und neue Techniken oder Rohstoffe zur Wirkung gekommen. Das Nebeneinander von Übernutzung, Raubbau und Waldschutz zeigt sich im Umkreis der mittleren und großen Städte, wenn im Rheingau ein Rodungsverbot (1226) oder für die Wälder des Klosters Ebersberg bei München (nach 1250) eine vollständige Waldordnung erlassen wurden. 1282 ordnete die Serenissima ein Einschlagverbot für Pinien im Umland Venedigs an, 1294 schritt der Nürnberger Rat gegen die Devastierung der Reichswälder ein, und im eidgenössischen Alpengebiet haben Gemeinden nach 1300 Rodungen und Überweidungen wegen des erhöhten Lawinenrisikos untersagt. Der Nürnberger Patrizier Peter Stromer d.Ä. führte in den Reichswäldern der Stadt seit 1368 die künstliche Nadelholzsaat ein. Man hat die Methode zwar verbreitet kopiert, aber der Nürnberger Tannen-, Fichten- und Föhrensamen wurde dennoch ein in ganz Europa begehrter Exportartikel. Waldschutz indes war im Spätmittelalter – aus welchen Gründen auch immer – keine gesamteuropäische Erscheinung. Die Wälder im dünnbesiedelten Skandinavien z. B. blieben trotz bedeutenden Holzexports ergiebig.

Nieder-, Mittel- und Hochwald

Seit dem 13. Jh. gingen Städte und Herrschaften von den wilden zu den waldbaulich bestimmten Nutzungsformen über, vor allem zum flächenhaften Nieder- und Mittelwaldbetrieb. Im Aachener Stadtwald und in den rechtsrheinischen Auwäldern des Speyerer Domkapitels können bereits 1215 bzw. 1219 Niederwaldschläge wahrscheinlich gemacht werden. Die als kombinierter Waldfeldbetrieb geübte Haubergs- bzw. Hackwaldwirtschaft mit ihren geringen Umtriebszeiten (7 bis 30 Jahre) ist um 1315 auf dem Hunsrück zu belegen. In Niederwaldwirtschaft wurden auch die alpinen Sudwälder für die Salinen betrieben. Mittelwaldwirtschaft ist zum Jahre 1285 im Reichswald Dortmund bezeugt. Solcher ‚Hauwald' mit Laubholz, ein in der Nähe der städtischen und dörflichen Siedlungen liegender Allmendwald, wurde immer deutlicher von dem entfernter liegenden Hochwald unterschieden. In diesem Hoch- oder Bauwald, der als ‚Bannforst' und ‚Hegewald' besonderem herrschaftlichen Schutz unterstand, hat man Stammholz zum Häuser- und Schiffsbau gewonnen; er diente außerdem der Köhlerei.

Die Städte nördlich der Alpen behielten in ihrer dauernd unbefriedeten Umgebung einen festungsähnlichen Charakter. Das bedingte räumliche Enge, erzwang Autarkie hinter den Mauern, beschränkte aber auch, im Vergleich zur antiken *civitas*, die öffentlichen Aufgaben spätmittelalterlicher Stadtgemeinden. Daseinsvorsorge und -sicherung blieben dagegen Angelegenheiten der privaten Haushalte bzw. von Stiftungen. Günstige Standortfaktoren galten politischen Theoretikern wie Aegidius Romanus, Philipp von Leyden und Konrad von Megenberg als grundlegend für Urbanität. Dazu zählten fließende Gewässer für den autarken Betrieb von Getreide- und in zunehmendem Maße auch von Gewerbemühlen, ausreichend und gutes Trinkwasser, reine Luft und die allgemeine Lage einer Stadt. Die Autoren fußten zwar auf antiken Autoritäten, sie sahen und formulierten aber doch die Probleme ihrer eigenen Zeit. Die Kommunen des 13. und 14. Jhs. waren nicht die *loci amoeni* des ‚Städtelobs', sie waren aber auch keine verseuchten Unorte, wie sie seit der ‚Städtehygienisierung' des 19. Jhs. gesehen wurden.

Umwelt in der ‚Festung' Stadt

Die räumliche Enge der Quartiere sorgte dafür, dass innerstädtisches Wohnen und handwerkliches Wirtschaften zum Umweltproblem wurden. Rahmenordnungen für Feuerschutz, Luftreinhaltung, geregelte Abfallbeseitigung und die zeitliche Einschränkung von Lärm belegen dies. In London beispielsweise häuften sich am Ende des 13. Jhs. Klagen über Luftverschmutzung durch Steinkohlenverbrennung und die Immissionen der mit Steinkohle betriebenen Kalköfen. Ordnungsvorstellungen spätmittelalterlicher Stadträte brachen sich nördlich der Alpen freilich an ihren streng limitierten Funktionen innerhalb der Gemeinde, die man als ‚konsensgestützte Herrschaft' beschrieben hat. In Bern wurden 1314 nach dem ausdrücklichen Vorbild anderer Städte den Gerbern zwar Wohnplätze am Austritt des Stadtbachs aus der Stadtmauer zugewiesen, doch waren am Ende des 15. Jhs. erst 60 Prozent der Gerber in dem für sie ausgewiesenen Gebiet ansässig. Das Beispiel zeigt, dass die Städte schwerlich durch Beschränkung von Gewerben oder Immissionen anthropogene Umweltprobleme steuern konnten oder wollten. Die durch funktionale Trennung entstandenen zentralen Wohn- und peripheren Gewerbe-Quartiere haben also mit sozialer Segregation wenig zu tun.

Städtische Umweltpolitik

Die Wasserversorgung der Städte musste überwiegend aus innerstädtischem Grund- und Quellwasser garantiert sein. Wo kein natürlicher Wasserlauf vorhanden war, gehörte zur Stadtgründung der Brunnenbau. Brunnengemeinden waren zur Wartung der öffentlichen Anlagen verpflichtet. Neben den kom-

Wasserversorgung und Wasserhygiene

munalen Schöpfbrunnen sind hauseigene Grundwasserbrunnen durch Grabungsbefunde gut dokumentiert. Im reichen Regensburg des 13. Jhs. soll in jedem Anwesen ein Schöpfbrunnen vorhanden gewesen sein. Neben dem Brunnenbau hat man vor allem in größeren Städten die Versorgung mit Frisch- und Brauchwasser durch Umleitung von Bächen und Flüssen in das Stadtgebiet gesichert, wie dies schon im 10./11. Jh. für Douai nachgewiesen werden kann. Trotz Sicherheitsbedenken wurde Wasser aber auch aus Quellfassungen außerhalb der Mauern in die Stadt geführt, sogar in offenen und vernetzten Kanalsystemen. Beispiele bieten die ‚Bächle' in Freiburg/Br. sowie die Stadtkanäle im englischen Tiverton (1262) und im elsässischen Straßburg (1292), in Axminster und Helston (England), in Weißensee und Gotha (Thüringen). In Spanien wurden in den während der Reconquista zurückeroberten Städten Morella und Plasencia nach arabischen Vorbildern Aquädukte gebaut, Perugia ließ (seit 1254) ebenso aufwändige wie kostspielige Aquädukte errichten, die Quellwasser in die Stadt führten. Die eigentliche Gemeinschaftsleistung spätmittelalterlicher Städte bestand jedoch im Bau geschlossener Rohrleitungssysteme. Kirchliche Institutionen waren den Städten dabei vorangegangen. Die vermutlich älteste kommunale Rohrleitung auf deutschem Boden ist um 1200 in Goslar nachzuweisen, in London wurde die erste städtische Wasserleitung 1236/37 verlegt. Wo versucht wurde, Grundwasser, Brunnen und Wasserleitungen vor Verunreinigungen zu schützen, blieben diese Maßnahmen doch objektiv unzureichend. Die epidemiologischen Zusammenhänge, die verheerenden Infektionskreisläufe Kloake – Brunnen – Mensch – Kloake waren unbekannt. Das Lübecker Röhrensystem hat man aus der Wakenitz und die Leitung über Pont Notre Dame in Paris aus der Seine gespeist, beide waren mit hoher Sicherheit bakteriell belastete Gewässer.

Entsorgung   Innerstädtische Flüsse und Bäche, z. B. die in Duisburg und Hannover schon um 1200 erwähnten Gossen und Kanäle, entsorgten private Kloaken wie öffentliche Pfuhle, an die ganze Quartiere angeschlossen waren. 1222 ist in der Pfarrei St. Kolumba in Köln eine solche *communis fossa* bezeugt. Geleert hat man die Kloaken, wenn überhaupt, in großen zeitlichen Abständen, aus Rücksicht auf die Nachbarn bei Nacht und überwiegend in den Wintermonaten. Straßenkehricht, der durch die offene Haustierhaltung selbst in Großstädten in nicht unbeträchtlichen Mengen anfiel, und Kloakenaushub wurden als Dünger auf stadtnahen Feldern, als Füllmaterial oder in Gewässern entsorgt. Bei Gewässern mit ausreichender Wasserführung scheint die Selbstreinigungskapazität noch hinreichend gewesen zu sein. So ist für den Rhein eine gute Wasserqualität belegt, und selbst in Stadtgräben konnten mancherorts Forellen gehalten werden.

Ernährung – die Versorgungssituation   Städtische Wirtschaftspolitik und Vorratshaltung garantierten überall in Europa eine bessere Versorgung mit Lebensmitteln als auf dem Land. Der Durchschnittsverbrauch der Stadtbewohner lag qualitativ wie quantitativ über dem der Landbevölkerung. Es ist daher symptomatisch, dass in den Versorgungskrisen des 13./14. Jhs. Landbewohner in Städte zogen. Allerdings waren die Ernährungsbedingungen sozial unterschiedlich: Ungefähr 30–50 Prozent der Bewohner oberdeutscher Städte hatten keine Möglichkeiten zur Vorratshaltung, in einzelnen Stadtteilen sogar bis zu 70 Prozent. Im übrigen konnten die europäischen Metropolen bereits um 1300 nicht mehr vom unmittelbaren Um- und Hinterland aus versorgt werden. Die Weizenproduktion der Toskana beispielsweise reichte nur dazu, Florenz fünf Monate pro Jahr zu ernähren. Im frühen 14. Jh. waren daher Schiffe mit Getreide aus dem Ostseeraum ziemlich regelmäßig in den Mittelmeerhäfen zu finden. Aus den nordosteuropäischen Gebieten, der Kornkammer Europas bis zum 19. Jh., wurde auch Norwegen zumindest teilweise versorgt. Um 1300 hat man nordosteuropäisches Getreide als Massenfracht in Flanderns Häfen umgeschlagen, es drang sogar auf englische Märkte vor und wurde in Bordeaux und Lissabon gegen Wein gehandelt. In größeren Krisen waren jedoch auch die Getreidereserven des Ostseeraumes ungenügend.

Vom 13. Jh. an vollzogen sich trotz des für traditionale Gesellschaften typischen Beharrungsvermögens Veränderungen in den Konsumgewohnheiten und Ernährungssystemen. Die Getreidenahrung war und blieb allerdings der wichtigste Kalorienlieferant, aber Handelsverbindungen, Preiskonjunkturen, soziale Distinktionsbedürfnisse sowie das Stadt-Land-Gefälle differenzierten den Konsum. In Venedig mit seinen Handelsverbindungen zum arabischen Kulturraum lernte man im späten 12. Jh., aus Hartweizengrieß Nudeln herzustellen. Die Pasta fand von dort aus Verbreitung in vielen Teilen Italiens, verdrängte den Brei. Seit dem 13. Jh. können auch die sicherlich älteren Zonen des Verbrauchs verschiedener Fette nachgewiesen werden. Von Olivenöl geprägt war das mediterrane Europa, Butter herrschte in den Weidewirtschaften Skandinaviens vor. Nachfragebedingt waren die Umstellungen beim Getreide: In Süd-, West- und z. T. Mitteleuropa konsumierten zumindest die Oberschichten überwiegend Weizen und Dinkel, in Nord- und Osteuropa begnügte man sich mit Roggen. Gerste, Hafer, Hirse hatten im 14. und 15. Jh., von Notjahren abgesehen, an Bedeutung für die menschliche Ernährung verloren. Aufgrund des anhaltenden Bevölkerungsdrucks hielt die ‚Vergetreidung' der landwirtschaftlichen Nutzflächen noch an. Gleichzeitig förderten die städtischen Märkte die Nachfrage nach Fleisch, Butter und Käse. Die Tierproduktion weitete sich aus, in Mitteleuropa verdrängte die Rinder- und Schweinezucht die Schafhaltung. Zonen intensivierter Grünlandwirtschaft entstanden in den Mittelgebirgen und im küstennahen Tiefland Nordeuropas. In der Alpwirtschaft vermehrten sich die Schwaighöfe und Almen. Sie waren so sehr auf Rinderhaltung ausgerichtet, dass sie in der Eidgenossenschaft von Getreideimporten aus dem Mittelland abhängig wurden. Alpwirtschaft wurde im heutigen Schweizer Raum nach Ausweis der Wüstungsarchäologie bis in Höhen von über 2000 Metern betrieben.

Seit dem späten 12. Jh. öffnete sich eine Schere des Konsums zwischen den mittleren und größeren Städten und dem Land. Während in Kleinstädten und Dörfern grobes und schweres Schwarzbrot verzehrt wurde, das teilweise noch mit

Wandlungen in der Ernährung

Ernährungsgewohnheiten – Stadt und Land

Bohnen und anderen Zuschlägen gestreckt war, schätzten Adlige und Städter in ganz Europa feine, möglichst helle Brotsorten. Der Distinktion zwischen Stadt und Land diente auch der Wein. Selbstverständlich gab es schon seit der Antike die klimatisch bevorzugten Zonen des Weinanbaus und -konsums. Im 13. und 14. Jh. verdrängte der Wein das bislang in den Städten vorherrschende Grutbier (Kräuterbier noch ohne Hopfen), während man auf dem Land beim Bier blieb. Man hat den Weinbau sogar in Gegenden vorgetrieben, die dafür klimatisch weniger geeignet waren.

Essen als ‚Schichtmerkmal' Die qualitativen Verbrauchsunterschiede sind ein auffälliges soziales Merkmal. Das Essen wurde besonders im adlig-höfischen und städtischen Milieu zu einem distinktiven Faktor. Auf der untersten Stufe (Arme und Handwerksgesellen) ist die bloße Abfolge von Brot und Mus/Grütze nachgewiesen. Dabei stellte der mit etwas Schmalz gekochte Getreidebrei überhaupt die einzige warme Mahlzeit dar. Vielfalt und Qualität zeigt die Zukost, das *companaticum*, gegenüber dieser fast ausschließlich zerealen Grundnahrung. So stellte gekochtes Suppenfleisch die unterste Qualitätsstufe dar, da es meist von älterem Nutzvieh und nicht von Masttieren stammte. Höherwertig waren Braten und Geflügel, Wildbret ist als typische, aber selbst an fürstlichen Höfen in verhältnismäßig geringen Mengen gegessene Herrenspeise anzusehen. Knochenfunde in häuslichen Abfallgruben belegen Wildanteile an der Fleischnahrung auf ländlichen Adelssitzen von kaum mehr als 5 Prozent, in den Städten sogar nur zwischen 0,7 und 3 Prozent. Befunde der Kloake eines patrizischen Hauses im Konstanz des 13./14. Jhs. sind für den Fleischkonsum als Schichtmerkmal typisch: in beträchtlichem Ausmaß Hühnerfleisch, Überreste auch vom exotischen Pfau, von Tauben und Wildvögeln (Auer-, Birk- und Rebhuhn); sogar Habichte und Sperber kamen auf den Tisch. Neben dem Fleisch waren weitere Bestandteile der sozial gehobenen Ernährung: frischer Süßwasserfisch, Eier, Frischgemüse anstelle von Sauerkraut, Obst einschließlich der importierten Zitrusfrüchte, Hartzucker und Konfekt, auch Datteln, Feigen, Mandeln, Rosinen und Reis, die in schriftlichen wie archäologischen Quellen regelmäßig nachgewiesen werden können, sowie mit höchster Prestigefunktion die Importgewürze. Die Einfuhr der Gewürze aus dem Orient und Indien via Venedig oder Genua nahm im 14. Jh. stark zu. Beim Wein galt auswärtiger in der Regel mehr als einheimischer. Das größte Sozialprestige verband sich mit den teuren Importweinen aus Südeuropa. Der über den Trester abgezogene Kelterwein blieb als Alltagsgetränk dem Gesinde vorbehalten. Neben der Qualität der Lebensmittel stand an gehobenen Tafeln die Verarbeitung, das Kochen selbst in Achtung. Vereinzelt hat man schon im 13. Jh. Rezepte für die auf Raffinement Wert legende Küche gesammelt.

Verbrauchsmengen Der Bevölkerungsrückgang seit dem 14. Jh. veränderte die Boden-Mensch-Relationen und eröffnete den Trend zu höherwertigen Nahrungsmitteln tierischer Herkunft. Dies kann in adligen Großhaushalten und in den Städten nachgewiesen werden. Vorsicht ist freilich bei Verallgemeinerungen geboten:

Das Spätmittelalter war keine Epoche des Überflusses und der Verbrauchsexzesse. Immerhin setzten um 1300 große Hungersnöte ein. Dennoch kann man davon ausgehen, dass während des 14. und 15. Jhs. im Mittel pro Kopf mehr Nahrungsmittel verfügbar waren als in den Zeiten zuvor oder danach. Beim Getreide kann in Mitteleuropa von einem jährlichen Durchschnittsverbrauch von 200 kg ausgegangen werden. Beim Fleisch ist im spätmittelalterlichen Europa mit einem nord-südlichen Konsumgefälle zu rechnen: In Florenz z. B. sind im 14. Jh. lediglich rund 30 kg Fleisch pro Kopf und Jahr errechnet worden. Insgesamt scheint der durchschnittliche Fleischverbrauch während des 13. bis 15. Jhs. höchstens bei 50 kg pro Person und Jahr gelegen zu haben. Bei Bier und Wein ist eine hohe Tagesration keine Seltenheit gewesen, in oberdeutschen Städten lag sie beim Wein in einigermaßen gesicherten Lebensumständen durchschnittlich bei 1,3 Litern pro Erwachsenem. Mediterrane Städte kannten einen jährlichen Pro-Kopf-Verbrauch von über 400 Liter Wein. Alle Berechnungen zum Durchschnittsverbrauch, aber auch alle Versuche zur Erstellung modellhafter Normalbudgets verdecken einerseits das weite Spektrum sozial bedingter Abweichungen nach oben und unten. Außerdem bleibt das wohl wichtigste Strukturmerkmal der Ernährungswirtschaft jener Epoche wie der alteuropäischen Periode überhaupt im Hintergrund: Labilität und Krisenanfälligkeit. Andererseits ist verallgemeinernde Elendsmalerei unzulässig. Schließlich waren die Zeitabschnitte mit dem niedrigsten Stand der Bevölkerung die mit der verhältnismäßig besten Versorgung. Zu den Daseinsrisiken des Zeitalters gehörte die unsichere Verfügbarkeit qualitativ wie quantitativ ausreichender Nahrungsmittel.

1.2. Bevölkerungsbewegungen, demographische Entwicklungen und Epidemien

Das 13. Jh. stand unter den Vorzeichen bedeutender Bevölkerungsbewegungen und -verschiebungen: Die östlichen Teile Mitteleuropas und Osteuropa wurden von der Ostbewegung geprägt, die Christianisierung der iberischen Halbinsel durch die ‚Repoblación' vorangetrieben; überall hat man den inneren Landesausbau forciert. Um die Mitte des 11. Jhs. dauerte es zu Pferde oft noch mehrere Tagesreisen, um von einer Siedlung zur anderen zu gelangen. Um 1300 lag zwischen den Städten im allgemeinen nicht mehr als ein Tagesmarsch, neue Dörfer waren allenthalben neben den alten Orten entstanden.

Die sogenannte Ostsiedlung, die besser als Ostbewegung bzw. Ostexpansion bezeichnet wird, gilt neben der Urbanisierung und der Entstehung der Fürstentümer als das epochale Geschehen, das Europa von Schweden bis zum Mittelmeer strukturell verwandelt, ja Ostmitteleuropa geschaffen hat. Movens war ein Gefälle in der gesellschaftlichen Entwicklung bei höchst unterschiedlicher Bevölkerungsdichte. Ausgangs des 12. Jhs. rangierten der Westen und Süden vor der Mitte des Kontinents rechts und links des Rheins, die ihrerseits aber einen Vor-

Auf nach Osten! – Die Ostbewegung

sprung vor dem Norden und dem Osten besaßen. Die deutsche Ostbewegung war die weitaus wichtigste Expansion. Sie führte Menschen aus dem Westen und der Mitte Europas nach Osten. Nördlich der Alpen- und Donau-Länder sowie im Holsteinischen hatte das neue Siedeln im 12. Jh. begonnen – hingewiesen sei auf die Gründung Lübecks 1143/59 als eines der Kolonisationszentren. Um 1250 war die Bewegung in vollem Gange (z. B. in Brandenburg). Der traditionelle Begriff ‚Siedlung' trifft zwar den Kern des Gesamtvorgangs, die Veränderungen haben aber keinen Lebensbereich ausgespart. Neue Techniken der Landerschließung und neue Siedlungsformen wurden entwickelt, die Siedler verbesserten ihre Besitzrechte (Erbpacht) ohne Fronen mit leichteren Grundrenten, es wurde ihnen Freizügigkeit als Teil eines *ius theutonicum* zugebilligt, das sie von der ansässigen Bevölkerung abhob.

Keine Kolonisation   Die Ostbewegung unterlag keinen geopolitischen oder ethnischen Ideologien, diente nicht der politischen Expansion. Das Hauptmotiv, das die Bewegung vorantrieb, ist bei den jeweiligen Landesherren zu suchen. Die Siedlungsvorgänge waren kleinteilig: An ihnen waren unzählige, dazu unkoordinierte, am Ort vertraglich gebundene Lokatoren (Gründungsunternehmer) beteiligt. Die Ostkolonisation war auch nur bedingt eine Massenbewegung: Für das 12. Jh. schätzt man ungefähr 200 000 Siedler, sehr viele davon aus den überbevölkerten Niederlanden; für jedes halbe Jahrhundert bis 1300 dürften es etwa ebenso viele gewesen sein. Aus den ersten Generationen der neuen Bauernstellen zwischen Elbe und Oder rekrutierte sich vielfach der Nachwuchs für die weiter östlich gelegenen Landstriche. Es wurde also lediglich der Druck ‚überzähliger' Menschen in andere Bahnen gelenkt, die sonst in die bestehenden, überaus attraktiven Städte geführt hätten.

Wachstum im Osten   Die hohe Bevölkerungszahl um 1300 in Sachsen – 400 000 Einwohner bei einer Bevölkerungsdichte von 23 Personen je Quadratkilometer – war bereits Ergebnis von Einwanderungen; 200 Jahre zuvor dürfte die Bevölkerungsdichte Sachsens nur ein Zehntel davon betragen haben. Das Bistum Breslau hat nach vorsichtigen Schätzungen während der ersten Hälfte des 14. Jhs. ebenso wie Sachsen rund 400 000 Bewohner gezählt, es lebten hier aber nur rund 11 Menschen pro Quadratkilometer, und die Bevölkerungsdichte war bereits Folge der von den Piastenherzögen eingeleiteten Ostbewegung, für die der Mongolensturm um 1240 kaum einen Rückschlag brachte. Breslau wurde wieder aufgebaut, bis 1400 hat man in Schlesien 120 Städte und über 1200 Dörfer mit überwiegend deutschsprachiger Bevölkerung gegründet.

Wanderungsbewegungen in Spanien   Die Iberische Halbinsel bildete im Spätmittelalter den zweiten Schauplatz größerer Bevölkerungsbewegungen. Nach der ‚Reconquista' wanderten zwar nur wenige Muslime nach Granada oder Afrika aus, allerdings mit ansteigender Tendenz in der zweiten Hälfte des 13. Jhs.; denn man zwang die Muslime, die Städte zu verlassen, und peuplierte die sogenannten *Repartimientos* mit aus Nordspanien oder Südfrankreich zugewanderten Christen. 1229 wurde z. B. auf

Mallorca der *Repartimiento* eingeleitet, d. h. das eroberte Land wurde aufgeteilt zwischen König und neusiedelndem katalanischen Adel.

Das Anwachsen der Bevölkerung bis zur zweiten Hälfte des 13. Jhs. verlangte nach neuen agrarisch nutzbaren Flächen. Sie wurden durch Waldrodungen, Küsten- und Gebirgssiedlung erschlossen. Im Moselland fand K. LAMPRECHT [238, Bd. I] 340 Siedlungen vor 800, 1380 Orte aber im Jahre 1237. Nach Norddeutschland rief man bereits im 12. Jh. Holländer und Flamen, um Flussmarschen trockenzulegen, am Niederrhein wurden um 1300 von Spezialisten aus der Grafschaft Holland die Flussläufe durch Deichsysteme reguliert. Die Mittelgebirge wurden auf der Suche nach Bodenschätzen systematischer als bisher mit Siedlungsplätzen durchzogen. In dem in seinen Tälern und Randlagen früh besiedelten Schwarzwald erfasste die Rodung des 12. bis 14. Jhs. dann auch die inneren Hochflächen. Ein spätes Beispiel für die Erschließung ist das im Rheinischen Schiefergebirge liegende Siegerland: Erst im 13. und 14. Jh. herrschaftlich stärker strukturiert, ist hier auf der Suche nach Silber und Blei am Scheitelpunkt eines Passes bereits um 1200 der Wohnplatz Altenberg entstanden. Während des 13. Jhs. hat man dort Bergbau, Handwerk und Landwirtschaft miteinander verbunden, betrieben wurden Übertage- und Pingenabbau, Schmelzöfen, Schmieden, Kleingewerbe wie Schuhmacherei sowie Getreidebau auf Terrassenäckern. Ähnlich hoch spezialisierte Bergbauorte sind gleichzeitig im Oberharz (Zisterzienserkloster Walkenried) und in den Vogesen angelegt worden. Im Hochgebirge ließen sich z. B. die Walser nieder, eine aus dem oberen Wallis stammende, alemannisch sprechende Volksgruppe, die seit dem 12. Jh. in Folge von repressiver Siedlungs- und Söldnerpolitik territorialer Mächte auf den obersten Talrändern siedelte, zunächst an der Südflanke des Monte-Rosa-Massivs, später in Graubünden in typischen Einzelhofsiedlungen, schließlich im Laufe des 14. Jhs. v.a. in Vorarlberg. Aber selbst im flachen Altsiedelland wurden die letzten siedlungsleeren Räume, besonders die Waldinseln, genutzt, um sie zu peuplieren: Der Speyerer Bischof gründete 1297 im rechtsrheinisch gelegenen Lusshardt-Wald den Ort Wiesental, ließ ihn planmäßig als Straßendorf und nach festen Hufengrößen anlegen, gewährte den Neusiedlern die besten bäuerlichen Besitzrechte der Zeit. Auch in England wurden seit dem 12. Jh. Wald-, Marsch- und Moorgebiete unter den Pflug genommen, ließen sich Agrarkolonisten nun auch in keltischen Regionen nieder (Wales, Ostirland und Südschottland). In Dänemark und Schweden hielt die Rodungsbewegung bis etwa 1350 an, Norrland wurde erst im 14. Jh. kolonisiert.

Beschleunigte Städteentwicklung sowie Wandlungen im ländlichen Raum – Urbarmachen von Land in Grenzertragszonen, Parzellierung des Kulturbodens, Beschneidung der Allmendenutzung – lassen im Grunde nur einen vertretbaren Schluss zu: Die Bevölkerung Europas hat sich vom späten 12. bis zur ersten Hälfte des 14. Jhs. nach der Phase starker Beschleunigung seit 1100 weiterhin vermehrt. Diese große demographische Welle flachte unter den Wirkungen von Missernten

Binnenwanderungen und Landesausbau

Bevölkerungsentwicklung und Gesamtzahlen – nur Annäherungen

und Hunger regional seit den 1270er Jahren, generell während des frühen 14. Jhs. ab. D. HERLIHY [161] hat die plausible These vertreten, dass trotz Verelendung der städtischen Unterschichten die Populationsraten nicht abstürzten. Es sei vielmehr seit der zweiten Hälfte des 13. Jhs. eine demographische „Pattsituation" eingetreten. Erst mit der Pestpandemie von 1347 bis 1352 und den ständig wiederkehrenden Seuchenzügen kam der demographische Einbruch, wobei jedoch ansteckende Krankheiten und Seuchen, Hunger und Hungertyphus periodisch auch früher schon die Bevölkerung dezimiert hatten. Für die Gesamtpopulation Europas erscheint folgende Entwicklung plausibel: Auf dem europäischen Kontinent siedelten um 1200 61 Mio. Menschen, um 1300 hatte sich die Bevölkerung auf ungefähr 73 Mio. erhöht. Bis 1340 nahm die Bevölkerung nur noch um ca. 500 000 zu. Danach sackte die demographische Kurve bis 1450 auf 53–55 Mio. ab. Die Wellenbewegungen der Bevölkerungsentwicklung verliefen freilich in den einzelnen Ländern und Regionen Europas höchst unterschiedlich.

a peste, fame et bello, libera nos Domine

Die Pest von 1347 bis 1352 mit den nachfolgenden Pestzügen bis 1400, zuerst in dänischen und schwedischen Quellen des 16. Jhs. als „Schwarzer Tod" bezeichnet, war eine der schwersten Katastrophen in der europäischen Geschichte. Die Seuchen und Kriege der Moderne, selbst die weltweite Fleckfieber-Epidemie von 1917 bis 1921, an der ca. 25 Mio. erkrankten und 3 Mio. Menschen starben, wirkten sich vergleichsweise weniger gravierend aus als der rasende Schrecken des 14. Jhs.

Tote, Tote

Italiens Bevölkerung soll sich in der Pest um 70 bis 80 Prozent reduziert haben, die Kataloniens um 55 Prozent. J.C. RUSSELLS Berechnungen für England (Verringerung zwischen 1348 und 1377 um 40–50 Prozent) bestimmen die Handbücher. Solche Zahlen erfordern „den Mut zum Glauben" [1002: SCHUBERT]. Sie sind häufig den höheren städtischen Verlustraten geschuldet oder folgen den besonders hohen Zahlen zeitgenössischer Chronisten; bestenfalls sind sie aus guter Überlieferung einzelner Regionen gewonnen. Allgemeingültiges kann daraus kaum abgeleitet werden. So lebten in Stadt und Umland von San Gimignano 1332 ca. 13 000 Menschen, 1427 nur noch 3138. Auf dem Gut Coltishall in Norfolk wohnten bereits in den 1360er Jahren nur noch 20 Prozent der Menschen, die vor dem Pestausbruch dort ihr Auskommen hatten. Für Frankreich hat man 1348/50 – lokal und regional – Verluste von 25 bis 50 Prozent wahrscheinlich gemacht. Vertieft wurde der demographische Einbruch durch ‚Echo-Epidemien' bis 1400, aber auch infolge des Hundertjährigen Krieges. In der Ostnormandie etwa sank die Populationsrate von 1314 bis 1380 um 53 Prozent. Trotz dieser „Geißeln Frankreichs" (J. HEERS) setzte in einer Atempause des Krieges und der Seuchen von 1388 bis 1411/15 eine allgemeine Erholung ein. Als man in Chalon-sur-Saône 1406 die Feuerstätten zählte, kam man auf 395. Gegenüber dem Jahr 1381 bedeutete dies lediglich einen Rückgang um 95 Hausgesesse. Vorher – zwischen 1360 und 1381 – hatte sich die Feuerstättenzahl dramatisch von 966 auf 490 nahezu halbiert. Vergleichbare Rhythmen in der ‚stillstehenden' Geschichte der Bevölkerung hat man in der Provence, im Languedoc und im Pariser Becken beobachtet. In Dänemark, Schweden und Norwegen drang die Pest erst vergleichsweise spät ab 1350 und infolge der dünnen Besiedlung und geringen Städtedichte auch nur sehr langsam vor, dafür aber anscheinend umso grausamer. Die Mortalitätsrate soll in Norwegen bis zu 70 Prozent betragen haben. Im Reich berichten fast ausschließlich Chronisten als Zeitzeugen über das Ausmaß des großen Sterbens. 1349/50 sollen in Mainz 6000, in Münster 11 000 und in Erfurt 12 000 Menschen gestorben sein. Zumindest für Münster, wo ca. 16 000 Einwohner gelebt haben könnten, erscheinen solche Zahlen als stark überzogen. Aber auch in der Lübecker Chronistik geht die Rede von 1500 Toten pro Tag und davon, dass von 1000 Einwohnern keine 10 am Leben geblieben seien. In Massengräbern sollen 1350 mindestens 40 000 Tote verscharrt worden sein. Die Lübecker Stadtarchäologie hat eines dieser Massengräber direkt beim Heilig-Geist-Hospital gefunden. In fünf bis sechs Schichten lagen dort Skelette übereinander. Ungefähr 800 Pesttote hat man in zwei Gruben gezählt. Bei geschätzten ca. 15 000 Einwohnern wären das allein schon etwas mehr als 5 Prozent der Gesamtbevölkerung. Aus ebenso ‚harten' Quellen wissen wir: 28 Prozent der Hausbesitzer und 35 Prozent der Ratsherren fanden in Lübeck 1350 den Tod. Insgesamt kann man in deutschen – wie allgemein in mitteleuropäischen – Städten davon ausgehen, dass ein Drittel der Einwohnerschaft dem Schwarzen Tod von 1348/51 zum Opfer fiel. Und wie überall hatten auch im Reich die der großen Pandemie folgenden Seuchen ihren Anteil am Rückgang bzw. Stillstand der Bevölkerung: In Frankfurt am Main z. B. läuteten die Sturmglocken zu den vom Rat angeordneten Bittprozessionen bereits wieder im Jahre 1352, im Herbst 1356 und im Frühjahr 1357, dann in den Jahren 1364 und 1365, 1395, 1396 und 1402.

Die Pest war enzootisch unter Murmeltieren (Tarbagan) in der trockenen Hochebene Zentralasiens. Die große Seidenstraße durchquerte dieses Gebiet, das mit dem heutigen Turkestan identisch ist. Kurz nach 1340 war die Seuche entlang der Seidenstraße nach Westen in das mongolische Khanat der Goldenen Horde mit der Hauptresidenz Sarai am Unterlauf der Wolga vorgedrungen. In direkten Kontakt mit Europäern kam die Krankheit im Schwarzmeerhafen Caffa, dem heutigen Feodosia, auf der Krim. Die Genuesen hatten dort um 1266 eine Kolonie gegründet. Über die „unification microbienne du monde" kam die Pest nach Europa: 1343 und noch einmal 1345/46 wurde Caffa von dem Tatarenkhan Djanibek belagert. Als in seinem Heer 1346 die Pest ausbrach, wurden nach dem Bericht des Gabriele de Mussis Pesttote in die Stadt geschleudert. Die ‚biologische Kriegsführung' der Tataren brachte die Infektion in das weitverzweigte Kommunikationssystem des genuesischen Handels. Die Seuche befiel 1347 von Caffa aus Konstantinopel und Kairo, Genuas Galeeren brachten sie nach Messina. Schon 800 Jahre zuvor, 541, war die Pest in ähnlicher Weise von Ägypten aus in die levantinischen Hafenstädte gelangt und hatte im Winter 543 Mitteleuropa erreicht. Typisch war bereits 1346/47 das Muster der weiteren Ausbreitung: Die Pest griff

Wege der Pest

von einem verseuchten Hafen auf den nächsten über, ruhte dort eine Weile, um dann in einer zweiten Phase das Hinterland zu verheeren und zur nächsten Hafenstadt weiterzuziehen. So wurden zu Beginn des Jahres 1348 von Messina aus die Häfen Pisa, Genua, Venedig, Marseille und Barcelona infiziert. Im April 1348 kam die Pest z. B. in Florenz an. Das, was man sich 1347 in Europa über das ferne Indien erzählt hatte – ein unheimliches Sterben sei durch vielerlei giftige Tiere, die es vom Himmel regnete, und von Feuerbällen, die aus den Wolken fielen, verursacht worden – trat nun auch in zuhause ein. Über die Seewege erreichte die Pest die Gascogne-Häfen Bordeaux und Bayonne, die unter englischer Herrschaft standen. Sie stieß von dort aus im Juni 1348 in den Norden Europas vor: Die Hafenstadt Weymouth im südwestenglischen Dorset war das erste Opfer. Nach einer Winterpause eroberte die Pest im Frühjahr 1349 England und Schottland, wütete in der östlichen Hälfte Irlands. Über See und den hansischen Handelswegen folgend kam sie von England aus nach Calais, Bergen und Oslo, nach Köln und Kopenhagen, nach Hamburg, Lübeck und Novgorod. Im Jahre 1352 hatte sie Moskau erfasst und wandte sich von da aus noch einmal nach Süden, um in Kiew den letzten Außenposten des europäischen Handelsnetzes zu erreichen. Fast ein geschlossener Ring des Todes war über See und Wasser um Europa gelegt worden. Doch ist auch festzuhalten: Der viel strapazierte Zusammenbruch des gesellschaftlichen Lebens und der öffentlichen Ordnung läßt sich kaum nachweisen.

<small>Historische Ätiologie und Therapie</small>

Selbstverständlich stand Gottes Zorn an erster Stelle in dem Bemühen, die säkulare Pest in das Weltgeschehen einzuordnen. Fluchen und Blasphemie, so der Würzburger Bischof in einem Hirtenbrief, seien die Gründe für Gottes Strafgericht, das sich in Hunger, Erdbeben, Pest und Tod erweise. Pestheilige minderten die verbreitete Furcht der Menschen. In Illiez im Wallis wurden Bruderschaften der Heiligen Rochus und Sebastian gegründet, deren große ‚Karrieren' als Schutzpatrone vor der Pest freilich erst in der zweiten Hälfte des 15. Jhs. begannen. Die zeitgenössische Medizin hatte kaum Antworten. Ärzte wie Guy de Chauliac und Gelehrte wie Konrad von Megenberg ordneten ihre durchaus zutreffenden Beobachtungen in die Humoralpathologie, die Krankheitslehre von den Mischungen der Körpersäfte antiker Autoritäten wie Hippokrates und Galen, ein. Die klassische Säfte- und Temperamentelehre interpretierte die Pest als Fäulnis innerer Organe, hervorgerufen durch einen Überschuss von feucht-warmem Blut. Innere Fäulnis war dabei bedingt durch äußere Fäulnis. Die Vorstellung, dass ansteckende Krankheiten entweder durch verdorbene Nahrung oder durch schlechte (*pestis*) Luft (Miasmen) übertragen werden, hielt sich bis ins 19. Jh. Schon von den antiken Autoritäten wurde daher vor feuchtschwülem Klima und Südwinden gewarnt. Noch in der Anlage von Westend-Siedlungen der Hochindustrialisierung machten sich diese Prädispositionen bemerkbar. Der umbrische Arzt Gentile da Foligno schrieb in seiner Theorie den Pesthauch, das Contagion, der ungünstigen Planeten-Konstellation von Mars, Jupiter und Saturn am 20. März 1345 zu: Dadurch seien giftige Ausdünstungen von Meer und Land in die Luft geströmt, dort erhitzt und als *aer corruptus* auf der Erde wirksam geworden. Der eingeatmete Pesthauch aber werde um Herz und Lunge gesammelt und dort nochmals zu einer „Giftmasse" umgebildet. Die ausgeatmete Luft eines Kranken könne dann auch andere Menschen anstecken. Für die Verbreitung von Miasma- und Contagionslehre war entscheidend, dass ein viel rezipiertes Pariser Pestgutachten vom Spätsommer 1348 sich diese Theorien zur Erklärungsgrundlage nahm. Die therapeutischen Folgerungen, die darin wie in vielen anderen Pestgutachten gezogen wurden, zeigen die Hilflosigkeit der zeitgenössischen Medizin. Das Pariser Pestgutachten empfahl die Maxime Galens: *Cito longe fugas et tarde redeas* („Fliehe schnell weit weg und kehre erst spät zurück"). Daneben: keine körperlichen Anstrengungen, um das Einatmen der Miasmen zu vermeiden, Musik, Freude und Heiterkeit zum Ausgleich der Temperamente, starkriechende Substanzen, insbesondere den berühmt gewordenen Theriak, vor die Nase gehalten, als Prophylaktikum gegen Miasmen und Pesthauch und endlich eine Pestdiät gegen Fäulnis erregende Nahrungsingredienzen sowie das Ausräuchern der Wohnungen.

Der Begriff *pestis* wurde für eine Vielzahl von Infektionen gebraucht. Ein Merkvers um 1300 zählt sie auf: „Pestartiges Fieber, Tuberkulose, Krätze, Fallsucht, Milzbrand, Trachom und Lepra können uns anstecken" [1002: SCHUBERT]. Das Trachom war eine Augenkrankheit, die durch Schmierinfektion, aber auch durch Fliegen übertragen wurde. Die Lepra oder der Aussatz, Begriffe für verschiedene Dermatosen, hatte im 13./14. Jh. wahrscheinlich den Höhepunkt überschritten, blieb in Europa aber noch bis in die Neuzeit hinein endemisch. Die Krankheit hielt allerdings eine immerwährende Furcht vor Ansteckung wach. Epidemiologen halten die Malaria im Mittelalter für einen stärker wachstumslimitierenden Faktor als die Pest: Frostharte Fiebermücken verbreiteten die Krankheit sogar in Skandinavien, am Mittelmeer ließ eine durch hohe Letalität gekennzeichnete Malariaversion, übertragen durch die Fliege Anopheles tropica, seit der Spätantike ganze Küstenstriche brach fallen. Besonders schwer von Malaria, überhaupt von Sumpfkrankheiten betroffen waren die Campagna, die berüchtigten Pontinischen Sümpfe und die Stadt Pisa – hier starb Kaiser Heinrich VII. im August 1313 am Fieber. Endemisch war auch die Tuberkulose, besonders in Gruppen der spätmittelalterlichen Gesellschaften, die mehr oder weniger unterernährt waren.

_{Lepra, Malaria und wie die Seuchen alle hießen}

2. Die Wirtschaft

2.1. Land- und Stadtwirtschaft

2.1.1. Das Land

Zwischen Land und Stadt: Urbanisierung

Im 13. und 14. Jh. hauste die große Mehrheit der Europäer auf dem Land. Die Agrarproduktion nahm nach wie vor die Hauptrolle im wirtschaftlichen Geschehen ein. Versorgungskrisen und Hungersnöte verdeutlichen die engen Spielräume in den Wirtschaftsweisen der Zeit. Mitten in den reichsten Agrarlandschaften hatten sich seit ca. 1050 urbane Zentren etabliert, die von Wirtschaft und Bevölkerung der umgebenden Gebiete lebten. Kein Bauer, so schreibt Konrad von Megenberg, kehrte aufs Land zurück, hätte er erst einmal die *urbanitas* kennengelernt. Die Landbewohner entliefen massenhaft in die Städte, angelockt von höheren Löhnen und besserer Ernährung in den ‚bonnes villes'. Ein Gutteil der ca. 25 Prozent in Mittel- und Westeuropa wüstgefallenen Siedlungen ist auf die Anziehungskraft der alten und neuen Kommunen zurückzuführen. Der Kurvenverlauf der von H. STOOB [Forschungen zum Städtewesen in Europa, Bd. I, Köln 1970] gesammelten ca. 2000 Gründungsdaten zeigt eindrücklich, dass das 13. Jh. zumindest in quantitativer Hinsicht als Höhepunkt alteuropäischer Stadtentwicklung zu gelten hat. Bis 1250 herrschten die sogenannten Gründungsstädte älteren Typs vor, z. B. die in der Ostbewegung entstandenen holsteinischen, mecklenburgischen, pommerschen, brandenburgischen und preußischen Städte: Kiel (1242), Rostock (1218), Stralsund (1234), Berlin (1230), Kulm, Thorn (1233) und Elbing (1237). Von 1250 bis 1300 dominierten dann Privilegierungen von Kleinstädten, entstanden dreimal so viele Städte wie in der ganzen Zeit zuvor. Wanderungen in die Städte, Anlage von neuen Städten allenthalben: Engländer zog es in Massen zu den Burgstädten von Nordwales, die nach den Eroberungen Eduards I. am Ende des 13. Jhs. gegründet worden waren. In Frankreich veränderten mit Steuerfreiheiten privilegierte Städtegründungen nachhaltig die Landkarte: Die *villeneuves* und *bastides* sind vor allem in Grenzgebieten (insbesondere des Herzogtums Aquitanien) zu finden. Die demographische Trendumkehr gegen Ende des 13. Jhs. stoppte den Gründungsboom, aber die Verdichtung des mitteleuropäischen Städtenetzes ging im 14. und 15. Jh. weiter, hauptsächlich durch Ausbau bereits bestehender Siedlungen. Sie traten als sogenannte Minderstädte neben die Kleinstädte. Urbanitas oszillierte nun zwischen Großstädten mit mehr als 10000 Seelen und Zwerg- bzw. Minderstädten mit weniger als 800, im deutschen Raum sogar unter 200 Bewohnern. Die Zwergstädte hatten um 1330/40 europaweit einen Anteil von 18,5 Prozent an der Gesamtzahl, die Großstädte nur 1,5 Prozent. Für Köln, die größte deutsche Metropole, hat man zu Beginn des 14. Jhs. ca. 35000–40000, für Gent und Brügge rund 50000 Einwohner errechnet. In Oberitalien ragten um 1300 Mailand, Florenz und Venedig mit je knapp 100 000 Köpfen heraus. Wie problematisch die Berechnungen sind, zeigt das Beispiel Paris: Aus der Feuerstättenzählung von 1328 wurden Einwohnerzahlen ermittelt, die zwischen 80 000 und über 200 000 liegen. Klein- und Mittelstädte mit ihren 800 bis 10 000 Menschen aber stellten rund 80 Prozent aller Kommunen. Selbst Buda, die königliche Residenz Ungarns, wies am Ende des 15. Jhs. nur ca. 8000 Bewohner auf. Wichtiger als Einwohnerzahlen ist die Ökonomie. Sicherlich hatte das hessische Hatzfeld mit kaum 500 hauptsächlich agrarisch lebenden Einwohnern sehr wenig mit dem unweit gelegenen Marburg (3000–4000 Menschen) zu tun, noch weniger mit der Messestadt Frankfurt am Main (rund 10 000 Bewohner). Umgekehrt aber entwickelte sich ein kleiner Wallfahrtsort wie Zurzach (im Aargau) zu einem viel besuchten Messeplatz. Die Einzelstadt stand selten für sich, die Wirtschaftskräfte der Großstädte in Kombination mit den auf sie bezogenen Netzen aus Mittel- und Kleinstädten wurden raumgestaltend. Am Ende des 15. Jhs., das noch einmal einen kräftigen Anstieg der Stadtsässigkeit brachte, lebten in West-, Mittel- und Südeuropa insgesamt 20–25 Prozent der Menschen in Städten, nur Oberitalien und die Niederlande erreichten einen Urbanisierungsgrad von 35 bis 40 Prozent, während für Skandinavien und Osteuropa die Größen zwischen 5 und 10, für Ungarn um 2 Prozent schwanken. Im Reich gelten Oberschwaben mit seinem Barchentrevier, der Oberrheinraum zwischen Frankfurt und Basel mit seinen alten Bischofsstädten, sodann Thüringen mit seinem Waidanbau um Erfurt und der Niederrhein um Köln als städtische Ballungsräume.

In Mitteleuropa setzte im 11. Jh. der sozioökonomische Wandlungsprozess ein, in dem Grundherrschaften mit ihren Fronhofsystemen der (idealtypisch) Meiereien und abhängigen Hörigenhöfen zerfielen. Im Lothringischen wie im Gebiet nördlich der Loire, im Elsass, im Rheinland und im Thüringischen hat sich während des 12. Jhs. die Viertelhufe als Besitzform etabliert, *quartier*, *Vierling* o.ä. genannt. Sonst setzte die Auflösung der Villikationen in fast ganz Europa auf breiter Front erst während des 13. Jhs. ein, in Dänemark und Schweden sogar erst im Laufe des 14. Jhs.; überhaupt sind nahezu überall die Strukturveränderungen bis zum Ende des Mittelalters nicht gänzlich zum Abschluss gekommen. Am Anfang steht der Verfall der Frondienste auf kleinparzellierten Hufen: Die mit dem Schwinden des Sallandes (Herrenlandes) abnehmenden Fronen hat man in Geldzinse umgewandelt, seit ca. 1100 auf der iberischen Halbinsel, in Nordfrankreich, den Niederlanden und in England. In dem vereinfachten, aber nicht anachronistischen Schema K. BÜCHERS (Entstehung der Volkswirtschaft, 1893) war die ältere Grundherrschaft geprägt von Hauswirtschaft: In ihr waren Preise und Arbeitslöhne unbekannt, es gab keinen Pacht- oder Mietzins, weder Unternehmer, die nach Kapitalprofit strebten, noch Lohnarbeiter. Die Güter besaßen nur einen Gebrauchswert, und das Vermögen war Gebrauchsvermögen. Auf dieses (nur als Modell) „geschlossene" System der Einheit von Produktions- und Verbrauchsgemeinschaft wirkten von innen (Disparität von Produkti-

Von der Hauswirtschaft zur Landwirtschaft

onskosten und Einnahmen) und außen (demographischer Druck, städtische Märkte) Kräfte ein, die es – zumindest ansatzweise – in die Tauschwirtschaft der Städte einbanden. Die Auswirkungen sind in zwei Entwicklungsstränge zu bündeln: 1). In Mitteleuropa, aber auch im skandinavischen Raum, wurden die Fronhöfe völlig unter Pächtern parzelliert. Daraus entstanden mittlere Bauernbetriebe (in Dänemark, den Niederlanden, in Niedersachsen, Westfalen und Oberbayern) oder Klein- und Kleinstbauernstellen (in Deutschland vornehmlich an Mittel- und Oberrhein und im Neckargebiet). Um 1300 waren im Umland von Gent, Kortrijk, St-Omer und Namur 50–75 Prozent der Betriebe nicht größer als 3 ha und damit existenzschwach. Einblicke in 154 Bauernhöfe der Altmark, einer Landschaft der Ostbewegung, gewährt das Landbuch der Mark Brandenburg von 1375: Ungefähr 24 Prozent dieser Höfe besaßen zwischen 20 und 40 ha, 70 Prozent mit 5 bis 20 ha stellten die mittleren Betriebe, 6 Prozent endlich, 0,5 bis 5 ha groß, die Klein- und Kleinststellen. 2). Die Grundherren setzten auf Kontinuitäten in gewandelter Form: Sie teilten die Güterkerne ihrer alten Fronhöfe nicht auf, sondern gaben sie geschlossen an Bauern aus. Solche Fron- und Dinghöfe, Sal-, Sedel- und Sattelhöfe, Haupt- und Meierhöfe finden sich in allen Regionen. Sie waren meist frei von gewöhnlichen Zinsen und Dienstleistungen, häufig ausgestattet mit Hofgerichtsrechten und anderen zentralen herrschaftlichen Funktionen. Von Bedeutung blieb daneben die Eigenwirtschaft einzelner Herren, die sich auf neue Bedingungen einstellten. Namentlich die Zisterzienser und Prämonstratenser betrieben auf ihren Grangien – von Konversen bebauten Höfen – marktorientierte Landwirtschaft. In Mittel- und Südportugal überwogen im Spätmittelalter die kleinen *concelhos*, die mit Lohnarbeitern bewirtschaftet wurden. In England kommerzialisierten Großgrundbesitzer ihre Güter, investierten bedeutende Geldsummen, beschäftigten Dienstleute und Lohnarbeiter. Freilich waren seit dem frühen 14. Jh. durch Verteuerung der Arbeitskraft und Preisschwankungen beim Getreide die Profite unsicher geworden, sogar Zisterzienserklöster gingen dazu über, Eigenwirtschaften in Zeitpachten zu Fixbeträgen oder in Teilbaubetriebe zu verwandeln. Die Revision der Ordensstatuten hatte dies schon seit 1208/20 ermöglicht. Auch von den Deutschordensballeien wurde die Agrardepression dadurch aufgefangen, dass sie den Eigenbau zugunsten der Rentenwirtschaft reduzierten.

Zeitleihe   Die Zeitleihe war eine vielgestaltige Form der Landvergabe in der stärker marktbeherrschten Wirtschaft des Spätmittelalters, sie kannte Zwischen- und Sonderformen der Besitzübertragung gegen Abgaben bis hin zur Pacht mit unterschiedlichen Laufzeiten und Zinsleistungen. Bereits während des 12. Jhs. gingen in Flandern und Namur Grundherren dazu über, die Fronhöfe bzw. deren Reste in Leibpacht zu vergeben. Unter dem demographischen Druck des 13. Jhs., in dem die Geldzinse für Erbleihen gelegentlich bis zum 20-fachen des ursprünglichen Betrages anstiegen, wurden die Leib- zu Zeitpachten umgebildet. Das war für die bäuerliche Hauswirtschaft eine Verschlechterung, für die marktorientierte Wirtschaftsweise aber eine Innovation: Herren und Bauern schlossen Zeitpachtverträge gegen festgelegte Pachtzinse (überwiegend in Geld) für die Dauer von 6, 9 oder 12 Jahren.

Eine weitere Innovation brachte der Teilbau, auch wenn er im Grundgefüge schon seit karolingischer Zeit bekannt war: Die Grundrente wurde in Beziehung zur Ernte gesetzt. In dem (zuerst niederländischen) *terragium*, *champart* oder *schoofland* (= Garbenland) genannten Abgabensystem musste eigentlich jede zweite Garbe den Grundherren entrichtet werden, es konnte aber auch die 4., 5., 8. oder 10. sein. Gegenüber dem Teilbau ohne finanzielle Beteiligung der Grundherren fand seit dem 12. Jh. der Teilbau im engeren Sinne Verbreitung, eine frei aushandelbare Zeitpacht mit kurzen Laufzeiten (3, 6 oder 9 Jahren). Sie konnte aber auch (z. B. in Flandern) als Lebens- und Erbpacht erfolgen. Teilbauverträge wurden vornehmlich für Reb- und Getreidekulturen, seltener für Viehzuchtbetriebe abgeschlossen. Die höchste dabei von den Bauern tolerierte Ertragsquote scheint der Halbbau gewesen zu sein. Überwiegend gab es Drittels- und Viertels-Teilbau. Der Halbbau (*mezzadria* in Italien bis ins 20. Jh., franz. *métayage*) setzte Herrenbeteiligung an Gewinn und Verlust voraus: Die Bauernfamilien stellten ihre Arbeitskraft, die Herren kamen für den Hof und das Saatgut auf, gewährten Zuschüsse für Dünge- und Erntekosten. Die Produktionsweise im Halbbau war durch die enge Beziehung Herr – Bauer tendenziell paternalistisch und herrschaftlich kontrolliert. Nach Schätzungen benötigte z. B. das Kloster Bebenhausen bei der Ernte (Getreide/Wein) mindestens 180 Aufseher. Verbreitung fand der Teilbau in Spanien und Frankreich, in Deutschland in den Weinbaugebieten von der Donau bis zur Ahr sowie vornehmlich in den Mischkulturgebieten Italiens. Seit dem Beginn des 14. Jhs. setzten toskanische Herren gegenüber ihren Bauern in den *mezzadria*-Verträgen eine Kündigungsklausel durch, während die Herren in den deutschen Zeitpachtformen von Meier- oder Freistiftrecht ihre Bauern jederzeit „abstiften" oder „abmeiern" konnten. Aber auch hier wich seit dem Ende des 14. Jhs. der Teilbau den Fixpachten.

Vorherrschend vor allen Formen von Zinsland wurde die Erbleihe, das *ius hereditarium*. Im Norden der iberischen Halbinsel hat man um 1352 den ‚Becerro de las behetrías', ein Verzeichnis von mehr als 600 Stätten mit Erbpachtgütern, angelegt. Die Bauern strebten überall nach emphyteutischem, d. h. erblichem und veräußerlichem dinglichen Nutzungsrecht an ihren Höfen. Landflucht und demographischer Einbruch der Pestzeit begünstigten den Wandel. Persönliche Abhängigkeiten oder rechtliche Unterordnungen sind durch Erbleihe nicht begründet worden, auch wenn der Leihenehmer dem grundherrlichen Hofgericht in allen die Leihe und den Hof betreffenden Angelegenheiten zugeordnet sein konnte. Man sollte indes diesen günstigen Besitzformen nicht immer trauen. Sie verbesserten die Situation der Bauern häufig nur scheinbar, weil nicht selten Einzugsgelder oder Handänderungsgebühren (Laudemialabgaben hofrechtlichen Ursprungs) beim Antritt des Gutes (*vorhure*,

Vorheuer) oder beim Tod des Bauern und vice versa des Herrn, oft auch bei der Hochzeit fällig waren.

Getreide und Flur

Zu Beginn des 13. Jhs. waren die Ackerfluren nach wie vor vornehmlich mit Getreide bestellt. In den mediterranen Ländern dominierte der Weizen, in den nördlichen Landschaften baute man ihn zunehmend im Umkreis größerer Städte an, dazu den Dinkel in Südwestdeutschland. In Norddeutschland, auch in Nordengland blieb der Roggen das Hauptbrotgetreide, und die schottische Landwirtschaft erzeugte überhaupt nur Hafer. Zunehmend nutzte man die seit dem späten 8. Jh. bekannte Dreifelderwirtschaft, das Dreizelgen-Brach-System, mit der Fruchtfolge Wintersaat, Sommergetreide und Brache. Die Dreifelderwirtschaft ist aber höchst unterschiedlich durchgedrungen. In Flandern und im südlichen Brabant ging sie mit Urbarmachung bereits im 11./12. Jh. Hand in Hand, in Geldern dagegen findet sie sich erst um 1300 in den Quellen. Ihre Durchsetzung war auch abhängig vom Grad der Selbstbestimmung in den Dorfgemeinden: Übergewicht hatte die Dreifelderwirtschaft in Nordfrankreich, Deutschland, England und Flandern, namentlich in Regionen gemäßigten Klimas und günstiger urbaner Absatzbedingungen. Auf den weniger fruchtbaren Böden in Südeuropa wie etwa in Portugal, auch in den Weiten Skandinaviens und Russlands blieb es dagegen bei Zweifelderwirtschaft mit der Fruchtfolge Wintergetreide – Brache. Die Zweizelgen-Brach-Wirtschaft war auch dort vorherrschend, wo der Weinbau die Arbeitskraft der Betriebe beanspruchte. Einfeldwirtschaft, also permanenter Anbau einer Frucht, findet sich als ‚ewiger Roggenbau' auf den mit Heideplaggen und Stallmist gedüngten Eschböden Nordwestdeutschlands und Nordbrabants. Bestimmte Areale konnten überhaupt nur zeitweise unter den Pflug genommen (bzw. mit der Hacke bearbeitet) werden: In Frankreich ist solche extensive Nutzung auf den ärmsten Böden der Bretagne und des Zentralmassivs nachgewiesen. Die mit den Landbausystemen notwendige Verzelgung der Fluren führte zu den typischen Gemengelagen aus Individualbesitz und Allmendland, sie sind in Deutschland erst um 1300 überliefert. In Frankreich begann die Verzelgung auf den besten Böden des Pariser Beckens 50 Jahre früher.

Produktivität und Intensivierung

Trotz aller Verbesserungen – die Produktivität der spätmittelalterlichen Landwirtschaft blieb gering: Auf den Grenzertragsböden in den deutschen Mittelgebirgen, in Russland, Polen, Böhmen und Ungarn ernteten die Bauern im Mittel bei Roggen und Gerste kaum mehr als das 3. Korn (drei Körner pro Saatkorn), auf den besseren Böden in Deutschland, der heutigen Schweiz und in Skandinavien allenfalls das 4. Korn. In England lagen im Weizenanbau die Aussaat-Ernte-Verhältnisse während des 13. Jhs. bei 1:2,4–4, im 14. Jh. bei 1:5, im fruchtbaren Nordfrankreich beim Haferanbau zwischen 1:3,7 und 1:6,7, bei Weizen in Italien und Spanien bei 1:5 bis 1:6. Mit zielgerichteter Marktproduktion erreichte man im Artois sogar Weizenerträge von 1:13. Allgemein nimmt man an, dass die Produktivität von 1350 bis 1550/1600 um 10–15 Prozent anstieg. Die im 14. Jh. unter hervorragenden Boden-, Klima- und Marktbedingungen – am Niederrhein, in Teilen der Niederlande, im Pariser Becken, in der Poebene – messbaren Ertragssteigerungen sind in erster Linie wohl auf die Sorgfalt der Bauern in jenen stadtnahen Intensitätsinseln zurückzuführen. Technische Verbesserungen waren noch nachrangig. Positive Effekte dürften sich durch die Nutzung von Pferden als Zugtieren für Egge und Pflug anstelle von Ochsen ergeben haben, im Norden Frankreichs seit dem 13. Jh. zugleich mit dem Kehrpflug und seinem beweglichen Schar, der das Pflügen in beide Richtungen erlaubte. Doch häufig blieben die Verhältnisse, wie sie eine Miniatur im ‚Veil Rentier de Messire Jehan de Pamele-Adenarde', einem flämischen Zinsbuch (um 1275), abbildet: Bauern graben mit Spaten Seite an Seite das Feld um. Ein nach Apulien gerichtetes Mandat Kaiser Friedrichs II. vom Juli 1238 kritisierte die Bauern: Sie gönnten sich zuviel Erholung, säten kaum Korn und könnten deshalb keine Ochsen für den Feldbau halten – zum Schaden des königlichen Fiskus. Das Beispiel zeigt etwas von der Selbstgenügsamkeit der vorindustriellen Landwirtschaft in Subsistenzproduktion und warnt moderne Interpreten davor, überall nur Intensivierung auszumachen.

Ein tatsächlicher Produktivitätsfortschritt scheint aber in den Garten- und Sonderkulturen erzielt worden zu sein. Die Entwicklung vollzog sich, abgesehen vom Weinbau, in einem Drei-Schritt: 1). durch Besömmerung der Brache in der Dreifelderwirtschaft, also der Anpflanzung v.a. von Hülsenfrüchten als Nahrungs- oder Futtermitteln in den Sommermonaten (am Niederrhein, in der Lombardei und der Toskana bereits seit 1250); 2). durch Ausweitung des Kleingartenbaus (Gemüse-, Wein- und Ostbau mit Marktorientierung im Nahbereich und Umland großer Städte); 3). durch Einführung von Sonderkulturen (Industriepflanzen: Waidanbau für die Blaufärberei in Thüringen, im Maastal und im Hennegau, in der Normandie, im Artois, in der Picardie und der Gascogne, bei Toulouse, im Piemont und in der Toskana; Krappkulturen für die Rotfärberei um Speyer, in Schlesien und in Holland/Seeland, in Nordfrankreich und Flandern). Intensivierung und Monokulturen (z. B. im Weinbau) waren abhängig von Klima, Bodengüte, Agrarverfassung, Verkehrs- und Marktbeziehungen. Der Fortschritt war auch sozial nicht gleich verteilt, die kirchlichen, adligen und bürgerlichen Großgrundbesitzer hatten alle Vorteile für sich: ausreichend große Betriebseinheiten, Geschlossenheit und Marktnähe.

Viehzucht war gerade für die Intensivierung in Garten- und Sonderkulturen unabdingbar: Die winterliche Stallhaltung lieferte den Dünger. Konzentrationen in der Rinderhaltung sind in Grünlandzonen zu beobachten, in Deutschland zunächst in den Marschen, von Friesland bis nach Dithmarschen und Eiderstedt. Man war dort auf den Export von Fleisch zu benachbarten, auch zu entfernteren Märkten ausgerichtet, aber auf den Import von Getreide angewiesen. Ähnliches gilt für die Alpenländer, wo sich die spezialisierte Rinderhaltung etwas später als in den Marschen entwickelte. Seit dem 12. Jh. kam es in den oberdeutschen Gebirgslandschaften zur Gründung zahlreicher Viehhöfe. In

_{Intensitätsinseln}

_{Rinder und ‚Wildwest' im Spätmittelalter}

den Vogesen, im Schwarzwald, in den schweizerischen, schwäbischen, bayerischen, Tiroler und Kärntner Vor- und Hochgebirgsregionen wurde die vorher bis in große Höhen ausgedehnte agropastorale Subsistenzwirtschaft zugunsten von Graswirtschaft mit Alpbetrieb aufgegeben. Das Kapital der Städte organisierte Viehhandel und Viehverlag. Erst die Urbanisierung brachte also in den Alpen- und Voralpenregionen eine Wirtschaftsweise hervor, die Boden und Klima angepasst war. Es entstand das ‚Hirtenland' von Appenzell bis nach Fribourg, in Tirol, Kärnten und im Salzburgischen bildeten sich sogenannte Schwaigen oder *vaccariae* aus, kleinere Dauersiedlungen mit Weidewirtschaft. Die Schwaighöfe lagen im allgemeinen auf 800 bis 1100, teilweise sogar bis 2000 Metern Höhe. Vorherrschend war zumindest bis zum Ende des 14. Jhs. die Schafzucht. Gezinst wurde in Käse (in Tirol 300 Stück pro Schwaige im Jahr). Der als Markenartikel begehrte ‚Kreuzkäse' stammte von den Schwaigen des Klosters Donauwörth. Regelrechte ‚Schwaigergemeinden', spezialisiert auf Vieh- und Mistproduktion für städtische Märkte und Gartenkulturen, entstanden Anfang des 15. Jhs. in der Gegend von Landshut. In der Gunst der städtischen Verbraucher nahm Rindfleisch den ersten Platz ein, und weil vom unmittelbaren Umland die Nachfrage der Ballungsräume nie befriedigt werden konnte, entfaltete sich ein kontinentaler Ochsenhandel. Die Verteilermärkte Nürnberg, Regensburg und Wien wurden durch Ochsentrecks versorgt, die aus den Weidegebieten von Donau und Theiß kamen und von Kaufleuten dieser Städte vorfinanziert wurden. In den Kölner Quellen sind seit dem späten 14. Jh. Geschäftsverbindungen mit den Viehmärkten in Groningen, Zwolle, Zutphen, Nimwegen und Münster bezeugt, von dort zogen sich Ochsentriften in die rheinische Metropole. Rinder aus Jütland kamen über Ribe, Flensburg und den ‚Ochsenweg' nach Hamburg und Lübeck. Aufs Ganze gesehen aber blieb die Butter- und Käseerzeugung Hauptzweck der Rinderhaltung.

Schweinezucht   Neben dem Rind war das Schwein das eigentliche Fleischtier, selbst in Großstädten hielt man es frei auf der Straße. Im Kölner Umland waren die großen Viehhöfe fast ausschließlich in der Hand städtischer Geschlechter. Sie schlossen sich mit den geistlichen Grundherren während der zweiten Hälfte des 14. Jhs. zu Bauerbänken zusammen und kontrollierten die Landwirtschaft im Nahbereich Kölns. Der Kölner Markt zog auch einen überregionalen Schlachtschweinehandel an. Die urbane Nachfrage bewirkte systematische Schweinemast, Herden aus den Hellwegstädten wie Soest, aus der Grafschaft Mark und aus Hessen wurden über lange Strecken in die herbstlichen Wälder des Hochsauerlandes zur Eichel- und Bucheckernmast getrieben. In der Lusshart bei Bruchsal mästeten die umliegenden Dörfer 1437 mindestens 43 000 Schweine.

Schafzucht und   Weiter noch als die Schweinehaltung war im Spätmittelalter die Schafzucht
Transhumanz   verbreitet. Neben Fleisch, Leder und Pergament lieferte das Schaf vor allem Wolle für die Tuchindustrie. Um Köln nahm die von den städtischen Großgrundbesitzern monopolisierte Schafzucht in der zweiten Hälfte des 14. Jhs. zu.

In Oberdeutschland waren die Schwaigen vorwiegend mit Schafen besetzt. Schafe fanden ihr Futter noch in dem salzhaltigen Bewuchs auf den der Nordsee abgerungenen Schoren. Im rauhen Island und Grönland war Schafzucht ziemlich die einzige Form der Landnutzung, in England und Spanien blühte sie mehr als anderswo auf. Die ausgedehnten englischen *enclosures*, teilweise älteres Allmendland, wie überhaupt die Britischen Inseln lieferten die feinsten Wollqualitäten der Zeit. Das Tuchgewerbe in Brabant und Flandern sowie in der Toskana verursachte im 13. Jh. einen Boom in der englischen Wollproduktion, getragen von kirchlichen Landgütern namentlich der Zisterzienser. In Spanien trotzte das wahrscheinlich aus Marokko eingeführte Merino-Schaf den Widrigkeiten der regionalen Klimate, in den sommerlich ausgedörrten Landschaften wäre Ackerbau nur über teure Bewässerungsanlagen möglich gewesen. Die feine krause Merino-Wolle wurde zum Export-Schlager, fand ihre Abnehmer in den Niederlanden und in Oberitalien, vor allem seit die Engländer ihre Wolle im 14. Jh. zunehmend selbst verarbeiteten. Wie in vielen Viehzuchtgebieten gab es in Spanien Wanderschafzucht, dort seit westgotischer Zeit. Diese sogenannte Transhumanz (Mesta) wurde in Kastilien und Aragón von kirchlichen und adligen Herren und ihren Hirten organisiert und 1347 unter königlichen Schutz gestellt. Die großen Herden richteten auf ihren hunderte von Kilometern langen Zügen beträchtliche Umweltschäden durch Verbiss an, Konfliktstoff zwischen Schäfern und der ortsansässigen Bevölkerung, besonders wenn Allmendflächen abgeweidet wurden. Transhumanz über weite Entfernungen kannten auch die französischen Pyrenäen. Im neapolitanischen Großraum zwischen Apennin und dem Tavoliere, der Küstenebene der Adria, setzte ihr Friedrich II. Rahmenordnungen. Sie dienten nicht nur dem Umweltschutz, sondern besteuerten auch die durchziehenden Herden an eigens dafür eingerichteten Zollstationen.

An allen Küsten nahm während des Spätmittelalters die Fischerei zu. Unter königlicher Regelung (1286) kam nach Eroberung der Algarve die portugiesische Großfischerei auf Delfine, Wale und Thunfische in Aufschwung. Im Nordatlantik, in Nord- und Ostsee stand neben der norwegischen Fischerei auf Kabeljau der Hering im Zentrum wirtschaftlicher Interessen. Die wichtigsten Fischplätze waren die Doggerbank und die Gewässer vor Schonen. Der englische Fischmarkt Great Yarmouth mit Saison von Michaelis bis Martini (September–November) schrumpfte Ende des 14. Jhs. unter der Ostsee-Konkurrenz. Dort in Schonen war seit dem 13. Jh. unter dem Monopol hansischer Kaufleute ein Verarbeitungszentrum für Hering entstanden. Im Frieden von Stralsund (1370) erreichten die hansischen und niederländischen Kaufleute für ihre Vitten (6–10 ha große Plätze mit Buden) eigene Verwaltung und niedere Gerichtsbarkeit von Dänemark. Über die seit ca. 1150 bezeugten Schonischen Messen kam der Hering europaweit in die Handelsnetze: Salz zur Konservierung kam via Lübeck vor allem aus Lüneburg, die Heringe gelangten über die hansischen und niederländischen Verteilungslinien auf die Binnenmärkte, über den Zwi-

Fischerei

schenhandel bis nach Oberitalien. In der zweiten Hälfte des 14. Jhs. sind jährlich 200000–300000 Tonnen Heringe aus Schonen allein in Lübeck umgeschlagen worden.

Subsistenzwirtschaft

Trotz aller Intensivierung blieb die Produktivität in Viehzucht wie Getreidebau ein Problem; Unfruchtbarkeit des Viehs und Seuchen bescherten hohe Verluste, Landbau und Viehzucht unterlagen bis zum Ende des 14. Jhs. einem „regime of subsistence agriculture" [LUCAS in: Speculum 5 (1930) 343–377]. Das ändert aber nichts daran, dass im 13./14. Jh. immer noch ungefähr drei Viertel des Sozialprodukts von der Landwirtschaft und nur ein Viertel in den urbanen Zentren erwirtschaftet wurden.

2.1.2. Die Stadt

Städtische Wirtschaft: Maßstäblichkeit und Überlieferung

Zwei Bemerkungen sind voranzustellen: 1). Die Wandlungsprozesse in der spätmittelalterlichen Stadtwirtschaft halten trotz so suggestiver Begriffe wie Bank und Kredit, Innovation und Technologietransfer keinen Vergleich mit Tempo und Umfang in der Gegenwart aus. Im Bewusstsein der Zeitgenossen kam überdies außerökonomischen Faktoren Bedeutung zu, von einer Ökonomisierung aller Lebensbereiche kann keine Rede sein. 2). Wenn auch nicht so dramatisch wie im Agrarsektor fehlen aus der Stadtwirtschaft vor dem Beginn des 15. Jhs. ebenfalls weithin statistisch verwertbare Zahlen, tritt das wirtschaftliche Geschehen eher in ‚weicher' Modulation aus der Überlieferung hervor. Im Vergleich zum Hochmittelalter fließen die Quellen allerdings im 13., mehr noch im 14. Jh. quantitativ wie qualitativ reichlich. So besteht die Gefahr, Wandlungsprozesse zu überzeichnen, wo sich nur die Überlieferung verändert hat.

Wirtschaftskrise in den Städten?

Trotz unterschiedlicher Konjunkturen in einzelnen Wirtschaftssektoren und -räumen Mittel- und Westeuropas während des 13. Jhs. scheint den wirtschaftlich *aktiven* Städten (das waren nicht nur die großen Zentren) eine Anpassung an die geänderten Gegebenheiten des 14. Jhs. gelungen zu sein. In dieser Einschätzung sind methodologische Maßstäbe und Quellenprobleme berücksichtigt. Für Barcelona beispielsweise zeichnen die aus offiziellen Quellen (vor allem aus Zollakten) gewonnenen Daten eine Handelskrise. Die Depression betraf aber nur den städtischen Großhandel, dem internationale Absatzmärkte weggebrochen waren. Die (wenn auch nur fragmentarisch überlieferten) Quellen für den Kleinhandel Barcelonas, für den ‚mercato interno', bieten dagegen ein anderes Bild: Kein Niedergang nach 1380, keine Krise, nicht einmal ein Stillstand – im Gegenteil: er prosperierte bis zum Beginn des 15. Jhs. Auch für das Reichsgebiet kann man den Verfall des im 12. Jh. bedeutenden Regensburg nicht als Indikator für allgemeine Krisen nehmen, die „gewerbliche Blüte" (F. IRSIGLER) setzte in den deutschen Städten wie übrigens auch in englischen gerade nach der Großen Pest von 1348 bis 1352 ein – in der Forschung zu Recht hervorgehoben werden die günstige Entwicklung im Exportgewerbe Kölns, die der ‚Boom-Towns' des 13. Jhs. wie

Lübeck und Nürnberg, die gute Kapitalversorgung von Gewerbe und Handel, die technischen Innovationen, die ungeheuren Gewinnmöglichkeiten im Großhandel.

Die mit Graben und Mauer befestigten Städte beherrschten das Land. Stadt und Land waren zunächst durch hohe demographische Mobilität verwoben: Der Trend führte in die Stadt. Die Schutzfunktionen der Städte für ihre dauernd unbefriedete Umgebung machten deren herrschaftliche Durchgestaltung nötig. In Mainz etwa waren um 1200 ungefähr 40 ländliche Siedlungen in den Schutz der Stadt einbezogen, rheinaufwärts bis Oppenheim, rheinabwärts bis Ingelheim. Die Bewohner der Burgrechtsorte hatten nicht nur die Verpflichtung zu Bau und Unterhalt eines Stadtmauerabschnitts, sie übernahmen – wie früher schon in Speyer und Worms – auch dessen Verteidigung. Die Städte konnten aber die Landbewohner auch auf Dauer an sich binden und dadurch ihre Einwohnerzahlen in etwa halten. Vor allem die Wohlhabenderen zogen in die Städte. Stadt und Land durchdrangen sich nicht selten in der Weise, dass eine bäuerliche Familie in die Stadt zog, der Sohn wirtschaftlich reüssierte, vielleicht zum Bürgermeister aufstieg, der Enkel als Grundbesitzer wieder aufs Land zurückging und dort sein Vermögen investierte. Die sehr flexible und im Bedarfsfall ‚liberale' Einwanderungspolitik der Städte lässt sich in Lüneburg, Hamburg und Frankfurt/Main mit zeitweise weit über 100 Neubürgeraufnahmen pro Jahr verfolgen. Die Zuwanderung in größere Städte beschränkte sich auch nicht wie bei Klein- und späten Gründungsstädten auf den Radius von ca. 20 Kilometern, und selbst in mittleren Städten wie Bellinzona wurden im 15. Jh. Neubürger aus entlegenen Gebieten der Lombardei aufgenommen. Die Städte standen in Konkurrenz um die Zuwanderer. Die Leibherren wollten ihre Bauern auf der Scholle halten oder ihre Rechte an den Abwanderern auch noch in den Städten behaupten. Fürsten und Herren versuchten vornehmlich im 13. Jh., ihre Neugründungen rechtlich und wirtschaftlich attraktiv auszugestalten, um sich gegen territoriale Konkurrenten durchzusetzen. Umworben waren auch Facharbeiter: In besonders scharfen Wettbewerb traten die Textilzentren Oberitaliens, bereits 1211 versuchte Parma, Barchentweber an sich zu binden. ‚Wandern' wurde eine handwerkliche Lebensform, soziale Vernetzung lenkte die Wanderungsbewegungen in attraktive Zentren. In den 1370/80er Jahren ließen sich erste deutsche Handwerkergruppen in Venedig, Florenz und Rom nieder. Schuhmacher wie Mattheus Teutonicus mit Verkaufsstand in der Vorhalle von St. Peter profitierten von den Pilgern, die ihre durchgelaufenen Sohlen ohne Verständigungsschwierigkeiten bei Handwerkern aus ihrer Heimat ersetzen lassen konnten. Deutsche Schuhmacher hatten sich auf den hansischen Handelswegen um 1250 bereits im norwegischen Bergen niedergelassen. Die ‚demographischen Regulative' Hungersnot und Epidemie führten aber auch zu Bevölkerungsdruck durch Zuwanderung, den gerade große Städte zu spüren bekamen. Das Textilgewerbe Barcelonas etwa hatte seit 1300 großen Zulauf vom Land, doch als dann nach steilem Aufstieg der Export seit der zweiten Hälfte des 14. Jhs. erlahmte, versagten die sozialen Mechanismen: Sichtbarster Ausdruck war die Verelendung der städtischen Unterschichten.

Städtischer Markt und dörfliche Arbeit

Die Städte und ihre Wirtschaftskraft beherrschten das Umland, aber bei der Beurteilung des Ineinanders von kleineren Städten und ländlichem Raum ist Vorsicht geboten. In der Innerschweiz z. B. wiesen Städte wie Zug und Sursee, ganz abgesehen von sehr kleinen Kommunen wie Sempach, mindestens bis zum Ende des 14. Jhs. enge wirtschaftliche und soziale Verflechtungen mit dem platten Land auf, sie waren noch sein Teil. Die Kleinstädte mussten erst „verstädtert" werden, weil sie viel länger als die größeren Kommunen „einen ausgesprochen ländlich-bäuerlichen Charakter" besaßen [SABLONIER in: 1116]. In der Tendenz aber steht außer Frage, dass seit dem 13. Jh. der städtische Markt die Nahrungsmittelpreise im Interesse des Verbrauchers erzeugerfeindlich reglementierte. Das alte Landhandwerk wurde bekämpft, und wo man nicht darauf verzichten konnte (wie in den oberschwäbischen Textilstädten), wurde es in Abhängigkeit gebracht. Man darf diesen Trend allerdings nicht nur negativ bewerten: Die städtische Nachfrage hat auf ganze Landschaften wirtschaftlich anregend gewirkt.

Textil-Landschaften

Insgesamt überformten städtisches Gewerbe und Kapital seit Beginn des 13. Jhs. mehr und mehr das Land – seit 1350 in einer Zeit sinkender Getreidepreise auch zum Nutzen der Dörfer. Das städtische Geld ließ ländliche Spinnereien und Webereien entstehen, es führte zur Verdichtung von Textil-Landschaften. In England war die Ausweitung der Tuchproduktion während des 14. Jhs. zwar zuerst ein städtisches Phänomen: Noch um 1400 kam aus Salisbury, Bristol, York und Coventry rund ein Drittel des englischen Tuches. Gleichzeitig aber haben städtische Unternehmer Segmente des arbeitsteiligen, verbundenen Produktionsprozesses wie die Spinnerei auf das Land verlagert. Ähnliches vollzog sich in den Niederlanden, in Oberschwaben und Oberitalien. Dadurch sind die Tuchreviere des Spätmittelalters erst entstanden, hierarchisch unter Zentren gegliedert und mit vielen kleinstädtisch-dörflichen Produktionsstätten besonders für die Spinnerei. In den Gewerbelandschaften konnten sich die Einflusszonen der Städte durchaus überlappen. Neben spezialisierter Spinnerei wurde auch die Herstellung von ‚Billigstoffen' und Massentuch auf Dörfer und Kleinstädte verteilt: Die standardisierte Produktion mit ihren geringen Gewinnmargen suchte damals schon nach den kostengünstigsten Rahmenbedingungen. Als in England die städtische Kammgarnproduktion unrentabel wurde, ging man dazu über, Garn auf dem Land zwirnen zu lassen. In der Folge (um 1300) erhielt die ländliche Grafschaft Norfolk stärkere gewerbliche Prägung. Auch in den Niederlanden war die Woll- und Flachserzeugung früh als bäuerlicher Nebenerwerb organisiert, und in Flandern wurde im 14. Jh. die Tuchherstellung überhaupt weitgehend auf das Land verlegt. In der Lombardei wanderte die Produktion billigen Tuches auf das platte Land ab, die städtischen Ateliers setzten nur noch auf Luxusstoffe. Im Reich des 14. Jhs. konzentrierten sich

Flachsanbau, Spinnerei und die Weberei von Leinwand im Bodenseegebiet und Oberschwaben, in Lothringen und Westfalen. Der günstige Preis und das Aufkommen von Unterkleidung erhöhten die Leinennachfrage. Im Elsass entstand mit dem Zentrum Straßburg eine bis in die heutige Schweiz ausstrahlende Tuchindustrie. Das Verlagssystem verband überall städtisches Kapital mit ländlicher Arbeit oder Rohstofferzeugung, man spricht von ‚Rustikalisierung der Industrien'. Wurde die Landweberei aber zur Konkurrenz, bekämpften die Städte sie auch unter Anwendung von Gewalt. Zumindest versuchte man, dem Land die städtischen Qualitätsvorschriften aufzudrücken.

Im 14. Jh. setzte eine große Nachfrage nach Stahl, Kupfer, Zinn und vor allem nach den Münzmetallen Silber und Gold ein. Bei Bunt- und Edelmetallen herrschte eher Knappheit. Die Produktionsstätten im Harz, in den Vogesen, den Ostalpen und Karpaten, auf Sardinien, in Schweden und in Cornwall waren sehr standortgebunden, abhängig von Rohstoffvorkommen und vorhandener Energie. Produktqualitäten wurden mit Montanstandorten identifiziert: Das schwedische ‚Osemund' war seit dem 12. Jh. Begriff für besten Stahl. Eisenreviere entstanden u. a. im Forest of Dean, im Siegerland, in der Oberpfalz, in Böhmen, in der Steiermark, auf der Insel Elba. Im 13. Jh. stieß man in Tirol, Schlesien, Böhmen und Ungarn auf neue Goldvorkommen, auf silberhaltiges Bleierz 1170 im sächsischen Freiberg, auf Silber auch im Erzgebirge, in den Karpaten, in Siebenbürgen, Bosnien und Serbien. Im westlichen Mähren führte der Zustrom deutscher Bergleute zur Gründung Iglaus. Das berühmte Iglauer Bergrecht von 1249 entstand nach sächsischem Vorbild. Ebenfalls zu einer „Stadt des Silbers" (aber auch mit Blei- und Zinkvorkommen) entwickelte sich im 13. Jh. Iglesias auf Sardinien. Selbst Steinkohle wurde seit Ende des 12. Jhs. im Becken von Newcastle und im Lütticher Land geschürft, seit dem 13. Jh. im Ruhrgebiet und im Hennegau, im 14. Jh. in Südwales und Northumberland. Von England aus wurden 1377 und 1378 jährlich ca. 6600 Tonnen Kohle nach Frankreich, in die Niederlande und in die Hansestädte an der Ostsee verschifft. Auch die Salzproduktion in Meersalinen entlang der europäischen Küsten war ländliches Gewerbe, in Seeland z. B. seit dem 13. Jh. Aber bereits seit der ersten Hälfte des 14. Jhs. stagnierte das Wachstum namentlich in den Bunt- und Edelmetallrevieren. Besonders die Wasserhaltung der weit in den Berg vorgetriebenen Stollenanlagen war mit dem technischen Wissen und der Kapitalausstattung der Zeit nicht zu bewältigen.

Städtisches Geld und das von städtischen Unternehmern organisierte Verlagssystem hatten seit dem 13. Jh. einen Bergsegen in ländlichen Revieren hervorgerufen. Die selbstständigen bäuerlichen Eigenlehner, die Tagebau mit primitiven Mitteln und schmalstem Kapitaleinsatz im Familienverband betrieben, verschwanden zwar während des Spätmittelalters nicht, sie verloren aber an Bedeutung. Die Gewerke wurden um städtische Unternehmer ergänzt, die über Vorschussleistungen den Betrieb finanzierten. Das Verlagssystem veränderte Bergbau und Metallerzeugung: In den Bunt- und Edelmetallsektor waren be-

Bergsegen und Revierbildung

Arbeit, Großbetrieb und Verlag

reits im 12. Jh. unternehmerische Gewerke eingedrungen, die Lohnarbeiter beschäftigten. Das Bergrecht des Bischofs von Trient (1214) unterschied zwischen Gewerken und Arbeitern, bezeugt verlegerische Praktiken. Im Harzbergbau erwarben seit dem 13. Jh. Goslarer Verlagsherren Grubenanteile und ließen andere im Lohn-, Lehnschafts- bzw. Mietverhältnis für sich arbeiten. Im frühen 14. Jh. wuchsen die königlichen Zinn- und Silberbergwerke im englischen Beer Alston zu ‚Großbetrieben' mit 700 Lohnarbeitern empor. Bei einem Zinnmagnaten standen 1357 in sechs Bergwerken Cornwalls 300 Menschen in Lohn und Brot. Die exportorientierte englische Zinnproduktion konnte vom Beginn des 14. Jhs. bis zu den 1430er Jahren von 680 000 auf 1,4 Millionen Pfund jährlich gesteigert werden. Die Eisenhämmer im oberpfälzischen Revier waren im 14. Jh. abhängig von Amberger, Sulzbacher und Nürnberger Geldleuten, die sich als Hammerherren, Hammermeister oder Verleger engagierten. 1387 verbanden sich (nach einer Vorläuferorganisation von 1341) „84 Hämmer mit ihren Schmelzhütten zu einem Mengen- und Konditionen-Kartell" [VON STROMER in: 279, 39–111]. Die ‚Große Oberpfälzer Hammereinung' besaß mit ihren produktionsbeschränkenden Maßnahmen und ihrer Konzentration auf wenige „Unternehmer-Clans" durchaus eine „kapitalistische Organisationsform" [919: VON STROMER]. Nürnberger Kaufleute unterhielten Blechhämmer im Umland und bezogen die nötigen Halbfabrikate aus der Oberpfalz. Der Großfinanzier Kaiser Ludwigs des Bayern, Konrad Groß, erwarb 1335 den sogenannten Gleißhammer bei Nürnberg. Auch italienische Kapitalisten intvestierten mit wechselndem Erfolg ihr Geld in Bergwerke und Hüttenanlagen von England bis Polen. Die aus einer Genueser Adelsfamilie stammenden Benedetto und Manuele Zaccaria beuteten in den 1280er Jahren die Alaunvorkommen von Phokaia aus, die ihnen Kaiser Michael VIII. Palaiologos gegen Tribut überlassen hatte. Das Maasgebiet mit Maastricht, Lüttich, Aachen und Dinant wandelte sich im 14. Jh. zu einem ausgesprochenen Kupferrevier mit Exportgewerbe bei überregionalem Rohstoffimport: Aus dem Harz kam Kupfer, aus Cornwall Zinn.

Städtischer Besitz auf dem Land — Das Ausgreifen der Städte in ihr Um- und Hinterland blieb nicht nur auf die Wirtschaft beschränkt. Die größeren Städte versuchten, ihr Umland auch herrschaftlich durchzusetzen, oft gegen adlige Konkurrenten. Nur wenige der alten Bischofsstädte, die im Spätmittelalter zu Freistädten aufrückten, erreichten wie Metz und Straßburg ein nennenswertes Landgebiet. Von den Königs- bzw. Reichsstädten konnten dagegen etwa 10 Prozent teilweise beträchtliche Territorien erwerben. Das mit Abstand größte nördlich der Alpen wies Bern auf, gefolgt von Zürich und Nürnberg, danach kamen in abnehmender Reihung Ulm, Erfurt, Rothenburg o. T., Schwäbisch Hall und Überlingen. Die Städte der jüngeren Stufe wie z. B. Lübeck konnten erst um 1300 mit dem Aufbau eines Territoriums beginnen. Wo städtische Räte und Oberschichtsangehörige als Gerichts- und Grundherren auftraten, verwischten sich die Grenzen zwischen Stadt und Land. Urbane Dominanz war „vor allem Verfügungsgewalt qua Eigentum" [VON MÜLLER in: 1003, 233–246]: Südlich wie nördlich der Alpen unterstellten sich Städte den ländlichen Individualbesitz kommunaler Oberschichten. Kirchliche Institutionen in der Stadt mit beträchtlichem Grundbesitz, v.a. Spitäler, wurden oft schon im 13. Jh. kommunalisiert, Adelsherrschaften im Umland ausgekauft. In Italien setzten die Kommunen die seit ca. 1100 sichtbar werdende Unterscheidung zwischen Bürger und Bauer in Abhängigkeitsverhältnisse um, erwarben Feudalrechte auf dem Land und betrieben gezielte Siedlungspolitik. Das frühe Nürnberger Patriziat (Stadtadel) rekrutierte sich in großer Zahl aus ministerialischen Lehns- und Grundbesitzern, die in die Stadt zuwanderten, aber auf den Dörfern ihren Feudalbesitz behielten. Berner Stadtbürger engagierten sich mit Grundstückskäufen besonders im Hasli und in den Alpen (Berner Oberland). Prenzlauer und Stendaler Rats- und Kaufmannsgeschlechter wie die Bismarck weisen Kontinuität von Lehnsbesitz und Fernhandel über Generationen auf. Im Sieneser Contado standen im 14. Jh. 80 Prozent, um 1400 im Aretiner sogar 90 Prozent und 1427 im Florentiner Umland 68 Prozent des Kulturlandes in stadtbürgerlichem Eigentum. Das Landgut war Attribut großbürgerlichen Sozialprestiges, Zeichen der ‚Verbürgerlichung des Adels' und der ‚Aristokratisierung der Bürger'. Demgemäß wurde das Umland zur Nutzung von städtischem Kapital eingesetzt, mit der Kehrseite hoher bäuerlicher Verschuldung. Im Lübecker Umland war um 1350 ein Großteil der Bauernhöfe im Besitz städtischer Kaufleute.

Handwerk und Gewerbe, unter denen das Lebensmittelgewerbe (Bäcker, Fleischer und Fischmenger) zahlenmäßig herausragt, waren zunächst in Kleinbetrieben (Allein- bzw. Gesellenbetriebe mit 1–2 Hilfskräften) organisiert. Der aus organisatorischen, technischen, sozial- und gewerbepolitischen Gründen überdauernden Struktur entsprach eine im 14. Jh. zunehmende Berufsspezialisierung mit vertikaler Arbeitsteilung im Textil-, Metall- und Ledergewerbe. Auch der Bäcker blieb in größeren Städten nicht mehr einfach Bäcker. Unterschieden wurde nach Arbeits-, Rohstoff- oder Produktmerkmalen in Weiß- und Schwarzbäcker, in Roggen- und Weizen-, Grob- und Feinbäcker, Sauer- und Süß-, Brot- und Kuchenbäcker. Zur Feinbäckerei rechneten Schön-, Brezel-, Fast-, Los-, Pfeffer-, Pasteten- und Zuckerbäcker, Fladner, Semmler, Lebzelter bzw. Lebküchler, Pfefferküchler. Vollberufe freilich sind dahinter selten zu vermuten, es war Saisonbäckerei für Festtage. Bestimmend für das städtische Handwerk wurde die im 13. Jh. wachsende Zünftigkeit (Amt, Gilde, Gaffel; ambacht; arte; métier, corporation; guild). Die Handwerkskorporationen wirkten wie Kartelle mit ihrem ebenso ein- wie ausschließenden Zunftzwang, mit Zunftkauf bei gleichzeitigem Verbot des Fürkaufs (spekulativer Erwerb von Rohstoffen oder Halbfabrikaten), mit Organisation in Preis- und Lohnwerk, mit zünftig wie gemeindlich kontrollierten Produktions- und Absatzmonopolen, mit Lohnordnungen (Zeit- und Stücklöhne) und Arbeitszeitnormen (mit saisonal schwankendem Lichttag, mit Nacht-, Sonn- und Feiertagsarbeitsverboten). Als

Städtisches Handwerk und Zünfte

Folge der vielen Feiertage gab es bereits die durchschnittliche Fünf-Tage-Woche. Zünfte wehrten sich gegen arbeitsplatzvernichtende technische Innovationen, sie kämpften im 12. und 13. Jh. gegen die Wassermühlen in der Tuchwalkerei (in Rouen, Caen, Mecheln, Ypern, Brügge), so dass mechanisiertes Walken zeitweilig auf billige Massenware beschränkt blieb. Der Kölner Rat verbot 1412/13 kategorisch, die in Lucca und Bologna zur technischen Reife entwickelte und von dem oberdeutschen Kaufmann Walter Kesinger vertriebene Seidenzwirnmühle einzuführen, um die Arbeitsplätze der Seidenspinnerinnen zu erhalten. Nach dem ‚Nahrungsprinzip' wehrten sich Zünfte mit prohibitiven Maßnahmen auch gegen stadtfremde Handwerker (Störer), Ausnahmen davon machten die kleinen flandrischen Städte des 14. Jhs. Trotz allem Protektionismus blieben aber beträchtliche Einkommensunterschiede bestehen, in sogenannten Zunftstädten gemäß dem Sprichwort „Fingerlang Handel ist besser als armlang Handwerk" auch und gerade zwischen Handels- und Handwerkszünften. Als Faustregel mag gelten, dass Zünfte dort die am weitesten gehenden Rechte erwarben und den größten politischen Einfluss in den städtischen Räten erstritten, wo veraltete wirtschaftliche Strukturen vorherrschten und die Konjunktur stagnierte. Charakteristisch ist endlich die starke Besetzung vor allem handelsorientierter Gewerbe, beispielsweise der Brauer in Hamburg, der Tuchmacher in Gent oder Florenz, der Metallhandwerker in Mailand oder Nürnberg. Im wirtschaftlichen (und gesellschaftlichen) Wandel sind aber gegenüber rein quantitativen Zunahmen die Neuentwicklungen von höherer Bedeutung. Sie werden vor allem in der Metallverarbeitung und -produktion sowie im Textilsektor fassbar, sie zeigen Symbiose von gewerblicher Produktion und Handel, ja enorme Abhängigkeit der Handwerker von den Händlern; denn die kleinbetriebliche Handwerksproduktion konnte den Forderungen der Absatzmärkte nach standardisierter Produktqualität und kontinuierlichem Angebot nicht entsprechen. Die Handwerke waren auf die Kaufleute angewiesen: Sie organisierten den Einkauf der Rohstoffe, sorgten für den Absatz, reagierten auf sich ändernde Verbraucherwünsche, waren die Multiplikatoren von Geschmackswandlungen.

Tuch, nichts als Tuch

Verstärkte Geschmackswandlungen regten trotz stagnierender bzw. sinkender Bevölkerungszahlen die Textilproduktion an. Neue Tuchsorten folgten allfälligen Moden, neue Technologien und Betriebsformen kamen auf. Für den Limburger Chronisten Tileman Elhen von Wolfhagen versinnbildlichten die Moden die Rhythmen der Geschichte seiner Stadt im 14. Jh. Im deutschen Textilgewerbe ist die eindrucksvollste Neuerung die Barchentweberei Ostschwabens nach 1370. Mit diesem leichten Leinen-Baumwoll-Mischgewebe wurden Augsburg und Ulm führend, dank ihrer standardisierten Massenproduktion konnte der zuvor dominierende Barchent Oberitaliens verdrängt werden. Das war aber auch der einzige Einbruch im oberitalienischen Tuchgewerbe, sonst florierten Tuchhandwerk und -handel als das Gewerbe Oberitaliens schlechthin. Nach 1382 profitierten die oberitalienischen Städte vom Niedergang der flandrischen und brabantischen Tuchindustrie, konnten von dort Fachkräfte abwerben und erschlossen sich neue mediterrane Märkte. Die Nachfrage wohlhabender Verbraucher nach Luxusstoffen führte zu einer „Aristokratisierung" der Produktion: In Florenz verdoppelten sich nach 1350 die Preise für Wolltücher. Zuvor schon war die Nachfrage nach Seide gestiegen. Das Seidengewerbe breitete sich von Lucca über ganz Italien aus. Spuren der Seidenherstellung finden sich bereits im 12. und 13. Jh. auch in Köln. Dort entstanden in Seidenstickerei, -weberei und -färberei neue Berufe vornehmlich für Frauen. Köln war am Ende des 14. Jhs. die führende Seidenstadt nördlich der Alpen. Zeitlich vor Italien war das Tuchgewerbe in Flandern und im Artois aufgeblüht. Zentren für Wolltuch wurden seit dem 12. Jh. Gent, Brügge, Ypern, Lille, Douai, Arras, St-Omer. Die Rohwolle freilich musste aus England bezogen werden. Daraus entstanden Abhängigkeiten, die auch durch Wollimporte aus Spanien (seit dem 13. Jh.) und aus Niederdeutschland (für gröbere Qualitäten) nicht ausgeglichen werden konnten. Die niederländische Tuchproduktion stand um 1300 in ihrem Zenit, nach 1320 begann die Rezession. Der langfristige Konjunktureinbruch beruhte zunächst auf der Konkurrenz aus Brabant – Tucheinkäufe der Grafen von Bar auf den Champagne-Messen der 1320er Jahre zeigen, dass die Brabanter Stoffe (aus Mecheln, Brüssel und Löwen) die flandrische Ware in Qualität und Preis überflügelt hatten. Zur brabantischen Konkurrenz gesellte sich der englische Import. Aber auch im Inneren der Grafschaft Flandern erwuchs der Widerpart in Dutzenden kleinerer Städte mit günstigsten Standortfaktoren. Die alten Zentren reagierten, setzten auf standardisiertes Qualitätstuch, versuchten es 1307 und von 1340 bis 1350 mit protektionistischen Maßnahmen gegen den englischen Handel – doch ohne durchgreifende Erfolge. Jenseits des Kanals hatte schon Ende des 12. Jhs. die in den ostenglischen Städten konzentrierte Qualitätsweberei unter der flandrischen Konkurrenz stagniert. Günstigere Zeiten kamen wieder mit der Verschlechterung der politischen Beziehungen, die König Eduard I. im Jahre 1295 bewogen, die Ausfuhr der hochwertigen englischen Wolle einzuschränken. Die besseren Appreturen wurden nun wieder gefertigt, die Nachfrage nach Qualitäts- und Luxustuch befriedigt. Der Aufschwung ist quantifizierbar: 1350 stellten die englischen Ateliers gerade 15 000 bis 16 000 Ballen feinen Wollstoffs her, am Ende des 14. Jhs. waren es pro Jahr ca. 50 000 Ballen, vier Fünftel davon gingen in den Export. Um 1300 wurden 17 000 bis 20 000 vollzeitig tätige Lohnarbeiter in der Tucherzeugung gebraucht, um 1400 dagegen 40 000 bis 46 000. Dennoch fand kaum 1 Prozent der Bevölkerung Arbeit in der Tuchindustrie – soviel zur Maßstäblichkeit gewerblicher Produktion im Spätmittelalter. Bezieht man allerdings die Zahlen auf die städtischen Populationen und berücksichtigt, dass noch viele Handwerker und Lohnarbeiter in der Spinnerei und im ländlichen Textilgewerbe Nebenerwerb fanden, ergeben sich günstigere Relationen. In den Tuchzentren Brügge, Gent und Ypern war sogar mehr als die Hälfte der Einwohnerschaft in der Draperie beschäftigt. Von den Anfängen

,industrieller Wirtschaft' oder gar einer „industriellen Revolution" kann dennoch bis zum Ende des 14. Jhs. nur sehr bedingt die Rede sein. Noch dominierte der Agrarsektor jeden anderen Wirtschaftszweig.

Tuch: Organisation und Arbeit

Das städtische Tuchgewerbe setzte eine arbeitsteilige Betriebsorganisation voraus, die bis zu 30 verschiedene Produktionsstationen umfassen konnte. Vorbereitende Tätigkeiten, insbesondere die Spinnerei, wurden dabei vornehmlich von Frauen mit niedrigeren Stück- bzw. Tagelöhnen geleistet. In den Männerberufen dieser Teilbereiche kam es zu sozialem Abstieg. Das Beispiel der Wollschläger zeigt Typisches: Sie hatten sich früh als eigenes Gewerbe geformt; in Norddeutschland aber ließen die Tuchmacher bereits im 13. Jh. die Wollschlägerei von Lohnarbeitern besorgen, in Südwestdeutschland erst im 14. Jh. Auch bei den Weberknechten hielten schlechtere Bedingungen, nämlich Stück- und Teillöhne, bereits im 13. Jh. Einzug. Leicester ist einer der Schauplätze dieser Lohndrückerei gewesen. In Paris 1270 und in Speyer 1351 sah sich die Stadtregierung zu Verboten des später so bezeichneten Truck-Systems (mit Natural- bzw. Warenlöhnen) veranlasst. In den nordwesteuropäischen Städten loderten Aufstände besonders um 1280 auf. Lohnkämpfe fanden 1351 in Speyer, 1365 in Freiburg/Br. statt.

Hausproduktion und ,Großbetriebe'

Trotz der hydraulischen Walkmühlen und Mangeln, trotz der schnellen Horizontal- bzw. Zwei-Mann-Webstühle oder der Spinnräder, die sich etwa seit 1280 in Speyer drehten, war die Mechanisierung weder in den Niederlanden noch in Oberitalien weit fortgeschritten. Freilich wurden die spezialisierten Arbeitsschritte in der verbundenen Textilproduktion von Zünften koordiniert und finanziert, auch von Kaufleute-Unternehmern bzw. von größeren Zunftmeistern, den Weber-Unternehmern oder Drapiers, doch nicht vor dem 14. Jh. Selbst das Wollgewerbe von Florenz, das vor 1350 30000 Menschen Arbeit gegeben haben soll, zerfiel in 200 bis 300 einzelne Ateliers. Die Betriebe selbst waren zwar vergleichsweise ,groß', aber mit Produktionszahlen von jeweils 200 bis 250 Tuchen jährlich nicht gerade riesig.

Der Verlag

Bei dem Übergang zum Verlagswesen darf man nicht nur an Ausbeutung unterdrückter Weber durch skrupellose Kapitalisten denken: Über den Verlag als dezentralisierten Großbetrieb konnte eine standardisierte Massenproduktion überhaupt erst ermöglicht und eine relative Stabilität der Arbeitsplätze gesichert werden. Als Faktoren sind ins Kalkül zu ziehen: Kapitalausstattung und Kredit, Einkauf, Preis und Transport der Rohstoffe, Absatz und Distribution der Halbfabrikate und Fertigprodukte, Organisationsformen des Betriebes und ,Knowhow' der Produktionsverfahren. In die Tuchmacherei der nordwesteuropäischen Städte dürfte das „Verlegen" (= Kreditgeben) kaum vor dem 14. Jh. Einzug gehalten haben. In Florenz dagegen scheint bereits im 13. Jh. der *lanaiolo*, der Kaufmann-Unternehmer, den gesamten Produktionsprozess vom Einkauf der Rohwolle an geleitet zu haben. Die Arbeit selbst war äußerst stark zerlegt: Die Geschäftsbücher des Kaufmanns und Mitglieds der Arte della Lana, der Korporation der Wollkaufleute, Francesco di Marco Datini in Prato († 1410), belegen, dass 222,5 Tuche, die innerhalb von drei Jahren für ihn hergestellt wurden, durch die Hände von 1000 Personen gegangen sind; die Produktion zerfiel in 6088 Teiloperationen. Die Kosten der Herstellung verteilten sich zu ca. 40 Prozent auf die Rohwolle, zu jeweils 10 Prozent auf das Färben und Spinnen, zu 8 Prozent auf das Weben. Der Rest ging auf die übrigen Arbeitsgänge. Der Zerlegung der Arbeit entsprach eine soziale Hierarchisierung der Arbeiter: Auf der untersten Stufe standen die Lohnarbeiter, die hauptsächlich im Stücklohn bezahlt wurden. Zentrale Werkstätten aber gab es selbst in Florenz nicht: Die Weber und Weberinnen waren Heimarbeiter, sie erhielten im Sachverlag Halbfabrikate, lebten teilweise in großer Abhängigkeit (Verpfändung ihrer Webstühle etc.) von ihren Verlagsherren. Die Spinnerei war im 14. Jh. hauptsächlich auf das Land ausgelagert. Die Walker, Tuchspanner und Appreteure der Florentiner Tuchmacherei arbeiteten dagegen sehr selbstständig, bedienten mitunter mehrere Verleger. Bei den Färbern sind sogar korporative Zusammenschlüsse von Meistern bezeugt.

Als Prototyp des ‚Kaufmann-Verlegers' gilt der 1285/86 verstorbene Patrizier Jehan Boinebroke aus Douai. Doch ist sein wirtschaftliches Handeln nur schwerlich mit wie auch immer gearteten „origines du capitalisme" zu verbinden. Denn Boinebrokes Zentrale blieb sein Wohnhaus, der Oikos, zu dem auch Schafherden gehörten. Als Auftraggeber trat er nur gegenüber Kämmerinnen und Spülerinnen, Walkern und Färbern auf, entlohnte sie sogar im Truck-System. 1284 entluden sich die unter seinen Lohnarbeitern aufgestauten Konflikte in einem Aufstand, der mit Waffengewalt niedergeschlagen wurde. Mit den Webern verbanden Boinebroke dagegen normale Geschäftsbeziehungen, was nicht hieß, dass er ihnen nicht schlechte Wolle zu hohem Preis verkauft, dafür ihre Erzeugnisse verspätet oder gar zu niedrig bezahlt hätte. Boinebrokes Testament, eine beeindruckende 5,50 Meter lange Pergamentrolle, in der er jene Durchstechereien und Betrügereien beichtet, zeugt von der Gewissensnot des ‚frommen Kaufmanns' im Angesicht des Todes.

Ein Verlagsherr – Jehan Boinebroke

Der Dichter Bonvesin de la Riva schreibt 1288 über das Metallhandwerk Mailands, dass dort mehr als 20 Handwerksmeister mit ihren Gehilfen nichts außer Messingglöckchen für die Halsriemen der Pferde verfertigten. Das war keine Panegyrik. Die Beobachtungen Bonvesins verdeutlichen vielmehr, dass sich im städtischen Metallhandwerk ähnlich wie im Textilsektor eine ungeheure Spezialisierung und Zerlegung der Arbeit vollzogen hat. Im Paris des 13. Jhs. zählte man ca. 40 eisenverarbeitende Handwerke. Mit Kupfer gingen die Messing- und Beckenschläger um, die Rot- und Gelbgießer, die Rot-, Draht- und Blechschmiede, die Gürtler, Zirkelschmiede, Waagen- und Gewichtemacher, endlich die Kupfer- und Kupferhammerschmiede, auch Kessler oder Kaltschmiede genannt. Das städtische Metallhandwerk wurde durch Veränderungen in den Montanrevieren des 13./14. Jhs. beeinflusst, die ihrerseits als Produktionsstätten vom städtischen Kapital überhaupt erst konsolidiert worden waren.

Eisen und Kupfer, Waffen und Tand

So wurden im ganzen spätmittelalterlichen Europa Metallerzeugnisse ein Begriff, deren Qualität durch städtische Aufsicht kontrolliert wurde: Die französischen Chansons de Geste des 12. und 13. Jhs. handeln von *l'éspees de l'acier de Coloigne*, Blech haben die spätmittelalterlichen Verbraucher mit Amberg assoziiert, Messer mit Solingen, Rüstungen mit Mailand, Geschütze mit Lüttich, Blei wiederum mit Köln. Im Handbuch des Francesco di Balduccio Pegolotti (Ende des 14. Jhs.) findet sich ein Vademecum für alle Kupfersorten, ihre Verwendung und ihre Märkte. Beispielhaft für den Aufbau der hochspezialisierten, exportorientierten Nürnberger Metallgewerbe vom Zinnguss bis zur Waffenherstellung im 14. Jh. steht die Plattnerei. Dieser Entwicklung ging der erwähnte Ausgriff des Nürnberger Kapitals auf die Eisenerzeugung der Oberpfalz und auf die Buntmetallproduktion in Osteuropa zur Absicherung einer ungestörten Rohstoffversorgung voraus. Nürnberger Metallwaren wurden seit 1300 über die Frankfurter Messen verteilt, sie waren präsent im Mittelmeerraum. Den berühmten *tand von Nurenberch* haben Konsortien wie die 1380 gegründete ‚Große Ravensburger Handelsgesellschaft' massenhaft abgesetzt. Im deutschsprachigen Raum entwickelte sich mit Köln ein weiteres Zentrum der Metallverarbeitung, der Waffenherstellung und des Waffenhandels. Rohstoffe und Halbfabrikate wurden aus dem Hinterland bezogen. Aber auch das Buntmetallhandwerk Kölns war gut besetzt. Verbreitung fand seit dem 14. Jh. das Zinngießerhandwerk, wohlhabend war die Zunft der hochspezialisierten Gürtelschläger. Zur Gürtlergaffel gehörte die Zunft der Nadelmacher. Ihre Nadelerzeugnisse aus Messingdraht, 1399 bezeichnenderweise *Meylensche nailden* genannt, wurden um 1400 fassweise über die Alpen verhandelt. Weit war der Ausgriff der Kölner in die europäischen Montanregionen. Tideman Lemberg pachtete 1347 für 3500 Mark jährlich die Zinngruben von Cornwall. Auf der Grundlage des Zinns aus Cornwall und Devon ruhten die Londoner Zinnwarenherstellung und die Handwerke in York, Bristol, Coventry und Norwich. Förderung und Verarbeitung des Zinns organisierten *merchant tinners* im Verlagssystem. Überhaupt wurde das Verlagssystem im Spätmittelalter die vorherrschende Organisationsform im europäischen Metallhandwerk und -gewerbe, zu fassen bereits im 13. Jh. in der Goldschlägerei Luccas, im 14. Jh. dann z. B. in der Nürnberger Plattnerei, im Passauer Messergewerbe, in der Braunschweiger Messingschlägerei. Ansätze zu verlegerischer Produktion sind in der mechanisierten Draht- und Nadelherstellung, in der Bronze- und Zinngießerei zu finden. Der Begriff „Verlegen" taucht bezeichnenderweise erstmals während des frühen 14. Jhs. in den Quellen zum Nürnberger Schmiedehandwerk auf. Doch wie schon im Textilsektor sind zentralisierte Großbetriebe bis zum Ende des 14. Jhs. weithin unbekannt.

Stadt und Salz   Neben Tuch und Metall förderte vornehmlich die Salzgewinnung die städtischen Gewerbe. In Lüneburg, das als Beispiel für vergleichbare Stätten und Städte, für Schwäbisch Hall und Reichenhall, Aussee, Hallstatt, Hallein und Hall in Tirol, für Frankenhausen und Salzungen, Budweis in Böhmen, Thorenburg in Ungarn, Chioggia in Oberitalien, stehen mag, setzte die verstärkte Salinenproduktion 1257 mit einem Privileg für Salzhandel und -lagerung ein. Die Kapazität der 1269 errichteten Neuen Saline konnte von 5000 auf 15000 Tonnen pro Jahr (Ende des 13. Jhs.) gesteigert werden. Pfannenpächter, seit 1374 ‚Sülfmeister' genannt, kontrollierten die Salzproduktion, deren Eigentumsrechte seit dem 13. Jh. an kirchliche Institutionen übergegangen waren. Die rund 80 Sülfmeister-Geschlechter hielten auch den Handel mit Lüneburger Salz auf der Linie Lübeck-Ostseeraum in ihren Händen.

2.2. Hochfinanz und Welthandel

Der Lokalhandel und andere Formen des kleinen, den täglichen Markt bedienenden wirtschaftlichen Austauschs bildeten die Grundlage des Wirtschaftsverkehrs im Mittelalter. Allen Händlern, Wanderkrämern wie den ‚Kiepenkerlen' mit den feinen Stoffen ebenso wie den hausierenden ‚Kretzenträgern' mit billigem Tuch, auch den reichen Kaufleuten, war dauernde Mobilität auferlegt. „Handel ist im Mittelalter immer zugleich Wanderhandel" [737: SCHUBERT]. Neben dem Handel bildete sich spätestens seit dem 13. Jh. ein eigenständiges Transportgewerbe aus, früh in Italien, nördlich der Alpen erst im 14. Jh. Freie Frachtunternehmen standen neben Genossenschaften, die vor allem im Alpentransit Säumerei bzw. Rottfuhr (Wagentransport) im Einflussbereich ihrer Gemeinde bzw. von Sust (Warenniederlage) zu Sust, von Rottstation zu Rottstation als bäuerlichen Nebenerwerb betrieben. Die ältesten bekannten Statuten, die an der Gotthardroute Transport und Verkehr regelten, wurden schon im Jahre 1237 für Osco und Leventina gewiesen. Trotz der großen Fährnisse bestanden Versicherungsmöglichkeiten zunächst nur in Form des mediterranen Seedarlehens, überliefert z. B. in den Marseiller Statuten von 1253. Im hansischen Raum hat sich die Seeversicherung in Form der sogenannten Bodmerei (*bodeme* = Schiffsboden) ausgebildet, die die Verpfändung von Schiff und Ladung für ein während der Fahrt aufgenommenes Darlehen beinhaltete. Versicherungen konnten also bis ca. 1300 nur als verdeckte Anleihen oder in Form von fiktiven Käufen abgeschlossen werden, bis dann im 14. Jh. die im voraus zu entrichtende Prämie aufkam. Handel, Mobilität, Transport

Die im mediterranen Raum und in Nordeuropa unterschiedlichen Handelsgewohnheiten prägten auch die Vergesellschaftungsformen der Fernhändler. Vorbild für ganz Europa waren seit dem 12. Jh. die Seehandelsgesellschaften Italiens. Seit 1300 wurden hier die älteren auf kurze Frist zwischen zwei Partnern geschlossenen Formen der ‚Commenda' Genuas und ‚Colleganza' Venedigs durch die ‚Societas' abgelöst. Die ‚Societas' und die für den Landhandel entwickelte ‚Compagnia' weisen übereinstimmende Züge auf: Sie wurden mit mehreren Partnern auf drei bzw. fünf Jahre abgeschlossen, kannten Verlängerung und Vermögenshaftung, berücksichtigten auch stille Beteiligungen mit der Übernahme des Geschäftsrisikos und Deposita gegen Verzinsung. Han- Handelsgesellschaften – Italien delsgesellschaften, die in dieser Art organisiert waren, kamen aus Piacenza, Siena, Lucca und vor allem aus Florenz, sie agierten europaweit und organisierten ihre Außenniederlassungen als Filial- oder Kommanditgesellschaften (das Institut der beschränkten Haftung wurde 1408 in Florenz eingeführt). Unter den Kompanien, die Tuche und Geld von Flandern über Italien bis zur Levante handelten, ragten die Bardi und Peruzzi hervor. Die Peruzzi, seit 1274 bezeugt, wiesen 1310 mehr als 100 000 Florin Gesellschaftskapital auf, eingelegt von allen Mitgliedern des Geschlechts und wenigen fremden Genossen. Mit Filialen vertreten waren die Peruzzi in Brügge, London, Paris und Avignon, in Genua, Pisa, Venedig, Cagliari, Neapel, Palermo, Barletta und Agrigent, in Zypern, Rhodos, Tunis und Mallorca. Die Peruzzi engagierten sich wie die bereits seit dem frühen 13. Jh. belegten, durch Einziehung und banktechnische Abwicklung päpstlicher Zehntgelder reich gewordenen Bardi im Bankwesen auf dem Depositen-Sektor, sie hatten sich auf das risikoreiche wie profitable Geschäft mit Staatsanleihen u. a. in England eingelassen. Nach dem Bankrott der beiden Firmen (1343) war die Zeit der ‚Super-Kompanien' vorüber. Die Nachfolger, auch die 1397 von Giovanni di Bicci gegründete Medici-Bank, waren von kleinerem Zuschnitt, bildeten Konzerne aus verschiedenen Kompanien und Niederlassungen im Ausland.

Levantehandel

Die wirtschaftlichen Konjunkturdaten deuten nach dem großen Banken-Crash der 1340er Jahre weniger auf Krise als auf Prosperität. Insbesondere der italienische Levantehandel konnte um 1400 neue Märkte erobern. Die Venezianer hatten sich seit dem 4. Kreuzzug (1204) mit Konstantinopel, den Ägäisinseln, mit Kreta sowie der Doppelstadt Coron und Modon auf der Peloponnes Stützpunkte im östlichen Mittelmeer gesichert. Motor der kolonialen Expansion waren die Häfen der Levante, wo Baumwolle aus Syrien und Zypern, Gewürze aus Ostindien und Seide aus Kleinasien umgeschlagen wurden. Endpunkte der Handelsstraße zwischen Ormuz am Persischen Golf und dem Westen mit dem Bindeglied Täbriz waren Lajazzo am äußersten Nordostzipfel des Mittelmeeres und Trapezunt an der Südostküste des Schwarzen Meeres. Venezianische Kaufleute wie Nicolò und Matteo Polo ließen sich in Konstantinopel nieder und dehnten ihren Einfluss nach Soldaia an der Krim aus. Die bedeutendste, in Marco Polos ‚Il Millione' beschriebene Straße durch das Reich der Goldenen Horde führte via Persien zum Indischen Ozean. Sie war die Ausweichstrecke für die begehrten indischen Gewürze, falls der Seeweg durch das Rote Meer versperrt war, und erhöhte mit ihrem Zugangspunkt Trapezunt die wirtschaftliche Bedeutung des Schwarzen Meeres. Zugleich ermöglichte sie es den westlichen Kaufleuten mit ihrer Zweigstraße nach Lajazzo, das christliche Königreich Klein-Armenien zu nutzen und die byzantinischen Gebiete wie die der Mamelucken zu vermeiden. Nach dem Fall Akkons 1291 und dem päpstlichen Bannstrahl gegen den Warenhandel mit muslimischen Ländern blieb Lajazzo die einzige Hafenstadt, die den christlichen Kaufleuten noch offen stand. Lajazzo wurde daher zum Konfliktfall zwischen Genua und Venedig. Genua besaß seit

1261 mit Pera (Galata), der Vorstadt von Konstantinopel am gegenüberliegenden Ufer des Goldenen Horns, eine eigene Handelsniederlassung und nahm eine führende Rolle im Sklavenhandel ein. Die Genuesen hatten bereits im August 1284 vor Meloria in einer der größten Seeschlachten des Mittelalters Pisa besiegt und damit die Herrschaft über das westliche Mittelmeer übernommen. Im östlichen Mittelmeer trug die genuesische Flotte vor Curzola 1298 einen Sieg über Venedig davon. Der Erfolg blieb aber Episode. Auf lange Sicht behauptete sich die Rivalin am Rialto.

1291 unterstützte Genua die Kaufleute und Seefahrer Ugolino und Vadino Vivaldi bei dem ersten Versuch, jenseits der ‚Säulen des Herkules' mit zwei Galeeren den Seeweg nach Indien zu finden (Umschiffung Afrikas), um so das arabisch-islamische Gewürz-Monopol zu brechen und am lukrativen Transsahara-Markt teilzuhaben. Die Spuren der Vivaldi verloren sich ebenso wie 1346 die des Mallorquiners Jaime Ferrer vor der Küste Afrikas. ‚Entdeckungsfahrten'

Nördlich der Alpen blieben kaufmännischer Einzelhandel, allenfalls gelegentliche Geschäftsverbindungen in Form von Assoziationen oder Agenturen, noch weitgehend vorherrschend. In Oberdeutschland gab es allerdings Familiengesellschaften, die ähnlich wie italienische Firmen konstruiert waren. Ein frühes Beispiel sind die Holzschuher in Nürnberg, die um 1300 eine Gesellschaft aus vier verwandten Teilhabern bildeten. Ihr Geschäftsbuch aus den Jahren 1304 bis 1307 bezeugt den Borg-Kauf von Tuchen und Rauchwaren auf flandrischen Märkten. Nicht minder prominent ist die Nürnberger Firma Stromer-Ortlieb: Die Stromer hatten sich vor 1336 im Eisenerzrevier der Oberpfalz als Hammerherren und Montanunternehmer engagiert, sie waren seit den 1350er Jahren als Fernhändler in Mailand erfolgreich, man findet sie gleich anderen Nürnbergern in Venedig und Lyon, in Ofen, Breslau und Krakau, in den Niederlanden und am Oberrhein, sie waren als Finanziers der römischen Könige in die Reichspolitik verstrickt und in hochspekulativen Wechselgeschäften tätig. Im hansischen Raum wurden die alten, auf mündlichen Absprachen basierenden Fahrtgemeinschaften im 13. Jh. zugunsten der ‚Widerlegung' aufgegeben, in den Quellen *societas* oder *kumpanie* genannt. An Nord- und Ostsee kannte man entgegen den Ansichten älterer Forschung bis zum Ende des 14. Jhs. nur diese Vertragsform. In der Regel zwei Parteien, der Kapitalgeber und der die Gesellschaft nach außen vertretende Kapitalführer, schlossen miteinander ihren kurzfristigen Gesellschaftshandel durch die Einlage von Geld ab. Der Pakt Mark gegen Mark im Verhältnis 1:1 oder 1:2 war das wichtigste Merkmal jener selbst in der zweiten Hälfte des 14. Jhs. noch stark der überkommenen Oralität kaufmännischer Handlungsrationalität unterliegenden reinen Innengesellschaften des Spätmittelalters. Handelsgesellschaften im Reich

Am Beginn der ‚Hanse' standen Fahrtgenossenschaften der Kaufleute. Die um 1157 in London privilegierten Kölner Englandfahrer und die Gotlandfahrer bildeten Keimzellen der späteren Hanse, die in ihrer Blütezeit eine genos- Die Hanse – Entstehen und Werden: Gotland senschaftliche, freilich in dauernd unterschiedlichen regionalen Handlungszusammenhängen agierende Organisation war, bestehend aus niederdeutschen Fernkaufleuten sowie rund 70 großen und 100 bis 130 kleinen Städten. Den Gotlandfahrern, die nach der Gründung Lübecks (1143/59) von dort aus operierten, gewährte Heinrich der Löwe 1161 Schutz und Zollfreiheit und legte ihren Konflikt mit den gotländischen Kaufmannsgilden bei. Ein Teil der gildeähnlich formierten Gotlandfahrer wurde in dem während des 13. Jhs. entstehenden Visby ansässig. Gotland war Drehscheibe des Handelsverkehrs zwischen Lübeck und Novgorod. Die ‚Gotländische Genossenschaft' hat so ein Jahrhundert lang, bis etwa 1280/90, eine sehr eigentümliche Stellung in der Ostsee-Erschließung eingenommen, sie erscheint als die führende Gruppe der kontinentalen Ostseekaufleute, die über Lübeck in diese Regionen strömten, unter ihnen Flamen, Friesen, Rheinländer, Westfalen und Sachsen. Die Kaufmannshanse auf Gotland schloss Handels- und Friedensverträge, sprach unter Leitung der vier Aldermänner aus Dortmund, Soest, Lübeck und Visby Recht, führte ein eigenes Siegel.

Die Hanse – Novgorod und Bergen

Zwischen 1160 und 1180 waren erste Handelsverträge der Gotländischen Genossenschaft und von Lübecker Kaufleuten mit Schweden abgeschlossen worden, deren praktische Auswirkungen allerdings kaum zu erkennen sind. Kurz nach 1200 entstand dann die erste Niederlassung niederdeutscher Kaufleute in Novgorod: ein Hof bei der eigenen Kirche St. Peter, der ältere Niederlassungen der Gotländer und Dänen verdrängte. Im Petershof unterstanden die vor allem am Pelzgeschäft interessierten Kaufleute einem Aldermann, die Ordnung des Hofes erfolgte in der ‚Skra', auch um die Identität des darin statuierten Rates von vier Kaufleuten „mit der des gemeinen Kaufmanns zu sichern" (E. Pitz). Zudem gründete man als Etappenorte für den Landhandel nach Livland und Estland die ersten überseeischen Städte mit lübischem Recht: 1201 den Bischofssitz Riga, um 1231 Reval und gleichzeitig Dorpat/Tallinn. Niederdeutsche Kaufmannssiedlungen bildeten sich zur nämlichen Zeit oder wenig später auch im schwedischen Kalmar, in Stockholm und in mittelschwedischen Städten. Zugleich begegnen die ersten ‚gemeinhansischen', also nicht mehr einzelgenossenschaftlichen Auslandsniederlassungen im norwegischen Bergen. In diesem sehr wichtigen Marktort hatten um 1200 Kaufleute wohl vor allem aus Nordseestädten den als Fastenspeise geschätzten Stockfisch eingehandelt. Um 1247 verkehrten dort die Lübecker Hansen, die hier wie auf Schonen mit seinem bedeutenden Heringsmarkt auch Privilegien für die ‚wendischen Städte' oder für den ‚gemeinen Kaufmann' erwarben.

Die Hanse – Ost- und Nordsee

Über den Zwischenhandel wuchsen bis etwa um 1250/70 zwei völlig unterschiedlich geartete Produktions- und Handelsräume, die Anrainer von Nord- und Ostsee, zusammen. Im Nordseeraum bildete die ‚Kölner Hanse' mit Hauptort Köln den Kristallisationskern, sie hatte damit eine ähnliche Funktion übernommen wie die Gotländische Genossenschaft im Osten. Kaufleute aus niederdeutschen Städten hatten nun an beiden Gemeinschaften teil oder unterhielten wenigstens zu beiden Organisationen Beziehungen. Umgekehrt spielten schon während des 12. Jhs. Kaufleute des westfälischen Binnenlandes unter den Ostseehansen die führende Rolle. An den Lübecker Familien- und Herkunftsnamen wird es offenbar: Zahlreiche Kaufmannsfamilien aus Dortmund, Warendorf, Soest und Attendorn haben sich auf Dauer an der Ostsee niedergelassen. Bereits um 1200 waren die Hansen der Rheinländer, Westfalen und Niedersachsen sowie die Gotlandfahrer in Flandern vertreten, erlangten wegen des aktiven Eigenhandels der flandrischen Städte jedoch erst ab 1252 eine privilegierte Stellung. Neben Flandern wurde auch England Ziel der *Osterlinge*: Über das norwegische Bergen ließen sich zunächst 1266 die Hamburger, bald danach die Lübecker neben den Kölner Hansen in London nieder. Komplettiert wurde dieses vornehmlich durch persönliche Bekanntschaft und Landsmannschaft, aus wechselseitigen Familien- und Gruppeninteressen um 1270/80 entstandene Handelssystem im Nord- und Ostseeraum durch die Ostbewegung. Ohne die Getreideüberschüsse des Elbhinterlandes wäre der Aufstieg Lübecks, wäre der stark expandierende Hamburger Bierexport nicht möglich gewesen. In noch höherem Maße gilt das für die seit der Gründung Rostocks (1219) teilweise auf slawischen Siedlungen neu entstandenen wendischen und preußischen Städte: Rostock, Wismar, Stralsund, Danzig, Thorn und Elbing blickten nämlich wie Lübeck, Visby, Reval und Riga auf die See. Sie vervollständigten das über die Ostsee geworfene Netz des hansischen Handelssystems. Sie versorgten auf dem Seeweg den Norden und Westen Europas mit den sich auf ihren Märkten sammelnden land- und waldwirtschaftlichen Erzeugnissen. Im letzten Drittel des 13. Jhs. ist die Frühentwicklung abgeschlossen: 1282 taucht die Bezeichnung *hanse Alman(ie)* auf.

Die Hanse als System verschiedener Kaufmannsbünde – F. RÖRIGS berühmter Satz: „Das Ganze war früher als die Teile" – ist in einem langfristigen Prozess entstanden. Verzahnt wurden die Teile, die dem losen, in regionalen Städtebünden stark fragmentierten Gesamtbund zugehörten, zwischen ca. 1280 und 1350, und zwar durch die Verbindung von Kölner Englandhandel, Gotländischer Genossenschaft sowie preußischen, westfälischen und wendischen Fahrergenossenschaften in den Niederlanden. Hinzu kamen seit 1350 neue übergreifende, wenn auch eher informelle Organisationsstrukturen, zu denen vor allem die genossenschaftlich organisierten Hauptniederlassungen bzw. Kontore gehörten. Zwischen Köln, Dortmund, Münster, Erfurt, Braunschweig, Hamburg einerseits und Lübeck, Danzig, Visby, Reval andererseits wurde ein großes, durch Genossenschaft, Verwandtschaft und Landsmannschaft dicht verwobenes Netz von Kaufleute-Gruppen ausgespannt, dessen weite Enden in London, Brügge, Bergen, Stockholm, Novgorod festgemacht waren. In der Forschung herrschte lange Zeit die Ansicht, die hansische Geschichte sei in die einer Kaufmanns- (ca. 1160–1356/58) und einer Städtehanse (1356/58–1669) zu unterteilen. Tatsächlich übernahmen aber schon in der ersten Hälfte des 13. Jhs. die hinter den Fahrer-

Die Hanse – Organisation und Interessenvertretung eines Kaufleutebundes genossenschaften stehenden Ratskollegien übergreifende Aufgaben der Organisation des Handels und der wirtschaftlichen wie politischen Interessenvertretung. Methodische Vorsicht ist allerdings geboten, um den städtischen Ratsgenossen nicht allzu moderne institutionell-staatliche Motive und Interessen zu unterstellen. Es waren die gleichen Männer und Geschlechter, die im Rat saßen und die die Kaufmannsgenossenschaften bildeten. Die soziale Fluktuation in Patriziaten, Führungsgruppen und Kaufleuteorganisationen war zwar groß, man wird aber dennoch seit dem endenden 13. Jh. einen stärkeren, in den Ratskollegien gebündelten übergreifenden Organisationsgrad feststellen dürfen. Spätestens seit dieser Zeit war Lübeck *caput omnium*. Keine anderen Ratsgenossen und Kaufleute innerhalb der Hanse profitierten so sehr vom hansischen Handel wie die Lübecker, und niemand hatte so großes Interesse daran wie sie, dass der profitable wirtschaftliche Austausch notfalls auch mit militärischer Gewalt, mit Blockade und Kaperkrieg, durchgesetzt wurde. Bei der Überdehnung des hansischen Raumes von Novgorod bis Brügge hat sich im 14. Jh. die aus vielen, gesonderten Interessen gespeiste Regionalisierung der Organisation (Städtebünde) quasi von selbst ergeben. In den Statuten des Brügger Kontors von 1347 werden die Regionalisierungshorizonte zum ersten Mal sichtbar: Kaufleute aus den wendischen und sächsischen Städten, deren besondere Bindungen untereinander schon in der zweiten Hälfte des 13. Jhs. entstanden waren, bildeten das erste Drittel, westfälische und preußische Kauffahrer das zweite, Händler aus dem gotländischen, livländischen und schwedischen Raum das letzte Drittel. Das Brügger Statut spiegelt zwar nicht den Gesamtzustand der Hanse um die Mitte des 14. Jhs. wider, die späteren regionalen Sonderungen scheinen darin aber bereits auf. Als komplementär zur Regionalisierung und wohl zunächst wichtiger als sie erwies sich das Instrumentarium der seit 1356 (zunächst unregelmäßig) stattfindenden Hansetage, die als Clearing-Stellen bei übergreifenden Problemen wirkten. Die Selbstbezeichnung *stad van der Dudeschen hense* seit 1358 deutet auf die Verdichtung der sozialen, wirtschaftlichen und politischen Interessen in einer riesigen, in sich stark diversifizierten und auch weiterhin durch das Identitätsmuster des ‚gemeinen Kaufmanns' zusammengehaltenen Handelsorganisation hin.

Markt und Messen – Neubildungen im 13. Jh.

Ebenso wie Markt und Stadt untrennbar zusammengehören, entwickelten sich zumindest seit dem späteren 12. Jh. symbiotische Verbindungen zwischen Fernhandel und Messen. Von 1150 bis 1200 entstanden an vier entweder innerhalb oder am Rand hoch produktiver Gewerbegebiete liegenden Stellen Mittel- und Westeuropas permanente, regional abgestimmte Fernhandelsmärkte: in Südostengland im Raum zwischen Winchester und Boston, in Flandern zwischen Lille und Brügge, am Niederrhein zwischen Köln, Aachen, Duisburg und Utrecht und schließlich die Champagne-Messen in den Städten Lagny, Provins, Troyes und Bar-sur-Aube. Die aus der Permanenz eines Turnus von sechs Einzelmessen (seit ca. 1190) bestehenden Champagne-Messen waren im 13. Jh. von überragender

Bedeutung. Die in der Champagne perfektionierten und 1326 in einer königlichen Ordonnanz geregelten Messestrukturen schlossen neben der Abstimmung langdauernder Messezeiten sowie der Hierarchie der Marktgelegenheiten den Ausbau einer entsprechenden Infrastruktur (Verkaufsräume und -buden, Lager, Quartiere, Versorgung) sowie die Gewährleistung eines höchstmöglichen Maßes an Sicherheit für die an- und abreisenden Kaufleute mit ein. Im 13. Jh. kamen als Neuerungen hinzu: die Verbindung von Warenmesse und Kreditgeschäft, die Garantie einer wertstabilen Leitwährung, die Gewährung von Handelsfreiheiten, die den Gästehandel und geringe Marktzölle einschlossen, die Ausbildung einer speziellen Messegerichtsbarkeit, die Regelung des Marktgeschehens selbst, endlich die Anwesenheit größerer Kaufleutegruppen aus bestimmten Orten und Landschaften, die ihre eigenen Organisationsformen auf den Messen entfalten konnten. So waren auf den Champagne-Messen neben den Italienern, die 1278 eine eigene *universitas* ausbildeten, auch flandrische und nordfranzösische Tuchhändler vertreten. Sie hatten sich möglicherweise schon 1213, sicher aber seit 1230 zur ‚Hanse der 17 Städte' zusammengeschlossen. Um 1270 gehörten dazu 22 Städte, allen voran Arras, Cambrai, Douai und Ypern. Nach dem Vorbild der Champagne-Messen schuf man insbesondere in den 1230er Jahren mit ausdrücklicher Privilegierung Kaiser Friedrichs II. eine Reihe weiterer Jahrmarktsysteme: In sieben Städten Süditaliens, darunter Capua, Lucera, Bari, entstanden terminlich aufeinander abgestimmte Messen. Im Reichsgebiet nördlich der Alpen gingen zwei Messesysteme auf ältere Jahrmärkte zurück: 1). zwischen Schwäbischer Alb und Fränkischem Jura in Nördlingen und Donauwörth; 2). am Mittel- und nördlichen Oberrhein in Mainz, Oppenheim, Worms und Speyer, bezeugt durch Jahrmarktsprivilegien zwischen 1226 und 1245, sowie in der Wetterau Jahrmärkte in Gelnhausen und Frankfurt (die dortige Herbstmesse ist sicher 1227 und 1240 belegt). In das Netz waren die Würzburger Allerheiligenmesse (1227) und seit dem späten 13. Jh. auch die Friedberger Messen einbezogen.

Die Kommunen mit Messeprivilegien konnten sich freilich nur dann unter den wirtschaftlichen Zentralorten behaupten, wenn sie sich auch selbst „in einem markt- und exportorientierten Gewerbe und in einer aktiven Kaufmannschaft die geeigneten Grundlagen" schufen [272: IRSIGLER]. Genau dies fehlte etlichen privilegierten Städten. Der teilweise schon im 13. Jh. einsetzende und sich bald beschleunigende Konzentrationsprozess machte sogar vor den Champagne-Messen nicht halt. Ihr Verfall gilt als „eines der markantesten Phänomene der europäischen Wirtschaftsgeschichte" [423: THOMAS]. In der Champagne waren die Warenmessen seit 1260 zugrunde gegangen, um 1350 hatten die letzten italienischen Geldleute das Bankengeschäft aufgegeben. Entscheidend für den Niedergang der Champagne-Messen waren wirtschaftliche Faktoren: die Verlagerung internationaler Verkehrsströme durch die genuesische, auch die venezianische Seeschifffahrt (seit 1314) um die iberische Halbinsel sowie die Konkurrenz der

Messen – Auslese und Konzentration

aufstrebenden, auf Tuchexport ausgerichteten Messeplätze Ypern und Brügge in Flandern, Antwerpen und Bergen-op-Zoom in Brabant. An die Stelle der Champagne-Städte traten im Warenumschlag die Messen von Chalon-sur-Saône, im Geldhandel die Pariser Lendit-Messen, die kurzfristig zum führenden Bankplatz nördlich der Alpen avancierten.

Neue Orientierungen: Antwerpen-Frankfurt-Venedig

Auch sonst wurden durch den Ausfall der Champagne-Messen die Karten im internationalen Handel neu gemischt. Denn große Teile des europäischen Nord-Süd-Handels verlagerten sich auf die Achse London–Brügge/Antwerpen–Köln–Frankfurt–Nürnberg/Augsburg–Venedig. Die im 12. Jh. blühenden südostenglischen Messestädte verloren durch den Aufstieg des englischen Tuchexportgewerbes vollständig ihre Funktion an die Hafen- und Tuchstädte, vornehmlich an London. Im flandrisch-niederländischen Raum nahmen die um 1317 gegründeten Messen in Antwerpen nach und nach vor Brügge den ersten Rang im Waren- wie auch im Geldhandel ein. Bereits der mehrmals zwischen 1296 und 1340 eingerichtete englische Wollstapel förderte Antwerpen. Die Entwicklung wurde 1356 durch die flämische Annexion Brabants kurzfristig unterbrochen. Als dann ab etwa 1380 das begehrte englische Tuch nur noch in der brabantischen Metropole verkauft werden durfte, wuchsen den Antwerpener Messen zentrale Funktionen im europäischen Nord-Süd-Verkehr zu. In gewisser Weise waren sogar die weit entfernten, den skandinavischen Raum dominierenden und stark auf Lübeck bezogenen Schonischen Messen von jenen Umwälzungen betroffen: Skanør und Falsterbo wurden um 1400 durch Malmö überflügelt, überdies drängten die niederländischen Städte mit ihrem Nordseehering den schonischen Fisch aus den Märkten. Ungefähr in der Mitte der Achse Antwerpen–Venedig wurde die Frankfurter Messe zu einer Drehscheibe des Waren- und Geldumschlags. An diesem Messe- und Geldplatz, der 1330 mit einer zweiten, der Frühjahrsmesse, privilegiert wurde, waren insbesondere Kölner und Nürnberger Kaufleute engagiert. Köln hatte in der ersten Hälfte des 14. Jhs. seine großen Messen, damit auch das korrespondierende niederrheinische Messesystem, aufgegeben und monopolisierte seinen Markt mit dem Aufbau eines Stapelrechts. Nürnberg dagegen bemühte sich im 13./14. Jh. ebenso wie Regensburg nicht um eigene Messen. Dazu war der Aktivhandel Nürnbergs gerade mit Oberitalien, aber auch mit Nord- und Osteuropa zu stark, dazu besaß man schon früh weit gespannte Zollfreiheit. Nürnberg konnte die Kaufmannsaktivitäten nahezu ganz Oberdeutschlands in seinem Messegeleit nach Frankfurt bündeln und trug damit ganz wesentlich zum Aufstieg Frankfurts als Messeplatz bei. Unterhalb des Nürnberger Messegeleits und der Frankfurter Messen kam es in Oberdeutschland zur Konzentration auf große Regionalmärkte: Nördlingen und Linz (ab 1382) im Donauraum, die Kleinstadt Zurzach (ab 1363) im Bodenseegebiet. Südlicher Pfeiler der Nord-Süd-Achse war seit dem späten 13. Jh. Venedig, das nach dem Vierten Kreuzzug (1204) Genua im Levantehandel zurückdrängte. Zudem ließen Salzmonopol und Stapelzwang, nicht zuletzt auch die lokale gewerbliche Entwicklung (Schiffbau, Textil, Metall, Glas) den Rialto zu einer permanten Messe werden, hinter der nach 1250 das 100 Jahre ältere Messesystem Nordostitaliens zurückstehen musste. Am Rialto selbst wurde der Messehandel seit 1231 durch eine unter städtischer Aufsicht stehende Maklerorganisation kontrolliert, man beherbergte die Gäste in eigens dafür bestimmten Häusern. Die deutschen Kaufleute besaßen seit 1222/25 ein Wohn-, Lager- und Kaufhaus direkt an der Rialto-Brücke, den ‚Fondaco dei Tedeschi'.

„Das mittelalterliche Wirtschaftsleben" war „allseitig vom Kreditprinzip durchdrungen" [KUSKE in: DERS., Köln, der Rhein und das Reich, Köln/Graz 1956, 48–137]. Etwas auf dem ‚Kerbholz' hatten viele: Auf Kredit kauften Bauern und Städter bei den Krämern, die wiederum bei den Großhändlern; auf Kredit besorgten sich Handwerker ihre Rohstoffe, Krämer oder Händler die handwerklichen Fertigwaren, und sie verteilten sie – wiederum gegen Kredit – an ihre Geschäftspartner auf den Märkten mit Zahlungszielen bis zum nächsten Markttermin. Dieser Baratthandel, der Kauf auf wechselseitige Abrechnung, brauchte weder pfandrechtliche Absicherungen noch den Wucherer, den Pletsch, oder den Bankier und Finanzier, aber er benötigte auf allen Stufen das Geld zum Ausgleich. Anders stand es bei tatsächlichen Investitions- und Konsumkrediten, die trotz des Konzils von Vienne (1311) und seines gegen die öffentlichen Wucherer gerichteten Verdiktes, dass schon Billigung des Zinsnehmens Häresie sei, eine selbstverständliche Erscheinung der Wirtschaft waren. Pfandkredite, geformt nach den kanonistischen Winkelzügen des *interesse* zur Umgehung des Wucherverbotes und seiner ‚höllischen' Konsequenzen, waren konventionell. Die kreditierten Kapitalien wurden dabei auf Grundbesitz abgesichert und in *chartulae* oder Büchern öffentlichen Glaubens notifiziert. Die berühmten Kölner Schreinskarten trugen seit ca. 1130 zur Beweiserleichterung bei; daraus wurden im zweiten Viertel des 13. Jhs. Schreinsbücher. Eine neue Kreditform, der sogenannte Rentenkauf, nahm in Frankreich seit der ersten Hälfte des 12. Jhs. Gestalt an. Dabei erwirkte der ‚Käufer' durch seine Kaufsumme, durch sein grundpfandrechtlich abgesichertes *capitale* oder *hauptgut*, vom Rentenschuldner eine meist jährlich zu leistende Zahlung. Der Rentenkauf erfolgte zuerst als sogenannte Ewigrente, einer vom Rentengläubiger zunächst nicht ablösbaren Leistungsverpflichtung. Seit dem ersten Drittel des 13. Jhs. kam die höher verzinste Leibrente hinzu, die mit dem Tod des Rentengläubigers erlosch. Rentenmärkte mit überwiegend lokalen Funktionen wie in Hamburg gingen daraus hervor. Überregional strahlten dagegen z. B. Frankfurt a.M. und Straßburg aus. Im 14. Jh. etablierte sich die Rente nördlich der Alpen zur wichtigsten Kreditform. An ihr partizipierten als Käufer vor allem Adel, Kirche, das anlagesuchende städtische Großkapital und – nachdem sich im 14. Jh. die pfandrechtliche Belastung von Erbleihegütern durchgesetzt hatte – auch Bauern. Verkäufer waren institutionelle Schuldner, früh die Klöster und Kirchen, dann die Städte nicht nur bei kurzfristig auftretenden Finanzbedürfnissen.

Kredit, Pfandkredit und Rente

Geldhandel   Das Wirtschaftsleben setzte den Austausch von Edelmetall in Barren- oder Münzform voraus. Der Handel war dazu im 12. und 13. Jh., in der Epoche regionaler Silberpfennige mit entsprechendem Umtauschzwang, dann aber auch der Goldwährung des Florentiner Guldens (1252) und seiner Nachprägungen in Italien, Frankreich und Ungarn, auf die Geldwechsler angewiesen, auf Kaufleute oder spezialisierte Wechsler, *campsores*, die zunächst im sogenannten Handwechsel, dem *cambium minutum*, fremde in umlaufende Valuta umtauschten und den regionalen wie überregionalen Geldumlauf bedienten. Im Reichsgebiet bestanden seit der zweiten Hälfte des 12. Jhs. Wechslergemeinschaften, Münzerhausgenossen, die vornehmlich in den rheinischen Bischofsstädten von Basel bis Köln, aber auch in Goslar, Erfurt, Augsburg, Regensburg oder Wien nachzuweisen sind, auch Wechslerinnen in ihren Reihen zählten und privilegierte Münzprägung mit dem kaufmännisch-korporativ organisierten Geldwechsel verbanden. Entwicklungsunterschiede zwischen dem Reich und Nordwesteuropa traten dabei nicht auf: Der erste Nachweis eines Wechslers in Brügge etwa fällt auf das Jahr 1224. Aber auch im Mittelmeerraum ist erst in der nämlichen Zeitspanne der Geldwechsel entstanden: in Genua bereits vor 1200, im 13. Jh. dann in Lucca und Venedig, in Valencia, Barcelona und Lérida. Um 1300 etablierten sich öffentliche Stadtwechsel, die von den Kommunen selbst oder von beauftragten Wechslern geführt worden sind. Sie waren als Depositenbanken organisiert, bei denen private Kapitaleigner Gelder anlegten. Die Anhäufung (*mons/monte*) von Kapital gab den Institutionen südlich der Alpen ihren Namen: die Monti – um 1340 entstanden der ‚Monte Commune' in Florenz und der ‚Monte Vecchio' in Venedig. Über regionalen Geldverkehr hatten vornehmlich toskanische Banken seit etwa 1210 den Mittelmeerraum, West- und Mitteleuropa (bis zum Rhein) mit einem Netz von Filialen überzogen. Sie verdienten am großen Geschäft mit der Transferierung kurialer Gelder aus allen Teilen Europas nach Rom und Avignon. Die von der Kurie damit beauftragten eigenen Kollektoren bzw. die Templer waren dazu bei der Ausdehnung des päpstlichen Kredit- und Zahlungsverkehrs seit der Mitte des 13. Jhs. finanztechnisch nicht mehr in der Lage. Im Europa nördlich der Alpen avancierte Brügge mit dem Niedergang der Champagne-Messen zu dem Geld- und Warenhandelsplatz schlechthin, es war seit ca. 1340/50 die ‚piazza di cambio' für den Transfer der kirchlichen Gelder aus Skandinavien und dem östlichen Europa. Im Reichsgebiet waren lediglich Köln und Lübeck im endenden 14. Jh. durch fest eingerichtete Filialen von Florentiner, Mailänder, Bologneser und Luccheser Firmen sowie durch selbstständige Kaufleute in die nordwesteuropäisch-italienischen Finanzsysteme einbezogen worden.

Lombarden und   Weit vor den großen Firmen waren Kaufleute aus Oberitalien und Südwest-
Kawerschen   frankreich am Rhein erschienen: Lombarden hatten sich z. B. 1262 in Trier und um 1296 in Köln niedergelassen, Geldwechsler aus Asti und Piacenza waren im 13. Jh. selbstverständlich auf den Champagne-Messen präsent. Die *Cahorsins*, Wechsler aus Cahors, in deutschen Landen *Kawerschen* genannt, finden sich um 1230 in

Ypern, 1247 in Douai, 1281 in Brügge. Kawerschen und Lombarden – die Begriffe vermischten sich im 14. Jh. – bedienten mit ihren hohen, bei 22–30 Prozent und darüber liegenden Zinsen auch in englischen Städten neben den Juden das Zinsleihgeschäft, den Konsumtivkredit gegen Faustpfand. Wie einige jüdische Großfinanziers gaben auch Kawerschen als Ämterpächter erhebliche Darlehen an Städte, Fürsten und Adel. Lombardische Wechslerfirmen befassten sich überdies mit Schadkäufen. In ähnlicher Weise wie die jüdischen Geldwechsler waren die Lombarden/Kawerschen als fremde, zudem mit dem Stigma des Wuchers behaftete Gruppe ständig in ihrer Existenz bedroht. Nachdem der französische König Philipp IV. 1306 die Juden vertrieben hatte, ließ er die nun konkurrenzlosen Lombarden mit fiskalischen Ausbeutungsmaßnahmen überziehen, die von der Limitierung des Zinssatzes bis zu Sonderabgaben reichten. Um 1346 verließen die lombardischen Geldwechsler die Champagne-Messen, ihren im Niedergang begriffenen traditionellen Stützpunkt. Sie blieben teilweise noch in Frankreich selbst, teilweise zogen sie sich in die grenznahen Gebiete bis an den Rhein zurück. Am Nieder- und Mittelrhein war drei Generationen später um 1420 die große Zeit der Lombarden ebenfalls vorüber: Sie erlagen der Konkurrenz der Geld- und Handelshäuser in den rheinischen Städten wie der Kölner Stralen-Kalthof-Gesellschaft.

Es wäre gewiss abwegig, eindeutige Duplizitäten zwischen dem Schicksal der lombardischen und jüdischen Geldwechsler behaupten zu wollen. Dennoch gibt es Auffälligkeiten. Den jüdischen Geldhändlern, ähnlich wie die Lombarden durch räuberischen Fiskalismus von König, Fürsten und Städten drangsaliert, wurde im Reichsgebiet seit den 1380er Jahren der Markt für große öffentliche Anleihen genommen. In den sogenannten Judenschuldentilgungen, den großen Enteignungsaktionen des Jahres 1385, hat man sie materiell schwer geschädigt. Ressentiment, Konkurrenz, Hass und Neid, auch und gerade die Schuldscheine von Großen wie von Kleinen waren das „wahre Gift", wie der Straßburger Chronist Fritsche Closener es nannte, das die Juden in den Pogromen von 1348/ 49 tötete. Bezeichnendes für die unheilvolle Verbindung von wirtschaftlicher Konkurrenz und antijüdischem Vorurteil bietet sich in Nürnberg: An den Aktionen der Jahre 1349 (Pogrom) und 1385 (Enteignung) waren mit den Pfinzing, Behaim und Haller die nämlichen Geschlechter beteiligt. Nach 1385 gelang es zwar den bedeutendsten jüdischen Konsortien erneut, sich über ihre Geschäftsverbindungen in den mediterranen Raum zu refinanzieren. Sie mussten sich aber neben dem Kleinkredit auf die Geschäfte des ‚Judenschadens' zurückziehen, kauften also ähnlich wie die Lombarden gegen Disagio überfällige Schuldscheine auf und trieben bei den Schuldnern die Forderungen gegen hohe Zinsen ein.

Juden

Die Wechsler gebrauchten, wie die in der zweiten Hälfte des 14. Jhs. entstandenen Wechselbücher der Regensburger Runtinger oder die speziellen Manuale der Brügger de Markes und Ruyelle ausweisen, nicht nur den schlichten

Wechsler, Wechsel und Schriftlichkeit

Handwechsel, sie verfügten vielmehr über metallurgische Kenntnisse und beherrschten die Finanzinstrumentarien der Zeit. Wie der Brügger Guillaume Ruyelle, so engagierten sich auch Wechsler Oberdeutschlands im Depot- und Depositen-Geschäft, verwahrten also Edelmetall, Schmuck und Geld. Geldwechsler nahmen seit der zweiten Hälfte des 14. Jhs. überdies Inkasso-Abwicklungen als Verlängerung des Depositengeschäfts in ihr Dienstleistungsangebot mit auf, d. h. sie zahlten Gelder zunächst auf mündliche, dann auch auf schriftliche Anweisungen hin aus. Überhaupt bedienten Nürnberger und Kölner Wechsler sogar in stärkerem Maße als ihre Kollegen aus Brügge Wechselbriefe des Großhandels: Kaufleute konnten also Wechselbriefe bei ihnen erwerben, welche die Wechsler entweder auf ihre Korrespondenten an den Geldmärkten Italiens oder als domizilierte Eigenwechsel auf ihre Wechslertische während der Frankfurter Messen zogen. Der Solawechsel, wie er im 12. Jh. in italienischen Kontoren als Zahlungs- oder Kreditmittel entstanden war, kursierte in Frankfurt spätestens seit Mitte des 14. Jhs., als dort die Schriftlichkeit im Zahlungs- und Kreditverkehr üblich wurde. Der Wechselbrief erschien zwar in seiner ‚reinen' Form als Zahlungsmittel in Frankfurt erstmals 1391, war aber jetzt bereits fester Bestandteil kaufmännischen Finanzgebarens. Im späten 14. Jh. scheinen im Reich allein die Kaufleute aus Oberdeutschland, insbesondere die Nürnberger, in der Lage gewesen zu sein, im internationalen Geldverkehr weitgehend ohne die Italiener auszukommen. Blind seien die deutschen Städte in Sachen Wechselverkehr, so ging in Venedig die Rede, Nürnberg allein habe wenigstens ein Auge.

3. Lebensformen

3.1. Familie, Haus und Verwandtschaft

Menschen und Gemeinschaften

Gesellschaften werden von zahllosen formellen wie informellen kleineren Gemeinschaften geprägt, genauer davon, auf welche Weise sich Menschen vergemeinschaften, wie sie sich zur Regelung ihres Zusammenlebens ‚Ordnungen' geben. O.G. OEXLE [530] hat in diesem Zusammenhang einen methodischen Perspektivenwechsel eingefordert: Er ersetzt den Begriff ‚Ständegesellschaft' durch ‚Gruppengesellschaft'. Für viele Bereiche der europäischen Gesellschaften des 13./14 Jhs. lässt sich daraus Nutzen ziehen. ‚Neue' bzw. sich vervollständigende Formen der Vergemeinschaftung entstanden im 13. Jh. mit den Dorf-, Tal- und Stadtgemeinden. Nur aus der Vogelperspektive wird man darin den Übergang von herrschaftlich zu kommunal verfassten Ordnungen sehen. Was in der langfristigen Beobachtung durchaus zutreffend erscheint, bereitet nämlich bei der Beurteilung der sozialen Wandlungen Schwierigkeiten. Denn die unterhalb der Gemeindeebene überkommenen kirchlichen oder herrschaftlichen Verbandsformen, die Kirchen- und Hofgenossenschaften etwa, verschließen sich der abstrahierten Sichtweise, kirchliche und herrschaftliche Organisationen *immer* mit Unterordnung und Zwang zu verbinden und sie der (vermeintlichen) Freiwilligkeit der Gemeinden im Sinne der Gegensatzpaare von ‚früher' und ‚später', ‚feudal' und ‚kommunal' entgegenzustellen. In der Alltagspraxis erhob sich in allen Kommunitäten stets die bipolare Frage nach Solidaritäten, Gemeinsamkeiten und freiwilliger Kooperation *ebenso wie* nach Führung, Ordnung und Unterordnung. Politische Gemeinde, Kirchengemeinde, Hofgenossenschaft – das waren die ‚äußeren' Hülsen von Vergemeinschaftung, unterhalb derer die Menschen in diverse Nutzungsgenossenschaften eingebunden waren, in Allmend- und Alpgenossenschaften, in Nachbarschaften und Brunnengemeinden, aber auch in Personengemeinschaften unterschiedlicher Dichte wie Zünfte, Kalande und Bruderschaften, Fahrerkompanien und Trinkstuben, ‚Rittergesellschaften', Gefolgschafts- und Klientelverbände, Wandergruppen und Banden der Randständigen. Basis der spätmittelalterlichen Gesellschaft waren Familie, Haus und Verwandtschaft, Keimzellen des Sozialen Ganzen nicht nur im übertragenen Sinn. Große Familien bildeten samt ihren im gleichen Bezirk wohnenden Verwandten und der Klientel ‚Zellen' der Vergemeinschaftung aus, die in oberitalienischen Städten zugleich topographische Bausteine waren.

Das Bild von ‚unten' und ‚oben', von ‚privater' Grundlage und herrschaftlich-kommunalem Überbau in der Gesellschaft des 13./14. Jhs. ist zu einfach und zumindest nicht so zu verstehen, als ob es „zu einer zielgerichteten Entwicklung gewissermaßen ‚von der Familie zum Staat'" gekommen wäre [SABLONIER in: 1116, Bd. 2]. Die verschiedenen Formen menschlichen Zusammenlebens, gleich ob informell geprägt oder stärker institutionalisiert ausgebildet, bestanden vielmehr gleichzeitig nebeneinander und im Konnex zueinander. Überwölbende Herrschaft im Sinne von Obrigkeit war in Königreichen, Fürstentümern und Gemeinden um 1400 noch situativ. Gericht, Verbot und Gebot, Steuern und Administration waren nur in Ansätzen einheitlich organisiert und bildeten allenfalls in Westeuropa Kontinuitäten aus. Als soziale Klammern, kommunikative und symbolische Zeichen für die Zuordnung der Menschen zu Gruppen und Gemeinschaften wie für ihre Ausgrenzung wirkten „Lebensformen", „geschichtlich eingeübte soziale Verhaltensweisen" [507: BORST]. An den Lebensformen, der Art, wie Menschen ihre existentiellen Lebensbedürfnisse befriedigten, an den Konventionen und Institutionen des Zusammenlebens sowie an den ethischen Werten und Normen, bemaßen die Zeitgenossen die Gruppenzugehörigkeit von Individuum, Familie und Haus, und zwar im adligen, bürgerschaftlichen und bäuerlichen Milieu. Der von Sprecher und Situation genau bezeichnete Rang auf der Skala von ‚Ehre' zur ‚Unehre' konstituierte dabei den sozialen Platz eines Individuums, einer Familie, einer Gruppe, legte die Art und Weise öffentlich-sozialer Wertschätzung fest, korrelierte den erarbeiteten oder durch Geburt erworbenen Ehrenstatus mit der Position im

Lebensformen und Vergemeinschaftung

sozial-hierarchisch geordneten Sozialen Ganzen. Eine Bauerntochter hatte zwar weniger Ehre zu verlieren als eine Dame von Adel, aber Ehre und Schande spielten gerade in den Wert- und Normhorizonten der Dörfer die wichtigste Rolle.

Familie: Geschlecht, Haus und Name

Vater, Mutter, Kinder – das rechtlich verbundene Ehepaar und die im gleichen Haushalt lebenden unmündigen und beruflich noch unselbständigen Kinder bildeten Bausteine sozialer Gruppen. In Lübeck zählte städtisches Willkürrecht seit dem 13. Jh. auf, aus wem die Familie als Kern der blutsmäßigen Verwandtschaft bestand: Vater und Mutter, Sohn und Tochter. Dagegen hielten italienische Rechtsgewohnheiten (1287 ein Statut Bolognas) und Moralisten der Zeit wie Fra Paolino und Konrad von Megenberg noch lange an der patriarchalischen Vorstellung von Großfamilien mit Vater, Mutter, Brüdern, Schwestern und Schwiegertöchtern fest. Die Kernfamilie war „Primärgruppe der Vergesellschaftung" (M. MITTERAUER), sie wurde im deutschen Sprachraum als „das Haus", im italienischen Bereich als *la famiglia*, in Südfrankreich als *ostal*, in der lateinischen Kultur als *domus* oder *hospicium* bezeichnet. Die Familie „aus Fleisch und Blut" und „das Haus aus Holz, Stein oder Kleiberlehm" [620: LE ROY LADURIE] gehörten freilich nur bedingt zusammen. Das Haus war der „Sitz des Lebens" (A. HAVERKAMP) und als solches wurde gerade das adlige ‚Haus', die Burg, seit dem 12. Jh. namengebend. Die kleinen Leute, die Lohnarbeiter, Knechte und Mägde, besaßen dagegen kein festes Haus und auch keine Familien-, sondern höchstens Spitznamen. Da gab es in Frankfurt/Main (1420) den „hinkenden Gerlach" und die *swenkinde Grede*, überdies die vielen Heinriche, die zu unterscheiden waren: den *Großhenne* und *Cleinhenne*, den *Magerhenne* und *Langehenne*. Besser situierten Handwerkern sowie Mittel- und Oberschichtsgruppen wurden ihre Berufe oder ihre Herkunft „zum Schicksal" [1002: SCHUBERT]. Mehr als ein Drittel der 1387 in Frankfurt/Main nachgewiesenen 2861 Familiennamen erinnerten an die Herkunft der damit Bezeichneten. In Zahlen: Am Anfang des 15. Jhs. besaßen in den toskanischen Städten nur 20 Prozent der Steuerzahler einen Nachnamen, im ländlichen Raum sogar nur 9 Prozent.

Die Kernfamilie

Die frühestens seit dem 14. Jh. überlieferten statistisch verwertbaren Quellen lassen darauf schließen, dass die auf vitale Reproduktion hin angelegte Eltern-Kinder-Familie oder Kernfamilie trotz hoher Geburtenzahlen sehr klein blieb. Anhand von Toulouser Testamenten (1350–1450) hat man einen Mittelwert von 2,4 überlebenden Kindern pro Testator ermittelt, in Montpellier und Lyon (1. Hälfte des 14. Jhs.) 2 bzw. 1,6 Kinder, in Périgueux (14. Jh.) 2,6 überlebende Kinder pro Familie. In der zweiten Hälfte des 13. Jhs. hatte Périgueux noch viele kinderreiche Familien mit vier und mehr überlebenden Nachkommen gezählt. Diese Verhältniszahlen verdeutlichen den dramatischen demographischen Tiefstand des 14. Jhs. Das demographische Hauptproblem war die hohe Sterblichkeit der Kinder: Ungefähr drei von vier Kindern fanden auch in Zeiten ohne Pest und Teuerung den frühen Tod. Zusätzlich wirkten Heiratsalter, Geburtenbeschränkung, Kindstötung, Aussetzung und Illegitimität als demographisch limitierende Faktoren. Die Klein- und Kleinst-, die Kernfamilie, beherrschte weithin das Feld, in ihr lebten – besonders nach 1348 – kaum mehr als vier Personen. Die agnatische Großfamilie blieb aber zumindest als ‚imaginäre' Gruppe bestehen. Nach den vom Römischen Recht beeinflussten Statuten italienischer Städte des 12. bis 14. Jhs. z. B. hatten sich alle Kinder dem Hausvater zu unterwerfen, auch wenn sie nicht mehr in seinem Haushalt lebten; und diese väterliche Gewalt sollte sich auch auf die Enkel und Urenkel der männlichen Linie erstrecken.

„Die Familie ist so groß, wie sie vom Familienbewusstsein erfasst wird" [564: MASCHKE]. Lübecker Testamente des 14. Jhs. belegen, dass die aktualisierbare Verwandtschaft durchaus bis zu vier Generationen umfassen konnte. Auch über weite Entfernungen konnte der Zusammenhalt von Verwandtschaft bewahrt bleiben. Die soziale Hülle der Kernfamilie bildete also noch im Spätmittelalter die engere wie weitere Verwandtschaft, wobei bei aller Bedeutung der Kognaten im alltäglichen Leben die patrilinearen Verwandten entscheidend blieben. Bei der Vormundschaft erkannten die meisten Rechtsquellen noch den Vorrang der Agnaten an. Die Verwandtschaft im ‚Mannesstamm' identifizierte sich während des 14. Jhs. im Adel von Hof, Land und Stadt durch den gemeinsamen Namen und das Wappen, durch gemeinsam bestiftete Altäre und durch das gemeinsame Familieneigentum an Kapellen und Kirchenpatronaten. Situativ konnten aber auch dem matrilinearen Verwandtenkreis besondere Funktionen zuwachsen, wenn es etwa darum ging, altes Herkommen zu begründen und Ehen zu stiften. ‚Verwandtschaft' bleibt jedenfalls eine in ständigem Wechsel modifizierte und sich verändernde Gruppe: Verwandtschaft war darstellbar in der „Abstammungsfamilie" (die männlichen und weiblichen Vorfahren), zeitgenössisch als *familia*, *genus* oder *stirps* bezeichnet, in deutscher Sprache gemeinhin als „Geschlecht", auch „Stamm". Verwandtschaft war darüber hinaus wirksam als „Verwandtschaftsfamilie", welche die aktuelle männliche wie weibliche Sippe meinte. Verwandtschaft war variabel, situativ interpretierbar, differenziert ‚lesbar'. Die Verwandten verstanden sich nicht nur als biologische Gemeinschaft von Agnaten und Kognaten, sondern auch als Gemeinschaft mit gleichen Lebensformen, gleichem sozialen ‚Wissen'. Verwandtschaft artikulierte sich in ihren Rechtsgewohnheiten (Ehe und Erbe) und Schutzfunktionen, konnte regional selbst Blutrache noch im 14. Jh. als Recht beanspruchen. Verwandtschaft wurde nicht nur erfahren, sie vermittelte sich auch ‚imaginär' in Erinnerung und Geschichte. Verwandtschaft stiftete das Bewusstsein von Herkommen. Im europäischen Adel manifestierte es sich in Grablegen wie in der burgundischen Chartreuse de Champmol zu Dijon. Erinnerung und Tradition hat man seit dem 12. Jh. in ‚Hausgeschichten' verschriftlicht. In der Zeit König Rudolfs von Habsburg (1273–1291) entfaltete sich alte „Herkunfts- und Abstammungsmystik" (G. HÖDL) neu, um nun das Herkommen der Habsburger aus einem königsgleichen Verwandtschaftsverband zu ‚beweisen', es in der imaginären Verwandtschaft der

Verwandtschaft und Familienbewusstsein

königlichen Dynastien Europas zu verankern. Den Führungsgruppen und Geschlechtern des 14. Jhs. gab zuerst die eigene ‚Vaterstadt' die Kulisse für Herkunftsmythen, und genealogisch-verwandtschaftliches Wissen schlug sich in Familienbüchern, am frühesten in den italienischen *ricordi*, nieder.

Freunde und Nachbarn

Besonders in den französischen und deutschen Quellen werden hinter den Verwandten oft die „Freunde" genannt. Die *amici*, treu, zu jedem Dienst bereit und aus dem gleichen sozialen Milieu stammend, ergänzten die Verwandtschaft; Freunde konnten auch Verwandte sein. Im dynastischen Europa wurden Heiratsverbindungen ganz wörtlich als „Sich-Freunde-Machen" bezeichnet. Die politische *amicitia* beschreibt sehr anschaulich die „Freundschaft der Ehe", die Schwägerschaft also, die der „Freundschaft des Blutes" als nahezu gleichrangig galt [782: SPIESS]. Nachbarn standen neben Freunden und Verwandten. Nachbarschaft bedeutete ‚Terrorgemeinschaft' ebenso wie Notgemeinschaft, ja Freundschaft über soziale Gruppenschranken hinweg. In oberitalienischen Städten versinnbildlichen die Pfarrkirche als sakraler Ort wie als profaner Versammlungssaal sowie die Loggien der Palazzi, in denen sich am Abend alles traf, die Solidaritäten in stadtadliger Familie/Verwandtschaft, Freundschaft und Nachbarschaft.

Haus und Haushalt

In Haus und Haushalt verknüpften sich personale Bande mit dinglichen Beziehungen. Französische Rechtstexte definierten 1282 die *maisnie*, den ‚Haushalt', als den manifesten Ort gemeinsamen Wohnens, gemeinsamer Mahlzeit und gemeinschaftlicher, durch den Hausherrn vorgegebener Arbeit in einem Haus. Insofern unterscheiden die Steuererhebungslisten der Zeit zwischen der Feuerstelle (dem Haushalt) und dem Haus. Der Haushalt umfasste im *Idealfall* des „Ganzen Hauses" (O. BRUNNER) vornehmlich in Oberschichten die in einem Haus (Eigentum oder Miete) wohnende Kernfamilie des Hausherrn sowie die Bediensteten, auch die Haussklaven. Sklaven zu halten, galt noch im Italien des 14. Jhs. als Prestigesache. Die große Form des Haushalts wurde in Speyer 1343 offiziell beschrieben, als der städtische Rat die patrizischen Münzer- und Hausgenossen bzw. die „ehrbaren" Zunftangehörigen sowie deren „eheliche Frauen", „ihre Kinder" und „ihr gedingtes Gesinde" unter seinen speziellen Schutz stellte. Der Haushalt war die „Lebensform, die von der Familie bestimmt" war [564: MASCHKE]. Haus und Haushalt waren somit nicht unbedingt identische und schon gar keine statischen Größen. Im Jahre 1392 wurden im Umland von Bologna 22 Prozent der Bauernhäuser von mehreren Familien gemeinschaftlich genutzt. Die Regel allerdings war dies nicht, Haus und Kernfamilie waren sonst vielmehr weitgehend identisch. Aber die Struktur der Eltern-Kinder-Familien im Haus änderte sich von Zeit zu Zeit, es gab Modifikationen der grundsätzlichen Familienordnung, sogar Gegenmodelle: In Florenz bestanden am Beginn des 15. Jhs. zwar ca. 55 Prozent der Haushalte aus Kernfamilien, alleinstehende Personen aber, verwitwete oder unverheiratete Frauen und Männer, bildeten ungefähr 14 Prozent. Es existierten auch Haushalte ohne Kinder (im Lyonnais 50, in Périgueux

15,5 Prozent). Dagegen lebten besonders in Florentiner Oberschichtsgruppen Mehrgenerationenfamilien in einem Haus, es gab (auch in Südfrankreich) die *frérèches*, Assoziationen von Brüder- bzw. Schwesternfamilien, in einem Haushalt. In den toskanischen Städten wurden lediglich 12 Prozent aller Haushalte als Familien geführt und damit deutlich weniger als auf dem Land. Die Größenverhältnisse derart komplexer Haushalte waren daher auch höchst unterschiedlich. Große Adelshaushalte des 13. Jhs. wie der des Thomas of Berkeley umfassten durchaus mehr als 200 Personen – Hausherr, Hausfrau, Kinder, ledige Schwestern und Brüder, mittellose Verwandte, Gäste, Klienten und Kostgänger, die Schar der hohen und kleinen Amtsträger, das Dienstpersonal. In den Steinhäusern und Palazzi der reichen städtischen Geschlechter des 14. Jhs. tummelte sich dagegen nicht allzu viel Volk: Francesco Datini, der Kaufherr aus Prato/Florenz, beschäftigte um 1400 gerade fünf Bedienstete. Weniger wohlhabende städtische und bäuerliche Haushalte beschieden sich mit zwei oder drei Mägden und Knechten, die meisten Familien aus dem ‚popolo medio' mussten mit einer Magd auskommen. In den vermögenderen Handwerkerhaushalten kamen noch Kostgänger, Gesellen und Lehrlinge hinzu. Über fast kein Dienstpersonal verfügten die Haushalte der unteren Mittelschichten, vornehmlich der Handwerker; der Alleinbetrieb überwog überall, war *die* handwerkliche Existenzform schlechthin. Die meisten Menschen aber, die der städtischen und ländlichen Unterschichtengruppen, lebten in „Ökonomien ohne Haus" [554: GROEBNER].

Haushalt und Haus erforderten eine Vielzahl von Aufgaben: Reproduktion, Schutz und Versorgung, Erziehung, Arbeit, Produktion und Dienstleistung, Repräsentation. Die Primärfunktion des Hauses erfüllte sich in der Ehe und ihrer Fruchtbarkeit. Von den Albigensern und Katharern als Quelle allen Übels abgelehnt, wurde die Ehe seitens der Amtskirche besonders geschützt, schon in frühscholastischer Zeit den sieben Sakramenten zugerechnet und durch das Konzil zu Lyon (1274) endgültig lehramtlich bestätigt. Das kanonische Recht hat sich in Europa für die meisten Belange von Ehe und Familie erst seit dem 12. Jh. durchgesetzt. In Irland, Wales, teilweise auch in Skandinavien konnten sich dagegen die kirchlichen Normen nicht oder nur bedingt gegen regionale Sonderrechte und Gewohnheiten behaupten. In Irland etwa überlebte – zumindest in Rudimenten – Polygamie. Was die seit dem 13. Jh. praktizierten Formen der Eheschließung anlangt, so wurden Heiraten in der Regel durch Ehevermittler (vor allem Frauen) aus Verwandtschaft, Freundschaft und Nachbarschaft gestiftet. Das kanonische Konsensrecht der füreinander bestimmten Brautleute blieb in dieser Hinsicht weitgehend Pergament. Die Sozialisation der Kinder im Haus und ihre Erziehung nach Rollen ließen im Allgemeinen keinen Widerspruch gegen die Entscheidungen von Eltern und Verwandtschaft aufkommen. Bei den wenigen in den Quellen bezeugten Fällen tatsächlicher Renitenz fanden die Eltern Mittel und Wege, ihren Willen durchzusetzen, und sei es um den Preis des Entzuges der Mitgift und des Erbes. Der Funktionszusammenhang von Individuum, Familie,

<small>Ehe und Eheanbahnung</small>

Haus und sozialer Gruppe kannte in dieser Hinsicht wenig Spielraum. Das heißt nicht, dass Emotionen überhaupt keine Rolle bei Partnerwahl und Eheschließung gepielt hätten, sie waren aber nachrangig. Im Adel waren dynastische und familienstrategische Überlegungen entscheidend, in allen anderen Gruppen soziale und wirtschaftliche Erwägungen im Hinblick auf Ansehen, Ehre, Gruppenzugehörigkeit und Endogamie sowie Vermögen. Hinzu kamen partikulare Mündigkeitstermine, die in den städtischen wie ländlichen Rechten zwischen dem 12. und 14. Lebensjahr lagen, sowie die kirchenrechtlichen Kriterien für Ehehindernisse, wie sie im IV. Laterankonzil von 1215 festgelegt worden waren: Blutsverwandtschaft bis zum 4. Grad kanonischer Zählung unter Einschluss der Schwägerschaft, Impotenz von Frau und Mann. Grundherren drangen auf Einhaltung der Hofgenossenschaft, dementsprechend auf das Verbot der „Ausheirat", Leibherren forderten ihre Rechte an den Kindern – je nach der Art der Leibeigenschaft als territorialem oder personalem Substrat von Herrschaft wurde man entweder in die territoriale Leibherrschaft eines Herrn hineingeboren oder es folgten im allgemeinen die Kinder dem leibherrlichen Status der Mutter. Über die Praxis (es gab z. B. auch leibherrliche Vaterfolgen) ist nur Weniges aus den Quellen zu ermitteln. Oft dürfte mit dem Verbot der ungenossamen Ehe wie übrigens mit dem um 1400 in einigen mittel- und westeuropäischen Grundherrschaften in das ländliche Gewohnheitsrecht integrierten Herrenrecht der ‚ersten Nacht' einfach nur das Recht auf Besteuerung fixiert worden sein.

Eheberedung, Ehevollzug, Ehescheidung

Nach der Eheanbahnung trafen sich die Familien der Brautleute zur Eheberedung. Es war Sache der Männer, über die Mitgift zu verhandeln, es war Angelegenheit der Väter, Brüder und Vormünder beider Seiten, die Modalitäten der Widerlegung, der güterrechtlichen Absicherung der Mitgift, zu bereden sowie – gelegentlich – auch Abmachungen über die Morgengabe des Bräutigams zu treffen. Die Eheberedung wurde seit dem 13. Jh. im allgemeinen in einem Ehevertrag rechtsverbindlich niedergelegt. Das dieser materiellen, vertragsrechtlichen Übereinkunft der Geschlechter folgende, von den Brautleuten gegebene Eheversprechen – in Italien, Frankreich, der Schweiz und Deutschland durch die Übergabe eines Ringes an die Braut symbolisiert – war seit dem späten 12. Jh. kirchenrechtlich verbindlich, blieb selbst bei einer nicht vollzogenen Ehe rechtsgültig. Die derart durch Haus und Verwandtschaft geschlossene und durch Verlobung gebundene Ehe musste nach den seit 1215 geltenden Canones öffentlich proklamiert werden. Die Eheschließung selbst wurde dann unter Beteiligung eines Priesters vor der Kirche, in manchen Pfarreien vor einem speziellen ‚Brautportal', vollzogen. Der Einfluss des Kirchenrechts auf die spätmittelalterliche Praxis war eher gering. ‚Winkelehen' ohne kirchlichen Konsens wurden im ganzen christlichen Europa toleriert. Nach französischen Gewohnheitsrechten ruhte der Beweis für eine ‚rechte Ehe' allein auf dem Eid der Eheleute, einige skandinavische Rechte (13. Jh.) kannten weder den kirchenrechtlichen Ehekonsens noch seine Proklamation. Dort war auch Ehescheidung zulässig, die im übrigen Europa durch das kirchliche Eherecht erschwert wurde – grundsätzlich galt die Ehe als Sakrament nur infolge des Todes eines der Eheleute als geschieden. Doch konzedierten kanonisches Recht und soziale Praxis seit dem 13. Jh. bestimmte Möglichkeiten, die Ehe für nichtig zu erklären. Als triftige Gründe wurden nachträglich festgestellte kanonische Ehehindernisse wie etwa zu nahe Verwandtschaft von den im 13. Jh. etablierten bischöflichen Offizialatsgerichten zugelassen.

Die Familienoberhäupter kontrollierten alle inner- und außerfamiliären Beziehungen, insbesondere die finanziellen Angelegenheiten, auch die Mitgift ihrer Ehefrauen. Im ungarischen Adel verdrängten sie sogar die Frauen aus dem Familienbesitz. Die Familienoberhäupter standen für die Erhaltung und Vergrößerung des Besitzes wie des Ehrkapitals ein, sicherten die Existenz der Familie, sorgten für den gerade in vermögenden Sozialgruppen wichtigen generativen Fortbestand des Geschlechts. Sie wiesen den Familienangehörigen, der Ehefrau, den Kindern, den Bediensteten und sonstigen verwandten oder nichtverwandten Angehörigen des Haushalts ihre familialen Rollen zu und hatten sie durchzusetzen. Sie besaßen in größeren Haushalten eigene, von der übrigen Familie separierte Räumlichkeiten. Ihnen oblag endlich die Unterhaltssicherung und der Schutz jedes Familienmitglieds. Als Gegenleistung verlangten die Familienoberhäupter Gehorsam und Unterwerfung. In der Regel fiel diese Rolle Männern zu, dem ‚kleinen' Handwerksmeister im Prinzip ebenso wie dem Regent eines adligen Hauses. Doch konnte die Position durchaus unabhängig vom Geschlecht sein: Witwen waren grundsätzlich in der Lage, die Aufgaben des Familienoberhaupts zu übernehmen. Sie benötigten dafür aber in den meisten Städten, auch im Adel, gerade bei Rechtsgeschäften männlichen Beistand. Die Regenten besaßen keine Allgewalt – weder von den Rechten noch von den sonstigen Lebensformen her. Ihre Entscheidungsmöglichkeiten bei der Auswahl des geeigneten Nachfolgers etwa waren zwar nicht grundsätzlich, aber häufig schon allein durch Primogeniturstatute und Erbgewohnheiten begrenzt. In den bäuerlichen Familien bestimmten grundherrlich-hofrechtliches oder landschaftliches Recht das Erbe entweder nach Realteilung, der gleichmäßigen Aufteilung des Besitzes unter allen überlebenden Erbberechtigten, oder nach dem von den Grundherren favorisierten Anerbenrecht, das dem ältesten bzw. dem jüngsten Sohn die alleinige, geschlossene Hoffolge reservierte. Aber auch in den Adelsfamilien, in denen keine entsprechenden Statuten die Individualsukzession erzwangen, hatten die zuerst geborenen Söhne die größten Chancen, und zwar in steigendem Maße zum Ende des 14. Jhs. hin. Gerade bei der Auswahl und Abschichtung von Söhnen für den geistlichen Beruf bediente sich das Familienoberhaupt tunlichst des Rates und der Zustimmung der Verwandtschaft, wollte es Konflikte um das Erbe vermeiden.

Rollenverhalten und Geschlechterverhältnis: das Familienoberhaupt

In den Adelshaushalten fiel auf die Rolle der Ehefrau allenfalls ein Schimmer vom Glanz des höfischen Frauenbildes. Die häufig jugendlichen Ehefrauen hatten

Die Ehefrau

zunächst eine Phase der „biologischen Sklaverei" (L. STONE) zu gewärtigen, eine schier endlose Reihe von Geburten mit kürzesten Intervallen. Bei deutschen Hochadelsfamilien (13.–16. Jh.) hat man einen Mittelwert von zehn Geburten wahrscheinlich gemacht. In großbürgerlichen Haushalten war dies kaum anders. In den bislang untersuchten Familien gesellschaftlicher Oberschichten sind verhältnismäßig kurze, bis zu 18 Monaten reichende Geburtenabstände die Regel. Die Munt des Ehemannes bestimmte die Stellung der Ehefrau, er forderte Gehorsam, erwartete Solidarität nach außen gegenüber Verwandtschaft, Nachbarschaft, sozialer Gruppe. Die sanktionierten Zwangsmittel des Hausherrn gegenüber seiner Frau waren beträchtlich, reichten bis hin zur körperlichen Gewalt und der Einschließung. Allerdings wachten insbesondere die Verwandten, aber auch die soziale Gruppe darüber, dass die Muntgewalt nicht so ohne weiteres missbraucht werden konnte. Überhaupt darf man sich die Rolle der Ehefrau nicht zu unterwürfig vorstellen. Das hat mit den Anforderungen von Haus und Haushalt zu tun, die in der alltäglichen Lebenspraxis eine gleichmäßige und gleichberechtigte Aufteilung der Zuständigkeiten erforderlich machten, ganz abgesehen davon, dass sich gerade in Oberschichtshaushalten häufig sehr junge Ehefrauen, für die im Stil von ‚Le Ménagier de Paris' Haushaltsanleitungen geschrieben wurden, im Laufe der Ehe durchaus gegenüber ihren älteren Männern zu emanzipieren vermochten. „Tu, was Du für das Beste hältst!", schrieb nach langen Ehejahren der Prateser Kaufmann Francesco Datini seiner Frau Monna Margherita [457: ORIGO].

Weibliche Berufsfelder

Über die tatsächlichen Funktionen der Frauen im Haushalt und bei der Erziehung der Kinder geben vor 1380/90 nur einzelne Quellen Auskunft. In Adelshaushalten war die ‚Hausfrau' in die Ökonomie eingebunden, sie war dafür zumindest teilweise verantwortlich. Das Dasein einer Dame erschöpfte sich nicht im Gebären der Kinder und in Aufsicht über den Haushalt in Stellvertretung ihres Gatten. Adlige Witwen hatten die hausrechtliche Funktion der Regentin zu übernehmen, Fürstinnen geboten trotz ihrer Einschließung in ‚Frauenzimmer' über einen selbstständigen Teilhaushalt, einen eigenen Hof. Die Frauen des Adels nahmen an Festen und Turnieren teil, übten wie selbstverständlich Jagd und Falknerei aus, sie waren Leserinnen, Musikerinnen und Mäzenatinnen. Im späten 14. Jh. wunderten sich durchreisende Italiener, dass sich die stadtbürgerlichen Frauen nördlich der Alpen nicht um den Spinnrocken, sondern um „Männergeschäfte" kümmerten, sich im Detailhandel betätigten, ja, ihre Männer „beherrschten". Frauen hatten ihren Anteil am Wohlergehen der Familie, nicht nur in guter Hauswirtschaft, die noch integraler Bestandteil der Arbeitswelt war und kein privates Refugium bürgerlicher Familienideologie. Die Ehefrauen waren auch kein passives Instrument im wirtschaftlichen Kalkül ihrer Männer. Den Tätigkeiten der Frau in Haus und Gewerbe wurde vielmehr hohe moralische Qualität beigemessen. In den Städten übten seit dem 13. Jh. zahlreiche Frauen selbstständige Berufe aus, gerade der Einzelhandel eignete sich für verheiratete Frauen. Gleichwohl hat die jüngere Forschung deutlich gemacht: Frauen als Handwerkerinnen sowohl innerhalb als auch außerhalb der Zünfte hatten insgesamt keine besondere Bedeutung. Gesellschaftliche Abwertung von Handarbeit gab auch geschlechtsspezifisch die Richtung vor: Frauen aus Unterschichten waren in den gering geachteten Weberzünften überproportional vertreten, die Lohnarbeiterinnen wurden bei vergleichbaren Tätigkeiten in der Regel schlechter bezahlt als ihre männlichen Kollegen. In bäuerlichen Haushalten konnte es zu Wandlungen in geschlechtsspezifischen Arbeitsrollen kommen. Die Spezialisierung auf Viehhaltung hat etwa in der Innerschweiz dazu geführt, dass Versorgung und Melken des Viehs nicht mehr Teil weiblicher Ökonomie blieb. Männer übernahmen die Arbeiten – für das 15. Jh. ist dieser Wandel eindeutig. Der bekannte Spott über die Eidgenossen als „Kuhschweizer" und „Kuhmelker" erklärt sich aus diesen hauswirtschaftlichen Veränderungen. Noch einmal: In der Sphäre des Hauses und seinem Lebensalltag hat man Männer- und Frauenrollen bei aller rechtlichen Präponderanz des Hausherrn als gleichwertig betrachtet, mochten die Moralisten der Zeit auch zu einem ganz anderen Urteil über das Geschlechterverhältnis kommen. Kinder haben ihre Eltern als (Arbeits-) Paar wahrgenommen.

3.2. Nachbarschaft, Genossenschaft und Gemeinde

3.2.1. Das Dorf

Auf dem platten Land war es seit dem 11. Jh. zu grundlegenden Veränderungen in der Siedlungsstruktur gekommen – das Wortungetüm ‚Verdorfung' steht dafür. Der komplexe Vorgang der Dorfbildung war bis zum 15. Jh. nicht abgeschlossen, er vollzog sich als kohärenter, ja in sich verschränkter Entwicklungsprozess auf drei Ebenen: 1). Veränderungen in Siedlungsform und Wirtschaft, 2). herrschaftsorganisatorische Umorientierungen, 3). Wandel von Lebensformen/Mentalitäten. Am Ende stand neben zahlreichen zeitlichen und regionalen Sonderheiten der Siedlungsbildung das Dorf, in den Altsiedellandschaften Europas aus Weilern und Gehöftgruppen geformt, in den Gebieten von Landesausbau, Neusiedlung und Ostbewegung dem urbar gemachten Land implantiert. Die zentrale ländliche Lebenswelt ‚Dorf' meint daher nicht unspezifisch alle Großformen des Hausens, Arbeitens und Zusammenlebens, sie bezeichnet vielmehr „einen lokalen, d. h. örtlich mehr oder weniger geschlossenen Siedlungsverband von vorwiegend bäuerlichen Produzenten bzw. Haushalten, deren wirtschaftliches und soziales Zusammenleben stark auf den Siedlungsverband bezogen und grundsätzlich kollektiv, in genossenschaftlichen Formen geregelt ist" [622: SABLONIER]. Das Dorf war am Ende des 14. Jhs. Zwischenresultat eines Prozesses, der von den vertikal-herrschaftlichen Abhängigkeiten der Höfe innerhalb der Villikation zu einem horizontal-genossenschaftlichen Siedlungsverband führte. Die Bauern hatten grundsätzlich – im Verein mit der Herrschaft oder gegen sie – kollektive Formen dörflicher Selbstverwaltung und Selbstkontrolle ausgebildet. ‚Genossenschaft' und ‚Kollektiv' sind aber keine Synonyme für soziale Gleichheit, sie bezeichnen vielmehr selbstverständlich soziale Hierarchien. Die sozialen, wirtschaftlichen, dann auch politischen Paritäten im Dorf entfalteten sich lediglich situativ in sozialen Gruppen, an deren Spitze dörfliche Führungsgruppen standen. ‚Dörfliche Genossenschaft' meint auch nicht, dass das Dorf aus der feudalen Verfasstheit herausgefallen wäre. Es wurde um 1400 nur weniger von der Herrschaft kontrolliert als der Gehöftverband um 1200. Die ‚Dorfgenossenschaft' als Vorstufe zur Gemeinde der bäuerlichen Grundbesitzer hat schließlich auch wenig mit anderen ländlichen Kommunitäten zu tun, gleich ob sie aus herrschaftlicher Wurzel stammten oder auf der Sozialform ‚Gilde' aufruhten. Dorfgenossenschaften konnten partiell auch noch durch ‚Hofgenossenschaften' fragmentiert sein, die im 14. Jh. fortbestanden. Die in ihnen als Relikt der Villikation verbundenen Bauern gehörten weiterhin einer Grundherrschaft an.

Dorf und Siedlungsweise

In manchen Altsiedellandschaften Europas wie z. B. im Schweizer Mittelland haben die frühmittelalterlichen Siedlungen ganz wesentlich das spätere Siedlungsbild geprägt, auch wenn der hochmittelalterliche Landesausbau siedlungsintensivierend wirkte. Generell kann für das 13./14. Jh. gelten:

1). Altbesiedelte Räume mit ihren Kleinsiedlungen, Weilern und Gehöftgruppen ordneten sich um stärker verdichtete und vergrößerte Kerne des Siedelns. Im deutschen Südwesten z. B. war um 1300 ein Muster der Dorfsiedlungen verfestigt, das sich in seinen Grundzügen bis zum beginnenden 20. Jh. nicht mehr veränderte. In Regionen des Landesausbaus und der Neukolonisation wurden dagegen planmäßig Dörfer mit Kirchen angelegt. So trugen in Dänemark Filialdörfer (*torp*) bis zum 13. Jh. die Neusiedlungen. Verlegte Dörfer mit regulierter Flureinteilung sind bereits um 1200 in Falster nachzuweisen. Nach der im ‚Jütschen Recht' von 1241 kodifizierten ‚Sonneneinteilung' beruhte die Flurordnung auf der Lage (zur Sonne/Himmelsrichtung) und der Breite der einzelnen Hofgrundstücke.

2). Die örtliche bzw. räumliche Fixierung der Bewohner in Siedlungskernen erhöhte sich. Deutlich wird dies gerade im Bauen: Aus ‚mobilen' Gruben- und Pfostenhäusern des Früh- und Hochmittelalters wurden ‚immobile' Ständerhäuser auf Steinfundamenten. Das Bauernhaus des Spätmittelalters ist so fest und dauerhaft standortgebunden wie die Dörfer. Auch wenn sich Dörfer zeitlich und räumlich, von Wirtschaftsweise und Landschaftsgestalt her in ca. 50 unterschiedliche Siedlungsformen auffächern lassen, brachte doch jeder Typ seit dem 13. Jh. Verstetigung von Lebensformen, Rechtsschutz und Kooperation. Davon waren freilich nicht alle ländlichen Räume Europas mit gleicher Intensität betroffen: Es gab Regionen wie etwa das englische Hochland, in denen Einzelhöfe bzw. Streusiedlungen vorherrschten.

Die Veränderungen in Siedlung und Wirtschaft des platten Landes sind Parallelerscheinungen der Stadtgründungswelle und ebenfalls Ausdruck des demographisch-wirtschaftlichen Strukturwandels während des 12. und 13. Jhs. Im nördlichen Italien z. B. entstand die ‚Landgemeinde' um 1200 nach dem unmittelbaren Vorbild der städtischen Kommune. Die Neuorientierungen blieben auch auf dem Land nicht ohne Auswirkungen auf die Organisation der Herrschaft. Die grundherrschaftlichen Abhängigkeiten ‚verdinglichten' sich zunehmend, die leib-, grund- und gerichtsherrlichen Bindungen der Landbewohner traten dementsprechend auseinander. Die herrschaftlichen Einflüsse auf die bäuerliche Arbeit verminderten sich, weil die Herren ihre Eigenwirtschaft verringerten oder ganz aufgaben und damit die Frondienste ihre Funktion verloren. Die vorher in Hand- und Spanndiensten abzuleistenden bäuerlichen Arbeitsrentenleistungen verwandelten sich in Natural- oder Geldabgaben. Höfe bildeten im Gegensatz zu der nur noch in Resten das 13. Jh. überdauernden Villikation Basis wie Einheit der bäuerlichen Ökonomien. Über die grundherrschaftliche Gebundenheit der Höfe hinweg wurden daher Regeln und Muster dörflicher Kooperation und Kontrolle ausgebildet, seit dem 14. Jh. in dörflichen Rechten schriftlich fixiert. In England z. B. regelten *byelaws* Ernte und Weiderecht, im Reich verschriftlichten sich dörfliche Gewohnheiten in den Weistümern, vertragsrechtlichen, nach bestimmten Formen vollzogenen Abmachungen zwischen Herrn und Dorf. Die auf Dorf und Siedlung ausgerichtete und rechtlich abgesicherte Wirtschaftsorganisation war die eine Voraussetzung für die neue auf den Siedlungsverband bezogene Sozialordnung. Die zweite entstand mit der sogenannten Ortsvogtei (lokales Niedergericht), in der sich die zuvor personen- oder gruppenorientierten herrschaftlichen Vogtei- und Gerichtsrechte auf den Siedlungsverband konzentrierten. Nicht mehr der einzelne hörige Bauer oder die Hofgenossenschaft unterstanden also einem Herrn und Vogt, sondern das Dorf. Die Vogtei erhöhte den Organisationsgrad der dörflichen Bauernschaften, setzte die adäquate Wirtschaftsorganisation durch. ‚Zwing und Bann', ‚Gebot und Verbot' auf der einen, Schöffenrecht und Einung auf der anderen Seite begründeten Recht und Friede im Dorf. Sie bildeten die herrschaftlichen und genossenschaftlichen Pole, zwischen denen sich Dorfrechte entfalteten. Der Adel aber war überall in Europa von Anfang an von der örtlichen Banngewalt ausgenommen, auch der sich seit dem späten 12. Jh. formierende Niederadel konnte sich verhältnismäßig rasch von ihr befreien. Aber auch wohlhabende Bauern schafften es, aus Zwing und Bann, Einung und Schöffenrecht herauszutreten. Sie traten in städtische Rechtsverbände ein, wurden im dauernden Konflikt mit den Herren zu *bourgeois forains*, zu „Ausbürgern" oder „Pfahlbürgern".

Dorf und Herrschaft

Im Reich des 13. Jhs. verstärkte sich unter den weltlichen Herren der Konkurrenzkampf um dörfliche Vogtei- und Gerichtsrechte, Herrenrecht verlagerte sich von wirtschaftlichen auf gerichtsherrliche Ansprüche. Wenige mächtige

Territorialisierung der Dörfer

Herren konnten über die Ausbildung der Ämterverfassung, über die Verräumlichung ihrer fürstlichen Herrschaft also, die Territorialisierung ihrer Zuständigkeiten erreichen und ihr möglichst viele Menschen unterwerfen. In großen Landesherrschaften setzte man um 1300 Dörfer als Gerichts- und Steuerbezirke herrschaftsfunktional ein, mit der Konsequenz, dass sich der Zugriff der Herren via Gericht und Steuer (Bede) nicht mehr auf Person oder Haushalt richtete, sondern auf Dorf und Gemeinde. Nachdem in England während des 13. Jhs. die Bede (*lay subsidies*) als weltliche Steuer eingeführt worden war, bildeten die Dörfer fiskalische Basiseinheiten des Königsreiches. Nach 1334 wirkte die Bede überdies als eine Art Repartitionssteuer. Die Dörfer mussten den jeweils festgelegten Steuersatz unter den Bewohnern aufteilen.

Bäuerlicher Haushalt und Herrschaft

Die neue auf den Siedlungsverband bezogene Sozialorganisation und die mit ihr verbundene Minderung des herrschaftlichen Einflusses auf den Hofhaushalt hatte Auswirkungen auf die bäuerliche Familie. Die Herren konnten nicht mehr direkt auf die Arbeitskraft jedes einzelnen Familienmitglieds zugreifen. Dadurch wandelte sich die Familienwirtschaft zur geschlossenen und selbstständig agierenden Wirtschafts- bzw. Arbeitseinheit. Im 13. Jh. bildete sich das Ehe- und Arbeitspaar aus „als Kern der neuen bäuerlichen Organisation von Arbeiten und Leben" [630: WUNDER]. Das bäuerliche Haus wurde zum Ordnungsfaktor wie zum sozialen Grundbaustein des Dorfes: Hauswirt und Hauswirtin vertraten das Haus und seine Bewohner gegenüber Herrschaft und Genossenschaft. Das auf Besitz und Vererbung angelegte bäuerliche Haus wirkte regulierend auf das Heiratsverhalten seiner Angehörigen wie auf den Dorfverband als Ganzen. Das Dorf bildete dadurch tendenziell einen endogamischen Heiratskreis: Geheiratet wurde tunlichst im Ort, dörfliche ‚Knabenschaften' kontrollierten das Heiratsverhalten der Witwen; selbst unterbäuerliche Gruppenangehörige unterwarf man dem Heiratskonsens des Dorfes.

Soziale Hierarchisierung im Dorf

Der Wandel, der die Wirtschafts- und Herrschaftsorganisation zutiefst traf, wirkte sich auch in der sozialen Binnenstruktur der Dörfer aus. Der Mangel an quantifizierbaren Quellen verhindert freilich genaue Einblicke in die dörfliche Sozialstruktur. Es darf jedoch vorausgesetzt werden, dass sich über soziale Hierarchien dörfliche Eliten ausbildeten. Die *meliores* und *honestiores villani*, die dörflichen Schöffen und Amtsinhaber stehen dafür. Ihre Funktionen im herrschaftlichen Dienst mögen noch so untergeordnet gewesen sein – sie zeichneten ihre Inhaber aber mit Macht und Prestige aus. Die soziale Distinktion wird selbstverständlich vom Besitz angezeigt. Viele Meierfamilien etwa konnten durch das Anerbenrecht die Geschlossenheit ihrer aus der Villikation überkommenen Besitzkomplexe und dadurch ihre soziale Vorrangstellung über Generationen wahren. Ganz unten in der sozialen Schichtung standen Kleinstellenbesitzer und unterbäuerliche Gruppen, deren Gewicht vor 1400 schwer einzuschätzen ist. Im England des 13./14. Jhs. setzte sich die dörfliche Bevölkerung aus Kleinstelleninhabern (*labourers*) und Bauern zusammen, die man als *husbandmen*, gleichsam als Hauswirt und Vorsteher eines Haushalts, bezeichnete. Gewiss trennten auch dort Lebensstandard und Ehrkapital, überdies vielgestaltige Abhängigkeiten arm und reich. Die Lebensformen scheinen jedoch bei den geringen Besitzunterschieden – die Bauern besaßen zwischen ca. 6 und 12 Hektar Land – insgesamt so gleich gewesen zu sein, dass keine größeren Konflikte entstanden. Dies änderte sich mit dem Auftreten der *yeomen*, die Nutznießer von Pest und sozialen Verwerfungen seit 1349 waren. Sie konnten frei gewordene Landgüter erwerben, den Besitz auf Größen von 24 bis 32 Hektar kumulieren, Acker- und Weidewirtschaft im großen Stil betreiben und für den städtischen Markt produzieren. Die Yeomen brachen die überkommene Harmonie der Bauernwirtschaften auf und bedrohten nach 1380 durch Einhegungen (*enclosures*) die genossenschaftlich-dörfliche Wirtschaftsordnung.

Im Reich, in Süd- und Westeuropa waren Dorf und Pfarrei weitgehend identisch. Man ließ ‚die Kirche im Dorf'. Sie war beileibe nicht nur topographisches Zentrum, sie war kultureller und sozialer Orientierungspunkt. Die Pfarrer wirkten als Kontrollinstanz, als Schlichter, als schriftkundige Helfer. Seit dem 13. Jh. kam es mithin auch zu einer „Verdörflichung" der Kirche [622: SABLONIER]. Führungsgruppen kommunalisierten die Kirchenfabrik, das Kirchenvermögen, indem sie die Ämter der Kirchenmeister besetzten und für Bau- und Armenstiftungen, z. B. für die in Westeuropa kurz vor 1250 aufkommende Institution des ‚Armenbretts', sorgten. Überdies entstanden um die Kirche Bruderschaften, die Ritus und religiöses Brauchtum tradierten. Im Frankreich des 13. Jhs. besaß rund die Hälfte der ländlichen Pfarreien solche Bruderschaften, die zumeist die einzigen Korporationen im Dorf waren. Der Friedhof um die Kirche wurde zu einem Ort öffentlicher Kommunikation, die Kirchweih galt als das wichtigste Fest des Dorfverbandes. Kulturelle Integration: die Pfarrkirche

Bereits im 13. Jh. prägten sich Zeichen der Verfestigung dörflicher Identität und institutioneller Selbstverwaltung aus. Dorf und Flur gewannen Gestalt: Ein Zaun, der „Etter", teilweise auch ein Graben ‚umfriedeten' den Ort, markierten das Dorf als Sonderrechtsbezirk. Die Siedlung war umgeben von der bebauten Ackerflur. Der individuellen Flurnutzung setzten Einung und Genossenschaft durch Aussaat- und Erntezeiten Schranken. An die Flur schloss sich die Allmende an: Wald und Weide haben die Hofstätteninhaber kollektiv zum Weidebetrieb genutzt. Weistümer regelten den Holzeinschlag, die Brennholzversorgung des Dorfes, die sonstigen Nutzungen des Waldes. Zur Allmende gehörten die Wege in die Gemarkung, Brücken und Stege, Anger, Kirchhof und Brunnen im Dorf. Siedlung, bebaute Flur und Allmende bildeten gleichsam ‚konzentrische' Rechtskreise, aufeinander bezogen und die Zusammengehörigkeit des Dorfes formierend. Institutionelle Verfestigung – die Trias Siedlung, Flur, Allmende

Nachbarschaften mit ihrem informellen Gefüge von Kommunikation und gegenseitiger Hilfe waren um 1250 die ersten Träger von Einung und Genossenschaft. Um ca. 1300 entstanden durch Siedlungsverdichtung und Änderungen in der Wirtschafts- und Herrschaftsorganisation aus den Nachbarschaften for- Nachbarschaft – Nutzungsgenossenschaft – Gemeinde melle Nutzungsgenossenschaften, die alle Gütervererbungsberechtigten umfassten und den dörflichen Produktionsprozess kollektiv regelten. Die Nutzungsberechtigten waren dabei keineswegs gleich. Wie weit sich freilich die beispielsweise im deutschen Südwesten hervortretende herrschaftliche Unterscheidung in „Fuhrleute" (auch „Ackermänner", „Gedingsmänner", „Hübner") und „Einspännige", in Bauern also, die ihren Frondienst mit Gespann ableisteten, und in Bauern, die mit der Hand dienten, in der Sozialstruktur, damit in den Ämtern und in der Teilhabe an der Dorfgenossenschaft niederschlug, ist schwer zu sagen. Die Nutzungsgenossenschaft erstritt sich jedenfalls im 13. Jh. zunächst Mitwirkung, dann häufig das alleinige Recht zur Ernennung gemeinsamer Funktionsträger in Wirtschaft und Flur (Hirten, Bannwarte u. a.). Um 1300 prägte sich dann auch die politische und soziale Selbstverwaltung aus: Die dörflichen Führungsgruppen übernahmen das Dorfgericht, sie kooptierten sich gegenseitig auf den Schöffenstühlen. Die Funktionsverlagerungen von der Herrschaft zum Dorf führten schließlich seit dem endenden 14. Jh. zur Ausbildung dörflicher Gemeinden.

,Gegenmodell': Landesgemeinde im Schweizer Alpenraum

Die Landesgemeinden im Schweizer Alpenraum fallen (wie übrigens auch in Friesland) aus dem Typus Dorf heraus, waren qualitativ etwas anderes, nämlich in Talschaften organisiert, deren Anfänge im 12. Jh. liegen. Sie bildeten zuerst noch herrschaftliche Verwaltungseinheiten, waren weitgehend mit der Pfarrorganisation deckungsgleich, entwickelten sich aber seit dem 13. Jh. zu selbstverwalteten Gebietskörperschaften, in denen die Herrschaft zurücktrat, Herrenrechte verdrängt oder sukzessive aufgekauft wurden. Der Prozess beschleunigte sich nach dem Ausfall der Landesherrschaft seit ca. 1400, an deren Stelle die Talgemeinde als ,Land' trat. Die Wurzeln der kommunalen Autonomie gründeten in den ständigen Veränderungen der wirtschaftlichen und sozialen Rahmenbedingungen: neue Besitzverhältnisse, neue Besitzformen (Pacht und Kredit), sogar Allodifizierung der Güter und Aufhebung der Leibeigenschaft, aber auch der Aufstieg neuer Herren. Die kommunalen Organe in den Talschaften legitimierten sich zusehends aus ihren Ordnungsfunktionen, die sie gegen Ansprüche des Adels und der Klöster verteidigten.

Village und manor in England

Das englische Dorf, definiert als eine geschlossene Siedlung mit mindestens 16 bäuerlichen Haushalten, war ähnlich wie die mitteleuropäischen Dörfer Siedlungs- und Verwaltungseinheit, weitgehend mit der Pfarrgemeinde identisch und eine Rechtsgemeinschaft. Die Dörfer besaßen allerdings keine Gerichtskompetenzen, auch wenn jährlich aus der Einwohnerschaft gewählte *constables* die niedere Polizeigewalt ausübten. Gericht wurde unter Vorsitz eines königlichen Amtsträgers, meist des *sheriffs* der Grafschaft, auf den *courts* der Hundertschaften gesprochen, zu denen jedes Dorf gehörte. Das englische Dorf besaß daher nur rudimentäre genossenschaftliche Verbandsstrukturen in Form der Zehnschaften (*tithings*), schon in vornormannischer Zeit bestehenden Gemeinschaften für die Verbrechensbekämpfung ,auf frischer Tat', die seit dem

Hochmittelalter durch die Krone zum *frankpledge*-System ausgebildet wurden. Alle männlichen Personen über 12 Jahre, die ‚Jahr und Tag' (in der Regel ein Jahr, sechs Wochen und drei Tage) in einem Dorf wohnten, mussten einem solchen Personalverband aus zehn Haushalten bzw. 8 bis 15 Männern angehören und wurden auf jährlich bzw. halbjährlich stattfindenden *leet courts* mit ihren *view of frankpledge* eingeschworen. Ausgenommen waren Klerus, Adel und reiche Freibauern. Diesen *tithingmen* standen *chief pledges* vor, die sich aus den dörflichen Mittel- und Oberschichtsgruppen rekrutierten und u. a. die Aufgabe hatten, die Mitglieder der Zehnschaft zu kontrollieren. Das *frankpledge*-System war somit herrschaftliches Zwangsorgan wie nachbarschaftlich-genossenschaftlicher Verband zugleich. Korrespondierend wie konkurrierend zum Dorf stand das *manor*, die eigentliche Wirtschaftsorganisation im ländlichen Raum. Im Unterschied zu den mitteleuropäischen Verhältnissen ist es den englischen Dörfern nicht gelungen, diese grundherrschaftlich verfassten Produktionseinheiten zu kommunalisieren. Das *manor*, dem adligen Grundherrn durch König oder andere Herren als Lehnsgut verliehen, bestand in klassischer Weise aus vier Elementen: aus der Domäne des Herrn, aus dem Land der *tenants* (freien oder unfreien Bauern, die ihr Gut in Zeitpacht oder auf Lebenszeit besaßen), aus der abhängigen Bauernschaft sowie aus den Herrenrechten der *lords* (Banngerechtigkeiten wie Mühle und Backhaus, auch die Jagd) gegenüber den Einwohnern ihres Lehnsgutes. Die grundherrlichen Rechte prägten sich dinglich wie personal in der Patrimonialgerichtsbarkeit des Herrn, dem *manor court*, aus. Dörfer und Grundherrschaften waren indes selten deckungsgleich. Die Bauern im Dorf waren vielmehr rechtlich segmentiert, unterstanden verschiedenen Grundherren. Größere Grundherrschaften konnten auch mehrere Dörfer und Weiler umfassen. Unter den Grundherren besaß nur einer das Recht, die *view of frankpledge* gegenüber allen Dorfbewohnern zu administrieren. Das bot den Bauern zumindest in Gebieten starker grundherrschaftlicher Zersplitterung wie z. B. in East Anglia die Chance, sich Freiräume genossenschaftlichen Handelns zu schaffen.

H. WUNDER [630] hat mit dem Blick auf die bäuerliche Gemeinde in Deutschland das Mittelalter als Periode der „Herrschaft mit Bauern", die Frühe Neuzeit dagegen als Phase der „Herrschaft über Bauern" eingängig beschrieben. Die Dörfer als bäuerliche Genossenschaften verstanden sich um 1300 als politische Verbände. Der alltägliche Streit um Grenzen und Nutzungsrechte konnte sich dadurch auch zu größeren Konflikten, ja zu Aufständen und Rebellionen ausweiten. Im 13. Jh. überwogen noch die Auseinandersetzungen zwischen den sich ihrer wirtschaftlichen Interessen und Identitäten bewusst werdenden Dörfern: Man stritt sich um Rechte an Gewässern, um Viehtriftgerechtigkeiten. Die Dörfer richteten ihre neu gewonnenen Kompetenzen in der Selbstverwaltung aber auch gegen den Adel. Das zeigen zahlreiche Prozesse englischer Dörfer gegen ihre Grundherren. Gerichtsverfahren waren indes nur ein Forum des Konflikts.

Konflikte

Hinzu traten der bewaffnete Aufstand, die militärisch geführte Auseinandersetzung, Krieg und Fehde wie z. B. die frühe Rebellion der seit 1217 sicher bezeugten *universitas* der Stedinger gegen die Erzbischöfe von Bremen (1233/34). Die folgenden Auseinandersetzungen waren ebenso vielgestaltig wie die Ursachen des Protestes, sie waren in ihren Auswirkungen sehr unterschiedlich, konnten auch, wie die sogenannte ‚Armledererhebung' von 1336/39 in Franken und am Oberrhein zeigt, mit Judenfeindschaft verbunden sein. Überhaupt darf der Streit um Ansprüche und nicht die Übereinkunft als Normalfall im Verhältnis zwischen Bauern und Herrschaft angesehen werden. Größere Rebellionen entzündeten sich an Steuerforderungen, die vor allem in Legitimationskrisen der Herrschaft als unbillig empfunden und nicht hingenommen wurden. Aus solchen strukturellen Problemen von Herrschaft sind in der zweiten Hälfte des 14. Jhs. die bedeutenden Revolten der europäischen Geschichte entstanden: die ‚Jacquerie' im Frankreich des Jahres 1358 (mit mehr als 20 000 erschlagenen Bauern) sowie der englische Aufstand des Jahres 1381, der von den utopischen Gesellschaftsentwürfen der Wat Tyler, John Ball, Jack Straw („Volksmonarchie", „Volkskirche", kommunale Selbstverwaltung, dörfliche Solidarität) begleitet wurde.

3.2.2. Die Stadt

Was bedeutet ‚Stadt'? Um 1100 war Straßburg die einzige *civitas* im Elsass; zu jener ‚Mutterstadt' kamen bis 1250 14 ‚Gründungsstädte' und von 1250 bis 1350 noch einmal 70 ‚Kleinstädte' hinzu. In jener Periode hatte sich die okzidentale Stadt ausgebildet. Der Entwicklungsprozess war langfristig und regional höchst differenziert verlaufen. Innerhalb des um 1100 durch die Kommunebewegung ausgeformten ‚Stadtgürtels' von Südengland bis Mittelitalien entstanden im Süden Europas städtisch-gemeindliche, durch Magistrate gekennzeichnete Verfasstheiten, ca. ein Jahrhundert vor dem Raum nördlich der Alpen, der Westen des Kontinents hatte ungefähr etwas mehr als ein halbes Säkulum Vorsprung vor dem Osten und Norden. Ja, selbst auf engstem Raum konnten die Uhren der Urbanisierung sehr unterschiedlich gehen: Flandern war bereits im frühen 13. Jh. einer der am stärksten verstädterten Räume Europas, die Nachbarregionen Brabant und Holland dagegen zogen erst ungefähr 100 Jahre später nach. Vehikel der Stadtwerdung waren im 11./12. Jh. einerseits genossenschaftliche Zusammenschlüsse gewesen: Kommunen und Gilden, die geschworenen Einungen (*coniurationes*) aller Stadtbewohner hatten den Stadtherren städtische ‚Freiheiten' abgetrotzt. Auch wirkte die im 12. Jh. häufig über die Zensualität führende persönliche Freiheit des städtischen Bürgers als Motor des Wandels. Die Genossenschaft im Stadtgericht, basierend auf dem Besitz eines Areals, die freie Verfügbarkeit über die eigene Arbeitsleistung im Zusammenhang mit der auf Rentabilität ausgerichteten Arbeitsorganisation und die freie Vererbbarkeit des erwirtschafteten Vermögens trieben die Entwicklung voran und prägten den Typus von ‚urbanitas' aus, wie er sich mit seinen verfassungsrechtlich-politisch-administrativen Freiheitsrechten nur in Europa findet. Als Teil des feudal verfassten Gesellschaftssystems blieben die zentraleuropäischen Städte zwittrige Gebilde, von den Herren mit Argwohn betrachtet: 1217 z. B. verglich Papst Honorius III. in seiner Kritik an den Bürgern von Marseille ihre Stadt mit Ninive und prophezeite, Marseille werde wie Sodom und Gomorrha enden. Er sollte sich täuschen.

Die Urbanisierung Europas lässt sich nach Phasen von Gründungs- (1150–1250), Klein- (1250–1300) und Minderstädten (1300–1450) gliedern. Spätmittelalterliche Städte zeichnen sich durch sechs charakteristische Merkmalsfelder aus, die sich um demographische, wirtschaftliche, rechtliche, soziale, zentralörtliche und topographische Kriterien gruppieren: 1). Städte waren gering bevölkert; unter den ca. 4000 Städten im Reich besaßen ca. 95 Prozent weniger als 2000 Einwohner, in Europa außerhalb Italiens zählt man lediglich 50 bis 60 Großstädte über 10000 Köpfe. 2). Städte besaßen herausgehobene ökonomische Funktionen gegenüber ihrem Umland. Sie waren sowohl Marktort als auch Zentrum von differenzierter wie hochspezialisierter handwerklich-gewerblicher Produktion. 3). Städte waren abgesonderte Rechts- und Friedensbereiche. Palisadenwall, Steinmauer und Graben symbolisierten die Zone der Körperschaft Stadt mit ihren zwar individuell differenzierten, aber tendenziell selbstständigen administrativen Befugnissen. Souverän aber war keine Stadt. Das rechtliche und politische Verhältnis zum Stadtherrn hierarchisierte auch die Städte. Im Reich nahmen ca. 80 Königs- oder Reichsstädte nach 1200 die erste Position ein, erwarben durch Privileg den Status der Reichsunmittelbarkeit. Die Bischofsstädte Regensburg, Basel, Straßburg, Speyer, Worms, Mainz und Köln, Besançon, Toul, Metz, Verdun und Cambrai erreichten eine so hohe rechtliche und politische Unabhängigkeit gegenüber ihren Stadtherren, dass sie innerhalb der Reichsverfassung als sogenannte Freie Städte galten, während alle übrigen Städte Immediat- oder Mediatstädte waren. Die direkt den Fürsten unterstehenden Immediatstädte nahmen an der Entwicklung der Landstände teil. In der Grafschaft Flandern z. B. organisierten sich die ‚Hauptstädte' (*hoofdsteden*) Arras, Lille und Douai, Gent, Brügge und Ypern seit dem 13. Jh. innerhalb der Landstände als ‚Leden van Vlaanderen'. Die große Ausnahme bildeten die nord- und mittelitalienischen Kommunen, in denen die Bischöfe bereits im 12. Jh. als *concives*, nicht mehr als Herren galten. Das besondere Verhältnis der Bischöfe zum Kaiser übertrug sich auf die bürgerschaftlich verfassten Stadtregimenter und führte zum formellen Status unmittelbarer kollektiver Abhängigkeit vom Imperium. Die bedeutenden italienischen Städte dehnten seit Ende des 12. Jhs. ihre Herrschaft dauerhaft auf ein großes Territorium (Contado) aus. Im Inneren der Kommunen gelang es den in *societates* zusammengefassten führenden Gruppen der Stadtteile, eine einheitliche politische Organisation der Stadtgemeinde zu schaffen und durch Antimagnatengesetze den älteren Konsularadel zu verdrängen. Unter den neu aufgestiegenen Magnaten setzten sich ‚Signori' durch, die zwar die Ordnungsstrukturen der alten Kommune übernahmen, sie aber ihrer Selbst-

Der „kombinierte" Stadtbegriff

verwaltungskompetenzen entkleideten. Zudem zerrieben die Signorien in ihrer Contado-Politik die älteren feudalen Grundherrschaften im Umland. Autonome Stadtstaaten bildeten sich auf diesem Wege aus, auch wenn sie formal noch nach Legitimierung durch Kaiser und Papst strebten. Die ersten Signorien bestanden 1240 in Ferrara unter den Este, 1263 in Verona unter den della Scala. In anderen Städten wie Lucca und Venedig dagegen konservierten sich auf Dauer aristokratisch-oligarchisch-republikanisch bestimmte Magistratsverfassungen, und zwar trotz mancher Experimente mit der Signorie. 4). Der städtische Bürger nahm innerhalb der Gesellschaft des Spätmittelalters eine Sonderstellung ein. „Den Bürger machte der Eid" [1002: SCHUBERT]. Mit dem Eintritt in die sich während des 12. Jhs. ausbildenden Schwurverbände, die *universitates civium*, war die (anfangs auf Arealbesitz gegründete) persönliche Freiheit verbunden. Das genossenschaftliche Prinzip bestimmte die rechtliche Verfaßtheit der gesamten Bürgergemeinde, wie es auch Zünften ihre eigentümlichen Strukturen vorgab. Genossenschaft und freie Einung blieben auch dann erhalten, als die Bürgergemeinde im Laufe des 14. Jhs. durch die politischen Zünfte in einen Zwangsverband verwandelt wurde. Das Rechtssprichwort ‚Stadtluft macht frei' galt zwar in deutschen wie auch in französischen Städten nur selten in vollem Umfang, aber im Grundsatz konnten Hörige nach ‚Jahr und Tag' von ihren leibherrlichen Abhängigkeiten entbunden werden. Das hieß nicht, dass jeder Bewohner das Bürgerrecht erwarb oder erwerben konnte. In Konstanz waren nur etwa 30 Prozent der Städter auch Bürger. Das Gros der Leute in der Stadt bestand aus „Beisassen" („Einwohnern" etc.), die zwar die kommunalen Lasten mitzutragen hatten, aber von politischer Partizipation ausgeschlossen blieben. Rechtlich privilegiert war der Klerus, auch wenn manchmal Pfarrer, Stiftsherren und Mönche korporativ das Bürgerrecht erwarben. Der Kampf gegen die Steuerfreiheit der Geistlichkeit und gegen die Besitzrechte der ‚Toten Hand' bildet eine Konstante städtischer Geschichte. 5). Komplementär zum Markt besaß die Stadt zentralörtliche Funktionen. Das städtische Wesensmerkmal ‚Zentralität' orientierte die Stadt, gestuft nach ihrer Größe und Bedeutung, nicht nur mit Blick auf Wirtschaft und Verkehr im Raum, es gilt auch auf kultisch-kulturellem Gebiet. In den Städten gab es zahlreiche Hoch- und Kollegiatstifte, seit dem 13. Jh. kamen die Konvente der Franziskaner, Dominikaner, der Magdalenerinnen, die Beginenhöfe etc. hinzu. Jede der 264 *civitates* im Italien des 14. Jhs. war zugleich Bischofssitz, alle besaßen Schulen, einige auch Universitäten. Zentralörtlichkeit wuchs den Städten auch als Sitz von Administration, Gericht und zunehmend auch von Herrschaft mit fürstlichen und königlichen Residenzen zu – in Frankreich z. B. Tours, Nantes und Dijon. Paris wurde nach 1350 unter den Königen Karl V. und Karl VI. durch den Ausbau des Louvre, die Errichtung fürstlicher Paläste und Collegien und die Neuanlage ganzer Stadtteile umgestaltet. Das weist auf 6).: Städte waren durch ihre Topographie und baulichen Anlagen in besonderer Weise geformt – die Vertikale prägte Städte, die Horizontale Dörfer. Hochaufragende Mauern, Kirchen und ‚Belfriede', Kaufhäuser, Hallen und Rathäuser in Brügge, Gent und Ypern, Geschlechtertürme in Trier und Regensburg, in Lucca und selbst im kleinen San Gimignano – das machte die Stadt aus. Nirgendwo sonst versammelten sich im geschlossenen Raumkörper auf engstem Platz so viele Großbauten wie in der Stadt. Die sakrale Ausstattung galt „als wesentlicher Gradmesser für die Stadtqualität" [HAVERKAMP in: 521, 119–156], und zwar nicht nur in den ‚Heiligen Städten' Köln, Trier und Mainz. Daneben waren Mauern und Türme Symbol für die Stadt, zahlreiche Stadtsiegel zeigen dies in ihren Siegelbildern. Im 13. Jh. überstiegen die Städter vielfach ihre im 12. Jh. gezogenen Mauergrenzen. Es bildeten sich Vorstädte und Neustädte aus, Mauererweiterungen wurden notwendig. Zugleich versuchten die Räte, den Stadtraum zu regeln: Bauordnungen füllen Amtsbücher italienischer Städte bereits im 13. Jh. Rund 100 Jahre später folgte man im Norden diesen Vorbildern, aber trotz allen Willens zu Planung und Ordnung verbieten sich Idealisierungen: Das umfangreiche Gesetzeskorpus, das „der Stadtplanung gewidmet war, trug zu dem Mythos bei, es habe eine spektakuläre Metamorphose von Unordnung, Chaos und Schmutz in Ordnung, Symmetrie und Schönheit gegeben" [683: BRUCKER].

Die Stadt definierte sich durch eigenes Recht, das im 12. Jh. älteres Kaufmannsrecht und Marktrecht integrierte. Das Stadtrecht ist teilweise den Stadtherren Stück um Stück abgerungenes Recht, in der Hauptsache ist es von der Genossenschaft geschöpftes Recht: die durch den Rat in Stellvertretung der Gemeinde erlassenen „Willküren", das Satzungs- und Gewohnheitsrecht. Das Stadtrecht beinhaltete seinen Gegenständen nach: 1). das Verfassungs- und Verwaltungsrecht, das u. a. das Verhältnis der Stadt zum Stadtherrn, die Kompetenzen des Rates und seiner Amtsträger, die Rechte und Pflichten der Gemeinde (Steuer-, Wehrpflicht etc.) umfasste; 2). das Straf- und Prozessrecht mit wichtigen Gerichtsstandsregelungen, auch gegenüber „Gästen" (z. B. fremden Kaufleuten); 3). das Wirtschaftsrecht mit Bestimmungen für Markt, Münze und Wechsel, Handel, Handwerk und Gewerbe; 4). das Privatrecht, insbesondere mit Familien- und Erbsachen; 5). endlich das Ordnungsrecht mit den Anfängen der ‚guten Polizei' und mit Zuständigkeiten in den Bereichen Marktverkehr und Fremdenpolizei, Armenwesen, Sicherheit und Feuerbekämpfung, Stadthygiene und Gesundheitswesen. Dem Stadtrecht wohnte nach Ausbildung der Ratsverfassung unter dem Signum des *bonum commune*, des ‚Gemeinen Nutzen', die Tendenz inne, alle Lebensbereiche mit Satzungsrecht zu durchdringen. Zunehmend im 14. Jh. kamen Luxusverordnungen für Feste und Feiern, für Kleidung auf. Der Rat als genossenschaftliches Gesetzgebungs- wie Exekutivorgan drang damit weit in das Private des Hauses vor, er bewehrte seine Satzungen mit Geldbußen, Stadtverbannung, mit dem Entzug des Bürgerrechts. Drastisches im Sinne reziproker Ahndung mischte sich darunter: Ein Frankfurter Bäcker musste sein eigenes Brot aufessen, weil er Sand darin verbacken hatte, und starb daran.

_{Stadtrecht}

Immerhin vermochten die städtischen Räte bereits während des 14. Jhs. eine Qualität von Herrschaft auszubilden, die sich nicht wie das fürstliche Gebot auf Korporationen und Personengruppen bezog, sondern nahezu alle, die in der Stadt wohnten, einschloss. „Der Bürgerverband entsteht längst bevor der Untertanenverband des Fürstentums Konturen gewann" [1002: SCHUBERT]. Freilich legitimierte sich der Vorrang des Rates noch lange aus dem genossenschaftlichen Selbstverständnis. Große Städte mit überregionaler Ausstrahlung bildeten Stadtrechtskreise aus. Im Reich wurden im 13. Jh. ca. 100 Ostseestädte mit dem Recht Lübecks privilegiert. Der Lübecker Rat wirkte als Oberhof, als Appellationsinstanz.

Der Rat   Der Rat stand der *universitas* vor, die als *communitas*, als Bürgergemeinde, durch Privileg berechtigt war, ihre eigenen Angelegenheiten zu regeln. Das *consulere* der Ratsherren entfaltete sich im Sinne konsensgeleiteter, nach den Grundsätzen des Gemeinen Nutzens geformter Herrschaft. Der Rat war Magistrat und übte teilweise in Konkurrenz mit den stadtherrlichen Schöffen, seit dem 13. Jh. aber überwiegend in Personalunion mit der Schöffenbank, die Gerichtsbarkeit aus. Das Amt des Schultheißen wurde dabei wie die stadtherrliche Gerichtsbarkeit überhaupt zumindest von größeren Städten erworben. Der Rat verwaltete vor allem seit dem 13. Jh. im Allgemeinen die Stadt selbstständig, administrierte alle anfallenden Aufgaben, in erster Linie Polizeiangelegenheiten und öffentliche Finanzen. Die vielfach erhaltenen Rechnungsbücher stellen häufig die wichtigsten Zeugnisse des kollektiven Gedächtnisses städtischer Gemeinschaften dar. Der Rat vertrat endlich die Stadt in Krieg und Frieden nach außen. Die Ratsverfassung hatte sich im 12. Jh. aus älteren Vorstufen, aus den stadtherrlichen Schöffen und den genossenschaftlich verfassten Hansen und Gilden wie etwa der bedeutenden Kölner ‚Richerzeche' ausgebildet. Die Ratsverfassung erwies sich als dynamisches Erfolgsmodell, das, zuerst um 1085 in Pisa und Lucca überliefert, ab 1129 (Avignon) bereits Südfrankreich erfasste. In einer zweiten Phase wurde das Konsulat von südwestfranzösischen Städten übernommen – 1152 war z. B. Toulouse erreicht – und sprang dann in einer dritten Phase auf Städte des Königreiches Aragón über: 1197 nach Perpignan, vor 1219 nach Barcelona. Zugleich kam die Ratsverfassung in die Städte nördlich der Alpen, zuerst in den Westen und Nordwesten – 1196 in Utrecht, 1198 in Worms und 1201 in Lübeck – und eroberte danach den südlichen Ostseeraum, schließlich auch Skandinavien: 1288 überformte das Konsulat im schwedischen Jönköping ältere Formen kommunaler Gemeinschaftsbildung. In Köln formte sich der Rat im Unterschied zu seiner Genese in anderen deutschen Städten seit 1216 aus einer Protestbewegung, die von den Amtleutebruderschaften der Kirchspiele gegen das bürgerschaftliche Regiment der Schöffen getragen wurde. Die in der Schöffenbank vertretenen stadtadligen Führungsgruppen konnten zwar im Verein mit Kaiser Friedrich II. den Rat beseitigen, 1229 aber nicht seine Wiedergeburt verhindern. Der Hebel, mit dem die Kirchspiele gegen das Meliorat ansetzten, waren die Stadtfinanzen, die in der Folge gleichsam das beständige Begründungsreservoir bildeten, um den Rat gegen die Schöffen zu behaupten. Ab 1268 konnte sich der Rat als die führende städtische Institution durchsetzen, Ratsämter ausbilden. Mit der zu Beginn des 14. Jhs. nach inneren Kämpfen erfolgten Einrichtung eines ‚weiten' Rates etablierte sich die Institution dauerhaft als die entscheidende Kraft des Stadtregiments.

Die Ratsverfassung war nach Raum und Zeit durchaus unterschiedlich gestaltet, beruhte aber auf einem gemeinsamen Grundmodell, das nach den Usancen der von Anfang an aristokratischen Herrschaft des Rates ausgekleidet war und sich im Wesentlichen aus drei Elementen zusammensetzte: 1). aus der (bislang in der Literatur nur defizitär bearbeiteten) Bürgerversammlung, deren Bedeutung im Laufe des 13./14. Jhs. immer mehr zurückging und schließlich zu einem einmal im Jahr beim Ratswechsel einberufenen Decorum verkümmerte; sie diente allenfalls bei der Einführung neuer Steuern und im Kriegsfall zur größeren Legitimation des Rates; 2). aus dem eigentlichen ‚kleinen' Rat selbst mit unterschiedlicher Mitgliederzahl (12–100) und differenzierten Organisationsmodellen – es gab den ein- und zweijährigen, auch den dreijährigen Ratsturnus, ergänzt häufig durch einen erweiterten, größeren Rat, in den auch Gruppen außerhalb der Ratsgeschlechter einbezogen waren; 3). aus dem Kolleg der Ratsherren, das in seiner doppelten Funktion als Entscheidungs- und Exekutivgremium amtierte und an seine Spitze einen *maior* (*mayor, maire*, „Bürgermeister"), in manchen Städten auch den Leiter der städtischen Finanzen stellte. Die Modi der Ratsherrenwahlen sahen nur selten Einsetzung durch den Stadtherrn oder Kur durch die Bürgerversammlung vor. Komplexe Verfahren über Wahl-Ausschüsse, die aus Räten, aus Repräsentanten der weiteren Ratsgremien, ja selbst der Bürgergemeinde bestehen konnten, waren vielmehr die Regel. Die Kandidatenauswahl wie der Wahlakt selbst erfolgten tendenziell als Kooptation. Die Formen von Designation und Kur vor allem in größeren Städten entsprachen der oligarchisch-aristokratischen Verfasstheit ihrer Führungsgruppen. Daran änderte der Zutritt neuer Personen und Gruppen seit dem späten 13. Jh. wenig.

Ratsverfassung

Die Stadt als eine „Kultur des Unterschiedes" (R. Sennett) besaß extreme soziale Hierarchien. Sie dürften in wirtschaftlicher Hinsicht umso ausgeprägter gewesen sein, je größer die Städte waren. Das gilt freilich nicht für die soziale Verfasstheit von ‚oben' und ‚unten'. Denn die Stadtgemeinden wurden in der Regel nicht einfach von denjenigen dominiert, die als Kaufleute über die größten Vermögen verfügten. Städtische Geschichte in Hoch- und Spätmittelalter ist essenzieller Teil der Geschichte europäischer Aristokratien. Die führenden Gruppen der Städte setzten sich aus stadtadligen Geschlechtern zusammen. Selbst in einer kleinen Stadt wie Rinteln stammten acht der zehn Ratsherren 1252 aus adligen Burgmannengeschlechtern. Nach dem einfachen, vornehmlich nach steuerrechtlichen, mithin wirtschaftlichen Kriterien geformten sozialen Schichtungsmodell, wie es E. Maschke [in: 672, 170–274] in die Stadtge-

Gesellschaftliche Verfasstheit: „wir Bürger reich und arm"

schichtsforschung einführte, setzte sich die städtische Gesellschaft aus drei Schichten zusammen: 1). aus der Oberschicht, die in die ratsfähigen Führungsgruppen, in der Literatur auch Patriziat oder Meliorat genannt, und in politisch weniger privilegierte Gruppen der Reichen zerfiel, 2). aus der ebenso zweigeteilten kommerziellen (Kaufleute, Krämer etc.) bzw. handwerklichen Mittelschicht und 3). aus der Unterschicht – in größeren Städten nicht weniger als 60–85 Prozent der Gesamtbevölkerung – mit ihren in sich vielfach gestuften sozialen Gruppen. Schichtabstufungen und -grenzen waren fließend, die Schichten und die in ihnen vertretenen Gruppen nach unten hin kaum sozial abgeschnürt. Soziale Auf- wie Absteiger hat es immer gegeben.

Randgruppen Von den Unterschichten deutlich unterschieden waren Randgruppen, „die durch kollektive Attributionen einem partiellen oder totalen Verlust ihrer Ehre unterworfen" waren. Die Menschen trieb nicht ihre Armut in die Marginalisierung – gab es doch durchaus wohlhabende Zuhälter und Henker –, sondern die ihnen aus unterschiedlichen Gründen zugeschriebene Ehrlosigkeit und Schutzlosigkeit [734: HERGEMÖLLER]. Es gab 1). ‚Unehrliche Berufe', Prostituierte, Henker, nichtakademische Heilberufe, auch die verschiedenen Gruppen des ‚fahrenden Volks', deren Einordnung in die ‚Marginalität' allerdings problematisch ist und eher situativ war; 2). ‚Körperlich und geistig Signifikante', also die Lahmen, die in den „Torenkisten" vor den Stadtmauern dahinvegetierenden und z. B. in „Narrenschiffen" auf dem Rhein ausgesetzten Geisteskranken sowie die im 13. Jh. noch große Schar der Leprosen; 3). ‚Ethnisch-religiös definierte Gruppen', vornehmlich die Juden, deren Zugehörigkeit zu den Randgruppen aber durchaus strittig ist; 4). schließlich ‚Inquisitionsopfer' in ihren realen und imaginären Gruppen. Einen Sonderfall stellten die Bettler dar. Sie standen zwittrig zwischen Unterschichten- und Randgruppenexistenz. Die offiziell geduldeten Bettler, also die ‚unverschuldet' in Not geratenen Menschen, unterlagen bis weit ins 15. Jh. hinein keiner Tabuisierung. Die nicht anerkannten, wandernden Bettler dagegen entsprachen von ihren durch Ehrlosigkeit und Schutzlosigkeit gekennzeichneten Lebensformen her ganz dem Bild von ‚marginaux'. Ihnen haben die Ständelehren der Zeit sogar überhaupt keinen Platz in der Gesellschaft zugewiesen, sie galten als „inutile au monde" [B. GEREMEK, Inutiles au monde. Truands et misérables dans l'Europe moderne (1350–1600), Paris 1980].

Judengemeinden in Deutschland Die Juden waren die größte der ethnisch-religiösen Minderheiten nördlich der Alpen. Sie lebten in Gemeindeverbänden vornehmlich in den großen und mittleren Städten, aber auch in Dörfern. Die größten jüdischen Gemeinden in Erfurt und Nürnberg zählten um 1300 an die tausend Seelen. Das entsprach etwa 5 bis 10 Prozent der städtischen Gesamtbevölkerung. In der Mehrheit der Städte allerdings reichten vor den großen Verfolgungswellen des 14. Jhs. die Kopfzahlen von einigen Dutzend bis zu wenigen hundert Personen, für sie scheint ein Richtwert von 0,5 bis 0,8 Prozent Bevölkerungsanteil realistisch. Um das Jahr 1300 rechnet man mit ca. 100 000 Juden auf dem Reichsgebiet. Durch massenhafte

Vertreibung und Mord war ihre Zahl hundert Jahre später nach neueren vorsichtigen Schätzungen auf ungefähr 40 000 abgesunken. Die Realität jüdischen Lebens war von Ort zu Ort unterschiedlich. Nicht überall gab es Judengassen, die ganz oder teilweise von Mauern umgeben und mit Toren versehen waren wie z. B. in Speyer. Solche abgeschlossenen, im Hochmittelalter noch auf Wunsch und zum Schutz der Juden entstandenen Viertel wie in Alt-Speyer wurden verstärkt seit dem 13. Jh. durch Mauern, Tore und zugemauerte Fenster von der christlichen Umgebung separiert – Wegemarken der Ghettoisierung. Immer aber lagen die jüdischen Häuser und Viertel im städtischen Zentrum oder an Hauptverkehrsachsen. Nach den großen Pogromen von 1348/50 standen den Neuankömmlingen in manchen Städten die angestammten jüdischen Wohnviertel wieder zur Verfügung, in anderen wurden sie in ungünstigere Lagen am Stadtrand bzw. in die Vorstädte abgedrängt. Die Stadt Würzburg ließ das Judenviertel 1349 nach der Ermordung und Selbstverbrennung der Juden einebnen und an der Stelle den regelmäßigen Marktplatz mit der Marienkapelle anlegen.

Im 12./13. Jh. entstanden, in Predigt, Exempeln, Chroniken und bildlicher Darstellung ausgeformt und tradiert, neben der traditionellen Judenfeindschaft der Christen die Motive, die für die Pogrome des Spätmittelalters maßgeblich wurden. In ihren Vorprägungen schon 1096 in Worms und 1147 in Würzburg belegt, entstand die Beschuldigung des Mordes an Christen, die sich im 13. Jh. zum Topos des Ritualmordes verdichtete. Die Juden wurden dadurch habituell zu Christenmördern, besonders von Knaben. Das Heterostereotyp erwies sich als so bestimmend, dass schon das Verschwinden eines Kindes genügte, um einen Pogrom, zumindest eine gerichtliche Verfolgung auszulösen. So wurden z. B. an Ostern 1287 die Juden der Stadt Oberwesel eines Ritualmordes an dem sogenannten ‚Guten Werner' beschuldigt. Die Verfolgungswelle forderte bis zum Beginn des Jahres 1289 in 22 Orten am Mittelrhein mindestens 321 Tote. Mit den Vertreibungen und dem Massenexodus aller Juden aus Frankreich in den Jahren 1291 und 1306 kam zur Ritualmordlegende die Hostienschändung als Motiv hinzu. In den dadurch in Franken, der Oberpfalz, Schwaben, Hessen, Thüringen ausgelösten, nach ihrem adligen Anführer ‚Rindfleisch' genannten Pogromen erlitten wohl zwischen 4000 und 5000 jüdische Menschen den Tod. Im 14. Jh. kam es zunächst zu lokalen Verfolgungen z. B. im Elsass und in Franken, bevor in den Jahren 1336 bis 1338 eine erneute Pogromwelle, die ‚Armleder-Erhebung', über 65 jüdischen Gemeinden in Franken, Hessen und dem Elsass zusammenschlug. Die umfangreichste Verfolgung im Spätmittelalter überhaupt begleitete die Pestjahre 1348 bis 1350, mindestens 400 jüdische Gemeinden im gesamten Reich waren von ihr betroffen. Ausnahmen bildeten wenige Regionen, hauptsächlich Österreich und Böhmen, und einige Städte, allen voran Regensburg. In diesen fürchterlichen Pogromen entstand neben Ritualmord und Hostienschändung ein drittes Begründungssyndrom: die Brunnenvergiftung. Die Legende, schon 1321 in Südfrankreich aufgetaucht, verbreitete sich von Savoyen

Judenverfolgungen – Judenmord

aus in Windeseile im Reich. Spontane Aktionen einer erschreckten Bevölkerung im Angesicht des massenhaften Sterbens der Pest waren indes äußerst selten. Der Judenmord wurde vielmehr in aller Regel von den städtischen Räten geplant, er wurde wie z. B. in Erfurt und Straßburg auch von einflussreichen Oppositionsgruppen benutzt, um eine Revolte gegen den amtierenden Rat zu inszenieren. Die Pogrome selbst trafen wahllos alle, Männer, Frauen und Kinder, bis auf die, die sich taufen ließen.

Städtische Revolten   Die Begriffe ‚städtische Revolten' und ‚Bürgerkämpfe' haben ältere Bezeichnungen wie ‚Zunftrevolution' und ‚Verfassungskämpfe' ersetzt. Denn der Dissens verlief seit dem ausgehenden 13. Jh. keineswegs generell zwischen den politischen Führungsgruppen und aufstrebenden Zünften. Die Versuche zur Typisierung sind zahlreich, sie vermögen kaum zu überzeugen. Einige strukturelle Gemeinsamkeiten lassen sich aber beschreiben. Der soziale Protest wurzelte häufig in einer tief gehenden, weit verbreiteten Unzufriedenheit über kurz- oder langfristig, tatsächlich oder nur vermeintlich sich verschlechternde Lebensgrundlagen, über reale oder nur als solche empfundene Rechtsbrüche von Seiten der wirtschaftlich und politisch Mächtigeren. Revolte hatte jedoch auch in der Stadt nie die generelle Beseitigung von Herrschaft zum Ziel. Es ging vielmehr um die Wiederherstellung bzw. Sicherung ‚alter' Rechte im Rahmen genossenschaftlicher Verfasstheiten, gleich ob es sich um Steuern, zünftische Freiheiten oder Beteiligung am Stadtregiment handelte. Das ‚alte' Recht der Genossenschaft war so auch in der Stadt der Motivkern für Revolte und Aufruhr, auch wenn sich in vielen Fällen die partikularen Interessen und Ziele der beteiligten Gruppen markieren lassen. Die Erhebungen richteten sich eben nicht nur gegen den Rat, sondern auch gegen intermediäre Führungsgruppen: gegen die Geistlichkeit, gegen den rivalisierenden Geschlechter-Clan – in Barcelona z. B. kämpfte die oligarchische Patrizierpartei der *Biga*, die für Wirtschaftsliberalisierung stand, gegen die protektionistisch eingestellte Faktion der *Basca*. Zünfte erstritten sich wie z. B. 1302 in Flandern in der ‚Goldsporenschlacht' von Kortrijk oder seit der ersten Hälfte des 14. Jhs. in rheinischen und oberdeutschen Städten die Beteiligung am Rat. Aber dabei darf nicht übersehen werden, dass allein diejenigen Zünfte und Gilden revoltierten, deren Mitglieder mehrheitlich über kaufmännische Tätigkeit zu Reichtum gekommen waren. Ebenso unterschiedlich wie Ziele, Trägergruppen und Konstellationen waren die Verlaufsformen. Im Modell setzte ein Konflikt mit der Erhebung der Gemeinde als Schwurverband ein, gefolgt vom gewaltlosen oder gewalttätigen Handeln, von Bannerlauf, eventuell allgemeiner Bewaffnung und Besetzung der Stadttore. Die Beendigung des Konfliktes begann mit der Bildung eines Ausschusses in Konkurrenz zum Rat und mündete schließlich in die Wiederherstellung des städtischen Friedens durch Sühnehandlungen und die Eidesleistung der Gemeinde. Die Unruhen, ob spontan entstanden oder von langer Hand geplant, konnten bei Zusammenrottung und Drohung stehen bleiben, sie konnten sich aber auch in blutigen Kämpfen entladen: Wie „Krammetsvögel" haben 1301 Magdeburger Aufständische ihre Obermeister und Aldermänner auf dem Marktplatz „gebraten". ‚Norm' dürften aber zähe prozessuale Abläufe, langwierige Verfahren von Aktion und Reaktion gewesen sein. Am Ende standen öfter Kompromisse, Rezesse und Verträge als Totschlag und politischer Mord. Die Geschichte der Konflikte und Unruhen in den europäischen Städten hatte auch ihre Konjunkturen. Den Höhepunkt, nicht zu erklären, aber klar erkennbar, stellten die 1370/80er Jahre dar: 1378 erhoben sich in Florenz und Siena die *Ciompi*, miserabel bezahlte Lohnarbeiter, 1382 kam es in Paris zur klassischen Steuerrevolte der *Maillotins*. Im Reich sind in Köln (,Weberschlacht' von 1370/71), Braunschweig (,Große Schicht' von 1374), Hamburg (1376), Danzig (1378), und Lübeck (,Knochenhaueraufstände' von 1380/84) Unruhen zu verzeichnen.

3.3. Adel im Wandel

Der Adel behauptete während des gesamten Mittelalters ungebrochen seinen gesamtgesellschaftlichen Führungsanspruch, stellte aber lediglich einen Bruchteil europäischer Gesellschaften dar. Nach den begründeten Schätzungen von P. CONTAMINE [794] waren um 1300 gerade 1,8 Prozent aller Franzosen adlig. In Zahlen heißt das: 350 000 Personen, 70 000 Familien, im Durchschnitt pro Pfarrei zwei *lignages*. Was man unter ‚Adel' zu verstehen hat, ist freilich abhängig von Regionalität im zeitlichen Nacheinander. Es gab nicht zu allen Zeiten den nämlichen ‚Adel', vielleicht wurde er als ‚Stand' sogar erst am Ende des Mittelalters erfunden [MORSEL in: 756, 312–374]. Und nicht überall galt der Grundsatz ungebrochen, dass der Adel gleichsam der Sonderfall der durch rechtliche und erbliche Privilegierung herausgehobenen gesamtgesellschaftlichen Oberschicht ist. Island etwa kannte als Führungsgruppen bevorrechtigte großbäuerliche Sippen, die zur Thingfahrt (Teilnahme am Thing) verpflichtet waren. Nur die ‚Thingfahrer' besaßen das Recht, in der Selbstverwaltung der Gemeinden Ämter zu übernehmen. Es gab also keinen (Geburts-)Adel(-sstand), aber de facto quasiadlige Eliten: Den Isländern galten ihre bevorrechtigten großbäuerlichen Geschlechter als ‚Adel'. Das, was Adligsein heißt und ausmacht, unterlag aber auch einem zeitlichen Wandel. Bis um 1150 gehörten in Kontinentaleuropa allein Herzöge, Markgrafen, Grafen und (durch freien Landbesitz ausgezeichnete) Edelherren zum Adel mit dem Merkmal freier Geburt. Danach setzten Strukturveränderungen ein. Die Erblichkeit der Lehen förderte im Reich vor 1200 die Verstetigung der Adelsherrschaften und die Patrimonialisierung der Ämter: Die Amtstitel – Herzog und Graf – wurden vererbbar und damit Teil des adligen Hauses, seines Besitzes und seiner Ehre. Herzöge und Grafen waren von nun an in Deutschland wie in Frankreich alle Familienmitglieder, nicht mehr allein der Amtsinhaber. In England kam es nicht zu diesem Wandel, hier galten die von der Sukzession ausgeschlossenen Söhne und Töchter sogar als nicht-adlig.

Adel

Niederadel Seit ca. 1150 sind in vielen Teilen Europas Emanzipationsprozesse unfreier Leute zu beobachten. Neue regionale Führungsgruppen konstituierten sich, die während des 13. Jhs. adlige Qualität, ‚edles' Ehrkapital, erlangen konnten und wie die alten *nobiles* lebten. Ein neuer Adel entstand in unterschiedlicher Stärke und Ausprägung am unteren sozialen Rand des Hochadels. Als ‚Niederadel' etablierte er sich in einer bis zum 14. Jh. reichenden Umbruchsphase in verschiedenen Sozialgruppen und Abstufungen bis hinunter zum Kleinstadel. Um 1350 machte er in Frankreich z. B. 84 Prozent aller Adligen aus. Nur ein Prozent, rund 400 Personen, gehörten dem alten Hochadel der Fürsten, Herzöge und Grafen an. Die Zahlen im englischen Niederadel schwankten stärker als auf dem Kontinent, denn der Titel eines *knight* war nicht vererbbar, musste vom König oder von Magnaten vergeben werden. Auch in Kastilien setzten sich im Laufe des 13. Jhs. die hochadligen *ricos-hombres* vom Niederadel, den *caballeros* und *hidalgos*, ab. Entscheidend waren dabei die Zugangsmöglichkeiten zum königlichen Hof. Die Ricos-Hombres starben seit der Mitte des 14. Jhs. langsam aus – für niederadlige Geschlechter die Chance, Zugang am Hof zu finden und sich als neuer Hochadel zu etablieren. Ein ähnlicher sozialer Mechanismus ist in den vergleichsweise spät entwickelten skandinavischen Reichen festzustellen: In Norwegen entstand unter König Sver(r)ir (1177–1202) im Kampf zwischen den Parteiungen der Birkebeiner und Bagler der *hird* (Gefolgschaft), aus dem im 13. Jh. ein neuer, z. T. lehnstragender Adel hervorging. In Oberitalien stiegen nicht-adlige Personen durch den Bedarf der Städte an professionalisierter Kriegsführung zu ‚Rittern' auf. Die sich aus Soldunternehmertum emanzipierenden stadtadligen Herren, Geschlechter wie die Veroneser della Scala, lehnten sich machtpolitisch an alten, großgrundbesitzenden Hochadel an, der durch die contado-Politik der Kommunen in die Defensive gedrängt worden war, übernahmen seine Lebensformen und wurden seit dem 14. Jh. von der hochadligen europäischen Umwelt zusehends toleriert.

Die ‚Kleinen' und ‚Großen' vom Niederadel Zwischen Niederadligen und Bauern lebte eine soziale Schicht von Kleinadligen, die einer schwer aufzuhellenden Grauzone zwischen Nicht-Adel und Adel angehörten. Zu ihnen sind großbäuerliche Gruppen wie die „Ehrbarmannen" in Sachsen zu rechnen, die sich nur durch qualifizierten Besitz und die dafür dem Herrn zu leistenden Waffendienste, über ihre ‚bessere' Ehre also, von den bäuerlichen Nachbarn unterschieden. Kanalisiert wurde der Aufstieg von Unfreien in den Klein- und Niederadel durch den Herrn, Chancen eröffneten sich an den Höfen. Vehikel der Emanzipation hießen Amt und Eignung, Lehen, Tradition und Vererbung. Diese nicht-adligen Funktionsträger wurden über ihre adligen Lebensformen dem Hochadel gleich, die ständisch-rechtlichen Konturen verschwammen. Problematisch erscheint, die Grenze zwischen Adel und Nicht-Adel über Mindesteinkommen festzulegen. In Frankreich soll um 1400 das geringste Jahreseinkommen von Edelleuten bei ca. 50 Pfund tournois, in England um 1300 bei 40 Pfund gelegen haben. Zum Vergleich: Ein englischer Lohnarbeiter kam auf höchstens 2 Pfund jährliches Einkommen. Die herausragenden Geschlechter des Niederadels wie z. B. die vermutlich aus der Ministerialität des Mainzer Erzbischofs aufgestiegenen Herren von Bolanden hatten dagegen bereits im 13. Jh. einen riesigen Besitz, besaßen um 1250/60 nach ihrem Lehnsbuch 21 Burgen und weitere Lehen von 45 Lehnsherren. Eine Seitenlinie der Bolanden, die Herren von Falkenstein, erlangten 1398 sogar die Reichsgrafenwürde. Über 200 Jahre hatte sich das Geschlecht an der Spitze seiner regionalen Adelsgesellschaft behauptet. Die Devise für erfolgreichen Aufstieg hieß überhaupt: warten können. Neben Besitz, Lehen und Amt waren für die soziale Integration die Chancen wichtig, die sich aus dem Konnubium mit dem Hochadel ergeben konnten. Die soziale Akzeptanz blieb dabei, trotz Verstetigung solcher Verwandtschaftsverhältnisse in manchen Niederadelsfamilien, verhältnismäßig vordergründig, sie konnte bei Konflikten aufbrechen. Die Grenzen zwischen Hoch- und Niederadel sind daher in der sozialen Wirklichkeit immer offen geblieben. Darüber hinaus gab es im Adel ebenso zahlreiche Gewinner wie Verlierer. Ungezählt und aus den Quellen kaum zu ermitteln sind die nichtadligen Familien, die im 13. Jh. während des Aufstiegs im Mannsstamm erloschen oder den erreichten Status bald wieder verloren, also zum Pflug oder zur stadtbürgerlichen Hantierung zurückkehrten, aber weiterhin qualifizierte adlige Lehen besaßen. Umgekehrt starben edelfreie Geschlechter aus oder verarmten – gelegentlich wurden deren Geschlechternamen von den sozialen Aufsteigern durch Konnubium usurpiert.

Könige standen an der Spitze der europäischen Adelsgesellschaften. Alle Königsherrschaft blieb auch im Spätmittelalter strukturell schwach. Dennoch besaßen die Dynastien eine exklusive soziale, symbolische, ja spirituell-kultische Qualität. Die herausragende Position von Geschlechtern innerhalb der europäischen Hochadelsgruppen ist daher vor allem am Konnubium mit königlichen bzw. quasi-königlichen Dynastien zu erkennen. Um 1200 hatte der Hochadel Europas schon eine lange Geschichte hinter sich, beträchtliche Unterschiede hochadliger Tradition waren daraus hervorgegangen. Im kapetingisch-französischen und im salisch/staufisch-deutschen Raum sind einige fürstliche Familien genealogisch bis in die (spät-)karolingische Zeit des 9./10. Jhs. zurückzuverfolgen: die Přemysliden in Böhmen, die Welfen und Salier im Reich. Als erstaunlich ‚stabil' erwiesen sich die Kapetinger, die von 987 an Könige von Frankreich waren und ab 1328 in der Nebenlinie der Valois weiterherrschten. Andere Dynastien wie die Staufer traten erst im Laufe des 11. und 12. Jhs. auf. In den Gebieten, die keine karolingische Vorgeschichte aufwiesen (also die skandinavischen Reiche, England, Schottland, die iberische Halbinsel und das östliche Mitteleuropa), formierten sich hochadlige Dynastien wie die Plantagenets-Anjou dagegen erst im Laufe des 11. bis 13. Jhs. aus den schon bestehenden großgrundbesitzenden, mächtigen Familien und Geschlechterverbänden. Im 13. Jh. hatten sich allerdings jene feinen Unterschiede verwischt. Überhaupt blieb die Zahl der europäischen Dynasten

Königtum und Hochadel

verhältnismäßig klein. Die englische Magnatenschicht bestand aus 12 bis 15 Grafen und 20 bis 30 größeren Baronien. In Frankreich zählt man neben der kapetingischen Krondomäne um Paris, wo der König selbst Fürst war, im 12. Jh. ungefähr 30 Fürstentümer. Im Machtausbau der Kapetinger-Dynastie wurden etliche dieser Fürstentümer auf dem Erbweg erworben und bei der Krone behalten. Um 1350 war daher der Hochadel aus Herzögen und Grafen auf insgesamt ca. 400 Angehörige dezimiert worden. Mit dem Übergang der Krone auf die Valois (1328) wandelte sich die traditionelle Hausmachtpolitik der königlichen Dynastie: Einzelne Fürstentümer wurden seither als Apanage an Familienmitglieder ausgegeben. Folgenreich war, dass König Johann II. seinen Bruder Philipp von Valois zum Herzog von Burgund erhob (vgl. Kap. I.C.6). Weitere Mitglieder der königlichen Familie, die Herzöge von Anjou und von Berry, von Bourbon und von Orléans, gewannen durch die Einsetzung in Fürstentümer politisches Gewicht und stellten um 1400 verhältnismäßig autonome Herrschaftskörper mit bedeutenden Höfen dar. Auch im englischen Hochadel standen während des 14. Jhs. die Zeichen auf Wandel. Die zu den königlichen Hof- und Gerichtstagen, den Parlamenten, eingeladenen Magnaten wurden als Pairs bezeichnet; die Peerage selbst gliederte sich in neue Ränge auf: Herzöge (Dukes), Marquis, Grafen (Earls), Viscounts und Barone (Lords). Die hochadlige Peerage setzte sich von der Gentry als einer Art ‚Mitteladel' ab. Die Gentry lebte zwar äußerlich wie der Hochadel, verfügte aber über keinen Zugang zum Parlament und war daher von politischer Partizipation ausgeschlossen.

Das Reich und seine Fürsten

Auch im Reich lebten nur wenige Hochadelsgeschlechter auf riesigen Allodialherrschaften. Die 22 weltlichen (und 92 geistlichen) Reichsfürsten stellten freilich eine europäische Besonderheit dar. Denn bestimmte Hochadelsfamilien bzw. Bischöfe und Äbte hatten es verstanden, den in seiner Bedeutung und sozialen Radizierung vorher unspezifischen *princeps*-Titel an sich zu bringen: ‚Fürst' wurde um 1180 zum Symbol für exklusive Vorrechte sozialer, verfassungs-, lehns- und landrechtlicher Qualität. Absolute Voraussetzung zur Aufnahme unter die Reichsfürsten war im Falle der geistlichen Fürsten die königliche Regalienbelehnung, die ihnen die zweite Heerschildstufe innerhalb des Reichslehnsverbandes einbrachte. Bei den Laienfürsten tat es nur der unmittelbare, ja ausschließliche Lehnsnexus zum König. Allerdings besaßen die weltlichen Fürsten infolge ihrer Kirchenvogteien auch kirchliche Passivlehen, weswegen ihnen der Sachsenspiegel die dritte Stufe der Heerschildordnung zuteilte. Zu diesen lehnsrechtlichen Qualitätsmerkmalen trat bei den Laienfürsten noch eine besondere landrechtliche Distinktion hinzu, die sie von den anderen königlichen Vasallen unter Niederadligen, Freiherren und Grafen abhob: Die Fürsten besaßen die Vorherrschaft in einer Region, vergleichbar mit dem Herzogtum „als Prototyp des Fürstentums" [1033: KRIEGER]. Entsprechend waren die Fürsten mit einer übergeordneten Richtergewalt ausgestattet, sie besaßen besondere ‚fürstliche Vorrechte': Persönliche Privilegien, zeremonielle

Ehrenämter, auch herausgehobene Herrschaftsrechte – sie konnten Grafen und Freiherren zu Vasallen haben, Hofämter einrichten, verfügten in ihrer Herrschaft über Königsrechte, über Gerichts-, Zoll-, Münz- und Geleitregalien. Die römisch-deutschen Könige kreierten im Laufe der Zeit weitere ‚Fürstengenossen' wie z. B. 1310 die Grafen von Henneberg sowie Fürsten in vollem Rechtssinn, 1292 etwa die Landgrafen von Hessen.

Königlichen und fürstlichen Großhaushaltungen und Höfen kam für die Geschichte des europäischen Adels eine ganz eminente Bedeutung zu. Der königliche Hof wie die erweiterten Hoftage, die als probate Instrumente der räumlichen Verdichtung königlicher Herrschaft dienten, wirkten als soziale Zentren von Kommunikation und Moderation, sie waren Treffpunkte, Schnittstellen des Hoch- und Niederadels. Die Höfe formten und formierten den Adel, dienten seiner Akkulturation und Sozialisation. Die großen Königshöfe wie der Kaiser Friedrichs II. beispielsweise können auch als Zentren der Weitervermittlung mittelalterlicher Gelehrsamkeit nicht überschätzt werden. Im 14. Jh. gehörte die Kurie der Päpste zu Avignon zu den wenigen höfischen Gravitationszentren mit europäischer Ausstrahlung. Im Orbit des Papsthofes standen die Höfe Johanns I. von Aragón (1387–1395) in Perpignan und Karls III. von Navarra (1387–1425), die in einer Traditionslinie mit den großen aragonesischen Höfen des 13. Jhs. zu sehen sind, vor allem mit dem König Peters III. des Großen (1276–1285) und dem der Könige von Mallorca, einer aragonesischen Nebenlinie (1276–1343). Der mallorquinische Hof ist wegen seiner Hofordnungen bedeutsam, die als Modell für andere Höfe dienten. Der französische Königshof wiederum war, insbesondere unter Karl V. (1360–1380), Vorbild für den burgundischen Herzogshof in den Niederlanden, dessen Gewohnheiten seinerseits von den englischen Königen und teilweise von den westlichen Reichsfürsten nachgeahmt wurden. In der zweiten Hälfte des 14. Jhs. standen die Höfe Kaiser Karls IV. in Prag und König Kasimirs III. von Polen in Krakau in engen Austauschbeziehungen mit Italien und Westeuropa.

Kulturelle Einheit I: Europa der Höfe

Von zentraler Bedeutung für das adlige Dasein und das Selbstverständnis der Aristokratie in der Ritterschaft war der Waffen- und Kriegsdienst: „Telle était sa ‚vacation', sa ‚vocation', telle était sa légitimation" [794: CONTAMINE]. Im Frankreich des Hundertjährigen Krieges standen in der Hochzeit des Jahres 1340 nicht weniger als 25 000 bis 30 000 Adlige in den Diensten des Königs. Personalisiert und idealisiert wurde das adlige Handwerk des Krieges im *miles*. Der ‚Ritter' prägt noch das moderne Bild vom mittelalterlichen Adel, obwohl unter den adligen Zeitgenossen der Anteil derjenigen, die tatsächlich zu Rittern geschlagen wurden, gering blieb, ja seit dem 14. Jh. immer mehr zurückging: Um 1300 waren nur 33 Prozent aller französischen Adligen Ritter – 200 Jahre später gerade noch 5 Prozent. Das Rittertum hatte sich an der Wende vom 12. zum 13. Jh. voll entfaltet, der Ritterschlag, die *collée*, war zunächst ‚rite de passage', Verwandlung in einen anderen Stand, seit Ende des 14. Jh. dann nur noch Symbol,

Kulturelle Einheit II: Rittertum – eine Lebensform

Auszeichnung, die man allenthalben suchte: nicht mehr vor, sondern – vereinzelt – nach der Schlacht, auf der bewaffneten ‚Heidenfahrt' ebenso wie auf der unbewaffneten Wallfahrt, in Preußen und Jerusalem, in Rom und zum Katharinenkloster auf dem Sinai. Wer mit seinen Revenüen in der Lage war, als Ritter aufzutreten, den hat man verhältnismäßig leicht als „einen vom Adel" akzeptiert; hierin lag auch eine der Aufstiegschancen des Niederadels. Wer umgekehrt von seiner Ökonomie her dazu nicht mehr in der Lage war, der konnte schnell seine adlige Qualität verlieren. Die adlige Lebensform – die Formulierung *poursuivre le fait de noble* kam im 14. Jh. auf – verfestigte sich nicht nur im zentralen Kriegs- und Waffendienst und in den rechtlichen Privilegien, sondern auch an anderen Fronten. Man führte Pferd, Hund und Falke ebenso wie Wappen, legte Wert auf gesonderte, auf distinguierende Kleidung, im Alltag ebenso wie auf dem Fest. An seinen Kleidern war der Mann von Adel zu erkennen, mit den ‚Eisenkleidern' im Turnier wurden seit dem 14. Jh. wahre Prunkorgien inszeniert. Man baute Burgen – Zehntausende davon sind bereits um 1300 zu zählen. Während des 14. Jhs. kamen auch repräsentative Schlösser hinzu. Man hielt ein ‚offenes Haus', führte große Einladungshaushalte, besaß zahlreiche Appartements für seine Gäste. Man redete sich untereinander mit ‚Du' an, wurde als ‚Vetter', ‚Bruder', ‚Schwager' und ‚Freund' angesprochen. ‚Freundschaften', auch soziale Hierarchien befestigte man auf ausgeprägte Art mit Geschenken. Zuletzt bedeckten Steintafeln und kostspielige Denkmäler die Gräber von Edelfrauen und Edelmännern. Adlig war man durch Geburt, adlig wurde und blieb man durch seine Lebensformen – auch über den Tod hinaus hielten anspruchsvolle Totenmemorien die Erinnerung wach.

Kulturelle Einheit III: Hoforden und Adelsgesellschaften

An den Höfen und in ihren Hoforden, in den Adelsgesellschaften und den ‚Preußenreisen' entfaltete sich das Rittertum zu seiner vollen Blüte. 1348 gründete König Eduard III. von England nach einem gescheiterten Versuch mit einer Artus-Gesellschaft den Hosenbandorden. Er war der erste weltliche Ritterorden, hervorgegangen zudem aus ganz anderen kulturellen und gesellschaftlichen Zusammenhängen als die geistlichen Ritterorden der Johanniter, Templer und Deutschherren. Der ‚Order of the Garter' gab das Vorbild für die übrigen Hoforden Europas ab. Die von den Souveränen gestifteten Hoforden zielten in erster Linie auf Integration des regionalen Adels, sie verpflichteten ihre Mitglieder auf den Herrscher. Man stellte sie auch in den Dienst übergreifender Loyalitäten, indem fremde Könige und Hochadlige in die Orden aufgenommen wurden. Im Reich bildeten sich vor allem im Südwesten, am Niederrhein, in Hessen, Thüringen, Franken, Sachsen, Schlesien noch eine ganze Reihe von Adelsgesellschaften. Sie verstanden sich in ihren genossenschaftlichen, Geselligkeit, Totenmemoria und Turnier verbindenden Lebensformen im 14. Jh. noch vornehmlich als Zusammenschlüsse zur Wahrung politischer Interessen und schufen damit wichtige Kommunikationsforen adliger Selbstdefinition innerhalb und zwischen den sich ausbildenden Territorien.

Das ritterliche Turnier entstand um 1100 in Nordfrankreich und der Champagne – *conflictus gallicus* nennen es die englischen Chronisten. Um 1170/80, als Guillaume le Maréchal, einer der berühmtesten Turnierkämpfer seiner Zeit, die Siegespreise davontrug, war Turnier noch eine wüste Schlägerei auf offenem Feld um Beute und Ehre. Müßig wäre die Aufzählung der Turnierverbote, die von französischen und englischen Königen sowie von Seiten der Kirche angesichts zahlreicher Verletzter und Toter ausgesprochen wurden. Sie verfehlten alle ihr Ziel. Turnier war Mode, es gehörte zur Ritterschaft wie Pferd und Schwert. Das Turnier veränderte sich seit dem 13. Jh., man hat es in Reglements gefasst. Der ritterliche Kampf wandelte sich zum Spiel, wurde adliger Sport. Formelle Einladungen mit festen Fristen riefen zum Turnier, finanzielle Bedingungen (Siegpreise) wurden vereinbart, kampftechnische Vereinbarungen getroffen. So hat man die Turnierkämpfer u. a. nach regionalen Verbänden geteilt, das Reiten in geschlossenen Formationen reguliert. Populär wurden der Zweikampf, die ‚Tjost', (frz. *jouste*, lat. *iuxta*) die Aufforderung zum Einzelkampf außerhalb der Gruppe, sowie die ‚Tafelrunde', das Duell mit stumpfen Waffen. Gekämpft hat man nun in einem umschrankten Turnierplatz, einem regelrechten Spielfeld also, auch die Ausrüstung für das Turnier spezialisierte sich. Kampf *à outrance* (mit scharfem Schwert oder Lanze) geriet zur Ausnahme, galt aber als besonders prestigeträchtig. Eingebunden in festliche Ereignisfolgen, in Gottesdienste, Festmähler, Tänze, waren Turniere Teil der ritterlich-höfischen Festkultur, von Hochzeiten, Fastnachten, Hoftagen.

Kulturelle Einheit IV: Das Turnier

Das Rittertum überhöhte sich im 12. Jh. vor allem mit der Kreuzzugsidee: *devotio et militia* wurden den christlichen Ritterschaften zu den beiden Seiten der nämlichen Medaille. Mit dem Fall Akkons 1291 endeten die Kreuzzüge ins Heilige Land, aber die Imagination ‚Kreuzzug' blieb integraler Bestandteil ritterlich-höfischer Kultur. Die Bilder von bewaffneter Wallfahrt lebten z. B. in dem Kreuzzugsprojekt Peters I. von Zypern weiter, das 1365 zur kurzzeitigen Eroberung Alexandrias führte, sie fanden Auftrieb durch einen neuen Gegner, durch die Osmanen, die seit ca. 1370 die Christenheit bedrohten. Unter Führung König Siegmunds von Ungarn stellte sich den Türken 1396 vor Nikopolis ein nach Tausenden zählendes Kreuzheer entgegen. Viele Hunderte der hochgemuten christlichen Ritter fielen, zahlreiche wie der bayerische Knappe Johann Schiltberger gerieten in osmanische Gefangenschaft. Nikopolis war der Ernstfall von Kreuznahme und Ritterschaft, die Katastrophe. Die Bewegung hielt dagegen auch eine eher gesellschaftlich-lustvolle Bewährung für die adligen Streiter bereit. Zum realen wie symbolisch überhöhten Zentralereignis im Streben nach Frömmigkeit und Ritterschaft waren in der Zeit vor Nikopolis nämlich die bewaffneten Unternehmungen gegen die heidnischen Litauer avanciert. Die vollständigen Sündenablass verheißende Wallfahrt, die dem christlichen Adel als ‚Preußenreise' zum festen Begriff werden sollte, rief der Deutsche Orden nach der Eroberung Preußens und dem Verlust von Akkon 1304 ins Leben; die hohe Zeit

Kulturelle Einheit V: Bewaffnete Wallfahrt und Preußenreise

der ‚Reise' währte von 1328/29 bis 1396. Die in Winter- und Sommerreisen gegliederte Wallfahrt nach Preußen, der dort nach westeuropäischem Vorbild zelebrierte ‚Ehrentisch' des Hochmeisters, die Empfänge, die Festfolge auf der Marienburg und in den Quartieren der Preußenfahrer in Königsberg, Wappen, Herolde, Turnier, Banner, Ritterschlag und Gepränge, Jagd und ‚Heidenkampf', die Verehrung der Jungfrau Maria und des Hl. Georg – all dies verfehlte seine Anziehungskraft auf den Adel Europas nicht.

<small>Norm und Individualität der adligen Lebensform</small>

Ideal und Realität fielen (wie immer) auseinander. Die kulturelle Einheit des Adels in der Ritterschaft sollte nicht überzeichnet werden. Die ritterlich-höfische Kultur war eine abgehobene Lebensform, die über den alltäglichen Dingen und Mühen stand. In der real-materiellen Umsetzung zeigten sich höchst unterschiedliche, ja bisweilen gegenläufige Tendenzen. Bedingt war die Differenzierung durch rasch wechselnde Verhältnisse in adligen Lebenswelten: Günstige Heiraten, Erlöschen von Nebenlinien, Erbteilung unter mehreren Söhnen, politisch-militärische Katastrophen und nicht zuletzt die individuelle Lebensweise konnten über das Schicksal einer Familie entscheiden. Neben der dem Adel oftmals generell unterstellten übermäßigen Repräsentation und Verschwendungssucht, die ihre Raison aus der Konkurrenz der Höfe bezog, gab es durchaus sparsames Wirtschaften. Mittelrheinische Herrschaften wie die der niederadligen Burggrafen von Drachenfels und der Grafen von Katzenelnbogen bestechen durch gut geführte Ökonomien. Auch sind, was die Pflege ritterlich-höfischer Kultur in allen ihren Äußerungen angeht, erhebliche Unterschiede auszumachen. Der Mehrheit des Adels blieb ritterliche Prachtentfaltung versagt – schon allein des fehlenden Geldes halber. Jagd, Turnier, Fest, Heraldik – das war zwar allen Höfen gemein, einige aber entwickelten sich zu Fixsternen jener Lebensform, wenige Hof-Herren gefielen sich als Verkörperung ihres Ideals. Einer von ihnen war Graf Wilhelm II. von Hennegau (1337–1345): Er nahm an den Kämpfen des Hundertjährigen Kriegs teil und zog gegen die Heiden in Spanien, dreimal sah man ihn in Preußen/Litauen, er reiste zu den heiligen Stätten nach Palästina und bestritt zahllose Turniere.

3.4. Gelehrsamkeit und Universitäten

<small>Scholastik – Aristotelismus</small>

Universitäten in unterschiedlich ausgestalteten Formen von Organisation und Selbstverständnis bildeten um 1200 das neue soziale Fundament für Gelehrsamkeit und Intellektualität. Die Chronologie der Scholastik mit einer hohen und einer mit Beginn des 14. Jhs. anhebenden späten Phase ist Konvention. Mit der Spätscholastik verbindet sich jedenfalls kein Qualitätswechsel in der wissenschaftlichen Arbeit der Zeitgenossen. Die Gelehrsamkeit des 13. und 14. Jhs. lässt sich allgemein durch Rezeption, Kommentierung und Kritik der Schriften des Aristoteles kennzeichnen. Daran hinderte die führende Universität zu Paris offenbar auch nicht die Tatsache, dass die naturphilosophischen Texte des Aristoteles durch die Synode von Sens (1210) und Papst Gregor IX. (1231) verboten worden waren. Denn 1255 nahmen die Pariser Artisten die indizierten neuen Schriften in ihr Lehrprogramm offiziell auf, was als „kulturpolitische Wende" (K. FLASCH) begriffen worden ist: Es gab im westlichen Christentum nun eine Einrichtung, die rein profanes Wissen pflegte. In ihr fanden die antik-griechischen Philosophen und ihre arabischen Kommentatoren trotz einer Gegenbewegung um 1270/77 Heimatrecht und den Weg in die Köpfe. In der Theologie wirkten die umfänglichen, systematischen ‚Summen' als wissenschaftliche Gattung des 13. Jhs. nicht beispielgebend für die nachfolgenden Jahrhunderte. Dennoch prägt die unvollendet gebliebene ‚Summa theologiae' des Dominikaners Thomas von Aquino († 1274) die wissenschaftliche Theologie bis heute. Aus den aufbrechenden Spannungen seiner Zeit, besonders zwischen traditionellem Augustinismus und neuem Aristotelismus, suchte Thomas die Synthese in einem Gleichgewicht zwischen Glauben und Vernunft. Gleichwohl sollte der Aquinat nicht zum überzeitlichen Meister stilisiert werden: Er empfahl sich vielmehr durch seine optimale Verwertbarkeit für die Curricula der Schulen, seine Schriften kamen den weitläufigen Interessen des Dominikanerordens und des Papsttums entgegen. Traktate, Kommentare, Quaestionen wurden für die nach dem Aquinaten hervortretenden Gelehrten zu literarischen Genera wissenschaftlicher Auseinandersetzung. Der Franziskaner Johannes Duns Scotus († 1308), ein wichtiger Vertreter der zweiten Generation der Aristoteles-Rezeption, errichtete in diesen Formen sein Lehrgebäude über das Sein, das als Höhepunkt scholastisch-dialektischer Argumentationskunst gilt. Durch seine logische Analyse von Argumenten übte Duns Scotus (zusammen mit Wilhelm von Ockham) fortwährenden Einfluss. Die Rechtswissenschaften suchten in ihren Auslegungen der maßgeblichen Gesetzestexte eine größere Nähe zur zeitgenössischen Realität. In dem sich durch päpstliche Rechtsentscheidungen (Dekretalen) permanent erneuernden Kirchenrecht hatte das um 1140 abgeschlossene Dekret Gratians noch drei Generationen gebraucht, um 1215 seinen Kommentar in der ‚Glossa ordinaria' des Johannes Teutonicus zu finden. Dagegen erhielt z. B. der ‚Liber sextus', die im Pontifikat Bonifaz' VIII. 1298 entstandene Dekretalensammlung, schon 1301 durch Johannes Andreae eine Standardglosse, die in den Schulen auch akzeptiert wurde. In dem kaum noch vermehrten Römischen Recht gerieten die Kommentare zum ‚Corpus Iuris Civilis' zu immer umfänglicheren Kompendien. Zur ‚Inflation' gelehrter Exegese kam eine schier unüberschaubare Flut von Gutachten zu einzelnen Rechtsfragen, die Richter oder Prozessparteien den Legisten vorlegten. Tausende solcher *consilia* gingen in die Sammlungen eines Oldradus de Ponte († 1335), Mitglied der päpstlichen Kurie zu Avignon, oder eines Bartolus von Sassoferrato († 1356) ein.

Die geistige Kultur des 13. und 14. Jhs. war wie zu allen Zeiten nicht von der gesellschaftspolitischen Wirklichkeit separiert. Neben dem noch sehr weitmaschigen Netz der Universitäten und dem dichteren System der Dom- und

Höfe als Zentren der Gelehrsamkeit I: Friedrich II.

Ordensschulen bildeten die Höfe großer weltlicher und geistlicher Fürsten Zentren der Gelehrsamkeit. Kaiser Friedrich II. übernahm an seinem Hof zu Palermo in normannischer Tradition zahlreiche griechische Handschriften, in denen auch arabisches Wissen tradiert wurde. Der Staufer ließ u. a. drei naturphilosophische Bücher durch Michael Scotus, einem im Gefolge des Erzbischofs von Toledo beim IV. Laterankonzil 1215 nach Italien gekommenen Gelehrten, vom Arabischen ins Lateinische übertragen. Als ‚Historia animalium', ‚De partibus animalium' und ‚De generatione' sollten sie über den Dominikaner Albertus Magnus († 1280), den Klassiker der Pflanzen- und Tierkunde, weiten Einfluss erlangen. Michael Scotus diente Friedrich weiterhin als Übersetzer von Schriften des Averroes, er war der Hofastrologe des Kaisers. Die Prophetie ‚Weissagungen des Kommenden, verkündet von dem Magister Michael Scotus' über das künftige Schicksal oberitalienischer Städte wurde von der Forschung zwar als spätere Zuschreibung entlarvt, zeigt aber den außerordentlichen Ruf Michaels als Astrologe über seinen Tod (um 1235) hinaus. An seine Stelle trat Theodor von Antiochia († 1250), der sich als Philosoph, Arzt und Astrologe einen Namen gemacht hatte. Der vielsprachige Hofgelehrte übertrug um 1240 den sogenannten Moamin, einen Traktat über Beizvögel und Hunde, aus dem Arabischen ins Lateinische. Theodor diente damit den wissenschaftlichen Interessen des Kaisers, die sich im berühmten ‚Falkenbuch', dem ‚Liber de arte venandi cum avibus', dokumentieren. Mit dem darin niedergelegten, viel zitierten methodischen Leitgedanken, „das was ist, so zu zeigen, wie es ist", und dabei selbst gegenüber Autoritäten wie Aristoteles allein seinen eigenen Erfahrungen zu trauen, ging Friedrich II. im Gegensatz zu den spekulativen Methoden der Hochscholastik seiner Zeit davon aus, „dass in den Körpern der geschaffenen Natur selbst die Kräfte wohnten und wirkten, die deren spezifisches Verhalten veranlassten" [971: STÜRNER, Bd. II]. Er folgerte daraus: Nur die exakte Beobachtung der Körper vermag die immanenten Ursachen und Regeln der Natur in ihnen offen zu legen. Solche durch Empirie gewonnenen, jederzeit nachvollziehbaren und generell gültigen Regeln machten für den Staufer eine *ars*, eine Wissenschaft, aus. Die Gelehrten des staufischen Hofes zu Palermo waren nicht nur gut für die wissenschaftlichen Interessen Friedrichs II., sie liehen ihre Feder auch willfährig der politischen Propaganda, besonders als in den Jahren nach 1239 die Auseinandersetzungen zwischen Kaiser und Papst zu einer Art „Endkampf" (E. KANTOROWICZ) eskalierten. Die Selbstvergottung des Staufers steigerte sich in der durch die Prophezeiungen Joachims von Fiore († 1202) und seiner Epigonen hoch aufgeladenen chiliastischen Athmosphäre zu maßlosem Joachimitismus: Die Gelehrten des kaiserlichen Hofes betonten die Priestergleichheit des als *sanctus* bezeichneten Herrschers, stellten seine Christus-Ähnlichkeit heraus.

Höfe als Zentren der Gelehrsamkeit II: Päpstliche Kurie und französischer Hof

Auch die Päpste förderten an ihrer Kurie gelehrte Männer, die in den vielfältigen politischen Auseinandersetzungen des 13./14. Jhs. ihre Argumente zu vertreten wussten, und wendeten ihnen ihre auch materiell einträgliche Gunst zu. Als

Beispiel dafür mag Aegidius Romanus († 1316), Schüler des Thomas von Aquino, Theologe und Generalprior der Augustiner-Eremiten, stehen, der mit seiner Schrift ‚De ecclesiastica potestate' (1301/02) für die päpstliche Oberhoheit auch in der Welt eintrat und von Bonifaz VIII. zum Erzbischof von Bourges erhoben wurde. Die französischen Könige konnten für die Bedürfnisse ihres Hofes auf das gelehrte Personal der Pariser Universität zurückgreifen. Aus dem sozialen ‚Nichts' stieg der Jurist Guillaume de Nogaret († 1313) zum Siegelbewahrer König Philipps IV. des Schönen auf. Nogaret war der einflussreichste unter den Legisten, er besaß außerordentlichen Einfluss auf die Politik des Königs, er war der Mann des Attentats von Anagni (1303), er stand hinter dem Prozess gegen die Templer.

Ein aragonesischer Gesandter bezeichnete ihn 1313 als „allmächtig". Daneben finden sich vorwiegend Artisten und Theologen in der königlichen Entourage, keinesfalls Winkelgelehrte, sondern Männer wie der Dominikanertheologe Johannes Quidort († 1306). Dessen Traktat ‚De potestate regia et papali' leitete im Rückgriff auf Aristoteles politische Macht erstmals als naturrechtlich ab und begründete theoretisch das Nebeneinander von Kirche und weltlicher Herrschaft. Noch auf den Reformkonzilien des 15. Jhs. sollte er beträchtliche Beachtung finden.

Im Reich konnten König und Fürsten vor der Mitte des 14. Jhs. nicht auf Universitäten zur Rekrutierung wissenschaftlicher Expertise an ihren Höfen zurückgreifen. Dennoch vermochte es Kaiser Ludwig der Bayer während seiner Auseinandersetzungen mit dem Papsttum, wann immer er wollte, Gelehrte zu gewinnen, mit deren Hilfe der ‚Denkfabrik' der Kurie begegnet werden konnte. Am Hof des Wittelsbachers versammelten sich berühmte Gelehrte, Männer wie der Franziskaner und Oxforder Theologe Wilhelm von Ockham († 1348), der im sogenannten Theoretischen Armutsstreit der Franziskaner 1328 zusammen mit der Gruppe um den Ordensgeneral Michael von Cesena aus Avignon geflohen war und am kaiserlichen Hof in Italien, später in München Sicherheit fand. Schon 1326 hatte der Pariser Magister, Theologe und Mediziner Marsilius von Padua († vor 1343) am Hof Ludwig des Bayern Unterschlupf gefunden, auch er ein Verfolgter von Papst und Inquisition. Als Hauptautor der 1324 abgeschlossenen und zunächst in der Pariser Universität zirkulierenden Schrift ‚Defensor pacis' hatte sich Marsilius der Vorladung der bischöflichen Inquisition durch Flucht entzogen, das Werk selbst wurde 1327 an der Avignoneser Kurie verurteilt. Der Kaiser ernannte Marsilius zum *vicarius in spiritualibus*, dabei blieb es. Maßgeblichen Einfluss auf die Politik des Herrschers erlangten weder der Paduaner noch die ihn eifersüchtig beobachtenden Franziskaner um den überragenden Ockham. Gelegentlich scheint Ludwig der Bayer seine Hofgelehrten in Phasen eigener Versöhnung mit der Kurie sogar mit Publikationsverboten bedacht zu haben, doch konnten sie sicher sein, nie vom Hof entfernt und ihren kirchlichen Feinden ausgeliefert zu werden.

Höfe als Zentren der Gelehrsamkeit III: Ludwig der Bayer

Politische Theorie I: Die politische Theorie des 13. Jhs. basierte noch weitgehend auf dem über-
Fürstenspiegel kommenen Gegenstand der Reflexion über die ethische Selbstbindung von
Herrscher und Herrschaft in den sogenannten Fürstenspiegeln. Grundlage für
die Entfaltung der Fürstenspiegel im Spätmittelalter war der ‚Polycraticus' (1159)
des Johannes von Salisbury mit seinen wegweisenden Vorstellungen von der *res
publica* als natürlichem Organismus, vom König als *caput corporis rei publicae* und
der auf Cicero fußenden Offizienlehre. Sie stehen noch neben Überkommenem,
neben Organismus- und hierokratischer Hierarchienlehre, neben theokratischem
Gottesgnadentum. Die scholastischen Fürstenspiegel des 13. Jhs., unter ihnen der
bedeutende Traktat ‚De regimine principum' des Thomas von Aquino und das
gleichnamige Werk des Aegidius Romanus, entwickelten die Ansätze des ‚Polycraticus' unter aristotelischem Einfluss weiter. Die Aristotelesrezeption leitete
einen Paradigmen-Wechsel ein: Stadt (*civitas*) und weltliche Herrschaft (*res
publica*) – das waren nun die neuen Leitbegriffe; „Kirche" und „Reich" hat man
durch (städtische) „Gemeinwesen" und „Gemeinschaften/Genossenschaften" als
„natürliche" Phänomene eigenen Rechts, immanenter Moralität und abge-
sonderter Kultur ersetzt. Mit höhnischer Moralität verwarf Bonaventura
(† 1274), seit 1257 Leiter des Franziskanerordens, die Erbmonarchie als un-
vernünftig; die städtische Kommune allein war ihm die menschlicher Vergemeinschaftung gemäße Hülle. Thomas von Aquino definierte den Menschen als
ein *animal sociale et politicum*, wodurch die weltliche Herrschaft als natürliches
Gebilde mit vorläufiger, beschränkter Autonomie beschrieben und die Verbindung zwischen Heilsgeschichte und Kosmologie gelockert werden konnte.
Diese relative Autonomie war zwar ein historisches Novum, dennoch ordnete
Thomas die Endlichkeit aller weltlichen Macht dem Papsttum mit seinem als
jenseitig definierten Zweck unter. Aegidius Romanus verschärfte diese säkularen
Grundmaximen in Herrscherbild und Offizienlehre. Zugleich bietet seine Schrift
einen aus der aristotelischen Ethik, Ökonomik und Politik geformten großen
Gesellschaftsspiegel seiner Zeit. Um 1300 verengte sich die Universalität der
Fürstenspiegel: Der Bezugsrahmen wurde ‚national', ja regional. Erwähnt aus
der reichen lateinischen Literatur seien nur die ‚Spiegler' Engelbert von Admont
(1290/92, 1298, Österreich), Jean d'Anneux (1320–29, Hennegau), Philipp von
Leyden (ab 1355, Holland) und Levold von Northof (1357/58, Grafschaft Mark).
Unter den ‚Spiegeln' finden sich auch volkssprachliche Werke wie der Für-
stenspiegel des Katalanen Francesc Eiximenis (1383).

Politische Theorie II: In der theoretisch-politischen Diskussion kam um 1300 ein neuer Leitbegriff
Päpstlicher auf, der für zwei Jahrhunderte die Geister bewegen sollte: die universale Amts-
Universalismus gewalt des Papstes. An die Stelle der ‚Spiegel' traten Traktate mit neuen methodischen Überlegungen über Kompetenz und Legitimation politischen Handelns, über die Herrschaft des Papstes und deren Grenzen. Aus päpstlicher
Perspektive urteilten Aegidius Romanus, der in seiner Schrift ‚De ecclesiastica
potestate' (1301/02) die Oberhoheit des Papstes auch in weltlichen Dingen

betonte, darüber hinaus Jakob von Viterbo (1302), Augustinus von Ancona (1328) und Alvarus Pelagius (1330/45). Ihnen traten die zähen Verteidiger königlicher Selbstständigkeit gegenüber, es entstanden große wegweisende Entwürfe politischer Theorie, gleichsam „Sturmvögel der Moderne" (J. MIETHKE): Dante, Marsilius von Padua, Wilhelm von Ockham waren die Urheber. In den Jahren vor 1321 verfasste Dante Alighieri sein philosophisches Hauptwerk ‚De monarchia'. Er wies darin gegen Thomas von Aquino in konsequenter Trennung von Vernunft und Glaube der Kirche als ihre wesentliche Aufgabe das geistliche Gebiet zu. Die Notwendigkeit der unabhängig vom Papsttum konzipierten Universalmonarchie begründete er mit dem Endziel der menschlichen Gattung, nämlich der völligen Verwirklichung des Erkenntnisvermögens durch die Vielheit der Menschen, was nur unter den Bedingungen eines allgemeinen, durch die Monarchie garantierten Friedens erreicht werden könne. Dantes Werk beeinflusste die Schrift ‚Defensor pacis', an der Marsilius von Padua als Hauptautor bis 1324 arbeitete. In dem Traktat widersprach Marsilius dem päpstlichen Weltherrschaftsanspruch, wie ihn gerade Bonifaz VIII. in der Bulle ‚Unam sanctam' (1302) formuliert hatte, für den Paduaner die Wurzel aller Schäden. Marsilius machte den Urgrund menschlicher Gesellschaft vielmehr im faktischen Daseinskampf aus; den Zweck schlichten Überlebens erreichten die Menschen in willentlichem Zusammenschluss, wofür sie sich „Gesetze" gäben. Gesetzgebendes Organ ist für den Philosophen in Überspitzung der aristotelischen Grundlagen seines Denkens „allein die Gesamheit der Bürger oder ihr wichtigerer Teil". Damit wurde Marsilius zum Vorläufer frühneuzeitlicher Vertragstheorien, nahm auch die Theorie der Volkssouveränität in Ansätzen vorweg. Wilhelm von Ockham setzte sich in seinem ‚Dialogus' (1333/34) mit Marsilius von Padua auseinander. In seiner gleichfalls auf Aristoteles zurückgehenden Naturrechtsvorstellung, die noch für die politische Theorie des 17. Jhs. relevant war, hinterfragte Ockham durch sein Gesamtkonzept der Kritik der Metaphysik und der Grundformen menschlichen Erkenntnisvermögens auch die Struktur der Kirche und begründete ein die gesamte Kirche (bis hin zum letzten rechtgläubigen „Rinderknecht") repräsentierendes Generalkonzil. Gleichzeitig entwarf er ein als Notwendigkeit verankertes Widerstandsrecht gegen weltliche Herrschaft, die ihre Grenzen überschreitet – ein Konzept des Notrechts.

Im Zeitalter vorherrschender Stadtwirtschaft überfällig war die erste scholastische Geldtheorie, die um 1356 von Nicolaus Oresme († 1382), dem *grand maître* des Pariser ‚Collège de Navarre', entwickelt wurde. Oresme, der sich insbesondere auch bei der ‚Mechanisierung des Weltbildes' einen Namen machte, band in seinem Traktat ‚De moneta' in Auseinandersetzung mit der aristotelischen Ökonomik die über Geld und Geldwert gesetzten Münzherren an das ‚Bonum commune'. Das Gemeinwohl war gleichsam objektive Instanz. Oresme bestritt den Herren jegliches Recht auf Münzmanipulationen aus fiskalischen Interessen. Gleichwohl steht die bedeutende, doch politisch wir-

Geldtheorie

kungslos gebliebene Schrift im Zusammenhang mit der Prägung des Franc durch König Johann II. im Jahre 1360.

Technische Innovationen

Spätmittelalterliche Gelehrsamkeit verfolgte insgesamt noch keine Ziele praktischer Verwendung. Dennoch gewann in einer stärker urbanisierten Welt die empirische Welterforschung an Bedeutung, die mechanischen ‚Künste' nahmen einen Aufschwung. Der Westen war seit dem 12. Jh. mit der griechischen Astronomie und Geographie (Ptolemäus, Almagest), mit Geometrie und Medizin (Euklid, Galen) in Berührung gekommen. Das Weltwissen war unter dem Einfluss von Aristoteles und Ptolemäus neu geformt geworden: Die Erde wurde zur Kugel im Zentrum der Welt, um das sich sieben Himmelssphären drehen. Außerordentlich fruchtbar war in dieser Hinsicht die Zeit zwischen 1250 und 1350. Der englische Franziskaner-Empirist Roger Bacon († n. 1296) stand in der Nachfolge von Robert Grosseteste († 1253), der in seinem Aristoteleskommentar der Mathematik einen bedeutenden Platz bei der Erklärung der Naturphänomene zugewiesen hatte. Bacon beschrieb z. B. als erster Europäer die Wirkung von Salpeter aus eigener Beobachtung, er sah (um 1260) eine Welt von Automobilen, Unterseebooten und Flugzeugen voraus; viel erhoffte er sich auch von einer praxisnäheren Medizin. Und der Dominikaner Giordano da Pisa erzählte in einer zu Florenz gehaltenen Fastenpredigt (1305) nicht nur von erstaunlichen Novitäten, von der Erfindung der Lesebrille etwa, die noch keine 20 Jahre her sei, sondern kündigte auch ein neues technisches Zeitalter an: „Das Finden neuer Künste wird nie zu einem Ende kommen." In der Tat entdeckte Dietrich von Freiberg in seiner an Originalität und methodischer Strenge weit herausragenden Schrift „De iride" (um 1320) die innere Reflexion des Lichtes. Überhaupt waren mechanische Wunderwerke zu bestaunen wie die neuen Gewichtsuhren.

Seit der zweiten Hälfte des 13. Jhs. hatten sich „Uhrmacher", von denen Robertus Anglicus, Astronomielehrer an der Pariser Universität, berichtet, vielerorts mit dem Problem beschäftigt, die Zeitmessung mit Hilfe von Gewichten und Rädern zu mechanisieren. Die größte Schwierigkeit bestand darin, die zur Bemessung von identischen Zeitintervallen nötige Hemmung des Gewichts theoretisch zu verstehen und praktisch umzusetzen. Erst um 1330 kam es zum endgültigen Durchbruch. Zugleich gelang es in Italien, die Hemmung mit einem automatischen Stundenschlagwerk zu verbinden. Die technische Sensation war damit perfekt. Ein Mailänder Chronist erzählt von der neuartigen, wunderbaren Uhrglocke auf dem Turm von San Gottardo: Sie schlage die 24 Stunden des Tages und der Nacht nach der Zählzahl. In der zweiten Hälfte des 14. Jhs. sorgten auch nördlich der Alpen die städtischen Schlaguhren für Veränderungen in der Wahrnehmung von Zeit und Arbeit, verhältnismäßig früh schon – 1366 – in Zürich. Öffentliche Gebäude in den größeren Städten besaßen Räderuhren mit Gewichtsantrieb. Das technisch bedeutendste mechanische Werk des 14. Jhs. war die mit bewegten Figuren und einem eigenen Glockenspiel versehene astronomische Uhr im Straßburger Münster, um deren Erbauer Johann Boernave sich Wanderlegenden rankten. Uhrmacher entwickelten die großen Schlaguhren weiter und miniaturisierten sie: 1387 bereits besaßen der Herzog von Burgund und der König von Frankreich Wanduhren.

Die entscheidenden, für große Teile der Gesamtwirtschaft wichtigen Innovationen wurden durch die fortlaufenden Verbesserungen der Basistechnologien der Zeit ins Werk gesetzt. Dazu gehörten an erster Stelle die Mühlen, die bis zum 14. Jh. selbst in die entlegensten Gebiete Nordeuropas vorgedrungen waren. Die Mühle war die universelle Maschine, mit der Wasser und Wind, bis zum maschinenerzeugten Dampf des 19. Jhs. die einzigen zur Umwandlung in Bewegung tauglichen Energieformen, in kinetisch-mechanische Energie übersetzt werden konnten. Durch die Mühle hat man u. a. die Herstellung der über das maurische Spanien und Sizilien in Europa verbreiteten Innovation Papier mechanisiert, Papiermühlen wurden erfunden. Sie standen zuerst um 1210 bei Genua, 1276 in Fabriano bei Ancona – hier kam auch in den 1270/80er Jahren die Kennzeichnung des Papiers mit Wasserzeichen auf –, 1280 in Xativa, 1338 in La Pielle bei Troyes. Von Oberitalien aus drang die neue Technologie über die Alpen: Um 1370 wurde in Basel eine Papiermühle ins Werk gesetzt, 1390 ließ der Nürnberger Patrizier Ulman Stromer die Gleißmühle mit einem Stampfwerk errichten. Die Stromersche, im Verlagsbetrieb an Pächter vergebene Anlage ist damit zwar nicht die erste Papiermühle nördlich der Alpen, wirkte aber insofern vorbildlich, als darin nicht mehr teuer importierte Baumwolle, sondern Hadern (Textilabfälle, hauptsächlich Leinen) zu Ganzzeug verarbeitet wurden.

Bologna und Paris gelten als die ersten Universitäten. Um 1200 von Scholaren und Magistern städtischer und kirchlicher Schulen gegründet, erfuhren beide Personengemeinschaften über ihre Statuten (Paris 1215/31, Bologna 1252) während des nächsten halben Jahrhunderts institutionelle Verfestigung. Dazu gesellten sich vor 1220 die Hohen Schulen in Oxford und Cambridge, das exilierte Oxforder Magister 1209 ins Leben riefen, sowie als ‚universitas medicorum' Montpellier. Zu dieser ersten Universitätsgeneration traten bis 1300 rund zehn weitere Gründungen hinzu, die alle im südeuropäischen Raum lagen. Unter den teilweise kurzlebigen, von studentischer, kirchlicher oder monarchischer Initiative getragenen Erscheinungen ragten in Italien Padua (1222) und Neapel (1224), in Südfrankreich Toulouse (1234), Montpellier mit seiner Rechtsschule (1289) und Avignon (1303) heraus. Auf der iberischen Halbinsel entstanden mit Salamanca (1218), Lissabon (1288) und Lérida (1300) gewissermaßen ‚nationale' Universitäten der Königreiche Kastilien, Portugal und Aragón. Im 14. Jh. setzte eine Universitätsgründungswelle ein, die zunächst noch auf die Mittelmeerländer beschränkt blieb: Es wurden in dieser Zeit u. a. Hohe Schulen in Orléans (1306), Cahors (1332), Valladolid (1346), Siena (1357) und Pavia (1361) gestiftet. Während das Generalstudium der deutschen Dominikaner in Köln seit 1248 zu einem intellektuell herausragenden Zentrum avancierte, drangen Universitäten nach

System der Universitäten

Mitteleuropa erst um 1350 vor: 1347 gründete Karl IV. Prag, danach reihten sich, teilweise unter schwierigen Anfängen, Krakau (1364), Wien (1365), Fünfkirchen (1367), Erfurt (1379), Heidelberg (1386) und Köln (1388). Abgesehen von Spontangründungen, standen zwei Motive im Vordergrund: das Prestige des fürstlichen oder päpstlichen Stifters und die Ausbildung vor allem von Juristen für seinen Hof. Insgesamt wird man sagen können: Universitäten antworteten auf die voranschreitende Urbanisierung, und nur die Hohen Schulen in den entwickelten Zentren waren erfolgreich. Vor dem Großen Schisma von 1378 fand das europäische Universitätssystem insgesamt nur in drei Schwerpunkten seine charakteristische Ausprägung: 1). in Bologna und seinen Filiationen Padua und Pavia als Juristenuniversitäten; 2). in Paris als theologisch-philosophische Hohe Schule mit dem juristischen Zweig Orléans; 3). in den nach italienischem Muster organisierten südfranzösischen Universitäten Montpellier, Toulouse und Avignon.

<small>Soziale Verfasstheit der Universitäten</small>   Universitäten sind nicht einheitlich entstanden, differenziert waren ihre Lebenswelten. Vom institutionellen Aufbau her folgten sie zwei Modellen: Paris, Oxford u.a. verstanden sich als *universitates magistrorum et scholarium*, als Zusammenschlüsse von Schulen unter Wahrung der Lehrautorität der Magister. Das in Bologna ausgebildete Organisationsschema beruhte dagegen auf der autonomen Korporation der Scholaren; die im *collegium doctorum* zusammengeschlossenen Magister waren mit ‚Universitas' nicht korporativ, sondern als Lehrende vertragsrechtlich verbunden. Über die Grundverfassungen hinweg wurden in wiederum unterschiedlicher Ausprägung Gemeinsamkeiten geschaffen: Schulen einzelner Disziplinen richteten in *facultates* (Fakultäten) organisatorische Plattformen ein, denen gelegentlich Dekane vorstanden. Universitätsmodelle mit den vier Fakultäten der Artisten, Theologen, Mediziner und Juristen waren vor dem 15. Jh. allerdings noch selten. An den großen Universitäten Bologna und Paris hatten sich in den ‚Nationes' landsmannschaftlich verfasste Studentenschaften ausgebildet, Scholaren fanden in säkularen oder regulierten (ordensgebundenen) Kollegien ihre Heimstatt. Die großen Städte mit ihrer früh ausgeprägten pragmatischen Schriftlichkeit wirkten zwar grundlegend, aber ohne das weite Dach der Papstkirche hätte es Universitäten nie gegeben. Das Papsttum war die umfassende legitimierende Instanz, es formte die Hohe Schule in Paris und förderte ihr Modell, es war aber auch nicht ohne Belang für Bologna und seine Filiationen. Die Papstkirche wirkte sozialgeschichtlich mit ihrem sich im Spätmittelalter erheblich verbreiternden Pfründenwesen wie ein großer Resonanzboden auf die Mitglieder und Absolventen der Hohen Schulen. Daneben entwickelte sich im System der Universitäten und an den Institutionen selbst eine Ungleichheit der Disziplinen: Die Juristen mit ihrem Quellpunkt Bologna dominierten die nach Paris orientierten Artisten und Theologen. In dieser Konkurrenz war den Medizinern nur ein unbedeutender Part zugewiesen. Aufs Ganze gesehen bildeten Universitäten auch keine Schleusen

sozialer Aufstiegskanäle für arme Scholaren, mochten sie auch noch so tüchtig sein. Die Universität fiel nicht aus der gesellschaftlichen Wirklichkeit heraus, sie bildete das Soziale Ganze ab. Kaum einer unter den *pauperes* stieg vor 1378 in die Graduierungen der Juristen auf, kein Juristen-Scholar aus Adel oder vermögendem Stadtbürgertum hätte sich einem Universitätsrektor aus den Reihen der Artisten-Magister untergeordnet. Selbst große Universitäten mit ihren einflussreichen ‚Nationen' kamen nie ohne das soziale und wirtschaftliche Substrat ihrer Heimatstadt und ihres Nahraumes aus. Nur verhältnismäßig wenige Scholaren nämlich immatrikulierten sich an fern gelegenen Universitäten – die Deutschen vor allem in oberitalienischen Juristenuniversitäten –, und nur einige wechselten mehrmals den Ort ihres Studiums. Vor dem Faszinosum individuellen Bildungserwerbs versagen die Quellen. Immerhin wird man sagen können, dass sich mit Universitätsbesuch und Graduierung nur dann Erfolg im Sinne einer Karriere in Kirche und Hof erzielen ließ, wenn Geburt und Vermögen hinzutraten. Aber auch darin spiegeln sich die Entwicklungsunterschiede in Europa wider, denn um 1400 wies Frankreich ungefähr zehnmal mehr gelehrte Juristen auf als Deutschland, und Italien überflügelte Frankreich noch.

Ohne universitäre Ausbildung, und sei sie noch so rudimentär, kam keiner der Autoren aus, die sich der lateinischen Gelehrtensprache bedienten. Selbst berühmte Laien wie Dante, Raymundus Lullus und Francesco Petrarca hielten enge Verbindung zu Hohen Schulen. Am weitesten von der universitären Gelehrsamkeit entfernt stand die Mystik, gleichwohl wussten Gelehrte wie der ‚Seelenführer' Meister Eckhart († v. 1328) Brücken zu schlagen. Der in Paris als Sentenziar bezeugte Dominikaner-Theologe und Mystiker wirkte mit seinen zahlreichen deutschsprachigen Schriften und Predigten, die in Abkehr vom monastisch bestimmten Weltbegriff ein neues Menschen- und Religionsverständnis formulierten und nur im Horizont seines lateinischen Werkes als umfassende, 1329 weitgehend als häretisch verurteilte Synthese von philosophischem Denken, christlicher Überlieferung und Heiliger Schrift begriffen werden können, auf die Dominikaner-Mystik eines Johannes Tauler († ca. 1360/61) und Heinrich Seuse († 1366) ein. Meister Eckhart fand auch einen gewissen Nachhall bei dem Pariser Magister Geert Groote († 1384), der 1375 sein Elternhaus in Deventer einer Frauen-Gemeinschaft, der Urzelle der ‚Schwestern vom gemeinsamen Leben', überließ und mit seinen gleichfalls unter Häresieverdacht gestellten lateinischen Werken wie volkssprachlichen Predigten zum Begründer der ‚Devotio moderna' wurde. Unter den Laien trug der Pariser Magister, Polyhistor und Dichter Raymundus Lullus († ca. 1316), Autor der Schrift ‚Ars generalis ultima' (1305/08), in zahlreichen Werken wesentlich zur Verfeinerung des Katalanischen bei, so dass auch komplexe Fragen aus den verschiedensten Wissensgebieten in der Volkssprache erörtert werden konnten. Es war eines seiner Lebensziele, Fürsten zur Einrichtung von Sprachschulen zu bewegen. Francesco Petrarca († 1374), der an den Universitäten Montpellier und

Neue Formen der Gelehrsamkeit: Volkssprache und Frühhumanismus

Bologna studiert hatte, begründete in seinem lateinischen, klassischen Vorbildern verpflichteten Werk (u. a. ‚Africa' und ‚De viris illustribus') den Frühhumanismus – er stilisierte sich zum „Fremdling in seiner Zeit und pries das Altertum" [830: FLASCH]. Mit seinem volkssprachlichen ‚Canzoniere' gilt Petrarca zugleich als der Schöpfer der modernen abendländischen Lyrik und, darin kongenialer Nachfolger von Dantes großem Weltgedicht ‚Divina Commedia' (1307–1321), in der italienischen Nationalsprache. Überdies konfrontierte Petrarca die Philosophie seiner Zeit mit den realen Signaturen des Lebens, mit der der Philosophie abgewandten Kaufmannsmentalität etwa oder dem Schwarzen Tod, der die Grenzen von Medizin und Naturwissenschaften krass hervorhob. Nicolaus Oresme endlich schrieb in französischer Sprache über kosmologische Phänomene und holte damit in Frankreich das nach, was vorher bereits für andere Nationalsprachen geleistet worden war. Neben der Literatur formte seit dem 14. Jh. insbesondere die Historiographie die Volkssprachen Europas: Geschichtsschreibung regionalisierte und profanierte sich, den Chronisten interessierte der „Lauf dieser Welt"; er übertrug das säkulare historische Gewordensein „in eine überweltliche Ewigkeit", er wurde zum Moralisten [R. SPRANDEL, Chronisten als Zeitzeugen. Forschungen zur spätmittelalterlichen Geschichtsschreibung in Deutschland, Köln/Weimar/Wien 1994].

C. DIE STAATENWELT DES 13. UND 14. JAHRHUNDERTS

1. Das Imperium Friedrichs II.: Deutschland – Italien – Sizilien

Trotz seiner vorwiegenden Interessen im Mittelmeerraum hat Friedrich II. (1196/ 1212–1250) auch in der Geschichte des Reiches nördlich der Alpen tiefe Spuren hinterlassen. Er war schon vor dem Tod seines Vaters Heinrichs VI. († 1197) knapp zweijährig zum deutschen König gewählt worden, doch seine Mutter Konstanze konnte nur durchsetzen, dass er zum König von Sizilien gekrönt wurde. Nach ihrem Tod im Jahr 1198 wuchs Friedrich unter der Vormundschaft Papst Innozenz' III. in Süditalien auf. Über diese in jedem Fall prägenden Jahre ist wenig Gesichertes bekannt. Im Reich stritten sich nach einer doppelten Königswahl der Welfe Otto IV. und Philipp II. (von Schwaben) um den Thron. Nach dem Bruch zwischen Innozenz III. und dem zunächst von ihm geförderten Otto IV., der seinerseits ‚staufische' Politik in Italien betrieb und sich zum Kaiser krönen ließ, brach Friedrich II. 1212 gegen Widerstände seiner zehn Jahre älteren Gattin Konstanze von Aragón, die als Regentin im Süden zurückblieb, und seiner sizilianischen Berater, aber mit kurialer Unterstützung nach Norden auf. Er war schon im Frühjahr 1211 (nicht wie bisher angenommen im September) in Nürnberg erneut zum König gewählt worden [B.U. Hucker, Kaiser Otto IV., Hannover 1990]. Wahrscheinlich nur wenige Stunden vor Otto IV., der ihm den Weg verlegen wollte, im September 1212 in Konstanz eingetroffen, fiel Friedrich II., unterstützt mit französischem Geld, binnen weniger Wochen der Süden des Regnums zu. Im Dezember des nämlichen Jahres wurde er in Frankfurt nochmals gewählt. Die Entscheidung im Thronstreit gewann europaweite Dimensionen und fiel in der Schlacht von Bouvines (1214), in der Otto IV. mit englischen Kontingenten König Johanns Ohneland gegen das zahlenmäßig kleinere Heer Philipps II. unterlag. Den von Otto IV. mitgeführten Reichsadler sandte Philipp II. mit nunmehr gebrochenen Flügeln an Friedrich II. Der Welfe zog sich in den Norden des Reiches zurück, die meisten seiner bisherigen Parteigänger wechselten die Seite. Mit der Goldbulle von Eger – einem Privileg für die römische Kurie in drei nacheinander entstandenen Fassungen – erfüllte Friedrich II. 1213 päpstliche Territorialforderungen in Mittelitalien und wiederholte die von seinem Vorgänger gemachten Zugeständnisse an die Papstkirche. *[Gewinn des Thrones]*

Um die Königswahl seines Sohnes Heinrich (VII.) (1220–1235, gest. 1242) zu erleichtern und damit zugleich den Zusammenhalt zwischen dem Imperium und dem Königreich Sizilien zu sichern, garantierte Friedrich II. 1220 den geistlichen Reichsfürsten innerhalb ihrer noch im Formierungsprozess befindlichen Territorien die alleinige Ausübung wichtiger, auch wirtschaftlich nutzbarer und fiskalisch interessanter Hoheitsrechte wie beispielsweise Münz- und Zollre- *[Die großen Privilegien]* galien (*Confoederatio cum principibus ecclesiasticis*, Bündnis mit den geistlichen Fürsten). Auch mit dem *Statutum in favorem principum* (1231; Gesetz zugunsten der Fürsten) musste Friedrich II. auf Forderungen, in diesem Fall der weltlichen Fürsten, reagieren. WILLOWEIT [1021] betont die neuartigen, umfassenden Eigentumsvorstellungen (*dominium*) im Herrschaftsdenken, die sich in der Begrifflichkeit von *domini terrae* finden, was sich als ‚Eigentumsherren' verstehen lässt. Ein deutsches Wort für *Landesherren* gab es eben noch nicht. Durch den Versuch einer selbstständigen (Territorial-)Politik und städtefreundliche Maßnahmen geriet Heinrich (VII.) in Konfrontation mit den Fürsten, die daraufhin 1231 ähnliche Sicherheitsgarantien forderten, wie sie ihren geistlichen Standesgenossen 1220 zugebilligt worden waren. Allerdings lässt sich die Zustimmung Friedrichs II. zu diesen Forderungen nicht unbedingt als Schwäche des Herrschers werten, wollte er doch ein politisches Zusammenwirken von Kaiser und Reichsfürsten erreichen, auch um Rückhalt für die Italienpolitik zu gewinnen und das Reich überhaupt befrieden zu können. Es herrschten eben keine (früh-)absolutistischen Zustände, sondern das Nebeneinander von Herrscher und Hochadel als Reichsspitze zeichnete sich immer deutlicher ab. Der gedemütigte Sohn ließ sich kurz darauf in eine Rebellion gegen seinen Vater verwickeln, wurde abgesetzt und inhaftiert (1235); die Umstände seines Todes in Süditalien (1242) bleiben unklar.

Reichspolitik Der Interessenausgleich mit den Fürsten hat allerdings, nur auf den ersten Blick überraschend, herrschaftsverdichtende und -erweiternde Aktivitäten des Kaisers nördlich der Alpen nicht ausgeschlossen. Neben Indizien für weit nach Norden und Nordosten ausgedehnte Interessen wie die Erhebung Lübecks zur Reichsstadt 1226 und die Privilegierung des Deutschen Ordens unter Hermann von Salza für zu gewinnende Gebiete im späteren Ostpreußen ist die erfolgreiche staufische Territorial- oder Reichslandpolitik im Süden des Reiches besonders auffällig.

Friedrichs II. triumphaler Zug nach und durch Deutschland, die Bestimmungen des damals (1235) erlassenen und lateinisch wie deutsch veröffentlichten Mainzer Reichslandfriedens (z. B. mit der Einsetzung eines königlichen Hofrichters), die Wahl des Kaisersohnes zum römisch-deutschen König, die 1236 geplante und dann 1246 verwirklichte Einziehung des Herzogtums Österreich und der Steiermark als erledigte Reichslehen – dies alles zeigt nachdrücklich, welche Möglichkeiten der Reichsgewalt geblieben waren, trotz der angeblichen Verzichte in den Fürstenprivilegien der Jahre 1220 und 1231/32. Mit der Bestätigung des welfischen Eigengutes und der folgenden Erhebung Braunschweig-Lüneburgs zum Herzogtum konnte auf dem Mainzer Reichstag zudem der Konflikt mit den Welfen beendet werden. Es ist wohl so: Gerade weil Friedrich II. die Stellung der Reichsfürsten grundsätzlich garantierte und Handlungsfelder genauer abgesteckt waren, konnte seine Politik nördlich der Alpen zugunsten der staufischen Dynastie auch bei längerer Abwesenheit wirksam werden, gab es keine dauernden Streitigkeiten um tatsächliche oder angebliche Verletzungen irgendwelcher Vorrechte. Dennoch führte die Konzentration Friedrichs II. auf Italien zu einer Verselbstständigung der Reichsfürsten auch gegenüber dem Kaiser, schließlich gipfelnd in der Wahl der Gegenkönige Heinrich Raspe und Wilhelm von Holland (1246/47). Die Möglichkeit einer umfassenden Reichsreform nach 1235 hätte wohl die dauerhafte Anwesenheit des Herrschers im Reich vorausgesetzt. Die unterschiedlichen Strukturen der Länder im Herrschaftsbereich Friedrichs bedurften verschiedener Herrschaftsmethoden.

Dennoch: Das Schicksal der Staufer und damit auch Grundzüge der weiteren Entwicklung der deutschen Geschichte haben sich in Italien entschieden. Nach der Kaiserkrönung 1220 sicherte Friedrich II. seine Herrschaft im Königreich Sizilien. In langen Kämpfen konnten zuerst widerstrebende Barone und schließlich die Sarazenen unterworfen werden. Letztere stellten, in Lucera vor den Toren des Kirchenstaates angesiedelt, eine ergebene Leibgarde, da nur der Kaiser ihre Sicherheit garantieren konnte. Friedrich II. begann mit dem Aufbau eines zentralen Verwaltungsapparates auf den normannischen Fundamenten, auch die Wirtschaft wurde teilweise Reglementierungen unterworfen. Mit den Konstitutionen von Melfi (Liber Augustalis, 1231) wurde ein umfassendes Gesetzeswerk geschaffen, das weite Bereiche des öffentlichen wie Teile des privaten Lebens ordnen sollte (vgl. Kap. II.C.1). Durchaus modern anmutende Ansätze standen hier neben traditionellen Denkmustern. Eine wichtige Rolle spielte der im Kaiserdienst aufgestiegene Petrus de Vinea (vor 1200–1249), der als Protonotar und Logothet (Sprecher des Kaisers) amtierte und Verfasser zahlreicher formvollendeter Briefe und Manifeste war. Letztlich aber wurde er 1249 unter noch immer nicht geklärten Umständen gestürzt und starb kurz darauf, als wahrscheinlichste Ursachen werden Selbsttötung oder der Tod als Folge erlittener Blendung genannt. Als Ausbildungsstätte der zeitgenössischen Wissenschaften und besonders für Juristen, die in Verwaltung und Regierung mitwirken sollten, gründete Friedrich II. 1224 die Universität Neapel, die im Gegensatz zu vergleichbaren Institutionen im übrigen Europa strengen obrigkeitlichen Reglementierungen unterworfen war. Medizin wurde weiterhin in Salerno gelehrt, dem für dieses Fach traditionellen Ort.

Die wiederholte Verschiebung des bereits 1215 gelobten Kreuzzugs – 1225 hatte sich Friedrich II. in San Germano nochmals verpflichtet, das Unternehmen bis spätestens August 1227 anzutreten – eröffnete der Kurie bei Nichteinhaltung Handlungsmöglichkeiten. Vor und während der Einschiffung des Kreuzfahrerheeres in Brindisi brach im August 1227 eine Seuche aus, die zahlreiche Todesopfer forderte und zur Umkehr des ebenfalls erkrankten Kaisers führte. Nach Rom entsandte Boten sollten die Gründe für den nochmaligen Verzug erklären. Doch der im März 1227 gewählte Papst Gregor IX. (1227–1241) sah, formal zu Recht, wenngleich grundsätzlich dispensfähig, das Gelübde Friedrichs II. gebrochen und bannte ihn im September des gleichen Jahres.

Trotz der im Frühjahr 1228 erneuerten Exkommunikation brach Friedrich II. 1228/29 ins Heilige Land auf und erreichte überraschend durch Verhandlungen mit Sultan al-Kamil von Ägypten die islamischem Recht entsprechend zeitlich begrenzte Rückgabe Jerusalems an die Christen (1229). Konterkariert wurde der Kreuzzug vom Vordringen kurialer Truppen nach Sizilien. Bereits aufgrund der Heirat mit Isabella von Brienne (1212–1228), der Friedrich den Anspruch auf Jerusalem verdankte, führte der Staufer den Titel *Romanorum imperator semper augustus et Ierusalem et Sicilie rex*, wobei der Titel für Jerusalem von der Kurie zunächst bestritten wurde.

Der Kampf um den Vorrang

Nach einer Einigung mit dem Papst – Friedrich II. erreichte unter kirchenpolitischen Zugeständnissen für Sizilien die Absolution – führte sein Versuch, von der gesicherten Basis im Süden aus auch Oberitalien wieder unter Kontrolle zu bringen, zum Bruch: Die Kirche musste diese aus ihrer Sicht tödliche Umklammerung nach Möglichkeit verhindern, zumal der Kaiser in Oberitalien militärisch erfolgreich agierte und sich das Verhältnis des Staufers zu Byzanz deutlich gebessert hatte [TINNEFELD in: AfD 41 (1995) 105–127]. Nach der erneuten, überwiegend politisch motivierten Bannung 1239 ließ die wortgewaltige Auseinandersetzung zwischen Kaiserhof und Kurie manche bis heute lebendige Friedrich-Mythen entstehen, wie etwa die einer heimlichen Zuneigung zum Islam oder die angebliche Einschätzung von Moses, Christus und Mohammed als den drei größten Betrügern der Welt. Friedrich II. ließ enorme Rüstungsanstrengungen unternehmen. Teile des Kirchenstaates wurden besetzt, der Kaiser löste die Mark Ancona mit seiner Geburtsstadt Jesi sowie das Herzogtum Spoleto aus deren Treueverhältnis zur Kurie und forderte ein unabhängiges Konzil als Entscheidungsinstanz. Ein von Gregor IX. 1241 nach Rom einberufenes Konzil konnte wegen der Gefangennahme einer Vielzahl von Teilnehmern durch die kaiserliche sowie die verbündete pisanische Flotte nicht stattfinden, allerdings minderte dieses Vorgehen das Ansehen Friedrichs II. Mit dem Tod Gregors IX. endete die Erfolg versprechende Belagerung Roms. Prinzipiell sollte eine unumstrittene Papstwahl ermöglicht werden, als Feind galt für Friedrich II. und seine Berater nur die Person des Papstes, nicht die Kurie. Zu Beginn des Pontifikats Innozenz' IV. schien eine Lösung noch wahrscheinlich zu sein. Sie scheiterte jedoch an dem unlösbaren Problem der Zukunft der oberitalienischen Kommunen, die Friedrich II. unterworfen sehen wollte, denen der Papst aber seine Unterstützung nicht versagen konnte.

Das Konzil von Lyon 1245 und die Folgen

Letztlich entzog sich der Papst einem möglichen Zugriff des Kaisers durch Flucht nach Lyon. Nur kurz währten Friedensverhandlungen, und eine letzte Absolution Friedrichs II. wurde rasch widerrufen, bevor Innozenz IV., in Fortsetzung der Linie seiner Vorgänger, Friedrich II. am 17. Juli 1245 während des Konzils von Lyon für abgesetzt erklärte. Der Kaiser betonte die Unrechtmäßigkeit von Verfahren und Absetzung. Er suchte außerdem Rückhalt bei den europäischen Fürsten, um eine Allianz gegen päpstliche Einflussnahme auf die Throne zu erreichen, indem er ihnen die Gefahr päpstlicher Hegemonie auch für ihre Person verdeutlichte. Papst Innozenz IV. ließ seinerseits den Kreuzzug gegen den Staufer predigen. Eine Verschwörung in Sizilien, an der auch hohe Funktionsträger aus seinem Umfeld beteiligt waren und die die Ermordung des Kaisers zum Ziel hatte, scheiterte. Schwerer wog, dass auf die ausgestreute Nachricht vom Tod Friedrichs II. in Sizilien lokale Aufstände losbrachen, die dann grausam unterdrückt wurden. Trotz weiterer Rückschläge wie der Niederlage gegen die Lombarden vor Parma (1248) und der Gefangennahme seines Lieblingssohnes Enzio (1249), den Friedrich II. in der Folge unbedingt wieder in Freiheit sehen wollte, war die Herrschaft in Süditalien nicht ernsthaft gefährdet, als der Kaiser 1250 während der Planung eines Zuges nach Lyon in keineswegs schlechter militärischer Situation, erst sechsundfünfzigjährig, starb. Die Wahl der beiden Gegenkönige im Reich hatte kaum Wirkung gezeigt.

Konrad IV. verlor als Nachfolger seines Vaters wichtige Positionen im Reich, setzte sich aber in Sizilien durch, was für die Festigkeit der Stauferherrschaft in Süditalien sprach, bevor er 1254 26-jährig an den Folgen der Malaria verstarb. Das sizilianische Reich konnte sein Halbbruder Manfred – der in Bildung und Horizont seinem Vater wohl kaum nachstand – bis 1266 behaupten. Manfred unterlag in diesem Jahr bei Benevent dem Aufgebot des von der Kurie mit Sizilien belehnten Karl von Anjou und verlor sein Leben. Auch das Unternehmen des Friedrich-Enkels Konradin (1268), das Königreich wiederzugewinnen, war wegen des immer noch starken Stauferanhangs kein verzweifeltes Abenteuer ohne Erfolgsaussichten, endete aber nach verlorener Schlacht und mehrtägiger Flucht mit der Hinrichtung des gerade 16-Jährigen auf dem Marktplatz von Neapel als Fiasko. Das päpstlicherseits aufgestellte Verbot der Wahl eines Staufers zum deutschen König, eine Art negativer Geblütsheiligkeit [936: ENGELS, 188] konnte durchgesetzt werden, tatsächlich gewann nun die Kurie deutlichen Einfluss auf die Wahlen im Reich. Die von Karl von Anjou für tot erklärten Söhne Manfreds vegetierten in sizilianischen Kerkern dahin, einzig Friedrich entkam und soll nach Aufenthalten an europäischen Höfen in Ägypten den Tod gefunden haben. Friedrichs II. Lieblingssohn Enzio (Heinrich) verlebte nach seiner Gefangennahme 1249 bis zu seinem Tode 1272 die Tage in ehrenvoller Haft in Bologna. Für die deutsche Geschichte bedeutete der Untergang der Staufer gewiss einen gravierenden Einschnitt, aber keine Katastrophe, und für das Reich nördlich der Alpen mussten nun neue Organisationsformen entwickelt werden. Endgültig gescheitert waren aber die hochmittelalterlichen Konzeptionen eines universalen Kaisertums und mitbetroffen auch die königlichen Prärogativen im Regnum Teutonicum.

Die letzten Staufer

2. Deutschland zwischen 1251 und 1378: König, Reich und Territorien

Neuorientierungen   Nach dem Scheitern der tendenziell auf Italien ausgerichteten staufischen Kaiserpolitik stellte sich dem römisch-deutschen Königtum die Aufgabe, seine Stellung im Reich neu zu definieren und zu gestalten. Die Erfolge in Richtung einer zentralen Monarchie, vergleichbar mit der Entwicklung bei den westeuropäischen Nachbarn, blieben allerdings bescheiden, zu ausgedehnt war das Reich und der fürstliche Wahlanspruch zu eindeutig rechtlich fundiert. Damit fiel im Spätmittelalter eine auch die neuzeitliche Geschichte bis ins 19. Jh. bestimmende Entscheidung: der nunmehr forcierte Aufstieg der landesherrlichen Dynastien und die Arrondierung ihrer Territorien. Dies wird heute nicht mehr nur negativ bewertet, begründet wurde eben auch die politische und kulturelle Vielfalt Deutschlands anstelle eines auf nur eine Metropole ausgerichteten ‚Zentralismus'. Überhaupt erfüllte das Reich durchaus den sehr eingeschränkten ‚Staatszweck' mittelalterlicher Gemeinwesen, nämlich die fortdauernde Selbstbehauptung mit Wandlungsfähigkeit gegenüber neuen Herausforderungen. Seinen Zusammenhalt garantierte mehr das Dasein des Königs denn sein Handeln mit beschränkter Reichweite.

Sogenanntes   Nachdem Konrad IV., der letzte Stauferkönig, 1251 nach Italien abgezogen war,
Interregnum   konnte sich in der Folgezeit keiner der unter starker Beteiligung des ‚Auslands' gewählten Könige allgemein durchsetzen. Wilhelm von Holland fiel schon 1256 im Kampf gegen die Friesen. Alfons von Kastilien, wie Richard von Cornwall 1257 gewählt, hat das Reichsgebiet nie betreten, sein Konkurrent kam nicht über das Niederrheingebiet hinaus. Aus den rund zwei Jahrzehnten dieses sogenannten Interregnums sind zwei Ereignisse verfassungsgeschichtlich bemerkenswert: 1254 versuchten die im ‚Rheinischen Städtebund' vereinigten Kommunen erstmals, gestaltend in die Reichspolitik einzugreifen. Es zeigte sich aber, dass ihre Interessen für einen weiträumigen dauerhaften Zusammenschluss zu gegensätzlich waren und ihnen darüber hinaus ohne Einbeziehung der benachbarten Landesherren schlichtweg die territoriale Basis fehlte. An der Doppelwahl von 1257 ist der Bund bereits zerbrochen. Seit eben dieser Wahl – dies ist das zweite wichtige Ereignis der Verfassungsgeschichte – kann man de facto von Kurkolleg und Kurfürsten sprechen. Denn aus dem ursprünglich viel größeren Kreis der Königswähler waren im Kern nurmehr beteiligt: die drei rheinischen Erzbischöfe von Mainz, Trier und Köln, der König von Böhmen, der Pfalzgraf bei Rhein, der Herzog von Sachsen und der Markgraf von Brandenburg. Allerdings traten bei nachfolgenden Wahlen noch unterschiedliche Wählerkonstellationen auf, verbindliche Regelungen schuf schließlich die Goldene Bulle (1356).

Thron und   Die gewachsene Macht und Selbstständigkeit dieses Wählerkollegiums hat den
Kaisertum   Gestaltungsspielraum des Königtums ebenso eingeschränkt wie die bleibende Verbindung mit dem Kaisertum behauptet. So war die Besetzung des deutschen Thrones stets von europäischem Interesse; häufige Interventionen von außen

waren die Folge. Vor allem wurde das Papsttum, unter Bonifaz VIII. (1294–1303) auf dem Scheitelpunkt seiner Macht angelangt, zu einem zeitweise dominierenden Faktor der Reichspolitik und beanspruchte Befehlsgewalt über den deutschen König.

Bereits Gregor X. (1271–1276) verlangte nach dem Tod Richards von Cornwall (1272) ultimativ eine Neuwahl – der Einfluss der Forderung ist neuerdings umstritten – und verwarf zugleich Alfons von Kastilien, weil agnatischer Staufernachkomme, als Reichsoberhaupt. Die kurfürstlichen Wähler entschieden sich 1273 gegen den mächtigen Böhmenkönig Ottokar II. Přemysl, dessen Herrschaft dank der Gewinne in nachstaufischer Zeit vom Mittelmeer bis zur Ostsee reichte. Ihr Kandidat, von dem sie sich die Ausübung einer legitimationsstiftenden, aber nicht übermächtigen Königsgewalt erwarten konnten, war Rudolf von Habsburg (1273–1291), der auch heute noch wohl populärste König des Spätmittelalters. Letzte Motive für die Auswahl des Kandidaten lassen sich aber nicht mehr ermitteln. Er war nur Graf, kein Reichsfürst, aber keineswegs *arm*, wie die anekdotische Überlieferung sowie die Stellungnahmen Ottokars II. es wollten. Man kann ihn durchaus als einen der erfolgreichsten und mächtigsten Territorialherren des Südwestens bezeichnen. Aus dem staufischen Schwaben gelangten noch vor seiner Wahl Gebietsteile an den Habsburger; Rudolfs Versuch, das Herzogtum Schwaben wiederherzustellen und dann auf seinen gleichnamigen Sohn zu übertragen, scheiterte aber.

Rudolf von Habsburg

Kurfürsten und Papst gegenüber musste Rudolf Entgegenkommen zeigen, aber auf eine Stärkung seiner Königsmacht hat er deswegen nicht verzichtet. Sein wichtigstes Instrument dabei war die Revindikation, die Wiedergewinnung des staufischen Reichsguts. Trotz einiger Anfangserfolge erwies sich allerdings längerfristig, dass Reichsgutkomplexe als Basis der Königsherrschaft nicht mehr ausreichten, Herrschaft viel breiter territorial fundiert werden musste. Noch am erfolgreichsten waren die Bestrebungen in Franken und Schwaben, an Ober- und Mittelrhein; in diesen königsnahen bzw. -offenen Regionen, Zentren der Stauferherrschaft, konnten Reichslandvogteien mit Eingriffsmöglichkeiten des Königs errichtet werden. Tiefe Spuren hinterließ Rudolfs Revindikationspolitik in der Reichsgeschichte, weil sie ihm den Rechtstitel zum Vorgehen gegen Ottokar von Böhmen bot. Entschieden wurde darüber in der Schlacht bei Dürnkrut 1278. Der Habsburger, der von König Ladislaus IV. von Ungarn unterstützt wurde, schickte eine zahlenmäßig kleine Reserve in einen Flankenangriff. Ihre Stärke wurde wohl, bedingt durch den eingeschränkten Blickwinkel der Topfhelme, von böhmischer Seite überschätzt, so dass die Böhmen die Flucht ergriffen. Nach dem Sieg – Ottokar wurde noch auf dem Schlachtfeld von einem persönlichen Feind getötet – übertrug Rudolf die jetzt gewonnenen Herzogtümer Österreich, Steiermark und Kärnten gemeinsam an seine Söhne (1278, 1282); doch bereits 1283 wurde mit der Rheinfelder Hausordnung Albrecht als alleiniger Regent eingesetzt. Das war der Ausgangspunkt für den weit über die Reichsgeschichte hin-

Revindikation und Ottokar II. Přemysl

auswirkenden Aufstieg der Habsburgerdynastie im Südosten und für die Verlagerung ihres Herrschaftsschwerpunktes weg von Oberelsass, Aar- und Zürichgau. Auch bedeutete dies den Aufstieg der Habsburger in den Reichsfürstenstand, wobei zu bedenken ist, dass die geringe Kohärenz der Angehörigen für diese Gruppierung eine Charakterisierung als „Stand" bis weit ins 15. Jh. als Fiktion erscheinen lässt [1039: MORAW, 130].

Erbfolge und Wahl   Da Rudolfs Griff nach der Kaiserkrone aus mehreren Gründen fehlschlug, war es ihm rechtlich nicht möglich, wie ein Kaiser zu Lebzeiten einen Sohn als Nachfolger wählen zu lassen. Ein letzter Versuch, doch noch den einzigen überlebenden Sohn Albrecht durchzusetzen, misslang 1291. Damals wurde zur gegenseitigen Absicherung der Friedensbund zwischen Uri, Schwyz und Unterwalden abgeschlossen, im Rückblick betrachtet ein Anstoß zur Entstehung der Schweizer Eidgenossenschaft (vgl. I.C.3). Mit der seit 1281 mehrfach erfolgten Erneuerung des Mainzer Reichslandfriedens konnte Rudolf die königliche Friedenshoheit behaupten, jedoch war das Königtum bei der Durchsetzung der Friedenswahrung in großen Teilen des Reiches auf die jeweiligen Machthaber angewiesen.

Adolf von Nassau   Statt des Habsburgers Albrecht wollten die Wähler 1292 den mittelrheinischen Grafen Adolf von Nassau (1292–1298), und sie entschieden sich damit für einen schwachen Kandidaten. Der von Rudolf von Habsburg eingeschlagene Weg zu einer ausgeglicheneren Machtverteilung zwischen Königtum und Territorialfürsten wurde so schon wieder verlassen. Dass Adolf seine Wähler düpierte und wie sein Vorgänger mit dem Erwerb von Thüringen und Meißen ‚Hausmachtpolitik' betrieb, blieb bei der Kürze seiner Herrschaft bedeutungslos. In der Schlacht von Göllheim bei Worms (1298), häufig als eine der letzten Ritterschlachten des Mittelalters bezeichnet, fiel Adolf im Kampf gegen Albrecht von Österreich, den die Kurfürsten in rechtlich zweifelhafter Weise doch noch gegen ihn auf den Thron gehoben hatten.

Albrecht I.   Albrecht I. gilt als erster „Fürsten-König" [1000: MORAW, 224] des Spätmittelalters, d. h. als erster Herrscher mit fürstlicher Hausmacht als Basis. Seine Regierungszeit verdeutlicht zweierlei nachdrücklich: Einerseits, welche Möglichkeiten zum Machterwerb dem deutschen König noch immer offen standen, andererseits aber, wie weit sich der Einfluss des Papstes durchgesetzt hatte, für den das Reichsoberhaupt in seinem Konflikt mit dem aufstrebenden König Philipp IV. von Frankreich (1285–1314) so etwas wie eine Schachfigur darstellte. Albrechts Ausgreifen in den Nordwesten des Reiches begründete eine territorialpolitische Konstante der Habsburger. Der Versuch, durch den Erwerb von Holland und Seeland die Verkehrsader des Reiches vom Gotthard bis zur Rheinmündung zu kontrollieren, scheiterte allerdings; später waren die Franzosen hier in ihrer Flandernpolitik erfolgreicher. Die misstrauisch gewordenen rheinischen Kurfürsten planten bereits Albrechts Absetzung (1300), wurden aber vom König nacheinander allesamt geschlagen (1301/1302), legitimiert mit inhaltlichen Rückgriffen auf den erneuerten Landfrieden und das Verbot unrechter Zölle, was die rheinischen Kurfürsten an ihrer empfindlichsten Stelle traf, den Einnahmen.

Für den siegreichen Habsburger war nun die Aussöhnung mit dem Papst vorrangig, der ihn bis dahin wegen des Thronstreits mit Adolf von Nassau scharf abgelehnt hatte. Eine Verhandlungsdelegation erreichte 1303 die ersehnte Approbation nur unter demütigenden Bedingungen (Gehorsamseid). Wenn Bonifaz VIII. gleichwohl den Vorrang des Reiches in der Christenheit hervorhob, freilich vorbehaltlich der möglichen Übertragung des Kaisertums auf ein anderes ‚Volk', wird der politische Zusammenhang klar: Ihm ging es um einen Bundesgenossen in der Auseinandersetzung mit Philipp dem Schönen von Frankreich. Von der Hypothek der faktischen Unterwerfung wurde Albrecht ohne eigenes Zutun durch Bonifaz' jähes Ende nach dem Attentat von Anagni 1303 glücklich befreit. Bevor Erfolg oder Misserfolg seiner territorialpolitischen Wendung nach Osten – Thüringen und Böhmen rückten ins Blickfeld – feststand, wurde Albrecht I. 1308 von seinem Neffen Johann wahrscheinlich wegen Erbstreitigkeiten erschlagen. Anerkennung Albrechts

In der erneut offenen Nachfolgesituation schien die Wahl des Kapetingers Karl von Valois möglich, die sein Bruder, der französische König Philipp IV., sorgfältig vorbereitet hatte. Diese Konstellation, für deutschnationale Historiker des 19. Jhs. eine Schreckensvision, war für die Zeitgenossen nicht ungewöhnlich. Es war auch keinesfalls eine ‚nationale Reaktion', dass sich die Kurfürsten, beeinflusst vom Trierer Erzbischof Balduin von Luxemburg, für dessen Bruder Heinrich VII. (1308–1313) entschieden haben. Die Luxemburger waren Vasallen der französischen Könige, für den Grenzbereich nicht untypisch, und mit diesen in einer Allianz verbunden [JÄSCHKE in: JbWLG 22 (1996) 113–178]. Man kannte im Westen des Reiches die Herrschaftsmethoden der Kapetinger und fürchtete sie, auch wenn die rheinischen Erzbischöfe ihre Positionen teilweise dem Einfluss Philipps IV. von Frankreich verdankten und er die Wahl seines Bruders mit Geldzahlungen zu fördern versucht hatte. Die Wahl von 1308

Aus der wiederum nur kurzen Regierungszeit des Luxemburgers (1308–1313) sind zwei Ereignisse hervorzuheben: Die Erwerbung Böhmens für das Haus Luxemburg und der Italienzug zur Kaiserkrönung. Bei der Verpflanzung der luxemburgischen Dynastie nach Böhmen handelte es sich keinesfalls um zielgerichtete königliche Territorialpolitik nach dem Vorbild seiner Vorgänger. Vielmehr lag die Initiative eindeutig bei einer böhmischen Adelsgruppe, auf deren Drängen Heinrichs Sohn Johann mit der Königstochter Elisabeth von Böhmen verheiratet und 1311 in Prag gekrönt wurde. Eine dauerhafte Etablierung des Hauses Luxemburg in Böhmen mit ihren weitreichenden Folgen war damals allenfalls eine Option, während Heinrich VII. aus diesem Zuwachs für sein Haus persönlich keinen konkreten Nutzen zog. Er wollte kein territorial fundiertes Königtum wie sein Vorgänger, sondern nochmals eine auf Kaiserherrlichkeit abgestützte Herrschaft. Heinrichs Italienzug (1310–1313), nicht Heinrich VII.

selten als hoffnungslos und anachronistisch bewertet, zeigte immerhin, dass im wirtschaftlich hoch entwickelten Oberitalien noch immer Reichsrechte aktiviert und finanziell genutzt werden konnten (vgl. Kap. II.C.2). Besonders beachtlich ist aber, dass der Luxemburger nach seiner Kaiserkrönung 1312 – der ersten nachstaufischen – unter Berufung auf die Würde seines Amtes päpstliche Forderungen und Anordnungen zurückgewiesen hat. Im Gegensatz zu seinen Vorgängern wagte er also Widerstand, allerdings gegenüber einem unter Clemens V. (1305–1314) entscheidend geschwächten Papsttum.

Doppelwahl Doch damit nicht genug der Dynastiewechsel seit 1273, die mit dem Ausbau der Königsmacht in Frankreich scharf kontrastierten: Von 1314 an führte das Fehlen verbindlicher Wahlregelungen im Reich auch noch zu dem achtjährigen Thronstreit zwischen dem Wittelsbacher Ludwig von Bayern (1314–1347), von den Luxemburgern unterstützt, und Friedrich dem Schönen von Österreich (1314–1330), dem Kandidaten der Habsburger. Auch begünstigt durch habsburgische Verluste im Konflikt mit der entstehenden Eidgenossenschaft, konnte sich Ludwig 1322 bei Mühldorf am Inn militärisch entscheidend durchsetzen. Danach entfaltete er, gestützt auf sein Kernland Bayern mit München als Hauptort, eine erfolgreiche Erwerbspolitik. Durch Erbe, Heirat und Einzug vakanter Lehen gewann er die Mark Brandenburg (wohl eine Belastung der wittelsbachischen Politik), Niederbayern, Holland, Seeland, Hennegau und Friesland. Zusammen mit den Aussichten auf Tirol und Oberitalien eröffnete er den Wittelsbachern damit Chancen, zur mächtigsten Dynastie im Reich aufzusteigen.

Wahlregelungen Die Erfolge im Reich bescherten Ludwig aber die Auseinandersetzung mit der Papstkirche, ein unerwünschtes hochmittelalterliches Erbe, von dem er sich nicht zu befreien vermochte (vgl. I.C.5); als letzter Herrscher vertrat er die Idee der Weltgeltung des Kaisertums [1018: SCHULZE, 3, 245]. In die bewegte Auseinandersetzung gehört ein erster Höhepunkt der spätmittelalterlichen Reichsverfassungsgeschichte: der Rhenser Kurverein von 1338. Er begriff sich nicht als eine nationale Reaktion gegen die Ansprüche der Kurie, auch wenn ansatzweise der König die ‚Nation' in der Auseinandersetzung mit der Kurie symbolisierte, sondern in erster Linie ging es um den Schutz kurfürstlicher Eigeninteressen. Doch wurde auch als Reichsrecht eindeutig formuliert, dass ein mehrheitlich gewählter deutscher König keine päpstliche Approbation benötige. Zusammen mit Ludwigs gleichzeitig verkündetem Gesetz ‚Licet iuris', das die Verleihung der Kaiserwürde an die Königswahl band und damit jeden kurialen Anspruch auf Übertragbarkeit des Kaisertums an andere Herrscher verneinte, wurde die Richtung für ein von päpstlicher Bevormundung befreites Königtum gewiesen. Dieses Ziel selber zu erreichen, hatte Ludwig allerdings keine Chance, auch wenn er bis zu seinem Tod auf der Jagd 1347 unbesiegt geblieben ist. Sichtbarer wurde 1338 nun auch die Unterscheidung von Kaiser und Reich – Anfänge eines korporativen Verständnisses der Kurfürsten reichen ins 13. Jh. zurück – und damit der in der Folge weiter verstärkte verfassungsmäßige Dualismus im Reich.

Erst der böhmische Luxemburger Karl IV. (1346–1378), zunächst als Gegenkönig erhoben, erreichte einen Durchbruch zur Neuordnung der Reichsverfassung und den Wiederaufstieg des Königtums zur gleichberechtigten Stellung im politischen Kräftespiel Europas, auch gegenüber der Papstkirche. Im Vergleich zu seinen Vorgängern konnte er eine Machtfülle erreichen, die als „hegemoniales Königtum" [1000: MORAW, 240] eingestuft wird; allerdings konnte bereits sein Sohn Wenzel die gewonnene Position nicht mehr halten. Eine derartige Entwicklung war zu Beginn keineswegs absehbar, denn der Luxemburger wurde wegen seiner vom Papst geförderten Wahl zunächst als ‚Pfaffenkönig' abqualifiziert, und die Reichsstädte konnte er im Wesentlichen erst durch den Ausgleich mit der Wittelsbacher Partei im Jahre 1350 für sich gewinnen.

Karl IV.

Der erkrankte Gegenkönig Günter von Schwarzburg verzichtete bereits nach fünf Monaten 1349 gegen finanzielle Zugeständnisse und Amnestie seiner Anhänger auf seine Ansprüche, und auch den ‚falschen Woldemar' ließ Karl absetzen, nachdem er ihn zunächst wohl in seine Pläne eingebunden hatte. Nach außen gewann Karl IV. durch den Abschluss eines Bündnisses mit Eduard III. von England Handlungsspielräume. Es zeigt die fehlende Kommunikation zwischen hoher Reichspolitik und der breiten Bevölkerungsmehrheit, dass die seit 1348 auch nördlich der Alpen mit voller Wucht grassierende Pest Karls Aufstieg nicht erkennbar behindert oder zu einer Unterbrechung der politischen Auseinandersetzungen geführt hat. An der damals verbreiteten Initiierung von Judenpogromen war der Luxemburger allerdings in unrühmlicher Weise direkt beteiligt. Zumindest in Nürnberg hat er von der Vernichtung der Judengemeinde unmittelbar und materiell profitiert, auch Schulden bei Erzbischof Balduin von Trier konnten so beglichen werden.

Von Böhmen mit dem zur Hauptstadt aufgewerteten Prag (mit eigenem Metropolitansitz) griff Karls dynastische Territorialpolitik auch weit nach Norden und Osten aus, Ziele waren der Ostseeraum, Polen und Ungarn. Karls Interesse an Positionen längs der Achse Prag–Nürnberg–Frankfurt, der Plan einer neuen Handelsverbindung Adria–Prag–Ostsee und seine Verbindungen zur erfolgreichen Hanse beweisen, dass der Territorialerwerb auch wirtschaftspolitisch konzipiert war. Der Versuch, den Handel Venedigs mit Nordeuropa östlich über Moldau und Elbe zu verlegen, scheiterte allerdings. Der Bau der steinernen Moldaubrücke in Prag gehört gleichfalls neben den üblichen Prestigeerwägungen in den Rahmen wirtschaftspolitischen Handelns. Heiratsprojekte wie Territorialgewinne schienen wie unter Ottokar II. Přemysl den Traum eines von der Ostsee zur Adria reichenden Königreiches Böhmen Wirklichkeit werden zu lassen. Auch wenn sich derartige Erwartungen nicht erfüllten, führte die Integration von Mähren, Schlesien und den beiden Lausitzen unter böhmischer Krone (*corona regni Bohemiae*) zu einem erheblichen Landzuwachs. Die *corona* wird auch zu einem über dem König stehenden Symbol, bezeichnet den

Territorialpolitik

Bereich der luxemburgischen Herrschaft im Unterschied zum böhmischen Kernland.

Italienzüge und Goldene Bulle

Karls erster Italienzug brachte ihm zwar die Kaiserkrone (1355), aber wenig Respekt oder Zuneigung bei den zeitgenössischen italienischen Chronisten. Trotzdem bedeutete der Kaisertitel einen Autoritätsgewinn für den Luxemburger, der ihm den nach dem Beschluss des Kurvereins von Rhense (1338) entscheidenden zweiten Schritt in der spätmittelalterlichen Verfassungsentwicklung ermöglichte: den Erlass der Goldenen Bulle 1356. Sie enthielt vor allem die definitive Regelung der Rechte der Kurfürsten, das Verfahrensrecht bei der Königswahl und die Bestätigung der vollen Handlungsfähigkeit des gewählten Königs – eine päpstliche Approbation wurde schlichtweg nicht mehr erwähnt. Von der Goldenen Bulle nicht begünstigt wurden außer den Habsburgern besonders die Reichsstädte, denen selbstständige Zusammenschlüsse verboten wurden. Karl IV. hat zwar zu reichen Bürgern, besonders im oft besuchten Nürnberg, enge Beziehungen unterhalten, die Städte als solche hat er aber weniger gefördert als vielmehr finanziell belastet: 1373 mussten sie zum Kauf der Mark Brandenburg beitragen, 1376 die Königswahl von Karls Sohn Wenzel mitfinanzieren. Diese erstmals seit der Zeit Friedrichs II. gegen alle Widerstände durchgesetzte Nachfolgeregelung zu Lebzeiten ist unbestreitbar ein Erfolg der Spätzeit des Luxemburgers – wenngleich unter Verlust fast des gesamten restlichen, materiell nutzbaren ehemaligen Krongutes. Ein Erfolg war auch der zweite Italienzug von 1368/69, bei dem Karl erneut entstehende Kosten nach Möglichkeit auf Dritte abwälzte. Auch die Hoffnungen des Papstes auf militärische Unterstützung sollten sich nicht erfüllen. Karl IV. zeigte wie beim ersten Italienzug kein Interesse, sich in die inneritalienischen Auseinandersetzungen einzumischen. Die Frankreichreise der Jahre 1377/79 war ebenfalls eine erfolgreiche Unternehmung der Spätphase; die Belehnung des französischen Dauphins mit dem Reichsvikariat über das Arelat war de jure eine Einbindung des französischen Thronfolgers [SEIBT in: ZHF 8 (1981) 129–158]. Mit dem Nebeneinander von scheinbar Gegensätzlichem führte Karl IV. Reise- und Residenzherrschaft auf einen Höhepunkt [MORAW in: HZ 229 (1979) 1–24]. Es sind aber auch Probleme erkennbar: Dazu gehört der Zusammenschluss süddeutscher Reichsstädte zum Schwäbischen Städtebund 1376 – gegen das Verbot der Goldenen Bulle – zur Abwehr weiterer Geldforderungen des Kaisers, ein Beleg für die nachhaltige Vertrauenskrise. Noch gravierender war aber 1378 der Beginn des Großen Abendländischen Schismas durch die Wahl Urbans VI. in Rom und die folgende Wahl Clemens VII. in Avignon. Den Ausbruch dieser Krise mit ihren negativen Folgen für die westliche Christenheit, die bis 1417 andauern sollte, hatte Karl IV. nicht mehr verhindern können.

Österreich

Die energische Territorialpolitik Albrechts in den österreichischen Landen erweckte Widerstand, der nach Rudolfs Tod zu offenen Aufständen führte. Auch nach der Erkrankung Albrechts 1295, die durch die Behandlungsmethoden der Zeit zum Verlust eines Auges führte – zeitgenössisch vermutete man wie häufig einen Giftanschlag als Ursache –, zeigte sich erneute Opposition. Als Beweggründe werden der Abfluss von Finanzmitteln in die Stammlande am Oberrhein sowie die Besetzung wichtiger Stellen mit Landfremden genannt; auch neue Geldquellen ließ Albrecht erschließen. Zunehmend konnte sich Albrecht bei der Durchsetzung der habsburgischen Landesherrschaft gegen den Hochadel auf den Niederadel und das sich formierende städtische Bürgertum stützen [G. HÖDL, Habsburg und Österreich 1273–1493, Wien u. a. 1988]. Gleichzeitig trieb er die territoriale Arrondierung voran. Das Tiroler Erbe brachte erheblichen Gebietsgewinn, auch wenn ab 1379 bis Ende des 15. Jhs. dort eine eigene Linie des habsburgischen Hauses amtierte. Damit war u. a. eine Landbrücke zwischen den Stammlanden und Österreich entstanden, doch seine Bedeutung ging deutlich darüber hinaus.

In der zweiten Hälfte des 13. Jhs. konnte Meinhard II. aus dem Geschlecht der Görzer Grafen Tirol als Grafschaft konsolidieren. Dabei half ihm die Unterstützung des Habsburgers Rudolf gegen Ottokar II., was ihm zusätzlich das Herzogtum Kärnten einbrachte. Hohen Wert besaßen die Zolleinnahmen aus dem Transitverkehr über die Alpen, und die Salzgewinnung erfuhr unter Meinhard II. wachstumsfördernde Impulse, Maßnahmen auch in Hinblick auf eine Steigerung der landesfürstlichen Einnahmen [HAIDACHER in: Schlern 68 (1994) 733–741], während die Blüte des Bergbaus noch bevorstand. Der Hochadel wurde aus wichtigen Verwaltungspositionen verdrängt, die persönliche Qualifikation der Funktionsträger rückte in den Vordergrund. Wohl vorbildlich organisiert war die Finanzverwaltung, es bestanden enge Verflechtungen zwischen Kammer und Kanzlei.

Das tirolische Vikariat über Padua stellt einen Höhepunkt der Einflussnahme in Italien dar, allerdings konnten die sich damit bietenden Chancen zu weiterem politischen Einfluss in Oberitalien nicht genutzt werden. Aber die Beziehungen zu Wirtschaftsvertretern dieser Region waren intensiv, gerade Florentiner traten in die Dienste der Landesherren, allerdings mussten zur Zeit der Finanznot im 14. Jh. Zölle und Salineanteile an sie verpfändet werden. Die Rechtsvereinheitlichung im Territorium wurde mit einem um 1280 erlassenen Landrecht vorangetrieben. Der Status der Bauern war in der Regel gut, die Mehrzahl verfügte über günstige Besitzrechte. Nach dem Tod Meinhards konnte der Adel Positionen zurückgewinnen, um 1330 errang dann die Landschaft als Vertretung des Landes bedeutendes Gewicht. Nachdem das Görzer Geschlecht 1335 mit Meinhards drittem Sohn Heinrich im Mannesstamm ausgestorben war, ging die Regierung an dessen Tochter Margarete Maultasch und ihren Mann Johann Heinrich von Luxemburg und Böhmen über. 1341 vertrieb Margarete ihn jedoch und heiratete den Wittelsbacher Kaisersohn Ludwig von Brandenburg – eine Entwicklung, die von päpstlicher und böhmischer Seite her als ‚Tiroler Eheskandal' propagandistisch ausgeschlachtet wurde. Nach dem Tod Ludwigs und des gemeinsamen Sohns

Meinhard III. übergab Margarete 1363 ihr Fürstentum an den Habsburger Rudolf IV. von Österreich.

Pfalzgrafschaft bei Rhein

Die 1214 an die Wittelsbacher übertragene Pfalzgrafschaft bei Rhein stand zunächst im Schatten Bayerns, bevor sich eine eigene Linie der Familie dort etablierte. Den Höhepunkt der Auseinandersetzungen sah das späte 13. und frühe 14. Jh.: Nach seiner Königswahl konnte Ludwig sich zunächst zwar fast vollständig durchsetzen, die Positionen aber nicht halten. Erst der Vertrag von Pavia (1329) schuf einen Ausgleich: Die Gebiete wurden geteilt, die Pfalzgrafschaft um Teile der Oberpfalz vergrößert, das Kurrecht sollte abwechselnd ausgeübt werden. Erb- und Besitzregelungen sollten den Übergang eines der beiden Gebiete an eine andere Dynastie verhindern. Territorialen Arrondierungen der Pfalzgrafschaft im Bereich der Stammlande auch mittels Reichspfandschaften von Ludwig dem Bayern und Karl IV. standen Gebietsverluste in der Oberpfalz an Karl IV. gegenüber. Pfalzgraf Ruprechts I. gutes Verhältnis zu Karl IV. sicherte in der Goldenen Bulle die Kurwürde und das Reichsvikariat für die Pfalz. Die Teilung mit Ruprecht II. spielte politisch kaum eine Rolle, der Jüngere folgte seinem Onkel und erhielt den Anspruch auf das Gesamterbe. In der zweiten Hälfte des 14. Jhs. entwickelte sich Heidelberg sukzessive zum zentralen Ort der Kurpfalz, wichtige Institutionen fanden dort ihren Sitz [1079: KOLB]. Gerade im Bereich der Finanzverwaltung, materielle Basis waren die Flusszölle, zeigte sich die Pfalzgrafschaft in diesen Jahrzehnten als ein im Rahmen der zeitgenössischen Möglichkeiten gut verwaltetes Fürstentum [SCHAAB, Geschichte der Kurpfalz, 1, Stuttgart u. a. 1988, 118].

Die rheinischen Erzbistümer Köln

Die Hegemonieansprüche der Kölner Erzbischöfe im nordwestlichen Reichsteil endeten im Konflikt mit der Stadt Köln und niederrheinischen Gegnern durch eine Niederlage in der Schlacht von Worringen 1288. Die sich schon länger andeutende Struktur dieses Raumes mit mittelgroßen Fürstentümern konnte sich festigen. Im 14. Jh. standen neben weiteren Verlusten Landgewinne, die nunmehr in die weiter ausgebaute Verwaltung eingebunden wurden; die Rolle Kölns als Residenz ging mit Einschränkungen auf Bonn und Brühl über. Einem Landrentmeister oblag die Rechnungskontrolle des in Ämter und Kellnereibezirke eingeteilten Landes, das Domkapitel gewann an Eigenständigkeit und politischem Gewicht.

Mainz

An Mittelrhein und Main konnte das Mainzer Erzstift im 13. Jh. territoriale Erfolge verzeichnen, doch selbst die Anerkennung der Landgrafschaft Hessen als kurmainzisches Lehen (1263) konnte eine Eigenentwicklung des Gebietes trotz eines mehr als anderthalb Jahrhunderte währenden Konflikts nicht verhindern: Die Landgrafen wurden schon 1292 in den ‚Reichsfürstenstand' erhoben, was jedoch de facto an den Machtpositionen nichts änderte. Im 14. Jh. verringerten strittige Wahlen die erzstiftischen Gestaltungsmöglichkeiten.

Trier

Unter der langen Regentschaft Balduins von Luxemburg (1307–1354), Bruder Heinrichs VII. und Großonkel Karls IV., konnten entscheidende Schritte zur

Ausbildung des Trierer Erzbistums zu einem *fürstlichen Territorium* zurückgelegt werden. Zudem war Balduin die personale Klammer zwischen Reichs- und Territorialpolitik sowie zwischen den luxemburgischen Territorien im Westen und Osten des Reiches [HAVERKAMP in: BDLG 114 (1978) 463–503]. Kanzlei und Finanzwesen erfuhren Reformen. Das Gebiet, im 13. und auch noch im 14. Jh. durch Burgenbau und -erwerb gesichert, konnte bei einer Schwerpunktverlagerung an den Rhein und bei Verlusten in der ehemaligen, weitgehend autonom gewordenen Bischofsstadt gegen konkurrierende Ansprüche arrondiert und gesichert werden. Doch schon Balduins Nachfolger waren gezwungen, stärker auf Ansprüche zu reagieren statt agieren zu können. Größere territoriale Veränderungen am Mittelrhein und im Südwesten ließ die Machtstruktur trotz wechselnder Bündniskonstellationen nicht mehr zu [GERLICH in: BDLG 111 (1975) 103–137].

In der Mark Brandenburg führten kriegerische Auseinandersetzungen wie Landesteilungen zu einer massiven finanziellen Schwächung des Landes. Nach dem Aussterben der Askanier 1319 wurde es schließlich von Ludwig dem Bayern als heimgefallenes Reichslehen eingezogen und an seinen gleichnamigen Sohn ausgegeben. Straffungen mittels bayerischer Verwaltungselemente standen Verpfändungen und Veräußerungen gegenüber, bevor Karl IV. seinerseits nach dem für das Haus Wittelsbach delegitimierenden Intermezzo des falschen Woldemar Brandenburg erwerben konnte, um einen Zugang zur Ostsee zu erlangen. Auf den Tod des Luxemburgers, für den Brandenburg politische und finanzielle Manövriermasse war, folgten Adelsauseinandersetzungen, bevor im 15. Jh. langsam eine Befriedung unter den Zollern eintrat. Brandenburg

Die sächsische Kurwürde fiel nach der Teilung des Landes 1296 an das wirtschaftlich schwache Sachsen-Wittenberg, dem aber in der Folgezeit Territorialgewinne glückten. Das 1303 nochmals dreigeteilte Sachsen-Lauenburg musste sich lübischen Drucks erwehren, die Hansemetropole wollte ihre Einflusssphäre vergrößern sowie ihren Handel absichern. Eine mögliche Wiedervereinigung des welfischen Besitzes scheiterte reichsrechtlich mit Bestätigung des Wittenberger Anspruchs auf das Herzogtum Lüneburg durch Karl IV. Das seit 1293 belegte Mitspracherecht der noch nicht formierten Stände festigte sich im 14. Jh. Sachsen

3. DIE ENTSTEHUNG DER EIDGENOSSENSCHAFT

Die innerschweizerischen Gebiete erfuhren mit der Öffnung des Gotthardpasses um 1200 als direkter Verbindung von Oberitalien, besonders von Mailand, nach Südwestdeutschland mit Anschluss an den Rhein als wichtigem Verkehrsweg einen hohen Bedeutungsgewinn. In den Kontext der staufischen Italienorientierung passt die Verleihung der Reichsfreiheit an Uri 1231 durch Heinrich Reichsunmittelbarkeit

(VII.); vermutlich hat die ‚Talgenossenschaft' selbst die Mittel zur Ablösung der habsburgischen Vogteirechte aufgebracht. 1240 erhielt dann Schwyz die Reichsunmittelbarkeit, die in der Folge von den Gegnern jedoch nicht anerkannt wurde, da Kaiser Friedrich II. zum Zeitpunkt der Verleihung erneut gebannt war. Die Erfahrungen aus diesen Zeiten der Reichsunmittelbarkeit führten jedoch in den folgenden Jahrzehnten wiederholt zu Streitigkeiten zwischen den Waldstätten Schwyz, Uri und Unterwalden mit der habsburgischen Oberherrschaft. Diese Entwicklung wurde durch den allgemeinen Machtverlust der Zentralgewalt im Reich während des 13. Jhs. begünstigt – dass sie jedoch schließlich zur Verselbstständigung der Eidgenossenschaft als eigenes Staatswesen führen sollte, konnte keiner voraussehen.

Habsburgischer Einfluss

Der Tod Friedrichs II. führte zur erneuten Anerkennung der habsburgischen Oberhoheit durch Schwyz. Nach dem Aussterben der Grafen von Kyburg 1264 brachte Rudolf von Habsburg den gesamten Besitz des Geschlechts, der von Kyburg östlich von Zürich bis Freiburg im Uechtland reichte, gegen die letztwillige Verfügung des Kyburgers an sich; er pochte auf die Rechte, die sich aus seiner Verwandtschaft mit der Witwe und der daraus folgenden Vormundschaft über die Tochter ergäben. Durch den Sieg über Ottokar II. Přemysl gestärkt, trachtete Rudolf als Reichsoberhaupt nunmehr verstärkt nach einer Arrondierung des Besitzes im Westen. Mit dem Auskauf der Linie Habsburg-Laufenberg 1283 kontrollierte Rudolf die nördliche Gotthardroute. 1291 kaufte er die Stadt Luzern, aufgrund der Lage häufig als „Schlüssel zum Gotthard" bezeichnet, vom verschuldeten elsässischen Kloster Murbach. Hinweise auf Auseinandersetzungen von Uri und Schwyz mit den Habsburgern gibt es während der Herrschaftszeit Rudolfs nicht, allerdings verwalteten habsburgische Amtleute Reichsgut – wie eben Uri, dessen Reichsfreiheit 1274 Bestätigung erfuhr –, und die Schwyzer dürften die Gefahr gesehen haben, mittelfristig ihre besondere Stellung zu verlieren. Ohnehin war die Herrschaftsintensivierung des Habsburgers mit zunehmendem fiskalischen Druck gekoppelt.

Der Bund der Waldstätte

Als Anlass für den Bund der drei Waldstätte 1291, unmittelbar nach dem Tod Rudolfs, gilt der erwähnte latente Interessengegensatz, keine akute Feindschaft. Wenige Wochen später folgte ein Bündnis mit Zürich, das sich seinerseits dem Aufstand der Reichsfreien gegen die habsburgische Herrschaft angeschlossen hatte. Das Bündnis diente zunächst Interessen der Führungsschicht, aber diese entsprachen in Teilen durchaus denen der Bevölkerungsmehrheit. Eine Ablehnung fremder Amtleute fand sich ohnehin im ganzen Reich. Die Führungsschicht setzte sich aus Familien zusammen, die jeweils regionale Teilbereiche – Talschaften – beherrschten und deren Selbstständigkeit bewahren wollten. Erst im 14. Jh. wurden diese führenden Familien ausgeschaltet und die Beteiligung breiterer Bevölkerungsschichten an den politischen Entscheidungen durchgesetzt. Meinungsführer blieb die Oberschicht aber weiterhin. Teilweise Interessengleichheit ermöglichte den Waldstätten zunächst, defensiv die Ausdehnung und Intensivierung von habsburgischer Landesherrschaft zu verhindern, und gestattete seit Ende des 13. Jhs. weitergehend eine aggressive und expansive Politik, deren erste Opfer kirchliche Institutionen waren. Die gemeinsame Interessenlage der Waldstätte war auch ausschlaggebend dafür, dass der *ewige*, d. h. unbefristete Bund, von 1291 nicht, wie zahllose ähnliche Vereinigungen, binnen weniger Jahre wieder bedeutungslos wurde. Ein Angriff Zürichs auf das habsburgische Winterthur scheiterte 1292. Im Gegenzug belagerte Herzog Albrecht Zürich. Die Friedensregelungen bestätigten im Wesentlichen die habsburgischen Rechte. Innerstädtisch verloren die Ritter ihre Stellung im Rat, in ihre Position traten überwiegend reiche Kaufleute mit eher prohabsburgischer Einstellung. Im Habsburger Urbar vom Beginn des 14. Jhs., mit einem besonderen Teil über bedrohte bzw. verlorene Herrschaftsrechte, sind ausdrücklich Schwyz und das Kloster Einsiedeln genannt, ohne dass aber konkrete Maßnahmen Albrechts zum Wiedererwerb erkennbar wären.

Nach der Ermordung Albrechts bestätigte der Luxemburger Heinrich VII. nicht nur die Reichsfreiheit von Uri und Schwyz, sondern erstmals auch die von Unterwalden. Konkret befreit waren die Waldstätte nun u. a. von jedem auswärtigen Gericht, die Zuständigkeit für die Ausübung der Gerichtsbarkeit reservierte der Herrscher für sich oder für einen eingesetzten Landvogt. Hiermit sollten die Habsburger in diesem Gebiet gebremst werden, doch war Heinrich VII. nicht stark genug, die Rechte auch zu garantieren. Die Spannungen zwischen Waldstätten und Habsburgern nahmen nach 1308 deutlich zu. In kritischer Situation in Oberitalien musste Heinrich VII. den Habsburgern zudem zusichern, nach Ende des Zuges ein Verfahren über die Rechtmäßigkeit ihrer Ansprüche im Gebiet der Waldstätte durchzuführen, was dann mit seinem Tode hinfällig wurde. Vor allem die Schwyzer verstärkten ihre Expansionsbestrebungen gegen das unter habsburgischer Vogtei stehende Kloster Einsiedeln, das sie Stück für Stück unter eindeutigem Rechtsbruch besetzten. Nachdem ein Schiedsgericht die Schwyzer zur Rückgabe verurteilt hatte, überfielen sie nachts das Kloster (1314) und zogen – nicht zeituntypisch nach Plünderung der Weinkeller – mit reicher Beute und zahlreichen Gefangenen nach Hause. Der offene Konflikt war jetzt nur noch eine Frage der Zeit, wurde aber schließlich durch die Reichspolitik ausgelöst. Nach der Doppelwahl von 1314 sicherte Ludwig der Bayer zwar den Waldstätten seine Unterstützung zu, doch sein Konkurrent Friedrich von Österreich ließ über sie die Reichsacht verhängen. Dieser Rechtstitel ermöglichte Friedrichs Bruder Leopold ein legitimiertes militärisches Vorgehen: 1315 rüstete er zur Unterwerfung von Uri, Schwyz und Unterwalden. Nach seinem Scheitern am Morgarten erneuerten und ergänzten die Waldstätte den *Ewigen Bund*: Kein Mitglied durfte einzeln mit auswärtigen Herren verhandeln oder Verträge abschließen, herrschaftliche Rechte Auswärtiger wurden im Gebiet der Eidgenossenschaft außer Kraft gesetzt. Mit derartigen Bestimmungen wurde der Bund nun zu einer eindeutig gegen Habsburg ge-

Die erste Hälfte des 14. Jahrhunderts

richteten Vereinigung. Keineswegs aber zielte der Bund gegen das Reich oder auf eine Absonderung von diesem. Trotz der Niederlage blieben die Habsburger stärkste Macht im Gebiet. Ludwig der Bayer bestätigte 1316 die Reichsunmittelbarkeit und bezeichnete alle Reichsrechte der Habsburger im Bereich der Waldstätte als ans Reich zurückgefallen – freilich war das Hilfe auf dem Pergament der Urkunden. Die Situation blieb weitgehend von der politischen Konstellation im Reich abhängig, und bei verändertem Verhältnis zu den Habsburgern wechselte Ludwig seine Position; es war eben ein beiderseitiges Zweckbündnis. Erster Zuwachs für die Eidgenossen nach dem spektakulären Sieg am Morgarten war die unter habsburgischer Vogteiherrschaft stehende Stadt Luzern, die 1332 zur Wahrung eigener Rechte ein Bündnis mit den Waldstätten abschloss, wobei Streitigkeiten innerhalb der Ratsfamilien auch zur Öffnung des Rates führten; trotz des Bündnisses erkannte Luzern zunächst die habsburgische Oberherrschaft weiter an. Im habsburgischen Umland Luzerns hatte das Lehnswesen an Bindungskraft verloren, auch wenn die Herzöge immer noch versuchten, es als ein Mittel zum Auf- und Ausbau der Landesherrschaft zu nutzen. In dieser Entwicklung sah Luzern ab etwa 1380 Chancen zur Expansion, begünstigt durch die erneute schwere Niederlage der Habsburger in der Schlacht von Sempach 1386. Wichtiger für letztere wurde die Pfandschaftspolitik, und die Verpfändung konnte durchaus ein Mittel von Herrschaftsintensivierung sein.

Zürich Der von Kaufleuten dominierte Zürcher Rat wurde 1336 von den 1292 gestürzten Stadtadligen unter Führung des Ritters Rudolf Brun und mit Unterstützung der vom Stadtregiment ausgeschlossenen Handwerker zu Fall gebracht. Brun wurde zum Bürgermeister auf Lebenszeit ernannt und stattete sich mit umfangreichen Vorrechten aus, regierte aber nicht alleine. Der Rat war mit je 13 Zunftmeistern und Konstaffeln (,Patriziern') paritätisch besetzt, bei letzteren musste die Mehrzahl adlig sein. 12 der alten Ratsmitglieder verbannte man, schuf jedoch damit eine Außenpartei, die sich in Rapperswil niederließ. Nach 1337 scheiterte 1350 ein zweiter Versuch der Opposition – unter dem nach außen als Führungspersönlichkeit präsentierten Graf Johann von Habsburg-Rapperswil –, Brun zu stürzen. Die Zürcher gingen ihrerseits in die Offensive und eroberten das oppositionelle Städtchen. Ein Bündnisabkommen Bruns mit den Habsburgern kam wohl wegen deren Forderungen nicht zustande. Nun wandte sich Brun gegen die Besitzungen der Grafen von Rapperswil, deren ausgedehnte Gebiete die Zürcher erobern konnten; zudem brachen sie Burgen in der Grafschaft Kyburg. Dieses Vorgehen gegen habsburgisch-österreichischen Lehnsbesitz musste eine Umorientierung in der Bündnispolitik zur Folge haben, Zürich hatte nach 1292 bei Habsburg Rückhalt gesucht. Bruns Hoffnungen zielten wohl darauf, das städtische Gebiet zu erweitern, ohne dass der entfernte Herzog von Österreich eingreifen würde. Militärische Entscheidungen fielen dann trotz Belagerungen Zürichs 1351 – in diesem Jahr kam es nach dem Misslingen des ersten Schlages rasch zu Macht- und Kompetenzstreitigkeiten der Verbündeten – und 1353 auch in den folgenden Jahren nicht. Das Bündnis – die Vertragsbestimmungen besaßen für die Zukunft Vorbildcharakter – zwischen den Waldstätten, Luzern und Zürich kam 1351 zustande; trotzdem verzichtete Zürich in der Folgezeit nicht auf eine eigenständige Politik.

Ein zielstrebigerer Ausbau der Zürcher Territorialherrschaft begann aber erst Ende des Jahrhunderts. Bedeutsam war für die weitere Entwicklung der Eidgenossenschaft die nun erfolgte Ausdehnung aus dem Gebirge in das Flachland sowie über den Kreis der bäuerlichen Bewohner hinaus auf das Stadtbürgertum, was jedoch auch zu Konflikten führen sollte. Dass die Konstellation weiterhin offen war, zeigt, dass Zürich unter Brun 1356 ein Bündnis mit Österreich schloss, er selbst sogar 1359 habsburgischer Rat wurde. Österreich besaß eine unverändert starke Stellung, zudem wechselte im Gebiet der Waldstätte die Führungsschicht, die bis dahin dominierenden Adelsfamilien wurden abgelöst und Brun verlor standesgleiche Partner [P. HUBLER, Adel und führende Familien Uris im 13./ 14. Jahrhundert, Frankfurt/M. 1973].

Zug kam 1364 endgültig zur Eidgenossenschaft, Glarus musste wieder aufgegeben werden. Maßgebliche Entscheidungen sollten dann erst wieder in den achtziger Jahren des 14. Jhs. fallen. Der sogenannte ‚Pfaffenbrief' von 1370 ließ Zürich, Zug, Luzern, Uri, Schwyz und Unterwalden verstärkt als Einheit erkennen, auswärtiger Einfluss sollte weiter zurückgedrängt werden. Bern, das seinerseits nach der Schlacht von Laupen 1339 als Territorialmacht zu agieren begann, konnte dem Vertrag von 1370 trotz des 1353 mit günstigen Bedingungen eingegangenen Bündnisses mit den Waldstätten wegen Verpflichtungen gegenüber Habsburg nicht beitreten; 1353 hatte sich Bern günstige Bedingungen zusichern lassen. Trotz aller Gegensätze fand sich aber bei äußerer Bedrohung durchaus ein Zusammengehen von Habsburgern mit Zürich, Bern, Luzern und Solothurn, so 1375 im Guglerkrieg. Die Stadt Basel konnte sich zwar seit dem 13. Jh. zunehmend von den Bischöfen lösen, der städtische Adel blieb aber auf Habsburg orientiert, das seinerseits die verkehrsgünstig gelegene Stadt im Blick behielt. 1376 musste sich Basel nach einem plötzlich ausbrechenden Auflauf (*Böse Fastnacht*) Herzog Leopold von Österreich unterwerfen, nach der Niederlage gegen die Eidgenossen bei Sempach (1386) verloren die Habsburger aber auch ihren Einfluss auf Basel, das nun zögerlich eigene Territorialpolitik zu betreiben begann. Das Bistum orientierte sich stärker in das Gebiet des Jura [R. WACKERNAGEL, Geschichte der Stadt Basel, Bd. 1, Basel 1907].

Eigenständige Entwicklungen und Verdichtungen

4. ITALIEN

Im gesamten behandelten Zeitraum war Italien im Wesentlichen dreigeteilt: Der Norden war von Stadtstaaten beherrscht, im Süden dominierte das später zweigeteilte Königreich Sizilien, dazwischen formierte sich der Kirchenstaat. Nur kurzfristig brachten die Erfolge Friedrichs II. im Kampf mit dem Papsttum hier Verschiebungen.

Venedig Die Eroberung Konstantinopels (1204) und die vorübergehende Errichtung des ‚Lateinischen Kaiserreichs' bauten Venedigs Stellung als wichtigste Macht im Levantehandel weiter aus, dessen Zentrum trotz zahlreicher Aufstände des dort einheimischen Adels Kreta wurde. Als Repräsentant nach außen wie für die Öffentlichkeit agierten die Dogen. Die große Mehrheit der Einwohnerschaft blieb von politischen Entscheidungen ausgeschlossen, dominant waren stadtadlige und kaufmännische Familien. Lediglich die Akklamation des Dogen verblieb den Bewohnern als ihr Recht, nachdem seit 1249 ein Rat von 41 *nobili* den Dogen wählte, dessen Kompetenzen zunehmend eingeschränkt wurden. Die 41 Wähler waren ihrerseits das Ergebnis eines mehrstufigen, komplizierten Wahlverfahrens. Zum wichtigsten Organ der Politik und Verwaltung entwickelte sich der kleine Rat mit sechs, später 10 Mitgliedern (der Doge war einfaches Mitglied des Gremiums), während sich sonst die Kompetenzen der zahlreichen Ämter häufig überschnitten, was aber ein Funktionieren nicht verhinderte. Allerdings hing es auch weiterhin von der Person des Dogen und den politischen Konstellationen der Lagunenstadt ab, ob der Gewählte gegen oder mit dem Rat politisch aktiv sein konnte oder weitgehend auf Repräsentativaufgaben beschränkt blieb. Das Herrschaftssystem erwies sich auch während der Aufstände von 1310 – der aus führender städtischer Familie stammende Baiamonte Tiepolo versuchte wohl die Errichtung einer Signorie (s. Kap. II.C.4) – und 1355 als stabil. Das Ausgreifen auf das Hinterland begann im 14. Jh. zögerlich, einzig Treviso stand nach der Eroberung 1339 unter venezianischer Herrschaft, die *terra ferma* als von Venedig beherrschter Festlandsbesitz entstand erst seit Beginn des 15. Jhs. Die Auseinandersetzung mit Genua verschärfte sich nochmals seit 1378 (s. Kap. II.C.4), und Dalmatien ging an das Königreich Ungarn verloren (1358). Letztlich verlief die Entwicklung der Markusstadt – dominiert von Handelsinteressen – während der knapp zwei Jahrhunderte relativ ruhig, empfindlich gestört jedoch durch den Pestausbruch (1348).

Florenz Deutlicher waren die sozialen Spannungen in Florenz, verkörpert in Guelfen und Ghibellinen (s. Kap. II.C.4). Den Stadtadligen (*milites*) standen bis zur Mitte des 13. Jhs. am ökonomischen Aufschwung partizipierende Kaufleute – zusammengeschlossen in Korporationen (*artes*) – gegenüber, bevor beide zum Teil verschmolzen. Die Grenze verlief nunmehr zwischen dieser neuformierten Schicht, die trotz adliger Lebensweise in Handel und Geldgeschäften tätig war, und den Popolanen als dem Rest der Einwohnerschaft, gleichfalls unter Führung von Kaufleuten und Bankiers. Von 1248 bis 1280 wechselte das Stadtregiment zwischen beiden Gruppierungen, begleitet von Kämpfen gegen Pisa und Siena. Die ghibellinische Partei wurde schwächer, die Guelfen teilten sich in ‚Weiße' (*Cerchi*) mit dem Ziel eines Ausgleichs mit Ghibellinen und Popolanen, während die ‚Schwarzen' (*Donati*) den Kurs Papst Bonifaz' VIII. mittrugen. Der Versuch zur Errichtung einer Signorie (1308; s. Kap. II.C.4) führte schließlich zur Koalition von schwarzguelfischer Oberschicht – darunter Bankiers der Kurie – und den Popolanen, welche während des 14. Jhs. die Geschicke der Handelsmetropole bestimmen sollten. Zunehmend lehnte sich die Oberschicht an das angevinische Königreich Neapel an, gefördert durch militärische Niederlagen und die Furcht vor zunehmenden sozialen Spannungen. Allerdings brachte dies auch eine Erweiterung der Führungsschicht um Handwerker und Gewerbetreibende mit sich. Trotz der Probleme setzte Florenz im 14. Jh. auf eine Expansionspolitik in Mittelitalien, wenngleich nicht immer erfolgreich, und versuchte sich als Seemacht zu etablieren.

Anders als in Venedig und Florenz führten die anhaltenden inneren Konflikte zwischen den rivalisierenden Familien in Mailand zur Etablierung einer Signorie (1258/59), zunächst unter den guelfischen della Torre, die 1279 von den ghibellinischen Visconti abgelöst wurden. Diesen gelang dann der Ausgleich zwischen den städtischen Parteiungen und differierenden Wirtschaftsinteressen. Nach einem nochmaligen Intermezzo der della Torre (1302–1310) konnten die Visconti noch vor der Jahrhundertmitte die Erblichkeit des Amtes in der Familie erreichen, jedoch nicht ohne innerfamiliäre Probleme; auch das Reichsvikariat über die Stadt konnte von Ludwig dem Bayern und Karl IV. erworben werden. Die Signorie brachte allerdings auch einen Bedeutungsverlust sonstiger kommunaler Organe mit sich, die von den Visconti kontrolliert wurden, sie förderte aber die ökonomische Entwicklung wie die Hegemonialstellung Mailands in der Lombardei. Unter den Visconti betrieb die Stadt eine (insgesamt erfolgreiche) Expansionspolitik, was kriegerische Auseinandersetzungen u. a. mit dem Kirchenstaat – der das Vordringen in die Romagna verhindern wollte – und dem mit ihm verbündeten Florenz zur Folge hatte. Die Reggio Emilia konnte Bernabò Visconti zwischen 1371 und 1375 seinem Herrschaftsgebiet einverleiben, Bologna und Genua wurden vorübergehend besetzt. Trotz Erbteilungen des Herrschaftsgebiets innerhalb der Familie konnte insgesamt eine recht konsequente Politik betrieben werden. Mailand

Unter Innozenz III. gelang die Wiederherstellung des Kirchenstaates nach dem Tod Kaiser Heinrichs VI., die Mark Ancona und den Dukat von Spoleto unterstellte er seinem Herrschaftsgebiet. Die Verwaltung ließ der Papst neu organisieren, neben direkte traten indirekte Herrschaftselemente wie die Verwaltung durch Vasallen. Doch der Kirchenstaat blieb eine Konfliktzone der miteinander rivalisierenden römischen Adelsparteien – der Gegensatz zwischen den Orsini und den Colonna wurde zur Konstante in der Stadt –, was zu Territorialverlusten führte und die erreichte Einheit gefährdete. Die Abwesenheit der Päpste und die Verlagerung der Kurie nach Avignon (s. Kap. I.C.5) ließen die stadtrömischen Auseinandersetzungen wieder massiv aufleben, bevor der aus einfachen Verhältnissen stammende Cola di Rienzo eine eigene Herrschaft in Rom gegen den Papst aufrichtete (1347), in der sich antiadlige Elemente mit der Kirchenstaat

Vorstellung einer ‚göttlichen Ordnung' mischten. Nach Gefangennahme versuchte die päpstliche Seite ihn für ihre Interessen in Rom einzusetzen, ohne dass Cola seine vorherige Bedeutung wiedergewinnen konnte; schließlich wurde er ermordet (1354). Eine ökonomisch negative Entwicklung nach dem Abzug der Kurie gipfelte in einer Krise um die Mitte des 14. Jhs., begleitet von einem Bevölkerungsrückgang schon vor der Pest; die Heiligen Jahre begünstigten primär die Wirtschaftszweige, die dem Pilgerwesen dienten. Die Reorganisation des Kirchenstaates wegen der beabsichtigten Rückkehr nach Rom betrieb vor allem der Legat und Kardinal Aegidius Albornoz durchaus erfolgreich, auch gegen die Mailänder Visconti. Er hatte bis zum Tod Alfons' IX. (s. Kap. I.C.8) primär in kastilischen Diensten gewirkt. Doch der Friedensschluss des neugewählten Papstes Urban V. mit den Visconti bedeutete einen Rückschlag für die Bemühungen des Legaten. Die lange Abwesenheit der Päpste hatte zudem die kommunale Selbstständigkeit trotz der Wirtschaftsprobleme gefördert, der Popolo und hier besonders die führenden Familien beanspruchten und erhielten auf Kosten des Adels Mitspracherechte. Nach der Rückkehr der Päpste in die Tibermetropole sollte das Schisma ihre Macht in Rom rasch wieder deutlich schwächen.

Sizilien   Nach dem Sieg über den Staufer Manfred 1266 konnte der im Vorjahr in Rom gekrönte Karl von Anjou den sizilianischen Thron besteigen. Doch vor allem der fiskalische Druck – Karl konnte die auf normannischen Grundlagen von Friedrich II. ausgebaute Finanzverwaltung vorteilhaft nutzen – und die Besetzung wichtiger Verwaltungspositionen mit Landfremden durch den Anjou, sowie die Verlegung der Hauptstadt von Palermo nach Neapel führten zu Spannungen. Sie eskalierten in dem ‚Sizilianische Vesper' genannten Aufstand von 1282, letztlich ausgelöst durch einen geringfügigen Anlass. Rückhalt fanden die Aufständischen bei König Peter III. von Aragón, dem Ehemann von Manfreds Tochter Konstanze. Papst Martin IV. hatte eine Unterstützung abgelehnt. Die im Aufstand auch sichtbar gewordenen Bemühungen um ein höheres Maß kommunaler Selbstständigkeit schwächten sich binnen weniger Jahrzehnte wieder ab. Doch die Anjou wollten die Insel nicht kampflos aufgeben, und auch die aragonesischen Herrscher zielten auf das Festland, doch mehrere militärische Auseinandersetzungen bis ins 14. Jh. hinein führten zu keiner Entscheidung. Festlandsizilien erfuhr unter den Anjou einen weiteren Ausbau, und bis ins 14. Jh. prosperierte vor allem Neapel, bevor Krisensymptome zu Einbrüchen führten, die Anjou-Linien um die Macht stritten. Der Kampf um Sizilien wurde zu einem Teil der Auseinandersetzungen zwischen Kapetingern und Aragón (s. Kap. I.C.6 und 8). Noch vor der Mitte des 14. Jhs. zeigten sich auch hier Krisen, die Königsherrschaft verlor zunehmend an Bedeutung, die im Gegenzug die in zwei Parteien gespaltenen Barone der Insel gewannen. Die internen Auseinandersetzungen und die Kriege dürften den lang anhaltenden Abstieg Süditaliens eingeleitet haben.

5. Kirche und Papsttum

Die Aktivitäten der Kirche nach außen standen zu Beginn des 13. Jhs. weiterhin unter dem Zeichen des Verlusts von Jerusalem im Jahr 1187. Der 4. Kreuzzug von 1202–1204 führte zur Eroberung Zadars an der dalmatinischen Küste im venetianischen Interesse, nicht ins Heilige Land. Die Wiedergewinnung Jerusalems griff das IV. Laterankonzil 1215 auf, an dem ca. 1200 Personen, darunter 400 Bischöfe, teilnahmen. Zur Finanzierung eines neuen Kreuzzugs bekam der Papst das Recht, den Klerus zu besteuern, doch das Unternehmen scheiterte nach Anfangserfolgen 1221 bei Mansura im Nil-Delta. Innerkirchlich zielte man auf die Durchsetzung weiterer Reformen und auf die Verbindlichkeit kirchenrechtlicher Vorschriften auch für Laien (jährliche Beichte, Osterkommunion). Die Inquisition erhielt Geltung für die gesamte Kirche, nachdem sie besonders in der südfranzösischen Praxis Entwicklungen durchlaufen hatte, die nunmehr sanktioniert wurden. Das Glaubensbekenntnis richtete sich gegen alle als häretisch empfundenen Tendenzen, insbesondere waldensisch-katharischer Prägung, die Trinitätslehre Joachims von Fiore verurteilte das Konzil. Das Verbot neuer Orden und Ordensregeln sollte nur teilweise Bestand haben.

IV. Laterankonzil

Der einer wohl kastilischen Adelsfamilie (Guzmán) entstammende Dominikus war zunächst Regularkanoniker, bevor er nach einem Intermezzo in Skandinavien als Wanderprediger im Languedoc tätig wurde. Die 1215 in Toulouse auf Basis der Augustinerregel gegründete Predigergemeinschaft weitete sich nach ihrer Bestätigung durch Papst Honorius III. (Dezember 1216, Januar 1217, nochmals Dezember 1219) 1217 zu einem Orden aus. Im Vordergrund stand eindeutig die Predigt, ergänzt durch Missionsaufgaben. Schon früh legte der Orden Wert auf eine sorgfältige Auswahl sowie eine umfassende Ausbildung der Mitglieder, was sicherlich nicht überall und unproblematisch umsetzbar war [Frank in: AKG 49 (1967) 164–207]; eventuell handelte es sich um eine Reaktion auf die immer wieder formulierte Kritik am niedrigen klerikalen Bildungsstand. Zum geistigen Zentrum sollte sich Paris entwickeln. Vorgeschrieben wurde daneben ein Leben in Armut, sowohl persönlich wie als Gemeinschaft; Almosen sollten die Lebensgrundlage bilden. Die Dominikaner entwickelten eine straffe Hierarchie. Unter dem Generalmeister Humbert von Romans erhielt die Ordensverfassung eine langfristig gültige Form, und auch die dominikanische Liturgie fand ihre abschließende Gestaltung. Rasch breitete sich der Orden aus, zu Beginn des 14. Jhs. zählte man über 500 Konvente in 18 Provinzen, 1221 waren als erste Ordensprovinzen Provence, Frankreich, Lombardei, Rom (Toskana) und die Iberische Halbinsel geschaffen worden. Mit Einrichtung der päpstlichen Inquisition 1231 nach Einführung des Inquisitionsprozesses Ende des 12. Jhs. durch Innozenz III. [W. Imkamp, Das Kirchenbild Innozenz' III., Stuttgart 1983] weitete sich das Tätigkeitsfeld gerade der Dominikaner aus, Inquisitoren wie Konrad von Marburg [Patschovsky, in: DA 37 (1981), 641–693], und Bernard Gui (Bernardus Gui-

Dominikaner

donis) verdunkelten das Bild des Ordens schon früh. Seit 1252 war die Folter als Mittel zur Erlangung von Geständnissen erlaubt, bisherige Bestimmungen des weltlichen und geistlichen Rechts wurden zusammengefasst (*Ad exstirpanda*). Die Ketzerprozesse beschnitten die Verteidigungsmöglichkeiten der Beschuldigten im Vergleich zum eigentlichen Inquisitionsprozess. Bereits 1276 (Innozenz V.) und 1303–1304 (Benedikt XI.) konnten die Dominikaner Päpste stellen, auch zwei Lehrstühle der Pariser Theologischen Fakultät besetzte der Orden, u. a. mit Albertus Magnus und Thomas von Aquin – beides Zeichen fester Etablierung in den kurialen Strukturen.

Franziskaner   Anders als der adlige Dominikus stammte Franziskus von Assisi aus einer Tuchhändlerfamilie, bevor er sich von ihr löste, um mit anderen gemeinsam in Armut und Heimatlosigkeit zu leben und die Menschen durch persönliches Vorbild zur Buße aufzurufen. Die gemeinsame Lebensführung erkannte Innozenz III. 1209 mündlich an, leitete so die Integration der Laienbewegung in die Amtskirche ein. Mit (Hand-)Arbeit sollte der Lebensunterhalt bestritten werden, Almosen wurde ein sekundärer Rang zugewiesen [anders CASUTT in: CF 37 (1967) 229–249].

Eine erste Regel der gleichfalls schnell wachsenden Gemeinschaft entstand bis 1219 (*Regula non bullata*), doch erst 1223 erfolgte die Approbation des deutlich modifizierten Werkes durch den Papst (*Regula bullata*). Verbunden mit dem Wachstum war die Herausbildung einer stärker hierarchischen Struktur mit einem Generalminister an der Spitze, seinerseits aber eingeschränkt durch General- und Provinzialkapitel. Franziskus selbst zog sich nach fehlgeschlagenen Missionsversuchen in Nordafrika und im Nahen Osten 1220/1221 aus der Leitung des Ordens zurück, geschwächt durch Krankheiten, und nur noch gelegentlich schärfte er ursprüngliche Motive und Zielsetzungen ein. Auch das später vom Papst verworfene Testament des Franziskus erinnerte nochmals an die erste Phase des gemeinsamen Lebens, forderte striktere Armut und beeinflusste den strengeren Teil des Ordens, die Fraticelli oder Franziskanerspiritualen, was seit Mitte des 13. Jhs. auch im Orden zu Problemen führen sollte. Klerikalisierung und Akademisierung im Franziskanerorden schritten fort. Auch die zu Beginn favorisierte Handarbeit beschränkte man zunehmend auf Laienbrüder, die nur eine Randbedeutung besaßen. Zur wichtigsten Einnahmequelle entwickelte sich das Betteln. Die in der Frühphase des Ordens untersagte Annahme von Geld konnte ab 1230 durch Treuhänder umgangen werden (Bulle *Quo elongati*).

Bettelorden   Beiden Orden gemeinsam war im Gegensatz zum traditionellen Mönchtum die Stadtsässigkeit. In Konkurrenz zu und gegen den Widerstand des Weltklerus sicherten sie sich mit päpstlicher Unterstützung Predigt- und Beichtrecht. Bereits im 13. Jh. besaßen die Orden Kirchen und Konvente als materielle Basis ihrer Tätigkeit. Da sie außerhalb der regulären Kirchenhierarchie standen, konnten ihre Mitglieder direkt vom jeweiligen Papst für bestimmte Aufgaben eingesetzt werden, ein nicht unerheblicher Vorteil für die römische Kurie. Neben Dominikanern und Franziskanern seien als weitere große Mendikantenorden (Bettelorden) noch die ursprünglich in Palästina ansässigen Karmeliter genannt, von denen Teile die tradierte anachoretische Lebensweise gewahrt sehen wollten, sowie die aus der Vereinigung bestehender Einsiedlerorden auf Druck der Amtskirche entstandenen Augustiner-Eremiten [D. GUTIÉRREZ, Geschichte des Augustinerordens, 2 Tle., Würzburg 1981–1985]. Weitere, aber nicht alle neu gegründeten Orden, wie etwa die aus der Provence stammenden Sackbrüder (Ordo de Poenitentia Jesu Christi), löste das Zweite Lyoner Konzil auf, dabei den Beschlüssen des Laterankonzils von 1215 folgend [ELM in: Francia 1 (1973) 257–324].

In den Bettelorden entstanden mit den Frauenkonventen Zweite Orden, bei den Franziskanern entwickelt aus der Keimzelle um Klara von Assisi, die sich bereits 1212 Franziskus angeschlossen hatte. Unter Gregor IX. erfolgte die Vereinigung weiterer Gruppen mit dieser, 1263 ermöglichte die von Urban IV. erlassene neue Regel gemeinsamen Besitz und feste Einkünfte, nachdem ein erster Versuch zur Umgehung der Armutsvorschriften 1250 gescheitert war. Die Organisation von Frauengemeinschaften durch Dominikus fand einen ersten Höhepunkt in der Konventsgründung im stadtrömischen Kloster S. Sisto 1211 mit einer eigens von ihm entworfenen Regel, wiederum Grundlage für die 1259 den Dominikanerinnen auferlegte. Für Laien, die ohne einer Kongregation beizutreten ganz oder teilweise den Regeln entsprechend leben wollten, standen die Dritten Orden (Tertiare) offen, die sich gerade im 13. Jh. großer Beliebtheit erfreuten.

Zweite und Dritte Orden

Die erste Hälfte des 13. Jhs. war für die Kurie durch die Auseinandersetzungen mit den deutschen Herrschern geprägt; die Vereinigung Siziliens mit dem Reich sollte verhindert, der Anspruch auf päpstliche Oberherrschaft durchgesetzt werden. Die zunächst bedingungslose Unterstützung der Anjou bei der Eroberung des Königreiches Sizilien mündete in Rivalität und führte schließlich nach Anagni (s. Kap. I.C.6). Einen auf Unabhängigkeit bedachten Kurs steuerten in den Jahrzehnten mit raschem Wechsel auf dem Stuhl Petri Gregor X. (1271–1276) und der Orsini Nikolaus III. (1277–1280), ganz im Gegensatz vor allem zu dem Franzosen Martin IV. (1281–1285). Nach dem Franziskaner Nikolaus IV. (1288–1292) bestieg nach mehr als zweijähriger Sedisvakanz der über achtzigjährige Eremit Pietro del Morrone als Kompromisskandidat den päpstlichen Stuhl. Sein Pontifikat (Krönung: 29. August 1294) zeigte zwar rege Aktivitäten, die Kurie bezog in Neapel ihre Residenz, doch dankte Cölestin V. bereits am 13. Dezember 1294 wieder ab [P. HERDE, Cölestin V. (1294) (Peter von Morrone), Stuttgart 1981]. Noch im folgenden Jahr ließ ihn Bonifaz VIII. in lockere Haft nehmen, wo er 1296 verstarb. Bald nach seinem Tod galt er in Anlehnung an eschatologische Entwürfe Joachims von Fiore als *papa angelicus*. In Neapel gewählt, verlegte Bonifaz die Kurie zurück nach Rom, wo er sich auch krönen ließ: Es begann die letzte Auseinandersetzung um den Vorrang von geistlicher und weltlicher Macht (vgl. Kap. I.C.6).

Kurie

Verbleib in Frankreich

Nach dem Intermezzo unter Benedikt XI. (1303–1304) besaß die Wahl Bertrands de Got (Clemens V., 1305–1314), Erzbischof des unter englischer Herrschaft stehenden Bordeaux, erneut Kompromisscharakter. Der von Zwischenfällen gestörten Krönung in Lyon folgten, trotz der Absicht in Rom zu residieren, erzwungene Aufenthalte in Südfrankreich, ab 1309 auch in Avignon. Erste Probleme ergaben sich, weil Verwaltung und Papst die räumliche Distanz zwischen Bordeaux und Perugia, dem Aufenthaltsort der Kurie, überwinden mussten, um volle Geschäftsfähigkeit zu erlangen. Mehrheitlich französisch wurde das bisher von Italienern dominierte Kardinalskollegium: Schon im Jahr der Wahl ernannte der Papst neun Franzosen und einen Engländer, anschließend nochmals 14 Franzosen. Ohnehin förderten Clemens und seine Nachfolger ihre heimischen Kirchen sowie ihre Verwandtschaft. Von den weiteren, bis 1375 installierten 110 Kardinälen waren 90 Franzosen, Zeichen regionaler Verbundenheit, aber auch für den – allerdings Schwankungen unterliegenden – Einfluss der französischen Könige. Als weitgehend rechtmäßig erkannte Clemens V. schließlich das Vorgehen Philipps IV. gegen seinen Vorgänger Bonifaz VIII. an, aus den Registern verschwanden die gegen Frankreich gerichteten Bullen. Dem englischen König kam Clemens bei dessen Konflikt mit Adel und Klerus ebenfalls entgegen, indem er Eduards I. Zugeständnisse an seine Konkurrenten für nichtig erklären ließ. Im Templerprozess (s. Kap. I.C.6) gelang es Clemens nicht, seine von ihm beanspruchte alleinige Gerichtsgewalt durchzusetzen. Die durch päpstliche Legaten vorgenommene Kaiserkrönung des deutschen Königs Heinrich VII. im Lateran 1312 deutet an, dass Clemens durchaus Gegengewichte zum französischen Einfluss suchte. Allerdings ernannte er dann 1314 Robert von Neapel zum Reichsvikar für Italien; der päpstliche Suprematieanspruch war ungebrochen.

Johannes XXII. und seine Nachfolger

Auf den Tod Clemens' V. folgte erneut eine zweijährige Vakanz, bevor man sich auf die Nachfolge des bereits zweiundsiebzigjährigen, vermeintlichen Übergangskandidaten Jacques Duèse (Johannes XXII., 1316–1334) einigte. Verwaltungsreformen, fiskalischer Zentralismus, Abhängigkeit von der französischen Krone, das Ende des Armutsstreites und der Konflikt mit Ludwig dem Bayern sind die Stichworte für diesen Pontifikat. Der theoretisch gebildete, persönlich fromme und asketische Papst geriet wegen theologischer Auslegungen unter Häresieverdacht und entwickelte sich zur politischen Reizfigur: „Aber Sittenstrenge paart sich bekanntlich nicht selten mit unangenehmen Eigenheiten anderer Art, und das war bei Jacques Duèse der Fall", so das treffende Urteil von THOMAS [1097, 139]. FINK charakterisiert Johannes als den „Prototyp des gewalttätigen politisierenden Papstes" [in: 1173, 393]. Seine Politik führte im Reich sicherlich zur Entfremdung von der Kurie, ein sich auch unter seinem Nachfolger Benedikt XII. (Jacques Fournier, 1334–1342) fortsetzender Trend. Der mit der Kurie vertraute Zisterzienser und Kardinal reduzierte Auswüchse des Pfründenwesens und nahm dafür sinkende Einnahmen in Kauf. Die Anlehnung an die französische Politik führte zu weitgehender Distanz Englands von

Avignon. Bereits kurz nach Amtsübernahme ließ Benedikt XII. den Bau des Papstpalastes in Avignon beginnen, trotz aller (angeblichen) Absichten zur Rückkehr nach Rom, und auch das Archiv gelangte in die Stadt am Zusammenfluss von Rhône und Durance. Der theologisch geschulte Benedikt widmete sich intensiv den monastischen Lebensformen: Zisterzienser, Benediktiner, Franziskaner und Regularkanoniker erhielten neue, in Teilen bis ins 16. Jh. hinein gültige Konstitutionen, nicht immer zur Freude der Betroffenen; die Dominikaner wehrten sich erfolgreich dagegen.

Einen Höhepunkt demonstrativer Machtentfaltung erreichte die Kurie unter dem Pontifikat des aus vermögendem Adel stammenden Clemens' VI. (Pierre Roger, 1342–1352): Der Schauplatz des prunkvollen Hoflebens, der Papstpalast wurde fertiggestellt, Kunst und Wissenschaft wurden gefördert; in Hinblick auf diese Seite seiner Regierung bezeichnet ihn D. WOOD [Clement VI., Cambridge 1988] als Vorläufer der Renaissance-Päpste des späten 15. Jhs. Die benötigten Einnahmen lieferte vor allem die Ausdehnung des Provisions- und Expektanzenwesens. 1348 konnte die sich zu einem führenden Wirtschaftsplatz entwickelnde Stadt Avignon erworben werden, während die benachbarte Grafschaft Venaissin bereits seit 1274 im Besitz des Heiligen Stuhls war. Neben dem Papst selbst stellten die Kardinäle, die sich gleichfalls kostspielige Häuser oder Paläste errichten ließen, und das Kurienpersonal ein kaufkräftiges Nachfragepotenzial, sowohl bei täglichen Konsum- wie bei Luxusgütern. Als ehemaliger Kanzler Philipps VI. blieb Clemens VI. der französischen Krone politisch verbunden. Im deutschen Thronstreit unterstützte er Karl IV., dem er quasi ein befreundeter Erzieher in Jugendjahren gewesen war. Rom erhielt 1350 das für die städtische Bevölkerung finanziell attraktive zweite Jubeljahr nach 1300 [FOREVILLE in: RHEccl 56 (1961) 401–423], das trotz grassierender Pest enorme Pilgerströme anzog. Der zu erlangende vollkommene Ablass wurde aus dem *infinitus thesaurus ecclesie* gespeist, eine rechtzeitig zum Heiligen Jahr 1300 erstmals so und in diesem Zusammenhang formulierte Deutung. Clemens VI. förderte Verwandte und Parteigänger aus seiner Heimat, wie der Nepotismus überhaupt in der avignonesischen Periode einen ersten Höhepunkt erreichte. Der von seinem Vorgänger protegierte Innozenz VI. (Étienne Aubert, 1352–1362) verringerte den Aufwand wieder und ließ die Rückkehr nach Rom vorbereiten. Der Kirchenstaat konnte durch den Kardinallegaten Aegidius Albornoz unter Einsatz erheblicher Geldmittel, teilweise kreditfinanziert und trotz kurialen Widerstandes, weitgehend befriedet und reorganisiert werden. Als erster Papst musste Innozenz VI. eine Wahlkapitulation unterzeichnen, Beleg für die gewachsene Macht der Kardinäle. Das Wahlversprechen widerrief er allerdings nach seiner Inthronisation.

Luxus und Pracht, Provisionswesen und Ablass

Innerkirchliche Reformen initiierte der weiterhin seiner mönchischen Lebensweise anhängende Urban V. (Guillaume Grimoard, 1362–1370). Die Pfründenkumulation sollte eingeschränkt, die Residenzpflicht beachtet werden, überhaupt sollte die Vorbildfunktion der Kleriker betont werden. Konkretere

Geplante Rückkehr nach Rom

Formen nahm die Rückkehr nach Rom an, und trotz Widerstands in Avignon verließ Urban 1367 seine bisherige Residenz und zog in die ewige Stadt. Obwohl er nur bis 1370 in der Tibermetropole blieb, war das Ende von Avignon als päpstlichem Sitz absehbar. Urbans Nachfolger Gregor XI. (Pierre-Roger de Beaufort, 1370–1378), ein Neffe Clemens' V. und von diesem mit zahlreichen Benefizien ausgestattet, der nach der Wahl innerhalb von zwei Tagen Priester- und Bischofsweihe durchlief sowie die Krönung erfuhr, verfolgte gleichfalls den Plan einer Umsiedlung. Nachdem bereits zuvor Teile der Verwaltung nach Rom verlegt worden waren, brach Gregor gegen die Widerstände des französischen Hofes und von Teilen der Kurie im September 1376 auf, er erreichte im Januar des folgenden Jahres Rom. Wegen andauernder Auseinandersetzungen um die Stadtherrschaft blieb die Lage in Rom gespannt. Gregor XI. schloss eine Revision seines Vorhabens nicht aus, starb aber 1378.

Schisma	Die Spannung in Rom wuchs nach dem Tod Gregors XI., die Römer forderten einen der ihren oder zumindest einen Italiener als Papst, favorisiert war wohl Giacomo Orsini. Nach dem Zusammentreten des intern zerstrittenen Konklaves am 7. April 1378 mit 16 Kardinälen, weitere sechs hatten den Verbleib in Avignon vorgezogen, musste wegen des äußeren Drucks in kurzer Zeit ein Kandidat präsentiert werden. Italiener und Franzosen waren sich nur in dem einen Punkt einig, keinen weiteren Südfranzosen als Papst zu wollen. Gerade noch 12 verbliebene Kardinäle wählten am folgenden Tag nach tumultuarischen Unterbrechungen mit Bartolomeo Prignano den Erzbischof von Bari und kommissarischen Leiter der päpstlichen Kanzlei zum Papst. Obwohl der Wahlverlauf schon bei Zeitgenossen Zweifel an der Rechtmäßigkeit aufkommen ließ, bezeichnete man den als Urban VI. (1378–1389) inthronisierten Prignano in ersten Wahlanzeigen zumindest nach außen hin als kanonisch gewählten Papst. Allerdings gelang es Urban VI. nach der Wahl nicht, konsensstiftend zu agieren. Im Gegenteil: Seine vermutlich übersteigerten Vorstellungen eigener Autorität verschärften rasch den Konflikt mit der Spitze der Kirchenhierarchie und den weltlichen Herrschern. Binnen weniger Wochen schien die *incapacità*, persönliche Ungeeignetheit bzw. Unfähigkeit für das Amt des Papstes, erwiesen. Im Sommer verließen die nichtitalienischen Kardinäle aber noch mit Zustimmung Urbans die Stadt, Grund und kein bloßer Vorwand waren die dortigen hinlänglich bekannten ungünstigen klimatischen Verhältnisse. Nicht zuletzt die wachsende Distanz führte zu der Einschätzung, dass die Wahl ungültig sei; einerseits sprachen die Wahlumstände dafür, andererseits sahen die Wähler sich in der Person des Gewählten getäuscht. Offiziell wurde die Wahl am 20. Juli 1378 für unrechtmäßig erklärt, der Vorschlag eines Konzils als Kompromissinstanz fand keine Zustimmung. Als der zunächst zögernde Urban VI. Gehorsam und Anerkennung forderte, reagierten die Kardinäle mit einem neuen Konklave und der Wahl des Kardinals Robert von Genf zum Papst. Der neu gewählte Clemens VII. (1378–1394) schien zunächst im Vorteil, große Teile der Verwaltung und die Kardinäle standen auf seiner Seite, aber er konnte sich in Italien letztlich nicht durchsetzen. Wie auch immer die Wahlvorgänge und die Beweggründe der Beteiligten zu beurteilen sind, das Große Abendländische Schisma hatte begonnen.

6. Frankreich

Philipp II. August (1180–1223) konnte für sich und seinen Sohn und Nachfolger Ludwig VIII. (1223–1226) zu Anfang des 13. Jhs. die Herrschaft der Kapetinger konsolidieren, so dass einem Ausbau der Krondomäne nichts im Weg stand. Mit der Einverleibung des östlichen Teils der Grafschaft Toulouse mit den Verwaltungssitzen (Sénéchaussés) Beaucaire und Carcassonne erreichte die königliche Herrschaft erstmals das Mittelmeer. Als Preis für die Eroberung des Südens ist neben dem übermäßigen Leid der Betroffenen die Vernichtung wichtiger Teile dieser occitanischen Kulturregion zu nennen. Mit dem Vertrag von Meaux 1229, der letztlich als Abschluss des Albigenserkreuzzuges von 1226 zu werten ist, sicherte sich die Krone mittelfristig den Großteil der Grafschaft Toulouse. Der Tod Ludwigs VIII. führte 1226 zur Regentschaft seiner Frau Blanche von Kastilien für ihren 12-jährigen Sohn Ludwig. Sie erwies sich als tatkräftig agierende Frau, etwa als sich eine mächtige Adelsopposition erhob (Pierre Mauclerc, Graf der Bretagne; Hugo von Lusignan, Graf der Marche; Thibaut IV., Graf der Champagne, der rasch wieder die Seite wechseln sollte). Unterstützt wurde sie von Beratern ihres verstorbenen Mannes und auch von denen Philipps II. sowie von dem Kardinallegaten Romano von Sant Angelo (Romano Frangipani), der ihr zudem bei dem französischen Hochklerus und in Rom Rückhalt verschaffte.

Ludwig VIII. und die Regentschaft Blanches von Kastilien

Ludwig IX. verfolgte eine tendenziell stauferfreundliche Politik, wenngleich er der Papstkirche für das Konzil von Lyon 1245 Schutz zusagte und die antikuriale Politik Friedrichs II. nicht unterstützte. 1248 brach er von Aigues-Mortes aus zu einem Kreuzzug auf; während der nun folgenden sechsjährigen Abwesenheit übernahm nochmals Blanche von Kastilien die Regentschaft. Nach der erfolgreichen Eroberung von Damiette im Nildelta stockte der Zug ins Landesinnere bald und Ludwig sowie zahlreiche Adlige fielen 1250 in die Hand der Ägypter. Nach Zahlung eines hohen Lösegeldes hielt sich Ludwig vier Jahre in Palästina auf, um letzte christliche Positionen sichern zu helfen; der überwiegende Teil des Heeres kam erst 1252 frei. Auch Ludwigs zweites Kreuzzugsunternehmen 1270 schlug fehl: Der Glaube an die Konversionsbereitschaft des Emirs Al-Mustansir von Tunis erwies sich als Irrtum, Ludwig starb im Feldlager vor Karthago an einer Seuche. Der Kreuzzug, der ohnehin von den Fürsten schlecht abgestimmt gewesen war, wurde daraufhin abgebrochen. Bereits zwei Jahre nach dem Tod Ludwigs begann ein Kanonisationsverfahren, dem 1297 die Heiligsprechung folgte.

Ludwig ‚der Heilige'

Frankreich und seine Nachbarn

Ansonsten war es der französischen Krone gelungen, sich 1258/59 wichtige Positionen zu sichern: Mit England konnte ein Frieden geschlossen werden, Heinrich III. verzichtete auf Teile seiner ehemaligen Festlandslehen mit Ausnahme der Guyenne und weiterer kleiner Gebiete und leistete für die Guyenne den Lehnseid. Auch mit Jakob I. von Aragón kam es zur Einigung: Dieser verzichtete auf Ansprüche im Languedoc, während Ludwig im Gegenzug seine Oberlehensansprüche über Katalonien aufgab.

Karl von Anjou, die Staufer und das Königreich Sizilien

So hatten die Franzosen den Rücken frei, um ihre Ambitionen in Süditalien zu verfolgen. Verhandlungen Karls von Anjou, dem Onkel Philipps III. (1270–1288), mit den Päpsten Urban IV. und Clemens IV., einem ehemaligen Rat Ludwigs IX., zielten in diese Richtung: In einem 1265 abgeschlossenen Vertrag sicherte sich die Kirche u. a. gegen ein mögliches Ausgreifen Karls nach Norden ab, ließ sich hohe finanzielle Leistungen versprechen und belehnte Karl mit dem Königreich Sizilien. Nach den Siegen über Manfred und den anschließend nach zweifelhaftem Verfahren hingerichteten Konradin hatte Karl Sizilien gewonnen und zielte nun auf eine umfassende Mittelmeerpolitik. Bald regte sich Widerstand wegen der Besetzung aller wichtigen Posten mit Franzosen und Provenzalen, begleitet von einem ausgeprägten Fiskalismus, bei dem Karl sich auf die von den Normannenherrschern und Friedrich II. geschaffenen Grundlagen stützen konnte. Mit der ‚Sizilianischen Vesper', unterstützt von Peter III. von Aragón und dem sich nicht zu Unrecht bedroht fühlenden Byzanz, endete Karls Herrschaft auf der Insel. Karls gleichnamiger Sohn musste in aragonesischer Gefangenschaft auf seine sizilianischen Ansprüche verzichten, bevor er nach Neapel zurückkehren konnte und die Kämpfe wieder aufflammten.

Philipp III. und seine Camarilla

Der als lenkbar geltende französische König Philipp III. (der Kühne) stand zunächst unter dem Einfluss seiner Mutter Margarete von der Provence und seines Günstlings Pierre de la Broce, der bereits unter Ludwig IX. *Chambellan* geworden war. Nach seiner zweiten Heirat geriet der König in Abhängigkeit von seiner Frau Maria von Brabant. Pierre de la Broce hatte Königsnähe sowie Machtfülle zur Bereicherung benutzt, sich allerdings den Hochadel und die neue Königin, die er eines Giftanschlags auf den Sohn des Königs aus erster Ehe mit Isabella von Aragón beschuldigte, zum Gegner gemacht. Wie so viele Günstlinge vor und nach ihm stürzte Broce und wurde schließlich 1278 hingerichtet. Weitreichender dürfte allerdings der Einfluss Karls von Anjou auf politische Entscheidungen seines Neffen gewesen sein. Diesem gelang zwar eine Erweiterung der Krondomäne, doch das von Papst Martin IV. unter Beteiligung Karls von Anjou als Kreuzzug deklarierte Unternehmen gegen Peter von Aragón (1282–1285) scheiterte; Philipp starb auf dem Rückzug. Mit ihm hatte das französische Königtum an Reputation verloren.

Frankreich – Aragón – England

Obwohl Philipp III. seinen zweiten Sohn Karl von Valois als Nachfolger vorgesehen hatte, bestieg schließlich Philipp IV. (der Schöne) den Thron. Er hatte von Anfang an die Politik seines Vaters gegen seinen Onkel Peter von

Aragón nicht mitgetragen und sich gegen französische Bemühungen zur Wiedergewinnung Siziliens gestellt. Dennoch bildete der Konflikt um Sizilien den Beginn der Auseinandersetzung zwischen Frankreich und Aragón um die Vorherrschaft im westlichen Mittelmeer. Nach der französischen Besetzung der Guyenne 1294 konnten die Probleme mit England im Frieden von Paris 1303 nochmals beigelegt werden: Eduard I. erkannte Philipps Oberhoheit über Aquitanien an. Die Rückgabe des Gebiets nützte auch Bordeaux, das durch die Besetzung von seinen Handelsverbindungen abgeschnitten worden war. Der grundlegende Konflikt um die Lehnsabhängigkeit des englischen Königs und des englischen Festlandbesitzes von der Krone Frankreichs blieb jedoch als wichtigstes Problem ungelöst.

Wichtiger waren jedoch zunächst die Kämpfe in Flandern: In ohnehin angespannter Lage löste sich Graf Guido (Gui) III. von Dampierre 1297 von Frankreich und suchte ein Bündnis mit der englischen Krone, die jedoch kaum Interesse am Eingreifen zeigte. Die Folge war eine französische Besetzung der Grafschaft, vollständig nach Ablauf eines Waffenstillstandes im Jahr 1300. Die sozialen Spannungen in den Städten wurden durch die französische (Fiskal-) Politik einerseits und den von Eduard I. verfügten Exportstop für englische Wolle andererseits verschärft. Sie entluden sich in der Tötung der französischen Besatzung in Brügge 1302 („Mette von Brügge'). Das nun zur Vergeltung aufgebotene Reiterheer unter Robert II. von Artois wurde am 11. Juli 1302 vor Kortrijk vernichtend geschlagen (Goldspornschlacht), einer der frühen und Aufsehen erregenden Siege eines stadtbürgerlichen Aufgebots über adlige Panzerreiter. Allerdings konnten die Flamen die Situation noch nicht nutzen und unterlagen zwei Jahre später bei Mons-en-Pévèle. Frankreich hatte durch den zwischenzeitlich geschlossenen Friedensvertrag mit England zusätzliche Handlungsfähigkeit gewinnen können. Der Friedensvertrag von Athis-sur-Orge zwischen Philipp und dem neuen flandrischen Grafen Ludwig von Nevers sah harte Bedingungen vor, die aber nur langsam umgesetzt und nach Militäraktionen in neuen Verträgen abgemildert wurden.

Flandern und die ‚Goldsporenschlacht' von Kortrijk

Ein weiteres Konfliktfeld für die französische Krone bahnte sich durch die Auseinandersetzung mit dem Papsttum an. 1296 machte Bonifaz VIII. jede Besteuerung des Klerus von päpstlicher Zustimmung abhängig (Bulle *Clericis laicos*). Philipp IV. reagierte darauf mit einem Ausfuhrverbot u. a. auf Edelmetalle, Münzen, Wechsel, Edelsteine, Waffen und Pferde. Bonifaz VIII. schränkte im folgenden Jahr seine Bestimmungen wieder ein. Auch die Kanonisierung Ludwigs IX. war wohl als ein positives Signal des Papstes an die französische Krone gedacht. Dann kam es zu dem von königlichen Amtleuten eingeleiteten Prozess gegen den Bischof Bernard Saisset von Pamiers wegen Verrats. Bonifaz VIII. erließ nach dieser Herausforderung die Bullen *Ausculta fili* und vor allem *Unam sanctam*, in der er seine absolute Überordnung betonte und von den weltlichen Herrschern Gehorsam forderte. Auf französischer Seite stellte sich besonders der

Bonifaz VIII. und der Vorrang des Papsttums

Siegelbewahrer Guillaume de Nogaret gegen die Forderungen der Kurie, betonte die Unabhängigkeit des Herrschers und mobilisierte mit den königlichen Räten die ‚Öffentlichkeit'. Nach weiteren Verhandlungen – man forderte mittlerweile die Absetzung des Papstes und seine Verurteilung durch ein Konzil – reiste eine Delegation der französischen Krone nach Anagni, dem Aufenthaltsort des Papstes. Dort traf man auf eine Truppe unter dem Befehl Sciarra Colonnas, dessen Familie Bonifaz VIII. massiv hatte verfolgen lassen. Am 7. September 1303 setzte man den Papst gefangen, war sich aber über das weitere Vorgehen uneinig, so dass Bürger Anagnis Bonifaz VIII. wieder befreien konnten. Der Papst verstarb jedoch wenig später am 11. Oktober in Rom [1260: ELM, MIETHKE, in: 1243]. Die kurialen Ansprüche erloschen damit zunächst und das Verhältnis Frankreichs zur Papstkirche normalisierte sich.

Kruder Fiskalismus: Templer – Juden – Lombarden

Ein weiteres Handlungsfeld eröffnete der Prozess der französischen Krone gegen die Templer, welcher primär fiskalische Interessen gegenüber dem reichen Orden verfolgte. Nachdem sich Gerüchte über häretische Praktiken der Templer verbreitet hatten, gelang es König Philipp IV., von dem zunächst zögernden Papst Clemens V. eine Zustimmung zum Vorgehen gegen den Orden zu erhalten. Im Oktober 1307 ließ man sämtliche Tempelritter auf französischem Boden unter den Vorwürfen von Apostasie, Gotteslästerung, obszönen Riten, Sodomie und Götzendienst verhaften und das Vermögen in königliche Verwaltung überführen. Zunächst erpresste Geständnisse widerriefen die Beschuldigten, der Widerstand war aber mit der Verbrennung von 54 Templern 1310 in Paris gebrochen. Dem zaudernden Papst drohte Philipp mit der Wiederaufnahme des Verfahrens gegen Bonifaz VIII. Im Jahre 1311 trat das Konzil von Vienne zusammen und Clemens V. hob im folgenden Jahr den Templerorden auf (Bulle *Vox in Excelso*) und sprach das Vermögen den Johannitern (Bulle *Ad providam*) zu.

Fiskalischen Interessen dienten ebenso die Ausweisung der Juden bei Vermögenskonfiskation 1306 sowie die Vertreibung lombardischer Geldhändler und Kaufleute in den Jahren 1309 bis 1311. Nach einer 1315 erlassenen Rückkehrbewilligung folgte bereits 1323/24 die nächste Ausweisung der jüdischen Bevölkerung, 1359 bot man den Juden bei allerdings hoher Einreisegebühr nochmals die Möglichkeit zur Ansiedlung. Doch schon 100 Jahre zuvor war mit der Pariser Talmudverbrennung von 1242 klar geworden, dass sich die Einstellung zu den Juden veränderte: Gestützt auf einen päpstlichen Erlass prüften Dominikaner den Inhalt des Talmud mit dem Ziel der Verurteilung. Ohnehin traten die Dominikaner in der Öffentlichkeit mit judenfeindlichen Stellungnahmen und Predigten auf, übernahmen Ritualmordbeschuldigungen. Dennoch konnte Philipp letztlich ein trotz aller Konflikte gefestigtes Reich hinterlassen; zukunftsweisende Weichenstellungen waren vorgenommen worden.

Dynastie und Hochadel am Vorabend des Hundertjährigen Krieges

Nach dem raschen Tod von Philipps IV. Sohn Ludwig X. 1316 geriet die Dynastie in Gefahr. Ludwigs zweite Gattin war bei seinem Tod schwanger, doch der Thronerbe Jean/Johann starb wenige Tage nach der Geburt. Philipp V.

hatte sich als Bruder Ludwigs bereits als Regent vom Parlement bestätigen lassen und ließ sich nach dem Tod Jeans gegen den Widerstand einiger Hochadliger, welche die Ansprüche der Tochter Ludwigs X. aus erster Ehe unterstützten, zum König proklamieren. Legitimiert wurde das Verfahren durch eine Versammlung in Paris unter Hinzuziehung von Universitätsmitgliedern mit der Erklärung, dass Frauen grundsätzlich von der französischen Thronfolge ausgeschlossen seien (1317). Energisch verfolgten Philipp V. und sein Nachfolger das Ziel, die Zentralbehörden effektiver im Sinne der Kroninteressen zu gestalten, allerdings verlor die Regierung durch verstärkten Einfluss des Hochadels an professioneller Kontinuität. Tatsächlich leistete aber der englische König Eduard II. das Homagium (Vasalleneid) für Aquitanien. Nachfolger des erbenlosen Philipp wurde sein Bruder Karl IV., der nach Einforderung des Lehenseides und einer Politik der Nadelstiche 1324 Truppen in der Guyenne einmarschieren ließ. Gegenseitige Blockaden verzögerten die Umsetzung von Friedensplänen zwischen Frankreich und England. Erst 1327 nahm König Eduard III. von England das Territorium gegen das Versprechen von Kriegsentschädigungen in seinen Besitz.

Noch unsicherer als 1316 war die Situation zwölf Jahre später nach dem Tod Karls IV. Wegen der Schwangerschaft der Königin, Johanna von Evreux, war wiederum ein Regent zu bestimmen: Die Wahl fiel auf Philipp, Sohn Karls von Valois und Enkel Philipps III. Nachdem Johanna eine Tochter geboren hatte, führte Philipp VI. den Königstitel, die Magnaten stimmten in einer Versammlung zu. Erbrechtlich günstiger stand allerdings König Eduard III. von England, der über seine Mutter Isabella ein Enkel Philipps IV. war. Die Pariser Entscheidung von 1317 war zu erweitern: Wollten die Großen Eduard keine Chance auf die Krone lassen, mussten sie auch Söhne aus weiblicher Linie von der Thronfolge ausschließen. Die Entscheidung des Hochadels kann als Ansatz eines Nationalbewusstseins gewertet werden, sicherlich spielte aber auch die Furcht hinein, dass der englische Herrscher in Zukunft zu mächtig werden und die Standesprivilegien weiter beschneiden könnte.

Erneute Thronfolgeregelungen

Philipp VI. begann mit Erfolgen: Dem Sieg über ein flämisches Bauernaufgebot 1328 bei Cassel folgte die Leistung des ligischen Lehenseides 1331 durch Eduard III., nachdem der englische König bereits 1329 ein einfaches Treuegelöbnis abgelegt hatte. Mit dem Dynastiewechsel entstanden Probleme in Rat und Administration. Neben den etablierten Personenverbänden drangen nun solche aus dem Umfeld des Valois in führende Positionen ein, um sich ihre Unterstützung und Königsnähe entgelten zu lassen. Nach einer erneuten Konfiskation der Guyenne 1337 auf lehnsrechtlicher Grundlage kündigte Eduard III. den Lehenseid auf und erklärte sich 1340 selbst zum französischen König (dieser englische Anspruch sollte bis 1802 aufrecht erhalten werden). Eduard konnte die innerflandrischen Konflikte, verschärft durch eine englische Handelsblockade, nutzen und wurde 1340 von den dortigen Städten als Herrscher anerkannt. Ein erstes Landungsunternehmen 1339 verlief jedoch noch relativ erfolglos, auch die

Die erste Phase des Krieges, der Tag von Crécy und der Fall von Calais

zugesagten Truppen seines Verbündeten Ludwigs des Bayern trafen nicht ein. Doch im folgenden Jahr konnte die englische Flotte die französische Flotte bei Sluis fast vollständig vernichten. Dies führte auf englischer Seite zur Intensivierung eines Flottenprogramms.

Die folgenden Jahre verliefen für die Franzosen wenig erfolgreich: Ein langwieriger bretonischer Erbfolgestreit ab 1342 endete mit einer Niederlage des Valois-Kandidaten Karl von Blois gegen den vom englischen Herrscher geförderten Johann von Montfort. Nach der Landung eines englischen Heeres in der Normandie 1346 befürchtete man einen Angriff auf Paris. Das Aufgebot bewegte sich zunächst als *chevauchée* (Reiterzug) nach Süden, doch sein Ziel war der Schutz Flanderns. Nach dem Abschwenken drängte der französische Adel auf ein militärisches Vorgehen. Unter der Führung Philipps VI. folgten die Franzosen den Engländern, die man am 26. August bei Crécy erreichte. Der Tag von Crécy endete in einem Desaster: Die zahlenmäßig deutlich überlegenen Franzosen trafen das durch die Schottlandkriege erfahrene englische Heer in einer guten Defensivstellung an; weitere Faktoren – wie mangelnde Organisation, Einzelaktionen, Beginn des Kampfes am Nachmittag nach langem Ritt und unzureichender Vorbereitung sowie Unterschätzung der englischen Bogenschützen – führten zur Niederlage mit einer hohen Anzahl von Toten und Gefangenen auf französischer Seite.

Die Flucht Philipps VI. vom Schlachtfeld vertiefte die Niederlage zur Schmach: Der König hatte seine Ehre verloren. Der erblindete Johann von Luxemburg (v. Böhmen) dagegen ließ sich in die Schlacht führen, um den Tod zu finden. Bereits im September belagerte das englische Heer Calais, und nach elf Monaten kapitulierte die Stadt, nachdem sich ein Entsatzheer ohne größere Aktivitäten zurückgezogen hatte. Die meisten Einwohner mussten die Stadt verlassen. 1363 errichtete die englische Regierung dort einen Wollstapel. Calais wurde zur Festung ausgebaut und fiel erst 1559 an Frankreich zurück.

Steuern, Pest und der Konflikt mit Navarra

Die Niederlagen und die Schutzlosigkeit der geplünderten Gebiete stellten die Legitimation von Steuerforderungen in Frage: Ständeversammlungen in Paris (Langue d'oïl) und Toulouse (Langue d'oc) erzwangen 1346 die Entlassung der Finanzberater Karls und die Trennung von Finanzverwaltung und Rechnungsprüfung. Die schwierige Situation verschärfte der Pestausbruch, und wie andernorts erließ die Regierung weitgehend vergeblich Preis- und Lohntaxen. Der Herrschaftsantritt Johanns (Jean) II. (des Guten) stand unter ungünstigen Bedingungen, die der König durch die Hinrichtung des Konnetabels Raoul de Brienne verschärfte. Raoul wurde durch Karl de La Cerda (Charles d'Espagne) ersetzt. Einer engeren Bindung des Adels an den Herrscher diente die Gründung des Sternenordens. Nach außen verschärfte die ungeschickte Politik Johanns II. die Spannungen mit König Karl II. von Navarra, der sich ohnehin durch die Thronregelung von 1328 benachteiligt sah. Karl verbündete sich mit den Engländern und ließ Johanns Getreuen Karl de La Cerda ermorden, plante wohl auch die Absetzung des Königs, als er 1356 gemeinsam mit dem Thronfolger und weiteren Hochadligen in Rouen bei einem Gastmahl des Dauphins festgenommen wurde.

Unterdessen setzte sich der Krieg mit England fort: Einer von Norden heranziehenden englischen *chevauchée* unter John of Gaunt (Herzog von Lancaster) zog das französische Heer entgegen. Nach kleineren Erfolgen wandten sich die Franzosen jedoch im Gefühl des Sieges nach Süden, da Hinweise auf das Vordringen eines Heeres des Schwarzen Prinzen bekannt wurden. Bei Maupertuis südlich von Poitiers stellte das zahlenmäßig überlegene französische Heer das englische, unterlag diesem jedoch am 19. September 1356, und König Johann II. geriet neben einer Vielzahl weiterer Adliger in Gefangenschaft, aus der er erst vier Jahre später zurückkehrte. In dieser Zeit führte der spätere Karl V. (König 1364–1380) die Regierungsgeschäfte. Erneut stellte sich die Frage nach der Haltung des Adels: Er hatte militärisch versagt und man warf ihm mangelnde Kampfbereitschaft vor. Zudem machten die *chevauchées* mit ihren Verheerungen die Ohnmacht der Krone beim Schutz der Untertanen offensichtlich. 1355 hatten die Stände erst nach Zusage von Gegenleistungen eine immense Steuer zur Ausrüstung des Heeres bewilligt.

_{Konjunkturen des Krieges – die Schlacht von Maupertuis und die Ohnmacht der Krone}

In dieser instabilen Situation brach 1358 in Paris unter dem *prévôt des marchands* Étienne Marcel, einem reichen Tuchhändler, ein Aufstand los; Karl verließ die Metropole vorsichtshalber. Kurze Zeit später folgten gegen den Adel gerichtete Bauernunruhen, die Jacquerie. In dieser Situation, bedrängt von allen Seiten, schloss sich die Aristokratie zu einem gemeinsamen Vorgehen gegen die Bauern unter der Führung Karls von Navarra zusammen. Den Siegen im Frühsommer 1358 folgte die Neubefestigung der adligen Herrschaft auf dem Land. Die Unruhen in Paris, wo Karl von Navarra zum *capitaine* gewählt worden war, legten sich nach der Ermordung Marcels durch königsnahe Bürger. Die Politik Karls von Navarra, der nicht gegen die Städte vorgehen wollte, führte den Adel in der Folge wieder auf die Seite des Herrschers; dazu regte sich in der Hauptstadt Widerstand gegen die englischen Hilfstruppen des Spaniers, so dass der Dauphin schließlich zurückkehren konnte.

_{Aufstände: Paris und die Jacquerie}

Nach langwierigen Verhandlungen und der Zahlung einer ersten Rate des Lösegeldes konnte Johann II. 1360 England verlassen, die Mittel waren erneut von den Einwohnern als Steuern aufzubringen. Zunächst erfolgten administrative Neuordnungen, bevor in einem wichtigen Schritt die Goldmünzenprägung des *franc d'or à cheval* begonnen wurde und man vor allem die Silbermünze an die Goldwährung koppelte. So konnte die nicht zuletzt durch die königliche Münzpolitik hervorgerufene Silbergeldentwertung, die z. B. Nicolaus Oresme kritisierte, beendet werden [PIRON in: AHES 51 (1996) 325–364]. Eine Ständeversammlung in Amiens stimmte 1363 der Finanzierung eines Heeres von 6000 Mann zu. Nachdem Johanns zweiter Sohn Ludwig entgegen seinem Versprechen nicht in englische Haft zurückgekehrt war, entschloss sich der König zu einer

_{Finanzierung des Krieges und der Friede von 1375/77}

Reise nach England, wohl auch um weitere Verhandlungen einzuleiten, starb aber bald darauf in London.

Planmäßig vorbereitet war wohl die Wiederaufnahme des Krieges mit England unter Karl V., als man entgegen dem 1360 abgeschlossenen, aber nie ratifizierten Vertrag von Brétigny die Souveränität Eduards III. in den von ihm eroberten Gebieten nicht mehr anerkannte und Eduard als aquitanischen Herzog lehnsrechtlich belangte. Unter Aufgabe bisheriger Kampfgewohnheiten operierten nun kleine Heere; offene Feldschlachten wurden vermieden. Auch die Befestigungsanlagen der Städte wurden ausgebaut. Insgesamt erwies sich die Taktik als erfolgreich: Weite Teile der besetzten Gebiete konnten zurückgewonnen werden, La Rochelle etwa musste sich den Franzosen und den mit ihnen verbündeten Seestreitkräften Heinrichs von Trastámara ergeben. Der Frieden von 1375–1377 brachte allen Beteiligten eine Erholungspause. Unter Karl VI. (1380–1422) wurde das Verhältnis von König und Krone, zwischen denen nun grundsätzlich unterschieden wurde, neu bestimmt: Die Volljährigkeit des Königs wurde auf 14 Jahre festgelegt und die Krondomäne durfte nicht mehr veräußert werden, eine Bestimmung des erweiterten Königseides.

Kultur Frankreichs Im 13. Jh. verbreitete sich in der Literatur, in Prosaromanen und Dichtungen, aber auch im Justizwesen und in der Historiographie der Gebrauch der französischen Sprache. Schwerpunkte der Literatur bildeten Neuschöpfungen der klassischen ‚Ritterliteratur' um die Arthurlegende; aber auch die allegorische Dichtung und in ihr die Vorstellung von Individualität entwickelten sich. Noch war die literarische Landschaft offen, erst um 1400 bildete sich Paris deutlich zum Zentrum heraus. Die altprovenzalische Sprache des Langue d'oc trat nach der Mitte des 13. Jhs. deutlich hinter das Altfranzösische des Nordens zurück.

Im Kirchenbau überwog die Form der gotischen Kathedrale, seit Beginn des 13. Jhs. finden sich Maßwerk an den Fenstern sowie naturalistisch gestaltetes Blattwerk (Reims), in Beauvais und Troyes konnte hohe Durchsichtigkeit dank großer Glasfenster erreicht werden. Im Norden und Süden bestanden weiterhin architektonische Sonderformen.

Burgund Während des 13. und 14. Jhs. konnte das von einer Nebenlinie der Valois regierte Haus Burgund sein Territorium wie die herzogliche Domäne insgesamt beträchtlich vergrößern. Parallel dazu wurden Verwaltungs- und Gerichtsstrukturen ausgebaut und unter der Vormundschaft Johanns II. über Pierre de Rouvres teilweise französischem Vorbild angepasst und zentralisiert. Nach dem Tod Pierres beanspruchten sowohl Johann II. wie Karl von Navarra die Besitzungen, das eigentliche Herzogtum gelangte zur französischen Krondomäne und dann als Apanage an Herzog Philipp den Kühnen. Den Weg zur späteren Größe ebnete die Hochzeit Philipps mit Margarete, der Tochter des Grafen von Flandern, Ludwig von Male, nach dessen Tod 1384 die Grafschaften Flandern, Artois, Nevers, Rethel, die Freigrafschaft Burgund sowie die Herrschaften Mecheln und Senlis in Philipps Hände übergingen. Nach 1315 trennten die Herzöge strikt zwischen französischem Lehen und den anderen Besitzungen, in denen sie souverän und ohne Einfluss der französischen Krone agierten. Erstmals 1352 traten die ‚États de Bourgogne' wegen Steuerfragen zusammen. In der Folge konnte Herzog Philipp gegen seinen Bruder König Karl V. durchsetzen, dass die burgundischen *aides* in anderer Form als im übrigen Frankreich und zugunsten des Herzogs erhoben wurden. Die Sonderrolle Burgunds, die das folgende Säkulum prägte, wurde langsam sichtbar, und die dortige höfische Kultur gewann Vorbildcharakter.

Nach langwierigen Auseinandersetzungen und mehreren abgewehrten Versuchen mussten die Grafen von Flandern 1226 die Oberhoheit der französischen Krone anerkennen. Bereits seit Ende des 12. Jhs. hatten sich die führenden Städte ein Mitspracherecht gesichert, ihre Versammlung konnte sich außer durch gräfliche Ladung selbst einberufen. Erste ökonomisch-politische Konfliktstellungen zwischen den Grafen und den auf Wollimport aus England angewiesenen Städten zeigten sich im englisch-flämischen Handelskrieg 1270–1275, auf den ab 1280 innerstädtische Widerstände gegen die Macht der alten kommunalen Führungsschicht folgten. Graf Guido III. von Dampierre stellte sich auf die Seite der städtischen Mittel- und Unterschichten und löste die Lehnsbindung an die französische Krone. Städte und Graf konnten sich aber schließlich trotz der gewonnenen Goldsporenschlacht nicht durchsetzen, wenngleich sie in der Folge ein hohes Maß an Autonomie zurückgewannen. Die Spannungen zwischen Grafen und Städten entluden sich 1338: Ludwig von Nevers trat dem pro-englischen Bündnis mit seinem Wollexportembargo nicht bei und floh nach Frankreich. Die politische Führung Flanderns lag nun bei wenigen Städten (Gent, Brügge, Ypern) und bei Jakob van Artevelde, dem Stadthauptmann von Gent. Die von den Führungsstädten und Jakob van Artevelde betriebene Politik verschärfte die Konflikte im Lande. Artevelde musste 1345 zurücktreten und wurde kurz darauf ermordet. Erst Ludwig von Male zielte auf einen Ausgleich und erreichte eine neutrale Haltung Flanderns im Hundertjährigen Krieg, welche die Wirtschaftsinteressen förderte.

Flandern

Die bereits seit Ende des 13. Jhs. von jederzeit absetzbaren Funktionsträgern geführten Verwaltungen wurden stark zentralisiert. Mit der *audientia* wurde 1323 eine Institution zur Kontrolle fast der gesamten Niedergerichtsbarkeit geschaffen; gleichzeitig fungierte sie als Appellationsinstanz. Dem gräflichen Rat gehörten neben den traditionell herangezogenen kommunalen Abgesandten und Niederadligen zunehmend Juristen an. Dennoch führten 1382 Spannungen zwischen Gent und Brügge sowie der Genter Widerstand gegen die Zentralisierungspolitik Ludwigs zum Genter Krieg. Unter Philipp van Artevelde, der zudem als Ruward (Verwalter, Regent) von Flandern in Vertretung Richards II. von England amtierte, bildete sich erneut eine pro-englische Fraktion, wiederum mit dem Ziel eines städtebeherrschten Flanderns. Anfängliche Erfolge der mit Gent verbündeten Städte führten zur Intervention des präsumptiven Erben der

Grafschaft, Philipps von Burgund, dessen burgundisch-französisches Heer bei Westrozebeke erfolgreich war. England reagierte, legitimiert auch durch das Kirchenschisma, mit einem als Kreuzzug deklarierten Feldzug, in dessen Verlauf das Aufgebot Ypern erfolglos belagerte. Der Friede von Tournai 1385 beendete den Krieg und Herzog Philipp sah sich gezwungen, auf flandrische Eigenheiten Rücksicht zu nehmen.

7. ENGLAND

Magna Carta Zu Anfang des 13. Jhs. geriet das englische Königtum in eine Krise: Nachdem Johann Ohneland in einem Investiturstreit dem Papst unterlegen war, England dem Papst als Lehen übertragen hatte, folgte die Niederlage von Bouvines. Nach diesem herben Ansehensverlust gelang es der inneren Opposition dem König 1215 die Zustimmung zu einer Liste von Forderungen abzuringen. Dieses Dokument, das unter dem Namen ‚Magna Carta' berühmt wurde, sollte Kronrechte beschränken, größere Rechtssicherheit schaffen, regelte aber auch Maße und Gewichte. Streitigkeiten zwischen König Johann und den Baronen verhinderten jedoch eine rasche Bekanntgabe der Magna Carta. Zudem gelang es Johann, den Papst als seinen Lehnsherren zu veranlassen, das Dokument als erpresst und damit für nichtig zu erklären. Der Tod des Königs 1216 und die Thronfolge seines erst neunjährigen Sohnes Heinrich III. unter einem Regentschaftsrat entzog dem Konflikt dann den Boden: Modifizierte Fassungen der Magna Carta publizierte man 1216 und 1217, erlassen und besiegelt von dem päpstlichen Legaten Guala sowie William Marshal (Guillaume le Maréchal), dem Earl of Pembroke als Reichsverweser (*rector regis et regni*) [1341, 1342: HOLT]. Der Bürgerkrieg konnte so zunächst beigelegt werden.

Französischer Einfluss Dennoch blieben tiefgreifende Divergenzen zwischen Krone und Hochadel auch nach Übernahme der vollen Regierungsgewalt durch König Heinrich III. (1216–1272) bestehen. Wie schon unter seinem Vater verstärkten sich die Gegensätze, weil aufgrund von Familienbindungen hohe Verwaltungspositionen von Franzosen besetzt wurden: Heinrichs Mutter stammte aus dem Hause Lusignan, seine Frau war Prinzessin Eleonore von der Provence, wobei die Berater aus beiden Regionen zudem untereinander zerstritten waren. Auf südfranzösischen Einfluss dürfte die letztlich gescheiterte militärische Intervention in der Grafschaft Poitou 1242 zurückzuführen sein. Auch der Versuch, Heinrichs Sohn Eduard als sizilianischen König zu etablieren, war erfolglos. Hier zeigen sich, wie bei der Besetzung geistlicher Stellen bevorzugt mit Italienern, Bindungen des persönlich frommen Herrschers an die Papstkirche. Für seine Gläubigkeit spricht u. a. auch der gotische Kirchenneubau von Westminster Abbey.

Innere Kämpfe Die latenten Spannungen, vorrangig bestimmt von der Frage, inwieweit der König führende Positionen mit oder ohne Rat der Großen besetzen konnte, entluden sich schließlich 1258: Die Androhung eines bewaffneten Vorgehens der Großen führte zur Vertreibung der Lusignans, der Halbbrüder Heinrichs und ihres Anhangs, sowie zu den *Provisions of Oxford*, mit denen zunächst die Barone entscheidenden Einfluss auf die Politik der Krone einschließlich der Finanzen gewannen. Allerdings wurden die *Provisions* bereits 1266 mit dem *Dictum of Kenilworth* definitiv annuliert, wenngleich der König Zugeständnisse hinsichtlich der Auswahl von Beratern machte und sich verpflichtete, die Rechte von Kirche und Bevölkerung zu respektieren. In diesen acht Jahren wechselte mit der Erfolgslage auch die politische Vorrangstellung zwischen Heinrich und den Magnaten. Die adlige Opposition konnte zwar mit Simon von Montfort zusammenarbeiten, dem in Ungnade gefallenen Schwager des Königs, sie verlor aber zunehmend an Geschlossenheit. So drängte vor allem der Niederadel nunmehr auf eigene Rechte und erhielt auch bereits in den *Provisions of Westminster* 1259 Einfluss, etwa vor allem auf die Besetzung der Sheriffämter. Nach einem überraschenden Angriff des Königssohnes Eduard auf die Truppen Simons von Montfort im *Baron's War* (1264–1267) und dem Tod des führenden Oppositionsvertreters auf dem Schlachtfeld bei Evesham 1265 gewann die königliche Seite ihre Handlungsspielräume zurück. Erschwert wurde die Aussöhnung durch das harte Vorgehen König Heinrichs gegen die Anhänger Simons von Montfort (*the Disinherited*), deren Güter er konfiszieren ließ, auch wenn sie diese später gemäß den Bestimmungen des *Dictum of Kenilworth* gegen Zahlung hoher Geldsummen zurückerlangen konnten. Die Bestätigungen der Magna Carta sowie zentraler Bestimmungen der *Provisions of Westminster* führten jedoch zur Wiedergewinnung des inneren Friedens. Schon in der Regierungszeit Heinrichs III. wurde, soweit bisher bekannt, erstmals 1237 eine Versammlung der Großen und der führenden Geistlichen als *parliamentum* (*parliament*) bezeichnet (s. Kap. II.C.7). Außerdem verstand man unter diesem Begriff die wohl regelmäßig stattfindenden Ratssitzungen des Königs (*King's Councils*) mit vergrößertem Beraterkreis.

Nach dem Tod Heinrichs III. 1272 konnte sein Sohn Eduard I. erst zwei Jahre später gekrönt werden: Er hatte zuvor am Kreuzzug Ludwigs des Heiligen nach Tunis teilgenommen, war nach Palästina gereist und hatte sich nach einem in der Literatur romantisch ausgeschmückten Anschlag eines Assassinen zwei Jahre in der Gascogne aufgehalten. Die Tatsache, dass sich seine Abwesenheit nicht negativ auswirkte, belegt nicht zuletzt die Stabilität des englischen Königtums nach Beilegung der Krisen. Eduard waren bereits 1254 das Earldom von Chester, Irland und die Gascogne zunächst unter väterlicher Aufsicht übertragen worden. Das Bindeglied der Zeit der drei Eduards ist nicht nur nach PRESTWICH [1328] der Krieg, zunächst mit Wales und Schottland, dann in Frankreich. Der Beginn Eduards I.

Anlass zum Eingreifen in Wales boten lehnspolitische Gründe: Llywelyn ap Gruffudd, der seit 1258 den Titel eines *princeps Wallie* führte, verweigerte die Huldigung. Ein für die englische Krone erfolgreicher Feldzug 1277 führte zum Kriege in Wales

Vertrag von Conway, der Llywelyns Macht stark beschnitt und es Eduard ermöglichte, Oberherrschaftsansprüche auf vielen Gebieten durchzusetzen. Ein Aufstand unter Llywelyns Bruder Dafydd 1282/83 scheiterte. Es folgten eine Neuaufteilung des Landes, eine zunehmende Angleichung der Waliser Verwaltung an englisches Vorbild und die Einführung des englischen Strafrechts. Als Demonstration neu gewonnener Machtpositionen und zu deren Sicherung ließ der englische Herrscher einen Gürtel von Festungen (Conwy, Beaumaris, Caernafon, Harlech etc.) errichten. Eine letzte Erhebung in Wales fand 1294/95 durch die militärische Überlegenheit eines vom Earl of Warwick befehligten Aufgebots ihr Ende. Seit 1301 erhielt der älteste Sohn und Erbe des englischen Königs den Titel *Prince of Wales*, wenngleich der Titel gelegentlich erlosch; Wales war damit de facto Teil der Krondomäne.

Anknüpfungen und Traditionsschaffung

Noch vor dem Feldzug nach Wales hatte Eduard I. neben der schon länger wirksamen Berufung auf Eduard den Bekenner keltische Traditionen aufgegriffen, sicherlich verbunden mit dem Anspruch auf Wales, als er gemeinsam mit Eleonore 1278 die (angeblichen) Gebeine Arthurs und Guenievres (Guinevra, Guennuera, Ginover) erneut im Hochaltar von Glastonbury beisetzen ließ. Nach ihrer Niederlage mussten die Waliser außerdem die Arthurkrone ausliefern. Besonders unter Eduard III. entwickelte sich dann ein ausgesprochener Arthur-Kult.

Vorgehen gegen Schottland

Einen weiteren Schwerpunkt des politischen Handelns Eduards I. bildeten die militärischen Konflikte mit Schottland. Die nach dem Tod von Prinzessin Margarethe (1290) offene Thronfolge mit mehreren Bewerbern veranlasste den englischen Herrscher unter dem Anspruch der Oberlehensherrschaft selbst die Entscheidung über den Thronkandidaten zu fällen. Durch einen Schiedsspruch wurde John Balliol anerkannt, der Eduard seinerseits als Oberlehnsherrn akzeptierte. Eduards Politik trieb die Schotten jedoch zu einem Bündnis mit dem französischen König Philipp IV. (*Auld Alliance*), das von Eduard mit einem erfolgreichen Feldzug 1296 und dem eigenen Anspruch auf die schottische Krone beantwortet wurde. Trotz einer Niederlage im folgenden Jahr hatte es den Anschein, als könne die englische Herrschaft durch mehrere Feldzüge bis 1304 gesichert werden. Bereits 1305 begann Eduard mit der Neuordnung der schottischen Regierung. Auch wurde Schottland nicht mehr als *realm* oder *kingdom* bezeichnet, sondern schlicht als *land*. Doch anders als im Fall von Wales war hier der Widerstandswille nicht gebrochen. Zwei führende Adlige, William Wallace und Robert Bruce, dessen Großvater Konkurrent John Balliols im Thronstreit gewesen war, organisierten weiterhin den Kampf. Robert Bruce ließ sich 1306 in Scone zum König krönen. Der Tod Eduards I. (1307) verhinderte eine bereits geplante neuerliche Unternehmung gegen Schottland und dessen noch nicht etablierten König. Allerdings nahm dessen gleichnamiger, politisch zeitweise eher desinteressierter Sohn die Politik des Vaters nach zwei kurzen Feldzügen mit zeitlicher Verzögerung energischer wieder auf. Die englische Invasion endete in der Schlacht von Bannockburn am 23. und 24. Juni 1314: Dem zahlenmäßig deutlich überlegenen englischen Heer, etwa 2000 Panzerreitern und 15 000 Mann Fußtruppen, standen auf schottischer Seite ungefähr 500 Reiter und 6000 Fußkämpfer gegenüber. Am ersten Tag der Schlacht konnten die Engländer keine Entscheidung erzwingen. Neben taktischen Unzulänglichkeiten war das Gelände für schwer bewaffnete Panzerreiter ungeeignet, die Bogenschützen hielt man zurück. Die Schotten griffen das noch im Nachtlager befindliche Heer im nächsten Morgengrauen an und trugen einen entscheidenden Sieg davon. England hatte die schottische Unabhängigkeit unter Robert I. (the Bruce) zu akzeptieren, der 1324 vom Papst anerkannt wurde [1364: BARRAOW, 1366: MCNAMEE]. Doch erst der Vertrag von Edinburgh besiegelte 1328 das Ende der *Wars of Independence*.

Auch im Inneren zeigte sich Eduard I. als aktiver Herrscher: Es sollte zunächst eine Enquête über königliche Rechte in den Grafschaften und die Erträge aus Grundherrschaften und Lokalverwaltungen erhoben werden, aufgezeichnet in den später so benannten *Hundred Rolls*, von denen jedoch nur wenige, diese aber mit reichhaltigem Material zur Sozial- und Wirtschaftsgeschichte, überliefert sind. Es handelte sich um die umfangreichste Erhebung seit dem Domesday Book. Auf die erneute Durchsetzung der königlichen Gerichtsbarkeit zielten die Quo-warranto-Verfahren: Allein die Verleihung baronialer Gerichtsgewalt durch den König sollte zunächst als Legitimation für deren Besitz ausreichen. In der Folgezeit konnte ein Kompromiss mit den sich bedroht fühlenden Magnaten erreicht werden, denn als zusätzliche Legitimation diente nunmehr auch die ununterbrochene Ausübung der königlichen Gerichtsherrschaft seit 1189 durch die Betroffenen und ihre Vorfahren (*Statute of Quo-warranto* 1290). Begleitet wurde dies von umfangreicher Gesetzgebung und dem Beginn herrschaftsverpflichteter Juristenausbildung (*Inns of Court, Inns of Chancery*). Noch im 13. Jh. wandelte sich die *Wardrobe*, ursprünglich Aufbewahrungsort der Kleidung der Herrscher, dann zuständig für die Hofhaltung des Königs, zu einem allgemeinen Verwaltungsamt mit eigenen Finanzmitteln, das kaum noch eine Kontrolle durch Dritte ermöglichte. Ebenfalls bis ins 13. Jh. zurück reichen die Wurzeln des *Bastard Feudalism*, dessen Charakteristikum Anwerbungen von Gefolgsleuten auf Lebenszeit gegen Jahresrenten durch die Magnaten war.

Reformen

Nach dem ersten bekannten Zusammentreten des *Parliaments* unter diesem Namen als Versammlung von Magnaten und Prälaten 1237 lässt sich zunächst 1265 und 1275 eine Erweiterung um Vertreter der Grafschaften (*shires*) und Städte (*boroughs*) feststellen, aus der sich das *House of Commons* entwickeln sollte. Das mitunter so bezeichnete *Model Parliament* von 1295 besaß trotz etlicher zukunftsweisender Elemente letztlich keine Vorbildfunktion. In den dreißiger Jahren des 14. Jh. schieden die Geistlichen weitestgehend aus dem Parliament aus und tagten zeitgleich in zwei Synoden als eigener Vertretung (*Convocations of Canterbury and York*), um über Steuerforderungen der Krone zu beraten und selber Ansprüche zu formulieren. Wichtigste Aufgabe des Parliaments dürfte die Bewilligung bzw. Verhinderung von Steuern gewesen sein. Daneben blieben als

Parliament und Finanzwesen

weitere Tätigkeitsfelder zunächst die Unterstützung bzw. Formulierung von Petitionen, dann deren zunehmende Ablösung durch gesetzgeberische Akte sowie die Rolle als Gerichtshof. Die entscheidenden politischen Weichenstellungen erfolgten jedoch unverändert zwischen Herrschern und Magnaten, was die Bedeutung der Commons relativiert, zumal die Magnaten, wenngleich in wechselnder Form und Intensität, direkten Zugang zu den Herrschern besaßen. Der königliche Rat (*King's Council*) bestand ohnehin, wenn auch in veränderten Formen, weiter. Ab 1341 war der Begriff Parliament nur noch für Versammlungen gebräuchlich, an denen neben Commons auch Lords (*House of Lords*) teilnahmen; ein Zweikammersystem begann sich abzuzeichnen. Das alleinige Einberufungsrecht des Königs verhinderte, dass sich das Parliament zur ständig tagenden Institution entwickelte.

Finanzpolitik Bei der Vielzahl kriegerischer Unternehmungen war die Finanzierung zu sichern, verstärkt dadurch, dass Teile der Heere aus Soldkämpfern bestanden. Schon 1275 wurden richtungweisende Schritte eingeleitet: Das Parliament genehmigte Eduard I. die Erhebung eines Woll- und Lederausfuhrzolls, ein zweites Parliament noch im gleichen Jahr eine allgemeine Steuer auf bewegliches Vermögen. Weitere Mittel stammten bis zu Beginn des 14. Jhs. aus Anleihen bei italienischen Finanziers. Die Juden ließ Eduard I. 1290 aus dem gesamten Königreich ausweisen. Bereits 1275 (*Statutum de Iudeismo*) war ihnen die Geldleihe verboten worden, zusätzlich gerieten sie unter Konversionsdruck. Anders als in den kontinentalen Reichen konnten sich die jüdischen Gemeinden nach 1290 in den nächsten Jahrhunderten nicht wieder an ihren früheren Orten in England ansiedeln. Bei weiterhin angespannter Finanzlage scheiterte ein erster Versuch zur Besteuerung des Klerus, was bei steigender Belastung des Landes ab 1297 zur Krise führte. Eduard musste mit Zugeständnissen die eingerissenen Missbräuche zumindest teilweise zurücknehmen (*Articuli super Cartas*, 1300). Im Laufe des 14. Jhs. festigte sich sukzessive der Anspruch, dass Steuer- und Zollerhebungen an die Zustimmung des Parliaments gebunden seien, auch wenn gerade Eduard III. von dieser eben noch nicht gänzlich etablierten Regel abwich.

Eduard II. Eduard II. war sicherlich kein politisch begabter Herrscher, das Urteil der Literatur ist weitestgehend negativ. Die bereits ererbte Schuldenlast wuchs aufgrund seiner luxuriösen Haushaltung weiter, so dass sich der König 1310 der Einsetzung einer Kontrollkommission (*Ordainers*) beugen musste, deren Ergebnisse im folgenden Jahr vom Parliament gebilligt und ihm in einem Forderungskatalog (*Ordinances*) vorgelegt wurden. Zunächst sollte sein Günstling Piers Gaveston, wie schon einmal unter Eduards Vater in dessen letzten Lebensmonaten, verbannt werden. Die Magnaten wollten dadurch ihren direkten Einfluss auf Entscheidungen des Herrschers zurückgewinnen und seinen verschwenderischen Lebensstil beenden; die Forderungen blieben jedoch erfolglos. Gaveston verschwand zwar kurzfristig vom Hof, kehrte aber nach wenigen Monaten zurück, bevor er von Truppen des Thomas, Earl of Lancaster, Vetter

Eduards und führender Kopf der Magnaten, gefangen genommen und anschließend trotz Sicherheitsgarantien des Earls of Pembroke hingerichtet wurde. Ergebnis war eine Spaltung der Opposition gegen Eduard, ein Teil des Hochadels schloss sich dem König an und beteiligte sich an dem aus englischer Sicht katastrophal endenden Feldzug nach Schottland. Der Earl of Lancaster und seine Anhänger konnten nun die Ordinances für zwei Jahre erneut durchsetzen. In die gleiche Zeit fällt die europäische Hungersnot der Jahre 1315 bis 1317, der besonders in England Viehseuchen folgten. Erst ab 1322 stabilisierte sich die Lage wieder. Im engsten Umkreis des Königs nahmen seit 1318 die beiden Hugh Despenser, Vater und Sohn, die führende Stellung ein, die sie neben dem direkten Einfluss auf die Tagespolitik zum Aufbau einer eigenen Herrschaft im walisischen Grenzgebiet nutzten. Besonders nach der gewonnenen Schlacht von Boroughbridge 1322 gegen die adlige Opposition unter Thomas, Earl of Lancaster, der wenige Tage nach seiner Gefangennahme in der Schlacht ebenso hingerichtet wurde wie viele seiner Anhänger, errichteten die Despensers mit Eduard II. ein Schreckensregiment mit hohen finanziellen Gewinnen für sich und den König. Ein weiteres Parlament hob mit dem *Statute of York* die Ordinances auf, ein Versuch, Entwicklungen zu breiterer politischer Machtteilhabe des Parlaments rückgängig zu machen [STRAYER in: AHR 47 (1941) 1–22].

Der Machtwechsel und das Ende Eduards II. wurden durch den Verlust der Gascogne beschleunigt: Isabella, die Ehefrau Eduards II., reiste zu ihrem Bruder Karl IV. von Frankreich, um zu vermitteln, und traf sich dort mit Roger Mortimer, einem von den Despenser vertriebenen walisischen Adligen, der ihr Geliebter werden sollte. Auch ihr Sohn Eduard war mittlerweile in Frankreich eingetroffen. 1326 landeten Isabella und Mortimer mit flandrischen Truppen in England, was rasch zu einer allgemeinen Erhebung führte. Die flandrische Unterstützung stellte Graf Wilhelm von Hennegau, der zukünftige Schwiegervater Eduards III. Ein Parlament erklärte Eduard II. im Januar 1327 für abgesetzt; im September wurde er in der Haft getötet. Die beiden Despenser hatte man schon 1326 hingerichtet.

Das Ende Eduards II.

Die Nachfolge ging 1327 an Eduard III., der erst 1330 nach Vertreibung seiner Mutter vom Hof und der Hinrichtung Mortimers volle Handlungsfreiheit gewann. Anders als sein Vater war er politisch aktiv und durchsetzungsfähig, achtete auf den inneren Frieden, wenngleich seine Person unterschiedliche Bewertung fand. Der Tod des schottischen Königs Robert I. (the Bruce) eröffnete der englischen Krone Handlungsspielräume, die sie militärisch zu nutzen verstand – den Vertrag von Edinburgh hatte Eduard III. kurz nach seiner Regierungsübernahme widerrufen. Der Beginn des Hundertjährigen Krieges machte eine Unterwerfung Schottlands allerdings unmöglich. Auch waren Eduards III. erste Herrschaftsjahre von finanziellen Engpässen geprägt. Die Häufigkeit der vom Parlament meist bewilligten Mittelanforderungen führte dann 1340/41 zur Krise. In ihren Mittelpunkt geriet während der Abwesenheit Eduards III. in Frankreich der erneut als

Eduard III. und der Beginn des Hundertjährigen Krieges

Kanzler fungierende und mit aller Macht ausgestattete John of Stratfort, Erzbischof von Canterbury. Letztlich verlor Stratfort seine politische Funktion, obwohl er die Gunst des Königs hatte wiedergewinnen können. Außerdem sah er sich in der Rolle eines exponierten Verteidigers von kirchlichen Rechten, und das bedeutete Konfliktpotenzial bei möglicher erneuter Besetzung eines hohen weltlichen Amtes mit seiner Person.

Schon 1340 bestimmte ein Statut – Zeichen von Interessendivergenzen und für den wachsenden Einfluss der Commons –, dass nur mit Bewilligung von Lords und Commons im Parlament eine allgemeine Steuererhebung beschlossen werden könne, und 1362 musste Eduard zugestehen, dass auch Abgaben auf Waren einer solchen Zustimmung bedurften. Die Schlichtung der Konflikte dürfte durch den erfolgreichen Beginn der Auseinandersetzungen vor bzw. auf dem europäischen Festland (Sluys 1340, Crécy 1346, Calais 1347) erleichtert worden sein, was nicht wenigen Kämpfenden zumindest die Möglichkeit finanzieller Konsolidierung eröffnete. Eduard selbst wurde nach dem Tod Ludwig des Bayern auch die Krone des römischen Königs von einigen Kurfürsten angetragen, um einen Erfolg des Luxemburgers Karl IV. zu verhindern. Die Gefangennahme des französischen Königs Johann II. 1356 durch Truppen von Eduards gleichnamigen Sohn, dem Schwarzen Prinzen, und die folgenden Lösegeldzahlungen sowie die Bestimmungen des letztlich aber nicht in Kraft getretenen Friedensvertrags von Brétigny 1360 deuteten auf einen erfolgreichen Abschluss der Regierung Eduards III. Vereinbart hatten die Parteien, dass ein vergrößertes Aquitanien sowie Calais und sein Umland in Zukunft englisches Gebiet ohne Lehensansprüche der französischen Krone sein sollten.

Impeachment Allerdings begannen die militärischen Auseinandersetzungen 1369 erneut und nun mit französischen Erfolgen bei wiederum hoher steuerlicher Belastung der englischen Untertanen und zunehmender Senilität des Herrschers, was in der Folge zu Gruppenbildungen und Günstlingswirtschaft am Hofe führte. Erschwerend machte sich die chronische Erkrankung des Schwarzen Prinzen bemerkbar, der sich ab 1371/72 weitgehend aus dem politischen Leben zurückzog. Das Konfliktpotenzial fand seinen Ausdruck in den Forderungen der Commons im *Good Parliament* von 1376, die ein Mitglied der Lords vortrug – erstmals ist die Wahl eines *Speakers* überliefert: Gezielt erhob man Anklage gegen Günstlinge des Königs als Auslöser der prekären Situation, u. a. den Kämmerer Latimer, aber auch gegen Kaufleute und die Mätresse des Königs, deren Absetzung und sogar Einkerkerung gefordert wurde. Verfahrenstechnisch handelte es sich um Anfänge des Impeachments, bei dem wegen Vergehen im Amt die Commons die Anklage vortrugen und die Lords das Urteil fällten, auch wenn in diesem Fall ein Teil der Beschlüsse bereits vom folgenden Parliament rückgängig gemacht wurde. Der 1377 verstorbene Eduard stand bei allen Stärken und Schwächen deutlich in der ritterlichen Tradition der Zeit, war Mäzen von Turnieren und stiftete den *Order of the Garter* (Hosenbandorden).

Die Kämpfe gegen Schottland begannen 1333 erneut, wobei Eduard III. wie schon sein Großvater formell den schottischen Thronanwärter und englischen Lehensträger Eduard Balliol unterstützte. Nach einem ersten Erfolg bei Halidon Hill ließ der englische König einen großen Teil Südschottlands besetzen. Eine Militäraktion des jungen schottischen Königs David II., der 1334 zehnjährig zu seiner Sicherheit nach Frankreich gesandt worden war, endete 1346 mit seiner Gefangennahme und der Niederlage des schottischen Heeres bei Neville's Cross. Wie elf Jahre zuvor erwiesen sich die englischen Bogenschützen als die Schlacht entscheidend. Das englische Interesse verringerte sich mit dem Engagement in Frankreich. David konnte erst 1357 nach dem Versprechen der Zahlung einer hohen Summe nach Schottland zurückkehren. Auch das schottische Parliament repräsentierte nach 1357 einen größeren Teil der Bevölkerung in einer Kammer, getrennt nach den Ständen Adel, Klerus und den nunmehr dauerhaft teilnehmenden Bürgern. Nach Davids erbenlosem Tod 1371 ging der Thron auf Robert II. aus der mächtigen Magnatenfamilie Stewart über. Robert II. hatte bereits während der Gefangenschaft Davids als Verweser (*lieutenant*) agiert und 1363 erfolglos mit weiteren Großen gegen David rebelliert. Der Bündnisvertrag mit Frankreich wurde gleichfalls 1371 erneuert. Erneutes Eingreifen in Schottland

Richard II. (1377–1399), Sohn des Schwarzen Prinzen und erst zehnjährig, erbte vorhandenes Konfliktpotenzial. Dazu kamen die immer offener und schärfer vorgetragenen Auffassungen John Wyclifs hinsichtlich geistlicher, aber auch weltlicher Macht sowie die nicht neue Forderung nach Armut der Kirche, die zudem unter dem Schutz der weltlichen Gewalt stehen sollte. Eine erste komplette englische Bibelübersetzung entstand auf Anregung und im Umkreis Wyclifs etwa 1382 (Wyclif-Bibel, Lollard-Bibel). Auf dem Lande führten die sozialen und wirtschaftlichen Probleme schließlich zum Bauernaufstand (Peasants' Revolt) von 1381, ausgelöst durch erneute Steuererhebungen. John Ball, der geistliche Protagonist, hielt beim Marsch der Rebellierenden unter ihrem militärischen Anführer Wat Tyler in Richtung London seine berühmte Predigt: In den Mittelpunkt stellte er den schon allgemein bekannten Vers *Whan Adam dalf and Eve span, wo was thanne a gentilman*. Gestützt wohl auf das Ideal christlicher Brüderlichkeit, stellte John Ball die herrschende Gesellschaftsordnung grundlegend in Frage. Der Aufstand scheiterte in der entscheidenden und dramatischen Konfrontation Wat Tylers mit dem König. Bauernaufstand

Die englische Sprache trat während des Spätmittelalters auch in den Mittel- und Oberschichten auf Grundlage des Londoner Dialekts zunehmend und zu Lasten des Anglonormannischen bzw. Französischen in den Vordergrund. Es entstanden neben der eher höfisch orientierten Dichtung (Chaucer) vermehrt volkssprachliche Werke für das städtische Bürgertum. Zu Bildungszentren entwickelten sich während des 13. Jhs. die Universitäten Oxford und Cambridge mit jeweils eigenständigen Institutionen und Strukturen. Säkularkollegien zur materiellen Förderung der Studierenden, aber auch der Lehrenden, entstanden Sprache zunächst 1264 (Oxford) bzw. 1284 (Cambridge). Bis zum Ende des 14. Jhs. belief sich die Anzahl der Colleges auf sieben bzw. acht, wobei in Oxford der kirchliche Einfluss stärker war. Gegen Ende des 14. Jhs. gab es in Cambridge 400–700, in Oxford etwa 1500 Studenten. Bedeutende Schüler und Lehrende waren Robert Grosseteste, Roger Bacon, Johannes Duns Scotus, Roger Marston, Robert Holcot, aber auch John Wyclif und dessen Gegner Johannes von Bromyard.

8. Die Pyrenäenhalbinsel

Machtverschiebungen Nach der Vereinigung von Kastilien und León (11. Jh.) rivalisierten auf der Iberischen Halbinsel weitere vier Mächte: Aragón, Navarra, Portugal sowie das muslimische Al-Andalus, das nach der Niederlage von 1212 letztlich auf das Königreich Granada im Süden beschränkt blieb. Kastilien konnte 1236 Córdoba, 1246 Jaén und 1248 mit Sevilla den Hauptort des almohadischen Territoriums erobern, zwischen 1309 und 1331 sogar vorübergehend Gibraltar besetzen. Mit dem Königreich Valencia und den Balearen gewann Aragón trotz des Verlustes der südfranzösischen Interessensphäre (Vertrag von Corbeil, 1258) günstige Positionen für seine mediterranen Ambitionen. Granada wurde 1246 von Kastilien lehnsabhängig, der Einfluss der Krone in den eroberten Gebieten schwand aber Ende des 13. Jhs. zugunsten des Hochadels. Einzig Navarra, zunehmend unter französischem Einfluss, partizipierte nicht mehr am weiteren Vordringen der Reconquista. Die Grenzen zwischen Portugal und Kastilien regelte der Vertrag von Alcanices 1297. In der zweiten Hälfte des 13. Jhs. stieg Lissabon zur Hauptstadt auf. Sowohl die portugiesischen wie die aragonesischen Herrscher konzentrierten sich früh auf den Erwerb von Städten oder auf die möglichst direkte Einflussnahme auf städtische Gemeinden. Ländliche Gebiete gingen eher an den Adel.

Aragón Um die Mitte des 13. Jhs. unternahm die Krone von Aragón Anstrengungen, die Regionalrechte zu vereinheitlichen. Jakob I. trat unter Legitimation aus römischrechtlichen Vorstellungen als Gesetzgeber auf, setzte Verwaltungsreformen und eine Verschriftlichung der Administration durch – begünstigt durch die Übernahme der arabischen Papierproduktion besonders in Xátiva. Nur kurz währte die Unabhängigkeit des Königreichs Mallorca: Entsprechend dem Testament Jakobs I. erfolgte zwar 1276 die Teilung Aragóns, doch Peter III. erkannte die Unabhängigkeit seines Bruders nicht an und zwang ihn nach drei Jahren in die Lehnsabhängigkeit. Fortdauernde Spannungen zwischen dem Festlandsbesitz und den Inseln sowie deren wirtschaftliche Bedeutung förderten trotzdem einen Sonderstatus Mallorcas. Der Gewinn Siziliens durch Peter III. festigte die Stellung Aragóns im westlichen Mittelmeer, scheinbar abgerundet durch die Eroberung Sardiniens 1323/24. Doch regte sich hier schon nach wenigen Jahrzehnten starker Widerstand. Teile des Adels trugen diese Expansionspolitik nicht mit und versuchten, ihre Rechte auf dem Festland auszubauen. Die Verbindungen zu den eroberten Gebieten waren instabil, die zu Sizilien lockerten sich rasch und erst Ende des 14. Jhs. begann die direkte Einreihung der Insel unter die Krone Aragón.

Eine stärkere Bedeutung für die Festlandsterritorien gewann die Erklärung über die Untrennbarkeit der Herrschaft in Aragón, Valencia und Barcelona (*Privilegio de Unión*, 1309). Nur kurzfristig ließ sich gegen die Cortes regieren, denn die Herrscher waren auf deren Bewilligung von Finanzmitteln angewiesen (zu den Cortes vgl. Kap. II.C.8). Fast unabhängig von der Krone agierte die ‚Katalanische Kompanie', nachdem die aragonesisch-katalanische Söldnertruppe im süditalienischen Konflikt nicht mehr gebraucht wurde: Unter verschiedenen Herren dienend oder auf eigene Faust kämpfte sie in Südosteuropa, bevor sie die Herzogtümer Athen 1311 und schließlich Neopatras eroberte. Der neugegründete Ritterorden von Montesa erhielt die Besitzungen der Templer im Königreich Valencia. Das Gebot zur Maurenbekämpfung eröffnete ihm zwar eigenständige Handlungsmöglichkeiten, aber Jakob II. machte Montesa zu einem vom Herrscher abhängigen Orden.

Eine auf Zentralität ausgerichtete Politik, das Ziel einer autoritär-königlichen Herrschaft, verwaltungsreformierende Elemente, Ambitionen nach außen sowie eine ungewöhnliche Erbregelung führten zum Konflikt des in Unionen verbundenen aragonesischen Adels mit Peter IV. Der König behielt militärisch die Oberhand, ohne dass dies die Bedeutung der Stände gemindert und zu einer vom Herrscher dominierten Politik geführt hätte. Der lang andauernde Krieg zwischen Kastilien und Aragón 1356–1369 erschöpfte die Ressourcen Aragóns (*Guerra de los Dos Pedros* ‚Krieg der beiden Peter'), auch wenn es gelang, der Übermacht Kastiliens standzuhalten und der Konflikt als Auseinandersetzung um den kastilischen Thron endete. Die Politik Peters IV. führte zu erheblichen inneren Unruhen und schwächte das Königreich letztlich.

Königtum und Adel

In Kastilien folgte auf die Eroberung der ausgedehnten Gebiete im Süden eine Politik der Wiederbesiedlung und Reagrarisierung, zunächst primär getragen vom Königtum und den Ritterorden von Santiago, Calatrava und Alcántara. Wie in Aragón finden sich in Kastilien seit der Mitte des 13. Jhs. unter Alfons X. Bemühungen um Rechtsvereinheitlichungen und schriftliche Fixierung von Recht, argwöhnisch beäugt von dem um seine Stellung fürchtenden Adel. Der Gegensatz führte bereits 1254 und 1255 zu Aufständen des Adels, während Alfons mit hochfliegenden Plänen den Erwerb der Kaiserkrone anstrebte und sich mit Kreuzzugsgedanken trug. Der Übergang des Reichs von Algarve an Portugal (1267) und muslimische Aufstände im Süden schwächten die Position Alfons' weiter. Für die Landwirtschaft prägend wurden die ersten Privilegierungen der Mesta 1273, die der Schafzucht und dem Viehtrieb zwischen den Weideplätzen Vorrechte einräumten. Begünstigt wurde dies durch die Beteiligung von Adligen an dem Erwerbszweig und die Einführung des Merinoschafes.

Kastilien

Kampf um die Macht Widersprüche zwischen dem auf Zentralisation drängenden, die eigene Stellung betonenden Königtum und den als Gegengewicht vorhandenen Machtpositionen des Adels, der seine Ansprüche auf Teilhabe an der Regierung aufrecht erhielt, sowie soziale Spannungen, wirtschaftliche Probleme und Forderungen der um ihre Position ringenden Städte, die sich gerade in Krisenzeiten zusammenschlossen (*Hermandades*), führten zu einer Vielzahl von Aufständen zwischen 1275 und 1325. Dazu begünstigten Streitigkeiten zwischen den rivalisierenden Parteien während Thronvakanzen und Minderjährigkeiten der Herrscher die gewaltsamen Vorgänge, zumal in einer Zeit, in der einzelnen Persönlichkeiten hervorragende Bedeutung zukommen konnte, die wenigen und bereits etablierten Institutionen viele Konflikte nicht aufzufangen oder abzuschwächen in der Lage waren.

Alfons XI. Nach seiner Volljährigkeit (1325) und der damit verbundenen Übernahme der Regierungsgewalt ließ Alfons XI. zahlreiche Verwaltungspositionen neu besetzen. Die Rechte der *Hermandades* bestätigte er nicht, was deren Verbot gleichkam. Die meisten Städte und viele größere Orte gerieten in den direkten Einflussbereich des Herrschers, die Bürgermeister wurden durch königsnahe Personen oder direkt durch königliche Vertreter ersetzt. Ziel war die Schaffung eines Gegengewichts zum Adel. Siege gegen aufständische Adelsopponenten, Erfolge gegen Granada und dessen Verbündete sowie die Durchsetzung oberster königlicher Gesetzgebungsbefugnis und rechtsvereinheitlichender Bestimmungen (*Ordenamiento de Alcalá*, 1348) führten nochmals zu einer konsolidierten Stellung des Herrschers.

Kampf um die Krone Alfons' Sohn Peter konnte sich, gestützt auf seine städtefreundliche Politik, zunächst gegen die Opposition durchsetzen. Der Krieg gegen Aragón begann erfolgreich, und der Friedensvertrag von 1361 versprach Territorialgewinne. Wichtigster Gegenspieler Peters war sein Halbbruder Heinrich von Trastámara (aus einer Verbindung Alfons' XI. mit Leonor de Guzmán). Heinrich verbündete sich mit Teilen des Adels und strebte selbst die Krone an. Nach etlichen Niederlagen und Aufenthalten im Exil – Peter I. verfolgte währenddessen Trastámaras adlige Parteigänger mit brutaler Härte – wendete sich das Blatt: Mit Hilfe französischer Soldtruppen drang Heinrich 1366 in Kastilien ein und ließ sich in Burgos krönen. Die Niederlage im folgenden Jahr gegen Aufgebote Peters und des mit ihm verbündeten Eduard von Aquitanien bei Nájera führte zur erneuten Flucht Heinrichs. Das Bündnis Peters mit Fürst Eduard zerbrach an der mangelnden Konzessionsbereitschaft des Kastiliers, während Heinrich ab 1368 erneut auf französische Hilfe bauen konnte. Die Entscheidung fiel 1369 in der Schlacht von Montiel, eine Woche später tötete Heinrich seinen Halbbruder eigenhändig. Das Bündnis mit Frankreich blieb bestehen, im Inneren zielte Heinrich stärker auf einen Ausgleich, besonders seine adligen Parteigänger bedachte er mit Schenkungen, die Cortes tagten unter Machtverlust der Städte erneut. Zudem stabilisierte eine geschickte Heiratspolitik die Lage Kastiliens wieder.

In dem um 1200 gebietsmäßig verkleinerten Navarra versuchte Sancho VII. Navarra
seine Herrschaft mit Festungsbauten und Verwaltungsreformen zu sichern. Entgegen einer Absprache mit Jakob I. von Aragón, der selbst das Königreich nach dem erbenlosen Tod Sanchos an sich nehmen sollte, gelangte die Krone an Tedbald (Thibaut) von Champagne, einen Neffen des Verstorbenen. Tedbald reorganisierte die Landesverwaltung nach dem Vorbild seiner Heimat. Es gelang ihm, durch Bündnispolitik die potenziell gefährliche Lage des kleinen Reiches mit seinen bedeutenden Passverbindungen in den westlichen Pyrenäen zu entspannen. Erstmals banden die Herrscher aus dem Haus Blois-Champagne den navarresischen Adel im Lehnswesen, während sie selbst häufig in Frankreich weilten. Der Tod Heinrichs I. 1274 führte zu inneren Unruhen und Bedrohungen von außen. Nachdem sich seine Witwe Blanche von Artois mit der etwa vierjährigen Thronerbin Johanna unter französischen Schutz begeben hatte, gelang aber eine Befriedung. Johanna wurde 1284 mit Philipp IV. von Frankreich verheiratet, Navarra und die Champagne fielen an Frankreich. Navarra sank in den Status eines Nebenlandes ab, regiert und verwaltet durch Stellvertreter der französischen Könige. Der Übergang an Philipp von Évreux, vermählt mit Johanna, Tochter Ludwigs X., brachte erneute Eigenständigkeit. Bündnisse folgten Konflikten mit Aragón und Kastilien. Karl II. (1349–1387) war stark in die innerfranzösischen Auseinandersetzungen um die Thronfolge eingebunden und versuchte jahrzehntelang erfolglos, seine dortigen Ansprüche durchzusetzen. Erst nach Aufgabe dieses Ziels ging Karl in den 1360er Jahren zu einer aktiven Politik in Navarra über. Eine Zentralverwaltung wurde unter schwindender Teilnahme französischer Amtsträger errichtet, günstige Rahmenbedingungen förderten die wirtschaftliche Entwicklung.

Auch in Portugal brachten die Zentralisierungsbemühungen der Krone wie die Portugal
Verteilung eroberter Gebiete vornehmlich an Ritterorden und Landfremde Konflikte mit sich. Unter Alfons II. zu Anfang des 13. Jhs. erzielte Fortschritte fielen den widerstreitenden Interessen der verschiedenen Adelsgruppierungen, des Klerus' und des städtischen Bürgertums zum Opfer, da es Sancho II. nicht verstand, regulierend und ausgleichend einzugreifen. Die Nachfolge seines jüngeren Bruders Alfons III. wurde durch Papst Innozenz IV., der Alfons als Administrator einsetzte, und den Entzug von Sanchos Regierungsverantwortung als *rex inutilis* erleichtert. Aber nur nach schweren Auseinandersetzungen und dem erbenlosen Tod Sanchos erlangte Alfons III. 1248 den Thron gemäß den Bestimmungen des Testaments seines Vaters. Alfons trieb Zentralisierung und Fiskalisierung energisch weiter, berief 1253 und 1254 erstmals bürgerschaftliche Vertreter in die Cortes – wohl auch aus Dank, da die Städte seinen Aufstieg unterstützt hatten. Während seiner und seines Nachfolgers Dinis (Dionysius) I. Regierungszeit wurden entscheidende Grundlagen für das Königtum und das spätere überseeische Ausgreifen gelegt. Die portugiesische Reconquista endete mit dem Erwerb des Reichs von Algarve (1267), der Vertrag

von Alcanices brachte mit weiteren Territorialabrundungen den weitgehend noch heute gültigen Grenzverlauf zu Kastilien bzw. Spanien. Trotz innerer Unruhen – besonders Dinis' jüngerer Bruder Alfons initiierte Aufstände gegen die Krone – und des Konflikts mit Kastilien erlebte Portugal in dieser Zeit eine kulturelle Blüte. Der Landesausbau wurde intensiv vorangetrieben, Grundlagen für eine Flotte gelegt, und aus dem Erbe des aufgelösten Templerordens entstand ein eigener Christusorden. Eine Universität gründete man 1288 in Lissabon, die 1308 nach Coïmbra verlegt wurde – nicht das letzte Verschieben der Institution zwischen beiden Städten.

Beginn der Expansion und innere Konflikte

Der Ausbau der Verwaltungen, in die der Adel eingebunden wurde, war von zahlreichen inneren Unruhen begleitet. 1319 erhob sich Alfons IV. gegen seinen Vater, da er fürchtete, dass Dinis in der Thronfolge seinen illegitimen Sohn Afonso Sanches bevorzugen würde. Unter Alfons IV., der 1325 den Thron bestieg, begann die Rivalität mit Kastilien um die Kanarischen Inseln, zunächst mit Vorteilen für Portugal. Einen weiteren Vater-Sohn-Konflikt beschwor die Enthauptung von Inês Pires de Castro, der Geliebten des Thronerben Peter I., in königlichem Auftrag, womit vermutlich Peters ältestem Sohn Ferdinand mittelfristig die Thronfolge gesichert werden sollte. Die folgende Erhebung Peters endete mit seiner Mitregentschaft 1355. Nach dem Tod Alfons' IV. bevorzugte Peter wiederum den Adel und griff intensiv in die Rechtssprechung ein, wie er auch legislativen Akten hohen Stellenwert beimaß. Seine Söhne Johann und Dinis aus der Verbindung mit Inês de Castro ließ er legitimieren. Bedeutsam war der Erlass, dass päpstliche Schreiben nur mit königlicher Genehmigung verbreitet werden durften: Die portugiesische Krone erlangte damit Eingriffsmöglichkeiten in kirchliche Belange.

Kriege mit Kastilien

Nach weitgehender Beschränkung auf innere Angelegenheiten änderte sich das Vorgehen unter Peters Sohn, Ferdinand I. (1367–1383), der in die kastilischen Thronauseinandersetzungen eingriff. Die Kriege von 1369/70 und 1372/73 endeten mit portugiesischen Niederlagen und auch der dritte Konflikt von 1381/82 brachte keinen Erfolg. Nunmehr planten Johann I. von Kastilien und Ferdinand I. ein Heiratsprojekt ihrer Kinder, bevor Johann nach dem Tod seiner Ehefrau selbst die portugiesische Erbtochter Beatrix heiratete und damit potenzieller Erbe der Krone wurde. Der Friedensvertrag von Elvas/Salvatierra de Magos vom April 1383 sah zwar auch im Erbfall eine dynastische Selbstständigkeit Portugals vor, doch zeigte sich nach dem Tod Ferdinands im Oktober 1383 im Land eine ausgeprägte Gegnerschaft gegen die mögliche Thronfolge des Kastiliers. Als Regent amtierte zunächst ein weiterer illegitimer Sohn Peters I., Johann (João), Großmeister des Avís-Ritterordens, der den Widerstand führte. Aber erst als Johann englische Unterstützung einholte, wählten ihn die Cortes 1385 zum König. Eine zentrale Rolle spielte hier der Großkanzler João das Regras, der nachdrücklich die Ungültigkeit der Ehe Peters I. mit Inês de Castro betonte und daher Johanns Recht auf den Thron bestritt. Das ausgesandte kastilische Invasionsheer erlitt gegen das mit englisch-gascognischen Truppen verstärkte portugiesische Heer bei Aljubarrota die entscheidende Niederlage.

Nach den immensen Territorialverlusten in der ersten Hälfte des 13. Jhs. war Al-Andalus auf das von Kastilien lehnsabhängige Reich Granada beschränkt. Im 14. Jh. folgten in Zeiten kastilischer Schwäche nochmals Gegenangriffe der Nasriden, zum Teil unterstützt durch die marokkanischen Meriniden, die ihrerseits bis 1370 Stützpunkte im Westteil Granadas besetzt hielten. Begleitet war diese Periode von einem letzten Aufblühen der westarabischen Kultur und der Umgestaltung der Stadt Granada. Seit der Mitte des 14. Jhs. gewann Genua zunehmend an Einfluss auf das Gebiet.

Al-Andalus

9. Der Deutsche Orden und Osteuropa

In der ersten Hälfte des 13. Jhs. suchte der Deutsche Orden gerade unter Hermann von Salza neue Aufgabenbereiche außerhalb Palästinas. Im Heiligen Land wurde nach dem Erwerb von Montfort die Anlage planmäßig ausgebaut und zur Hochmeisterresidenz, bevor Akkon nach der Eroberung der Burg 1271 für die nächsten 20 Jahre Hauptsitz in dieser Region wurde. Balleien im Mittelmeerraum bestanden bis ins 15. Jh., und nur in Ober- und Mittelitalien konnte der Orden Gebiete länger halten. Die Unterstützung Ungarns gegen die Kumanen sollte Episode bleiben: Der Orden zielte auf ein unabhängiges Territorium, doch der ungarische Herrscher Andreas betrieb Einbindung und Unterordnung, was 1225 zur Vertreibung des Ordens führte. Bereits 1221 hatte der Orden die vollständige Exemtion erreicht und die Verfügung über den Kreuzzugsablass sicherte neben potenziellem Zustrom von Mitgliedern bzw. von kampfbereiten Bewaffneten finanzielle Mittel.

Deutscher Orden

Ein neues Betätigungsfeld eröffnete die Aufforderung Herzog Konrads I. von Masowien, im Norden seines Reiches gegen die Pruzzen zu kämpfen. Der in enger Verbindung zu Kaiser Friedrich II. stehende Großmeister Hermann von Salza, der zudem über gute Kontakte zur Kurie verfügte, ließ sich eigene Ansprüche und Rechte in der Goldbulle von Rimini (1226) zusichern, ohne dass damit die zukünftige Entwicklung zwingend vorgegeben war. Ergänzung fand das Privileg in dem Kruschwitzer Vertrag (1230), mit dem Konrad I. dem Orden das Kulmer Land und zukünftige Eroberungen in Preußen überließ, die der Orden wiederum 1234 an die Kurie übergab (Bulle von Rieti) und anschließend als päpstliches Lehen nahm. Die den Pruzzen viele Opfer zufügende Eroberung des Landes war nach weiteren Aufständen erst um 1285 abgeschlossen. Bereits der Christburger Vertrag von 1249 hatte letztlich von den Pruzzen die Aufgabe aller ihrer Traditionen erwartet. Die Gewährung eines immerwährenden Kreuzzugs 1245 für dieses Vorhaben begünstigte das militärische Vorgehen. Eine weitere

Expansion im Nordosten

Expansion nach Nordosten beendete die Niederlage auf dem Eis des Peipussees 1242, während Litauen im Süden alle Versuche zur Eroberung abschlagen konnte. Die regelmäßig stattfindenden Litauen-Kreuzzüge („Preußenreisen'), in denen sich der Auftrag zur Heidenmission legitimierend fortsetzte, blieben auch im 14. Jh. weitestgehend erfolglos. Erst die polnisch-litauische Union von 1386 veränderte die Konstellation. Das Ausgreifen auf Pommerellen und Danzig zu Beginn des 14. Jhs. verschlechterte das Verhältnis zum Königtum Polen, das an Rückeroberung jedoch vorerst nicht denken konnte. 1346 gelangte der Deutsche Orden als Nachfolger des Schwertbrüderordens (s. u.) in den Besitz eines Teils von Estland.

Ämter Neben den Ritter- und Priesterbrüdern verfügte der Orden über Mitglieder mit weniger Rechten. An der Spitze stand der gewählte Hochmeister, unterstützt von den fünf Hausämtern. Eigene Verwaltungsebenen leiteten Landmeister, Landkomture, Komture und Pfleger. Die planmäßige Siedlungspolitik wurde Teil der Ostsiedlung (s. Kap. I.B.1.2.). Die ursprünglich für die Neugründungen Thorn und Kulm erlassene Kulmer Handfeste (1233) folgte Magdeburger Recht und besaß Vorbildcharakter für die zukünftige Rechtsordnung der preußischen Städte. Innerhalb des Kerngebietes des Deutschen Reiches zeigten sich dagegen deutliche Unterschiede in der Besitzdichte des Ordens.

Livland Die Vereinigung mit den Resten des Schwertbrüderordens 1237 und die Übernahme seines Besitzes brachte dem Deutschen Orden Territorialgewinne in Livland, die Ende des 13. und im 14. Jh. in Auseinandersetzung mit den Erzbischöfen von Riga ausgebaut wurden. Auch der von Konrad I. von Masowien als Konkurrenz gegründete Ritterorden von Dobrin ging 1235/37 im Deutschen Orden auf. Mit dem 1279 begonnenen Bau der Marienburg erhielt der Orden nach der Verlegung des Hochmeistersitzes von Venedig an die Nogat 1309 mit der gewaltigen Befestigungsanlage ein neues Zentrum.

Polen In Polen brachte das 13. Jh. einen weiteren Verfall des alten, den Ansprüchen nach Veränderungen nicht mehr gewachsenen Königtums. Gebietsverluste waren hinzunehmen und die Teilfürstentümer verselbstständigten sich. Die Ansiedlung fremder Siedler mit jeweils eigenen Rechten nahm zu, die Niederlage gegen die Mongolen bei Liegnitz 1241 war verlustreich, doch rückten die Sieger bald wieder ab. In erster Linie von Klerus und Adel getragene Bemühungen um Einigung führten nach ersten Erfolgen 1295 schließlich 1320 mit der Krönung von Wladyslaw I. Lokietek in Krakau zum Ziel – mehrjährige Kämpfe waren vorausgegangen. Krakau stieg zum neuen zentralen Ort des Königreiches auf. Außer in Groß- und Kleinpolen erlangte Wladyslaw in weiteren polnischen Territorien Anerkennung, während die schlesischen Fürstentümer sich nach Böhmen orientierten. Unter seinem auf Ausgleich zielenden Nachfolger Kasimir III. erfolgten die Neuorganisation der Verwaltungen und eine Expansion nach Osten mit beträchtlichen Territorialgewinnen. Die Personalunion mit Litauen änderte im Inneren wenig, sicherte aber eine deutlich erhöhte militärische

Machtposition. Auch wenn die ehemaligen Teilfürstentümer keine politische Bedeutung behielten, blieb ihre kulturelle Vielfalt erhalten.

Das Fürstentum Moskau begann im 14. Jh. vor allem in Konkurrenz zum nordwestlich gelegenen Tvér seinen Aufstieg. Das Herrschaftsgebiet konnte deutlich vergrößert werden, begünstigt u. a. durch die Schwäche umliegender Fürstentümer. Allerdings unterstand auch Moskau der Oberhoheit der Goldenen Horde, in deren Einflusssphäre die russischen Fürstentümer nach einer ersten Niederlage 1223 und seit der großen mongolischen Invasion von 1237 bis 1240 lagen, die zu hohen Bevölkerungsverlusten geführt hatte. Sogar Novgorod war, obgleich nicht erobert, tributpflichtig. Den Großfürstentitel erhielten die Moskauer Fürsten noch im ersten Drittel des 14. Jhs. und auch der Sitz des Metropoliten der orthodoxen Kirche wechselte von Kiev in den neuen Machtmittelpunkt. Einen ersten militärischen Erfolg errang ein Moskauer Heer 1380 gegen die Mongolen, allerdings fiel deren Strafaktion zwei Jahre später u. a. Moskau zum Opfer. Selbst in die inneren Auseinandersetzungen des Fürstentums Novgorod konnte sich Moskau einmischen. Die Grundlagen für den folgenden Aufstieg zur herrschenden Macht im ostslavischen Raum waren damit gelegt, auch wenn zunächst Litauen den größeren Territorialkomplex, insbesondere mit den Gebieten um Kiev und Smolensk, aus dem Erbe des Kiever Reiches in Konkurrenz zu Moskau unter seine Gewalt gebracht hatte.

Ein Königreich Litauen existierte im 13. Jh. nur kurz, sein getaufter König Mindowe schloss sich dem 1260 beginnenden Aufstand gegen den Deutschen Orden an. Nach seinem Tod 1263 war nur noch kleinräumige Herrschaft möglich. Nachdem sich Pukuwer und sein Sohn Witen am Ende des 13. Jhs. als führende Familie etabliert hatten, legten sie und ihr Nachfolger Gedimin den Grund für herrschaftliche Strukturen. Religiöse Toleranz und Förderung der wirtschaftlichen Entwicklung sowie Abwehr der Territorialambitionen des Deutschen Ordens mit eigenem Ausgreifen nach Osten ließen das weiterhin nichtchristliche Großfürstentum zu einer bedeutenden Macht werden. Nicht zuletzt das Eingreifen des Deutschen Ordens in die Thronstreitigkeiten begünstigte die Verhandlungen zwischen Polen und dem Großfürsten Jagiello, der nach der Taufe 1386 die polnische Thronerbin Hedwig heiratete.

Das 13. Jh. stand in Ungarn unter dem Zeichen der Mongoleneinfälle. Nach der verheerenden Niederlage bei Mohi 1241 scheiterten alle Ansätze, die Zentralgewalt gegen die Magnaten zu stärken, obwohl unter Béla IV. (1235–1270) durchaus Erfolge im inneren Landesaufbau zu verzeichnen waren. Einerseits besaßen die Adligen mit den Goldenen Bullen von 1222 und 1231 umfassende Rechte, andererseits waren ihre Leistungen im Befestigungsbau für die Verteidigung unabdingbar, selbst wenn diese Anlagen die Position der weltlichen Herren weiter stärkte. Der Versuch Ladislaus' IV. (1270–1290), sich auf angesiedelte Kumanen als Gegengewicht zu den Magnaten zu stützen, scheiterte schließlich nach einer Niederlage gegen die Opponenten, die sich zudem auf die päpstliche Exkommunikation des Königs berufen konnten. Ladislaus selbst, dessen Mutter die kumanische Prinzessin Elisabeth war und der mit seinen Truppen entscheidenden Anteil am Sieg Rudolfs von Habsburg über Ottokar II. Přemysl von Böhmen hatte (vgl. Kap. I.C.2), wurde von kumanischen Mördern getötet (1290). Sein Nachfolger Andreas III. (1290–1301) zielte auf Unterstützung durch Klerus und Niederadel.

Ungarn im 14. Jahrhundert — Nachfolgekämpfe beherrschten Ungarn nach dem Tod des letzten Arpáden Andreas III., bis sich Karl I. von Anjou 1308 mit Förderung der Kurie und Hochadliger gegen die von rivalisierenden Magnaten unterstützten Wenzel III. von Böhmen und Otto von Wittelsbach durchsetzte. Wohl in Umkehrung der Erwartungen seiner Förderer strebte Karl ein von den Magnaten weitgehend unabhängiges Königtum an und besiegte deren Aufgebote zwischen 1312 und 1326. Sein Nachfolger Ludwig I. (1342–1382) führte Karls Konsolidierungsmaßnahmen weiter mit erfolgreicher Revindikationspolitik, finanzieller Konsolidierung mittels Steuern und Ausbau des (Edel-)Metallbergbaus – der ungarische Gulden sollte sich als wertbeständige Münze erweisen – sowie Reorganisation des Heerwesens. Ausdruck fanden diese Entwicklungen nicht zuletzt in der Hofhaltung. Ludwig konnte seine Herrschaft auf loyale Adlige stützen, persönliche Beziehungen zu den Magnaten überwogen institutionelle Einbindungen der sozialen Gruppen. Der Besitz des polnischen Thrones ab 1370 blieb eine Episode. Auch die Versuche Ludwigs, Ungarn nach dem Zusammenbruch des Serbenreiches (1355) eine Vormachtstellung auf dem Balkan zu erkämpfen, scheiterten letztlich, zumal es wohl 1366 zur ersten kriegerischen Begegnung mit den Osmanen kam.

10. Staatliche Entwicklungen in Skandinavien

Dänemark — Die Schlacht bei Bornhöved 1227 zwischen Dänemark und einer Koalition aus norddeutschen Fürsten und Städten beendete vorerst das Ausgreifen des skandinavischen Staats auf die südliche Ostseeküste. Der dänische Herrscher Waldemar II. richtete sein Interesse nunmehr verstärkt auf innere Angelegenheiten. Nach dem unproblematischen Übergang der Krone auf Erich IV. 1241 gab es bald Konflikte mit dessen Brüdern, insbesondere Abel meldete als Herzog von Schleswig eigene Ansprüche an. Nach einer durch Steuerunruhen infolge der inneren Kämpfe und Auseinandersetzungen mit der Kirche ausgelösten Flucht Erichs konnte dieser Abel 1250 nach seiner Rückkehr schlagen und die Unruhen unterdrücken. Erich fiel aber noch im gleichen Jahr einem vermutlich von seinem Bruder initiierten Mordanschlag zum Opfer. Als König zeigte Abel seinerseits ausgeprägte Herrscherqualitäten und war bemüht, alle Kräfte einzubinden. Ein begonnenes, umfassendes Gesetzeswerk – u. a. sollte der königliche Gerichtshof zur obersten juristischen Instanz ausgebaut werden

– musste sein jüngerer Bruder Christoph (Christoffer) nach Abels Tod im Kampf gegen die Friesen 1252 fortführen. Möglich waren die Reformen nur durch Zugeständnisse an den Adel, während der Episkopat überdies versuchte, eine Exemtion seiner Hintersassen von der herrschaftlichen Rechtssprechung durchzusetzen. Auf den Tod Christophs (1259) folgten Auseinandersetzungen zwischen den Königswitwen, bevor Erich V. (1259–1286) nochmals vorübergehend die Krone stärken konnte.

Die Position des Königtums blieb während der Vormundschaftsregierung für Erich VI. (1286–1319) und in dessen ersten Regierungsjahren gewahrt, gefolgt jedoch von Finanzschwierigkeiten und familieninternen Auseinandersetzungen. Der wieder aufgebrochene Kirchenkampf gipfelte 1295 in der Gefangennahme des Erzbischofs von Lund, Johann (Jens) Grand, wonach sich in den nächsten Jahrzehnten keine der Seiten definitiv durchsetzen konnte. Christoph II. musste schließlich 1319 eine Wahlkapitulation unterzeichnen und im folgenden Jahr die Vorrechte der Stände anerkennen, hielt jedoch die Bestimmungen nach dem Regierungsantritt nicht ein. Steuerforderungen und militärische Aktionen in Norddeutschland führten zum Widerstand des Adels und zu Bauernunruhen. Der hohe Adel baute seine Position weiter aus. Entscheidenden Einfluss gewannen die Kreditgeber Erichs VI., die ihre Gelder zurückforderten oder ihre Pfandschaften sichern wollten und sich von Holstein aus an der dänischen Bevölkerung schadlos hielten. Nicht geradlinig verlief nach der Thronvakanz von 1332 bis 1340 die Wiederetablierung der Herrschermacht unter dem – neben anderen von den Wittelsbachern unterstützten – Waldemar IV. Atterdag. Es gelang Waldemar jedoch, die Finanzsituation deutlich zu verbessern, so durch den Verkauf seines Herzogtums Estland, dessen Zugehörigkeit zu Dänemark der Deutsche Orden 1238 hatte anerkennen müssen, an eben diesen Orden. Mit diesen Mitteln konnten zahlreiche Verpfändungen gelöst werden, um breitere Handlungsspielräume zu gewinnen. Der Landfriede von 1360 regelte mit gegenseitigen Bindungen das Verhältnis zwischen König, Adel und Volk. Erste Erfolge gegen Schweden – der Rückerwerb Schonens 1360 und die Eroberung Gotlands im folgenden Jahr – führten schließlich zu einem Konflikt mit der Hanse, die angesichts der wieder einsetzenden dänischen Expansion im Ostseeraum ihre Handelsinteressen bedroht sah. Nach der Eroberung Kopenhagens (1369) musste der dänische Herrscher im Stralsunder Frieden (1370) den Hansestädten umfangreiche Rechte zugestehen. Gewählt wurde nach dem Tod Waldemars 1375 im nächsten Jahr der norwegische König Oluf (Olav), ein Enkel des Verstorbenen. Nach Olufs Tod 1385 schuf seine tatkräftige und durchsetzungsfähige Mutter Margarethe bis 1389 die Nordische Union von Dänemark, Norwegen und Schweden [1448: KJERSGAARD; zur Position der Hanse 1444: GIRGENSOHN].

Nach über ein Jahrhundert währenden, schweren inneren Auseinandersetzungen formierte sich in Norwegen in der ersten Hälfte des 13. Jhs. fortschreitend ein mit Kontinentaleuropa vergleichbares Königtum. Begleitet

Von inneren Kämpfen zur Nordischen Union

Norwegen

waren die Kämpfe von sozialen Umbrüchen, große Teile der ehemals führenden Familien waren den Kriegen zum Opfer gefallen. An deren Stelle traten neue in königlichen Diensten stehende Personen. Unverändert bildeten die Bauern den Kern des Heeres. Sie behaupteten so ihre persönliche Freiheit sowie eine günstigere soziale Position als in den meisten europäischen Ländern – und zwar ungeachtet steigender Belastungen, welche die zunehmende Zentralisierung mit sich brachte. Zudem gelang es den Adligen in der Regel noch nicht, eigene Herrschaften zu errichten. Grönland war bereits 1261 norwegisch geworden, und nach Verhandlungen erfolgte 1262/64 die Vereinigung mit Island, dessen Handel mit Norwegen intensiviert wurde ('Norwegisches Zeitalter', bis etwa 1400), zunächst unter Beibehaltung der dortigen Rechte. Auch nach den Rechtsanpassungen an norwegische Regelungen (1271 bis 1273 und 1281) enthielten die Rechte der Insel weiterhin viele altisländische Vorgaben. Dagegen trat Norwegen 1263 und 1266 die Insel Man und die Hebriden gegen Entschädigungszahlungen an Schottland ab. 1299 rückte Trondheim an die Stelle Bergens als Krönungsort. Als 1319 der dreijährige Magnús Eriksson König Hákon V. beerbte, kam es zur ersten schwedisch-norwegischen Union, da Magnús noch im gleichen Jahr auch zum schwedischen König gewählt wurde. Magnús orientierte sich stärker auf Schweden denn auf das weniger wirtschaftskräftige Nachbarland. Erst nach seiner Absetzung in Schweden 1363 suchte er bei seinem seit 1355 als norwegischem König amtierenden Sohn Hákon VI. (Wahl 1343/44) Rückhalt für den Wiedererwerb des Thrones. Unterstützung bot Dänemark, auch weil Hákon mit Waldemars IV. Tochter Margarethe verheiratet war.

Schweden   In Schweden setzte Birger Jarl 1250 die Wahl seines Sohnes Waldemar zum König durch, nachdem es fortgesetzte Thronkämpfe gegeben hatte. Die Jarle amtierten ursprünglich als Stellvertreter der Herrscher in denjenigen Landschaften, in denen der König nicht anwesend war. Zudem befehligten sie die Flotte. Seit etwa der Mitte des 12. Jhs. gab es jeweils nur noch einen Jarl mit entsprechenden Machtbefugnissen. Birger Jarl entstammte einer führenden Adelssippe Östergötlands, stand auf Seiten König Erik Erikssons und heiratete dessen Schwester Ingeborg. Zusätzlichen Rückhalt fand Birger Jarl beim päpstlichen Legaten, dessen Reformbestrebungen er unterstützte. Bis zu seinem Tode 1266 bestimmte Birger Jarl die Politik, versuchte einen Ausgleich mit Dänemark und Norwegen zu erreichen und intensivierte die Beziehungen zur Hanse. Auch Stockholms Entwicklung zur Stadt ist erst seit dieser Zeit belegbar, sie lag in schwedischem, aber vor allem Lübecker Interesse.

Könige und Adel   Familieninterne Auseinandersetzungen und gegenseitige Interventionen der nordischen Reiche ließen die Stände erstarken. Besonders entscheidend war der Konflikt Birger Magnussons mit seinen Brüdern Erich und Waldemar ab 1290. Der Inhaftierung und Tötung Erichs und Waldemars nach einer Reichsteilung folgte die Vertreibung Birger Magnussons und die Hinrichtung seines Sohnes. Gewählt wurde schließlich 1319 der gerade dreijährige Magnús Eriksson, bereits König von

Norwegen. Die Aristokratie ließ sich so weitgehende Rechte gegenüber der Krone bestätigen, dass man von einer schwedischen Magna Carta spricht. Nach einer relativ friedlichen Phase eskalierten die Spannungen zwischen König und Adel nach der Jahrhundertmitte, letzterer erhob 1364 Albrecht von Mecklenburg, einen Neffen des Königs, zum neuen Herrscher; Magnús gelangte erst nach mehrjähriger Gefangenschaft zurück nach Norwegen. Die schwedischen Territorialverluste trugen ihren Teil zur Anspannung der Lage bei. Doch auch unter Albrecht erfolgte keine Stabilisierung, der Mecklenburger musste sich der adligen Opposition und der dänischen Regentin Margarethe nach der Niederlage 1389 bei Falköping beugen, verzichtete aber erst 1405 auf seine Thronansprüche.

In Finnland dehnte sich der schwedische Einfluss auf Kosten Novgorods nach Osten aus, fixiert schließlich 1323 im Friedensvertrag von Schlüsselburg. Von Seiten der Kurie intensivierte man seit dem 13. Jh. eigene Aktivitäten auch zur Abwehr orthodoxen Glaubensgutes aus dem Osten. In den Küstengebieten siedelten ab der Mitte des 13. Jhs. in größerem Ausmaß schwedische Einwanderer. Der Name Finnland stand nun in wachsendem Maße für das gesamte Siedlungsgebiet der finnischen Stämme und die Bewohner erhielten eine gleichberechtigte Stellung. Seit 1362 nahmen ihre Vertreter an den Königswahlen teil, die innerschwedischen Konflikte begünstigten eine eigenständige Entwicklung.

_{Finnland}

II. Grundprobleme und Tendenzen der Forschung

A. DAS SPÄTMITTELALTER – EINE HISTORIOGRAPHISCHE KONVENTION

Die Diskussion über das Wesen des Spätmittelalters ist eine sehr deutsche Angelegenheit, geformt aus der Dreiteilung des Mittelalters in eine Früh-, Hoch- und Spätphase mit seiner staufischen Mitte und Höhe, aufgekommen in der Romantik und verfestigt in den nationalen Neurosen des endenden 19. und beginnenden 20. Jhs. Dergleichen blieb aber nicht auf Deutschland beschränkt. Belgien beispielsweise, ähnlich wie Deutschland aus einem Flickenteppich von Fürstenstaaten gebildet und durch tiefe konfessionelle und sprachliche Gegensätze geprägt, kennt noch in der zweiten Hälfte des 19. Jhs. kaum Mittelalterforschung, denn man schrieb ihr keine einheitsstiftende Funktion zu, eher die Dokumentation der unerwünschten nationalen Zersplitterung [42: LYON]. Nach den Versuchen H. HEIMPELS [25, 26] das Spezifische der Epoche zwischen dem 13. und 15. Jh. im Entwurf eines konservativen, aber allgemeinen, weil eben nicht mehr, aber auch nicht weniger ‚deutschen' Bildes vom Spätmittelalter zu deuten, kam die Frage erst wieder seit den 1980er Jahren auf. Der Zeitgeist der ‚Postmoderne' holte auch die Geschichtswissenschaft ein, Problemfelder wie ‚Epochenbewusstsein' und ‚Spätzeit' wurden erneut und andersartig diskutiert. Eine Zusammenfassung der Debatte, insbesondere auch was den Beitrag der Humanismus- und Renaissanceforschung angeht, bieten E. MEUTHEN [33] und K. SCHREINER [in: 28: HERZOG/KOSELLECK, 153–166].

<small>Die Epoche</small>

Debatten um das ‚Späte', das ‚Nicht mehr' und ‚Noch nicht', das ‚Werden', den ‚Verfall' sind in den 1920er und 1930er Jahren seit dem Aufkommen dieses noch verhältnismäßig jungen Begriffs ‚Spätmittelalter' häufig ausgetragen worden [24: HEIMPEL]. Doch ein Blick in die Sprachgewohnheiten und Nationalgeschichten Europas genügt schon, um das Verständnis jener Jahrhunderte als ‚Spätzeit' zu relativieren: Allein in England scheint der Gebrauch von ‚late' und ‚later' der deutschen Epochenbezeichnung vergleichbar zu sein. In Frankreich dagegen zeigt die alternative Verwendung von „bas" und „tard" wenig fixierte Eindeutigkeit. Noch geringer entwickelt ist in der italienischen Historiographie die Vorstellung

<small>Das ‚Späte' und ‚Neue' im Spätmittelalter</small>

einer über „basso" zu vermittelnden Spätphase des Mittelalters. Für das Spanische („baja") gilt Ähnliches [33: MEUTHEN]. In Deutschland geht man trotz gewisser Frühperiodisierungen – in der politischen Historiographie um 1200 [14: BOOCKMANN/LEUSCHNER], in der Germanistik um 1220/30 [27: HEINZLE], in der Latinistik (mit dem Paradigmenwechsel eines vollständigen Abbrechens der Antiken-Rezeption nördlich der Alpen) um 1220/50 – immer noch von eher überkommenen Auffassungen aus, eine Art Konsens in der historischen Zunft, die sich schon im ‚Dahlmann-Waitz' von 1912 (8. Auflage) findet: 1250 [1000: MORAW; 1005: THOMAS], 1273 [996: HAVERKAMP] – jedenfalls die zweite Hälfte des 13. Jhs. Vor dieser durchaus traditionellen Chronologie hat man seit einer Generation die ungewöhnlich langanhaltende, dominante Vorstellung vom Spätmittelalter deutscher Prägung erst langsam differenziert, dann gänzlich neu entworfen: „nicht markante Zäsuren, sondern ‚Qualitätswandlungen' (bestimmten) das Neue" [1002: SCHUBERT]. Qualitätswandlungen stellte die jüngere Forschung v.a. bei der Umformung der politischen Systeme und Verfassungen (u. a. Herrschaft, Kommunalismus, Arbeit) fest, man beobachtete sie in den Gesellschaften zwar mit zeitlichen und inhaltlichen Differenzen, jedoch in ganz Europa [Forschungsstand bei: 1043: SCHNEIDER; 520: GRAUS; 681: TILLY/ BLOCKMANS; 1003: SEIBT/EBERHARD; 612: BLICKLE; Problematisierung bei: MORAW in: 349: BESTMANN/IRSIGLER/SCHNEIDER, 583–622]. Von Neuerungen ist die Epoche besonders in Technik (z. B. Uhren, Wassermühle, Papier, Geschütze) [890: DOHRN-VAN ROSSUM; 889: BLOCH; 893: KÄLIN; 901: SCHMIDTCHEN] und Architektur geprägt: Die in Frankreich (St-Denis 1140) und England (Canterbury 1185) entstandene gotische Bauweise drang im 13. Jahrhundert nach Spanien (León, Burgos 1220) und Deutschland (Marburg, Trier, Köln 1235/50) vor, bestimmte die Manier der Kirchenbauhütten [891: ERLANDE-BRANDENBURG; 900: NUSSBAUM].

Huizinga und die Fin-de-siècle-Stimmung

J. HUIZINGA [29] beeinflusste und beeinflusst mit seiner auf das Spätmittelalter projizierten europäischen Untergangsstimmung die Historiographie vom späteren Mittelalter, hatte mit bestimmten Seitenaspekten Rückwirkungen auch auf die wirtschaftsgeschichtliche Theoriebildung von der spätmittelalterlichen ‚Krise'. Huizingas eindringliche, aus der Perspektive des frühen 20. Jhs. entworfene Bilder charakterisieren die Epoche in ihren populären und popularisierten Bildern bis heute. Seine Kulturgeschichtsschreibung [zuletzt 40: FLECKENSTEIN] zeigt Anklänge an die Methoden, wie sie in Deutschland mit breiter Ausstrahlung von K. Lamprecht, in Frankreich von H. Berr, in den USA von der ‚New History' entwickelt worden waren, um die Mentalitäten eines Zeitalters zu beschreiben, um die soziale Psychologie ganzer Gruppen und Gesellschaften in der Geschichte darzustellen [zusammenfassend: 43: SCHORN-SCHÜTTE]. Huizingas Werk erfuhr freilich schon durch R. STADELMANN [38] eine gewisse methodische Korrektur, obgleich auch er dem Zeitgeist mit Kapitelüberschriften wie „Skepsis", „Resignation" und „Pessimismus" huldigte. Stadelmann drängte es „aus dem ästhetischen Nachfühlen und Umschreiben zu einer begrifflichen Analyse und Verarbeitung" [vgl. 828: FERGUSON]. G. DUBY [18] hingegen glaubte schon 1970 verkünden zu können, dass die französische Nachkriegshistorie die romantisierende Wiederbelebung von Vorstellungen eines Übergangs- oder Verfallszeitalters überwunden habe. Auf alle Fälle – die Spätmittelalterforschung hatte ein neues Lieblingsthema gefunden: die ‚Krise' in allen ihren tatsächlichen oder nur vermeintlichen Schattierungen [Überblicke: GRAUS in: 28: HERZOG/KOSELLECK, 153–166; 1003: SEIBT/EBERHARD].

Vornehmlich seit dem Zweiten Weltkrieg wurden neue Untersuchungsfelder als wichtig für das Verständnis des Spätmittelalters angesehen und dafür auch Fragestellungen und Methoden entwickelt. Die mit den 1950er Jahren einsetzende und aus verschiedenen Forschungstraditionen gespeiste Sozialgeschichte veränderte die Historie der politischen Verfassungen und sozialen Verfasstheiten in umwälzender Weise. Soziale Gruppen und Personenverbände wurden als entscheidend wichtiges Movens der Geschichte im Spätmittelalter ausgemacht, die vorher zur Erklärung des historischen Werdens vornehmlich herangezogenen Paradigmen ‚Institution' und ‚Norm' traten zurück, ja sie wurden teilweise nur noch als Funktionen menschlicher Kommunikation und Miteinanders in Gemeinschaften und Klientelverbänden beschrieben [MORAW in: 1014: DERS., 11–46]. Grundlegend verändert wurde dadurch das Wissen über den Hof als verfassungs- und gesellschaftsprägende Konstante, sei es nun die päpstliche Kurie [1150: ESCH; 1189; 1191: GUILLEMAIN; 1195: SCHUCHARD; 1196: SCHWARZ], seien es die königlichen Höfe [1014: MORAW; 35: PARAVICINI/WERNER; 1043: SCHNEIDER; 1017: SCHUBERT] oder die fürstlichen Residenzen [761: PARAVICINI/PATZE; 754: KRUSE/PARAVICINI; 1017: SCHUBERT]. Die als Methode ausgeformte Personengeschichte [509: BULST/GENET] differenzierte auch das Wissen um die spätmittelalterliche Kirche, vornehmlich die sozialen, politischen und verfassungsgeschichtlichen Aspekte der Stiftskirchen [Forschungsbericht zu deutschen Stiften: 1183: HOLBACH]. Personenzusammenhänge, Gemeinschaft und Verwandtschaft wurden als konstitutiv für die Wirtschaft der Zeit erkannt. Sie gaben den einzelnen Firmen wie den Handelsgesellschaften den nötigen Kitt, bestimmten ihren Handlungshorizont [360: VON STROMER; 455: MELIS; 444: HUNT]. Identifiziert hat man ebenso Führungsschichten und -gruppen, bislang allerdings fast nur in Großstädten, erkannt wurden ihre ständigem Wandel unterliegenden, durch Reichtum und Macht gekennzeichneten Personen- und Heiratszirkel als wesentliche soziale Kräfte: Treibende und in zahlreichen Aufständen vornehmlich des 14. Jhs. Getriebene zugleich [520: GRAUS; MASCHKE in: 672: DERS., 170–274; 691: GROTEN; 698: RIGAUDIÈRE]. Seit den 1970er Jahren hat die Forschung ihre Untersuchungssonden schärfer auf den einzelnen Menschen ausgerichtet. Makroökonomische Fragestellungen der ‚klassischen' Wirtschaftsgeschichte wie v.a. die Preis- und Lohnstatistik wurden nun am ‚Härtefall' des in den Quellen vorfindbaren Individuums überprüft, erreichbare Ein-

Neue Fragestellungen

kommen, Arbeitszeiten und Lebenshaltungskosten rekonstruiert. Gewonnen wurden dadurch neue Aussagemöglichkeiten für das Leben und den Konsum der Menschen in den verschiedenen, vornehmlich städtischen Sozialschichten. Dabei konnte die von K. BÜCHER und W. ABEL aufgestellte These vom Spätmittelalter als ‚goldenem Zeitalter der Lohnarbeit' widerlegt werden [337: DIRLMEIER; 346: DE LA RONCIÈRE]. Die ‚Lebensformen' [507: BORST] rückten in den Blickpunkt, unter dem Einfluss v.a. der französischen Sozialgeschichtsforschung und mit den Erkenntnissen der Stadtkerngrabungen [20: FEHRING; 85] konnte verstärkt nach der materiellen Kultur des identifizierbaren Einzelmenschen bzw. von Gruppen und Schichten gefragt werden, nach Essen und Trinken, nach Kleidung und Wohnung [526: KÜHNEL; 108: BITSCH/EHLERT/VON ERTZDORFF; 115: SCULLY; 522: HARTE/PONTING; 515: DIRLMEIER]. Der ‚Alltag' der Menschen wurde gefunden, die Alltagsgeschichte erfunden [518: DYER; 30: JARITZ]. Hinzu kamen die ‚Mentalitäten' und Verhaltensweisen der Menschen [521: GRAUS; 34: NITSCHKE, Verhaltensforschung], angefangen vom Körperbewusstsein, von Geburt, Erziehung, Sexualität und Lebenslauf, Krankheit und Tod [514: DINZELBACHER; 154: BULST/DELORT] über Fest und Spiel [504: ALTENBURG/JARNUT/STEINHOFF; 523: HEERS], Frömmigkeit und kollektive Ängste [513: DELUMEAU] bis zu den symbolischen Zeichen und rituellen Formen der Selbstvergewisserung ganzer Gemeinschaften [535: SCHMITT]. In diesen Bemühungen wurden soziale Gruppen und Geschlechter (wieder-)entdeckt: Familien, Kinder und Jugendliche, Frauen und Männer, Mystiker und Mystikerinnen, Randgruppen, Kriminelle [559: HERLIHY/KLAPISCH-ZUBER; 581: DUBY/PERROT; 590: ARNOLD; 733: HERGEMÖLLER; 737: SCHUBERT; 736: REXROTH]. Auch das Verhältnis zwischen den Menschen und ihrer Umwelt schob sich in den Blickpunkt der verstärkt auf Interdisziplinarität angelegten Forschung [59: SCHUBERT/HERRMANN]. Dazu gehörte auch die Erfahrung und Perzeption des Fremden durch Reisen und Unterwegssein von Wallfahrern, Gesellen, Kaufleuten, Scholaren, Gesandten [883: MORAW], auch das Erlebnis der fernen Fremde, wie es die Berichte der Johannes von Plano Carpini, Wilhelm von Rubruk, Marco Polo, Odorich von Pordenone, Ibn Battuta vermittelten [882: MOLLAT; 886: REICHERT; 888: SCHMIEDER]. In den letzten Jahren zeichnen sich aus diesen Trends Umrisse einer neuen Kulturgeschichtsschreibung ab [15: BORGOLTE; 529: OEXLE].

Neue Quellen   Der umfassende Paradigmenwechsel in der Spätmittelalterforschung beruht auch auf der Erschließung neuer Quellen bzw. der Wiederentdeckung vernachlässigter Zeugnisse. Namentlich hat die archäologische Überlieferung zur materiellen Kultur zusammen mit der Realienkunde sowie der Paläobotanik und -zoologie neue Erkenntnismöglichkeiten erschlossen [57: HERRMANN; 58]. Die mediävistische Forschung übernahm von der historischen Anthropologie und der Ikonographie das Rüstzeug, um den Bereich des non-verbalen Austauschs über Zeichen, Symbole und Gebärden ernstzunehmen und zu deuten [z.B. 9: SOSSON; 11: TOLKEMITT/WOHLFEIL]. Man hat auch schriftliche Quellentypen wiederentdeckt und neu erschlossen, die in vielerlei Weise nutzbar sind, den spätmittelalterlichen Lebensformen näherzukommen. Zu verweisen ist besonders auf die seit dem 13. Jh. mehr oder minder gut überlieferten Abrechnungen und Rechnungsserien [356: LYON/VERHULST; 785: MERSIOWSKY] sowie auf Testamente [1: VON BRANDT; 511: CHIFFOLEAU] und Inventare [13: VAN DER WOUDE/SCHUURMANN]. Neue Quellen allenthalben auch für die Themen Aneignung und Imagination der Welt: Landkarten, Reiseberichte, Selbstzeugnisse, aber auch Realien wie Hohl- und Längenmaße, die über einfache und ganzzahlige Vielfache interregional und überzeitlich miteinander in Beziehung standen und damit nicht nur die wirtschaftliche Verfasstheit, sondern auch gesamtgesellschaftliche Verhältnisse jener Zeit in sich bergen [16: VON DEN BRINCKEN; 881: PARAVICINI; 887: REICHERT; 539: WITTHÖFT].

B. RAUM, WIRTSCHAFT UND MENSCHEN

1. Der Raum

1.1. Raum und Umwelt

Agrarkrisen-Theorie   Die ‚Krise der spätmittelalterlichen Wirtschaft', die Agrarkrisen-Theorie bzw. – modifiziert – die Agrardepressions-Theorie W. Abels (1935/1980) gilt als das globale Modell zur wirtschaftlichen Bewertung und Periodisierung des Spätmittelalters. Sie beruht auf den Theorien von T.R. Malthus (1766–1836) und D. Ricardo (1772–1823), den Vertretern der klassischen Schule der englischen Nationalökonomie [120: Petersen; gute Übersicht im Vergleich zum marxistischen Modell: 123: Wallerstein]. Beeinflusst davon sind auch M.M. Postan [189] („an age of contraction") und E. Le Roy Ladurie [199], der die gesamte Geschichte Europas im Sinne von „langfristigen Agrarzyklen" interpretierte. Die Theorie Abels orientiert sich an vier Prämissen: „Stockung der Bevölkerungszunahme", „Abnahme der ländlichen Siedlungen", „Leistungsabfall der landwirtschaftlichen Erzeugung" und „Rückgang (seit etwa 1375) der Preise für Agrarprodukte" [212: Abel]. Abels Modell fand lange Zustimmung. G. Bois [220] hat noch 1976 über die wirtschaftliche Entwicklung der östlichen Normandie zwischen dem 14. und 16. Jh. eine Regionalstudie vorgelegt, die die Abelsche Theorie lediglich in einem Punkt modifizierte. Abel maß den sinkenden Grundrenten und ihrer Bedeutung insbesondere für die adligen Grundherren eine besondere Aussagekraft zu. Bois ergänzte die Bewertung der Grundrente um das seinem marxistischen Ansatz inhärente Moment der Feudalrente und versuchte damit, die Dynamik der wirtschaftlichen Schrumpfungsprozesse verständlicher zu machen [vgl. 236: Kriedte].

Die Agrarkrisentheorie in der wissenschaftlichen Diskussion   Kritik gegen die globalen Entwürfe von Agrardepression und allgemeiner Krise der spätmittelalterlichen Wirtschaft erwuchs vor allem aus regionalen und sektoralen Sonderstudien. Forschungen der letzten Jahrzehnte haben gezeigt, dass die Krisen-Modelle nicht ohne weiteres auf alle Sektoren der Wirtschaft und alle Regionen zu übertragen sind. In Flandern z. B. traten erst in der zweiten Hälfte des 15. Jhs. Erscheinungen auf, die auf ‚Depression' hinweisen. Gleichwohl gab es dort im 14. Jh. bereits demographische Einbrüche (durch Hungersnöte), Rückgang des Aktivhandels, allmähliches Verschwinden des traditionellen Tuchgewerbes. Dagegen standen indes positive Erscheinungen, und zwar sowohl in der Landwirtschaft wie auf dem gewerblichen Sektor, so dass man das Zeitalter nuancierter als „âge des mutations" umschrieben hat [Zusammenfassung: Aerts/ van Cauwenberghe in: 1003: Seibt/Eberhard, 95–116]. Abels globales Modell unterliegt in der Adelsforschung mit viel Recht entschiedener Kritik [807: Sablonier; 216: Andermann]. Im übrigen – der Krieg war das Geschäft des Adels und zugleich ein Geschäft für ihn [793: CONTAMINE (am Beispiel des Hundertjährigen Kriegs)]. Von agrargeschichtlicher Seite hat W. ACHILLES [214] 1991 Abel entgegengehalten, er habe die von Konjunkturen der Marktpreise unabhängige Selbstversorgung der kleinen und damit der Masse der Bauernwirtschaften kaum beachtet. Denn erst mit steigender Betriebsgröße nehme die Marktverflechtung und daher auch die Abhängigkeit von der Agrarpreissituation zu. Freilich strich ACHILLES [215] 1998 in grundlegender Methodendiskussion die heuristische Stärke und die „weiterführenden Ansätze" von Abels Theorie heraus.

W. ABEL [47] wies durch sein 1943 erschienenes Buch auch der internationalen Wüstungsforschung neue Wege. Die nach dem Zweiten Weltkrieg überall in Europa einsetzenden regionalen Untersuchungen zu Siedlungs- und Flurwüstungen haben zwar deutlich gemacht, dass es während des 14. und 15. Jhs. zu einem temporären, partiellen bzw. totalen Verlust an Siedlungen und zu einem Rückgang von Ackerland gekommen ist [z. B. 164: KLEIN]. Aber – Wüstungen sind bei weitem nicht so spezifisch für das Spätmittelalter, wie die frühere Forschung angenommen hat. Auch in späteren Epochen kam es zu Wüstungsvorgängen [48; 49: BERESFORD/HURST für England, Schottland, Wales und Irland; 53: JÄGER; 56: STAERK für Deutschland]. Als mögliche Ursachen der Wüstungen des 14. Jhs. wurden klimatische und biologische Faktoren (rückläufige landwirtschaftliche Erträge und periodische Hungerkrisen), anthropologische Veränderungen (Verschlechterung der Seuchenresistenz und endemisches Auftreten der Seuchen), ökonomische Widrigkeiten (u. a. das Stadt-Land-Gefälle) und soziale Motive erwogen [44: BORN]. Wüstungen

L. FEBVRE [45], einer der Gründungsväter der ‚Annales' und damit der europäischen Sozialgeschichtsschreibung, hat in Übereinstimmung mit der deutschen historischen Landesforschung schon 1922 eine verstärkte Hinwendung der Forschung zu den geographischen Grundlagen der Geschichte gefordert: Boden, Vegetation und Klima seien für den Historiker wichtiger als Vererbung (im biologischen Sinn) und Genealogie. Die Erforschung historischer Umweltbedingungen ist seitdem Gegenstand interdisziplinärer Forschung. Die Geschichtsschreibung hat sich als Humanwissenschaft in erster Linie mit den Auswirkungen der anthropogenen Umweltveränderungen auf die Daseinsbedingungen der Menschen beschäftigt. Die Fragen richteten sich darauf, wie sich die wirtschaftenden Individuen und Gemeinschaften die Natur angeeignet haben, wie sie in natürliche Prozesse eingriffen, wie überhaupt die Zeitgenossen ihre natürliche Umwelt wahrnahmen und einschätzten [71: FUMAGALLI; 57 u. 58: HERRMANN; 59: SCHUBERT/HERRMANN; 61: ZIMMERMANN/SPEER]. Umweltgeschichte

Die Quellen zur Analyse der historischen Klimate sind äußerst vielgestaltig. Die Überlieferung vereinigt Quellen einerseits physisch-geographischen Ursprungs, d. h. Zeugnisse von historischen Naturzuständen und ihren Veränderungen, andererseits anthropogener Provenienz, in denen sich Beobachtungen und Handlungsweisen von Menschen widerspiegeln [Zusammenfassung bei: 64: Klima und Geschichte

LAMB; 63: GLASER]. Die 1967 publizierte Arbeit von E. LE ROY LADURIE [65] befruchtete die Diskussion in den Geschichtswissenschaften über die Bedeutung der Klimate. So stützte z. B. P. ALEXANDRE [62 (1987)] seine Klimageschichte vom Jahr 1000 bis 1425 auf narrative Quellen aus West- und Mitteleuropa (ohne England), auf chronikalische und annalistische Notizen über Hitze und Kälte, Erdbeben und Flutwellen, Sonnenfinsternisse und Kälber mit zwei Köpfen. Als ‚harte' anthropogene Quellen haben sich grundherrschaftliche Rechnungen erwiesen. Sie liefern seit dem 14. Jh. Ernteertragsmengen und Weinlesedaten. Dass es sich bei den herrschaftlichen Leseterminen nicht um willkürliche Festsetzungen handelte, hat man aus den großräumigen Übereinstimmungen in den Fluktuationen der Lesedaten etwa zwischen der Schweiz, Burgund und dem rheinischen Raum wahrscheinlich gemacht [66: PFISTER; 65: LE ROY LADURIE]. Durchaus kontrovers wurden die klimatischen Auswirkungen auf die wirtschaftlichen Depressions- und sozialen Krisenerscheinungen diskutiert [189: POSTAN; 64: LAMB]. Nur scheinbar banal ist, dass das moderne Konzept ‚Umweltgeschichte' ‚Natur' und ‚Mensch' gleichermaßen berücksichtigt. Witterungsbedingungen trugen zumindest kurzfristig zur Preisbildung der Lebensmittel und Rohstoffe bei. Für die Agrarproduktion spielten aber auch noch anthropogene Kriterien eine wichtige Rolle: die Grundherrschaft und der Grad bäuerlicher Freiheit, die Transportmöglichkeiten, die Marktnähe und -ferne, ja die Beschaffenheit des Marktes überhaupt – die Mechanismen von Angebot und Nachfrage. Den Rückgang des Getreidebaus in Norwegen während des 14. Jhs. bewirkten nicht etwa nur ungünstige Klimate, sondern die Sogwirkungen des Lübecker Marktes. Die dortigen hohen Butterpreise führten die norwegischen Bauern dazu, die Getreideproduktion zugunsten der Viehwirtschaft einzuschränken und sich so flexibel den Marktbedingungen anzupassen [67: UTTERSTRÖM]. Die Abhängigkeit Norwegens von Getreidelieferungen des Hansehandels ist freilich lange Zeit völlig überschätzt worden [NEDKVITNE in: 441: HENN/NEDKVITNE, 9–18].

Wald und Waldzerstörung

Wälder, Weiden, Wiesen und Ackerfeld, die Landschaft überhaupt, waren nicht vor den Menschen existent. Sie sind Resultat seines wirtschaftenden bzw. kulturellen Tuns, der Arbeit. G. Bertrand hat ein Konzept „pour une histoire écologique" programmatisch bereits 1975 im ersten Band der ‚Histoire de la France rurale' entworfen [226: DUBY/WALLON]. Die besonders in deutschsprachiger Forschung geläufige Trennung von Forst- und Waldgeschichte ist in den letzten Jahrzehnten unter dem Eindruck dieses Entwurfes Historischer Umweltforschung obsolet geworden [69: BECHMANN; 68: ANDREOLLI/MONTANARI; 83]. Gleich, ob der Wald als Nahrungs- und Rohstoffressource oder als Faktor der Klimabeeinflussung angesehen wird – die Interpretation basiert in den neueren historischen Untersuchungen auf dem Verständnis, dass Mensch und Wald Teile des Ökosystems sind. Waldgeschichte kann daher nur „innerhalb der gesamten Beziehungen zwischen Mensch und

Umwelt angemessen" analysiert werden [73: IRNIGER]. Die so verstandene Geschichte des Waldes ist Gegenstand verschiedener Fachdisziplinen (Geschichte, Forstgeschichte, Kunstgeschichte, Volkskunde, Paläobotanik, Geologie, Historischer Geographie; guter Überblick: HASEL [72]; die Breite der Beschäftigung zeigen Sammelbände: JOCKENHÖVEL [74]; SEMMLER [80]; SIEFERLE [60]; RÖSENER [768]). Geläufig ist besonders der deutschen Forst- und Waldgeschichte der Umgang mit Rechtsquellen, mit Weistümern, Willkürrechten, Polizeiordnungen und dementsprechend war der methodische Blick rechtshistorisch orientiert. Nach Vorgaben K. MANTELS [76] wurden die spätmittelalterlichen Waldschutzmaßnahmen als bloße Vorstufen der landesherrlichen Forstpolitik seit dem 16. Jh. bewertet [vgl. 78: SCHRÖDER-LEMBKE], was aber schon seit den 1960er Jahren mit dem Hinweis auf die Anfänge künstlicher Waldpflegemaßnahmen korrigiert worden ist [82: TIMM; 81: SPORHAN/VON STROMER]. Man wird sich allerdings davor hüten, die seit dem hohen Mittelalter überlieferten Klagen über Waldschäden und Forderungen nach Schutzmaßnahmen in jedem Fall wörtlich zu nehmen. Überhaupt – die Frage nach den Motiven und Absichten der im 14. Jh. verstärkt einsetzenden städtischen und herrschaftlichen Ordnungspolitik ist bislang eher selten gestellt worden [DIRLMEIER in: 35: PARAVICINI/WERNER, 437–449]. Neuere Forschungen über die Ressource Wald verdeutlichen überdies Ungleichzeitigkeiten und Ungleichgewichtigkeiten in den europäischen Regionen. D. LOHRMANN [75] z. B. konstatierte in Westeuropa nur lokale Holzverknappungen bis zum Ende des 12. Jhs., fand im mediterranen Raum durch Landesausbau, Urbanisierung und Bevölkerungsvermehrung frühere und stärkere Anzeichen für Übernutzungen als in Nordwesteuropa, wo die klimatischen Bedingungen dem Wald bessere Regenerationsmöglichkeiten boten. In Deutschland berichten die Quellen über Holzverknappungen im Zusammenhang mit der Eisenerzeugung, jedoch kaum vor dem 14. Jh. Dagegen lassen sich in der Holzversorgung der Großstadt London schon für das 13. Jh. massive Probleme nachweisen. Erst die Hunger- und Sterblichkeitskrisen seit dem frühen 14. Jh. führten hier wieder zu verlangsamter Nachfrage nach Holz und zu einer Erholung der Wälder [TE BRAKE in: 60: SIEFERLE, 31–60]. Auf die vernetzten Zusammenhänge von großräumigen Entwaldungen, vermehrter Weidewirtschaft und verstärktem Holzexport in der Südalpen-Landschaft der Haute-Provence wurde man schon 1959 aufmerksam [79: SCLAFERT]. Exorbitanten Holzbedarf hatten seit dem späten 12. Jh. die großen Städte. Die Kommunen engagierten sich mit einer eigenen Holzpolitik im Umland, sie entwickelten Strategien der Zukunftsvorsorge und selektierten die Böden im Gegensatz zur Rodung des Hochmittelalters nach den Bedürfnissen spätmittelalterlicher ‚urbanitas'. Im Umland der Städte im deutschen Nordwesten z. B. hat man die Wald-Feldwirtschaft aufgegeben. Überall, gleich ob in Nürnberg, in Venedig oder in der Grundherrschaft von Burton Abbey, hieß die Konsequenz: „Einschränkung der Allmendnutzung" [SCHUBERT in: 57: HERRMANN, 257–274] und strenge Regelung der

Waldnutzung [73: IRNIGER; 77; 70: BIRRELL]. Es passt zu dieser Holzpolitik und dem Umweltverständnis, dass fremde Wälder zum eigenen wirtschaftlichen Vorteil ebenso systematisch ausgeplündert worden sind.

Städtische Umweltbedingungen   Normative Quellen, Protokolle, Chroniken und Abrechnungen bezeugen seit dem 13. Jh. das Bemühen städtischer Ratsregierungen, regulierend, teilweise auch planend auf die Umweltbedingungen inner- wie außerhalb der Mauern einzuwirken. In Siena z. B. war schon 1218 eine allgemeine Straßenkarte als Planungsgrundlage für Stadtausbau und -verschönerung in Gebrauch [89: BRAUNFELS; 91: DIRLMEIER]. Die wissenschaftliche Beschäftigung mit städtischen Umweltfaktoren und kommunalen Ver- und Entsorgungsproblemen setzte namentlich in Deutschland mit den Städtehygienisierungs-Kampagnen seit der Mitte des 19. Jhs. ein: Schmutz und Gestank während des Mittelalters wurden in ungebrochenem Fortschrittsglauben den neugewonnenen Hygieneeinrichtungen des Industriezeitalters und den neuartigen öffentlichen Institutionen der Daseinsvorsorge, den Wasserleitungen, den Abwasserkanälen, der Elektrizitäts- und Gasversorgung, der Müllabfuhr, der Berufsfeuerwehr und dem gesunden Wohnungsbau, gegenübergestellt. Viele dieser Arbeiten sind Quellen geworden für die Zustände im 19. wie im 14. Jh. [Überblicke: 97: GREWE; 93: FOUQUET].

Stadtkernforschungen   Impulse für die Erkundung städtischer Umwelten gingen nach dem Zweiten Weltkrieg durch die in den zerstörten europäischen Städten möglich gewordene Stadtkernforschung aus. Die vielfältigen archäologischen Zeugnisse haben das Wissen um die Lebensbedingungen in den spätmittelalterlichen Städten erheblich erweitert [85; 92: FEHRING; 107: STEPHAN]. Maßstäbe setzten die 1947 beginnenden Ausgrabungen in englischen Städten, in London, Winchester und Southampton [zusammenfassend: 87: BARLEY]. Nach frühen Grabungen in Köln, Hamburg und Lübeck, in Magdeburg, Leipzig und Dresden entstanden regelrechte Zentren systematisch betriebener Stadtarchäologie u. a. in Braunschweig, Göttingen, Konstanz, Lübeck und Ulm [103: RÖTTING; 106; 84; 100: OEXLE]. In der Schweiz mit Schwerpunkt in Zürich [98: ILLI; 105: SCHNEIDER u. a.], in England [90: CARVER], in den Niederlanden [u. a. in Amsterdam: 86: BAART u. a.] und in Frankreich [85] hat man zahlreiche archäologisch-historische Bestandsaufnahmen durchgeführt [Überblicke über die mittel-, west- u. nordeuropäische Forschung: 99: JÄGER; 102: RENAUD]. K. GREWE [97] hat in vergleichender archäologisch-technikgeschichtlich-historischer Perspektive die Wasserver- und -entsorgung im Mittelalter behandelt und durch Spezialstudien vornehmlich aus dem französischen und englischen Raum erweitern und ergänzen lassen.

Die Kloake als ‚Paradigma'   Zum ‚Paradigma' der modernen Stadtkernarchäologie des Spätmittelalters wurde die Kloake. Latrinen hinter städtischen Häusern gab es vom 13. Jh. an. Sie hatten die Funktion von Universal-Abfallsammlern [91: DIRLMEIER; 94: GECHTER]. Bei den vielfältigen Untersuchungen solcher Abfallgruben fand man nebeneinander die Überreste von menschlichen Fäkalien, von Küchen- und

Gewerbeabfällen bis hin zu gegenständlichen Relikten wie Koch- und Essgeschirr, Brillen und Kinderspielzeug. Für die Ernährungsgeschichte und Parasitologie [101: Platt u. a.] ist nicht ohne Belang, dass Latrinenproben aus zahlreichen deutschen Städten in unterschiedlichen Konzentrationen von Spul- und Peitschenwurmeiern befallen waren, nicht jedoch vom Schweine- und Rinderbandwurm – möglicherweise eine Folge der verstärkt seit dem 14. Jh. durchgeführten öffentlichen Fleischbeschau [Herrmann in: 57: Ders., 160–169].

Flankierend zu einer mehr auf normative Quellen setzenden städtischen Umwelt- und Urbanisierungsgeschichte haben insbesondere die belgische und die deutschsprachige Forschung seit den 1980er Jahren durch Analyse städtischer Abrechnungen die Bedingungen der im 14. Jh. einsetzenden inneren Urbanisierung freigelegt. Dargestellt wurden Organisation und Konjunkturen der öffentlichen Regiebetriebe im Städtebau, untersucht hat man die ‚Versteinerung' des Stadtinneren [347: Sosson; 95: Gerber; 91: Dirlmeier; 104: Sander-Berke; 93: Fouquet]. Im Gegensatz zu den Usancen, die den politischen Gestaltungswillen auf den ‚Gemeinen Nutzen' beschränkten, der vornehmlich noch mit dem inneren wie äußeren Stadtfrieden gleichgesetzt wurde, begannen Städte damit, vorher private Angelegenheiten zu ihren Aufgaben zu machen. Mit den bekannten Phasenverschiebungen des 13./14. Jhs. – der Süden rangierte vor dem Norden und der Nordwesten vor dem Osten [Moraw in: 349: Bestmann/Irsigler/ Schneider, 583–622] – wurden von kommunaler Hand Wasserleitungen finanziert und gebaut, Brücken errichtet, Straßen und Plätze gepflastert. Es entwickelten sich nicht nur theoretische und normative, sondern auch organisatorische Maßnahmen zur periodischen Straßenreinigung, Abfallbeseitigung, zur Hygienisierung und Durchlüftung der Städte mit Grünflächen und parkähnlichen Anlagen, überhaupt zur Stadtplanung [515: Dirlmeier]. Die Zeit der Idealstädte begann im 14. Jh.: 1335 hat Florenz genaue Planungsarbeiten für seine Neugründung Firenzuola durchführen und schriftlich festhalten lassen [89: Braunfels; 683: Brucker].

Abrechnungen und Städtebau

Schriftliche Zeugnisse zur Geschichte der Ernährung nehmen seit dem ausgehenden 13. Jh. an Umfang und Detailreichtum zu. Dennoch bleiben die Heterogenität der Quellenlage und ihre geringe Aussagekraft für allgemeine Erscheinungen Grundprobleme der historischen Ernährungsforschung [Aymard in: 109, 431–444]. In den erzählenden Quellen begegnen bereits im 14. Jh. vereinzelt prästatistische Angaben zum Gesamtverbrauch von Städten: Klima, Erntebedingungen und Preise werden in der Chronistik beobachtet, Versorgungskrisen beschrieben. Dazu kommen vornehmlich aus dem städtischen, kirchlichen und adlig-höfischen Bereich noch Verpflegungsordnungen, Proviantverzeichnisse, Vorratserhebungen, Aufzeichnungen über Verbrauchssteuern, Versorgungsverträge, Abrechnungen geistlicher und weltlicher Großhaushalte, seltener private Haushaltsbücher [340: Fiumi; 112: Irsigler; 111: Fouquet]. Seit dem 14. Jh. sind auch zahlreiche diätetisch-medizinische Traktate und Koch-

Ernährung

bücher überliefert [113: LAMBERT; 110: EHLERT; 115: SCULLY]. Die vielfältige, dennoch defizitäre Schriftlichkeit wird durch Untersuchungsergebnisse der Mittelalterarchäologie, der Paläobotanik und -zoologie sowie der Anthropologie ergänzt [Überblicke: 106; 86: BAART u. a.]. Im Trend der seit den 1970er Jahren intensiv rezipierten Alltags- und Kulturgeschichte wandte man sich verstärkt der historischen Ernährungsforschung zu [z. B. 109; 108: BITSCH/EHLERT/VON ERTZDORFF; 114: MONTANARI].

Hunger   Hungersnöte und periodische Versorgungskrisen nahmen im Europa der zweiten Hälfte des 13. und im frühen 14. Jh. spürbar zu – allein für die Gegend von Forez hat man 34 Hungerjahre zwischen 1277 und 1343 gezählt [151: BIRABEN]. Doch nicht nur für Europa brachte jene Zeit eine „Rückkehr des Hungers" (J. LE GOFF): In den Regionen der Kiever Rus' traten schon zwischen 1024 und 1332 im Mittel alle 7 ½ Jahre Hungerkrisen auf. Hungersnöte blieben ein Merkmal des gesamten Zeitalters bis zur Industrialisierung [211: ABEL]. In der europaweiten Hungerkrise von 1316, die von Hungertyphus und Amöbenruhr begleitet wurde, waren von Mai bis September in Ypern fast 2800 Tote zu begraben. Ungefähr 10 Prozent der flämischen Bevölkerung starben [260: VAN WERVEKE]. Die sehr lückenhafte Quellenlage bietet für die Erklärung der Wirkungen von Hunger und Versorgungsengpässen (Armut, Seuchenanfälligkeit, Sterblichkeit) einen weiten, auch völlig disparaten Ermessensspielraum [DIRLMEIER in: 117: HERRMANN/SPRANDEL, 143–154]. Für namhafte ältere Wirtschaftshistoriker, für W. ABEL, H.A. MISKIMIN, W.B.H. SLICHER VAN BATH, war der Synergismus zwischen Hunger, Armut, Epidemien und Sterblichkeit evident. Enge Zusammenhänge zwischen Nahrungsspielraum und Bevölkerungsentwicklung sind für die neomalthusianisch-ricardianische Richtung der wirtschaftshistorischen Forschung ein durch Wahrscheinlichkeitserwägungen ausreichend abgesichertes Faktum [210: ABEL; 186: MISKIMIN; 207: SLICHER VAN BATH]. Gegen dieses Theorem erhoben sich kritische Stimmen: T.H. HOLLINGSWORTH [119] etwa schloss Hunger als Ursache katastrophaler Sterblichkeit von vornherein aus. J. HATCHER [160] machte im spätmittelalterlichen England genau in der Zeit, in der die Bevölkerungszahl ihr tiefstes Niveau erreichte, den höchsten Lebensstandard und die besten Versorgungsmöglichkeiten aus. Eine Korrelation zwischen Lebenshaltung und Sterblichkeit lehnte er kategorisch ab. In der Tat waren europaweit die Jahrzehnte zwischen 1331 und 1350 Jahre einer auffallenden Getreidepreisbaisse [180: FOURQUIN]. Dies lässt auf eine grundsätzlich zufriedenstellende Versorgungslage schließen. Ausnahmen von diesem Trend zeigen sich in Portugal (1331/33) und in Aragón, wo das von Hungersnot geprägte Jahr 1333 zum „mal any primer" der katalanischen Historiographie wurde [136: VILAR]. Die Hungerjahre von 1315/17 können also nicht ohne weiteres im Zusammenhang mit dem Ausbruch der Pest 1347 gesehen werden. Eine geschwächte Widerstandskraft weiter Teile der europäischen Bevölkerung scheint daraus jedenfalls nicht abzuleiten zu sein [dagegen noch 153:

BULST; 114: MONTANARI]. Da die nächste schwere, überregionale Versorgungskrise erst in den Jahren um 1437 auftrat, können auch die ständig wiederkehrenden Pestumzüge nach 1351 nicht mit akuter Unterernährung erklärt werden, zumal da die Pest eine ernährungsunabhängige Infektionskrankheit ist [DIRLMEIER in: 117: HERRMANN/SPRANDEL, 143–154]. Die Geschichtswissenschaft ist angesichts der verfügbaren Daten und Quellen für das 13./14. Jh. nicht oder nur bedingt in der Lage, Erklärungen über die Zusammenhänge von Ernährung, Hunger, Seuchen und Bevölkerung zu bieten. Erfolgversprechend scheinen bei günstigen Quellenvoraussetzungen Mikrountersuchungen zu sein, und zwar sowohl von seiten der historischen Wissenschaft als auch der Anthropologie. Ein Massengrab mit ca. 800 Pesttoten des Seuchenumzugs in Lübeck von 1350 wird gerade einer eingehenden Analyse unterzogen [169: PRECHEL].

1.2. Bevölkerung und Epidemien

Die demographische Forschung in den einzelnen europäischen Ländern, Regionen und Städten ist verzweigt, teilweise defizitär und im allgemeinen sehr theoriebelastet. Schuld daran trägt die schlechte Überlieferung. Ein Sonderfall ist der berühmte ‚Etat général des feux' von 1328, eine (ohne die Lehnsfürstentümer und Apanagen) allgemeine Feuerstättenzählung Frankreichs für steuerliche Zwecke. Die defizitäre Forschungslage hängt aber auch damit zusammen, dass in der historischen Nationalökonomie (seit 1850), die der spätmittelalterlichen Bevölkerungsgeschichte mit entsagungsvoller Empirie zu Leibe zu rücken versuchte [z. B. 140: BÜCHER], und nach der eigentlichen Blütezeit der Historischen Demographie zwischen 1930 und 1970 die Forschung, von Ausnahmen abgesehen, stillzustehen scheint [Überblicke: 142: LÜTGE; 116: CIPOLLA/BORCHARDT]. Die internationale Diskussion krankte ferner an Theorie-Vorurteilen, gleich ob sie von Malthusianern oder Krypto-Malthusianern wie W. ABEL [210], M.M. POSTAN [121] und E. LE ROY LADURIE [199] oder von Marxisten wie R. BRENNER und G. BOIS stammten. Jedenfalls ist die Annahme einer Übervölkerung Europas am Vorabend des ‚Schwarzen Todes' nicht überzeugend, weil sie in mechanistischer Weise Hungersnöte und Epidemien im Sinne des ‚Bevölkerungsgesetzes' von Thomas Robert Malthus (1766–1834) mit dem Verhältnis von Bevölkerungszahl und agrarischen Produktionsmöglichkeiten, dem „Nahrungsspielraum", „verrechnet" [120: PETERSEN; zur Debatte: 236: KRIEDTE; 239: LE ROY LADURIE; 221: BOIS]. Kaum überzeugender vor allem zur Erklärung allgemeiner Phänomene sind auch die Argumente der Anhänger marxistischer Theoriebildung, Malthus gegen Marx auszutauschen und die Wandlungen der Gesellschaftstruktur als bevölkerungsregulierendes Ferment an die Stelle von Hunger und Seuchen zu setzen. G. BOIS [220] macht so für den eklatanten Bevölkerungsrückgang in der Ostnormandie zwischen dem frühen 14. und dem

Historische Bevölkerungsstatistik

Beginn des 15. Jhs. nicht Seuchen verantwortlich, sondern die „Krise des Feudalismus" [im allgemeinen dazu die Beiträge in: 217: ASTON/PHILPIN].

Schätzungen   Einzelne Stadtpopulationen wurden immerhin mit modernen, in der quellengesättigten Frühen Neuzeit entwickelten Kriterien der Historischen Demographie untersucht [143: MOLS; s. u. Stadt]. Zudem konnten durch lokale Sterblichkeitsraten während der Seuchenumzüge (s. u. Pest) sowie durch Archäologie und Historische Geographie wichtige Einzelergebnisse beigesteuert werden [zusammenfassend: FEHRING u. JÄGER in: 117: HERRMANN/SPRANDEL, 73-108]. In der Analyse der Gesamtbevölkerung der europäischen Länder oder größerer Regionen macht sich jedoch Ernüchterung, ja Skepsis breit, weil serielle Daten zur Bevölkerungsstatistik flächendeckend nicht zu gewinnen sind. Alle Angaben beruhen auf Schätzungen, hochgerechnet aus isolierten, nur in Maßen quantifizierbaren Quellen. Alles ist daher in die Diskussion gekommen [HERLIHY in: 117: HERRMANN/SPRANDEL, 73-90 und 91-108; 118: HIGOUNET-NADAL]. Aber an den Tendenzen allgemeiner Abläufe kann beim gegenwärtigen Stand der Forschung nicht gezweifelt werden. Den besten Zugang zu Zahlen und methodischen Problemen bieten daher immer noch die Standardwerke von W. ABEL [210], J.C. RUSSELL [122] und W. B. H. SLICHER VAN BATH [207]; Zusammenfassungen: CIPOLLA/BORCHARDT [116]; KELLENBENZ/VAN HOUTTE [184].

Pest und Seuchen: Die Beurteilung der Auswirkungen der Pest für Bevölkerung, Wirtschaft und
Trends und   Gesellschaft des 14. Jhs. schwankt zwischen maßloser Überschätzung – Y. RE-
Einzelstudien   NOUARD [171] bezeichnete sie 1950 als „l'évènement mondial le plus important" jener Zeit – und ebenso maßlosem Herunterspielen ihrer Bedeutung als akzidentielles Ereignis im Rahmen struktureller sozioökonomischer Umwälzungen in der marxistischen Forschung [262: ZIENTARA; 220: BOIS]. In diesem weiten Bedeutungs- und Beurteilungsfeld bieten der monumentale Überblick von J.-N. BIRABEN [151], mit Einschränkungen auch die Arbeiten von O.J. BENEDICTOW [148] und R.S. GOTTFRIED [158] verlässliche Informationen zu den demographischen, wirtschaftlichen, sozialen und kulturellen Auswirkungen der Pestseuchen. Neuerdings hat K. BERGDOLT als Medizinhistoriker eine ganz Europa berücksichtigende Monographie vorgelegt [149]. Während man für das Reichsgebiet vergeblich nach einer modernen Gesamtdarstellung sucht – abgesehen von verschiedenen neueren Regionalstudien [z. B. BULST in: 154: DERS./ DELORT, 17-55; 157: FÖSSEL; 520: GRAUS; 163: IBS; 164: KLEIN; 168: PICKL] muss man immer noch die Arbeit von K. LECHNER [166] aus dem Jahr 1884 heranziehen –, gelten die britischen Inseln als besonders gut untersucht [Gesamtdarstellungen 173: SHREWSBURY und 176: ZIEGLER]. Orientierende Zugriffe nicht nur über die Pest bieten auch der 1979 erschienene Aufsatz von N. BULST [153] sowie der von ihm und R. DELORT herausgegebene Sammelband ‚Maladies et société' [154]. Über die lokalen Untersuchungen zur Pest im Schweizer Raum informiert H.M. KOELBING [165]. Intensive Einblicke in die Trends dörflicher Bevölkerung Englands vermitteln die Mikrostudien zu Halesowen und Coltishall [570 u. 571: RAZI;

222: CAMPBELL]. Wichtige Quellensammlungen sind zusammengestellt von K. BERGDOLT [150] und R. HORROX [162]. Neben Pest, Hunger und Krieg drohten noch eine ganze Reihe weiterer Seuchen – Malaria, Lepra und Tuberkulose, die Darmkrankheiten: Cholera, Typhus, Ruhr und Fleckfieber sowie nicht sicher zu diagnostizierende Epidemien [vgl. die gute Übersicht bei: 172: RUFFIÉ/SOURNIA; zur Lepra: 175: WOLF; zusammenfassend auch WOLF in: 154: BULST/DELORT, 99–120].

Zu den wichtigsten Quellen für die Einschätzung der Seuchenzüge und ihrer Wirkungen zählen Nekrologien, Kartulare und Testamente: Bekannt sind namentlich die außerordentlichen Überlieferungen in Besançon und Lübeck [151: BIRABEN, Bd. I; 163: IBS]. In Ausnahmefällen haben sich auch Massengräber [169: PRECHEL], ‚amtliche' Zählungen der Toten sowie Pfarreiregister erhalten: Verwiesen sei auf die wichtigen Register des burgundischen Dorfes Givry von 1334 bis 1357 [159: GRAS; 151: BIRABEN, Bd. I], auf ein Beerdigungsverzeichnis der Pfarrei St-Nazaire zu Lyon von 1348 [151: BIRABEN, Bd. I] sowie auf ein Register von 1349 der Pfarrei St-Maurice d'Agaune im Wallis [156: DUBUIS]. Doch auch solche exakt überlieferten zeitgenössischen Zahlen bergen methodische Probleme. In Bremen z. B. ließ (einer Notiz von 1364 zufolge) der Rat die Pesttoten im Jahre 1351 zählen. Man ermittelte eine Gesamtzahl von 6966 Opfern. Dazu kamen noch geschätzte – nicht gezählte – 7000 Tote des sogenannten niederen Volkes: Arme, Bettler, Vagabunden. Das ergäbe einen Verlust von ca. 14 000 Menschen. Akzeptiert man diese Zahlen, bleibt die Relation zur unbekannten Gesamtbevölkerung noch offen. Zum Vergleich: Köln, die größte deutsche Stadt, hatte um 1350 ungefähr 35 000, höchstens 40 000 Bewohner. Bremen dagegen war mit Sicherheit erheblich kleiner, wieviel man ansetzt – ob 10 000–12 000 oder 20 000 Einwohner –, ist aber Ermessenssache. Die in der Literatur für Bremen genannten Zahlen von 35–40 Prozent oder sogar 60–80 Prozent Pesttoten sind also reine Schätzwerte [146: REINCKE; 170]. Ein letztes Beispiel: Im Meer der Tränen galten die Niederlande lange Zeit als Insel der Seligen. Der These H. VAN WERVEKES [174], die niederländischen Regionen seien vom Schwarzen Tod 1349/52 nicht berührt worden, sekundierte W.B.H. SLICHER VAN BATH [207] und schrieb diese Sonderstellung dem hohen Proteingehalt der Nahrung zu. Es blieb beim schönen Schein: W.P. BLOCKMANS [152] und G. MARÉCHAL [167] sind ähnlich wie zuvor R. und L. FOSSIER [226] für das Artois und Französisch-Flandern in quellennaher Argumentation zu anderem Ergebnis gekommen: „There is no doubt that the Low Countries regularly suffered from plague epidemics in the 14th and later centuries" (W. BLOCKMANS).

War die Krankheit, von der die Zeitgenossen als *pestis* sprechen, überhaupt die Pest, hervorgerufen durch Yersinia pestis, eine Bakterienart, die 1894 durch den Schweizer Tropenarzt Alexandre Yersin isoliert wurde? Zeitgenossen wie der Florentiner Matteo Villani oder der Limburger Tilemann Elhen von Wolfhagen beschrieben Symptome, nannten Beulen sowie Lymphknotenschwellungen in der

Methodische Probleme

Bakterien, Flöhe, Nage- und Haustiere – die Krankheit

Leiste, in den Achselhöhlen. Allenfalls historiographisch ist der gelehrte Streit zwischen den Anhängern der sogenannten ‚école des rats' [prononciert 173: SHREWSBURY] und der ‚Floh-Schule' [151: BIRABEN, Bd. I] noch von Interesse. H.-P. BECHT [147] hat indessen 1982, neuere Forschungsergebnisse der WHO referierend, herausgestellt, dass die Pest *primär* eine bei etlichen Nagetierarten verbreitete Zoonose sei – im Jahre 1970 waren in außereuropäischen Ländern 26 solcher endemischer Ansteckungsherde bekannt. Die Pest von 1347 ging von einer Zoonose unter Nagetieren Innerasiens aus. Außerdem ist in Rechnung zu stellen, dass neben den vielzitierten Ratten noch rund 370 andere Wirtstiere angesteckt werden können, auch Haustiere wie Katzen und Hunde. Unter eingeschränkten hygienischen Bedingungen waren sie und ihre Flöhe also die idealen Überträger. Dazu kamen noch homologe Infektionsmöglichkeiten, vor allem durch den Menschenfloh, der wie die 30 anderen Floharten auch die Krankheit übertragen kann, dann durch die Mensch zu Mensch-Infektionsketten bei Lungenpest und Pestsepsis.

Pestarten   Neben der verbreiteten Beulenpest existieren noch zwei andere Pestarten, nämlich die Pestsepsis sowie die Lungenpest, wobei die Beulenpest jederzeit in diese beiden Formen übergehen kann. Dies ist bei den Pestausbrüchen des Spätmittelalters wohl auch stets in mehr oder minder deutlicher Ausprägung zu vermuten. Bei der schon 1365 von dem Arzt Guy de Chauliac rein empirisch beschriebenen Beulenpest kam neben Fieber, toxischen Erscheinungen, Erbrechen und der charakteristischen Ausbildung von Bubonen wohl häufig noch eine sekundäre Hautpest hinzu. Sie äußert sich in Hautausschlag, Pusteln und Karbunkeln, ist oft mit Haut- und Schleimhautblutungen verbunden und könnte zusammen mit den toxischen Erscheinungen der Beulenpest, die zu Nekrosen und ausgedehnten, scharf abgegrenzten subkutanen Blutungen führen, zum Namen „Schwarzer Tod" beigetragen haben [gute Beschreibungen bei: 173: SHREWSBURY; 147: BECHT]. In Kanonisationsakten und anderen zeitgenössischen Quellen werden *lenticulae* oder „Pestpunkte" als untrügliches Indiz des Pesttodes angesehen [161: HERLIHY]. Im Endstadium der Krankheit kann es nun dazu kommen, dass die Pesterreger die Barriere der Lymphknoten durchbrechen und die Lungenpest bzw. Pestsepsis hervorrufen. Der bei der Lungenpest als Symptom schon zeitgenössisch beschriebene Husten mit blutigem Sputum enthält zudem eine große Zahl von Bakterien, so dass die Erkrankten hochgradig infektiös sind. Es konnte daher zu einer Übertragung von Mensch zu Mensch kommen. Dennoch scheint die Pestsepsis als Primärerkrankung verhältnismäßig selten gewesen zu sein. Über den Anteil beider Verlaufsformen an den einzelnen Pestzügen herrscht Unklarheit. Fest steht zweierlei: 1). Es gab wohl keine Epidemie, bei der eine Krankheitsform allein auftrat. 2). Es kann mit Sicherheit davon ausgegangen werden, dass bei der Beulenpest 20–40 Prozent der Erkrankten am Leben blieben, während die Lungenpest ohne Chemotherapeutik, d. h. vor den 1950er Jahren, praktisch immer tödlich war. Die

Infizierten starben bereits nach wenigen Tagen [zusammenfassend: 147: BECHT]. In der historischen Analyse der Pest sind auch die allgemeinen Umweltfaktoren und hygienischen Verhältnisse zu bedenken: Individuelle Momente – Ernährung, Wohnen, Alter, Gesundheitszustand – und damit zusammenhängende objektive Merkmale – sozialer Status, allgemeine Hygienebedingungen, die Unterschiede von Stadt und Land, überhaupt die klimatischen Bedingungen – bestimmten Richtung und Verlauf der Seuchen [172: RUFFIÉ/SOURNIA; 149: BERGDOLT]. Die ‚harten' anthropologischen Daten des Lübecker Pestmassengrabes von 1350 zeigen, dass beim Sterben das Geschlecht keine Rolle spielte, das Alter hingegen wohl. Signifikant war die Sterblichkeit in der Gruppe der 15- bis 25-Jährigen und in der Altersklasse 50 bis 54. Neben der ‚normalen' hohen Säuglings- und Kindersterblichkeit fand der erste Pestzug in Lübeck seine Opfer unter den jungen Erwachsenen und den älteren Menschen. Dies ist möglicherweise ein Zeichen dafür, dass die Pest als neue Krankheit eine Bevölkerung ohne Immunitätsschutz traf [169: PRECHEL].

Die ‚traditionalistischen', ideologisch hoch aufgeladenen Thesen zur Ostsiedlung nach dem Motto „Zurück in den germanischen Osten" sind nach dem Zweiten Weltkrieg einer emotionsloseren Betrachtung gewichen. Es stellte sich ein vorsichtiger, seit den Begegnungen auf der Reichenau von 1970 und 1972 sehr offener Dialog zwischen den deutschen, polnischen, tschechischen und jugoslawischen Historikern ein [Forschungsübersicht bei: 125: BOOCKMANN; 128: HIGOUNET; zu den Ergebnissen der Reichenau-Tagungen: 135: SCHLESINGER]. Die Ostsiedlung wurde als Teil der europäischen Bevölkerungsexplosion des 12. und 13. Jhs. begriffen und vergleichend als ein Problem nicht nur der deutschen, sondern der europäischen Geschichte bewusst [125: BOOCKMANN]. Schätzungen über die Neusiedlerzahlen hat W. KUHN [130] vorgelegt. Über die ‚Repoblación' auf der iberischen Halbinsel und den Balearen im 13. Jh. informiert J.-E. MARTÍNEZ FERRANDO [131]. Während die muslimische Bevölkerung auf den Balearen durch die Besiedlung aus Aragón und Katalonien [126: CATEURA BENNASSER] völlig ‚reduziert' wurde [127: DE MOXÓ], konnte sie sich bei der Neubesiedlung der Königreiche Aragón-Zaragoza und Valencia halten und ein gemeindliches Leben bewahren. Die ländlich-bäuerliche Bevölkerung war also in diesen Regionen religiös inhomogen, die christlich-katalanische Besiedlung verhältnismäßig dünn, in Valencia hauptsächlich auf die Städte und die Küstengebiete beschränkt. Namentlich in Valencia hatte das Königtum die Führungsrolle bei der Repoblación übernommen, die Beteiligung des aragonischen Adels an der Landnahme eingeschränkt und damit die verfassungsrechtliche Einwurzelung des Adels in das Land behindert [1378 u. 1379: BURNS; Literaturübersicht bei: 1377: VONES].

Ostsiedlung und Repoblación

Die Binnensiedlung der Menschen im Spätmittelalter mit Rodung, Erschließung von Marschen und Mooren, Verdichtung der Besiedlung in Mittel- und Hochgebirgen ist nur punktuell erforscht. Für das Reichsgebiet bietet M.

Binnensiedlung vornehmlich im Reich

BORN [44] eine gute Übersicht. Den Anteil von Flamen und Holländern an der Marschenkolonisation diskutiert F. PETRI [in: 135: SCHLESINGER, 695–754]. Desiderat ist vor allem eine interdisziplinäre Siedlungsgeschichte der deutschen Mittelgebirge. Über den Schwarzwald und die Vogesen orientiert W.-D. SICK [55]. Der Altenberg bei Müsen im Siegerland ist in Deutschland der einzige vollständig ausgegrabene und dokumentierte Bergbauplatz aus dem 13. Jh. [50: DAHM u. a.]. Weitaus besser erforscht sind dagegen die Alpen [zuletzt mit Rückgriffen auf das 12. bis 14. Jh.: 201: MATHIEU]. Das mehrfach aufgelegte Standardwerk zu den Walserwanderungen mit reicher Bibliographie stammt von P. ZINSLI [137]. Die gelenkte Rodungstätigkeit in den Altsiedellandschaften um 1300 löste Probleme der Übervölkerung Hand in Hand mit herrschaftlicher Durchdringung und fiskalischer Nutzung [51: FEHN].

2. Die Wirtschaft

2.1. Land- und Stadtwirtschaft

2.1.1. Das Land

Grundherrschaft Die deutschsprachige Agrargeschichtsforschung der ersten Hälfte des 20. Jhs. ist in den fünf Bänden der ‚Deutschen Agrargeschichte' [für das Mittelalter: 191, 196, 200] zusammengefasst [Überblicke über ältere wie neuere Literatur: 204 u. 206: RÖSENER; zutreffend: BLICKLE in: 208: TROSSBACH/ZIMMERMANN, 7–32; vergleichend (Frankreich, England, Reich) schon 1962: 193: DUBY; ferner: 198: HODGETT; 207: SLICHER VAN BATH (empfehlenswert); JONES in: 179, Bd. I, 340–431]. Um die ‚Annales' gescharte Historiker haben erst 1975 eine handbuchartige Zusammenfassung vorgelegt [194: DUBY/WALLON]. P. BLICKLE [in: 208: TROSSBACH/ZIMMERMANN, 7–32] hat mit Recht „der Agrargeschichte der letzten drei Jahrzehnte das Attribut neu" zugeschrieben [aus englischer Sicht: 615: DYER]. Über die Auflösung der alten Villikationen im Sinne eines sich während des 12. bis 14. Jhs. vollziehenden Transformationsprozesses der älteren „Betriebsgrundherrschaft" zum Vorteil der Bauern (W. Rösener) ist erst in den letzten Jahren intensiver und im notwendigen Vergleich gearbeitet worden [v.a. 247: RÖSENER; dazu der Sammelband: 242: PATZE]. Auch ist der Begriff ‚Grundherrschaft' erneut in die Kritik geraten: K. SCHREINER [250] hat ihn als wissenschaftlichen Ordnungsbegriff mit allen Komplikationen beschrieben, die solcher nicht unmittelbar aus der Quellensprache gewonnenen Begrifflichkeit innewohnen. ‚Grundherrschaft' darf nicht allein auf die sich im Spätmittelalter entfaltenden Pacht- und Rentenformen eingeschränkt werden, sie muss das gesamte, Boden, Bauern und Herrschaft integral verbindende Herrschaftssystem abbilden [dazu mit neuen Fragestellungen im internationalen Vergleich: 237: KUCHENBUCH].

Nur noch historiographisch von Interesse ist die Kontroverse zwischen K.T. von Inama-Sternegg (²1909) und K. Lamprecht (1885) einer- und A. Dopsch (²1921) andererseits. Während Inama-Sternegg und Lamprecht von einer Auflösung der grundherrlichen Eigenwirtschaft und der Verteilung des Sallandes im 12. Jh. ausgingen [238: LAMPRECHT, Bd. I,2], verneinte Dopsch einen derartigen wirtschaftlichen Umbruch: Das Salland habe während des 12. Jhs. eher zu- als abgenommen. Bei der Untersuchung bayerischer Agrarverhältnisse fand P. DOLLINGER [614] eine der heterogenen Realität wohl am nächsten kommende Mittelposition: Das Salland sei nicht vollständig aufgelöst worden; der Teilbau habe seit dem 12. Jh. sprunghaft zugenommen. Insgesamt gilt, dass trotz der Tendenzen zur Auflösung des Sallandes und zur massenhaften Aufgabe der herrschaftlichen Eigenwirtschaften selbst in der fortgeschrittenen Rentengrundherrschaft des 14. Jhs. noch herrschaftlicher Eigenbau (z. B. auf den Gütern des holsteinischen Adels) betrieben worden ist. Billige Arbeitskraft haben sich die Herren teilweise durch die Heranziehung der Teilpächter (Teilbau) zu Frondiensten geschaffen [242: PATZE; 804: RISCH (Holstein)]. Die bestausgerüsteten Eigenbetriebe erwiesen sich dabei als Träger der auf das Land drängenden Marktwirtschaft. Dennoch sind selbst die gewinnorientierten Reste von herrschaftlicher Eigenwirtschaft namentlich in Frankreich um 1380 unter Druck geraten: Die Tendenz zur Verminderung der ‚réserve' und zur Aufgabe der Eigenregie beschleunigte sich [BRAUNSTEIN in: 37: SEIBT/EBERHARD, 200–209]. C. HIGOUNETS [232] paradigmatische Untersuchung über die zisterziensische ‚Grange de Vaulerent' im Nordosten von Paris zeigt, dass das Großgut (227 ha) nach seiner 1315 erfolgten Verpachtung bis 1401 in sieben Zinsgüter zerstückelt wurde, die ruinierte Hofstelle der Grangie taugte nur noch als Sammelstelle der Revenüen.

Methodisch differenzierter ist man in letzter Zeit den Möglichkeiten landwirtschaftlicher Modernisierung nachgegangen. Bemerkenswert sind Ergebnisse der jüngeren Sachkulturforschung: Gering sollen die Rationalisierungseffekte durch Verbesserungen von landwirtschaftlichem Gerät und entsprechendem Geräteeinsatz gewesen sein [263: BENTZIEN; 264: LANGDON]. W. HARWOOD LONG [230] hat an der ‚Rothamstead Experimental Station' Getreide unter simulierten „mittelalterlichen Bedingungen" angebaut und dabei Aussaat-Ernte-Mengen erzielt, die weit über den in den Quellen nachweisbaren Zahlen lagen. Die englischen Bauern des 13./14. Jhs. dürften infolge mangelnder Geräteausstattung und Arbeitstechnik nicht in der Lage gewesen sein, schwere Böden oder stark verunkrautete Flächen mit Ertragsaussichten zu bebauen. Trotz dieser Skepsis hat man die Einführung von differenzierten Zeitpachtformen im Umkreis größerer Städte, die neuen Rotationstechniken durch die Besömmerung der Brache [v.a. IRSIGLER in: 242: PATZE, 295–312; 245: REINICKE; 259: VAN DER WEE/VAN CAUWENBERGHE] sowie den regionalen Übergang zum Teilbau [244: PINTO (Toskana);

Salland und Eigenwirtschaft

Intensitätsinseln und Agrartechnik

253: SPIESS (Deutschland)] mit gewissen Rationalisierungseffekten, mit einer Erhöhung der Boden- und Arbeitsproduktivität, zumindest mit Verbesserungen im Landbau überhaupt verbunden [256: TITOW]. Für die Intensivierung der Weinproduktion im 13. Jh. gilt der Mittelrhein als eines der bestuntersuchten Weinanbaugebiete Europas [258: VOLK]. Für das Bologneser Umland konnte A.I. PINI [243] nachweisen, dass sich der Weinbau um 1400 infolge höherer Lohnkosten, durch Rationalisierung der kapitalintensiven Produktion sowie durch infrastrukturelle Bedingungen auf die günstigsten Standorte konzentrierte. Zusammen mit der Produktionsausweitung im Weinbau entwickelte sich seit dem 13. Jh. ein in seiner wirtschaftlichen Bedeutung nicht zu unterschätzender Weinhandel mit internationaler Reichweite [481: JAMES]. Bei der Untersuchung von toskanischen Mezzadriaverträgen stellte D. HERLIHY [in: 1141: RUBINSTEIN, 242–276; dagegen JONES in: ebd., 193–241] eine verstärkte Konzentration von Landbesitz in den Händen weniger Florentiner Familien vor der Pestzeit fest. Damit korrespondierte der Rückgang unabhängiger Bauern. Umgekehrt wuchs die Zahl der Landarbeiter als Teilpächter auf den kapitalintensiven Gütern an. Herlihy zog daraus den positiven Schluss: Die Pest habe die Überlebenden eher begünstigt als ihnen geschadet. Für den niederländischen, rheinischen und oberitalienischen Raum hat die Forschung der letzten Jahrzehnte wahrscheinlich gemacht, dass der Anbau von Futter- und Industriepflanzen, von Obst und Gemüse intensiv betrieben wurde. Gartenkultur ergänzte dort seit dem 13. Jh. die Getreidemonokultur und führte zumindest in Teilen der Landwirtschaft zu einer marktorientierteren Produktion [234: IRSIGLER; 245: REINICKE]. Das oberitalienische Tuchgewerbe und der Getreidepreisverfall förderten die Erzeugung von Industriepflanzen (Lombardei), lenkten die Investitionen im Agrarbereich insbesondere auf den Anbau von Farbstoffen [290: FENNELL MAZZAOUI; 240: LAUTERBACH]. Freilich ist in den exorbitanten Intensivierungsinseln der Anteil des im Gartenbau oder für gewerbeorientierte Sonderkulturen genutzten Bodens an der gesamten Kulturfläche nicht abzuschätzen. Immerhin konnte aber festgestellt werden, dass die volkswirtschaftliche Bedeutung der Garten- und Sonderkulturen überall um ein Vielfaches höher lag als die des reinen Ackerbaus. Als ‚Erfahrungssatz' gilt, dass auf einem Landstück, das 100 Bauern ernährte, 1000 Gärtner ihren Unterhalt finden konnten. Die Betonung der fortschrittlichen Tendenzen in der Gartenwirtschaft sollte aber nicht darüber hinwegtäuschen, dass insbesondere die Mittelgebirge davon völlig unberührt blieben [z. B. 246: RIEDER zur Schiffelwirtschaft mit jahrzehntelanger Brache in der Eifel].

Produktivitätssteigerungen: Vieh und Fisch

Die im Vergleich zum Getreide günstigere Preisentwicklung für Fleisch, Butter und Käse leitete in den Alpen- und Voralpengebieten der Eidgenossenschaft seit dem 14. Jh. eine Wandlung ein: von der agropastoralen Subsistenzwirtschaft zum exportorientierten ‚Hirtenland' [zusammenfassend: SABLONIER in: 116; auch PEYER in: 235: KELLENBENZ, 79–95]. Beispiele für den Übergang von der Kleinauf die Großviehhaltung bieten Üchtland und Wallis [MORARD in: 225, 15–26; 224: DUBUIS]. In den Hochalpen entstanden, wie die neuere Wüstungsforschung zeigt, Siedlungsplätze, die von den jahreszeitlichen Wechsellagen der Transhumanz (Almwirtschaft, Wanderschäferei) lebten [z. B. 52: GEISER; zur Wüstungsforschung im schweizerischen Alpenraum: 54: MEYER/BOSCARDIN]. In Altbayern und in Tirol wurde die Schwaighofwirtschaft insbesondere mit Schafsbesatz intensiviert [255: STOLZ]. Überhaupt hat sich die Schafzucht in etlichen Regionen Europas (u. a. in den deutschen Mittelgebirgen) als die Möglichkeit zur Spezialisierung der viehwirtschaftlichen Produktion erwiesen: Die Schafherden wuchsen, stimuliert durch das im 14. Jh. aufblühende Tuchgewerbe; die Zucht wurde herrschaftlich organisiert, teilweise auch monopolisiert [allgemein: 249: RYDER; 225; am Beispiel von Eifel und Hunsrück: REINICKE in: ebd., 37–54]. In der Fischereiwirtschaft stieß das seit dem 13. Jh. auf Schonen entstandene Fang- und Fabrikationszentrum für Hering auf besonderes Forschungsinteresse [446: JAHNKE].

In der Preis- und Lohngeschichte gilt mit Blick auf die vorrangigen Getreidepreise: Von 1261 bis 1350 und im langfristigen Mittel fielen die Preise von der Indexzahl 100 lediglich auf 99, nach 1370/75 wandelte sich die säkulare Großkonjunktur [212: ABEL; 346: LA RONCIERE]. Für den oberdeutschen Raum hat W. BAUERNFEIND [218] diesen Trend bestätigt: Die Zeit nach 1339 kennt hohe Preise mit starken jährlichen, durch Erntekrisen und Epidemien potenzierten Schwankungen; danach hielt Mitte der 1370er Jahre ein langfristiges Regiment niedriger Preise mit geringen Fluktuationen Einzug. Die Ursachen dieses Wandels werden unterschiedlich akzentuiert: Das sommerliche Azorenhoch dehnte sich seit 1380 wieder häufiger nach Mitteleuropa aus, die Getreideernten wurden üppiger und der Wein floss in Strömen, aber auch die Pest hatte von 1377 an ihre Schreckensherrschaft wiedererrichtet und vertiefte das strukturelle Missverhältnis zwischen agrarischem Angebot und Nachfrage. Überdies hatten sich schon seit den 1330er Jahren die Löhne auch auf dem Land im Trend erhöht und liefen der allgemeinen Preisentwicklung davon. Auch die Kosten für landwirtschaftliches Gerät stiegen bis Ende des 14. Jhs. M.M. POSTAN [188] geht bei Agrargerät von Preissteigerungen mit dem Index von 135 gegenüber dem langfristigen Mittel aus – die Preis-Kosten-Schere. Es gibt freilich auch widerläufige Auffassungen bei der Beurteilung der europäischen Getreidepreisentwicklung. So sieht die klassische, 1939 erschienene englische Preisgeschichte von W.H. BEVERIDGE [336] keine besonderen Auffälligkeiten zwischen dem späten 14. und dem frühen 15. Jh.: Die Agrarpreise seien in England ziemlich stabil geblieben. Ähnliches hat man in den Niederlanden für die zweite Hälfte des 14. Jhs. festgestellt, hier unterbrochen nur von einer Teuerungsphase um 1369/70, die in ihrer Kurzfristigkeit typisch ist [257: TITS-DIEUAIDE].

In der Agrargeschichtsforschung galt es lange als unsicher, ob und in welchem Umfang die landwirtschaftlichen Betriebe die Ungunst jener makroökonomisch

Agrarkrise: Makroökonomie

Agrarkrise: Mikroökonomie

wirksamen Preis-Kosten-Schere ausgleichen konnten, mit anderen Worten – wer der Verlierer der „Dynamik der Schrumpfung" (F. LÜTGE) gewesen sei: Herren oder Bauern oder beide zugleich [778: HILTON; Diskussionsstand: 206: RÖSENER, der sich freilich nicht mit der Situation auf den Bauernhöfen beschäftigt]. Unterschiedslos wird immer noch von dem makroökonomischen Tatbestand auf die einzelnen Bauernhöfe und Adelsökonomien geschlossen. Mit differenzierten Ergebnissen warten nach der klassischen Darstellung von K. LAMPRECHT [238] über den Moselraum erst neuere regionale Untersuchungen auf: N. BECKER [219] etwa findet in niederrheinischen Quellen keine Belege für größere Wüstungen, auch keine Agrarpreisdepression bei ansteigenden Löhnen; vergleichbare Beobachtungen für Franken bei W. STÖRMER [254]. H. HOFFMANN [233] und H. RUBNER [248] konstatieren dagegen starke Folgewirkungen der Agrardepression auf das Braunschweiger St. Blasiusstift bzw. für die Landwirtschaft in der Münchner Ebene ab 1350.

‚Endgültiges' zur Agrardepression kann für die bislang untersuchten Räume im übrigen Europa noch nicht gesagt werden. So sind etwa das Umland von Basel, die Räume um St. Gallen und Zürich, das Wallis gut erforscht, klare wirtschaftliche Verlaufstendenzen sind aber dennoch nicht zu erkennen [229: GILOMEN; 252: SONDEREGGER; 251: SIGG; 224: DUBUIS]. In Cornwall finden sich Hinweise darauf, dass sich die wirtschaftliche Spirale zugunsten der Bevölkerungsmehrheit gedreht hat [231: HATCHER]. Moselluxemburg durchlebte eine „tiefe Agrarkrise"; um 1380 hatten dort die Fruchtzinsen zwischen ca. 29 und 71 Prozent ihres Wertes im Vergleich zum Jahrhundertbeginn verloren [261: YANTE]; zur gleichen Zeit: L. GENICOT [228] mit stagnierenden Getreidepreisen im Namurois; P. VILAR [136] mit Verfall der Grundrenten in Katalonien. Phänomene, die sich im allgemeinen oder in den Regionen zeigen, müssen sich auch im Kleinen, auf dem Hof eines Bauern wiederfinden! Ohne Kompensationen hätte die Landwirtschaft das Jahrhundert der ‚Agrardepression' nicht überdauern können. Kein Bauernhof kann anhaltend negative Betriebsabschlüsse unbeschadet überstehen. Warum investierten z. B. Metzer Patrizier im 13. Jh. in die Landwirtschaft des Umlandes und kauften dort in großer Zahl Güter, wenn sich dies nicht rentiert hätte? Rechnende Kaufherren setzen nicht so ohne weiteres und schon gar nicht auf Dauer Kapital aufs Spiel [700: SCHNEIDER]. International stand – durchaus zu Recht – die allgemeine Intensivierung im Umkreis der großen Städte in Zeug- wie Viehverlag (landwirtschaftliches Nebengewerbe) und Gartenbau im Vordergrund der Diskussion [s. Intensivierung]. Was die Rationalität in den Handlungs- und Wirtschaftsweisen der Einzelhöfe angeht, zeigen bahnbrechende Berechnungen bäuerliche Kompensationsmöglichkeiten bei Preisverfall und Lohnanstieg, verdeutlicht wurde die stärkere Marktabhängigkeit der Großbetriebe [213: ACHILLES; 227: FREIBURG mit Ertrags-Aufwands-Berechnungen]. Die Studien haben im Nachhall der Agrarkrisendiskussion, aber auch wegen ihrer modellhaften betriebswirtschaftlich-statistischen Methodik nicht die verdiente Beachtung gefunden.

Der Einfluss der Feudalabgaben auf die bäuerlichen Ökonomien wurde bislang unterschätzt. Die Literatur betont den Verfall der Feudalquote seit dem 14. Jh. Daraus leitete G. Bois [220] stringent eine Krise des Adels ab, seine Theorie des Feudalismus. Ist nun umgekehrt zu folgern, dass die Bauern die Gewinner im Spiel der von negativer Bevölkerungsentwicklung und Agrarpreisen Getriebenen waren? Darauf vermag die Ertrags-Aufwands-Rechnung von W. Achilles [213] eine überzeugendere Antwort zu finden als die bisher angebotenen Vermutungen. Geht man nämlich von der Grundrente (Grundzins und Zehnt) als einzig permanenter Belastung von seiten der Herrschaft und einem mittleren Aussaat-Ernte-Ertrag von 1:4 aus, mussten die bäuerlichen Ökonomien ungefähr ein Drittel des Getreideertrages (ohne Saatgut) als Grundrente leisten. Diese Grundrente als Anteil an der bäuerlichen Hauswirtschaft hat Konsequenzen: 1). Die Grundrente (Feudalquote) war ein ernstzunehmender Posten im Betriebsbudget, besonders weil die Grundzinse in vielen Fällen die erzielten Marktquoten übertroffen haben dürften. 2). In der Regel belieferten nicht die Bauern, sondern die Grundherren die Märkte. Dazu konnte K. Andermann [216] anhand südwestdeutscher Beispiele demonstrieren, dass die Grundrenten überwiegend in Naturalien zu entrichten waren. Vorteile entstanden den Bauern nur dann, wenn die Grundherren aus Mangel an Bewirtschaftern die Renten radikal senken mussten. Schon dadurch konnten u.U. die Einkommensverluste eines Hofes infolge des Agrarpreisverfalls glatt ausgeglichen werden. Der Ausdruck ‚Agrarkrise' gleichzeitig auf beide, Herren wie Bauern, bezogen, wird auch in dieser Perspektive unbrauchbar: Des einen Freude konnte des anderen Leid sein.

Feudalquote und bäuerliche Wirtschaft

2.1.2. Die Stadt

R.S. Lopez/Miskimin [241] und H.A. Miskimin [186] haben 1961/62 im städtischen Gewerbe und im internationalen Handel Italiens wie eines großen Teils Westeuropas Indikatoren benannt, die auf eine „great depression" schließen lassen, beginnend im 14. mit Tiefpunkt im frühen 15. Jh. Obwohl die Autoren in der Wirtschaftsgeschichtsforschung nur wenig Zustimmung fanden [zur Debatte z. B. 223: Cipolla], passten die Indikatoren zunächst in das Bild von der allgemeinen Krise. So machte z. B. D. Nicholas [675] in seiner auf Florenz, Metz und London gestützten Synthese europäischer Stadtgeschichte auf Krisenerscheinungen bereits von 1270 bis ca. 1325 aufmerksam. R.B. Dobsons [265] Bemerkung, dass mit jeder neuen Städtemonographie das Bild der englischen Stadt unklarer werde, ist eher kennzeichnend für die generelle Schwierigkeit, methodische Maßstäbe des Vergleichs zu begründen. Gleichsam einen Kompromiss bot W. von Stromer [396] mit der These einer säkularen Stagnationsphase zwischen den 1330er und den 1470er Jahren; erst danach sei unter der Wirkung

Krisen in der städtischen Wirtschaft

eines langsam wieder Fahrt gewinnenden Bergbaus mitsamt den neuen Folgetechnologien in der Metallindustrie eine nachhaltige Vermehrung der zirkulierenden Geldmenge und damit der Verbesserung der gesamtwirtschaftlichen Situation in den städtischen Zentren eingetreten. Es bleibt dabei: die vielbeschworene städtische Krise des 14. Jhs. kann es in der gängig gewordenen Verallgemeinerung nicht gegeben haben. Die deutschsprachige Stadtgeschichtsforschung geht wie übrigens auch die dänische [1448: KJERSGAARD mit dem Beispiel Ribe] nahezu geschlossen von wirtschaftlicher Prosperität im Groß- und Kleinhandel, im Gewerbe sowie – mit Abstrichen – auch im Handwerk aus [z. B. 283: AMMANN; 662: ENNEN; 270: IRSIGLER; PEYER in: 235: KELLENBENZ, 79–95].

Menschen – zwischen Land und Stadt

Gründungsstädte des 13. Jhs. wuchsen in vielfältiger Konkurrenz untereinander auf Kosten des Landes, Städte des 14. Jhs. konnten ihre Bevölkerungsverluste durch die dauernde Zuwanderung vom Land ausgleichen. Über diese allgemeinen Erkenntnisse hinaus sind Analysen zur städtischen Bevölkerungsgeschichte und zu den Graden regionaler Urbanisierung methodisch problematisch [140: BÜCHER (die klassische Untersuchung am Beispiel Frankfurts a.M.); 143: MOLS (Standardwerk, dazu 142: LÜTGE); 139: BAIROCH/BATOU/CHÉVRE (gute Übersicht, allerdings mit einzelnen Mängeln); beispielhafte Untersuchungen über flandrische und hansische Städte: 145: PREVENIER; 146: REINCKE]. Die Auswirkungen der ausgeprägten Landflucht im deutschsprachigen Raum des 13./14. Jhs. [SPIESS in: 242: PATZE, 157–204] sind vielschichtig. Die Leibherren insbesondere in der territorialen Gemengelage Südwestdeutschlands reagierten mit Masseneiden und Nichtabzugsverpflichtungen [626: ULBRICH; 132: MAURER; 133: MÖTSCH], zumindest mittel- und langfristig aber mit zweifelhaftem Erfolg; denn die Fürsten und Herren benutzten ihrerseits die Peuplierung ihrer Städtegründungen mit guten Privilegien als Mittel territorialer Konkurrenz [354: DIRLMEIER]. H. AMMANN [138] hat bereits 1950 angeregt die Zuwanderungsströme über die Bürgerbücher zu untersuchen; er fand im deutschsprachigen Raum vielfache Resonanz [z. B. 144: PORTMANN]. Einen Überblick über die Migrationsforschung in französischen Städten vermitteln, ausgehend von ihren eigenen Untersuchungen zu Chartres bzw. zum Périgueux im 14./15. Jh., C. BILLOT [in: 509: BULST/GENET, 235–242] und A. HIGOUNET-NADAL [141]. Als Teil der Handwerksgeschichte wie der Migrationsforschung verstehen sich jüngere Untersuchungen über Handwerkerwanderungen; sie sind anfangs aus der Konkurrenz der Gewerbestädte Oberitaliens um Fachkräfte motiviert [155: DEL PANTA]. Die Handwerkermigration aus Deutschland nach Italien setzte seit den 1370er Jahren mit Ausbildung von Handwerkerkolonien vornehmlich in Venedig, Florenz und Rom ein [319: SCHULZ].

Stadt und Land – Thesen

Die vor allem in Belgien, Großbritannien, Deutschland, der Schweiz und Italien seit den späten 1960er Jahren betriebene Stadt-Land-Forschung, welche die Stadt nicht mehr als „Insel" in „einem anders gearteten Raum" (R. KIESSLING) betrachtet, hat sich bisher unter der dominierenden stadtorientierten Perspektive vornehmlich auf drei Ansätze beschränkt: 1). auf die Zentralität der Städte [276: MEYNEN], 2). auf die Ausbeutung der Dörfer durch die Städte, 3). auf die Überprüfung der Vorstellungen von einem (romantisierten) Harmonie-Verhältnis zwischen Stadt und Land [Forschungsgeschichte und Methode bei: 273: KIESSLING; 271: IRSIGLER; zu der in den 1980er Jahren verstärkten Kleinstadtforschung: 655: CLARK; SCHAAB in: 276: MEYNEN, 219–271; 689: FOUQUET]. Für den deutschsprachigen Raum ist R. KIESSLING [274] mit seinem integrativen Ansatz der „Verflechtung" von Stadt und Land wegweisend. Er verbindet die bestimmenden Einzelfaktoren wie herrschaftliche und besitzorientierte Durchdringung des Landes, Marktbeziehungen, kirchliche Einflüsse, untersucht die zentralörtlichen Systeme, und zwar sowohl die den Einzelstädten (Groß-, Mittel- und Kleinstädten) zugeordneten Räume als auch das funktionale Ineinander der einzelnen Stadträume in ihrer Städtelandschaft. Konventionell sind die Studien über stadtbürgerlichen Landbesitz und die städtische Gebietspolitik [für das Reichsgebiet: 700: SCHNEIDER; BLICKLE in: 275: MASCHKE/SYDOW, 54–71; 697: RAISER; beispielhaft für die *contado*-Politik italienischer Städte: 690: GROHMANN (Perugia)].

Wirtschaftsgeschichtliche Forschung geht seit längerem davon aus, dass die ländliche Produktion durch Städte und städtisches Kapital gesteuert wurde. Dörfer und Kleinstädte im Nahraum der Groß- oder Mittelstädte waren in ein auf das Zentrum fixiertes und zeitlich abgestimmtes Netz von Märkten eingeordnet, wie dies z. B. in Ostwestfalen nachgewiesen werden konnte [267: HEMANN; allgemein auch 277: MITTERAUER; insgesamt 274: KIESSLING]. Seit dem 13. Jh. entstanden auf dem platten Land regelrechte Gewerbereviere [z. B. für Oberdeutschland: 299: VON STROMER; DERS. in: 279: POHL, 39–111]. Auslöser waren das Tuch- und das Montangewerbe [zur Technikgeschichte von Bergbau/ Hüttenwesen, von Spinnerei/Weberei allgemein: 896: LUDWIG/SCHMIDTCHEN; 895: LINDGREN]. R. HOLBACH [269] hat eindringlich dokumentiert, dass in den Tuchgewerben von Flandern bis Oberitalien der Verlag spätestens im 14. Jh. die wirtschaftlichen Verhältnisse zwischen Stadt und Land bestimmte. Das Land nahm dadurch an der Exportproduktion teil, wurde eingebunden in die Konjunkturen der europäischen Wirtschaft [vgl. auch KIRCHGÄSSNER in: 275: MASCHKE/SYDOW, 72–128, mit Skepsis gegenüber der älteren Literatur]. Inzwischen finden verstärkt einzelne Tuch-Gewerbelandschaften Interesse. Hingewiesen sei auf Flandern und Brabant, überhaupt auf die Niederlande [280: VAN DER WEE; 294: MUNRO; 295: PEETERS; 284: BOONE/PREVENIER; VAN UYTVEN in: 235: KELLENBENZ, 57–77; unter Einbeziehung anderer nordwesteuropäischer Gewerbelandschaften auch: 268: HOLBACH], auf den Bodenseeraum und Oberschwaben mit Leinen-, Woll-, seit dem späten 14. Jh. auch mit Barchentgewerbe [283: AMMANN; 296: PEYER; 299: VON STROMER; 274: KIESSLING] und auf die Toskana mit ihrer vornehmlich ländlichen Spinnerei [288: DOREN; KOTELNI-

Gewerbereviere und Verlag

KOVA in: 298: SPALLANZANI, 221–229]. Neben Spinnerei und Weberei sorgte das Montanwesen für die gewerbliche Strukturierung des Landes. Bergbau und Hüttenwesen zogen in gleicher Weise wie das Textilgewerbe städtisches Kapital an [Beispiele für Bergbauregionen: 914: MITTERAUER (Österreich); 926: PALME (Tirol); 921: WAGENBRETH/WÄCHTLER (Erzgebirge); 909: BENOIT/BRAUNSTEIN (Frankreich); 908: ARNOUX (Normandie); 916: SCHUBERT (England); 917: SPRANDEL (Oberitalien)], sie wurden durch das Verlagswesen betrieblich modernisiert [269: HOLBACH]. Gleichwohl wäre es anachronistisch, von einer kapitalistischen Durchgestaltung der Gesamtproduktion auszugehen. Keine Übereinstimmung herrscht darüber, ob im Montangewerbe von Großbetrieben gesprochen werden kann [MITTERAUER in: 914: DERS., 234–315]. Am frühesten setzte die Trennung von Kapital und Arbeit im Edel- und Buntmetallsektor ein [911: GEIS; zum Trienter Bergrecht: 912: HÄGERMANN/LUDWIG; 913: LUDWIG/GRUBER (Salzburg); 920: TANGHERONI (Sardinien); 910: BINGENER (Harz)]. Beispiele für in das Eisenhüttengewerbe eindringende frühkapitalistische Produktionsmethoden bieten die gut erforschte Steiermark und die Oberpfalz [PICKL in: 279: POHL, 16–38; 915: RESS; 919: VON STROMER].

Städtisches Handwerk, Gewerbe und ‚industrielle Revolution'

Die Stadtwirtschaft des Spätmittelalters beruhte auf der Arbeit des zunftgebundenen Handwerks sowie auf dem Kapital und den Leistungen des Handels; in den Exportgewerben war dieses Verhältnis symbiotisch [im Überblick: 272: IRSIGLER]. Gut beschrieben sind die Zünfte [für den deutschsprachigen Raum die Sammelbände von: 307: ELKAR; 311: JOHANEK], die korrespondierenden religiös-karitativen Bruderschaften [316: REMLING], die kartellähnlichen Züge im Zunfthandwerk [z. B. 308: ENNEN], die Gesellenbewegungen (an Ober- und Mittelrhein seit 1363) [315: REININGHAUS; 318: SCHULZ; 321: WESOLY] und die überregionalen Handwerkerbünde [310: GÖTTMANN]. Handwerkskorporationen entstanden bereits im ersten Drittel des 12. Jhs. [für England: 202: MILLER/HATCHER]. Die älteste Kölner Zunfturkunde stammt aus dem Jahr 1149. Die spätmittelalterlichen Ausprägungen der Zünfte lassen sich früh in Basel und am Oberrhein (paradigmatisch die Basler Zunfturkunden von 1226 bis 1270/74), in den Niederlanden und in Italien beobachten [mit vergleichendem Ansatz: 309. EPSTEIN; für die Niederlande: 312: LAMBRECHTS/SOSSON; für Italien: 306: DEGRASSI]. Eine ausgezeichnete Momentaufnahme der Organisation des Pariser Handwerks auch in der Abwehr von Konkurrenzpraktiken bietet ab 1258 der ‚Livre des métiers' des Étienne Boileau, Prévôt Ludwigs des Heiligen [342: GEREMEK]. In der deutschsprachigen Forschung hat die Arbeit von H. HEIMPEL [266 (1926)] über Regensburg mit ihrer Zusammenschau über das gesamte Handwerk und Gewerbe einer Stadt kaum Schule gemacht. Im Handwerk konnten auch Frauen, aber nicht gleichberechtigt (wie noch K. BÜCHER meinte), sondern nur sehr eingeschränkt Meisterrechte wahrnehmen, die über das Witwenrecht hinausgingen [324: BÜCHER; 322: ARNOLD; 325: HOWELL; 327: JACOBSEN; 326: ICHIKAWA; 329: UITZ; 332: WESOLY]. Textilgewerbe mit selbstständigen Meisterinnen wie in Köln gab es beileibe nicht überall [330 u. 331: WENSKY]. Nicht alle Handwerke waren zur Zunftbildung in der Lage: In der stärker auf das Land orientierten Leinenweberei kam es im 13. Jh. nur in Nordwesteuropa zu Zusammenschlüssen, im 14. Jh. folgten Leinenweberzünfte in einigen Städten des oberdeutschen Reviers wie in Memmingen, sonst blieben die Leinenweber ohne Zunft, galten mancherorts sogar als ‚unehrliche' Leute [283: AMMANN; 274: KIESSLING].

Im hoch urbanisierten Flandern, Artois und Hennegau liegt der Aufstieg der Tuchproduktion bereits im Hochmittelalter [282: VAN WERVEKE]. Hier sorgte die Gunst der Verkehrslage zwar für eine hervorragende Rohstoffversorgung, bescherte aber auf Dauer auch gravierende Abhängigkeiten von den Importen namentlich englischer und spanischer Wolle [zu englischen Handelssperren seit 1270: 359: VON ROON-BASSERMANN]. Mit dem breiten Zweimannwebstuhl (‚Flandrischer Webstuhl') hatte sich zumindest im 13. Jh. auch ein hoher technischer Standard ausgebildet. Arbeitskräfte und Technologien drangen von diesen frühen Zentren in andere Regionen: Schon 1208 hießen die Färber in Wien „Flandrer" [285: CARDON]. Unter den Tuchexportstädten in Brabant und in der Maasregion ragte im 12. Jh. Maastricht hervor, im 13. Jh. eingeholt von Antwerpen, Mecheln, Brüssel, Löwen und Huy. Wollimporteure und Tuchhändler gehörten dort zum Patriziat. Von bescheidenerer, handwerklicher Herkunft waren die Drapiers [285: CARDON]. Für die Produktionsorganisation in der nordwesteuropäischen Tuchmacherei galt bis zum Beginn der 1970er Jahre die an der Figur des Unternehmers Jehan Boinebroke aus Douai sich hochrankende, auf G. ESPINAS zurückgehende Bewertung H. PIRENNES und H. VAN WERVEKES unbestritten: Es habe im 13. Jh. eine verlegerische Zerlegung in der Textilherstellung städtischer Zentren gegeben [289: ESPINAS; 1313: PIRENNE, Bd. I; 281: VAN WERVEKE; über die kaufmännische Mentalität Boinebrokes: 445: IRSIGLER]. R. HOLBACH verweist trotz des kritischen Einwands A. DERVILLES [287], dass es in Flandern bis ins 14. Jh. den Kaufmann-Unternehmer gegeben habe, auf die Indizien, die für Verlagsbeziehungen in der Tuchproduktion schon im 13. Jh. sprechen könnten. HOLBACHS Resümee lautet allerdings: „Man wird sich insbesondere hüten müssen, diesen Einzelfall (Boinebroke) leichtfertig zu verallgemeinern" [269: HOLBACH].

Städtische Textilerzeugung: die Niederlande

In der für den Export arbeitenden Kölner Tuchmacherei [270: IRSIGLER] gingen verlegerische Organisationsformen in der zweiten Hälfte des 13. Jhs. von Kaufleuten aus, die über das Gewandschnittmonopol verfügten. Im 14. Jh. sind dann vor allem Weber als Handwerker-Verleger zu belegen. Dadurch wandelte sich die soziale Situation der Handwerker in den Hilfsgewerben: die Lohnarbeit hielt Einzug [269: HOLBACH]. Die Produktion von Wolltüchern stieg in Köln bis zu den 1370er Jahren auf 15 000 bis 20 000 Stück an [293: MILITZER]. Eine Blüte erreichte auch das von Paris aus angeregte, im hausindustriellen Verlag organisierte Seidengewerbe Kölns, das damit an dem ‚Seidenfieber' des 14. Jhs. teilhatte, d. h.

Städtische Textilerzeugung: Köln und das Seidengewerbe

der europaweiten Nachfrage nach Damast und Brokat [270: IRSIGLER]. Lucca war seit dem 12. Jh. eines der größten Handelszentren Europas für Seide. Die Märkte in Paris, Brügge und London wurden von dort aus beschickt. Mitte des 13. Jhs. begann die Seidenspinnerei und -wirkerei u. a. auch in Venedig und Paris, erst um 1350 entstand in Genua eine Korporation der Seidenweber, Italiener waren es auch, die sich in Montpellier und Marseille als Seidenwirker niederließen [dazu die Aufsätze in: 286: CAVACIOCCHI].

<small>Städtische Textilerzeugung: Oberitalien</small> Tuchgewerbe und verlegerische Produktion in Oberitalien sind außergewöhnlich gut untersucht [Überblick bei: 290: FENNELL MAZZAOUI]. Florenz ist seit dem grundlegenden Werk A. DORENS [288] Gradmesser und Abbild für viele Entwicklungen. Während H. HOSHINO die Vorstellungen von den Florentiner Produktionskapazitäten nach oben korrigiert und die steigende Nachfrage nach feinstem Tuch (seit 1350) als „Aristokratisierung" der Produktion bezeichnet [Zusammenfassung: HOSHINO in: 522: HARTE/PONTING, 184–204], hat M. FENNEL MAZZAOUI [290] auf den zeitgleichen Trend zu geringeren Qualitäten bei Woll- und Seidentuch aufmerksam gemacht. Das Verlagssystem im Florentiner Wolltuchgewerbe ist auch dargestellt bei R. DE ROOVER [297]. Rolle und Bedeutung des Verlags sind allerdings umstritten. Diskutiert wird die Reichweite des Einflusses der Unternehmer auf allen Stufen der Produktion: V. HUNECKE [713] erörtert als Aspekt des Ciompi-Aufstandes, welches Ausmaß die Lohnarbeit einnahm, ob sie auch als Ausbeutung zu bewerten sei. G. HERMES [291] hat sich bereits 1916 gegen die bei A. Doren beschriebenen „Riesenateliers" gewandt. Neuere Forschungen betonten etwa am Beispiel der Unternehmungen des Prateser Kaufmanns Francesco di Marco Datini vielmehr den außerordentlichen Grad der Produktionszerlegung [455: MELIS; 269: HOLBACH].

<small>Tuchsorten</small> Tuchzentren schützten ihre Spezialitäten durch Qualitätskontrollen (Tuchsiegel etc.), ihre Namen wurden im Fernhandel zu Sortenbezeichnungen (im Handelsbuch des Hamburger Kaufmanns Vicko van Geldersen von 1367 bis 1392 werden allein 40 Sorten aus den Niederlanden und Frankreich genannt). Ihre Identifizierung ist ob der verschiedensten Dichten, Breiten, Gewichte und Appreturen bei den Sammelbegriffen (z. B. „Tuch aus Gent" oder englisches „Karisee") freilich schwierig, nicht zuletzt auch, weil Nachahmungen auf den Markt gebracht wurden [VON STROMER in: 298: SPALLANZANI, 325–340].

<small>Stadt, Metall und Salz</small> Ein sehr detaillierter Überblick über die städtischen Metallhandwerke und -gewerbe mit ihren Ansätzen zur verlegerischen Organisation wird von R. HOLBACH [269] vermittelt, speziell zum Eisengewerbe von R. SPRANDEL [303]. Nürnberg und Köln als Zentren der deutschen Metallproduktion sind gut erforscht [304: STAHLSCHMIDT; 270: IRSIGLER]. Zusammenfassende bzw. regional einführende Werke orientieren über die Buntmetallerzeugung und das entsprechende städtische Gewerbe. Zu der Kupferverarbeitung in der Maasregion und zu den als Produktionsstätten für Messingwaren hervorragenden Zentren Aachen und Dinant sei auf die älteren Arbeiten von H. PIRENNE [278] und R.A.

PELTZER [302] verwiesen. A. JORIS [301] und R. HOLBACH [268] bieten neuere Zusammenfassungen. Die große Bedutung des Kölner Buntmetallgewerbes, besonders der Kupferschlägerei (v.a. im 15. Jh.) wurde von F. IRSIGLER [270] herausgearbeitet, die Messingschlägerei Nürnbergs, des größten deutschen Zentrums der Buntmetallverarbeitung nach Aachen, von R. STAHLSCHMIDT [305] untersucht. Die Zinnvorkommen in Cornwall und Devon ließen vornehmlich in London, daneben aber auch in York, Bristol, Coventry und Norwich bedeutende Gewerbe entstehen. Ansätze zur verlegerischen Produktion könnte es bei den Zinngießereien Londons bereits im 13. Jh. gegeben haben [300: HATCHER/BARKER]. Die städtische Salzproduktion und der Salzhandel vornehmlich im deutschsprachigen Raum, in Böhmen, Ungarn und Oberitalien werden in einem Sammelband behandelt [927: RAUSCH], die überragende Bedeutung von Salz und Saline für die Wirtschafts- und Sozialgeschichte Lüneburgs ist von H. WITTHÖFT [928] herausgearbeitet. Die Kapitalverflechtungen zwischen der Salzgewinnung in Chioggia und dem venezianischen Handelspatriziat sind bei J.C. HOCQUET [924] beschrieben. Über die europaweite Distribution des ‚Weißen Goldes', insbesondere auch über die jährlichen Konvoifahrten (nach 1370) mit großer Schiffskapazität von den Ostseestädten zur Baie von Bourgneuf und zu der Kleinstadt Brouage bei La Rochelle („Baienfahrt") oder den Meersalzgewinnungsanlagen von Setúbal (s. Lissabon) unterrichtet eine vielgestaltige Literatur [z. B. 922: BERGIER; 923: HOCQUET; 925: HOCQUET/PALME].

Arbeit und Nichtarbeit der Tagelöhner, Arbeits- und Geschäftszeiten der Handwerker und Händler sind seit einigen Jahren wieder verstärkt Thema der Wirtschafts- und Sozialgeschichte. Die Erforschung der Lohn- und Preisgeschichte war nach dem Zweiten Weltkrieg zunächst kaum weiterverfolgt worden [336: BEVERIDGE; 339: ELSAS; zur jüngeren Preis- und Lohngeschichte: 343: HAUSCHILD], erst seit den 1960er Jahren hat man in der Renaissance der Sozialwissenschaften insbesondere die Arbeits- und Lohnbedingungen in den durch Abrechnungen gut dokumentierten Bauberufen untersucht. Vor 1400 liegen allerdings nur verstreut vor allem in Süd- und Nordwesteuropa seriell nutzbare Quellen vor. Am Ende der 1960er Jahre erregte B. GEREMEK [342] mit seiner Untersuchung zur Lage des Pariser Handwerks im Spätmittelalter Aufmerksamkeit. Im deutschsprachigen Raum wirkten die Arbeiten von U. DIRLMEIER [337; 338] vorbildhaft [vgl. z. B. 93: FOUQUET]. Die Fragen richteten sich außerdem auf die Arbeitsbedingungen und Geschäfts- und Arbeitszeiten [890: DOHRN-VAN ROSSUM; SCHREINER in: 28: HERZOG/KOSELLECK, 381–428; 341: FOUQUET] sowie auf Wert und Bewertung von Arbeit im Mittelalter [344: JARITZ/SONNLEITNER]. *Arbeit und Zeit*

Für die Analyse von Einkommensverhältnissen und Löhnen im städtischen Handwerk und in der Arbeiterschaft sind die in der älteren Literatur als Maßstab genommenen Maximallohnfestsetzungen (wie die 1369 ausdrücklich im Zusammenhang mit einer Pestepidemie erhobenen Lohnforderungen von *Arbeit und Lohn*

Châlons-sur-Marne) nicht sonderlich geeignet [890: DOHRN-VAN ROSSUM]. Reihen tatsächlich gezahlter Löhne sind dagegen erst aus dem 14. Jh. überliefert. Die Studien von C.M. DE LA RONCIÈRE [345; 346] über Florenz (14. Jh.) gelten als nahezu einzigartig gebliebene quantitative Analysen großstädtischer Lebenshaltungsbedingungen. Seine Untersuchungen werden durch eine Monographie über das Florentiner Baugewerbe ergänzt [96: GOLDTHWAITE]. Zur Seite stehen Arbeiten über Paris und Brügge [342: GEREMEK; 347: SOSSON]. U. DIRLMEIER [337] behandelte allgemein den Lebensstandard in oberdeutschen Städten. Die Forschungen zur Lohnentwicklung [vgl. auch 318: SCHULZ; 321: WESOLY] belegen: Die Reallöhne sind langfristig während des 14. Jhs. gestiegen. Deutlich wurden die Wirkungen kurzfristiger Konjunktureinbrüche für die ständig am Rande des Existenzminimums lebenden Arbeiterhaushalte. So stiegen die Florentiner Getreidepreise während der letzten sieben Jahre vor dem 1378 ausbrechenden Ciompi-Aufstand an, während die Löhne real absanken. Die Lohnarbeiter handelten im Sinne ihrer Ökonomie folgerichtig, als sie in der zweiten Phase der Revolte Lohnforderungen mit dem Verlangen nach Entschuldung und Änderung des Steuersystems – progressive Einkommensteuern statt Verbrauchsteuern – verbanden [345: DE LA RONCIÈRE].

Getreide-Lohn-Äquivalente

Die Florentiner Arbeiter waren, so scheint es, mit ihren erfolglosen Forderungen weiser als die ältere Literatur, die allzu kurzschlüssig die Entwicklung der Getreidepreise zum wichtigsten Gradmesser der Lebenshaltung genommen hat. Aber Menschen fressen nun einmal nicht wie Vieh Getreide, sondern verzehren Brot und Brei. Nach den Forschungen U. DIRLMEIERS [337] bedeutet das: Indirekte Steuern erhöhten die Endverbraucherpreise der Konsumgüter Brot und Mehl, mahltechnische Gegebenheiten und das Brotbacken reduzierten das im Vergleich zur Frühen Neuzeit günstigere Getreidegewicht-Tagelohn-Verhältnis je nach Ausmahlungsgrad erheblich (um 50 Prozent bei Roggen, bis zu 80 Prozent bei Weizen). Überdies wurden andere Konsumgüter (Wein, Bier, Fleisch) im Spätmittelalter noch höher besteuert als Brot. Tatsächlich belegen unverdächtige zeitgenössische Berichte steuerbedingte Verteuerungen, und keinesfalls sagt das vornehmlich für die Verhältnisse nach 1350 entwickelte ‚Krisen'-Modell der Preis-Lohn-Schere mit langfristig stagnierenden oder gar fallenden Getreidepreisen und sich erhöhenden Löhnen alles über die tatsächliche Situation aus. Von einer Preis-Lohn-Schere hatte schon um 1900 K. BÜCHER gesprochen, in der deutschsprachigen Forschung der 1950er bis 1970er Jahre nahm F. LÜTGE die Vorstellung auf, am entschiedensten aber W. ABEL mit pauschalisierenden Schlagworten wie „goldener Boden" des Handwerks und „Goldenes Zeitalter der Lohnarbeit" [185: LÜTGE; 212: ABEL; zur älteren Literatur auch: 93: FOUQUET; für die französische Forschung: BRAUNSTEIN in: 37: SEIBT/EBERHARD, 200–209].

Einkommen und Lebenshaltung

Einkommensverhältnisse und Lebenshaltungskosten können an den Quellen, wenn überhaupt, dann nur individuell gemessen werden. Dazu müssen die in

Silber- oder Rechnungswährungen überlieferten Löhne durch Umrechnungen auf die Gold-Leitwährungen mess- und vergleichbar gemacht sowie in Relation zu dem im Einzelfall erzielten Jahreseinkommen gesetzt werden. Die Forschung konnte dazu die durchschnittliche Fünftagewoche und die maximale jährliche Beschäftigungsdauer der Tagelöhner auf 265 Tage (13. –15. Jh.) als feste Größen erweisen [337: Dirlmeier; 93: Fouquet]. Innerhalb dieses Rahmens schwankte die individuelle Beschäftigung beträchtlich. Rechnungen wie andere Quellen belegen: Die Unterstellung von tageweise bezahlter Dauerbeschäftigung ist für viele Berufssparten anachronistisch, in der handwerklichen Lohnarbeit des Spätmittelalters muss mit erheblicher saisonaler wie konjunkturbedingter Arbeitslosigkeit gerechnet werden. Die Defizite konnten von den betroffenen Familien nur teilweise durch Frauen- und Kinderarbeit, durch ‚Mehrberufigkeit', durch Pausenarbeit oder durch Saisonarbeit beispielsweise im agrarischen Sektor der Städte aufgefangen werden. Die schiere Notwendigkeit, saisonal, monatlich, ja täglich und stündlich verschiedene Verdienstchancen nebeneinander wahrnehmen zu müssen, gilt allgemein als Merkmal der Unterschichtenexistenz, als Kennzeichen von Daseinsbedingungen „in erschreckender Armut" [735: Reiff; zu den Schichten der ‚working poor', namentlich Textil- und Bauhandwerkern, z. B. 656: Cohn (Florenz)]. Insgesamt verdeutlichen die Forschungen der letzten Jahre, dass nur unter besonderen Bedingungen und in bestimmten Berufen auch tageweise bezahlte Arbeitnehmer durchgehende Beschäftigung finden konnten. Neben diesem Ergebnis für den Einzelfall stehen die offenen, nach der Quellenlage und bei der hohen Mobilität der Beschäftigten auch nicht zu lösenden Fragen, wie viele Lohntage etwa im Baugewerbe als Durchschnitt zu veranschlagen sind und ob seit dem 13. Jh. mit deutlichen Veränderungen zu rechnen ist. Die Frage P. Braunsteins [in: 37: Seibt/Eberhard, 200–209]: „Was bedeutet aber der tägliche Lohn in der Stadtwirtschaft, wenn man das jährliche Einkommen aller Arbeitergruppen bei der verwirrenden Mobilität nicht einmal aufstellen kann?", ist einfach zu hoch gegriffen.

2.2. Hochfinanz und Welthandel

Die großen Firmen des 14. Jhs. am Mittelmeer, in Oberdeutschland und im Hansegebiet haben lange Zeit auf die europäische Wirtschaftsgeschichte als besonderes Faszinosum gewirkt. Schon der Florentiner Chronist Giovanni Villani bezeichnete die Kompanien der Bardi und Peruzzi als die „Säulen der Christenheit". Die bahnbrechenden Arbeiten zur Geschichte der führenden Firmen und ihrer internationalen Verflechtungen wurden von den 1920er bis zu den 1970er Jahren geschrieben [358: Renouard; 464: Sapori (speziell zum Untergang der Bardi und Peruzzi); 463: de Roover (Alberti); 387: de Roover (Medici); 455: Melis (Datini); 454: Lopez; 360: von Stromer (v.a. die Nürnberger Stromer-Ortlieb und Kamerer-Seiler); 432: Eikenberg]. Mit Ausnahme v.a. des Werks über

Hochfinanz

die Peruzzi [444: HUNT (1994)] rückten seitdem der Geld- und Handelsverkehr als solcher sowie die ihn steuernden Praktiken in den Vordergrund [z. B. 377: LANE/ MUELLER]. Bei der Beurteilung der Handelsgesellschaften schieden sich die Geister. Führende Wirtschaftshistoriker der 1950/60er Jahre wiesen auf die Tatsache hin, dass alle Firmen nach dem Zusammenbruch der Bardi und Peruzzi im Jahre 1343 ein erheblich geringeres Gesellschaftskapital besaßen. Sie leiteten daraus eine „economic depression" ab [241: LOPEZ/MISKIMIN]. Ein ähnliches Bild zeichnet B.Z. KEDAR [452] über genuesische und venezianische Handelsfirmen des 14. Jhs. – „merchants in crises". In der Tat kam es zwischen 1381 und 1383 auch zum Bankenkrach in Barcelona und in dessen Gefolge zum Zusammenbruch des gesamten katalanischen Bankenwesens [474: CARRÈRE; 190: VICENS VIVES]; und um 1400 musste eine Vielzahl großer Firmen aus Oberdeutschland ihre Segel streichen. 1408 fallierte z. B. die Firma des Kaspar Vetter, dessen Geschlecht zu den reichsten Familien Rothenburgs und Donauwörths gehörte, bankrott gingen die Nürnberger Gesellschaften Stromer-Ortlieb und Kamerer-Seiler. Im folgenden Jahrzehnt verschwanden weitere Nürnberger Firmen – die Kreß, Pirckheimer und Mendel – aus dem Handel in Venedig und Lübeck, den sie über Jahrzehnte bestimmt hatten. Eine der Hauptursachen lag fast überall in dem Bestreben, „die Politik mit ihren wirtschaftlichen Mitteln zu beeinflussen und zu lenken" – hohes Ziel aller Finanzmagnaten und gefährliches wirtschaftliches Risiko zugleich [360: VON STROMER]. In dieses Bild einer zeitversetzten europaweiten Insolvenzkrise um 1400 hat die Forschung aber auch Weiterentwicklungen in den Firmenstrukturen und Geschäftstechniken einfügen können.

In die Levante   E. ASHTOR [469] konnte zeigen, dass um 1400 italienische Handelskompanien aus Venedig und Genua die Märkte im Nahen Osten erobert hatten. Preisdumping und Expansion des Handelsvolumens hießen die Devisen. Das Resultat war eine Umkehrung der mediterranen Handelsströme: Die islamischen Herrschaften in der Levante, bisher Exporteure von Fertigprodukten, wurden zu Importeuren von Waren vornehmlich italienischer Provenienz und die Länder im Nahen Osten Exporteure für Rohstoffe, die das europäische Gewerbe benötigte. Grundlegende Arbeiten zum europäischen Handel mit dem Nahen Osten sind nach wie vor die monumentalen Werke von W. HEYD [480 (1879)] und A. SCHAUBE [487 (1906)], daneben sind zur Seeherrschaft und zum Levantehandel Venedigs die konzisen Gesamtdarstellungen der ‚Seerepublik Venedig' bzw. der Wirtschaftsgeschichte einschlägig [1144: LANE; 484: LUZZATO]. Für Genua sind die älteren Werke von G. CARO [475 (1895–1899)] und R.S. LOPEZ [483 (1938)] über die genuesischen Kolonien im östlichen Mittelmeerraum heranzuziehen. Den bedeutenden Sklavenhandel der Stadt arbeitete C. VERLINDEN [738] auf.

Indien und China   Die hohe Intensität des Indien- und Chinahandels europäischer Kaufleute steht seit den Forschungen von M. BALARD [471] außer Frage. Rohseide aus Cathay war spätestens seit Ende des 13. Jhs. ein Begriff, sie wurde über die Champagnemessen verbreitet. Weitere wichtige Importgüter aus jenem fernen Raum waren fertige Seiden- und Damaststoffe, Porzellan und Ingwer, Zimt und Zimtblüten. Für die nicht nur auf den Handel beschränkte europäische Wahrnehmung der Mongolen, der Länder am Schwarzen Meer sowie Chinas, überhaupt für die „Geschichte der europäischen Expansion", hat die jüngere deutsche Forschung Bedeutsames geleistet [888: SCHMIEDER; 886: REICHERT]. Speziell die Fernreisen der Venezianer Polo und ihrer Vorgänger wurden in mehreren Studien behandelt [884 u. 885: OLSCHKI].

Entscheidend für die Bedeutung kaufmännischer Unternehmen ist der Entwicklungsgrad ihrer inneren Struktur und ihre Handhabung von Handelstechniken und Bankinstrumentarien [390: DE ROOVER]. Die venezianische *colleganza* wurde in ihrer vollentwickelten Form beispielhaft an Andrea Barbarigo (1418–1449) vorgeführt [453: LANE]. Die mediterranen Commenda-Spielarten waren alle weitgehend baugleich, abgeleitet von der *commenda*, wie sie sich in Genua wohl nach byzantinischem Vorbild während des 13./14. Jhs. ausgebildet hatte. Dies verdeutlichen beispielhaft sowohl Arbeiten über die Handelsmethoden Barcelonas [485 u. 486: SAYOUS] als auch über das Kartular des Marseiller Notars Giraud Amalric (1248) [460: PRYOR]. Nach W. EIKENBERG [432] scheinen auch die oberdeutschen Handelsgesellschaften des 14. Jhs. vornehmlich dem Typ der Commenda entsprochen zu haben. Während die mediterranen Formen „Pakt(e) zwischen Geld und Phantasie" waren, wurden die Vergesellschaftungen im Hanseraum des 13./14. Jhs. durch die „Zusammenlegung von Mark gegen Mark" in der sogenannten ‚Widerlegung' geprägt, wie A. CORDES [429] in einer rechtshistorischen Untersuchung anhand spezifischer Quellen (z. B. des Lübecker Niederstadtbuches, von kaufmännischen Handlungsbüchern und Testamenten) nachweisen konnte. Nach der Seeversicherung im mediterranen Wirtschaftsraum des 13. Jhs. entstand im hansischen Bereich seit ca. 1350 die Bodmerei, wobei aber ungeklärt ist, ob sich diese Versicherungsform wirklich am mediterranen Vorbild orientierte oder nicht doch ein eigenständiges hansisches Institut darstellt [z. B. 403: MELIS; 402: GRONEUER; 404: NEHLSEN-VON STRYK]. Arbeiten über den See-, insbesondere den Landtransport sind defizitär [ältere Forschung: 491: STEIN; 490: SCHULTE]. Neues bietet die Technikgeschichte der Seefahrt [932: UNGER; 929: GARDINER/UNGER; 930; Navigationstechnik: 931: SCHNALL, mit reicher Literatur] sowie des Alpentransit [472 u. 473: BERGIER].

Handelsgesellschaften

Die Erforschung der seit Ende des 13. Jhs. in ihren Ost- und Nordseeraum verbindenden Organisationsstrukturen deutlicher sichtbar werdenden Hanse ist eine gemeineuropäische Aufgabe. Namentlich F. RÖRIG [462] und seine Schüler repräsentieren die methodische Neuorientierung der Hanseforschung seit dem Beginn des 20. Jhs. – ein Paradigmenwechsel hin zur Wirtschafts- und Sozialgeschichte. Die Gründungsunternehmer-Theorie Rörigs für Lübeck ist freilich überholt. In den letzten Jahrzehnten brachte die Hanseforschung beispielhafte Unternehmungen hervor [1: VON BRANDT; 391: SPRANDEL; 357: PETERS (Hanse-

Die Hanse – „Mythos und Wirklichkeit"

kaufleute als Financiers der englischen Krone); 438: HAMMEL-KIESOW (Forschungen zur Lübecker Wirtschaftsgeschichte); 458: PARAVICINI; 451: KATTINGER/WERNICKE (personale Verflechtungen in der Hanse)]. Über Seeräuberei und Vitalienbrüder unterrichtet die Studie von M. PUHLE [461]. Zusammengefasst wurde die deutsche Forschung, die sich überdies durch bedeutende Editionstätigkeit (insbesondere die Monumentalwerke ‚Hansisches Urkundenbuch' und ‚Hanserezesse') auszeichnete, in verschieden akzentuierten Handbüchern sowie in den Katalogen zu den Hanse-Ausstellungen in Köln und Hamburg [436: FRITZE/SCHILDHAUER/STARK (DDR-Historie mit interessanten kulturgeschichtlichen Einblicken); 435: FRIEDLAND; 465: STOOB (mit starker Betonung der politischen Geschichte); 439: HAMMEL-KIESOW; 430: DEETERS; 428: BRACKER]. Die französische Hanseforschung ist durch das 1964 verfasste, 1966 in deutscher Sprache erschienene und mehrfach ergänzte Standardwerk P. DOLLINGERS [431] mit seinem Schwerpunkt im 14./15. Jh. in besonderer Weise profiliert. Unter den niederländischen und angelsächsischen Werken zur spätmittelalterlichen Hanse seien J.H.A. BEUKEN [426 (Überblick über die Hanse in Flandern)], der von A. D'HAENENS 1984 herausgegebene Band ‚De wereld van de Hanze' [437] mit seinen zahlreichen Beiträgen sowie T.H. LLOYDS [482] über fremde Kaufleute in England genannt, aus der osteuropäischen Forschung die Teiledition der Veckinchusen-Bücher [494: LESNIKOV]. Allgemein instruiert ein Sammelband von 1996 über den Stand der osteuropäischen Hansegeschichte [459: PELC/PICKHAN], die skandinavische Hanseforschung wird in einem 1994 erschienenen Werk präsent [441: HENN/NEDKVITNE]. An speziellen Studien sind aus jüngerer Zeit Untersuchungen über die englisch-preußische Handels- und Diplomatiegeschichte [448: JENKS], über den Pelzhandel [477: DELORT] und über die ‚Gotländische Genossenschaft' [450: KATTINGER] hervorzuheben.

Messen und Handelsverkehr

Periodische Waren- und Geldmessen sind ein Phänomen der europäischen Wirtschaftsgeschichte, das seit der zweiten Hälfte des 12. Jhs. vor allem in Südostengland, Flandern und in der Champagne Platz griff und sich dem System der älteren seit dem 8./9., vor allem seit dem 10. Jh. etablierten Jahrmärkte zugesellte, ja die überkommenen Marktorganisationen ab dem 13. Jh. überformte [Überblick in dem Band 417: JOHANEK/STOOB, besonders IRSIGLER ebd., 1–33; 415; 412: CAVACIOCCHI]. Noch nicht befriedigend gelöst ist die Frage der Überformung alter Jahrmarktsplätze durch die neuen Messeorte. Ergebnis dieses Ausleseprozesses waren im Reichsgebiet die Messen in Nördlingen und Donauwörth [408: AMMANN; HERBORN in: 418: KOCH, Bd. I, 51–65, mit weiterer Literatur] sowie die Wetterauer und mittelrheinischen Messen vornehmlich mit Frankfurt [407: AMMANN; 421: ROTHMANN, mit der gesamten älteren Literatur]. Konzentrationsprozesse sind im 13. Jh. überhaupt an vielen Stellen Europas zu beobachten: Das ostenglische Messenetz verdichtete sich auf London, das flandrische auf Brügge und das niederrheinische auf Köln, das seinen Stapelzwang durchzusetzen vermochte [IRSIGLER in: 428: BRACKER, Bd. I, 22–27]. Das prominenteste Opfer von Neuorientierung und Konzentration waren die Messen in den Kleinstädten der Champagne. Den Niedergang der Champagne-Messen beschrieb R.-H. BAUTIER [in: 415, 97–147] als auffälligstes Zeichen der wirtschaftlichen „Revolution" der Zeit um 1400. Noch immer ist die ältere Arbeit über die Champagne-Messen von F. BOURQUELOT [411] unentbehrlich. Wichtig bleiben auch die Studien zum exportorientierten Tuchgewerbe Französisch-Flanderns von H. LAURENT [292]. Unter der deutschsprachigen Forschung hervorzuheben sind neben dem großen Überblick A. SCHULTES [490] namentlich die instruktiven Studien von H. THOMAS [423; DERS. in: 418: KOCH, Bd. I, 13–36].

Als gut erforscht können die mittelalterlichen Messen im Osten Englands gelten, die Jahrmärkte von Boston, Stamford, King's Lynn, Bury St. Edmunds, Northampton, St. Ives, Westminster und Winchester mit ihrem flämischen, niederrheinischen und italienischen Publikum, besonders von ca. 1220 bis 1250 [177: BOLTON; 425: WEDEMEYER MOORE]. Dennoch blieb der Messehandel in seiner Bedeutung und Funktion für die Außenwirtschaft Englands vor 1400 bislang ein Desiderat der Forschung [allgemein: 476: CARUS-WILSON/COLEMAN; für das späte 14. und 15. Jh.: 448: JENKS]. In London selbst waren Kölner Kaufleute schon im 12. Jh. präsent, die Sicherung ihrer Aktivitäten mit königlichem Schutz datiert zum Jahr 1157; 1281 wurde der hansische Stalhof in London errichtet. Im 14. Jh. gehörten die Hansen zu den am höchsten privilegierten Fremden in der Stadt [482: LLOYD; 467: THRUPP]. Zum Stalhof ist immer noch die Untersuchung von K. ENGEL [433 (1913/14)] heranzuziehen, daneben für das Alltagsleben die Studie von S. JENKS [447] über Testamente hansischer Kauffahrer in London.

Die ostenglischen Messen und London

Die im Jahre 1200 zu Brügge gegründete Messe reihte sich als fünfte unter die *celebres nundinae*, die im 12. Jh. auf der Verkehrsachse von Paris zur Nordsee die Champagne-Messen ergänzten [VAN HOUTTE in: 415, 175–207; 413: DES MAREZ; BLOCKMANS in: 418: KOCH, Bd. I, 37–50]. Der Niedergang der Champagne-Messen war der Glücksfall Brügges [die Brügge-Literatur ist nahezu unübersehbar – als Standardwerke: 416: HÄPKE; 442: VAN HOUTTE; 385 u. 388: DE ROOVER; knapp und instruktiv: 442: VAN HOUTTE]. Brügge nahm im Handel der flämischen Hanse mit England in der zweiten Hälfte des 13. Jhs. eine Vorzugsstellung ein. Auch die Kaufleute der entstehenden deutschen Hanse erschienen auf dem Brügger Markt. 1253 erhielten Lübeck und Hamburg wichtige Zollprivilegien [466: STÜTZEL; zu den Statuten des Hansekontor: 440: HENN], die seit 1277 aufkommende Atlantikfahrt über Gibraltar nach Genua erwies sich vor allem nach der Durchsetzung des englischen Wollstapels im Jahre 1294 als existenzentscheidend [488: SCHAUBE]. Seit dem frühen 14. Jh. verlegte sich Brügge auf eine passive, die Handelsaktivitäten fremder Firmen und Kaufleute fokussierende Marktfunktion. 1309 wurde die Freiheit des Gästehandels postuliert, 1323 gegen den konkurrierenden Vorhafen Sluis ein Stapelzwang durchgesetzt [zum Brügger Hafensystem: 468: VERMEERSCH]. Den Gästehandel

Brügge

in Brügge organisierten Wirte und Makler [443: VAN HOUTTE; GREVE in: 441: HENN/NEDKVITNE, 95–107], die Geldgeschäfte wurden von den großen italienischen Handels- und Bankhäusern abgewickelt. Sie bedienten bereits seit Mitte des 14. Jhs. die Geschäfte ihrer Kunden im Giroverkehr [VANDEWALLE/ GEIRNAERT in: 468: VERMEERSCH, 183–205]. Die Stadt am Zwin wurde im 14. Jh. vor den Bankplätzen Avignon und Paris zur Clearingzentrale Nordwesteuropas. Die Forschung zu den Pariser Messen ist dabei noch ausgesprochen defizitär [479: GILLE (allgemeiner Überblick); 420: MARTINEAU (die Markthallen); 419: LOMBARD-JOURDAN (Saint-Denis-Messe)]. Die Geschäftsbriefe des Francesco Datini aus Prato verdeutlichen, dass die Brügger Messe um 1400 in hohem Maße von den internationalen Wechselkursen gesteuert wurde. Einschlägig für den Geldwechselplatz Brügge sind immer noch die Arbeiten R. DE ROOVERS [385; 388]. Dazu sind zur Geldgeschichte Englands und der Niederlande die neueren Arbeiten von J.H. MUNRO [378; 379] zu berücksichtigen.

Antwerpen, Bergen-op-Zoom, Chalon, Genf, Zurzach

In Korrespondenz zum Brügger Markt entwickelte sich am Nordende der neuen europäischen Verkehrsachse seit 1315/25 Antwerpen zur Messestadt, die während des 15. Jhs. in eine komplementäre Rolle zu Brügge aufrücken und es schließlich hinter sich lassen sollte [424: VAN DER WEE; 410: BLOCKMANS]. Zum Messe-Trabanten Antwerpens in Brabant gedieh im 14. Jh. das kleinere Bergen-op-Zoom. Nach den Untersuchungen C.J.F. SLOOTMANS [422] wird die Bergener Tuchmesse 1338 zum ersten Mal erwähnt, 1365 erhielt die Stadt ein Messeprivileg. Direkter Nutznießer des beginnenden Niedergangs der Champagne-Messen um 1260 waren der wohl auf den Beginn des 13. Jhs. zurückgehende Jahrmarkt im burgundischen Chalon-sur-Saône. Die „große" Messe (1268) war eine Warenmesse, die hauptsächlich den Handelsverkehr zwischen Brabant/Artois (Tuch) und Ost- bzw. Südostfrankreich kanalisierte [414 u. 478: DUBOIS]. Als Folge des Hundertjährigen Krieges wurde seit 1360 Chalon von der seit 1262 bezeugten Genfer Messe abgelöst. Genf bot die nötige Sicherheit, um den Landverkehr zwischen Frankreich, Italien und Oberdeutschland zu gewährleisten [409: BERGIER; dazu auch 470: BABEL]. Wie eine Spinne im Netz kontrollierten die Genfer Messen auch die Verkehrsachse zwischen Marseille und Nürnberg, wobei die seit 1363 sicher bezeugten Jahrmärkte in dem kleinen Zurzach zu einem wichtigen Subsystem aufrückten [405 u. 406: AMMANN].

Frankfurt

Die Frühjahrs- und Herbstmessen Frankfurts fungierten als Scharnier zwischen der nördlichen, von London und den Brabanter Messen ausgehenden Verbindung, die von Kölner Kaufleuten dominiert wurde, und der von Nürnbergern behaupteten südlichen Handelslinie nach Venedig. Das 1998 erschienene Standardwerk M. ROTHMANNS [421] ersetzt für den behandelten Zeitraum in der Beobachtung von Frühgeschichte, Messeorganisation, Waren, Geld, Kredit und Menschen die gesamte ältere Forschung. Es war ein ‚Muss' zumindest für die deutschen Kaufleute, in Frankfurt vertreten zu sein und an dem feingesponnenen System aus Warenhandel und Zahlungsausgleich teilzunehmen. Der Absatz der

Waren war auf die Messen ausgerichtet, die Begleichung der Schulden darauf terminiert. Bedeutende Kaufleute wie Matthäus Runtinger aus Regensburg finanzierten um 1400 ihre Einkäufe auf der Frankfurter Messe zwar noch mehrheitlich mit Bargeld (rund 67 Prozent), sie gebrauchten aber auch ausstehende Wechsel und Forderungen [492: BASTIAN].

„There were no banking places in Germany, Scandinavia, Poland or Hungary" [388: DE ROOVER]. Dieses Bild der Entwicklungsunterschiede zwischen Süd und Nord, West und Ost im europäischen Geldverkehr des 13./14. Jhs. bestimmte bis in die 1970er Jahre die internationale Wirtschaftsgeschichtsforschung [490: SCHULTE; 387: DE ROOVER]. Begründet ist es aus der Vorherrschaft der Toskana, Oberitaliens und Nordwesteuropas im europäischen Geldverkehr durch die seit ca. 1300 vornehmlich den bargeldlosen Transfer kirchlicher Gelder organisierenden italienischen Handels- und Bankhäuser. Sie bildeten ein europäisches Stützpunktnetz aus, das nördlich der Alpen mit seinen Filialen und Agenten auf Brügge zentriert war. Der Raum östlich und nordöstlich des Rheins blieb zwar weitgehend ausgespart [358: RENOUARD; 351: DENZEL], dennoch führten nach der jüngsten Forschung zumindest dünne Verbindungslinien oberitalienischer Banken auch nach Skandinavien und Polen [353: DENZEL; REICHERT in: 349: BESTMANN/IRSIGLER/SCHNEIDER, 269–356; 434: FOUQUET]. Die Handelsbilanz Nordwesteuropas dürfte gegenüber dem mediterranen Raum zumindest in den letzten Dezennien des 14. Jhs. dauernd passiv gewesen sein. Jedenfalls hat dies R. DE ROOVER [390] anhand des in Quantität wie Dichte der Überlieferung einzigartigen Archivs des Unternehmers Francesco di Marco Datini aus Prato/Florenz angenommen. Diese Defizite konnten nur wie der Güterverkehr zwischen Europa und dem Nahen Osten durch ständige Silberströme vom Norden nach dem Süden bzw. vom Okzident nach dem Orient ausgeglichen werden [380: NORTH mit weiterer Literatur; zur Handelsbilanz Europa – Naher Osten: 361: ASHTOR (mit Vorsicht zu benutzen in den Quantifizierungen); 362: ATTMAN]. Das Edelmetall, das jenem internationalen Handel zur Stütze diente, kam jedoch überwiegend aus mitteleuropäischen Lagerstätten, mithin aus einem Raum, in dem – scheinbar – kein organisierter Geld- und außer den städtischen Renten auch kein Kapitalmarkt existierte. W. VON STROMER [360] hat 1970 die Beobachtung dieser makroökonomischen Abhängigkeiten der abend- und morgenländischen Wirtschaftswelten vom mitteleuropäischen Edelmetall aufgegriffen und bemerkenswerte Parallelen in den Entwicklungen des Geldwechsels und des Geldmarktes in Brügge, Frankfurt und Nürnberg nachgewiesen. Die mitteleuropäische Silberproduktion „wurde seit der Mitte des 14. Jhs. von Nürnberg gesteuert, und sie hatte in Frankfurt ihren Hauptumschlagsplatz gegenüber dem westlichen Europa" [396: VON STROMER]. Dennoch wird man sagen können, dass es noch zu Beginn des 15. Jhs. im Reich nördlich der Alpen grundsätzlich keine Banken im „italienisch-toskanischen Sinne" gab [352: DENZEL].

Geldhandel

Lombarden und Kawerschen

Zur Durchsetzung ihrer Geschäftsinteressen begannen deutsche, aber auch englische und französische Firmen seit dem späten 14. Jh. (durch die sogenannten ‚Judenschuldentilgungen') damit, die Konkurrenz der „Lombarden" bzw. „Kawerschen" [für Frankreich: 400: VORNEFELD] sowie der Juden auf dem lukrativen Markt für öffentliche Großanleihen zu verdrängen. Die Bedrückungen bis hin zu der Enteignung des Jahres 1347, denen sich die Geldwechsler in Frankreich seitens der französischen Krone ausgesetzt sahen, sind von J.B. HENNEMAN [355] ausführlich dargestellt worden. Während die deutsche Forschung schon seit Beginn des 20. Jhs. vornehmlich den Lombarden in Köln und am Niederrhein nachging und präzise jüngere Einzelstudien vorweisen kann [490: SCHULTE, Bd. I; 373: IRSIGLER/REICHERT; 383: REICHERT; 350: BURGARD/HAVERKAMP/IRSIGLER/REICHERT], hat sich die britische Forschung intensiv den Kawerschen gewidmet, den Kaufleuten und ‚Wucherern', die zu Beginn des 13. Jhs. aus dem südwestfranzösischen Cahors kamen und noch vor den Italienern am Hof des Königs Einfluss gewannen [368: FRYDE]. Die Begriffe Kawerschen und Lombarden wurden seit Ende des 13. Jhs. zusehends zu austauschbaren Synonymen für wuchertreibende, daher religiös wie politisch marginalisierte Ausländer [speziell zu den Kawerschen: 376: KOHN; 401: WOLFF].

Jüdischer Geldwechsel

Die Probleme der lombardischen und südfranzösischen ‚Wucherer' sind nur mittelbar mit den Bedrückungen und der Ermordung der jüdischen Geldwechsler zu vergleichen. H. THOMAS [423] hat auf die „maßlose Überschätzung der Möglichkeiten des Kredits" als tertium comparationis aufmerksam gemacht. Gegen die Juden im Reichsgebiet paarten sich Minderheitenstatus und antijüdisches Vorurteil mit der populären Verdammung der Wucherei, mit der Überschuldung vor allem des Adels und dem Konkurrenzdenken der Handelsfirmen [zum jüdischen Geldhandel: IRSIGLER in: 725: HAVERKAMP, 122–162; 727: JENKS; 728: MENTGEN; 456: MUELLER (jüdische Darlehensgeschäfte in Venedig); VON STROMER/TOCH in: 489: SCHNEIDER 387–412]. Gegen die noch bei F. GRAUS [520] vorherrschende Meinung, dass mit den Pogromen der Pestzeit um die Mitte des 14. Jhs. bereits das Ende des jüdischen Geldhandels gekommen sei, wandten sich M. TOCH [397] und G. MENTGEN [in: 350: BURGARD u. a., 75–100; als Beispiel für den jüdischen Großkredit bei Fürsten: HAVERKAMP in: 1072: HEYEN, 437–482]. In Basel war bis 1386 mit Moses von Colmar der reichste jüdische Financier im Reich ansässig [728: MENTGEN].

Geldwechsel und Kredit

In den älteren deutschen Handelsstädten scheint der Wechslerberuf aus Nebenfunktionen der Münzerhausgenossen entstanden zu sein. Die seit dem 12. Jh. bezeugten Münzerhausgenossenschaften sind nur in einer älteren Arbeit von W. JESSE [374] monographisch behandelt worden. Die Forschung hat sich auf Untersuchungen der Geschichte der Hausgenossen in den einzelnen Städten konzentriert [jüngste sehr eindringende Untersuchung über Regensburg: 367: EMMERIG; zur sozialen Problematik (Speyer) z. B. auch: 701: VOLTMER]. Die während des 13./14. Jhs. entstehenden städtischen Wechselstuben, denen auch selbstständige Wechslerinnen vorstanden, sind vielfach, beispielsweise für Brügge/ Flandern-Brabant, für Niederdeutschland, Nürnberg und Oberdeutschland, zuletzt für Frankfurt untersucht worden [385: DE ROOVER; 427: BLOCKMANS; 391: SPRANDEL; 395: VON STROMER; 421: ROTHMANN].

Die Formen des Kredits waren seit dem 12. Jh. vielfältig. Neben dem Baratthandel, dem Verlag, den Pfandleihgeschäften der Juden, Kawerschen und Lombarden sowie den Produktivkrediten der Wechselstuben ist gerade in den entstehenden Städten die pfandrechtlich abgesicherte Schuldverschreibung schon früh sehr wichtig geworden. Einführende Darstellungen zu den aus dem 12. bzw. beginnenden 13. Jh. stammenden Kölner (Schreinskarten) und Lübecker (Niederstadtbuch) Quellen öffentlichen Glaubens zur Absicherung der Pfandkredite bieten M. GROTEN [371] und J. REETZ [382]. Daneben entwickelte sich aus der nämlichen Wurzel die Rente in ihren unterschiedlichen Formen [zur Rechtsgeschichte: 399: TRUSEN; 381: OGRIS], und zwar trotz der im 13. Jh. verstärkt einsetzenden Wucherdebatte [389: DE ROOVER; 398: TRUSEN; 369: GILOMEN; 384: RÖSCH]. Städte mit ihren bedeutenden institutionellen Rentenverkäufern und ihrem anlagesuchenden Kapital bildeten seit dem 14. Jh. Rentenmärkte aus. Schwerpunkte der Erforschung der städtischen Rentenmärkte sind Lübeck und Hamburg [365: VON BRANDT; 372: HABERLAND; SPRANDEL in: 375: KELLENBENZ, 14–23; 364: BAUM/SPRANDEL; als beispielhafte Untersuchung: 363: BAUM]. Nach der neueren Forschung diente der Rentenmarkt in erster Linie zur Anlage langfristig gebundenen Kapitals und damit zur Absicherung von arbeitsfreiem Einkommen. Dazu gehörten auch überschüssige Handelsgewinne, die nicht in Grundbesitz investiert, sondern bei kapitalsuchenden Klöstern und Städten plaziert wurden. Es ist daher methodisch äußerst schwierig, den Rentenmarkt als Indikator für konjunkturelle Entwicklungen im wirtschaftlichen Gesamtgeschehen zu betrachten [370: GILOMEN]. Neben den Städten und Kirchen beteiligte sich besonders der Adel am Rentenmarkt, wobei die Funktionalität der Rentenkäufe und -verkäufe im einzelnen schwierig nachzuvollziehen ist. M. BITTMANN [783] beobachtet am oberschwäbischen Beispiel dichotomische Erscheinungen: Der Rentenmarkt ermöglichte dem Adel einerseits zusätzliche Handlungsoptionen, konnte andererseits oft zu heilloser Überschuldung der adligen Hauswirtschaft führen. Einzelne erfolgreiche adlige Financiers wie Reinhard von Schönau wussten freilich Geld und Kredit in Verbindung mit Amtspfandschaften, Lehen etc. hervorragend zu nutzen [IRSIGLER in: 350: BURGARD u. a., 281–305].

Rente und Rentenmarkt

Der Wechsel als eine Sonderform des Zahlungs- und Kreditverkehrs entstand im 12. Jh. in Italien. Unbestritten ist, dass der Wechsel zunächst als Eigenwechsel, als schriftliche Verrechnungsform innerhalb des gleichen Handelshauses, diente. Im 14. Jh. kam verstärkt die Tratte hinzu, die Zahlungsanweisung an Dritte. In der Diskussion bleibt die ursprüngliche Funktion des Wechsels als Kredit oder Zahlungsmittel. M. ROTHMANN [421] hat an Frankfurter Quellen gezeigt, dass

Der Wechselbrief

bereits ein domizilierter Eigenwechsel (als Schuldschein über ein Warengeschäft) sowohl Kreditinstrument (durch Verschiebung des Zahlungsziels) als auch Zahlungsmittel sein konnte. Zudem waren die Schuldscheine u.U. übertragbar und so zumindest von der Verwendung her Tratten. Überhaupt scheinen lokal und regional unterschiedliche Formen des Wechsels gebräuchlich gewesen zu sein, jedenfalls gab es kein einheitliches Wechselrecht. Die Forschungen über die Entstehung des Wechselbriefs als Zahlungsmittel oder als besondere Form des Handelskredits [Zusammenfassung der traditionsreichen Forschung 1953 bei 386: DE ROOVER] wurden seit den 1970er Jahren neu belebt [KIRCHGÄSSNER in: 489: SCHNEIDER, 373–386; 394: VON STROMER; 351: DENZEL]. Der Wechsel fiel im hansischen Ostseeraum als Instrument der Kreditschöpfung in Form des Inhaber-Schuldscheins weitgehend aus. Die niederdeutschen Kaufleute waren indes nicht kreditfeindlich, sie begnügten sich vielmehr mit Bargeldtransaktionen oder mit dem einfachen Wechselinstrumentarium des sogenannten Überkaufs [449: JENKS/NORTH]. Überblicke über europäische Wechselkurse bieten P. SPUFFORD [392; 393] und M. DENZEL [366].

Rechnen, korrespondieren und Bücher führen

Die Geschichte der kaufmännischen Schriftlichkeit im Italien des 13./14. Jhs. ist namentlich von F. MELIS [495] und R. DE ROOVER [in: 390: DERS., 119–180; neuere Überblicke: 500 u. 501: YAMEY] erforscht worden. Ältestes Zeugnis italienischer Buchführungskunst ist das Pergament-Fragment eines florentinischen Geschäftsbuches aus dem Jahre 1211, in Volgare geschrieben und mit Ansätzen zu individuell geführten Kredit- und Debitoren-Konten [Auszüge bei: 496: PENNDORF]. Während des 13. Jhs. wurden in den kaufmännischen Büchern Konten für einzelne Geschäfts- und Vermögenszweige ausgebildet: für Waren, den Hausrat und die Kasse. Seit Beginn des 14. Jhs. finden sich in toskanischen Quellen nebeneinander angeordnete Soll- und Haben-Konten; die Technik wurde in Mailand und insbesondere in Venedig weiterentwickelt. Daraus ging um 1400 das Buchführen ‚alla Veneziana' hervor. Vor dem Ende des 13. Jhs. entstand die Doppelte Buchführung [497: DE ROOVER; 502: ZERBI]. Sie wurde notwendig, um Kapitalkonten der Firmenteilhaber auszuweisen, in denen man Gewinne und Verluste berechnete. Die *Partita doppia* entsprach dem neuen frühkapitalistischen Firmentypus, geschaffen eigens zu dem Zweck, das durch die Teilhaber eingelegte Kapital zu mehren und Gewinne zu erwirtschaften. Vorstufen der ‚Doppik' sind zum ersten Mal 1293 in einer notariellen Kopie aus dem Geschäftsbuch der Florentiner Peruzzi bezeugt [444: HUNT]. Die neue Buchführungstechnik erscheint nach 1300 auch in den Registern anderer Firmen, z. B. in denen der Alberti [493: GOLDTHWAITE/SETTESOLDI/SPALLANZANI]. Generell ist die kaufmännische Buch- und Rechnungsführung selbst noch des 14. Jhs. nur in einzelnen Büchern, Registern, ja in Fragmenten bezeugt. Eine Ausnahme bildet nur das 1870 in Prato entdeckte Archiv des Francesco di Marco Datini, das von 1383 an ca. 500 Haupt- und Geschäftsbücher, ungefähr 300 Gesellschaftsverträge, über 140000 Briefe, dazu Frachtbriefe, Versicherungspolicen und vieles andere mehr enthält [455: MELIS; 457: ORIGO]. Als bedeutsame Beispiele für die kaufmännische Schriftlichkeit nördlich der Alpen gelten neben der ältesten Überlieferung in Lübeck und Kiel aus dem späten 13. Jh. u. a. die Handelsbücher und Korrespondenzen des Regensburgers Matthäus Runtinger (1383–1407) und des Lübeckers Hildebrand Veckinchusen (1365/70–1426) [462: RÖRIG; 499: VON STROMER; 432: EIKENBERG; 498: STIEDA; 494: LESNIKOV].

3. LEBENSFORMEN

3.1. Haus und Familie – Soziale Gemeinschaften und Gruppen in Statik und Bewegung

Einführungen in die Sozialgeschichte konzentrieren sich vornehmlich auf einzelne Länder Europas [zu Spanien und Italien: 528: MITRE FERNÁNDEZ; 182: JONES; zur englischen Gesellschaft: 532: PLATT; 525: KEEN; für die deutschen Länder: 181: HENNING]. Gesamtdarstellungen zur europäischen Sozialgeschichte sind eher selten, halten bestenfalls Westeuropa im Blick, wobei v.a. der ‚Hundertjährige Krieg', der fokussierte Wandel sozialer Einstellungen und Kommunikationsformen einer vom Krieg gezeichneten Gesellschaft, das historische Interesse bestimmt [503: ALLMAND, mit thematisch orientierter Quellenauswahl]. Wesentliche Forschungsergebnisse liegen nicht zufällig in Sammelbänden vor [524: HERLIHY; 581: DUBY/PERROT; 505: ARIÈS/DUBY]. Das von vielen Mitarbeitern erarbeitete Handbuch der europäischen Wirtschafts- und Sozialgeschichte ist zwar als Nachschlagewerk unentbehrlich, kommt aber über eine auf den ‚homo oeconomicus' ausgerichtete ‚Buchbinder-Synthese' kaum hinaus [184: KELLENBENZ/VAN HOUTTE]. *Menschen und Gemeinschaften*

Die Verfassungsgeschichte bildete den Ansatz für den bahnbrechenden ‚Paradigmenwechsel' in der neueren deutschen Sozialgeschichte, den E. MASCHKE [in: 672: DERS., 170–274] 1959 einleitete. Er bewertete mit der Methode der Differenzierung die seit dem späten 13. Jh. einsetzenden städtischen Umwälzungen („Zunftkämpfe") gänzlich neu, beschrieb die Menschen in ihren sozialen Gruppen (vornehmlich in den Zünften) in einer genialen Zusammenschau von Verfassungs-, Sozial- und Wirtschaftsgeschichte, führte die Schichtungsanalyse bei der Erforschung städtischer Gesellschaften ein, entdeckte die ‚Familie' und das ‚Berufsbewusstsein des mittelalterlichen Fernkaufmanns' [Gesammelte Aufsätze: 672]. Maschke nahm damit Anregungen der französischen Sozialgeschichtsforschung auf, die ihrerseits in den 1960er Jahre ‚la histoire des mentalités', die ‚Mentalitätengeschichte', als bestimmende Struktur des Sozialen Ganzen wiederentdeckte. Die daraus hervorgegangene anthropologisch orientierte Sozialgeschichtsschreibung stimulierte in den siebziger und achtziger Jahren des 20. Jhs. die Beschäftigung mit Individuum und Gemeinschaft im Spät- *Lebensformen und Mentalitäten* mittelalter [516: DUBY (1961); 589: ARIÈS (1960); zur deutschen Rezeption: 537: SPRANDEL], auch wenn am Ende das Kampffeld ‚Mentalität/Mentalitäten' ein eher diffuses Bild vermittelte [521: GRAUS]. Abgehoben von allem Streit um Begriffe hat A. BORST [507] bereits 1973 „die bis dahin überzeugendste sozialhistorische Synthese deutscher Mittelalterhistorie" publiziert [15: BORGOLTE]. Borst geht davon aus, dass Lebensformen als soziale Verhaltensweisen jenseits anthropologischer Konstanten der Behavioristen jeweils historisch identifizierbar seien. Er glaubt zwar nicht, „dass Lebensformen das Ganze den mittelalterlichen Gesellschaft" ausmachten, wohl aber dass sie „den Zusammenhang des Ganzen" sichtbar werden lassen [507]. Eine überzeugende Synthese des 14. Jhs. stellt das Buch von F. GRAUS [520] dar. Darin wird das Soziale Ganze in den ‚krisenhaften' Konflikten seiner Subsysteme und Gruppen, in der sozialen „Unrast" von Geißlern und Klerus, von Juden und Judenfeinden, von städtischen Führungsgruppen und Zünften, beschrieben. Die Historische Verhaltensforschung [Pionierarbeit: 34: NITSCHKE] ist derzeit für die spätmittelalterliche Gesellschaftsgeschichte wieder so aktuell wie in den 1970er Jahren [514: DINZELBACHER].

‚Historische Kulturwissenschaft'
Die Geschichte der Mentalitäten rückte seit Ende der 1970er Jahre aus dem Zentrum zunächst der französischen, dann auch der europäischen Sozialgeschichte. J. LE GOFF [527] stellte 1979 eine Bewegung hin zu einer „histoire de l'idéologique, de l'imaginaire ou du symbolique" fest. Dieser umfassende Ansatz, der Verhalten, Wissen in allen seinen Schattierungen und „‚Bilder' der Wirklichkeit" zusammenführte [OEXLE in: 521: GRAUS, 65–117], wurde in den letzten Jahren in das Konzept ‚Historische Kulturwissenschaft' transponiert [529: OEXLE], dem die Forschungen zur Alltagsgeschichte, zur ‚Geschichte des privaten Lebens', zur Sachkultur und historischen Metrologie (Maß- und Gewichtssysteme) verpflichtet oder zuzuordnen sind [30: JARITZ; 533: RASSART-EECKHOUT u. a.; 505: ARIÈS/DUBY; 539: WITTHÖFT]. Riten und Gesten werden gleichfalls in diesem Konzept neu bewertet [535: SCHMITT]. Beispiel einer bahnbrechenden Studie auf diesem Feld ist die Arbeit von J. CHIFFOLEAU [511] über das Testierverhalten im Umland von Avignon und im Venaissin. Sie stellt fest, dass die Vorstellungen vom postmortalen Partikulargericht über die Einzelseele und dem darauffolgenden zeitlich limitierten Fegefeuer, das seit dem 12./13. Jh. die Köpfe bestimmte, erst zwischen 1333 und 1360 prägenden Einfluss auf das Verhalten der Menschen erlangten. Die damit zusammenhängende Erforschung von Stiftung und ‚Memoria', verstanden als ‚totales soziales Phänomen', das grundlegend Familienbewusstsein, Verwandtschaft und überhaupt den Zusammenhalt von Gemeinschaften bestimmte, hat gerade in der deutschsprachigen Geschichtswissenschaft seit den 1980er Jahren einen außerordentlichen Aufschwung genommen [Überblick z. B. bei: 519: GEUENICH/OEXLE; 530: OEXLE]. Der Versuch, den ‚cultural turn' als neues historisches Universale zu etablieren, wird neuerdings als Traditions- und Kanonbildung im Rekurs auf die „Meisterdenker" (Weber, Simmel u. a.) um 1900 verdächtigt und dem in der Histo-

rischen Anthropologie erarbeiteten umfassenderen Verständnis von Kultur als Kategorie historischer Erkenntnis nachgeordnet [MEDICK in: Historische Anthropologie 9 (2001), 78–92].

Die den Alltag der Menschen im Spätmittelalter prägenden Soziabilitätsformen sind in den letzten Jahrzehnten gegenüber engeren rechts- und verfassungsgeschichtlichen Verstehensmodellen in den Vordergrund getreten. Die sich seit dem 6. Jh. in den nachantiken sozialen Milieus ausbildenden Gilden und Schwureinigungen wurden in veränderter Gestalt zum ‚Erfolgsmodell' des 13. Jhs. [OEXLE in: 531: DERS./VON HÜLSEN-ESCH, 9–44]. Seine ‚egalitäre' Kultur bewährte sich in der Formierung der Dorf-, Tal- und Stadtgemeinden, die sich als Genossenschaften verstanden. In ihrer Genese hatten freilich noch andere Elemente wie Kaufmanns- und Marktrecht, Zensualität und persönliche Freiheitsrechte Gewicht. Mitte der 1980er Jahre hat P. BLICKLE den alten Wissenschaftsbegriff ‚Kommunale Bewegung' in ‚Kommunalismus' transformiert und mit neuen, aus dem Spätmittelalter gewonnenen sozialgeschichtlichen Inhalten gefüllt; der Begriff hat seither in Bedeutungsanalysen nachbarschaftlicher und gemeindlicher Bindungen, Verhaltensweisen und Lebensformen sowie in Arbeiten über die konfliktträchtige „Entwicklung der politischen Repräsentation des Gemeinen Mannes" an Aussagekraft viel hinzugewonnen [DERS.: 611; umfassend 612]. Das Kommunalismus-Modell BLICKLES ist allerdings nur komplementär zu dem Feudalismus-Konzept zu verstehen (Feudalismus des 6. bis 18. Jhs. „beschreibt die reziproken Beziehungen von Menschen und Menschengruppen in dem sie bestimmenden Herrschaftsgeflecht." Es ist gekennzeichnet durch das „Nebeneinander" von zentrifugalen (Genossenschaften) und -petalen Herrschaftsbeziehungen und wurde „aktiviert" durch „Differenzierung der Ware-Geld-Beziehungen" (Städtewesen) [WUNDER/HAUPTMEYER in: P. BLICKLE (Hg.), Landgemeinde und Stadtgemeinde in Mitteleuropa, München 1991, 93–98]). Der heuristische Wert solcher in Diachronie und Makroperspektive bewährten Modelle für die Interpretation von Zusammenhängen in ländlicher und städtischer Gemeindeentwicklung ist beträchtlich. Modelle können allerdings Untersuchungen synchroner und mikrohistorischer Vorgänge lediglich systematisieren. Nur die Mikrogeschichte vermag die quer zum Gemeindeverband stehenden oder auch konkurrierenden Gruppenstrukturen (Kirch-, Hof- und Nutzungsgemeinschaften, die sippenhaften Personennetze, die ländlichen Gefolgschaften usw.) sowie die zeitlichen Veränderungen unterliegenden Lebensformen der Gruppen freizulegen [beispielhaft: SABLONIER in: 1116, Bd. 2]. In diesen Zusammenhang gehören auch die seit den 1970er Jahren zunächst v.a. von der angelsächsischen Forschung betriebenen Untersuchungen über deviantes Verhalten, über das Phänomen ‚Nacht' und städtische Kriminalität [z. B. 602: HANAWALT; 604: VERDON; 600: BURGHARTZ; 603: SCHUSTER; 736: REXROTH], vor allem auch das intensivere Nachdenken über ‚Ehre' und ‚Ehrkapital' als bestimmende Faktoren für die soziale Verortung von

Gruppen, Gemeinschaften, ‚Kommunalismus'

Individuen und Gruppen [536: SCHREINER/SCHWERHOFF]. Ein Kuriosum ist Oxford, das mit seiner akademischen ‚Halbwelt' im 14. Jh. die höchste Mordrate aller bisher untersuchten europäischen Städte aufwies [601: HAMMER]. Ernstgenommen werden die formierten bzw. „vereinbarten" Gruppen (W. PARAVICINI): Zünfte, Bruderschaften und Pfarreien, Klostergemeinschaften oder Schwurgenossenschaften wie informelle oder okkasionelle Gruppen, die Frauen am Brunnen und die Männer unter der Linde [OEXLE in: 531: DERS./VON HÜLSEN-ESCH, 9–44]. Überhaupt ist seit den 1970er Jahren mit der ‚Personengeschichte' ein differenziertes methodisches Instrumentarium geschaffen worden [509: BULST/GENET]. Es hat neue Formen formeller wie informeller zwischenmenschlicher Beziehungen sichtbar werden lassen. Herrschaft und Gesellschaft, Kirche und Welt waren von Personenverbänden, Allianzen, Klientelen durchdrungen: Ohne Personenverbände, die auch als „Mit-Unternehmerschaften" interpretiert wurden (P. MORAW), keine Machtausübung, sei es nun an königlichen und fürstlichen Höfen oder (beispielsweise) im französischen Parlement [MORAW in: 1014: DERS., 73–88; 534: REINHARD; 506: AUTRAND], ohne Patrone und Klienten, ohne Landsmannschaft und Nepotismus keine Herrschaft, nicht die Verzahnung von Kirche und Welt wie an der päpstlichen Kurie [1150 u. 1189: ESCH] und in den Stiftskirchen [1185: MILLET; 1186: SCHREINER; 1183: HOLBACH (Forschungsbericht)].

Familie/Geschlecht – Haus

Wertvolle Erkenntnisse und methodische Anregungen zu Haushalt und Familie auch im diachronen Vergleich erbrachten die Arbeitsgruppen um P. LASLETT und M. MITTERAUER in den 1970er Jahren [562: LASLETT/WALL; 566: MITTERAUER/SIEDER]. Eine vorzeitige Bilanz zog bereits 1976 J. FLANDRIN [548]. Die Erforschung spätmittelalterlicher Familien im engeren Sinn begann in Deutschland mit der kleinen Schrift von E. MASCHKE ‚Die Familie in der deutschen Stadt' [564 (1980)]. Die ‚Kernfamilie' war die Basisgruppe des Sozialen Ganzen und in ihrem Haushalt als der adäquaten familialen Daseinsform lebte „eine Familie allein, aber auch familienfremde Personen wie Gesellen, Knechte, Mägde (konnten) mit einer Familie im gleichen Hause" wohnen. So ist nach Maschke das ‚Haus' nur der Begriff, mit dem „Einheit und Geschlossenheit der zusammenlebenden Familie" bezeichnet wurde. Wichtig wurde, dass in den 1970er Jahren die Historische Demographie die Familie entdeckte: Der vornehmlich städtische Haushalt ist auf den Eltern-Kinder-Kern geschrumpft. Dies zeigen z. B. Fallstudien über Haus und Familie im Périgueux des 14./15. Jhs. [129 u. 560: HIGOUNET-NADAL], eine vergleichbare Untersuchung zu Reims im 13./14. Jh. [686: DESPORTES] sowie die auf einem herausragenden Datenmaterial beruhende demographische Analyse des Florentiner Catasto von 1427 [559: HERLIHY/KLAPISCH-ZUBER]. Zwischenbilanzen der italienischen und westeuropäischen Forschung sind zwischen 1976 und 1981 verfasst worden [576: TABACCO; 555: GUERREAU-JALABERT; Bibliographien/Forschungsberichte: 574: SHEEHAN/SCARDELLATO; 575: SOLIDAY; 563: LEE]. Wichtige neuere Regional- und Lokalstudien über Gent (14. Jh.) und

Douai (1350–1600) berücksichtigen die spätmittelalterliche Familie in demographischer Perspektive [569: NICHOLAS; 561: HOWELL; im Überblick: 542: BULST]. Auffallend ist die hohe Kindersterblichkeit, die auch in Jahren ohne Pest und Hungerkrisen 70 Prozent erreichen konnte. Dies bestätigt auch eindrücklich die paläodemographische Rekonstruktion einer lokalen Population von 150 Individuen, deren Skelettreste in dem Reihengräberfeld der wendischen Siedlung Növenthien (bei Uelzen) aus dem späten 12. und frühen 13. Jh. gefunden worden sind. Die Rate der zwischen dem 1. und 6. Lebensjahr Verstorbenen liegt bei 56 Prozent, und dabei ist die hohe Sterblichkeit der Neugeborenen und Säuglinge im ersten Lebensjahr noch nicht einmal eingerechnet. Der ‚charakteristische' Erwachsene in Növenthien wurde nur zwischen 30 und 40 Jahre alt [568: NEMESKÉRI/HARSÁYI/GERENCSÉR]. Die Erforschung des (hoch-) adligen Familien- und Hausverständnisses ist durch die Monographie von K.-H. SPIESS [782] vorangekommen – schon jetzt ein Klassiker der deutschen Sozialgeschichtsschreibung. Bäuerliche Kernfamilien sind in Mikrostudien (Halesowen, 1270–1400; Orsières und Entremont im Wallis, 1250–1500) erhellt worden [570: RAZI; 224: DUBUIS]. Insgesamt haben die sozialstatistischen Forschungen seit Mitte der 1970er Jahre gezeigt, dass die Kernfamilie in unterschiedlichen Erscheinungen und zeitlichen Ausprägungen die Basis des spätmittelalterlichen Sozialen Ganzen bildete, auch wenn in städtischen Gemeinschaften Wohn- und Kommunikationsmilieus bedeutender Familien-Clans nachgewiesen werden konnten [559: HERLIHY/KLAPISCH-ZUBER; 557: HEERS].

Im deutschsprachigen Raum steht die ‚Ökonomik' in einer eher geistesgeschichtlichen Traditionen verpflichteten Historie des ‚Hauses' [zuletzt 572: RICHARZ; 543: DROSSBACH]. Daran tragen in sehr unterschiedlicher Hinsicht die Arbeiten von O. BRUNNER schuld. Seine Forschungen aus den 1930er Jahre folgten den Bahnen des ‚völkischen' Denkens über „Ganzheit" und „Gemeinschaft" mit einer ‚Färbung', die auch in seiner Definition von Sozialgeschichte (1954) noch nachschwingt [BRUNNER in: 508: DERS., 80–102; dazu OEXLE in: 531: DERS./VON HÜLSEN-ESCH, 9–44]. BRUNNERS Arbeiten zur alteuropäischen Ökonomik und der von ihm popularisierte Begriff des „Ganzen Hauses" blieben davon nicht unberührt [541: BRUNNER]. Das im Grunde der älteren Kulturgeschichte verpflichtete Konzept bot Anlass zu heftigen Kontroversen, die bis heute unvermindert andauern. Größere Sachlichkeit scheint freilich geboten, auch die Einsicht, dass sich die Brunnersche Ökonomik, die Lehre vom Haushalten, immer nur auf bestimmte Ökonomien, auf die Adels-Haushalte bezog und daher für die globale Erklärung des Sozialen Ganzen nicht oder nur sehr bedingt taugt [15: BORGOLTE]. Ungeachtet dieser Auseinandersetzung sind in letzter Zeit sozialgeschichtliche Unternehmen angestoßen worden, die das städtische ‚Haus' als eine normative Verstehensform von Vergemeinschaftung begreifen, welche eine soziale Wirklichkeit erzeugte und im familialen Haushalt das materielle wie rechtliche Substrat, die Lebensform,

Ökonomik

ausbildete [556: HAVERKAMP; 546: EHLERT]. Mikrohistorische Untersuchungen zu einzelnen stadtbürgerlichen Haushaltungen sind in der deutschsprachigen Forschung vergleichsweise selten zu finden. Dazu fehlen vor 1400 die entsprechenden Quellen [exemplarisch: 112: IRSIGLER]. Eine familiale Gegenwelt „ohne Haus" stellte 1993 V. GROEBNER [554] am Beispiel der Nürnberger Unterschichten vornehmlich des 15. Jhs. vor. Neben den in der ‚Jüngeren historischen Schule der Nationalökonomie' gut untersuchten öffentlichen Haushaltungen der Städte [Forschungsüberblick: 93: FOUQUET] hat sich die jüngere wirtschaftsgeschichtliche Forschung verstärkt den Ökonomien des Adels zugewandt [Bibliographie in: 786: VON SEGGERN/FOUQUET] und für die zugrundeliegende Quellengruppe der Rechnungen (seit dem 13. Jh.) eine systematische Quellenkritik entwickelt [ausgezeichnet über die Überlieferung im deutschsprachigen Reichsgebiet: 785: MERSIOWSKY; für Westeuropa: 356: LYON/VERHULST; 348: BAUTIER/SORNAY/MURET; 784: CHIAUDANO]. Hervorgehoben sei die Studie von K. MERTES [565], die Adelsökonomien in England und die Funktion des Haushaltes im zeitlichen Aufriss seit 1250 untersucht.

Eherecht und ‚bizarre' Rechtsgewohnheiten

Die Familiengründung und ihre Modalitäten sind in der Geschichtswissenschaft vom Spätmittelalter recht unterschiedlich behandelt worden. Als gut erforscht kann das kanonische Eherecht und das eheliche Güterrecht gelten [allgemein: 574: SHEEHAN/SCARDELLATO (Bibliographie); 553: GOODY; 550: GAUDEMENT; SCHMIDT-WIEGAND in: 578: VÖLGER/VON WELCH, 264–273, mit zahlreicher Literatur]. Verschiedene Arbeiten haben die städtischen [BELLOMO in: 556: HAVERKAMP, 99–135; KÖBLER in: ebd., 136–160] und adligen Rechtskreise [544: DUBY; 577: VELDTRUP] erhellt. Island mit dem fehlenden Konsensrecht der Brautleute und seinem *bride-ale* statt priesterlichem Ehevollzug vor der Kirche sei exemplarisch für die weniger vom kirchlichen Recht durchdrungenen regionalen Eherechte genannt [549: FRANK]. Die im kanonischen Eherecht formulierten Ehehindernisse zentrierten sich auf das Inzestverbot [z. B. 567: MITTERAUER]. Das merkwürdigste, ja geheimnisumwitterte Recht, das seine Begründung in der Hochzeit fand, war im ländlichen Raum das Herrenrecht auf die Brautnacht – das ‚Recht der ersten Nacht'. Als Legende in der oralen Kultur der ländlichen Gesellschaft vor der Mitte des 13. Jhs. entstanden und weitergegeben, wurde es nach den jüngsten Arbeiten [579: WETTLAUFER] um 1400 in ländlichen Gewohnheitsrechten verschriftlicht (z. B. 1419 in der Herrschaft La Rivière-Bourdet in der Normandie), gehörte zu den ‚bizarren' Rechtsgewohnheiten und wurde von den Herren vornehmlich dazu benutzt, Abgabenzahlungen anlässlich der Hochzeit zu erzwingen.

Heiratsstrategien und -verträge: der ‚Heiratsmarkt'

Seit den 1970er Jahren stehen Eheanbahnung und -vermittlung, Heiratsstrategie und Handlungsspielraum bei der Partnerwahl, kurz: die Usancen des spätmittelalterlichen ‚Heiratsmarktes' in den adligen, städtischen und bäuerlichen Milieus, im Mittelpunkt der Historischen Familienforschung. Methodisch vorbildlich wirkten Arbeiten über vornehmlich städtische Heiratsmärkte Westeuropas und Italiens [558: HERLIHY; 551: GIES/GIES]. Einzelstudien vertieften das Bild: Am Beispiel der Florentiner Familie Strozzi ist eine sehr eingehende Mikrountersuchung gelungen, die den Heiratsmarkt, die wirtschaftlichen, politischen, sozialen wie auf das Individuell-Persönliche gerichteten Strategien, auch die „Taktiken" der *arte di sposarsi* berücksichtigt [547: FABBRI]. Die deutschsprachige Forschung hat sich mehr den dynastisch-politischen Fragen des Heiratsmarktes angenommen [588: SABLONIER (Aragón); 577: VELDTRUP (Luxemburg)]. M. SCHRÖTER [573] untersuchte Sozio- und Psychogenese der Eheschließung seit dem 12. Jh. Alle Aspekte der Ehevermittlung werden in Sammelbänden von DUBY/LE GOFF [545] und VÖLGER/VON WELCH [578] berührt. Die jüngeren Forschungen über Familiengründung, Heiratsmarkt und Ehegüterrecht heben über alle Strategien der Eheplanung mit Recht die Rolle der biologischen Kriterien – Gesundheit und Aussehen – bei der Auswahl des Ehepartners hervor, machen auch mit der Funktion und den Funktionären der Ehevermittlung, mit Form und Ablauf der Hochzeit vertraut. Die Eheverträge – seit dem 13. Jh. dichter überliefert – sind zentrale Quellen [782: SPIESS; SCHMIDT-WIEGAND in: 578: VÖLGER/VON WELCH, 264–273; 561: HOWELL (zu Douai)].

Die Sorge um das Fortbestehen des Geschlechts in männlicher Linie bestimmte in adligen wie stadtbürgerlichen Familien das generative Verhalten. Das gängige europäische Familienmodell sah eine Reduzierung der Fortpflanzung auf einen oder zwei legitime Söhne vor, allerdings strebten Adelsfamilien vom Grundsatz her eine hohe Geburtenzahl an, um der hohen Kindersterblichkeit zu begegnen und den Fortbestand des Geschlechts zu sichern [782: SPIESS; dazu 552: GOODY, mit einem Vergleich der Erbenbeschränkungen verschiedener Kulturen]. In der Florentiner Oberschicht sind die Strategien vergleichbar, sozial internalisierte Familienplanung hat dort nur einem oder zwei Söhnen die Möglichkeit gegeben, das Geschlecht legitim fortzupflanzen [559: HERLIHY/KLAPISCH-ZUBER]. Nach J.B. FREED [795] hätten dagegen adlige Familien eine späte Heirat der Söhne und eine Beschränkung der Kinderzahl favorisiert.

Im Inneren der Familie: Familienmodell

Überblicksartige Darstellungen zur Erziehung des englischen und französischen Adels liegen von N. ORME [595], neuerdings auch von P. CONTAMINE [794] vor. Für den deutschsprachigen Raum findet man außer der Studie von L. FENSKE [593: Knappe] zur Knappenerziehung keine vergleichbaren Arbeiten. Überhaupt ist man für Einblicke in Erziehung, schulische Ausbildung und universitäre Bildung auf verstreute Bemerkungen aus verschiedenen ‚Kindheitsgeschichten' angewiesen. Töchter und Söhne wurden ungefähr ab dem 7. Lebensjahr getrennt auf ihre Rollen vorbereitet, auch wenn Florentiner Schulen 1338 anscheinend nach koedukativen Prinzipien ausgerichtet waren [zu städtischen Schulen: 869: KINTZINGER]. Zumindest hat man die Kinder aus besser situierten Familien nicht als kleine Erwachsene behandelt. Die Diskussion über Kindheit als einer eigenständigen Lebensphase im Mittelalter, vor allem

Kinder und ihre Erziehung

von P. ARIÈS [589] entfacht, ebenso wie die über Emotionalität zwischen Eltern und Kindern scheint müßig. Emotionen spielten in bestimmten sozialen Zusammenhängen allerdings keine oder nur eine untergeordnete Rolle. ‚Kinderwelten' sollten situativ beurteilt werden – selbst innerhalb ein und derselben Familie. Selbstverständlich erlebte das im Alter von sieben Jahren ins Kloster gegebene Mädchen aus Adel oder Patriziat eine völlig andere Kindheit als ihre für eine spätere Heirat ausersehene und im elterlichen Haushalt erzogene Schwester [592: CARRON; 590: ARNOLD; 597: SCHULTZ; 594: HANAWALT; 598: SHAHAR]. Zur Lehrlingsausbildung im Handwerk liegen lediglich für den Mittel- und Oberrhein neuere Untersuchungen vor [318: SCHULZ; 321: WESOLY]. Die Lehrmädchen in den Kölner Frauenzünften behandelt mit Schwerpunkt auf dem 15. Jh. M. WENSKY [330]. Die universitäre Ausbildung, die mit dem 14. Lebensjahr einsetzte, hat sich als eigenes Forschungsfeld etabliert [862: CAPITANI; 863: COBBAN; 867: IJSEWIJN/PAQUET; 876: REXROTH; zur Sozialgeschichte: 878: SCHWINGES; 865: FRIED].

‚Abgeschichtete' Nachkommen

Über die sogenannte ‚Abschichtung' nicht-sukzessionsberechtigter adliger und stadtbürgerlicher Kinder, über ihre Lebensformen, ihre Chancen zum Aufstieg innerhalb der kirchlichen Hierarchie hat die Dom- und Stiftskirchenforschung sehr differenzierte Erkenntnisse gebracht [z. B. 1182: HOLBACH; 1181: FOUQUET; 1184: HOLLMANN]. Für die weiblichen Zölibatäre hielt die Kirche als Ideal die Jungfräulichkeit, das Dasein als ‚Braut Christi' bereit. Über die ‚geistlichen Töchter' wissen wir aus der unübersehbaren Zahl der Klostermonographien sehr gut Bescheid, ein Weg ohne Wiederkehr war diese Lebensform nicht: Adlige Frauen konnten mehrfach zwischen Kloster und Welt wechseln, verbrachten ihre Kindheit hinter Klostermauern, gingen in den elterlichen Haushalt zurück, um zu heiraten, und kehrten endlich als Witwe wieder in die klösterliche Frauengemeinschaft zurück [1215: BALTRUSCH-SCHNEIDER]. Zwitterformen werden repräsentiert von Reklusen oder Inklusen und der Beginen-Bewegung [z. B. 1222: L'HERMITE-LECLERCQ; 1237: WEINMANN]. ‚Religiöse Frauenbewegung' und ‚Frauenmystik' haben in den letzten Jahrzehnten eine wahre Literaturflut hervorgerufen [Bibliographie: 1226: LEWIS; als Beispiele: 1218: DINZELBACHER; 1231: PETERS (mit methodisch richtungsweisenden Ansätzen)].

Illegitimität

Angaben über die Zahl der aus vor- und außerehelichen Beziehungen hervorgegangenen illegitimen Kinder und ihre Bewertung gehen in der Forschung auseinander. Ältere Schätzungen gingen von einem Drittel der Bevölkerung aus [599: SPRANDEL]. Neuere Berechnungen auf der Grundlage päpstlicher Dispense zur Legitimierung unehelich Geborener erweisen solche Zahlenverhältnisse als stark übertrieben [591: BULST; 596: SCHMUGGE]. Neben den Familienordnungen, die, abgesehen von Adel und Patriziat, hohe Heiratsalter von Männern und Frauen begünstigten, liegen die Ursachen für Illegitimität in Ehebruch und klerikalem Konkubinat, auch in sogenannten ‚Winkelehen' (nicht legitimierten Partnerschaften) und in der häufigen Witwerschaft der Männer – Frauen waren durch Entbindung, Kindbett oder Fehlgeburt hoch gefährdet.

Ein Großteil der Literatur zum Rollenverhalten und zu den Beziehungen der einzelnen Familienmitglieder untereinander stützt sich zu einseitig auf literarisierte bzw. auf moralisierte Weltentwürfe, auf Heiligenviten und Wunderberichte, auf Predigten, Fürstenspiegel und sonstige Erziehungstraktate, ohne deren Idealisierungstendenzen zu berücksichtigen [583: OPITZ; 580: DIENST]. Nur wenige neuere Forschungen beziehen bei ihren Untersuchungen urkundliche Zeugnisse, Abrechnungen, Testamente und Inventare mit ein, hinter deren abweisender Fassade soziale Wirklichkeiten stehen und alltägliches Handlungswissen aufscheint [782: SPIESS; 345: DE LA RONCIÈRE].

Rollenverhalten und Geschlechterverhältnisse

Die Muntgewalt des Ehemannes gegenüber seiner Ehefrau war rechtlich grundsätzlich umfassend [OGRIS in: HRG III (1984), mit weiterer Literatur]. Zu Einsichten in die Rolle der adligen Ehefrau hat wiederum K.-H. SPIESS [782] beigetragen. Die Literatur zur Situation der Ehefrau in der Stadt kann sich erst ab dem späten 14. Jh. auf Quellen stützen [im Überblick für Deutschland bzw. Dänemark z. B. 329: UITZ; 327: JACOBSEN]. Überholt sind die Ansichten der ‚Jüngeren historischen Schule der Nationalökonomie' [z. B. 324: BÜCHER]. Trotz der sehr günstigen Kölner Verhältnisse [330 u. 331: WENSKY] ist die Integration der Frauen in den Zünften nicht allzu euphorisch zu bewerten [320: SIMON-MUSCHEID]. Als falsch erwiesen sich die Berechnungen K. Büchers zum städtischen Frauenüberschuss, verworfen hat man seine ‚Versorgungsthese' [332: WESOLY]. Freilich gilt dies nur für die Stadt im deutschen Raum. Im städtischen Umland Oberitaliens hat man für das 14. Jh. gegenläufige Tendenzen beobachtet [345: DE LA RONCIÈRE]. Frauenarbeit wurde im Kontext der sozialen Geringschätzung von Handarbeit [MITTERAUER in: 556: HAVERKAMP, 1–36] neu bewertet: Stark vertreten waren Frauen in Weberzünften, d. h. am unteren Ende der sozialen Skala [309: EPSTEIN]. Die städtischen Zünfte taten alles, um die Konkurrenz nichtzünftischer Weberinnen einzuschränken, kamen sie nun aus Beginenhöfen, Klöstern oder Privathäusern [701: VOLTMER; 328: KOWALESKI/ BENNETT].

Ehefrau und Frauenarbeit

Die zünftischen und nichtzünftischen Handwerkerinnen, die Tagelöhnerinnen und die schlecht bezahlten, weil unqualifizierten Lohnarbeiterinnen auf den Baustellen gehörten zu den städtischen Unterschichtsgruppen, dies wurde in Trier und andernorts nachgewiesen [333: WINTER; 93: FOUQUET]. Verheiratete wie unverheiratete Frauen besaßen nicht allein in norddeutschen Städten [322: ARNOLD; 326: ICHIKAWA], sondern überall nur begrenzte berufliche Möglichkeiten und Handlungsspielräume [323: BENNETT]. Positiv rezipiert wurde in der Literatur das von H. WUNDER [334; 335] entworfene Modell des ‚Arbeitspaares': Das ‚Gebären' der Ehefrau und ihre Tätigkeiten für das Haus waren für Zeitgenossen tendenziell gleichwertig mit den beruflichen Aktivitäten des Ehemannes. Die Gleichbewertung geschlechtsspezifischer Arbeit blieb allerdings auf den

Prostitutierte

Haushalt und die dort notwendig effektive Nutzung von materiellen, immateriellen und personellen Ressourcen beschränkt.

Die Prostitution als ‚Frauenarbeit' und soziales Phänomen ist seit den 1980er Jahren im Zusammenhang mit der Randgruppenforschung thematisiert worden [732: GRAUS]. Prostituierte bildeten seit dem 13. Jh. neben den Spielleuten die zweite Großgruppierung der Unehrlichen: ‚Ehrlosigkeit' war das leitende Deutungsmuster für Marginalisierung. Ein Gruppenbewusstsein unter Huren ist dagegen nicht erkennbar, wohl aber ein Gefühl von Verachtung und Missachtung; Prostituierte bildeten daher keine soziale Gruppe [734: HERGEMÖLLER]. Gegenläufige Argumentationen („la prostitution est ici un métier comme un autre"), die die Zuweisung der Prostituierten unter die Randgruppen kritisieren, vermögen nicht zu überzeugen [731: GEREMEK; 586: SCHUSTER]. Die moderne Forschung setzte mit zwei französischen Regionalstudien ein [584: OTIS; 585: ROSSIAUD]. Die Diskussion der letzten Jahre wird von Fragen nach Frauenhandel und -verkauf, Prostitution aus Gründen von Ehrverlust oder Vergewaltigung, Integrationshilfen für Prostituierte und den in deutschen Städten vor allem im 15. Jh. aufkommenden, obrigkeitlich sanktionierten Frauenhäusern beherrscht [587u. 588: SCHUSTER; REVERCHON/SCHNEIDER in: 17: BURGARD u. a., 203–231 (Metz); 736: REXROTH (London); auch 582: KARRAS].

3.2. Die Entfaltung von Dorf und Stadt

3.2.1. Das Dorf

Agrargeschichtsforschung

Agrargeschichte ist das Feld vieler Disziplinen (Archäologie, Bodenkunde, Geologie, Volkskunde, Technikgeschichte etc.) [RÖSENER in: 208: TROSSBACH/ZIMMERMANN, 93–105], sie blieb aber immer Angelegenheit weniger Historiker. Dennoch hat die europäische Agrargeschichtsschreibung wichtige Synthesen hervorgebracht. Eines der Standardwerke ist die fünfbändige ‚Deutsche Agrargeschichte', von G. FRANZ bereits in den 1950er Jahren konzipiert; sie kann als Abschluss einer älteren Forschungsperiode angesehen werden. Namentlich ihre Darstellungen über ‚Landwirtschaft', ‚Bauernstand' und ‚Agrarverfassung' [191: ABEL; 196: FRANZ; 200: LÜTGE] sind „unentbehrliche Referenzwerke" [BLICKLE in: 208: TROSSBACH/ZIMMERMANN, 7–32]. Die konzeptionellen Schwächen des Gesamtwerkes sind von der Kritik herausgestellt worden: Es bietet im Sinne der Kongruenz von Wirtschaft und Gesellschaft keine Synthese der bäuerlichen Welt, sondern ihre Fragmentierung. Von seinen theoretisch-methodischen Grundannahmen her gehört das Werk noch vor den ‚Paradigmenwechsel' von der „‚Alten' zur ‚Neuen Agrargeschichte'" [BLICKLE ebd.]. Das bedeutet: Im Gegensatz zur französischen Sozialgeschichtsschreibung, die von einer durch Umweltfaktoren (Raum, Klima) und Wirtschaft geprägten Gesellschaft und einer korrespondierenden, von gesellschaftlichen Kräften geleiteten Politik/Herrschaft ausgeht, gaben in Deutschland bis in die 1960er Jahre hinein ‚Staat' und ‚Herrschaft' als solche die methodische Orientierung vor. Untersuchungen über die Wechselwirkungen zwischen Ökonomie und Demographie, zwischen landwirtschaftlicher Produktion und Bevölkerungsentwicklung, wie sie z. B. E. LE ROY LADURIE [199] schon 1960 für das Languedoc vorlegte, sind diesseits des Rheins bis heute nicht geschrieben worden. Überhaupt haben die ‚Annales' gerade in ihren Regionalmonographien das Land in besonderer Weise zum vornehmsten Gegenstand von Demographie und Sozialgeschichte erhoben [als Beispiel (Provence): 124: BARATIER]. Die Summe jener fruchtbaren 1960er Jahre wurde 1975 in der ‚Histoire de la France rurale' gezogen [194: DUBY/WALLON]. Aber auch sonst war die ‚Epoche' um 1960/70 die Zeit bedeutender Synthesen. Ganz Westeuropa vom Ende des Römischen Reiches bis zur Industrialisierung hielt W.B.H. SLICHER VAN BATH [207] im Blick, Überblickswerke wurden zu Flandern und England geschrieben [209: VERHULST; 198: HODGETT; 202: MILLER/HATCHER]. Unter den neueren Gesamtdarstellungen ragt die großangelegte ‚Agrargeschichte von England und Wales' heraus [192]. Aber auch in Deutschland reflektierten wichtige Handbücher den Methodenwandel hin zur Sozial- und Wirtschaftsgeschichte [197: HENNING; 203, 204 u. 205: RÖSENER]. Eine informative Übersicht über Methoden, Quellen und Problemfelder der Agrargeschichte (unter Einschluss der Historischen Anthropologie) bietet W. RÖSENER [206, mit einer Auswahlbibliographie]. Als ausnahmsweise eingelöste (und nicht nur proklamierte) Interdisziplinarität erweist sich die Paralleldarstellung bäuerlicher Lebensformen der Historikerin E. ENNEN und des Archäologen W. JANSSEN [195].

Die europäische Agrargeschichtsforschung ist heute wichtiges Teilgebiet der theoretisch-methodisch neuformierten Sozialgeschichte. Genossenschaft und Dorf stehen als Beispiele dafür. Bezugspunkt der deutschsprachigen Forschung nach 1945 wurde die monumentale Untersuchung des südwestdeutschen Dorfes durch K.S. BADER [607], die über die deutsche Landesgeschichtsforschung mit ihrem organologischen Universale hinausweist. Die drei von 1957 bis 1973 erschienenen Bände bilden gleichsam die unterschiedlichen, aber auf ein Modell hin synthetisierten Perspektiven Baders auf das Dorf ab: Wandel von Nachbarschaften zu Gemeinde, Organisation und Administration des Dorfes, Dorfraum (mit der das Dorf gleichsam definierenden Trias: individuelle Hofstatt in der Siedlung, individuell-kollektiv genutzte, in Gewannen/Blöcken und Streifen aufgeteilte Flur sowie Weide und Wald als Allmende). Eigentümliche Faszination ging vom genossenschaftlichen Konstrukt der ‚Dorf-Trilogie' aus. Das Kommunalismus-Konzept P. BLICKLES [612] ist ebenso dadurch angeregt worden wie eine Fülle regionaler Fallstudien über das Entstehen von Dorf und Gemeinde seit dem 12. Jh. [606; ferner z. B. 627: WEISS; Zusammenfassung: 630: WUNDER]. Darunter sind die von der Suche nach genossenschaftlichen Lebensformen motivierten Arbeiten zur Ost- und Innerschweiz bemerkenswert [622 u. 1116: SABLONIER]. BADER beschreibt indes nur einen Typus ‚Dorf' neben anderen. Das zeigen Untersu-

Dorf

chungen zu friesischen Landesgemeinden [z. B. 623: SCHMIDT; zur Debatte um die ‚Freiheit' der Landesgemeinden: KÖHN in: 636: FRIED, 325–387; 644: SCHMIDT] und zu eidgenössischen Tal- und Landschaften [z. B. 608: BIERBRAUER (Landschaft Saanen im 14. Jh.)], das verdeutlichen Arbeiten über englische und westeuropäische Dörfer, aus denen Vorstellungen von politisch emanzipierter Gemeinde kaum noch gewonnen werden können [für England z. B. 619: HILTON; für Frankreich: 613: CHAPELOT/FOSSIER; 617: GENICOT]. Basierend auf dem exzeptionellen Quellenmaterial inquisitorischer Befragungen analysierte E. LE ROY LADURIE [620] in dichter Beschreibung das Pyrenäendorf Montaillou, seine Menschen, Familien und Genossenschaften, Ökonomien und Mentalitäten. Eine Analyse der dörflichen Sozialstruktur ist dagegen noch weitgehend Desiderat, der Quellenmangel freilich eklatant [Beispiele: 618: GREES (Ostschwaben); 517: DYER (England)].

Kontroversen – zwei Beispiele

Die Debatten über die Dörfer und ihre Geschichte sind noch nirgends abgeschlossen: 1). In der englischen Forschung werden die Beziehungen zwischen den Dörfern und den Manors, den Bauern und Grundherren, unterschiedlich bewertet. Die meisten Dörfer besaßen (ähnlich wie im deutschen Südwesten) mehrere Grundherren, d. h., die Funktionsweisen von Herrschaft hingen von den Binnenverhältnissen der Bauern im Dorf ab. Umstritten ist auch, ob die Verdichtung der Streusiedlungen zu Dörfern und die Ausgestaltung von Raum und Recht in den Dorfordnungen eher von den Grundherren oder von den Bauern ausgingen [619: HILTON; 540: BRITTON; 571: RAZI]. 2). Eine heftige Debatte entbrannte um die Verfasstheit der brandenburgischen Dörfer. Der Streit entzündete sich an der Rolle der Schulzen, d. h. an deren durch Vererbung oder Herrschaftsprivileg begründeten Leitung über die anderen Bauern. Nach H. HARNISCH [in: P. BLICKLE (Hg.), Landgemeinde und Stadtgemeinde in Mitteleuropa, München 1991, 309–332] verhinderte die Schulzenverfassung von Anfang an genossenschaftliche, durch Satzungen gebundene Verfasstheiten. L. ENDERS [616] hat dagegen die Dualität von Herrschaft und Gemeinde aus den Quellen erarbeitet: „Unter den Bauern (*villani*) hob sich der Schulze (*villicus*) ab, unter den cives, den Gemeindemitgliedern, nicht. Was er an Vergünstigungen besaß, gewährte die Herrschaft; Rechte in der Gemeinde genoss er den übrigen Nachbarn gleich."

Neue Forschungen – zwei Beispielsfelder: Leibherrschaft und Weistum

In der deutschen Forschung sind seit den 1970er Jahren Leibherrschaft und Weistümer Gegenstand der ‚neuen' Sozialgeschichte des Dorfes geworden. 1). Die Leibeigenschaft mit ihren Unschärfen gegenüber der alten Hörigkeit und Unfreiheit wurde in regionaler Perspektive klarer erfasst [609: BLICKLE; 626: ULBRICH; 605: ANDERMANN]. ‚Leibherrschaft' war seit dem 13. Jh. das Instrument herrschaftlicher Durchdringung bäuerlicher Gemeinschaften, sie diente der Verräumlichung und Arrondierung von Herrschaft (Tausch und Verkauf von Leibeigenen, Ausdehnung auf freie Bauern) und konnte fiskalisch genutzt werden. Beschränkte Rechtsfähigkeit und Freizügigkeit, Unauflösbarkeit der Abhängigkeit ohne Einwilligung des Herrn, Heiratsbeschränkungen (für Heiraten außerhalb der Genosssame) sind Kennzeichen jenes Status. Bauern und Dörfer bekämpften die Leibherrschaft regional unterschiedlich: Im stark urbanisierten Flandern z. B. hat man unter dem Druck von Arbeitskräftemangel bereits während des 13. Jhs. leibherrliche Rechte vermindern können [617: GENICOT]. 2). Die jüngere Erforschung der zunächst im Rahmen der Hofgenossenschaften des 12./ 13. Jhs. als Weistümer verschriftlichten mündlichen Rechte wird von der Rechts- wie von der Sozialgeschichte getragen [629: WERKMÜLLER; 628: WEITZEL; 610: BLICKLE]. In den Blickpunkt der deutschen Forschung rückten die Weistümer des Mittelrheinraumes [621: NIKOLAY-PANTER; 624: SCHMITT]. Für die quellenkritische Beurteilung ländlicher Rechte gibt die Definition von K.-H. SPIESS [625] Orientierung: „Weisung ist die gemeinschaftsbezogene, weisende Feststellung von wechselweise wirkenden Rechten und Pflichten der Herrschaft und der Genossenschaft in gerichtsverfassungsmäßiger, d. h. in einer durch die Förmlichkeit des Fragens, des Weisens und des Versammelns bestimmten Weise, gültig für einen bestimmten räumlich abgegrenzten Bezirk."

Die ‚Konjunkturen' bäuerlicher Unruhen nach dem frühen durch einen Kreuzzug niedergeschlagenen Aufstand der Stedinger (1233/34) verliefen in den europäischen Ländern und Landschaften heterogen. Im Reich (im Unterschied zu Frankreich und England) gewann die zweite Hälfte des 14. Jhs. nicht den Rang einer ‚Schwellenzeit' [632: BLICKLE; 631 u. 608: BIERBRAUER; 644: SCHMIDT; 641: LEGUAI]. Unterschiedlich waren die Ursachen und Anlässe für Aufstände und Widersetzlichkeiten schon allein wegen der differenzierten Verhältnisse zwischen Herr und Genossenschaft/Dorf, in der Literatur werden sie daher kontrovers diskutiert. Thematisiert werden folgende Komplexe: Kampf gegen herrschaftliches Erbrecht und Leibeigenschaft, Widerstand gegen territoriale Steuern, Kritik am Ausfall landesherrlichen Schutzes bei Krieg und Fehde und Forderungen nach Friedenssicherung, Emanzipationsbestrebungen der Bauern mittels des Dorfverbandes, Eigentumsansprüche via Erblehen und Verbesserungen des Erbrechts am Hof [633: BLICKLE]. Andere Ursächlichkeiten sind beobachtet worden. So war die ‚Armledererhebung' (1336/39) auch Ausfluss von Judenfeindschaft [721: ARNOLD], und die gerade zwei Wochen dauernde ‚Jacquerie' 1358 scheint keine spontane Aktion revoltierender Bauern gewesen zu sein, sondern wurde höchstwahrscheinlich von der Stadt Paris zum Vorteil ihrer Umlandpolitik initiiert und koordiniert. Ziel war, mit der Zerstörung der Burgen den Adel zu entmachten [642: MOLLAT/WOLFF; dazu 510: CAZELLES]. Unter den zahlreichen Arbeiten, die die Geschichte des englischen Bauernaufstandes von 1381 in kontroversen Ansätzen diskutieren [z. B. 634: DOBSON; 640: JUSTICE], hat R.H. HILTON [637; vgl. auch 639: HILTON/ASTON] mit seinen neomarxistischen Analysen die Auseinandersetzungen seit den 1950er Jahren nachhaltig beeinflusst: Der Aufstand sei primär Ausdruck des politisch wie wirtschaftlich motivierten Antagonismus zwischen Grundherren und Bauern gewesen. Differenzierter ur-

Unruhen

teilt H. EIDEN [635], dessen Untersuchung auf einer großangelegten Prosopographie der Aufständischen beruht. Die Revolte von 1381 ist für ihn „Ausdruck einer allgemeinen ‚Krise legitimer Herrschaft'", in ihren programmatischen Zuspitzungen hätte sie zur Entfeudalisierung führen sollen.

3.2.2. Die Stadt

Stadtgeschichte Die europäische Stadtgeschichtsforschung [PITZ, Art. Stadt, A. Allgemein, in: LexMA VII] wurde entscheidend durch das Werk O. VON GIERKES geprägt [665 (1868)]. Es sah den Rechtsgrund für die Ausbildung städtischer Gemeinden im Prinzip ‚der freien Einung' der durch freien Willensakt und (Bürger-)Eid persönlich frei gewordener Individuen in den Bischofsstädten konstituierten Genossenschaften. Die ‚gewillkürten' Genossenschaften hätten sich frei gewählten Vorständen (Räten) unterworfen und deren Organ-Handeln als verbindlich angesehen, und zwar für jeden einzelnen. Über das Grundmodell der freien Einung in ihrer feudalen Umwelt führte G. VON BELOW [649; dazu 314: OEXLE] mit GIERKE (1887/88) eine der großen Wissenschaftsdebatten des ausgehenden 19. Jhs. Gierkes Annahmen sind vor allem nach dem Zweiten Weltkrieg weiterentwickelt worden [659: EBEL; 657: DILCHER]. Mit dem Konzept ‚Genossenschaft' ging man freilich schon um 1900 auch die Zunftbildung an. Nahezu zeitgleich mit Gierke entwickelte die ‚Jüngere historische Schule der Nationalökonomie' auf der Grundlage noch heute gültiger empirischer Untersuchungen wie G. SCHMOLLERS ‚Straßburger Tucher- und Weberzunft' (1879) [317] und K. BÜCHERS ‚Bevölkerung der Stadt Frankfurt' (1886) [140] theoretische Modelle, an denen die Entwicklung der Städte im allgemeinen wirtschaftlichen Wandel erklärt werden sollte. Besonders einflussreich wurden K. BÜCHERS ‚Entwicklungsstufen' [178], in denen er unter Anschluss an evolutionistische Ideen die Stufe der „Stadtwirtschaft" mit ihrer angeblich typischen Kundenproduktion und verfeinerten Arbeitsteilung seit dem 13. Jh. entwickelte. W. SOMBART [‚Der moderne Kapitalismus', Bd. I: Die vorkapitalistische Wirtschaft, Leipzig 1902] komplettierte die wirtschaftshistorischen Modelle um eine Theorie der Städtebildung, in der er die später von M. WEBER aufgenommenen Begriffe „Produzenten"- und „Konsumentenstadt" prägte. Spuren haben diese Theorien in H. PIRENNES Arbeiten über die Anfänge städtischer Verfasstheiten hinterlassen. PIRENNE ordnete die traditionellen Fragen nach Administration, Recht und Verfassung eindeutig den wirtschafts- und sozialgeschichtlichen Problemen der Stadtgeschichte unter. Durch sein Werk wurde die Stadt ‚historisiert', das wirtschaftsgeschichtliche Paradigma der Historiographie der Städte zugeordnet [schon 1893/95 entwickelt und erweitert in: 187 (1933); 677 (1939)]. In M. WEBERS 1920/21 posthum erschienenem Essay ‚Die Stadt' [682] ist die Theoriediskussion um eine Typenlehre erweitert worden. Begriffe wie ‚Akkerbürgerstadt' [zuletzt als „Mär vom Ackerbürger" kritisiert: 688: FLINK] und ‚Abkömmlichkeit' [aufgenommen von MASCHKE in: 672: DERS., 170–274] sind beispielsweise von Weber geprägt worden. Entscheidend ist dabei, dass Weber die „okzidentale Stadt" mit ihrem besonders begründenden „Verbandscharakter" auch als Siedlungsform darstellte, gleichsam als Ausdruck einer durch den Kapitalismus in „Rationalitätsstufen" bewirkten und auf der politischen Freiheit (der „nichtlegitimen Herrschaft") der Stadtgemeinde aufruhenden Arbeitsorganisation [dazu 679: SCHREINER]. Die Fragen nach den Zusammenhängen von städtischen Lebensweisen, bebauter Umwelt und Stadttypen erzeugten unter dem Einfluss der 1933 publizierten Theorie ‚der zentralen Orte' W. CHRISTALLERS [654] neue Methoden und Darstellungsweisen. Die 1956 gegründete ‚Commission Internationale pour l'Histoire des Villes' koordiniert seit den 1960er Jahren Städteatlanten vornehmlich in Deutschland, Österreich, England und Frankreich [645; 646; 647; 648]. Seit den 1970er Jahren nehmen systematische Stadt-Umland-Forschungen eine besondere Rolle ein [Forschungsabriss bei: 274: KIESSLING]. Daneben hat seit dem 19. Jh. ganz selbstverständlich fast jede größere wie kleinere Stadt ihren ‚Biographen' gefunden. Neuere Arbeiten über Trier [694: MATHEUS], Venedig, Florenz und Lucca [1144: LANE; 683: BRUCKER; 695: MEEK], über Paris [684: CAZELLES] mögen dafür stehen. Beachtlich sind seit dem ‚Klassiker' von PIRENNE die zahlreichen Überblicksdarstellungen zur Stadtgeschichte, die nach dem Zweiten Weltkrieg verfasst wurden, und zwar im regional vergleichenden Maßstab [664: FRITZE; 274: KIESSLING; 650: BLOCKMANS] wie im nationalen Rahmen [für Deutschland: 670: ISENMANN; 661: ENGEL; für Italien: 651: BORDONE; 653: CHITTOLINI; für Frankreich: 658: DUBY; 652: CHEVALIER; für England: 668: HILTON (als Vergleich mit franz. Städten); 669: HOLT/ROSSER; für Schottland: 671: LYNCH/SPEARMAN/STELL]. Seltener blieben dagegen Synthesen, die den europäischen Horizont ausleuchten. Besonders eindrucksvoll sind die aus unterschiedlichen Perspektiven geschriebenen Darstellungen E. ENNENS [662] und D. NICHOLAS' [675 u. 676; dazu 678: PITZ; als Zusammenschau einzelner Stadtmonographien bzw. als Zusammenfassungen mehrerer Beiträge: 674: MISKIMIN/HERLIHY/UDOVITCH; 681: TILLY/BLOCKMANS; 667: HARTMANN].

Neuere Forschung hat die städtischen Konflikte seit dem späten 13. Jh. in den Zusammenhang der Bildung politischer Zünfte (z. B. die Kämpfe in Damme, Gent, Lille, Tournai, Ypern und Brügge) und ihrer verfassungsändernden Konsequenzen gestellt [für die Niederlande: 650: BLOCKMANS; für das Reichsgebiet im Überblick: 680: SCHULZ]. Aufs Ganze geschaut thematisiert die Literatur freilich nur Auseinandersetzungen in einzelnen Stadtgemeinden [z. B. 708: DIEDERICH], behandelt wird sogar häufig nur ein einzelner Konflikt. Vergleichende Darstellungen [zu Frankreich: 705: CAZELLES, 706: CHEVALIER; 715: LEGUAI; zu Deutschland: CZOK in: 666: HAASE, Stadt des Mittelalters, III, 303–344; 702: BARTH; 709: EHBRECHT, 712: HERGEMÖLLER; 719: ROTZ] und Gesamtbetrachtungen [710: FOURQUIN; 716: MARTINES] sind dagegen selten geblieben. Was die Chroniken mit „Geschrei" und „Aufruhr", ja „Teufelswerk" bezeichnen, wird in der modernen Forschung mit ‚Revolte' oder ‚Bürgerkampf'

Politische Zünfte, städtische Konflikte

umschrieben [zur Diskussion der Begrifflichkeiten: 707: Czok; 633: Blickle]. Heuristisch weiterführend ist die analytische Aussagekraft des Begriffes ‚Konflikt', der nach O. Mörke [718] umfassend „jede Form von öffentlich bewusstem, interessierendem und in soziale Handlung umzusetzendem Interessengegensatz zwischen Einzelnen oder Gruppen" darstellt. Beherrscht wurde die Forschung lange von der Konflikt-Typologie H. Pirennes [187 (1933)]: Bürger vs. Stadtherr, Zünfte vs. Patriziat und Arme vs. Zünfte. E. Maschke [in: 672: Ders., 170–274; auch 711: Graus] wies bereits 1959 darauf hin, dass die Kategorien und Begriffe ‚Patriziat' und ‚Zunft' zu „unelastisch" seien, um die Vielgestalt der Ursachen von Konflikten und ihrer Formen zu erfassen. Die Regel sei vielmehr der Kompromiss zwischen Führungsschicht und Zunft gewesen. Maschke trug überdies zusammen mit W. Ehbrecht [709] und B.–U. Hergemöller [712], die sich vor allem den norddeutschen Städten zuwandten, zur konzeptionellen Weiterentwicklung des Pirenneschen Modells bei. Inzwischen werden Ursachen und Ziele der Konflikte unterschiedlicher Trägergruppen nach differenzierten Kriterien gebündelt, typische Verlaufsformen und die verfassungsrechtlichen Folgen z. B. in der Ausbildung der politischen Zünfte in den ‚Zunftstädten' des 14. Jhs. beschrieben [680: Schulz]. Erfolgreiche Erhebungen wie die Augsburger (1368) und Kölner (1396) Bürgerkämpfe, die zu Zunftverfassungen führten [703: Blendinger; 717: Militzer], haben ihr Gegenmodell in der „Stadt ohne Zünfte" – Nürnberg nach der gescheiterten Revolte von 1348 [313: Lentze]. Gänzlich neu warf man Fragen nach der Legitimierung von Konflikt und Aufstand auf, was zum Nachdenken über die Form und die Entwicklung der Ratsherrschaft zwang. Unbestritten bleibt dabei das eindeutige Wechselverhältnis zwischen Rat und Gemeinde aus Schutz und Gehorsam. Doch die genossenschaftlich, als Schwureinung verfasste Gemeinde akzeptierte noch weit bis ins 15. Jh. hinein den Rat im Prinzip nur als Repräsentativorgan, nicht als Obrigkeit [Maschke in: 672: Ders., 121–136; Dirlmeier in: 35: Paravicini/Werner, 437–449]. Gegenüber der ‚konsensgestützten Herrschaft' des Rates [673: Meier/Schreiner] galten Protest und Auflauf in gewissen Grenzen als legitim. Aus den angedeuteten Schwierigkeiten folgerte P. Blickle [633], es seien epochenübergreifende, vergleichende Untersuchungen nötig und dabei „gleiche Fragen an die unterschiedlichen Stadtlandschaften" zu richten – „um es in personalen Metaphern auszudrücken, ein ‚Maschke' ist für Norddeutschland so dringlich wie ein ‚Ehbrecht' für Süddeutschland".

3.3. Adel im Wandel und die Entstehung des Niederadels

Adel – Grundzüge der Forschung — Über die Frage, ob man den Adel als Stand oder Klasse zu verstehen habe, führte die ältere Forschung eine rege Diskussion [775: Bloch]. Da es für die Oberbegriffe zwischen Historikern, Soziologen, Ökonomen und Juristen kein einheitliches Verständnis gibt, trat in den letzten Jahren das Problem der Definition in den Hintergrund. Man nimmt nun eine Ungleichheit der Gesellschaft und verschiedene Ausprägungen des Musters Adel als gegeben an. Rechtliche und soziale Momente können nicht mehr allgemein als verbindlich betrachtet werden. Wirtschaftliche Faktoren, die Lebensformen und -welten, das soziale Prestige sind zu den entscheidenden Parametern bei der Untersuchung von Person, Familie und Gruppe des Adels geworden. Zudem ist der Blick geschärft worden für die differenzierten Ursachenbündel, die Aufstieg und Niedergang adliger Familien motivierten; gefragt wird nach Übergangserscheinungen zwischen Nicht-Adel und Adel [SABLONIER in: 739, 9-34; 774: ANDERMANN/JOHANEK]. Jüngere monographische Arbeiten erschließen die reiche Adelsforschung in Frankreich und Burgund [792: CHARON; 794: CONTAMINE], in Flandern [817: WARLOP], in England [799: MCFARLANE; 797: GIVEN-WILSON] und in Spanien [796: GERBET]. Hervorragende Familienmonographien ergänzen das Bild [798: HENNEMAN; 810: SCHNERB]. Einblicke in die Lebensführung des englischen Adels bietet C.C. DYER [517]. Der Forschungsstand zum Adel Mittelost- und Osteuropas ist in einem Sammelband aktualisiert [743: BAK], ein Überblick über Struktur und Funktion des skandinavischen Adels im Spätmittelalter wurde 1971 publiziert [787]. Zusammenfassende Werke zum Adel in Deutschland fehlen trotz intensiver Forschungen gerade in den letzten Jahrzehnten, sie blieben begrenzt auf Ministerialität und Niederadel [776: BOSL; 742: ARNOLD]. Freilich entspricht das auch deutschsprachiger Forschungstradition [z. B. 777: FLECKENSTEIN] und ihrem landesgeschichtlich segmentierten Blick auf den Adel eines Raumes. Untersuchungen zu einzelnen Familien stehen hier im Vordergrund. Die Literatur zu Geschlechtern und regionalen Adelsverbänden ist dabei kaum zu überblicken [als Überblick über die wichtigere Literatur: 814: SPIESS]. Dagegen blieben Arbeiten zu Hofgesellschaften vor 1400 eher die Ausnahme [z. B. 1096: STREICH; 1079: KOLB]. Diesem Desiderat hat sich die ‚Residenzen-Kommission' (seit 1991) angenommen [761: PATZE/PARAVICINI; 759: PARAVICINI; 754: KRUSE/PARAVICINI; fortlaufend: Mitteilungen der Residenzen-Kommission der Akademie der Wissenschaften zu Göttingen 1 (1991)].

An der Spitze von Adelshierarchie und Heerschildordnung im Reich rangierten seit ca. 1180 die Reichsfürsten. Die Hierarchisierung des Adels war durch Erblichkeit der Lehen und Patrimonialisierung der Ämter vorbereitet worden. Die sozialen Unterschiede zwischen fürstlichem und nicht-fürstlichem Adel wandelten sich, wie J. FICKER [1025] in seiner immer noch gültigen Darstellung bewies, zu „verfassungsmäßigen Rangstufen". Das Torso gebliebene Standardwerk hat notwendige Ergänzungen und Erläuterungen gefunden [1032: KRIEGER]. Noch sucht man freilich eine umfassende jüngere Darstellung über die Reichsfürsten vergeblich. Sozialgeschichtlich betrachtet blieb der ‚Stand' der Reichsfürsten weitgehend „Fiktion" [1039: MORAW], die rechtlich klar gezogene Scheidelinie, die die Fürsten von den Nicht-Fürsten trennte, erzeugte keine spezifische soziale Gruppe, abgesehen davon, dass der fürstliche Adel seit dem

Reichsfürsten in Deutschland

13. Jh. sich durch weitere rechtliche, soziale und symbolische Privilegien von der übrigen Adelswelt zu separieren versuchte. Die eindeutige Definition und Monopolisierung dieser „Standesvorrechte" war freilich weitgehend erst Angelegenheit des 14. Jhs. [780: KRIEGER]. Blickt man über die verfassungsmäßigen Grenzen auf den nicht-fürstlichen Adel, bleibt wiederum zu konstatieren, dass außer einem gerafften Überblick [1017: SCHUBERT] bislang kein Werk die vielen Untersuchungen zu einzelnen Geschlechtern und regionalen Familienverbänden bündelt.

Niederadel

Die im Spätmittelalter europaweit zu beobachtende Entstehung des Niederadels begründete erst die Exklusivität des Hochadels: Es handelt sich gleichsam um die zwei Seiten einer Medaille. Der Vorgang verlief in den europäischen Königtümern unterschiedlich [779: KEEN; 799: MCFARLANE; 796: GERBET]. Generelles Problem ist die Quellenlage, die es nur erlaubt, den Aufstieg einiger herausragender Familien und Gruppen unter dem Nicht-Adel bis in das 12. Jh. zurückzuverfolgen [ältere Basisliteratur: 772: VAN WINTER; 815: TRAUTZ].

Der Niederadel im Reich I: Entstehung

Der Niederadel im Reich ist ein umstrittenes Paradigma der Sozial- und Verfassungsgeschichte [Überblicke bei: 776: BOSL; 777: FLECKENSTEIN; 805: RÖDEL; für einzelne Landschaften z. B. RÖSENER in: 777: FLECKENSTEIN, 40–91; 802: PARISSE]. Schon die Bezeichnung ‚Niederadel' ist ein Konstrukt. Im Kern unbestritten ist, dass seine Entstehung vornehmlich von den sogenannten Ministerialen getragen war, d. h. von unfreien Leuten im Dienst von Stiften, Klöstern und großen Dynasten [742: ARNOLD]. Entscheidend für den Aufstieg der Familien war der Dienst in hochadligen und hochkirchlichen Haushaltungen in der unmittelbaren Nähe des Herrn. Dienst und Amt im Haus wie im Krieg hob sie aus der Masse der Hörigen heraus, in der langfristigen Entwicklung des 12. und 13. Jhs. ‚adelte' die Funktion in der Stellvertretung des Herrn. „Der Fürst macht den Adel" (K.–H. SPIESS). Für Kriegsdienst und Amt statteten hohe weltliche und geistlichen Herren ihre Ministerialen mit Gütern aus. Die ursprünglichen Dienstlehen wurden über das 12. Jh. zu qualifizierten adligen Lehen. Zusätzlich bildete sich das Institut des ‚Inwärtseigen' aus, das der Ministerialität die Ausübung beschränkter Eigentumsrechte (im Güterverkehr untereinander) ermöglichte [813: SPIESS]. Daraus entstanden seit 1200 neue, lehnsfähige, an der Herrschaft der Herren über Dienst und Amt partizipierende und privilegierte Sozialgruppen, zu denen sowohl Ministerialen als auch sozial abgesunkene Edelfreie zählten. Diese Sozialgruppen konnten auch über Einheirat in (alt-)adlige Familien oder durch ihre adligen Lebensformen ihre ursprüngliche Unfreiheit hinter sich lassen [781: SPIESS]. Die Etablierung des Niederadels war aber noch gegen Ende des 13. Jhs. nicht abgeschlossen und verlief nicht konfliktlos. Es gelang jenen Aufsteigergruppen aber, sich über die Aneignung eines gemeinsamen symbolischen Attributs in dem für die Selbst-Definition von Adel grundlegenden Verstehenszusammenhang von Geburt und Erbe zu identifizieren: Die Würde des „Ritters" und die ritterliche Abstammung schufen das Eigene dieser aus ehemaligen Ministerialen und Edelfreien zusammengesetzten sozialen Gruppen und grenzten sie nach oben und unten hin ab [749: FLECKENSTEIN]. Denn die Ritterwürde, ursprünglich nur eine persönliche Auszeichnung, verfestigte sich zur ‚Ritterbürtigkeit' und damit zum grundlegenden sozialen Merkmal. Der Sohn eines Ritters zählte nun durch Geburt und Erbe zur Ritterschaft, zum ‚genus militaris', auch wenn er vor dem Ritterschlag, der persönlichen Erlangung der Ritterwürde, als „Edelknecht", als *servus nobilis* bezeichnet wurde. Auf diesem Weg ließen die neuen Adligen im 14. Jh. auch die deklassierenden, die Unfreiheit betonenden Bezeichnungen als *ministerialis* oder „Dienstmann" hinter sich [809: SCHAAB].

Der spätmittelalterliche Niederadel war anders als die hochmittelalterliche Ministerialität lange Zeit kein Thema der Forschung. Erst in den letzten Jahrzehnten hat sich dies geändert, zahlreiche adelsgeschichtliche Studien wurden im regionalen Rahmen nach einer Pionierarbeit für die Ostschweiz [807: SABLONIER] vorgelegt [z. B. Pfalz: 788: ANDERMANN; Lüneburg: 816: VOGTHERR; Pleißenland: 806: RÜBSAMEN]. Familien und Geschlechterverbände des Niederadels fanden ihre Biographen [z. B. 790: BICKEL; 801: MÜLLER; 803: RECHTER]. Die Genealogie ist und bleibt dabei eine Grundwissenschaft auch für die moderne Sozialgeschichte (etwa für die Rekonstruktion des Konnubiums). Daneben wird die Besitzgeschichte zur sozialgeschichtlichen Methode, wenn mit ihrer Hilfe im zeitlichen Längsschnitt die Konjunkturen der adligen Betriebswirtschaft, überhaupt das Familienmodell des Adels, freigelegt werden. Wegen des häufig raschen Besitzwechsels ist es methodisch unzulässig, aus der gegenüber dem quellenarmen 12./13. Jh. reicheren Überlieferung des 14./15. Jhs. Rückschlüsse auf ältere Zustände zu ziehen.

Niederadel im Reich II: Das Spätmittelalter

Das Rittertum war die mächtigste weltliche kulturell-geistige Strömung des Mittelalters [745: BORST; 752: KEEN; 772: VAN WINTER]. Die neuere Sozial- und Kulturgeschichte des europäischen Adels, deren Wurzeln in dem Werk J. HUIZINGAS [29] liegen, hat in ebenso vielfältiger wie differenzierter Weise die Lebensformen und -welten an den Höfen des Spätmittelalters, in den Burgen und Stadthäusern untersucht [statt vieler Literatur: 740: ALBRECHT; 760: PATZE; 748: EHMER]. In den letzten Jahrzehnten rückten die bewaffnete Wallfahrt, insbesondere die ‚Preußenreise' [757: PARAVICINI], auch die von der deutschsprachigen Forschung lange vernachlässigten Hoforden und Adelsgesellschaften [746: BOULTON; im konzisen Überblick: 753: KRUSE/PARAVICINI/RANFT; anhand von Einzelbeispielen: 764: RANFT] zu zentralen Themen auf. Die ritterlichhöfische Kultur wurde in Ritterschlag [771: VALE; 756: OEXLE/PARAVICINI], Wappen [PARAVICINI in: 531: OEXLE/VON HÜLSEN-ESCH, 327–389, mit ausführlicher Bibliographie], Turnier [750: FLECKENSTEIN; 744: BARBER/BARKER; 765: RANGSTRÖM; 755: KURRAS] und Jagd [768: RÖSENER] untersucht. Historische Kulturwissenschaft beschreibt die Riten des Schenkens im Zeichensystem höfischer Kommunikation und leitet daraus Cluster sozialer Interaktion ab [766:

Rittertum und ‚Raubritter'

ROSENTHAL; 751: HIRSCHBIEGEL]. Die Geschichte der Kleidung dagegen bleibt ein Desiderat – nicht nur der Adelsforschung [762: PIPONNIER; 773: ZIJLSTRA-ZWEENS; 538; zur Turnierrüstung: 763: QUAAS]. Die höfische Welt des Adels ist nicht einfach aus dem höfischen Roman oder der Dichtung zu rekonstruieren, obwohl die fiktionalen Texte gerade für das 13. Jh. die meisten Zeugnisse für bestimmte kulturelle Formen adligen Daseins enthalten [747: BUMKE]. Aus der im Adel wie im städtischen Meliorat/Patriziat (Stadtadel) des 13./14. Jh. tradierten und rezipierten Artus-Epik, aus den Sagen um den Gral schufen die Zeitgenossen ihre Imagination ritterlich-höfischer Lebensweise. Bekannt und als Dichter berühmt wurden z. B. die Niederadligen Ulrich von Liechtenstein [770: SPECHTLER/MAIER] und Oswald von Wolkenstein [812: SCHWOB], auch die stadtadligen Gelehrten des Manesse-Kreises in und um Zürich [769: SCHIENDORFER]. Aus späterer Zeit, insbesondere aus dem 15. Jh., sind von vielen Höfen, selbst von denen des Landadels, Realien überliefert: Kunst- und Gebrauchsgegenstände wie Emaillen, Elfenbeinschnitzereien, Goldschmiedearbeiten, Teppiche (als Wandbehang), mehr oder minder bebilderte (Pracht-)Handschriften und Turnierbücher [im Überblick: 758: PARAVICINI]. Bei diesen gegenständlichen Zeugnissen muss in jedem Einzelfall geprüft werden, ob und inwieweit aus ihrem Vorhanden- oder Nicht-Vorhandensein auf bestimmte Ausprägungen ritterlich-höfischer Lebensformen geschlossen werden darf oder nicht. Aufgrund der rasch wechselnden Verhältnisse ist mit großen Verlusten zu rechnen, wie Inventare zeigen. Selbst von größeren Höfen sind manchmal nicht mehr als einige wenige Stücke erhalten geblieben [739]. Vorsicht ist geboten bei der so beliebten Vorstellung vom ‚Raubritter‘, die eher ein Konstrukt der Kulturgeschichte des 19. Jhs. und ihrer Staatsvorstellungen ist denn mittelalterliche Wirklichkeit [767: RÖSENER]. Die moderne Verfassungs- und Sozialgeschichte deutet seit dem klassischen Werk O. BRUNNERS [1024] die dort für Österreich beschriebene Fehde allgemeiner als Rechtswahrung, wenn andere Rechtsmittel ausgeschöpft waren [zusammenfassend: 741: ANDERMANN; zum Problemkomplex Stadt und Adel: 789: ANDERMANN]. Fehdeführung war auch kein Vorrecht des Adels, wie C. REINLE [Studien zur Fehdeführung Nichtadeliger im römisch-deutschen Reich, Habil. masch., Mannheim 1999] nachgewiesen hat. Auch Bauern und Städter haben wie selbstverständlich die Fehde benutzt, um Konflikte zu lösen und subjektive Ansprüche durchzusetzen. Die Fehdeführung wies in Praxis und Norm bei Adligen und Nicht-Adligen starke Ähnlichkeiten auf. Das wird die auf Brunner bauende Rechtsgeschichte zum Umdenken zwingen müssen. Fehdeführung von Nicht-Adligen war dennoch kein Mittel sozialer Emanzipation, sondern probates und gebotenes Instrument zur Befestigung von Status und Ehre innerhalb sozialer Gruppen.

Stadtadel   Ministerialität und Niederadel waren keineswegs nur Phänomene des platten Landes. In den großen Königs- und Bischofsstädten bildete die Ministerialität des Stadtherrn den genossenschaftlich-gemeindlichen Kern der stadtbildenden Führungsgruppen. Es ist eines der wichtigsten Ergebnisse der sozialgeschichtlichen Adelsforschung seit den 1960er Jahren, dass die namentlich von der Stadtgeschichtsforschung um 1900 als Ausfluss bürgerlicher Sinnsuche in einem historisierten Mittelalter gezogene Grenze zwischen den Städten/Bürgertum und dem Land/Adel so gut wie aufgehoben wurde [819: ZOTZ]. Nur selten begegnet man ihr noch in der Literatur. Insonderheit standen neben den rheinischen Bischofsstädten [z. B. 811: SCHULZ; ZOTZ in: 777: FLECKENSTEIN, 92–136] auch die jüngeren Gründungsstädte des Hochmittelalters im Vordergrund [818: WILKE; 685: DEMSKI]. Aus den städtischen Ministerialenfamilien sowie aus anderen durch Kaufmannschaft, grundherrlichen (Lehns-)Besitz im Umland der Städte und durch ihre adlige Lebensformen qualifizierten Familien rekrutierten sich nördlich der Alpen die Führungsgruppen der großen Städte, die den Rat dominierenden Geschlechter. Herrschaft und adlig-bürgerliches Ehrkapital zeichneten den Stadtadel aus, der sich freilich nicht in allen Großstädten ausbildete.

Geschlechter und *meliores* verteidigten und konservierten ihren Status trotz aller gruppeninternen Konflikte und über alle zünftisch geprägten Verfassungsänderungen hinweg. Die Forschung ist in der übergreifenden Betrachtung des Phänomens vor allem in Italien weit gediehen. In der deutsch-sprachigen Forschung hat sich selbst der Begriff ‚Stadtadel' noch nicht durchgesetzt, geschweige denn eine komparatistische Betrachtungsweise bei der Untersuchung der städtisch-bürgerlichen Adelsgruppen [663: FLECKENSTEIN; 660: ELZE/FASOLI]. Die Städte blieben in dieser Hinsicht sozialgeschichtliche Monaden, die sie in der spätmittelalterlichen sozialen Wirklichkeit so nie waren. Selbstverständlich herrschte innerhalb der städtischen Oberschichten auch im Reich eine vergleichsweise große Mobilität. Der jeweilige Adel in den Städten, durch Reichtum und Ratswürde, Alter und adlige Lebensformen charakterisiert, war während des 13./14. Jhs. noch nicht sozial abgeschlossen und völlig heterogen zusammengesetzt. Geschlechterkämpfe und Parteiungen gab es auch in deutschen Städten zuhauf. Im Basel des 13. Jhs. [696: MEYER] ebenso wie in Regensburg, wo sich 1334 im sogenannten Auer-Aufstand Geschlechter-Faktionen mit ihren „Muntmannen", mit ihren Klientelen, erbitterte Fehden um die Macht in der Stadt lieferten [699: SCHMUCK]. In Zürich und Rothenburg schwangen sich die Bürgermeister Rudolf Brun von 1336 bis 1360 und Heinrich Toppler um 1400 gewiss nach italienischem Vorbild zu ‚Stadt-Tyrannen' auf [714: LARGIADÈR; 704: BOOCKMANN]. Zudem war man Kaufmann und Adliger zugleich. Zahlreiche Geschlechter verließen im Laufe des 14. Jhs. mit dem Ziel der Integration in den Landadel die Städte [694: MATHEUS; 816: VOGTHERR], andere aufstrebende Familien aus der Kaufmannschaft traten an ihre Stelle, sei es nun in Köln und Nürnberg [691: GROTEN; 692: HERBORN; 693: HOFMANN], sei es in Metz und Dijon [700: SCHNEIDER; 687: DUTOUR; im Vergleich: 557: HEERS]. Vom Stadtadel zu unterscheiden ist der Adel in der Stadt, also der Landadel, der seine Wohnung in der Stadt nahm, aber nie Anteil an der städtischen Gemeinde hatte [800: MINDERMANN].

3.4. Gelehrsamkeit und Universitäten

Philosophisches Denken — Grundlegend sind neben W. TOTOKS [852] auch bibliographisch wertvollem Handbuch und E. GILSONS [835] älterem Überblick die neueren Gesamtdarstellungen von J.R. WEINBERG [855], R.C. DALES [827], J. MARENBON [843], K. FLASCH [829; 830] und ‚The Cambridge History of Later Medieval Philosophy' [825]. Aus der schieren Unzahl der monographischen Literatur über die vielen Werke der ‚Kleinen' und ‚Großen' der Philosophiegeschichte des 13./14. Jhs., die teilweise eine konzise Interpretation in dem von K. FLASCH [831] verantworteten Band erfahren, kann nur Weniges hervorgehoben werden. Albertus Magnus steht im Zentrum des von A. ZIMMERMANN [856] herausgegebenen Sammelbandes, zu Thomas von Aquino sei auf die ältere Studie von M.-D. CHENU [826] verwiesen. Roger Bacons vornehmlich naturwissenschaftliches Œuvre ist in einem von D.C. LINDBERG [841] publizierten Band dargestellt. Meister Eckhart hat auch im Gesamtzusammenhang der abendländischen Mystik in K. RUH [849] seinen kongenialen Interpreten gefunden, und in die Grundgedanken der Lehre von Johannes Duns Scotus führt E. GILSON [834] ein. Überblicksdarstellungen von A. BLACK [823], J. MIETHKE [846], R. LAMBERTINI [839] und in ‚The Cambridge History of Medieval Political Thought' [824] ermöglichen einen raschen Zugang zu den politischen Vorstellungswelten der Zeit, über die Grenzen des mittelalterlichen Souveränitätsgedankens hat H.G. WALTHER [854] gearbeitet. Vertiefte Einsichten über Wilhelm von Ockham vermitteln die Arbeiten von J. MIETHKE [845] und A.-S. MCGRADE [844], zu Marsilius' von Padua Verhältnis von Kirche und weltlicher Herrschaft ist die neuere Arbeit von M. LÖFFELBERGER [842] einschlägig. Das viel behandelte Genus ‚Fürstenspiegel' ist jüngst am Beispiel Engelberts von Admont konzise dargestellt worden [853: UBL]. Zum Problem des im 14. Jh. etwa im Werk Francesco Petrarcas entstehenden Humanismus sind vor allem die zahlreichen Arbeiten E. GARINS [832; 833], H. BARONS [820] und P.O. KRISTELLERS [837] heranzuziehen. Die lateinische Literatur sowie die Nationalsprachen und -literaturen des 13./14. Jhs. werden in etlichen Handbüchern dargeboten [858: LANGOSCH; 857; 860: TAYLOR].

Historisierung der Universität — Universitätsgeschichte verstand sich in Deutschland lange Zeit als Historisierung der Humboldtschen Reforminstitution. Beschworen wurde die Kontinuität der mittelalterlichen Universität, überbetont ein zeitloses im „amor scientiae" gefasstes Wissenschafts- und Gelehrtenverständnis, versperrt blieb angesichts der sich scheinbar jeder Historizität entziehenden Begriffe – Rektor und Dekan, Professor und Student – der Blick auf die Menschen. Solch ältere, durch den Humanismus genährte, idealistische Positionen werden vor allem in dem Kontinuitätsbedürfnis H. GRUNDMANNS [866] fassbar. Für ihn verbanden sich in der ‚universitas' „unterschiedslos" Angehörige aus allen sozialen Gruppen und Schichten. Die den Bettelorden vergleichbare und durch das gemeinsame Ziel der Wissenschaft zu einer neuartigen Gemeinschaft verbundene Korporation hätte „keine Vorrechte der Geburt" gekannt. In den *litterati* glaubte Grundmann eine neu formierte soziale Gruppe Gleicher zu erkennen, die zwar im Schoß der städtischen Gemeinde lebte, aber durch ihre Privilegien scharf von ihr abgegrenzt war.

Universitätsgeschichte wurde und wird aus den drei Perspektiven institutioneller, wissenschaftlicher und sozialer Verfasstheit geschrieben. Forschungsinteressen und Methoden laufen parallel, eine integrative Überkreuzung ist nicht in Sicht [874: OEXLE; 878: SCHWINGES]. Überkommen ist vor allem in der deutschsprachigen Forschung die Institutionengeschichte. Sie rankt sich hoch an Universitätsjubiläen und ihren Bedürfnissen an Kontinuität. Krisen, Brüche, ja Diskontinuitäten und Veränderungen der Begriffsinhalte wollen da nicht ins Bild passen. Geprägt von den Vorstellungen unwandelbarer Institutionengeschichte sind die älteren Synthesen H. DENIFLES [864], G. KAUFMANNS [868] und H. RASHDALLS [875]. Erst jüngere Unversitätsmonographien [z. B. zu Bologna und Oxford: 862: CAPITANI; 861: ASTON] und Überblicksdarstellungen lösen sich davon [zu England: 863: COBBAN; im Gesamtzugriff: 880: VERGER; 867: IJSEWIJN/PAQUET]. Was Institutionengeschichte gleichsam gegen den Strich gebürstet zu leisten vermag, hat P. MORAW [872] am Beispiel der Universität Prag gezeigt. Trotz eines einheitlichen Privilegs konnte er überraschenderweise die Existenz zweier Universitäten nachweisen, wohl vom Beginn an und ohne die Möglichkeit zur Überbrückung bis zum Untergang (1417). Bedeutsam sind die monumentalen älteren Editionen der Statuten- und Matrikelwerke [Bibliographie internationale de l'histoire des universités, Genf 1973 ff.]. Die als Quelle unschätzbaren zentralen Matrikel, überliefert seit den 1372 einsetzenden Verzeichnissen der Prager Juristenuniversität und in unterschiedlicher Dichte vor allem in den Universitäten im Reichsgebiet verbreitet, können auch als „Ausdruck von Enge und Armut" gedeutet werden [873: MORAW]. Die wissenschaftliche Perspektive universitärer Geschichte bewegt die Frage nach der Leistung der Hohen Schulen und einzelner Gelehrten. In der deutschsprachigen Literatur ist dieses Feld im Gegensatz zur angloamerikanischen Forschung noch ungleichmäßig bestellt. In enger Anlehnung an die Wissenschaftssoziologie müssten dazu vor allem Bewertungskriterien entwickelt werden, die Zeit und Sache gerecht werden [879: DE SOLLA PRICE; 870: KLÜVER; 874: OEXLE]. Der Weg sozialgeschichtlicher Erforschung der Universität ist erst in den letzten Jahren beschritten worden, er stieß weitgehend in Neuland vor. Programmatisch von P. MORAW [871] gefordert, nutzte vor allem R.C. SCHWINGES [878] für seine großangelegten Untersuchungen über deutsche Universitätsbesucher des 14. und 15. Jhs. die Methoden der historischen Personenforschung in Form der kollektiven Biographie und fragte nach Zugang zur Hochschule, Studium und

Wege der Universitätsgeschichte

späterem Lebensweg der Absolventen. Darüber hinaus machte F. REXROTH [876] aus der Banalität, dass Universitäten des 14. Jhs. ihre Existenz einem Stiftungsakt verdanken, eine Tugend, indem er dezidiert den Vorgang der Stiftung als Sozialgeschichte der Universität, gleichsam als Wechselwirkung von ‚Studium' und sozialem Ganzen begreift. Er füllte damit eine weitere ‚Leerstelle' deutscher Universitätsgeschichte. Über das Leistungsvermögen moderner internationaler Universitätsgeschichte informiert die von H. DE RIDDER-SYMOENS [877] initiierte Gesamtdarstellung.

Neue Naturwissenschaft und ‚Artes mechanicae'

Die neue Naturwissenschaft der Wilhelm von Ockham, Johannes Buridanus, den man als einen „Vorläufer Galileis" (P. DUHEM) bezeichnet hat, und Nicolaus Oresme ist in dem Überblickswerk von A. MAIER [897] beschrieben worden. Über die neue Physik Oresmes und seine Argumente über die Erdumdrehung orientiert der von P. SOUFFRIN/A. SEGONDS [898] verantwortete Sammelband; H. SCHIPPERGES [850] stellt die arabische Medizin im lateinischen Mittelalter dar. Die mittelalterliche Technik als Teil der *artes mechanicae* war zunächst Gegenstand sowohl der naturwissenschaftlich orientierten Geschichte der Erfindungen und Erfinder als auch geistesgeschichtlicher Forschung [905: TIMM; 903: STERNAGEL]. Dagegen hat sich die Geschichtswissenschaft erst seit ca. 1900 intensiver mit den Zusammenhängen von technischem Standard, wirtschaftlichem Entwicklungsgrad und gesellschaftlichen Verfasstheiten auseinandergesetzt. M. BLOCHS [889] berühmter Aufsatz (1935) über den „Siegeszug" der vertikalen Wassermühle im Frühmittelalter und den kulturellen wie sozialen Phänomenen, die ihrer Verbreitung im Wege standen, kann als Meilenstein jener Entwicklung gelten. Zu ‚Klassikern' technikgeschichtlicher Literatur im Kontext spätmittelalterlicher sozio-ökonomischer Wandlungen wurden die Darstellungen von F. KLEMM [894], J. GIMPEL [892] und L. WHITE [906; ergänzt durch eine Betrachtung über die Wechselbeziehungen zwischen Technologie und Religiosität: 907: WHITE]. GIMPELS 1975 vorgelegtes Buch nimmt schon im Titel die auf G. Schmoller (1871) zurückgehende These E.M. Carus-Wilsons (1941) über eine ‚Industrielle Revolution' im 13. Jh. auf. Der aktuelle Stand ist gekennzeichnet vom Dualismus der archäologisch-technikhistorisch ausgerichteten und der wirtschaftsgeschichtlichen Forschung [918: SPRANDEL; konzise Einführung: 904: VON STROMER]. Seit C. SINGERS [902] umfassendem Kompendium sind Synthesen über das Verhältnis von Technik, Wirtschaft, Gesellschaft und Umwelt besonders im deutschsprachigen Raum publiziert worden [896: LUDWIG/SCHMIDTCHEN; 895: LINDGREN; als gedrängterer, aber informativer Abriss: 899: VON MÜLLER/LUDWIG.

C. DIE STAATENWELT DES 13. UND 14. JAHRHUNDERTS

1. Das Imperium Friedrichs II: Deutschland – Italien – Sizilien

Schon früh wurde der letzte Stauferkaiser Gegenstand einer zum Teil legendenumrankten Historiographie [BORST, in: 953, III] Etwa 30 Jahre nach dem Tod des Kaisers schrieb der Wiener Chronist Jans Enikel, dass man in Italien darüber streite, ob Friedrich II. tot sei oder noch lebe. Die Akzeptanz falscher Friedriche im 13. Jh. offenbart ebenfalls große Unsicherheiten [SCHWINGES in: 521: GRAUS, 177–202]. Die wohl schon vor dem Tod Friedrichs entstandenen Orakel der Erythräischen Sibylle (*vivit et non vivit*) mit ihren Vorstellungen vom Weiterleben in den Nachfahren reduzierten spätere Vorstellungen verstärkt auf ein geheimnisvolles Weiterleben des Kaisers selbst, und sie bildeten einen Anknüpfungspunkt für die kurz nach dem Tode Friedrichs II. intensiver einsetzende Beschäftigung mit dem angeblich in den Ätna eingerittenen Staufer: Sowohl als apokalyptisches Tier gebrandmarkt wie als Hoffnungsbringer verehrt war er den Zeitgenossen nicht gleichgültig [umfassend zu Endkaiservorstellungen 946: MÖHRING; vgl. 951: TÖPFER]. Alle diese Vorstellungen wirkten an der Herausbildung der deutschen Kaisersage mit. Im frühen 15. Jh. taucht zunächst die Umgebung des Kyffhäusers, dann der Berg selbst als Aufenthaltsort des dereinst wiederkommenden, u. a. Reich und Kirche erneuernden dritten Friedrichs, des Endkaisers, auf. Mit zunehmender zeitlicher Distanz wurde der erwartete Herrscher aber ‚deutscher‘, die Legenden wurden auf den Großvater Friedrichs II., Friedrich I. Barbarossa, übertragen, der leichter zu vereinnahmen war als sein Enkel mit dessen ‚italienischem‘ Hintergrund. Überhaupt hat aber eine Monographie zur mittelalterlichen Geschichtsschreibung über Friedrich II. [968: SOMMERLECHNER] klargemacht, dass sich der Staufer als individuelle Figur anhand dieser Quellen schwer ausmachen lässt. Neben zeittypischen Herrscherattributen, Hoffnungen und Befürchtungen fanden in hohem Maße die Parteienkämpfe jener Jahrzehnte ihren Niederschlag in den zeitnahen Schriften, biographische Werke wurden nicht verfasst. Auffallend ist das im Vergleich zu seinen Vorgängern nur geringe Totengedenken im Reich nördlich der Alpen, das offenbar eine gewisse Distanz zu Friedrich II. wahrte [METZ in: HJb 107 (1987) 254–295].

Trotz dieser Schwierigkeiten ist das Leben Friedrichs II. vielfach dargestellt worden, und noch immer wichtig, wenngleich in ihren Grundtendenzen nur aus der Entstehungszeit zu verstehen, sind die Biographie von E. KANTOROWICZ [962; zu KANTOROWICZ und dessen Arbeiten zuletzt 39: BENSON/FRIED] und die umfangreiche Lebensdarstellung des 19. Jhs. von WINKELMANN [974]. Die Biographie von KANTOROWICZ war in sehr grundsätzlicher Weise bereits kurz nach Erscheinen Gegenstand heftiger, aus den Spannungen der Weimarer politischen Kultur eskalierter Kritik [BRACKMANN in: HZ 140 (1929) 534–549 und in: HZ 141

(1930) 472–478; KANTOROWICZ in: HZ 141 (1930) 457–471; Überblick 41: JAKOBS]. Jüngere Arbeiten von VAN CLEVE [957] und SCHALLER [967] stehen noch selbst im Bann von KANTOROWICZ, während ABULAFIA [954] mit der erklärten Absicht, die Werke von KANTOROWICZ und VAN CLEVE zu relativieren und die Legenden um den Staufer zu ‚historisieren', zu manchem überzogenen Urteil kommt. Nüchtern, aber faszinierend in der quellenkritischen Neusicht ist die unlängst erschienene umfangreiche Biographie von STÜRNER [971], die uns trotz aller Probleme doch auch den Menschen Friedrich näher bringt. Forschungsgeschichte findet sich in den beiden stark voneinander abweichenden Auflagen der Aufsatzsammlung von WOLF [975], Forschungsstand und -probleme spiegeln die Aufsätze in FLEK-KENSTEIN [961] und in ‚Das Staunen der Welt' [969]. Gerade das Gedenkjahr 1994 verdeutlicht das ungebrochene Interesse an Friedrich II. [Überblick in: KÖLZER in: DA 54 (1998) 141–161], zu nennen sind Publikationen von ESCH/ KAMP [960] und TOUBERT/PARAVICINI/BAGLIANI [972] sowie der Katalog zur Ausstellung in Bari [956: CALO MARIANI/CASSANO]. Ergänzend sind die Bände von RÖSCH/RÖSCH [966] und KÖLZER [940] mit Konzentration auf Sizilien heranzuziehen.

Friedrich II.   Friedrich II., widersprüchlich, bewundert und gefürchtet, Nietzsches „erster Europäer nach meinem Geschmack" (in: Jenseits von Gut und Böse), J. BURCK-HARDTS erster moderner Mensch auf dem Thron [DERS., Die Kultur der Renaissance in Italien, Leipzig [11]1913]: Der Staufer bleibt auch ohne solche Urteile und jenseits der von Stefan George beeinflussten, übersteigerten Herrschaftsvergötterung in der Bewunderung ERNST KANTOROWICZ' für Friedrich II. einer der faszinierendsten Herrscher des europäischen Mittelalters. Aber die Sonderstellung, die er einnimmt, hebt ihn nicht über seine Zeit, er war kein erratischer Vorbote einer fernen Zukunft. Völlig abwegig ist die immer wieder gestellte Frage nach seiner Zugehörigkeit zur deutschen Geschichte: Seine sizilianisch-deutsche Herkunft kam der hochmittelalterlichen Konzeption des universalen Kaisertums zugute, das keine *nationalen* Beschränkungen kennen konnte. Alle Versuche, ihn dem Mittelalter, der Renaissance oder der Moderne zuzuordnen, scheitern vor der Komplexität der ‚Eigenschaften', die in seiner Person zusammentrafen [957: VAN CLEVE; grundsätzlich zum Einordnungsproblem 19: ESCH. Für BOOCKMANN [991: Stauferzeit] und LAMMERS [in: 990: BEUMANN, 199–239] ist Friedrich II. nicht untypisch für die Sicht von Mensch und Welt im 12. und 13. Jh. Ebenfalls unter KANTOROWICZ-Einfluss charakterisierte ihn MATTHEW [942] wieder als „one of the most cerebral of all European rulers" und als Römischen Imperator stärker in den Traditionslinien Konstantins und Justinians denn in denen Karls des Großen. STÜRNER [971] geht mit dem Widersprüchlichen und Rätselhaften der Gestalt überzeugend behutsam um.

Privilegien   In der Forschung zur Politik Friedrichs II. besteht nach den detaillierten Forschungen KLINGELHÖFERS [963] trotz differierender Bewertungsnuancen weitgehender Konsens darüber, dass mit der *Confoederatio cum principibus ecclesiasticis* und dem *Statutum in favorem principum* [s. Kap. I.C.1; Texte und Übersetzung in: 12: WEINRICH] keine wesentlichen Reichsrechte aus der Hand gegeben worden sind, sondern de-facto-Zustände oder in Einzelprivilegien bereits Zugesichertes reichsrechtlich allgemein verbindlich wurde. Städtefeindliche Bestimmungen traten bereits im Mainzer Reichslandfrieden (1235) zurück. Ohnehin kann die Territorialisierung des Reiches nur dann grundsätzlich negativ bewertet werden, wenn Reichseinheit und Zentralität als Werte sui generis gesetzt werden [als ein repräsentatives Beispiel nationalistischer Geschichtsschreibung 938: HAMPE]; positiv ermöglichte sie in den folgenden Jahrhunderten ein Nebeneinander von Residenzen, von kultureller Vielfalt und von vielen Facetten gesellschaftlicher Entwicklung. Beide Privilegien markieren aber einen ersten Schritt auf dem Weg zum verfassten Staat [998: KELLER, 490]. Im Mainzer Landfrieden ist neben der Ordnung des Strafrechtsverfahrens, die königliche Friedenswahrung ermöglichen sollte, die Rückführung der Regalien auf den Herrscher ein zentraler Punkt [936: ENGELS; kritischer ANGERMEIER in: 961: FLECKENSTEIN, 167–186], aber auch mit diesem Instrument konnten strukturelle Schwächen des Reiches nicht mehr behoben werden [955: BOSHOF]. Überlieferungsreste wie die Reichssteuerliste von 1241 belegen zumindest, dass zur Reichspolitik in Ansätzen verschriftlichte Verwaltung gehört hat [939: KIRCHNER; 944: METZ].

Friedrichs Tätigkeit als Gesetzgeber im Königreich Sizilien manifestierte sich nach den Assisen von Capua (1220) und von Messina (1221) am deutlichsten in den Konstitutionen von Melfi, dem *Liber Augustalis* [maßgebliche Edition: 970: STÜRNER; Edition mit Übersetzung 958: CONRAD/LIECK-BUYKEN/WAGNER], der anhand praktischer Erfahrungen überarbeitet und ergänzt wurde, wobei in Textgeschichte und zeitlicher Einordnung der Zusätze vieles umstritten bleibt [952: WOLF, 237]. In den Mittelpunkt rückte zunehmend das Recht, verkörpert in der Person des Kaisers (als „Vater und Sohn, Herr und Diener des Rechts", als „fleischgewordenes Recht auf Erden"), der in antiker Tradition Gesetze erlassen, verändern oder annullieren konnte. Auch die Anrufung des Kaisers zur Verteidigung, die *defensa per invocationem nostri nominis* durch unschuldig Angegriffene, stammt, obgleich hier eigenständig normiert, aus der Spätantike; Vergehen gegen die *defensa* werden direkt vor dem Hofgericht abgehandelt. Erstrebt war die Vereinheitlichung des Rechts im Territorium unter weitgehendem Ausschluss älterer Partikularrechte. Die Einflüsse der einzelnen Rechte auf die erste umfassende, wenngleich nicht immer stringente [STÜRNER in: 960: ESCH/KAMP, 263–275] mittelalterliche Rechtskodifikation – allgemein sowie auf die Einzelbestimmungen und die Normkerne – sind ausführlich von DILCHER nachgewiesen [959]. Diskussionen entzündeten sich an der Frage, wie man sich die Umsetzung der hohen Anforderungen gerade an die Funktionsträger vorzustellen habe, zumal diese sich häufig als eigennützig und bestechlich erwiesen. Sizilien war höchstens theoretisch ein Modellstaat [REICHERT in: HZ 253 (1991) 21–50; anders MARON-

Die Konstitutionen von Melfi

GIU in: 975: WOLF, 2. Aufl., 325–348], wenngleich zukunftsweisende Elemente unverkennbar sind. Im letzten Jahrzehnt Friedrichs dominierten freilich militärische und fiskalische Motive auch die Verwaltung, bei der zeittypisch die Personen im Amt mittelfristig gegenüber normativen Vorstellungen von höherer Bedeutung waren [KÖLZER in: 960: ESCH/KAMP, 299–315]. Stützen konnte sich Friedrich auf eine normannische Amtsverfassung, in der das Amt deutlich Lehensbindungen dominierte. Dennoch war der Hof bei aller rationalen Herrschaftsausübung und dem Umgang mit Gelehrten [973: TRONZO] eben auch ein typisches Zentrum von Geist und Poesie [964: KÖLZER]. Dazu griff die sizilianische Krone aktiv als Produzent, Händler und Monopolist in das Wirtschaftsgeschehen ein und begnügte sich nicht mit der Einziehung von Steuern und Zöllen [ABULAFIA in: 972: TOUBERT/PARAVICINI/BAGLIANI, 165–187, mit Betonung fiskalischer Motive; MASCHKE in: VSWG 53 (1966) 289–328; 965: POWELL; DERS. in: 973: TRONZO; mit positiverem Fazit DEL TREPPO in: 960: ESCH/KAMP, 316–338]. Doch trotz aller Modernität bleibt eine Charakterisierung wie ‚frühabsolutistisch' ein Anachronismus.

Kaiseridee   Die Kaiseridee des sizilianischen Hofes zeigt ihre Zwiespältigkeit darin, dass Kaisertum und Staat nochmals in starkem Maße sakralisiert wurden, der Kampf gegen die Kirche aber einen gegenläufigen Prozess hin zu strikt getrennten Bereichen auslöste. Das Herrschaftsbewusstsein Friedrichs II. kam auch in der Vorrede der Konstitutionen von Melfi zum Ausdruck, in der der Herrscher als unmittelbar von Gott eingesetzt und vom Papst unabhängig verstanden wurde. Eine Auffassung von *iustitia* stand im Zentrum, deren Diener die Juristen waren [SCHALLER in: 961: FLECKENSTEIN, 109–134], wobei sich, auf diesen Widerspruch weist WOLF hin [in: ZRG.KA 102 (1989) 327–343], die theoretisch übergeordnete *iustitia* in Gesetzen als politischen Mitteln doch wiederum der *necessitas* zu beugen hatte. Ausdruck fanden die imperialen Vorstellungen Friedrichs und seiner Umgebung auch in den Bauten [zuletzt 948: SCHIRMER]. Ein eigenes Kapitel ist die Abkehr der werdenden ‚Nationalstaaten' von der Kaiseridee mit ihren Überordnungsansprüchen in interner Verrechtlichung der Beziehungen zwischen Herrschern und Volk; ansatzweise trat der ‚Staat' an die Stelle der Person der Herrscher. Der Kreuzzug, zuletzt detailliert analysiert von HIESTAND [in: 960: ESCH/KAMP, 128–149] und POWELL [in: 933: AMBROSI, 131–146], erfuhr unterschiedliche Bewertung: Nach RUNCIMAN [947] hinterließ Friedrich sowohl in Zypern als auch in Jerusalem einen Bürgerkrieg, MAYER [943] sieht Ansehensgewinne sowohl bei Friedrich wie bei seinem Gegner und Vertragspartner al-Kamil.

Kampf mit dem Papsttum   Der Konflikt zwischen Kaisertum und Papsttum als (zumindest formell) höchsten Gewalten erreichte unter Friedrich II. nochmals einen Höhepunkt [zu Inhalt und Grenzen der Oberherrschaftsansprüche 937: HAGENEDER; zentrale Quellen zu den Auseinandersetzungen des 13. und 14. Jhs. sind abgedruckt und übersetzt in 945: MIETHKE/BÜHLER]. Konkrete Probleme waren das Verhältnis

Siziliens zum Reich, der 1215 versprochene, dann aber verschobene Kreuzzug und
– mit besonders langem Vorlauf – die Frage der Reichsrechte in Oberitalien wie
Friedrichs dortiges militärisches Vorgehen [934: BAAKEN; zu Innozenz III. 941:
LAUFS; zum Verhältnis Friedrichs zur Stadt Rom und zu Problemen mit dem
stadtrömischen Adel 949: STROTHMANN; 950: THUMSER]. Trotz Hoffnungen auf
ein Konfliktende zu Beginn des Pontifikats von Innozenz IV. erklärte dieser
schließlich Friedrich II. während des Konzils in Lyon für abgesetzt. Das Vorgehen war juristisch brisant; Friedrich II. und seine Ratgeber wiesen sofort wegen
Verfahrensfehlern auf die Ungültigkeit von Prozess und Absetzung hin [935:
BAAKEN; 1055: SCHWAIGER; den päpstlichen Anspruch in der Konzilsstadt verdeutlicht KEMPF in: 961: FLECKENSTEIN].

Die Politik von Friedrichs Sohn Heinrich (VII.) im Reich hat in neuerer Heinrich (VII.)
Forschung eine gewandelte Bewertung erfahren [für die Zeit bis zur Volljährigkeit nunmehr 988: THORAU]. Sie zielte sicher nicht auf ein Bündnis von Königtum, Reichsministerialität und Städten, führte aber dennoch zum Konflikt mit den
Fürsten, zumal die Kommunen gegenüber ihren Herren zunehmend
selbstbewusster auftraten. Die reichsrechtlichen Abmachungen mit dem Kaiser
wurden verletzt. Episkopat und Adel versuchten, einen totalen Durchbruch der
staufischen Sache in Süddeutschland zu verhindern [987: STÜRNER], und zwangen
Heinrich zu vertraglichen Regelungen. Friedrich II. bezog Position auf Seiten der
Reichsfürsten, deren Teilhabe an der Macht er akzeptiert hatte, und bestätigte 1232
die Bestimmungen des Vorjahres. Heinrich ging nun in schärfere Opposition zu
seinem Vater, verbündete sich mit Gegnern Friedrichs II., suchte Kontakt zu
oberitalienischen Stadtstaaten, bevor er sich 1235 unterwerfen musste. Er wurde
des Amtes enthoben und eingekerkert, 1242 setzte er seinem Leben wahrscheinlich selbst ein Ende [HUTH in: FMA 26 (1992) 287–330; VOGTHERR in:
DA 47 (1991) 395–439]. BORCHARDT [978] betont die Bedeutung einer konkurrierenden Klientelbildung beider Höfe für die Auslösung des Konflikts [zum
Hof jetzt 982: HILLEN].

Die anderen beiden politisch aktiven Söhne Friedrichs II., Konrad IV., der im Konrad IV., Manfred
Reich wichtige Positionen verlor [979: DEMANDT], und Manfred [976: ARNDT; und Konradin
BERG in: MS 55 (1993) 111–136; 981: HAMPE; 983: KARST] sowie der Enkel
Konradin [FICKER in: MIÖG 2 (1881) 513–550; 980: HAMPE] wurden je nach
politischem Standort als Hoffnungsträger oder als Gefahr bewertet. In Manfreds
Umfeld lassen sich wohl Veränderungen hinsichtlich der Vorstellungen von dem
Imperium mit einer Schwerpunktverlagerung nach Süden erkennen [977:
BECKER]. Gerade das Schicksal des in jugendlichem Alter hingerichteten Konradin nach einem Prozess, der in seinen Rechtsnormen nicht eindeutig erkennbar
ist [936: ENGELS; 984: NITSCHKE; 986: SCHALLER; 985: NITSCHKE], diente dem
modernen Nationalgefühl als Beleg eines frühen Gegensatzes zwischen Deutschen
und Franzosen bzw. Italienern. Besonders das Bild Karls I. von Anjou wurde in
Deutschland durch den Prozess negativ geprägt [1263: HERDE].

2. Deutschland zwischen 1250 und 1378: König, Reich und Territorien

Überblicksliteratur   Die gut anderthalb Jahrhunderte dieses Bandes werden von mehreren Darstellungen zur deutschen Geschichte aus vielen Blickwinkeln mit jeweils eigenen Konzeptionen angegangen. Bis zum Ende der Staufer reichend bzw. das sogenannte Interregnum mit umfassend sind die auf ihre je eigene Art profilierten Bände von ENGELS [936], BOOCKMANN [991], HAVERKAMP [996] und KELLER [998] zu nennen; bis ins 14. Jh. reicht TÖPFER/ENGEL [1006]. An Gesamtdarstellungen zum ‚deutschen' Spätmittelalter sei zunächst der faktenreiche Band von THOMAS [1005] erwähnt, zugleich problemorientiert im europäischen, insbesondere im dynastischen Vergleich sowie kritisch in der Abwägung aktueller Themen. Forschungsgeschichtlich höchsten Einfluss hat MORAW mit seinen personengeschichtlich fundierten, den Hof als Signalkörper und Verfassungselement synthetisierenden Arbeiten [besonders 1000] ausgeübt, die den Begriff ‚Verdichtung' in die Verfassungsgeschichtsdiskussion eingeführt haben. Weitere Überblicke bieten ZIMMERMANN [1008], DU BOULAY [992] und LEUSCHNER [999]. Auf eigene Forschungen – vor allem zum Lehnsrecht – baut der verfassungsgeschichtliche Überblick von KRIEGER [1033] auf, ergänzbar mit der anregenden Einführung von SCHUBERT [1002]; Fragen der Nationsentstehung behandeln die Beiträge in EHLERS [994]. Eine dynastische Perspektive haben KRIEGER [1080] und HOENSCH [1075], Kurzbiographien der Herrscher bieten die Bände von BEUMANN [990] und ENGEL/HOLTZ [995]. Ein Klassiker hinsichtlich der Außenbeziehungen ist TRAUTZ [1355], modernen Forschungsstand behandelt BERG [989]. Wandlungen – auch in Europa – um die Wende zum 14. Jh. untersucht JÄSCHKE [997]. Einen Überblick zur Entwicklung der (gesellschaftlichen und politischen) Verfassung, die über einen Normenkomplex hinausreicht und wie ein auch immer organisierter allgemeiner Zustand mit einem relativ dauerhaften inneren Gefüge und Regelwerk des Gemeinwesens und dessen Wandlungen zu verstehen ist [1015: MORAW], findet sich in den Veröffentlichungen von SCHULZE [1018] und SPRANDEL [1019, mit europäischer Perspektive]. Beide arbeiten mit breitem Verfassungsbegriff unter Einbeziehung gerade sozialhistorischer Fragestellungen. Die Literatur zu Einzelfragen ist mittlerweile derart vielfältig, dass sie selbst an den betreffenden Stellen nur teilweise genannt werden kann.

Interregnum   Der Begriff ‚Interregnum' (1250–1273) hat seit der Romantik zu vielen Missdeutungen Anlass gegeben [Überblick 1030: KAUFHOLD]. Das nachstaufische Machtvakuum begünstigte aber durch das Fehlen eines starken Oberherrn Auf- und Ausbau fürstlicher Territorien [996: HAVERKAMP]; ‚staatliche' Entwicklungen sollten hinfort auf dieser Ebene erfolgen. Exemplarisch für die ‚Friedenswahrung' der Zeit sei der Rheinische Städtebund mit den Kernstädten Mainz, Worms, Oppenheim und Bingen genannt, in der Folge ausgeweitet von Basel bis Bremen, von Aachen bis Regensburg; 1255 stellte sich Wilhelm von

Holland an seine Spitze [1073: HINTZE], geistliche und weltliche Herren schlossen sich an, vorrangig die drei rheinischen Erzbischöfe. Allerdings blieb die Problematik der inneren Interessengegensätze unüberbrückbar: So verstanden die Städte unter ‚Friede' auch den Abbau von Zöllen und das Vorgehen gegen Städtefeinde, Maßnahmen, welche die Zollinhaber und Vertragspartner empfindlich getroffen hätten. Selbst unter den Städten waren die Ausrichtungen zu gegensätzlich, wie die Doppelwahl von 1257 zeigte [BUSCHMANN in: 1035: MAURER, 167–212; 1041; zu Richard von Cornwall vgl. 1099: TRAUTZ]. Interpretationen, die ein Zusammengehen von König und Städten gegen Adel und Fürsten für potenziell erfolgversprechend gehalten haben [so z. B. 1023: BIELFELDT], stehen in einer eher nationalliberalen Tradition und sehen nicht zuletzt an grundlegenden ständischen Differenzen vorbei. Allgemein dürften in diesen Jahrzehnten regulierte und formalisierte Schiedsverfahren für die Friedenswahrung zunehmend an Gewicht gewonnen haben [1030: KAUFHOLD].

Während der zweiten Hälfte des 13. Jhs. gewann das spätere Kurfürstenkolleg deutlicher an Konturen, erstmals 1257 begegnen uns die späteren Alleinwähler in der schließlich von der Goldenen Bulle festgelegten Konstellation [eine hohe Bedeutung der Wahl für die spätere Entwicklung betont GIESE in: DA 40 (1984) 562–590; ähnlich 1006: TÖPFER/ENGEL]. Umstritten bleibt, auf welche Weise genau diese Zusammenstellung zustande kam und warum etliche Fürsten und Kirchenherren ausgeschlossen wurden. In der Diskussion sind vornehmlich noch die ‚Erzämtertheorie' (eingeschlossen die Verbindung zwischen Ämtern und Amtsinhabern) und die ‚Tochterstämmetheorie', die die Festlegung der Wähler genealogisch erklären will [hierzu kritisch 1049: JAKOBS]. Tatsache ist, dass im Sachsenspiegel (ca. 1220/27, Buch III, 57,2) erstmals die Wähler mit Vorrang bei der Kur genannt werden [1052: WOLF schreibt diese Stelle einer späteren Redaktion zu; dazu kritisch u. a. 1033: KRIEGER]. Dem König von Böhmen wurde hier das Wahlrecht abgesprochen, da er nicht als ‚Deutscher' gelten könne. Die Bayernherzöge machten den Böhmen das Kurrecht streitig, um eine bayerische Kur zu begründen, was aber schließlich scheiterte. Das Auftreten der Wähler von 1257 war eben noch kein Abschluss in der Entwicklung. Für WOLF [zuletzt 1052] ist das Erbrecht in einem Stemma ‚ottonischer Tochterstämme' von ausschlaggebender Bedeutung für den von ihm mit der Wahl Albrechts von Habsburg auf 1298 datierten Abschluss des Kollegs als „rechtliche Herauslösung einer kleinen neuen königlichen Erbengemeinschaft" [kritisch 1049: JAKOBS; 1033: KRIEGER]. Für das gleiche Jahr finden sich wohl erstmals die Bezeichnungen *kurfursten* bzw. *churfursten* und *collegium* für die Wahlberechtigten. FAUSSNER [in: ZSRG. GA 108 (1991) 1–60] und CASTORPH [1047] datieren bereits unter Rudolf von Habsburg den Endpunkt der Entwicklung, THOMAS [1051] verortet den Ursprung auf 1239 und sieht Wenzel I. von Böhmen als den Initiator der Erzämtertheorie. Eine Diskussion der Entstehungstheorien bietet BECKER [1046; knapper 1033: KRIEGER]. Während des 14. Jhs. nahmen insbesondere die vier

Kurfürsten

rheinischen Kurfürsten deutlichen Einfluss auf die Reichspolitik [GERLICH in: 1040, II: PATZE, 149–169], sahen sich beispielsweise mit dem Rhenser Weistum (1338) als verantwortlich für das Reich, wobei das Reich weniger eindeutig bestimmbar war als rückblickend nicht selten wahrgenommen. Eine politische Gesamtgesellschaft „Reich" kann nicht ohne weiteres vorausgesetzt werden [MORAW in: 35: PARAVICINI/WERNER, 149–167]. Umfangreiche Privilegien wurden den Königswählern mit der Goldenen Bulle (s. u.) zuerkannt.

Rudolf von Habsburg

Mit dem einstimmig, jedoch ohne die Stimme des Böhmenkönigs gewählten Rudolf von Habsburg begann [nach 1000: MORAW] die Phase der ‚kleinen' Könige, beschränkt auf das Reich nördlich der Alpen. Den entscheidenden Einfluss des Papstes auf den Wahltermin relativierte KAUFHOLD [1030]. Es gelang diesen Königen nicht, die ‚Offene Verfassung' hin zu einem stärker zentralisierten Gebilde zu verändern, was allerdings nicht in den handelnden Personen und ihren politischen Ambitionen begründet sein muss. Das deutsche Königtum verfügte eben nicht über die verwaltungstechnischen und finanziellen Mittel anderer zeitgenössischer, moderner wirkender Königreiche [MORAW in: 1060: BOSHOF/ERKENS, 185–208]. Warum gerade Rudolf gewählt wurde, bleibt in letzter Konsequenz unklar. Der Habsburger war in der Lage, den beträchtlichen Stauferanhang in den Reichsgutkomplexen des Südwestens an sich zu binden, ohne direkt mit der verfemten Familie verbunden zu sein. Als Gegner der Kurie war der Kandidat nicht in Erscheinung getreten und zudem mit seinen 55 Jahren für die Verhältnisse der Zeit alt, jedoch kriegserfahren und ein erfolgreicher Territorialherr [1080: KRIEGER; als Biographie noch immer heranzuziehen 1089: REDLICH]. Der materiellen Basis des Königtums sollte die im Südwesten durchaus erfolgreich betriebene Revindikation des entfremdeten Reichsguts dienen (Nürnberger Hoftag, 1274) [1027: HOFACKER; 1069: HELBACH]. Rudolf von Habsburg stützte sich noch nicht auf eigene Territorien als Herrschaftsbasis, wie es seine Nachfolger im folgenden Jh. tun sollten. Noch stand das Reichsgut als Einkommensgrundlage im Vordergrund [THOMAS in: 1072: HEYEN, 9–41], es nahm allerdings vor allem unter Karl IV. durch Entfremdungen und Verleihungen weiter ab.

Die Verfügung über Reichsgut ging im späten 13. Jh. noch deutlich weiter als lange angenommen [so die nicht ohne Kritik gebliebene Untersuchung von 1042: SCHLUNK]. In Friedens- und Rechtspolitik suchte Rudolf Anschluss an den staufischen Vorgänger, obschon die Landfrieden nur regionale Ausdehnung besaßen und den königsfernen Norden nicht mehr einbeziehen konnten [1066: GERLICH; VOGTHERR in: 1060: BOSHOF/ERKENS, 139–163]. Voraussetzung erfolgreicher Herrschaft blieb unverändert die repräsentative und damit kräfteraubende Reisetätigkeit des Königs, um vor Ort Präsenz und Macht demonstrieren zu können. Entscheidend für den nicht vorhersehbaren Aufstieg der Habsburger war dann der Zugriff auf das Babenbergererbe [1080: KRIEGER] nach dem Tod Ottokars II. [1074 u. 1413: HOENSCH; 1081: KUTHAN; RICHTER in:

1061: Bosl, 163–347; 1011: Battenberg wertet das rechtliche Vorgehen gegen den Böhmen als politischen Prozess].

Rudolf erkannte die wachsende Bedeutung der Kommunen für die Herrschaft: Die Landfriedenspolitik nützte nicht zuletzt ihnen [1084: Martin], ohne aber dem Königtum ihre finanziellen Ressourcen zu erschließen [1080: Krieger]. Das Problem der Besteuerung wird von Töpfer/Engel [1006] als entscheidend dafür angesehen, dass die Verbindung von Zentralgewalt und Städten bzw. Bürgertum nicht über Ansätze hinausgelangte. Pläne für eine Wiedererrichtung des Herzogtums Schwaben unter habsburgischer Führung scheiterten. Burgund geriet trotz Erfolgen des Habsburgers im Norden zunehmend unter französischen Einfluss. Entgegen den umlaufenden Anekdoten [1101: Treichler], verbreitet besonders durch die Rudolf verbundenen Bettelorden, blieb wohl ein gewisses Missbehagen an der (im Gegensatz zu den Staufern) nüchternen, wenngleich effizienten Regierungsart des Habsburgers, eines Pragmatikers konservativen Zuschnitts mit durchaus zukunftweisenden Zügen [Erkens in: 1060: Boshof/ Erkens, 33–58]. Rudolfs Reise zur salischen Grablege Speyer, um hier zu sterben, wie die (erst im 14. Jh. bezeugte) Patenschaft Friedrichs II. für Rudolf belegen Traditionsstränge im Herrschaftsverständnis [zu Herrscherbegräbnissen nunmehr 1085: Meyer].

<small>Die letzten Jahre Rudolfs von Habsburg</small>

Die anschließende Wahl Adolfs des Nassauers, der über den südlichen Teil der gleichnamigen Grafschaft und damit über eine nur kleine Machtbasis verfügte, war in starkem Maße vom Kölner Erzbischof Siegfried von Westerburg initiiert. Dieser wollte mit Hilfe des Königs den Zusammenbruch kölnischer Territorialpolitik nach der Schlacht von Worringen (1288) kompensieren und ließ sich umfangreiche Wahlversprechen eidlich – gegen das allerdings auch schon zuvor durchbrochene königliche Schwurverbot – zusichern [1017: Schubert; 1048: Erkens; Goez in: DA 42 (1986) 517–554]. Schon bald ging Adolf jedoch auf Distanz zu seinen Wählern und zog damit das Absetzungsverfahren im Juni 1298 auf sich, die Exekution sollte Albrecht von Österreich vornehmen. Der Wähleranspruch, einem für ungeeignet gehaltenen König den Thron zu entziehen, führte auf ein neues Niveau [Walther in: ZHF 23 (1996) 1–28]. Das in der Forschung überwiegend negativ gezeichnete Adolf-Bild [z. B. 1001: Schmeidler; vgl. nationalüberhöhte Vorstellungen bei Ziehen in: NA 59 (1939) 1–30] ist korrigiert [1100: Trautz]. „Als ob sich ein König oder sonst ein Politiker des Spätmittelalters nach den blutleeren Theorien, die an Schreibtischen des 19. und 20. Jhs. ersonnen wurden, hätte richten sollen!", so Gerlich mit einer nicht nur für Adolf von Nassau geltenden Feststellung [Gerlich in: NA 105 (1995) 17–78].

<small>Adolf von Nassau</small>

Die Befürchtungen seiner Wähler sollten sich rasch bestätigen, denn „unter Berücksichtigung des kurfürstlichen Eigeninteresses gab es wohl keinen ungeeigneteren Kandidaten" als Albrecht I. [1005: Thomas]. Eine Annäherung an König Philipp IV. von Frankreich erregte zusätzliches Misstrauen: Albrecht habe Reichsgebiete an Frankreich abtreten und im Gegenzug eine habsburgische

<small>Albrecht I.</small>

Dynastie im Reich errichten wollen, so die Vorwürfe der Gegner. Auch das Anknüpfen an die thüringischen Ansprüche seiner beiden Vorgänger sowie eine bevorzugte Behandlung des Böhmenkönigs Wenzel II. trugen nicht zur Entspannung bei. Die Bewertungen der Situation vor der Ermordung Albrechts 1308 [1082: LHOTSKY] zeigen Differenzen: Nach MORAW [1000] wären sowohl hegemoniale Königsherrschaft nach französischem Vorbild als auch endlose innere Auseinandersetzungen beim Weiterleben des Habsburgers möglich gewesen. THOMAS [1005] schätzte die Lage Albrechts bei seinem Tod deutlich negativer ein, sah ihn auf einem Tiefpunkt seiner Herrschaft; SCHUBERT [1002] wiederum betont, dass sich Erfolge der Territorialpolitik Albrechts I. abgezeichnet hätten und sich das spätmittelalterliche Königtum bei Erreichen der Ziele anders hätte entwickeln können. KRIEGER [1080] verweist auf die vernachlässigte ‚Außenpolitik' in der Herrschaftspraxis, die zu Ansehensverlusten des Habsburgers geführt habe.

Heinrich VII.   Unter mehreren Kandidaten einschließlich Karls von Valois [993: BRABÄNDER] wurde Heinrich von Luxemburg nach Zusicherung umfangreicher Leistungen an die Kölner sowie die Mainzer Kirche zum nächsten König gewählt [DIETMAR in: 1072: HEYEN, 43–53]. Die alle Königswahlen des 14. Jhs. dominierenden rheinischen Kurfürsten [SCHUBERT in: 1032: HEYEN, 103–117] fürchteten den französischen Kandidaten. Angesichts der beschränkten territorialen Möglichkeiten schien der Italienzug, auch wenn er aus der Tradition des persönlichen ‚Herrscherethos' motiviert war [1129: PAULER], neben dem Prestigegewinn materielle Vorteile aus einer Reaktivierung der Reichsrechte zu versprechen. Die Pläne überstiegen jedoch das Realisierbare [1098: TRAUTZ]: Eine Position des Kaisers über den oberitalienischen Parteien ließ sich nicht halten [BOOCKMANN in: 990: BEUMANN, 240–256; 1062: BOWSKY; 1134: DICKERHOFF]; Wirklichkeit und Gedankenwelt standen in scharfem Kontrast [1122: MORAW]. Zudem werden auch stärker ethnische statt territorialer Elemente im entstehenden ‚Nationalbewusstsein' Oberitaliens sichtbar [1076: JÄSCHKE]. Überhaupt fand der Italienzug als Neubeginn einer kaiserlichen Italienpolitik mehr Aufmerksamkeit in der zeitgenössischen italienischen denn in der Geschichtsschreibung im Reich [1064: FRANKE].

Ludwig der Bayer   Trotz der militärischen Entscheidung im Thronstreit bei Mühldorf am Inn 1322 zugunsten Ludwigs, und damit knapp acht Jahre nach seiner Wahl, war die Lage des Bayern – so sein von der Kurie eindeutig negativ gebrauchter Beiname – wegen des Konflikts mit dem Papsttum und Widerständen von Luxemburgern und Habsburgern keineswegs gesichert. Die Päpste beanspruchten unverändert, nicht nur Kaiser, sondern auch den deutschen König vor der Wahl zu approbieren [1058: UNVERHAU]. Warum Ludwig also Friedrich von Österreich 1325 in einem einmaligen Vorgang die Mitregentschaft zugestand, dürfte klar sein. PAULER [in: ZBLG 61 (1998) 645–662] betont, dass Ludwig auf Rückenfreiheit für sein Italienunternehmen zielte und seine Rückkehr durch den Tod Friedrichs zumindest beschleunigt wurde. Erst als Ludwig in Oberitalien auf seiten Mailands und damit zugunsten der mit der Kurie in Konflikt liegenden Visconti eingriff, ließ der Papst einen Prozess gegen den seit 1324 gebannten König, dessen Appellationen folgenlos geblieben waren, eröffnen und sprach ihm 1327 alle Rechte ab. Ludwig ließ sich dagegen ein Jahr später in Rom zum Kaiser krönen, erklärte Johannes XXII. für abgesetzt und installierte mit Nikolaus V. (Peter von Córdoba) einen Gegenpapst. Der Italienzug findet in der jüngeren Literatur eine positivere Würdigung [1129: PAULER; 1097: THOMAS; anders BERG in: QFIAB 67 (1987) 142–196], die ‚Volkskrönung' löste die Kaiserkrone vom Papsttum und führte sie auf die Stadt Rom zurück. Der theoretische Disput der Gegner hat nunmehr eine umfassende Darstellung von MIETHKE [846] gefunden, der eine Fülle eigener Arbeiten zusammenfasst und weiterführt und sie mit der gesamten einschlägigen Literatur konfrontiert. Beide Seiten nutzten die – modern gesprochen – sich formierende politische Theorie [822: BIELEFELDT; SCHÜTZ in: 1067: GLASER, 388–397; 1004: STRUVE; DERS. in: ZHF 23 (1996) 289–323]: Ludwig IV. konnte sich u. a. auf den mit ihm in einem Zweckbündnis verbundenen Marsilius von Padua und die Franziskanerdissidenten Wilhelm von Ockham und Michael von Cesena berufen; die einheimische Beratergruppe arbeitete neben den Geflüchteten weiter [845 u. 1054: MIETHKE; 844: MCGRADE; zur Einführung in Leben und Werk Ockhams 821: BECKMANN]. Marsilius rezipierte den wiederentdeckten Aristoteles; sein 1324 beendetes Hauptwerk *Defensor Pacis* ist in manchen Vorstellungen besser auf die oberitalienischen Kommunen als auf die Probleme des Reichs zugeschnitten. Oberste weltliche Gewalt sollte der jeweilige *legislator* sein, der Gesetze erließ oder übernahm und damit legitime Ordnung schuf, das Sanktionsmonopol besaß. Für päpstliche *plenitudo potestatis* wie überhaupt für die Geistlichkeit blieb kein Eingriffsrecht in weltliche Dinge, sie waren ausschließlich für das Jenseits zuständig [838: MARSILIUS; 847: MIETHKE; zur Argumentation mit Geschichte im frühen 14. Jh. 1007: WALTHER]. Der Papst war dem Konzil untergeordnet, das als allgemeine Kirchenversammlung Unfehlbarkeit beanspruchen konnte, wie überhaupt der Konziliarismus im 14. Jh. einen deutlichen Aufschwung nehmen sollte [1053: BECKER; 1056: SIEBEN]. Die Beschlüsse des Kurvereins von Rhense und Ludwigs *Licet juris* von 1338 betonten den Rechtsstandpunkt des Reiches, wie er schon einmal 1252 anlässlich der Heirat Wilhelms von Holland von den Fürsten in einem Weistum formuliert worden war. Die Kaiserkrone blieb an die Königswahl gebunden, und dies machte die Stellung für auswärtige Machthaber erstrebenswert [1057: STENGEL]. In beiden Texten kam der Dualismus von Kaiser und Reich in feste Rechtsformen [1021: WILLOWEIT]. Daneben sieht MORAW [in: 1028: JESERICH u. a., 21–65] für die nachstaufische Zeit als weitere große Themen zusätzliche Dualismen sowie das Kontinuitäts- und das Kohärenzproblem, knapp gesagt die Auswirkungen der Dynastiewechsel und die Praktizierung königlicher Verwaltung in der inneren Differenziertheit des Reiches. Dennoch kann allgemein in der spätmittelalterlichen Historiographie von

Verfassungsdenken nur eingeschränkt gesprochen werden [MORAW in: 36: PATZE, 695–726]. Neben erfolgreicher Territorialpolitik entstand mit dem Oberbayerischen Landrecht von 1346 eine Kodifikation auf Basis des gesammelten, geltenden Rechts [Edition und juristischer Kommentar 1091: SCHLOSSER/ SCHWAB; vgl. JAROSCHKA in: 1067: GLASER, 379–387; 1083: LIEBERICH]. In der bayerischen Historiographie findet man bereits seit Ende des 12. Jhs. die Vorstellung, dass das Herzogtum Bayern im Reich eine fast selbstständige Stellung einnehme, da es früher ein Königreich gewesen sei [MOEGLIN in: HZ 256 (1993) 593–635]. Die Widersprüchlichkeit Ludwigs als Herrscher ist auch dadurch bedingt, dass er auf der Schwelle des Übergangs von traditionellen Herrschaftsformen zum hegemonialen Königtum stand, während sein Rivale und Nachfolger glücklicher mit den Kurfürsten und nicht gegen sie regierte [ANGERMEIER in: 1067: GLASER, 369–378; 1059: BENKER; 1097: THOMAS; dazu kritisch SEIBT in: Bohemia 37 (1996) 291–309].

Karl IV. Die Anfangszeit der Regierung Karls IV. als König war schwierig, erst nach dem Tod Ludwigs konnte er sich im Reich relativ schnell durchsetzen. Es ist nicht zu weit gegriffen, darin die Eröffnung eines neuen Zeitalters zu sehen [1000: MORAW]. Habsburger (1348) und Wittelsbacher (1350) erkannten seine Herrschaft an, letzteres begünstigt durch die Heirat Karls mit Anna von der Pfalz. Karl, am französischen Hof erzogen, verfügte über eine außergewöhnliche Bildung, verfasste eine sicherlich propagandistisch gefärbte autobiographische Schilderung seiner Jahre vor der Wahl [1102; HILLENBRANDT in: 1088: PATZE, 139–172]. Versuche, das Recht zu vereinheitlichen und seine königliche Position gegenüber dem böhmischen Adel zu stärken, scheiterten, die später *Maiestas Carolina* genannte Landrechtsordnung von 1355 konnte wegen der Widerstände des sich seit dem im 14. Jh. sozial nach unten abgrenzenden Adels nicht verabschiedet werden [Text und Kommentar: 1071: HERGEMÖLLER; SEIBT in: 1040, II: PATZE, 463–483; MEZNIK in: Bohemia 28 (1987) 69–91]. Karl erklärte den Entwurf noch im gleichen Jahr offiziell für verbrannt [1078: KEJR; VANECEK in: 1063: ENGEL, 121–149; 952: WOLF], eine Verwendung der Texte der *Maiestas Carolina* am böhmischen Hof ist aber seit 1399 wieder belegt. Der Prager Hof wurde ein europäisches Zentrum [1077: KAVKA], die Stadt ausgebaut.

Goldene Bulle Mehr Erfolg hatte Karl IV. 1356 mit dem Erlass der Goldenen Bulle (vgl. Kap. I.C.2). Zuletzt bewerteten BOOCKMANN [991] und HERGEMÖLLER [1070] wie WOLF [1104] die seit dem 15. Jh. so bezeichnete Goldene Bulle als Kompromiss zwischen Herrscher und Kurfürsten. Dagegen sah PETERSEN [in: DA 22 (1966) 227–253] eher eine kurfürstliche Initiative gegen Karl IV., während das klassische Werk von ZEUMER [1105] die entscheidenden Anstöße auf Seiten des Herrschers suchte. Allgemein bestand für eine kaiserliche Gesetzgebungstätigkeit kein Bedürfnis [1021: WILLOWEIT]. MÜLLER-MERTENS [in: 1065: FRITZ/DERS.] betont die aktuelle potenzielle Nutzbarkeit für beide Seiten, HOENSCH [1075] den Beitrag zur Stabilisierung des Reiches, sah aber die Kurfürsten als eigentliche Gewinner. Nach

MORAW [1086] gehörten diese Bestimmungen jedoch letztlich zu den Ideen in „dünner Luft", so hätten bei den Akteuren einschließlich Karls die Selbstbehauptung und dann die Durchdringung des näheren und weiteren Umfeldes im Vordergrund gestanden, wobei jedoch die Goldene Bulle konkret geholfen hätte, Unvollkommenes zu tragen und zu gestalten. Dazu gehört das nun endgültig festgeschriebene, schon zuvor mehrfach formulierte Mehrheitswahlrecht [allgemein zur Durchsetzung mehrheitlicher Entscheidungen im Reich MALECZEK in: 1050: SCHNEIDER/ZIMMERMANN, 79–134], das zukünftig strittige Wahlen bzw. ein Doppelkönigtum wie auch längere Thronvakanzen verhindern sollte, auch wenn die Wahlbestimmungen der Goldenen Bulle erst zu Beginn des folgenden Jhs. de facto volle Geltung erlangten. Päpstliche Rechte wurden überhaupt nicht erwähnt, obgleich Karls IV. Wahl gegen Ludwig den Bayern noch von der Kurie gefördert worden und Karl seit Jugendtagen mit Clemens VI. befreundet war. Ohnehin grenzten sich die Königreiche stärker von der Kurie ab, sahen Einmischungen in ‚innerstaatliche' Fragen zunehmend kritisch [SMALLEY in: 22 HALE u. a., 15–43]. Offen blieb die Verfügungsgewalt über die Reichskleinodien, die offenbar bei Benutzung einer Krönung nichts zufügten und im Falle des Fehlens dieser nichts nahmen [PETERSOHN in: HZ 266 (1998) 47–96]. Nicht eingelöst werden konnte das geplante jährliche Treffen von König und Kurfürsten, deren Zusammenarbeit aber dennoch zur Integration des Reiches beitragen sollte [GERLICH in: 1040: PATZE, 149–169; 1002: SCHUBERT; 1008: ZIMMERMANN]. Allerdings gehört ein Maßstab, der Reichsinteressen vor fürstliche Eigeninteressen setzt, erst dem Denken der frühen Neuzeit an [1022: ALTHOFF].

Zum 600. Todesjahr Karls IV. und in den folgenden Jahren erschien eine Vielzahl von Publikationen, u. a. drei umfangreiche Sammelbände zum Thema [1063: ENGEL; 1088: PATZE; 1092: SEIBT; Überblick bei 1086: MORAW]. Der Böhmenkönig und Kaiser gilt als bedeutendster Herrscher des deutschen Spätmittelalters [1000: MORAW], auch wenn das hegemoniale Königtum schon unter seinem Sohn und Nachfolger Wenzel scheitern sollte. In der Adaption von Überkommenem und dessen Umformung nach eigenen Vorstellungen sieht PATZE [1088] des Kaisers große Stärke. Nicht selten traten geschickte Diplomatie und der Einsatz finanzieller Mittel an die Stelle militärischer Konfrontation, überspitzt bezeichnete ihn v. STROMER [in: 1092: SEIBT, 63–73] als „kaiserlichen Kaufmann". Zudem konnte Karl wieder im europäischen Raum agieren. Entgegen älteren Auffassungen hatte er seinen Aktionsradius nicht bis 1355 abgesteckt [1093: SEIBT], die Zielrichtung verlagerte sich jedoch in den Nordosten des Reiches, aber unter Beibehaltung einer Itinerarkonstante Prag–Nürnberg–Main [EBERHARD in: ZHF 8 (1981) 13–24; zu Italien 1103: WIDDER]. Ansprüche und Misserfolge kontrastiert STOOB [1095; kritisch dazu SEIBT in: Bohemia 37 (1996) 291–309]. SPEVACEK betont stark die ökonomischen Aspekte für das Handeln des Kaisers [1094; kritisch hierzu 1086: MORAW].

Karl IV. in der Historiographie

'Zentrale' Instanzen   Wie nie zuvor bildete der Hof des Königs im Spätmittelalter den Mittelpunkt des Handelns, hier repräsentierte sich der Herrscher. Da die Hofämter mit dem Tod des Herrschers heimfielen, kam es zu keinem kontinuierlichen Aufbau der ohnehin wenigen Verwaltungsinstanzen wie der Kanzlei; dieses Problem wog desto schwerer, weil Verwaltungsqualität in hohem Maße von ihrer Kontinuität abhängt [MORAW in: 1028: JESERICH u. a., 21–65]. Neben dem Hofkanzler verfügte der Hofmeister über den meisten Einfluss, aber auch dieses Amt war nicht immer besetzt; zusätzlich gehörten Kammermeister und Marschall zum *täglichen Rat*. Reibungspunkte und -verluste ergab das Nebeneinander von Reichs- und Territorialverwaltung, bis zu Karl IV. waren beide zumeist in einer Institution zusammengefasst. Bei der Personalauswahl mussten Kandidaten aus dem Hausmachtbereich und aus königsnahen Landschaften besonders berücksichtigt werden. Neben Adligen wurden Mitglieder (reichs-)städtischer Oberschichten und, wenngleich noch zögerlich, ausgebildete Juristen an den Hof gezogen; die Schriftlichkeit nahm zu. Herrschaft blieb aber weiterhin Reiseherrschaft, auch wenn im 14. Jh. die jeweiligen Zentralorte [zur Problematik von Terminologie und Inhalten NEITMANN in: 1029: JOHANEK, 11–43] an Gewicht gewannen. Darin, dass Land- und Lehnsrecht nicht in der Hand des Königs vereint waren, sieht ANGERMEIER [in: BDLG 117 (1981) 167–182] eine Schwäche öffentlicher Ordnung, die es nicht einmal erlaube, von einem Vorstadium eines modernen Staates zu sprechen. Herrschaft wie Reformen waren ohnehin dauerhaft nur mit den Fürsten zu leisten [z. B. 1039: MORAW]. Niedergeschriebenes, jedoch nicht in modernem Sinn öffentlich kodifiziertes Recht mit begrenzter regionaler Bedeutung findet sich beispielsweise im Sachsenspiegel oder im fälschlich so bezeichneten Schwabenspiegel [1020: TRUSEN].

Hofgericht   Die Zuständigkeit des königlichen oder kaiserlichen Hofgerichts (so die Bezeichnung ab 1235) erstreckte sich aufgrund der Stellung des Herrschers als obersten Richters prinzipiell auf viele Gebiete. Der Begriff Reichshofgericht verdeckt, dass es sich um eine Einrichtung des Hofes und nicht um eine des Reiches handelte; zudem kam es nicht zu einer mit England und Frankreich vergleichbaren Professionalisierung und zur Ausdehnung des Geltungsbereiches auf das gesamte Reich [1012: DIESTELKAMP]. Zentralfunktionen steckten im Evokationsrecht des Königs, in seiner Zuständigkeit bei Rechtsverweigerung, der Verhängung der Acht und im Rechtszug an das Hofgericht, ohne dass es sich im 14. Jh. als Rechtszugsinstanz hätte etablieren können [WEITZEL, Art. Königs- und Hofgericht, in LexMA, V]. Die häufig gewährten *privilegia de non evocando* und *de non appellando* reduzierten allerdings Zuständigkeiten, jedoch mit Ausnahme Böhmens nach 1356 nicht in Fällen von Rechtsverweigerung. Problematisch blieb ohnehin die Exekution der Entscheidungen. Die von Friedrich II. initiierte Dauerhaftigkeit scheiterte jedoch. Zumindest aber das Amt des Hofrichters und die Hofgerichtskanzlei mit dem Hofgerichtsschreiber sollten – nach Unterbrechungen – Bestand haben. Bei den Kanzleischreibern zeigten sich auch personelle Kontinuitäten über Dynastiewechsel hinweg [1010: BATTENBERG; MORAW in: 35: PARAVICINI/WERNER, 149–167]. Der Mainzer Reichslandfriede bot immer wieder Möglichkeiten zur Anknüpfung und damit zu (Ober-)Herrschaftsansprüchen. Konkurrierend wirkte sich die Sühnegerichtsbarkeit aus, wenngleich der König in diesen Verfahren nicht selten als Schlichter und Richter amtierte [1016: RÖDEL]. Auch die Lehnsgerichtsbarkeit bot weit mehr Eingriffsmöglichkeiten, als man früher glaubte [1032: KRIEGER]. Überhaupt schätzten die Zeitgenossen die Rechtssprechungsbefugnis als deutlich wichtiger ein als die Gesetzgebungstätigkeit [1033: KRIEGER].

Möglichkeiten zu Eingriffen in die Territorien boten den Königen zudem Landfrieden, allerdings gab es in nachstaufischer Zeit nur noch regionale Friedensbestimmungen anstelle der reichsweiten, und eine Einhaltung war ohne Mitwirkung der Fürsten nicht zu erreichen [1009: ANGERMEIER]. Typisch blieben die eidliche Bindung der Teilnehmer anstelle abstrakter Anordnungen sowie eine zeitliche Befristung, auch das Rechtsmittel Fehde blieb in Grenzen bestehen (vgl. Kap. II.B.3.3). Territoriale Landfrieden regelten über den engeren Kern der Friedenswahrung hinaus weitere Bereiche des gesellschaftlichen und wirtschaftlichen Lebens. — *Landfrieden*

Eine eigentliche Finanzverwaltung wie ein Finanzwesen gab es im spätmittelalterlichen Reich nicht, die Steuerliste von 1241 blieb Episode. Neben Steuern königlicher Städte bzw. von Reichsstädten waren die einträglichen Judensteuern von hoher Bedeutung. Reichsstädtische Steuern waren als regelmäßige Einnahmen ein beliebtes Pfandobjekt [1034: LANDWEHR], von städtischer Seite zielte man auf eine dauerhaft fixierte Höhe der Zahlung sowie auf das Verbot von außerordentlichen Steuern. Weitere Einnahmen der Herrscher flossen aus der Regalhoheit, wie besonders Zölle, aus dem Gerichtswesen sowie aus dem Reichsgut; dazu traten weitere finanziell geringwertige Titel sowie fallweise eingezogene Mittel [1017: SCHUBERT], die quantitativ kaum erfasst werden können, punktuell aber hohe Bedeutung besaßen [MORAW in: 1028: JESERICH u. a., 21–65]. Spätestens seit Karl IV. spielten die Einkünfte aus der Hausmacht die gewichtigere Rolle. Bei den von NUGLISCH [1087; kritisch ISENMANN in: ZHF 7 (1980) 1–76, 129–218] vorgestellten Zahlen handelt es sich überwiegend um rechnerische Größen. — *Reichsfinanzen*

Entscheidende Weichenstellungen hin zu Verdichtung, hin zu Formen frühmoderner Staatlichkeit fanden in den Fürstentümern statt [Überblick bei 1044: SCHUBERT], erst auf der Grundlage von Hausmacht und dynastischer Erbfolge konnte die Verstaatung des Reiches beginnen [ANGERMEIER in: 1067: GLASER, 369–378]. Allerdings war keines der Fürstentümer ein Gebiet flächendeckender Herrschaft, personale und sonderrechtliche Bindungen verhinderten ein gleichgeartetes Untertanenverhältnis. Der Begriff Landesherrschaft kann also eine nicht vorhandene Gleichartigkeit vortäuschen. Die Stellung des Fürsten gründete auf verschiedenen Rechten, die in einzelnen Gebieten oder auch Orten — *Fürstentümer* von unterschiedlicher Intensität waren, gebündelt jedoch massivere Herrschaftsdurchdringung ermöglichten. Gegen Ende des 14. Jhs. trat in den Begriffen *dominus terrae, lantherr, dominium* oder *Herrschaft* die räumliche Komponente neben der Grundvorstellung von Eigentum hervor [1037: MORAW]. Auf verschiedenen Sektoren wie Gerichtsbarkeit, Lehnswesen, Steuern oder Gesetzgebung wurde zunehmend die übergeordnete Stellung des Landesherren durchgesetzt [WILLOWEIT in: 1028: JESERICH u. a., 66–143]. Im Gerichtswesen konnte gerade die niedere Gerichtsbarkeit, die in den Alltag eingriff, zum entscheidenden Herrschaftsmittel werden [1044: SCHUBERT]. Die Neuorientierung landesgeschichtlicher Forschungen seit BRUNNER [1024] zeigt in immer wieder neuen Variationen, dass sich die entstehenden Herrschaften kaum definieren, sondern nur beschreiben lassen [1000: MORAW]. Dem Territorialisierungsprozess zugute kam der fürstliche Einfluss auf die Kirche, sei es bei Bistumsbesetzungen oder im Klosterwesen, sei es bei der Möglichkeit der Vergabe von Stifts- oder auch niederen Pfründen. Regierende Personenverbände konnten durch Patron-Klientel-Berufungen geformt und befestigt werden [1181: FOUQUET; 1182 u. 1183: HOLBACH; 1184: HOLLMANN; allg. 1186: SCHREINER; DERS. in: 509: BULST/GENET, 163–180].

Verwaltung

Der Sicherung von Rechten dienten u. a. Urbare und Lehenbücher, deren Zunahme im 14. Jh. den Prozess der Verschriftlichung von Verwaltung verdeutlicht. Träger jedes Fürstentums blieb der Fürst, der seine Stellung mit seiner Person durch Reiseherrschaft unter Beweis stellen musste, selbst wenn zunehmend Aufgaben an Räte und ad hoc zusammengestellte Kommissionen delegiert werden konnten. Die Zahl gelehrter Juristen in den Verwaltungen stieg langsam an [zum Norden und Nordosten des Reichs 1013: MÄNNL]. Seit dem 13. Jh. wurde auch das flache Land in die herrschaftliche Ordnung einbezogen, die um 1300 überall in den Territorien des Reiches einsetzende Ämterbildung unter den verschiedensten Bezeichnungen diente gerade diesem Zweck [1044: SCHUBERT; WILLOWEIT in: 1028: JESERICH u. a., 66–143; zur Begriffsgeschichte WOLTER in: ZSRG.KA 74 (1988) 246–280]. Die überwiegende Mehrzahl der Inhaber dieser noch undifferenzierten Ämter waren Adlige mit Sitz auf einer Burg, sie erhielten ihr Amt im Dienstverhältnis, als Lehen oder Pfand. Nur größere Territorien kannten eine Ressortbildung, zuerst besonders in finanziell nutzbaren Bereichen. Auch die Kanzleien dürften mit nur wenig Personal besetzt gewesen sein [WILLOWEIT in: 1028: JESERICH u. a., 66–143; Überblick in 1045: SILAGI]. Genetisch lassen sich Ämter als Stellvertretung des Herrn verstehen [1038: MORAW], weiterhin kam Personen wie personalen Strukturen eine hohe Bedeutung zu [1036: MORAW], die Einbindung der Ämter in transpersonale Vorstellungen, etwa die von der *corona*, steckten ebenso erst in Ansätzen wie flächenstaatliche Verdichtungen. Der Hof war tendenziell noch als Hausherrschaft organisiert. Auf eine Phase der Herausbildung von fürstlicher Landesherrschaft folgte in der zweiten Hälfte des 14. Jhs. noch einmal allgemein eine Verlangsamung, teilweise bis zur Stagnation

[1038: MORAW]. Mit großen territorialen Unterschieden formierten sich, beginnend im späten 13. Jh., die Stände und zielten auf Einflussnahme auf das politische Handeln. Eine der Wurzeln der Ständebildung lag im adligen Rat. Von „landständischer Verfassung" sollte aber für das Spätmittelalter noch nicht gesprochen werden [1044: SCHUBERT]. Trotz aller Fortschritte blieben aber auch gravierende Defizite. Doch sämtliche persönliche Schwächen einzelner Fürsten verblassten gegenüber der Strukturschwäche der Systeme mit Geldmangel und überhaupt dem Fehlen einer geordneten Finanzverwaltung, so SCHUBERT [1002]. Ausnahme sind die seit 1288 überlieferten Tiroler Raitbücher (Unterbrechung von 1361–1415) unter norditalienischem Einfluss [1068: HAIDACHER]. Weitere frühe Aufzeichnungen entstanden zumeist in Ausnahmesituationen und wirkten nicht systembildend, auch wenn es die Quellensituation nicht zwingend erlaubt, zwischen Überlieferungslücken und dem tatsächlichen Einstellen derartiger Versuche zu unterscheiden [BAMBERGER in: ZSW 67 (1922/23) 168–255; PATZE in: 1040, I, 9–64; PITZ in: HZ 223 (1976) 1–39; STREICH in: VSWG 78 (1991) 365–392]. Die eingenommenen Mittel – Naturalien wie Geld – stammten aus verschiedenen Rechten und waren starken Schwankungen unterworfen. Dauerhafte Steuerforderungen konnten nicht durchgesetzt werden, auch wenn uns viele Arten von ‚Steuern' im 14. Jh. begegnen [1031: KÖRNER]. Wenn in den Quellen häufiger der Begriff *Bede* auftaucht, wäre *Bitte* sicherlich ein Euphemismus für etwas, das tatsächlich eine Steuer war. Er weist aber darauf hin, dass eine Steuer nicht unbegründet angeordnet werden konnte. Langsam bildeten sich Fälle wie Lösegeldzahlung für den Landesherrn, die Ausstattung bei der Heirat der ersten Tochter, in der Hauptsache aber militärische Notwendigkeiten als Gründe für die Bewilligung außerordentlicher Steuern durch die Stände heraus. Klarere Regelungen folgten freilich erst im 15. und 16. Jh. Die Ausgaben sollten bis weit in die Neuzeit die Einnahmen dominieren. Charakteristisch und weitgehend unabhängig von der jeweiligen Amts- und Finanzverwaltungsstruktur blieb, dass die einzelnen Ämter ähnlich wie in den städtischen Finanzverwaltungen [Überblick 93: FOUQUET] am Ort entstehende Ausgaben selbst beglichen, also ohnehin nur ihre Überschüsse an zentrale Kassen abliefern konnten. Besonders am Rhein nahm die Bedeutung der Zolleinnahmen stark zu [DROEGE in: VSWG 53 (1966), 145–161; DERS. in: 396: KELLENBENZ, 5–13].

Die seit den Kreuzzügen prekäre Lage der jüdischen Gemeinden [Überblick 728: TOCH] verbesserte sich nochmals unter der von Friedrich II. erneuerten kaiserlichen Schutzgewalt über die Glaubensgemeinschaft. Der Preis für den nun als königliche Kammerknechtschaft begriffenen Status dürfte die Judensteuer gewesen sein, die wenige Jahre später fassbar wird. Seit 1342 folgte der Goldene Opferpfennig, als direkte Steuer geplant [721: AUFGEBAUER/SCHUBERT]. Friedrich II. ließ die gegen Juden erhobenen Ritualmordvorwürfe mit dem Argument zurückweisen, dass sie gar nicht mit dem jüdischen Glauben in Einklang stünden. Die Gemeinden konnten erneut Strukturen ausbilden, hatten

Juden

Anteil am wirtschaftlichen Aufschwung, auch wenn sie zunehmend aus Handwerks- und Kaufmannsgewerben verdrängt und Geldgeschäfte zu ihrem wichtigsten Metier wurden. Die immer wieder erhobenen Hostienfrevelvorwürfe oder Ritualmordbeschuldigungen [Beiträge in 723: ERB; CLUSE in: 17: BURGARD u. a., 371–392] führten zu lokalen und regionalen Verfolgungen. Während der Großen Pest kam es dann zu massiven Pogromen. Neben spontanen standen geplante Ausschreitungen, die beweisen, dass das friedliche Nebeneinander trügerisch war [520: GRAUS; HAVERKAMP in: 724, 27–93]. Die ökonomische Funktion der Juden als Kreditgeber in den Städten und für den (Groß-) Handel war zunehmend verloren gegangen, sie mussten verstärkt mittlere Schichten und das Land bedienen, was bei den Verschuldeten zu Judenfeindschaft führen konnte [kritisch JENKS in: VSWG 65 (1978) 309–356]. Von den Verfolgungen Mitte des 14. Jhs. konnten sich die jüdischen Gemeinden nicht mehr erholen, selbst wenn es vereinzelt zu Neugründungen kam. Regionale Einzeluntersuchungen analysieren die Entwicklungslinien und den seit der Mitte des 14. Jhs. letztlich stetigen Abstieg [727: MENTGEN; 729: ZIWES], auch wenn Ghettobildung und Stigmatisierung durch Zeichen oder Kleidung erst im 15. Jh. Regel wurden [725: HAVERKAMP; MENTGEN in: 17: BURGARD u. a., 393–411]. In ihrem Gefolge begann die Ostwanderung von Teilen der jüdischen Bevölkerung [722: BATTENBERG].

3. DIE ENTSTEHUNG DER EIDGENOSSENSCHAFT

Überblicksliteratur Einen ausführlichen Überblick bieten PEYER [1110] sowie die Beiträge in ‚Innerschweiz' [1116], knapper sind IM HOF [1107] und MARCHAL [1108], kurz und pointiert MORAW [1122]; Grundstrukturen der Verfassung behandelt PEYER [1109]. Aus der älteren Literatur bleibt die umfangreiche Darstellung von DIERAUER [1106] maßgeblich. Stärker an der Lebenssituation der spätmittelalterlichen Menschen orientiert ist MEYER [1120] unter Einbeziehung archäologischer Ergebnisse. Die früh einsetzende eidgenössische Historiographie behandelt FELLER/BONJOUR [4].

Überlieferungstraditionen Die Ereignisse des 14. Jhs. bewerteten bereits die Zeitgenossen je nach Parteinahme als Rebellion oder als Freiheitskrieg: Waren die Eidgenossen Rebellen, dann waren ihre Handlungen, insbesondere die gewaltsamen, Unrecht. Waren sie aber Freiheitskämpfer, handelten sie in berechtigter Notwehr gegen Tyrannenherrschaft. Mit den Erfolgen der Eidgenossenschaft im späten 14. und im 15. Jh. hat sich das Freiheitspathos in den ‚erzählenden Quellen' seit dem Spätmittelalter gefestigt. So sah der Berner Chronist Konrad Justinger um 1420 in der Willkür der österreichischen Amtleute, ihrer Gewaltanwendung und Einführung von Neuerungen bei durchaus respektierten habsburgischen Rechten den Grund der Erhebung. Verteidigung der hergebrachten Reichsfreiheit sowie Notwehr gegen Willkürherrschaft waren die in der Mitte des 15. Jhs. allgemein akzeptierten Gründe zur Rechtfertigung der Eidgenossenschaft. Für die Weiterentwicklung ist insbesondere das nach seinem Pergamenteinband so bezeichnete Weiße Buch von Sarnen bedeutsam, abgefasst vom Obwaldener Landschreiber Hans Schriber in der zweiten Hälfte des 15. Jhs.. Die, so der Text, von den Römern abstammenden Urner und Unterwaldner sowie die aus Schweden zugezogenen Schwyzer seien vom Reich gefreit gewesen. Rudolf von Habsburg habe ihnen angeboten, sie gegen eine mäßige Steuer in den Schutz des Reiches aufzunehmen und Reichsvögte einzusetzen. Dies sei akzeptiert worden, und zu Zeiten Rudolfs habe es keine Konflikte gegeben. Nach seinem Tod sei die Herrschaft auf die Grafen von Tirol übergegangen, und nach Problemen sei ein Geheimbund (*Rütlischwur*) entstanden. Es folgen die Tell-Geschichte und der Bericht über die Erweiterung zur achtörtigen Eidgenossenschaft, wobei die Initiative stets auf seiten der drei Waldstätte gesehen wird. Einen Abschluss fanden die verschiedenen Befreiungstraditionen in dem Mitte des 16. Jhs. verfassten Bericht des Glarners Aegidius Tschudi in geglätteter Zusammenfassung [Überblick 1110: Peyer; 4: Feller/ Bonjour; B. Stettler, Aegidius Tschudi Chronicon Helveticum, Tl. 3, Bern 1980]. Bezeichnend für mittelalterliche Denkweisen ist die Berufung auf Wahrung bzw. Wiederherstellung des guten alten Rechts. Legitimationsbasis der Eidgenossenschaft als eigenständiges, staatliches Gebilde war damit nicht der Anspruch, etwas Besseres, Neueres, Zukunftsweisenderes oder gar Revolutionäres zu sein, sondern vielmehr das Festhalten an seit jeher bestehenden Verhältnissen unter Behauptung des Rechts auf Notwehr [so z. B. schon 1106: Dierauer]. Für die gesamte Befreiungstradition wie besonders für die Tell-Episode [1111: Bergier] gibt es keinerlei urkundliche Belege, was am Ende des 19. Jhs. dazu führte, sie als reines Phantasieprodukt spätmittelalterlicher Chronisten abzutun. Allerdings weisen neuere Forschungen nach, dass z. B. die Vorstellungen von Übergriffen der Amtleute gut zu andernorts Überliefertem passen. Auch sind die Ortsangaben in sich stimmig und die Namen der Beteiligten zum Teil historisch belegt. An den als zerstört gemeldeten Zwingburgen lassen sich die Spuren archäologisch nachweisen, jedoch ergibt sich eine Zeitspanne für die Auflassung von anderthalb bis zwei Jahrhunderten, die der Vorstellung von einer Zerstörung zahlreicher Burgen in kurzer Zeitspanne entgegensteht. Habsburg verfügte ohnehin nach den archäologischen Befunden um 1300 im Gebiet der Waldstätte über keinen festen Stützpunkt [1121: Meyer/Obrecht/Schneider; Meyer in: 1116, 2, 235–305]. Wie so oft sind also in zeitlichem Abstand historische Ereignisse mit fiktionalen Erzählungen verschmolzen und nicht mehr zu trennen [1110: Peyer]. Das Tell-Motiv gilt überwiegend sogar als frei gestalteter Mythos, der Tell-Schuss konnte als Wandermotiv nachgewiesen werden [1112: de Boor].

Der Bündnisbrief von 1291, der lange als Geburtsstunde und Gründungsurkunde der Schweizer Eidgenossenschaft gegolten hat, bleibt trotz des Streits um seine Bedeutung sicherlich eines der wichtigsten Dokumente der Schweizer

‚Ewiger Bund'

Vorgeschichte. Er brachte allerdings an sich nichts Neues oder Einmaliges, sondern lässt sich in die Vielzahl von Landfriedensbünden des 13. Jhs. einordnen [1110: PEYER]. Herausragende Stellung gewinnt er im Blick auf die nachfolgende Entwicklung. Umstritten ist dann, ob der Bund von 1291 ein rein defensives Schutzbündnis zur Wahrung des inneren Friedens [BLICKLE in: 1116, 1, 13–202] war oder sich als Maßnahme gegen einen auswärtigen Feind interpretieren lässt, konkret also gegen die Ansprüche der Habsburger [1114: GASSER; 1125: WERNLI]. Für die letztere Deutung gibt es nur einen Anhaltspunkt, denn es wurde bestimmt, hinfort keine Richter (Ammänner) anzunehmen, die ihr Amt erkauft hatten oder die nicht im Lande ansässig waren. Nur bei dieser Interpretation entstünde ein allgemeiner Anschluss an die Befreiungstradition. Dass Diskussionen um die Entstehung der Eidgenossenschaft auch von politischen Einstellungen geleitet waren, liegt in der Natur der Sache [MARCHAL in: 1116, 2, 307–403; 1118: DERS.]. In der Forschung wird nunmehr sehr stark die Landfriedensthese gegenüber der politischen Formierung der Eidgenossenschaft in Abschüttelung der habsburgischen Oberherrschaft vertreten [zusammenfassend 1117: MARCHAL].

Bindungen und Autonomie

Die sukzessive Formierung der Eidgenossenschaft [1119: MEYER] schritt vorwärts, Herrschaftsrechte und Reichweite von Landfrieden eidgenössischer oder habsburgischer Prägung waren aber Mitte des 14. Jhs. noch unsicher [STETTLER in: SZG 23 (1973) 750–764]. Eng verbunden blieben unverändert die drei Waldstätte, lockerer waren die Bündnisse mit den Städten mit ihren territorialen Interessen; besonders Bern [1113: FELLER; 1124: STRAHM], aber auch Zürich [1123: PEYER; 1115] sicherten sich Handlungsfreiheiten. Die Eidgenossenschaft blieb ein lockeres Geflecht aus vertraglichen Bindungen, und sie war auf lange Zeit kein einheitliches Rechtsgebilde [1117: MARCHAL].

4. ITALIEN

Literatur Einen ausführlichen Überblick bieten die einschlägigen Bände der Storia d'Italia [1130], Überblicksdarstellungen GOEZ [1127], LARNER [1128] und TABACCO [1131]. Mit einem knappen historischen Abriss verbinden die Bände ‚Dalla Caduta dell' Impero Romano al secolo XVIII' [1126] eine umfassende Schilderung der kulturellen Entwicklung. Dazu tritt eine Vielzahl von Werken zu den einzelnen Regionen und Kommunen, die in den jeweiligen Abschnitten Erwähnung finden.

Podestà Im Spätmittelalter erlebten die italienischen Kommunen und Stadtstaaten eine Neugestaltung ihrer Stadtregierung, die sich zunächst in der Einführung des Podestats, einer Art Bürgermeisteramt bzw. Konsulat, ausdrückte. Diese Entwicklung war eine Reaktion auf dauernde, nicht selten in offenen Kämpfen ausgetragene Rivalitäten ihrer führenden Familien. Grundsätzlich waren die schmalen oligarchischen Führungsschichten von drei Seiten gefährdet: Durch um Aufstieg ringende Familien, von innen durch Ambitionen einiger oder einzelner Mitglieder zur Alleinherrschaft, sowie durch äußere Mächte, die auf Einnahme der Stadtrepublik drängten [LIND in: 534: REINHARD, 123–147]. Neben Gemeinsamkeiten kannte das Amt des Podestà überall lokale Besonderheiten. Von ihnen und ihrer grundsätzlich auf Zeit beschränkten Herrschaft (zunächst höchstens zwei Jahre, seit der Mitte des 13. Jhs. ein halbes Jahr) versprach man sich Überparteilichkeit, zumal der Erwählte im Regelfall nicht aus der Stadt stammte, die ihn wählte [zu den Wahlmodi KELLER in: 1050: SCHNEIDER/ZIMMERMANN, 345–374]. Das Podestat löste die tradierte Konsulatsregierung ab. Nach ihrem Amtsende hatten sich die z. T. in mehrstufigen Wahlverfahren gewählten Podestà einer Rechenschaftskontrolle zu stellen. Unregelmäßigkeiten konnten ein rasches Karriereende für die auf Ausübung dieses Amtes spezialisierten Einzelpersonen wie Familien bedeuten. Allerdings konnten durch die Installierung dieser Institution die veränderten sozialen wie wirtschaftlichen Rahmenbedingungen nicht aufgefangen werden, und nach wie vor zielten Teile des Popolo auf Machtteilhabe. Flankiert wurde diese Herrschaftsform von einer Zunahme schriftlich fixierter Normierungen, die in das tägliche Leben der Bürger eingriffen [1132: BUSCH; 1136: KELLER]. In vielen Kommunen wurden die Podestate durch zumeist oligarchisch und bald auch autokratisch errichtete Signorien abgelöst.

Zu den frühen Signorien gehören in Mailand die der della Torre (1259) und die ihrer Überwinder, der Visconti, ab 1279, endgültig 1311. Zumeist stammten die Amtsinhaber aus der kommunalen Oberschicht – der Adel war nicht ohne Reibungen in die Städte integriert [KELLER in: 744: OEXLE/PARAVICINI, 257–272], und sie waren damit nicht unparteiisch. Ein wichtiger Unterschied zum Podestà war die unbefristete oder die mehrfache Berufung hintereinander, mit Erblichkeit als Folgewirkung. So konnten die Este in Ferrara, wenngleich mit erbitterten Nachfolgekämpfen in der Familie, ihre Stellung bis Ende des 16. Jhs. halten [1149: DEAN]. In der Frühphase der Signorie suchten die Träger Rückhalt bei Papst oder Kaiser bzw. König, um ihre Stellung (beispielsweise als Vikar) zusätzlich legitimieren zu können. Von starken Machthabern versprach man sich neben innerstädtischem Frieden auch mehr Handlungsoptionen in den äußeren Konflikten, zumal die territoriale Entwicklung noch im Fluss war. Die Grenze zur Tyrannei war häufig genug fließend oder wurde überschritten [Beispiele bei 1127: GOEZ]. Im Gegensatz zum weit verbreiteten Podestat gab es weniger Signorien, Städte wie Genua (bis 1339) oder Florenz – hier setzten erst die Medici im 15. Jh. ihre Signorie durch – hielten an oligarchischen Strukturen fest. Auch der in einer komplizierten, mehrstufigen Wahl bestimmte venezianische Doge war kein Alleinherrscher [1147: RÖSCH]. *Signorie*

Die Bezeichnung Ghibellinen für kaiserfreundliche und Guelfen für dem Papst bzw. Anjou nahestehende Gruppierungen und Städte verlor ihre ursprüngliche *Ghibellinen und Guelfen*

Bedeutung; Der Name ‚Guelfen' war wohl überhaupt erst in den Auseinandersetzungen der norditalienischen Kommunen mit dem Staufer Friedrich II. aufgekommen [1135: HERDE; 1134: DICKERHOFF]. Die Termini fanden nun vornehmlich für stadtinterne Faktionen Verwendung, auch wenn sich beispielsweise die Visconti im 14. Jh. bewusst als kaisertreu verstanden und bei Ghibellinen überhaupt oft auch eine stärkere Distanz zur Kurie feststellbar ist [1131: TABACCO]. Mit dem Ende der Stauferherrschaft endete auch die Einung durch den Widerstand gegen den gemeinsamen Gegner, der viele Kommunen immer wieder zusammenarbeiten ließ [VOLTMER in: 1035: MAURER, 97–116]. Der Ausfall übergeordneter Ordnungsmächte ließ die Zahl der Auseinandersetzungen zwischen den Kommunen ansteigen, und zunehmende Desintegration wurde zum wichtigsten Grundzug der politischen Geschichte bis zur Mitte des 14. Jhs. [HAVERKAMP in: 1419: SEIBT, 546–681], bevor neue Machtstrukturen ausgebildet wurden. Dennoch ist der Zustand nicht mit einer allgemeinen Krise gleichzusetzen [VARANINI in: 1133: CHITTOLINI/WILLOWEIT, 97–171].

Oberitalienische Kommunen

Finanzgrundlage der meisten Kommunen waren neben den Zolleinkünften die Einnahmen aus den seit der Mitte des 13. Jhs. ständig auf neue Produkte ausgeweiteten indirekten Steuern, während direkte Steuern vornehmlich in Zeiten hoher finanzieller Belastung eingefordert wurden. Einbezogen war auch das Umland, wo relativ früh die hier leichter zu erhebenden direkten Steuern üblich waren [HOCQUET in: 1256: BONNEY, 81–100]. Besonders die militärischen Auseinandersetzungen – zunehmend mit Söldnerheeren geführt – belasteten die Einwohner erheblich. Während sich also im Norden territoriale Stadtstaaten entwickelten, blieben die Kommunen im Königreich Sizilien in den ‚Staat' eingebunden, was nicht selten zu Spannungen führte.

Venedig

Die Handelsmetropole Venedig beanspruchte die Adria als eigene Einflusssphäre [1147: RÖSCH; 1143: HELLER; für ein breiteres Publikum: 1146: RÖSCH/RÖSCH]. Wichtigste Konkurrenz um die Vorherrschaft im Mittelmeer blieb Genua, gegen das bereits zwischen 1257 und 1270 ein erster Krieg geführt wurde [DOTSON in: Viator 30 (1999) 165–180; 1137: SCAMMELL]. Genua unterlag der Lagunenstadt schließlich 1381 nach Beendigung des Chioggiakrieges; die Gründe lagen nicht zuletzt in inneren Problemen, die Vorteile des im gleichen Jahr abgeschlossenen und für Genuas Interessen eher günstigen Vertrags von Turin konnten nicht genutzt werden [1144: LANE; 1137: SCAMMELL]. Die hohen finanziellen Belastungen des Krieges trafen nicht nur Venedigs Bevölkerungsmehrheit, auch führende Familien gerieten in Schwierigkeiten [1145: ROMANO]. Vor der direkten Einbeziehung des Hinterlands besetzten seit dem 13. Jh. Venezianer Podestate in dortigen Kommunen und konnten so politisch Einfluss nehmen [RÖSCH in: GWU 40 (1989) 321–332]. Für die innere Konstanz Venedigs war von hoher Bedeutung, dass sich die führenden Geschlechter am Handel beteiligten, der Staat also quasi die Vereinigung der Kaufmannschaft war [1147: RÖSCH; vgl. CHOJNACKI in: 713: MARTINES, 182–228]. Das verhinderte eine

Feudalisierung, zumal der Aufstieg in den Kreis der führenden Familien zumindest bis ins 13. Jh. relativ problemlos möglich war, die führenden Familien sich dann jedoch weitgehend abschlossen [1148: RÖSCH; zu oberitalienischem Adel, Rittertum und den Veränderungsprozessen: KELLER in: 744: OEXLE/PARAVICINI, 257–272].

Primär auf das Festland konzentriert waren Florenz und Mailand. Territorialpolitische Ambitionen von Florenz – angestrebt war die Vorherrschaft in der Toskana wie der Zugriff auf Pisa, das schließlich 1406 an Florenz fiel – erforderten kostspielige Söldnerheere; seit den 1330er Jahren verdichtete sich die Herrschaft im Einflussgebiet (Contado) [ZORZI in: 1133: CHITTOLINI/WILLOWEIT, 203–255]. Begleitet war dies von politischen Forderungen bisher nicht an der Stadtherrschaft beteiligter Gruppen, aber auch von ökonomischen Krisenzeichen [1138: BECKER; 1139: BRUCKER]. Steuerdruck [RONCIÈRE in: 1141: RUBINSTEIN, 140–192] und ökonomische Krisen führten schließlich zum Aufstand der Ciompi, der schlecht bezahlten und unterprivilegierten Lohnarbeiter des Florentiner Tuchgewerbes. Zunächst fanden sich auch Mitglieder führender Familien wie Salvestro Medici an der Spitze der Bewegung, bevor eine Eigendynamik dem Aufstand eine allgemeine Ausrichtung gegen die führenden Familien verlieh. Typisch waren die nun folgenden Differenzen zwischen radikaleren und verhandlungsbereiten Aufständischen, die zumeist auf eine Verbesserung ihrer sozialen Lage zielten. Die Ciompi wurden schließlich geschlagen, doch für vier Jahre waren breitere Schichten an der Macht beteiligt gewesen, bevor 1382 die alten Machtverhältnisse Auferstehung feierten [zusammenfassend die Beiträge in 719; vgl. 1140: BRUCKER; 710: HUNECKE].

Florenz

Trotz aller Probleme und des Verlusts von politischem Gewicht der Kommune führte in Mailand die im 14. Jh. nur kurz unterbrochene Signorie der Visconti zu innerem Frieden und wirtschaftlicher Prosperität [zu Gian Galeazzo Visconti: 1142: MESQUITA]. Die ohnehin ausgeprägte Vormachtstellung Mailands in der Lombardei konnte im 14. Jh. weiter ausgebaut werden, zahlreiche Städte wie Cremona, Brescia, Parma, Piacenza, Asti oder Pavia unterstellten sich den Visconti [MESQUITA in: 22: HALE u. a., 301–331]. Damit endeten hier die stadtinternen Konflikte wie auch die Auseinandersetzungen zwischen den Kommunen. Der Preis für den Frieden war die Unterwerfung. Allerdings entstand damit kein Territorialstaat, sondern man behielt tradierte Rechte bei; das einzige Bindeglied war die herrschende Dynastie der Visconti.

Mailand

Die Herrschaft im Patrimonium Petri konnte Innozenz III. auch gegen die Stadt Rom durchsetzen, selbst wenn die Macht nicht für eine reale Herrschaftsausübung in allen beanspruchten Teilen des Territoriums reichte [1152: PARTNER] und der Kirchenstaat anschließend wieder Austragungsort für Auseinandersetzungen der führenden Familien wurde [BRENTANO in: 713: MARTINES, 308–330; 1155: WALEY; ausführlich, aber nicht immer mit kritischer Distanz 1151: GREGOROVIUS], die für Teile der Familienmitglieder und ihrer Klientel zudem eine kirchliche Versorgung

Kirchenstaat

anstrebten [1153: REHBERG]. Weiterhin reformierte Innozenz III. die Verwaltung, die Rechtssprechung wurde zum wichtigsten Tätigkeitsfeld. Allerdings hatten die Päpste im Kirchenstaat erhebliche Probleme, ihren Anspruch auf die Stellung als oberste Gesetzgeber und Richter durchzusetzen [1154: SCHIMMELPFENNIG], während sonst die kuriale Gesetzgebung einen ersten Höhepunkt erreichte [1174: MORRIS]. Die kaiserliche Bedrohung des Kirchenstaates endete mit dem Tod Friedrichs II., wobei in der Stadt Rom auf Autonomie drängende Kreise, propäpstliche (guelfische) Gruppierungen und eher ghibellinisch orientierte Familien um Einfluss rangen [950: THUMSER]. Vor dem Wechsel nach Avignon unterlagen die Finanzen starken Schwankungen [1155: WALEY]. Für die in Avignon residierenden Päpste nahmen die Schwierigkeiten noch zu, da die Herrschaft im Kirchenstaat nicht mehr vor Ort ausgeübt werden konnte und die Auseinandersetzungen der Adelsparteien wieder zunahmen [1130, Bd. VII,2; 1152: PARTNER].

Die Königreiche Sizilien   Der Kampf um das staufische Erbe prägte nach der Sizilianischen Vesper die Geschichte Siziliens bzw. der beiden Königreiche Sizilien, sowohl die Anjou wie die Aragonesen zielten auf den Besitz des gesamten Königreiches [1158: BRESC; 1161: LÉONARD; 1156: ABULAFIA; Gesamtdarstellung 1130, Bd. XV,1]. Schon die Kriege Karls gegen Manfred und Konradin hatten als Kreuzzüge gegolten [1160: HOUSLEY]. Die Sizilianische Vesper dürfte von langer Hand vorbereitet gewesen sein [1164: RUNCIMAN; 1377: VONES], war kein spontaner Aufstand. Bereits unter Friedrich III. – die Ordinalzahl sollte die Anknüpfung an die Staufer versinnbildlichen, er war aber erst der zweite König Siziliens mit diesem Namen – zeigten sich Zeichen wirtschaftlichen Niedergangs [1157: BACKMAN], nach seinem Tod (1327) zusätzlich politische, und auf der Insel gewannen in den inneren Konflikten während des 14. Jhs. zunehmend die Barone an Gewicht. Auch auf dem süditalienischen Festland – der Name Königreich Neapel für diesen Bereich tauchte um die Mitte des 14. Jhs. als Fremdbezeichnung auf [1163: PISPISA] – häuften sich nach dem langen Aufschwung die Krisensymptome; dazu kamen Belastungen durch die fortgesetzten Kriege, und der Adel forderte für seine Unterstützung Kronlehen als Entschädigung, das war der Beginn einer Refeudalisierung. Die Anjou etablierten Neapel als Sitz der wichtigen Verwaltungen, und es gelang rasch, entscheidende Positionen mit Franzosen zu besetzen, verstärkt nochmals seit 1282. Unter Karl II. von Anjou, während dessen Abwesenheit die Magna Regia Curia hohe Bedeutung gewann, finden sich dann lange Amtszeiten der führenden Funktionsträger [1159: CADIER]. Die Administration wurde 1295 nochmals reorganisiert. Dagegen agierten auf dem Inselreich bis Ende des 14. Jhs. Katalanen, Aragonesen und Sizilianer mit- und gegeneinander [RAO/ SUPPHELLEN in: 534: REINHARD, 79–99]. Die immer wieder aufkommenden Autonomiebestrebungen Inselsiziliens fanden seit dem letzten Jahrzehnt des 14. und dann im 15. Jh. ihr Ende, als Sizilien der Krone Aragón enger angeschlossen wurde und zum Vizekönigreich absank [1162: PERI].

5. Kirche und Papsttum

Unter den zahlreichen kirchenhistorischen Werken ist zunächst das von JEDIN [1173] herausgegebene Handbuch zu nennen. Weitere Darstellungen für unseren Zeitraum bieten CHAUNU [1217], mit Schwerpunkt auf der Papstgeschichte FINK [1169], SCHIMMELPFENNIG [1178], ULLMANN [1179] sowie ZIMMERMANN [1180] und zur kirchlichen Entwicklung im Reich BORGOLTE [1167, mit Literaturdiskussion]. Glaubensvorstellungen und deren Entwicklungen sind ausführlich dargestellt von ANGENENDT [1165], Wandlungen religiöser Wahrnehmungen in Spätmittelalter und Reformationszeit thematisiert OZMENT [1175], die Änderungen der Idee von Heiligkeit im 13. Jh. vor dem Hintergrund sozial-wirtschaftlicher Wandlungen, aber auch politischer Einflussnahme GOODICH [1172]. *Überblicksliteratur*

Unverändert mühte sich die römische Kirche auch im 13. Jh. mit der Abgrenzung von Häresien und häresieverdächtigen Lehren, bei gleichzeitiger Ausformung der eigenen Glaubenslehre. Mit Waldensern und Katharern traten Gruppierungen auf, die breiten Zulauf fanden und so das römische Deutungsmonopol gefährdeten. Der Inhalt des Häresiebegriffs wandelte sich, Teile zunächst argwöhnisch betrachteter Anschauungen konnten unter größerer Toleranz integriert werden, andere ließ die Kurie massiv verfolgen; die zahlreichen Veröffentlichungen lassen sich nur kurz nennen, die Entwürfe können nicht im Einzelnen vorgestellt oder gar analysiert werden [ALBERZONI in: MIÖG 107 (1999) 324–353; 1216: BORST; CLASSEN in: 1228: LOURDAUX/VERHELST, 27–41; HAGENEDER in: ebd., 42–103; WALTHER in: ebd., 104–143; 1219: ERBSTÖSSER; GRUNDMANN in: AKG 45 (1971) 129–164; 1220: DERS.; KURZE in: HZ 229 (1979) 529–573; 1224: LAMBERT; 1225: LERNER; PATSCHOVSKY in: 636: FRIED, 169–190; 1230: PETERS; 1238: WERNER/ERBSTÖSSER]. Immer wieder finden sich Häresievorwürfe in politischen Auseinandersetzungen, um die (behauptete) gesellschaftlich-religiöse – beide Bereiche lassen sich noch nicht trennen – Außenseiterstellung des oder der Beschuldigten zu untermauern, Handlungslegitimationen zu gewinnen. Wichtigstes Mittel zur Bekämpfung der Häretiker wurde neben den Ketzerkreuzzügen die Inquisition [TRUSEN in: ZSRG.KA 74 (1988) 168–230; 1236: DERS.; DERS. in: 1229: MIETHKE/SCHREINER, 235–247; 1235: SEGL; 1223: KOLMER], die durch ihr Vorgehen wohl zusätzlich Häretiker [1169: FINK] produzierte. Die Umsetzung erleichterten die ‚Ketzergesetze' Friedrichs II., die die Vollstreckung der Urteile der Glaubensgerichte mittels der weltlichen Exekutivorgane vorsahen [SELGE in: 961: FLECKENSTEIN, 309–343]. Seit dem 14. Jh. dominierten dann innerkirchliche Auseinandersetzungen. *Häresien*

Die Bettelorden [allg. Ordensüberblick in 1213: SCHWAIGER; 1202: DINZELBACHER/HOGG] kamen als Lebensform aus den religiösen Bewegungen, welche auf die religiös-sozialen Spannungen des 12./13. Jhs. Antworten suchten [1221: GRUNDMANN; kritisch dazu WEHRLI-JOHNS in: MIÖG 104 (1996) 286–309]. Zu *Bettelorden* einem Teil waren es Laienbewegungen, und in allen Vorstellungen war die Idee vom *pauper Christus* wirksam. Der Armutsbewegung entsprossen gleichfalls die Beg(h)arden bzw. Beg(h)inen, die sich im 14. Jh. zunehmendem Häresieverdacht ausgesetzt sahen und besonders an Ober- und Mittelrhein sowie in Südfrankreich verfolgt wurden [PATSCHOVSKY in: DA 30 (1974) 137–176; 1234: SCHMITT; 1237: WEINMANN]. Derartige Gemeinschaften standen durch ihre wirtschaftliche Tätigkeit zudem häufig in Konkurrenz zum städtischen Handwerk. Franziskanern und Dominikanern gemeinsam waren Stadtsässigkeit [1201: BERG] mit prägendem Einfluss auf die kommunalen religiösen Lebensformen [1227: LITTLE] und feste Organisationsstrukturen mit wachsender Hierarchiebildung, aber nicht ohne Mitwirkungsrechte der Ordensmitglieder, früher und stärker ausgeprägt bei den Dominikanern [1209: JASSMEIER; 1211: LANDINI]. Die erst seit dem 15. Jh. so bezeichneten Dominikaner (*Ordo fratrum Praedicatorum*, Prediger) kannten feste Predigt- und Almosenbezirke, die nur von Generalpredigern überschritten werden durften, um so auch interne Konkurrenz zu minimieren. Die Dominikaner passten ihre Verfassung rasch den ihnen von der Amtskirche übertragenen Aufgabengebieten an, etwa der Inquisition [1207: HINNEBUSCH; 1204: ELM; PATSCHOVSKY in: DA 37 (1981) 641–693].

Franziskaner und Armutsstreit

Vieles über das Leben Franziskus' bleibt unklar, da bereits kurz nach dem Tode (1226) des schon 1228 kanonisierten Heiligen die Legendenbildung einsetzte, für den Orden abgeschlossen in der *Legenda Maior* Bonaventuras von 1266. Franziskus dürfte sich selbst stets als fest in der Kirche stehend verstanden haben [1205: FELD], wenngleich unter Betonung anachoretischer bzw. asketischer Traditionslinien [1204: ELM]. Nach FELD [in: AKG 68 (1986) 319–350] symbolisiert die Bestattung des Ordensgründers in der prunkvollen Begräbniskirche eine Abkehr des Ordens vom Armutsideal. Nur bei den Franziskanern (Minoriten, Barfüßer) entbrannte dann auch der Armutsstreit in voller Härte [839: LAMBERTINI; 1205: FELD; aus der älteren Literatur 1200: BALTHASAR], obwohl der Orden bereits einen Regelkompromiss zwischen absoluter Armutsforderung und tatsächlicher Lebensgestaltung gefunden hatte. Aber es war stets nur ein kleinerer Teil der Mitglieder, der an den extremen Forderungen festhielt [1210: LAMBERT; 1212: NIMMO]. Neue Schärfe erreichte die Auseinandersetzung, die hier nicht nachgezeichnet werden kann [knapp ISERLOH in: 1173: JEDIN, 453–460], im Übergang vom praktischen zum theoretischen Armutsstreit in der Überzeugung, dass Christus und die Apostel arm und ohne jeglichen individuellen oder gemeinsamen Besitz gewesen seien. Nach dieser Lehre war die weltliche Gewalt der reichen Kirche nicht legitimierbar; überdies zielte die Bewegung freiwilliger Armut auf eine Nivellierung ständischer Unterschiede [OEXLE in: 1229: MIETHKE/SCHREINER, 45–70]. Johannes XXII. beendete für seine Person mit der Bulle *Cum inter nonnullos* den Streit [1203: DUVAL-ARNOULD; 1214: TABARRONI; zum theoretischen Hintergrund 1208: HORST, der die besseren Argumente auf Seiten des Papstes und seiner Ratgeber sieht; 846: MIETHKE]. In dieser brandmarkt der

Papst die Auffassung von der persönlichen Armut Christi und der Apostel als häretisch; spitzfindige Differenzierungen von Gebrauch, Besitz und Eigentum waren seine Sache nicht [1175: OZMENT]. Zurückzuführen sind seine Entscheidungen auch auf den kurz zuvor kanonisierten Thomas von Aquin, der in teilweisem Anschluss an Aristoteles die nun quasi wieder neuartige und im Gegensatz zur Patristik stehende Auffassung von Privateigentum im Rahmen standesgemäßen Lebens legitimierte und Gleiches in beschränktem Umfang für Ordensbesitz gelten ließ [u. a. 848: PRIBRAM]. Trotz anfänglichen Widerstands lockerte sich das Armutsideal des Ordens weiter.

Am 2. Lyoner Konzil von 1274 nahmen auch Gesandte des byzantinischen Kaisers Michael VIII. Palaiologus teil, der Rückhalt gegen Karl I. von Anjou suchte. Die von der Kurie angestrebte Anerkennung der Oberhoheit der römischen Kirche, konnte aber gegen den Widerstand der byzantinischen Kirche trotz der Zustimmung Michaels VIII. nicht durchgesetzt werden [1177: ROBERG]. Als folgenreich erwies sich dagegen die Einführung des Konklaves bei der Papstwahl (*Ubi periculum*), zwar 1276 wieder abgeschafft, doch in leicht erweiterter Form 1294 erneuert und modifiziert bis heute gültig [1176: ROBERG].

2. Konzil von Lyon

Der Ausbau der Kurie in Avignon [1192: MOLLAT; 1194: RENOUARD] zur zentralen Kirchenregierung mit starker Bürokratie und ausgeprägtem Fiskalismus ist das wichtigste Kennzeichen des avignonesischen Papsttums, allerdings eine durchaus im Trend der Zeit liegende Entwicklung. Besonders charakteristisch und umstritten bleiben das rigide Eintreiben von Finanzmitteln unter Verwendung geistlicher Strafen, die Mittelverwendung insbesondere im konsumptiven Bereich und für Luxusgüter [1192: MOLLAT] und der Aufbau einer profitablen kurialen Ämterhoheit [1166: BARRACLOUGH; 1187: BAUER; 1171: GANZER; 351: DENZEL]. Der personelle Ausbau aller Verwaltungszweige [1191: GUILLEMAIN; 1192: MOLLAT; 1196: SCHWARZ], auch der unter Innozenz III. mit neuen Abteilungen ausgeweiteten und unter Johannes XXII. reformierten Kanzlei [GASNAULT in: 35: PARAVICINI/WERNER, 181–187], liefen parallel. Die päpstliche Gesetzgebung des 13. Jhs. – zunehmend verstanden sich die nicht selten juristisch gebildeten Kirchenoberhäupter als Gesetzgeber, abgeleitet aus der *plenitudo potestatis* der Päpste [zur Entwicklung der päpstlichen Gewalt 1168: BUISSON] –, fand einen vorläufigen Abschluss. Wichtigstes juristisches Organ der Kurie war die *Audientia sacri palatii*, den seit Ende des 12. Jhs. zunächst gelegentlich berufenen Auditores zur Prozessentscheidung entwachsen und dann zunehmend institutionalisiert, der Vorläufer der Rota. Das Gebot gemeinsamer Beratung erließ Johannes XXII. 1331 mit der Bulle *Ratio iuris*. Prozesse von hoher politischer Bedeutung entschied allerdings der Papst selbst, ggf. gemeinsam mit Kardinälen. Vorstellungen päpstlicher Unfehlbarkeit gewannen in Avignon an Konturen [1198: TIERNEY]. Kritisch betrachtet wurden die Eingriffe in Abts- und Bischofswahlen sowie die trotz aller Spannungen unterschiedlich stark ausgeprägte Abhängigkeit von der französischen Krone. Ganz personalistisch

Avignon

vertrat die Kurie die Ansicht, dass dort, wo der Papst sich aufhalte, Rom sei. Die Vorstellung war nicht neu und nicht spezifisch kurial, wurde nun aber forciert verbreitet [1170: FUHRMANN]. Die mit Clemens VI. beginnende Periode der drei Limousin-Päpste gab der Kurie ein stärker südfranzösisches Gepräge [1191: GUILLEMAIN; Kurzporträts der Avignon-Päpste in 1192: MOLLAT]. Neben der Bautätigkeit pflegten die Päpste in Konkurrenz zu weltlichen Herrschern ein ausgeprägtes Mäzenatentum. Trotz aller vorgenommenen Strukturveränderungen (Verwaltung, Justiz, Finanzwesen) und breiten politischen Engagements orientierten sich die avignonesischen Päpste weiterhin auch in Theologie und Ekklesiologie an der bisherigen Praxis [so zu Urban V., VONES, Urban V. Kirchenreform zwischen Kardinalkollegium, Kurie und Klientel, Stuttgart 1998], signifikante Unterschiede zu anderen Perioden dürften Ausnahmen geblieben sein, der ohnehin schon ausgeprägte Nepotismus beispielsweise sollte in den folgenden zwei Jahrhunderten deutlich größere Ausmaße annehmen [Überblick REINHARD in: ZRG. KA 86 (1975) 145–185]. Politisch bewertet förderte der Nepotismus einen Kreis loyaler, durch Familienbande verbundener Personen im Umfeld des jeweiligen Papstes [1189: ESCH].

Schisma Die Rechtmäßigkeit der Wahl Urbans VI. Anfang April 1378, die zum Großen Abendländischen Schisma führte, ist von den Kardinälen weder während der Wahl noch direkt nach dem Konklave bestritten worden. Spätere Äußerungen zur Situation, vor allem nach Beginn des Schismas, spiegeln eben auch die veränderten Standpunkte wider. Die Frage nach der Gültigkeit beider Elektionen, der Urbans und der späteren Clemens', war schon bei den Zeitgenossen und ist bis heute kirchenrechtlich und in der Forschung umstritten. So beurteilt BRANDMÜLLER [1188] die Wahl Urbans – und nur diese – wegen der fehlenden Kritik in zeitlich direkt folgenden zeitgenössischen Korrespondenzen als gültig und bezweifelt den Vorwurf der kirchenrechtlich nicht genau definierten Ungeeignetheit als nachträglich vorgeschoben. Allerdings folgt für ihn aus der Gültigkeit der Wahl Urbans nicht die Ungültigkeit der von Clemens in Fondi. SEIDLMAYER [1197] sieht mit dem Konsens nach der Wahl den Anspruch Urbans VI. legitimiert, urteilt aber, dass sich die Papstwähler selten oder nie derartig in der Person des Gewählten getäuscht hätten. Auch PREROVSKY [1193] betont die persönliche Unfähigkeit Urbans VI. ULLMANN [1199] charakterisierte die Wahl als gültig, aber verhängnisvoll. Die entscheidende Frage sei in der Folge ohnehin gewesen, wie die Kardinäle auf einen für das Amt ungeeigneten Papst reagieren konnten. Dennoch scheint die Kritik an der Wahl und an der Person Urbans VI. durchaus berechtigt zu sein, auch wenn eine Entscheidung über die Rechtmäßigkeit beider Päpste weiterhin ein Thema der Wissenschaft ist [FINK in: ZKG 73 (1962) 335–343; 1178: SCHIMMELPFENNIG]. Anders als frühere Schismen, die aus Konflikten von Kaisern und Päpsten erwachsen waren, entstand dieses aus der Kirche selbst. Jedoch war es in keiner Phase religiös begründet, es gab keine Auseinandersetzung über Dogmen oder Auslegungen von Bibel und Schriften der

Kirchenväter oder weiterer Autoritäten. In den folgenden Jahren residierte Clemens VII. wieder in Avignon, Urban VI. baute in Rom eine neue, nunmehr von Neapolitanern dominierte Kirchenadministration auf. Allerdings musste er nach dem fast geschlossenen Übergang des Kurienpersonals zu Clemens VII. auf Personen seines Umfeldes zurückgreifen [1189: ESCH], und auch Deutschen gelang in stärkerem Maße als zuvor der Sprung in kuriale Ämter [1195: SCHUCHARD]. Allmählich stabilisierten sich die Gefolgschaften: Clemens VII. fand in Schottland, Frankreich, Burgund, Savoyen, Neapel, in südwestdeutschen Gebieten und Österreich Anerkennung, zu Urban VI. bekannten sich Italien, England, Ungarn, der Norden und Osten Europas sowie das Reich, präziser der Machtbereich König Wenzels. Erst nach teilweise langwierigen Untersuchungen über die jeweilige Legitimität schlossen sich die Reiche der Iberischen Halbinsel, mit Ausnahme Portugals, Avignon an. Neben kanonisch-rechtlichen Prüfungen beeinflussten politische Standpunkte die Entscheidung maßgeblich [BAUTIER in: 1190, 437–481]: England und Frankreich mussten schon vor dem Hintergrund des Hundertjährigen Krieges verschiedene Lager wählen, gleiches galt für Schottland und England. Auch in den großen Orden gab es nun Doppelspitzen. Letztlich führte das Schisma außer zu Schwierigkeiten im religiösen Leben zu einem erheblichen Autoritäts- und Ansehensverlust des Papsttums [1150: ESCH] und begünstigte den Ausbau der Nationalkirchen. Im Reich werden Abhängigkeiten des Klerus von den Territorialherren erkennbar [DIENER in: 1190, 521–531].

6. FRANKREICH

Für den deutschsprachigen Leser bieten die beiden aktuellen Forschungsstand präsentierenden Bände von EHLERS [1242, bis 1328; 1241] wie die Übersetzung von FAVIER [1244] den Einstieg; knapper sind SCHNEIDMÜLLER und MÜLLER [beide in 1246: HINRICHS]. Als weitere Überblicke sind BOURIN-DERRUAU [1239], DUBY [1240] und LEWIS [1249] wie die entsprechenden Teile von FOSSIER [21] sowie die über reine Biographien hinausgehenden Beiträge in EHLERS/MÜLLER/SCHNEIDMÜLLER [1243] zu nennen. Die kirchlich-religiöse Entwicklung schildert ein von LE GOFF herausgegebener Band [1247]. Unter den Herrschern gelten Ludwig IX. [1269: LE GOFF; 1276: RICHARD; 1278: SIVÉRY; VONES in: 1243: EHLERS u. a., 176–193; 1265: KIENAST sieht in ihm in Ansehen und Stellung den Nachfolger Friedrichs II.], Philipp IV. [MIETHKE in: 1243: EHLERS u. a., 203–230; 1275: POIREL; 1280: STRAYER; zur Kindheit BROWN in: MS 49 (1987) 282–334] und auch Karl V. wegen seiner militärischen Erfolge [1258: DELACHENAL; THOMAS in: 1243: EHLERS u. a., 285–302] als herausragende Persönlichkeiten, aber auch Blanche von Kastilien erfährt entsprechende Würdigungen als Herrscherin [1273: PERNOUD; zur Rolle der Königin allgemein COSANDEY in: AHSS 52 (1997) 799–820]. Eine weitere Biographie liegt zu Philipp V. vor [1270: LEHUGEUR].

Überblicksliteratur

Ansätze zur Zentralisierung

Seit dem ausgehenden 12. Jh. konnte sich Paris zunehmend als Mittelpunkt Frankreichs etablieren. Wichtige Institutionen wie das Parlement als oberster königlicher Gerichtshof nach der Mitte des 13. Jhs. (s. u.), die Chambre des comptes oder die Chancellerie, beide um 1200, waren dort angesiedelt. Stadtsitze geistlicher und weltlicher Herren wurden zahlreicher, ermöglichten Nähe zu den wichtigen Entscheidungen. Zentralität und neue Staatlichkeit, diese Aufgaben markierten den Wendepunkt der französischen Geschichte unter Philipp III. [1241: EHLERS; ZOTZ in: 1243: EHLERS u. a., 195–201]. Noch trafen die Lehren römischer Juristen (Legisten), die den Herrscher als Gesetzgeber legitimierten, auf eine hocharistokratische Lehensgesellschaft, die den Königen Durchgriffe auf die unter ihrer Kontrolle stehende Bevölkerung erschwerte [EHLERS in: 1060: BOSHOF/ERKENS, 165–184]. Juristen und Theologen legitimierten in ihren Schriften die königliche Gewalt mit politischer Theorie [1255: BERMAN; 1267: KRYNEN]. Unter Karl V. festigte sich die Vorstellung vom ‚allerchristlichsten König‘, die im folgenden Jh. auch den Herrschaftsanspruch über die französische Kirche mittrug [1266: KRYNEN]. BAUTIER [in: 1253: DERS.] sieht bereits die Regierungszeit Philipps II. als grundlegend für die französische Staatswerdung an [vgl. GUENÉE in: RH 232 (1964) 331–360, mit Rezeptionsgeschichte], deren Verwaltungsstrukturen und Personal BALDWIN [1252] untersuchte. Als von hoher Bedeutung für den Zentralisierungsprozess im Königreich erwies sich die Ausrichtung auf eine übergeordnete Jurisdiktion der Krone mit persönlichen Eingriffsmöglichkeiten des Herrschers in untere Ebenen. Neben den Entscheidungen des Parlements sowie den Gesetzeserlassen der Herrscher (*Ordonnances royales*) bestanden aber die weite Bereiche des Lebens regelnden Gewohnheitsrechte weiter. Gesetze mit allgemeinem Geltungsanspruch bedurften noch zu Beginn des 14. Jhs. der Beratung durch die allerdings in ihrer Zusammensetzung geänderte *curia* [952: WOLF]. Damit blieb es in Frankreich gleichfalls bei dem für Europa mit Ausnahme weniger italienischer Stadtstaaten – wo eine systematische Geschlossenheit der Gesetzeswerke erreicht werden konnte – typischen Nebeneinander von Gesetzen der Herrscher (und hier Entscheidungen des Parlements) einerseits und Partikularrechten mit regionaler Reichweite andererseits [1019: SPRANDEL]. Deutlich stieg die Zahl des juristisch geschulten Personals in den Verwaltungen. Die Tätigkeit in Spitzenämtern bot dem städtischen Bürgertum seit dem 14. Jh. Chancen zu Reichtum, Einheirat und Aufstieg in den Adel, verbrieft durch königliche *Lettres de noblesse*. Adelsqualität wurde nun wesentlich durch adlige Lebensführung bestimmt [794: CONTAMINE].

Verwaltungsbehörden

Die einzelnen Behörden wurden im Spätmittelalter mehrfach umorganisiert und nicht ohne Probleme den wachsenden Anforderungen angepasst. Studien analysieren die Entwicklung der obersten Verwaltungseinheiten allgemein [ausführlich 1250: LOT/FAWTIER; 1248: LEMARIGNIER; 1262: HARUEL u. a.], den Einfluss von ‚Nicht-Franzosen‘ auch auf die Verwaltungen [BILLOT in: RH 548 (1983) 273–296] oder die von Einzelbehörden wie dem Parlement mit prosopographischem [1251: AUTRAND] und entwicklungsgeschichtlichem Zugang [1271: MAUGIS, Quellen in Bd. III], die Chambre des comptes [1264: JASSEMIN], die Kanzlei [1274: PERRICHET], das Hôtel du roi, Vorbild für weitere Hofhaltungen [1252: BALDWIN, LALOU in: 743: KRUSE/PARAVICINI, 91–101], und das Archivwesen [GUYOTJEANNIN in: AfD 42 (1996) 295–373].

Im Rat (genauer in den Räten) des Königs, seit Ludwig IX. erweitert, fanden neben den lehnsrechtlich verpflichteten Baronen und hohen Geistlichen zunehmend Niederadlige, Legisten sowie königliche Notare ihren Platz. Das nach Erlassen Ludwigs IX. 1258/60 aus der *curia regis* entwachsene Parlement entwickelte sich rasch zum obersten Gerichtshof, wenngleich zunächst mit sitzungsweise wechselndem Personal. Gerade dieser König zog zunehmend Fälle zur Entscheidung an den Hof und dann an das Parlement. Nach einem Zwischenstatus als einer Institution mit einer Anzahl juristisch geschulter Mitglieder – ausgebildet an den Universitäten Orléans, Toulouse und Montpellier – schufen königliche Ordonnanzen 1345 besoldete und vom König ernannte professionelle Räte und die Teilung des Parlements in drei Kammern. Legislative Einflüsse gewann das Parlement im 14. Jh. in beschränktem Umfang durch Einflussnahme auf die Textgestalt von Gesetzen [1250: LOT/FAWTIER]. Der *conseil du roi* engagierte sich nach der Schaffung des Parlements, auch in Anwesenheit des Königs, als Beratungsgremium in politischen Fragen, etablierte sich ab 1314 vorübergehend als Mittel der adligen Opposition gegen Zentralisierungstendenzen und zur Herrschaftskontrolle, der die Könige mit einer Erweiterung des Gremiums zum *grand conseil* begegneten. Kanzler und *conseil* sicherten die Regierungstätigkeit während der Reisen der Herrscher. Eine weitere neue Instanz zur Legitimierung der königlichen Herrschaft war die Ständeversammlung, erstmals 1302 unter Beteiligung des dritten Standes (*États généraux*). Die Versammlung wurde von Philipp IV. aber auch instrumentalisiert, um breite Zustimmung für sein geplantes Vorgehen gegen Papst Bonifaz VIII. zu erlangen. Die Zustimmung der Stände war aber nicht generell notwendig, auch in Steuerfragen konnte der Herrscher an ihnen vorbei agieren.

Königlicher Rat, Parlement und Stände

Die historische Rekonstruktion des Finanzwesens bleibt schwierig, da der überwiegende Teil der Akten 1737 verbrannte [ORMROD in: 1256: BONNEY, 123–160]. Feststellbar ist dennoch die zunehmende Bedeutung der Chambre des comptes unter Philipp dem Schönen: Neben der Kontrolle von Abrechnungen und Geschäftsführung der verschiedenen Verwaltungseinheiten besaß sie Jurisdiktionsgewalt und etablierte sich als Beratungsorgan. Erste bekannte allgemeine Steuerforderungen entwuchsen der Finanznot von 1295 (*centième*) und 1296 (*cinquantième*) und wurden unter Beteiligung des hohen Adels und der Geistlichkeit eingezogen, die einen Teil der Einnahmen für sich verbuchen konnten. Auch den Klerus in die Steuerpflicht einzubeziehen war Ziel Philipps IV. [1279: STRAYER/TAYLOR]. Die direkte Besteuerung durch den König

Finanzen

weist darauf hin, dass die Bewohner Frankreichs allmählich zu ‚Untertanen' des Königs wurden [1242: EHLERS]. Nach weiteren Erhebungen 1297 und 1300 ließ man die allgemeine Besteuerung wegen des breiten Widerstandes jedoch fallen. Begründungen für derartige Steuerforderungen leiteten die Legisten aus römisch-rechtlichen Auffassungen von Souveränität des Herrschers und der Notwendigkeit (*necessitas*) ab [Überblick 851: STEIN; ausführlich 840: LANGE, vgl. ISENMANN in: 1256: BONNEY, 21–52]. Dagegen stand die tradierte Ansicht, dass die Herrscher in Friedenszeiten ihr Auskommen aus den Erträgen der Krongüter zu bestreiten hätten. Ab der Mitte des 14. Jhs. konnten jedoch neben den außerordentlichen und schon eingeführten *aides* regelmäßige, ebenfalls schon zuvor bekannte Besteuerungen als *fouage* (Herdsteuer, 1380 von Karl V. abgeschafft) oder *taille*, *gabelle* (Salzsteuer) und *traite* (Handelssteuer) durchgesetzt werden, begründet mit den Lasten des Hundertjährigen Krieges [1259: DUPONT/FERRIER]. Wie in England hatte dieser Krieg auch in Frankreich für die Entwicklung des Finanzwesens hohe Bedeutung. Daneben nutzte Philipp IV. vor allem in den ersten Jahren die Möglichkeiten der Münzverschlechterung für die königliche Kasse, wobei die Grenzen zwischen Mißbrauch und notwendigen Regulationen fließend sein konnten.

Die Unabhängigkeit der Herrscher

Das Ansehen Ludwigs IX. in seiner Zeit, von LE GOFF [1269] als charismatisch verstanden, wuchs nach dem Tod Friedrichs II. Dabei spielte mit, dass der französische König seit der Bulle *Venerabilem* Innozenz' III. in der Anschauung der Legisten [1265: KIENAST] als kaisergleich galt. Das nach seiner Heiligsprechung entstandene Herrscherbild war aber deutlich überzeichnet [1242: EHLERS]. Zudem beharrten der Herrscher und seine Ratgeber auf dem Recht, die Mittel der Kirche zu nutzen [Überblick zur Rolle der Legisten 1261: FAVIER]. Mit der Betonung der *communis utilitas* und deren Verortung im König legitimierten Philippe de Beaumanoir und andere theoretisch ein derartiges Vorgehen [1348: POST]. Die Trennung der Person des Königs von der übergeordneten Idee des Königtums und der mit ihm verbundenen Gewalt wird im 14. Jh. noch deutlicher [allgemein 836: KANTOROWICZ]. Bereits die Krönung Ludwigs VIII. ohne vorherige Adelsversammlung signalisierte den Sieg des Erbrechts, die Hinweise auf ein Wahlrecht verschwanden im 13. Jh. selbst aus dem Ordo der Königsweihe fast vollständig [1268: LE GOFF].

Nationalbewusstsein

Wie fast überall in Europa ging auch in Frankreich der ‚Staat' der Nation voraus [GUENÉE in: RH 237 (1967) 17–30], die sich erst in politischer Aktion religiös und historiographisch begründete. Wie in England wirkte in Frankreich der Hundertjährige Krieg stark auf die Formierung eines Nationalbewusstseins, das aber grundsätzlich vom modernen abzuheben ist [1254: BEAUNE; EHLERS in: HZ 231 (1980) 565–587; 1272: MENACHE; PARAVICINI in: 37: SEIBT/EBERHARD, 210–220]. Seit der Mitte des 13. Jhs. bezeichnet *Francia* nunmehr das gesamte Königreich, allerdings als Verkürzung des älteren *regnum Franciae*; die *Francia* im engeren Sinn blieb daneben bestehen [1277: SCHNEIDMÜLLER].

Zu den Albigensern und den Albigenserkreuzzügen liegt eine Vielzahl von Untersuchungen vor [1290; 1292; 1293; 1294; 1295; 1296; 1301; KOLMER in: 1235: SEGL, 77–102]. Aus der *Historia Albigensis* des Zisterziensermönchs PIERRE DES VAUX-DE-CERNAY [1305] liegen Auszüge in Übersetzung vor, die vornehmlich Kreuzzugsereignisse betreffen. Es herrscht Einigkeit darüber, dass materielle Beweggründe wie das problematische Verhalten der Amtskirche und die mangelnde Vorbildfunktion des Klerus den Kreuzzugsgedanken pervertierten, auch wenn religiöse Motive einzelner Teilnehmer nicht geleugnet werden sollen. Die Verwurzelung der von der Amtskirche als häretisch eingestuften katharischen Vorstellungen zeigt sich in der erneuten Bewegung zu Beginn des 14. Jhs., jetzt verbunden mit der Rückkehr des Petrus Auterii aus der Lombardei nach 1295 [1304: STOODT]. Große Teile des dualistischen Weltbilds sowie die Auslegungen waren theologischen Spitzfindigkeiten nicht gewachsen [1299: NELLI; zum Katharismus ausführlich 1302: ROTTENWÖHRER]. Nicht zuletzt die Übergriffe der dominikanischen Inquisitoren begünstigten aber ein Weiterleben des Widerstandes. Das Leben unter den Glaubensvorstellungen im Alltag konnte auf Basis von Verhörprotokollen in einer ungewöhnlichen sozialhistorischen Mikrostudie von LE ROY LADURIE [619; dazu kritisch, aber mit anderer Intention: 1289: BENAD] anhand eines Dorfes dargestellt werden. Dokumente der Inquisition von Carcassonne gegen die Katharer oder andere Häresieverdächtige aus der Grafschaft Foix des frühen 14. Jhs. wurden von PALES-GOBILLIARD ediert [1300, mit französischer Übersetzung der Quellen]. *Albigenser*

Der Prozess gegen die Templer bewegt bis heute die Gemüter. Über die Einschätzung als politischer Prozess besteht weitgehende Einigkeit, und schon die Zeitgenossen haben die Rechtmäßigkeit des Vorgehens bezweifelt [1291: DEMURGER]. Der Reichtum des Ordens hatte Begehrlichkeiten geweckt, seine exemte Stellung behinderte die Einbeziehung in den sich formierenden Staat, weitere Motive werden genannt, aber ihre Gewichtung bleibt problematisch [1242: EHLERS]. Besonders kritisch bewertet werden das Zusammengehen Philipps IV. und Clemens V. und der Druck des französischen Herrschers auf den Papst mit der Drohung, ein Ketzerverfahren gegen Bonifaz VIII. eröffnen zu lassen [SCHMIDT in: QFIAB 66 (1986) 75–107; 1303: DERS.], sowie die Vermischung von kirchlicher und weltlicher Gerichtsbarkeit [1288: BARBER; BULST-THIELE in: 1206: FLECKENSTEIN/HELLMANN, 375–402; 1291: DEMURGER; FRIED in: HJb 105 (1985) 388–425; KRÜGER in: HJb 117 (1997) 340–377; 1297: LIZERAND (Quellen); 1298: MICHELET (Quellen)]. *Templerprozess*

Hauptursachen des Hundertjährigen Krieges sind in der Lehnsabhängigkeit Aquitaniens und damit des englischen Königs von der französischen Krone und der Thronfolgeregelung von 1328 ausgemacht worden. Der englische König Eduard III. vertrat seinen Thronanspruch durchaus mit Nachdruck, er diente nicht nur zur Legitimation von Territorialzielen. Dazu kamen Handelsinteressen und deshalb der Wunsch nach dem Besitz von Häfen, aber auch das *Hundertjähriger Krieg*

Problem, dass beide Seiten auf die Guyenne direkt herrschaftlich zugreifen wollten. Die Vorgeschichte behandeln DÉPREZ [1285] und VALE [1287]. Einen ausführlichen Gesamtüberblick bieten FAVIER [1286] und CONTAMINE [1283]. ALLMAND [1281] verbindet seine knappe Ereignisschilderung mit Untersuchungen zu militärgeschichtlichen Veränderungen sowie zum Einfluss des Krieges auf Staat, Bevölkerung und Literatur in Frankreich und England. Eine weitere Darstellung mit knapper Rezeptionsgeschichte der Literatur zum Hundertjährigen Krieg stammt von CURRY [1284]. Das Leben der Bevölkerung unter den Kriegseinflüssen sowie den Aspekt Wirtschaft und Krieg analysiert CONTAMINE [512], die Kriegsfinanzierung HENNEMANN [355]. Den inneren Unruhen widmen sich z. B. CAZALIS [1257], CHEVALIER [in: RH 543 (1982) 17–44] oder vergleichend mit dem florentinischen Ciompiaufstand MOLLAT/WOLFF [642]. BULST [in: 36: PATZE, 791–819] untersucht die französische Chronistik in Gegenüberstellung zur englischen.

Burgund Politische Geschichte und institutionelle Entwicklung Burgunds werden in vielen Werken zur französischen Geschichte mit behandelt, Gesamtdarstellungen stammen von BOEHM [1308, knapper Überblick], PIRENNE [1313] und RICHARD [1316]. Den Heiratsvertrag zwischen Herzog Philipp und Margarete von Male, der Erbin Flanderns, und den damit verbundenen Aufstieg des Hauses Burgund stellt die Biographie von VAUGHAN [1318] in den Mittelpunkt. Einen umfassenden Einblick in die Verhältnisse beim Beginn der Valois-Herrschaft bieten PREVENIER/BLOCKMANS [1315]. Zur Verwaltung [1250: LOT/FAWTIER; 1309: COCKSHAW], zu den Etats [1306: BILLIOUD] und zu den Finanzen [DUBOIS in: 1245: GENET/MENÉ, 91–100; 1312: NIEUWENHUYSEN] liegen Einzelstudien vor.

Flandern Die Versammlung der flandrischen Städte (*scabini Flandriae*, seit dem 14. Jh. *Leden van Vlaanderen*) blieb Gegenspieler der flandrischen Grafen. Zunächst handelte es sich um Gent, Brügge, Ypern, Dounai und Lille, wobei die beiden letztgenannten bis zum frühen 14. Jh. ausschieden, während ab 1310 sporadisch und 1384 dauerhaft mit *Brugse Vrije* das reichste ländliche Gebiet hinzukam [1314: PREVENIER; 1307: BLOCKMANS]. Weiteres Konfliktpotenzial barg die auf Beherrschung des flachen Landes und Dominanz ihrer wirtschaftlichen Forderungen gerichtete Politik der Städte [1311: NICHOLAS; 1317: ROGGHÉ], und auch in der Frage nach der Gestaltung der Beziehungen zu England und Frankreich gab es Differenzen [1310: LUCAS].

7. ENGLAND

Überblicksliteratur Überblicksdarstellungen liefern POWICKE [1327], MCKISACK [1325], KRIEGER [1323], KEEN [1322], in knapper Form MAURER [1324]. Große Teile des Zeitraums decken PRESTWICH [1328], MYERS [1326] und SCHNITH [in: 1419: SEIBT,

778–862] ab. Eher sozial- und auch wirtschaftshistorisch orientiert sind die entsprechenden Kapitel bei PLATT [532] und HINTON [1321], die Überlieferungssituation behandelt ELTON [1320], das Bauwesen COLVIN [1319]. Schottland behandeln ausführlich DICKINSON [1365] und NICHOLSON [1367].

Entstehung und Aufgaben des Parlaments, dessen gewählte Vertreter die Funktion der Community of the Realm [zur Herleitung REYNOLDS in: Hist 68 (1983) 375–390] übernahmen, behandelte die Forschung häufig [1331: BROWN; 1359: HARRISS; 1362: SAYLES; 1363: SPUFFORD (Quellen und Forschungsgeschichte); aus der älteren Literatur 1329: STUBBS]. Die Bezeichnung *Model Parliament* für die Versammlung von November 1225 stammt erst von STUBBS [ebd.; kritisch 1350: PRESTWICH] und ist nicht ohne Rechtfertigung: Zum einen wegen der definitiven Form der Einladung an die *knights* und *shires*, deren Vertreter mit der ihnen zugewiesenen *plena potestas* erscheinen sollten, zum anderen erging eine Ladung an den Klerus mit der (allerdings nur einmal benutzten) Formel *quod omnes tangit ab omnibus approbetur*, welche den König jedoch nicht binden sollte [1328: PRESTWICH; anders 1348: POST, der die Formel als zeitgenössisch wohl etabliert bewertet]. Jedoch gewann dieses Parliament in der Praxis keinen Vorbildcharakter. Die Arbeitsweise des Parliaments wird in dem idealisierenden Text *Modus Tenendi Parliamentarum* beschrieben. Er basierte wohl nicht auf irischer Vorlage aus der Zeit Richards II. [so 1361: SAYLES], sondern wurde Anfang der 1320er Jahre von einem mit Parlamentsabläufen vertrauten Kleriker verfasst [1328: PRESTWICH]. Es ist daher zu vermuten, dass das Parlamentswesen um 1300 weiter entwickelt war, als es für diese Zeit aus anderen Quellen belegt werden kann [1331: BROWN]. Hohe Bedeutung kommt dem *Good Parliament* von 1376 wegen des erstmals belegten, von den Commons ernannten *speaker* und eines gleichfalls zum ersten Mal durchgeführten Verfahrens, dem später sogenannten *impeachment*, zu [1360: HOLMES; 1336: GIVEN-WILSON]. Die Etablierung der wichtigsten Ämter wie Kanzlei, Siegel, Finanzen (Exchequer) und Gerichtshöfe in Westminster förderte die Zentralbedeutung Londons für das Königreich [1331: BROWN]. Parliament

Der Annahme CLANCHYS [in: Hist 53 (1968) 203–216], dass Heinrich III. [1349: POWICKE] während seiner persönlichen Herrschaft zwischen 1234 und 1258 eine „theory of royal absolutism" mit praktischen Folgen für die Magnaten entwickelt und auch die Grundlagen für die Quo-warranto Verfahren seines Sohnes gelegt habe, widerspricht CARPENTER [in: Speculum 60 (1985) 39–70], da gerade die Herrschaftszeit Heinrichs den Magnaten ideale Bedingungen zum Ausbau ihrer regionalen Machtstellungen gegeben habe. Heinrich III.

Eduard I. wird in der Literatur durchaus positiv bewertet, auch wenn er kein populärer Herrscher war, zu drückend waren die Lasten beim Empfang des Hofes am Ort, zu unpopulär die finanziellen Ansprüche [knappe Biographie von 1353: STONES]; seine Rolle in den letzten Jahren Heinrichs III. wird von POWICKE [1349] ausführlich dargestellt. Hervorgehoben werden sowohl persönliche Ver- Eduard I.

dienste als auch die glückliche Wahl der Berater in militärischen und juristisch-legislativen Angelegenheiten. Problematisch blieb die Finanzierung der militärischen Unternehmungen: Sein Sohn Eduard II. erbte immense Schulden – etwa £ 200000 [1353: STONES; PRESTWICH in: 1245: GENET/MENÉ, 181–192; 1350: PRESTWICH; 1354: SUTHERLAND; zum königlichen Haushalt LACHAUD in: 743: KRUSE/PARAVICINI, 103–116].

Eduard II. Das Bild Eduards II. ist dagegen durchgehend negativ: PRESTWICH [1328] charakterisiert ihn als einen der erfolglosesten und inkompetentesten Könige, der jemals England regierte, MCKISACK [1325] als Schwächling und Narr. Seine Interessen galten als wenig herrscherkonform, besonders negativ werden die militärischen Fehlschläge und der Einfluss der Günstlinge bewertet. Ältere Beurteilungen finden sich bei DAVIES [1333], der eine Opposition des Hochadels aus seinem Selbstverständnis eines grundsätzlichen Dualismus zur königlichen Herrschaft heraus und den Widerstand gegen die Verwaltungsneuordnungen in den Vordergrund stellte. Unter den anderen Akzentsetzungen in den letzten Jahren [1345: MADDICOTT; 1337: HAINES; CAMERON/ROSS in: Hist 274 (1999) 237–256] fällt FRYDE [1335] auf, die finanzielle Erfolge unter hoher Belastung der Bevölkerung konstatierte.

Eduard III. Bei Eduard III. unterscheidet man zwischen der ersten, politisch erfolgreichen Periode und den letzten Jahren seiner Regierung, in denen der Herrscher sich nicht mehr im Vollbesitz seiner geistigen Fähigkeiten befand und altbekannte Probleme wie der Einfluss von eigennützigen Beratern und die Steuerlast negativ hervortraten [zu Steuerwiderstand im 14. Jh. HILTON in: 1245: GENET/MENÉ, 169–177], zumal sein einflussreicher Sohn John of Gaunt zunehmend unpopulärer wurde. Über die Bündnispolitik Englands mit dem Reich, insbesondere mit den Niederlanden, informiert der Klassiker von TRAUTZ [1355]. Wie für Eduard II. fehlt auch für seinen Sohn eine moderne, umfangreiche Biographie. Annäherungen ermöglichen der mit reichhaltigem Bildmaterial ausgestattete Überblick von JOHNSON [1343] und die Skizze von ORMROD [1346], in der das Hauptgewicht auf der Analyse der politisch-gesellschaftlich relevanten Schichten sowie in ihrem Gegen- und Miteinander liegt. Traditioneller herrschafts- und politikorientiert sind SHERBORNE [1352], WAUGH [1357] und mit einem Schwergewicht auf der Kirchengeschichte PANTIN [1347]. Eduards III. gleichnamiger Sohn, seit dem 16. Jh. mit dem Beinamen Schwarzer Prinz versehen, wird fast nur in Bezug auf seine militärischen Unternehmungen gewürdigt [1330: BARBER; 1332: COLE; 1339: HEWITT].

Irland Im 13. Jh. setzte England seine Expansionsbemühungen, wenngleich abgeschwächt, weiter fort und beherrschte etwa drei Viertel der Insel; irische Enklaven mit hohem Autonomiegrad waren aber über die gesamte Insel verstreut. Im folgenden Jh. zeigten sich die Schwächen englischer Herrschaft, auch der letztlich erfolglose schottische Eroberungsversuch deutet darauf. Die territoriale Zersplitterung wuchs, auch einheimische Adlige, oft untereinander zerstritten, konnten größere Gebiete beherrschen. Für Eduard III. stand die Auseinandersetzung mit Frankreich im Vordergrund [1368: RICHTER].

Ein zentraler Forschungsgegenstand in der englischen Geschichte ist der Zusammenhang von Krieg und Staatlichkeit. KAEUPER [1344] sieht Zentralität und Justizwesen nach dem im späten 13. Jh. bereits erreichten Stand in den folgenden Jahrzehnten einem gewissen Zerfall ausgesetzt. Die zunächst ganz auf den Herrscher ausgerichtete Jurisdiktion [zur Entwicklung des Common Law 1358: CAENEGEM], begleitet von einem neuen weltlichen Juristenstand, sei auf Felder ausgedehnt worden, die jenseits der administrativen Kapazitäten lagen, mit der Folge, dass Teile des Gerichtswesens wieder auf regional-lokale Ebenen hätten verlegt werden müssen (*Justices of Peace*). Ohnehin hätten auch die Kriege das adlig-ritterliche Ethos (*knightly ethos*) mit seinem Hang zur Gewalt gefördert und administrativ-rechtliches Denken in den Hintergrund gedrängt. Auch das Bild des Königs als Verteidigers des Friedens sei von dem des Kämpfers unter Verlust an Reputation für das Königtum überlagert worden. Kriegsführung und ‚Staatsaufbau' hätten nicht gleichzeitig geleistet werden können.

Staatlichkeit

Die Kriege mit Schottland und Wales sowie Frankreich unterlagen lange nationalen Deutungen, inzwischen ist das Bild differenzierter [1351: PRESTWICH; 1364: BARROW; 1366: MCNAMEE]. Bedingung für die Erfolge war nicht zuletzt die hohe Steuerbelastung der englischen Bevölkerung, auch wenn Teile der Truppen sich in Frankreich selbst unterhielten und hohe Lösegelder sowohl für die Krone wie für Kriegsteilnehmer erzielt werden konnten. Ein wichtiger bis zentraler Einnahmenposten der Krone waren die Exportzölle, die im 14. Jh. ein Drittel der Kroneinkünfte ausmachten [1281: ALLMAND]; für die 1360er Jahre kommt FRYDE sogar auf zwei Drittel [1334]. Günstig auf die Einnahmen wirkten sich die Insellage, die Zentralisation des (Außen-)Handels und die gut entwickelte Zoll- und Finanzverwaltung aus.

Kriegsführung

Einen Vergleich der Einnahmen der englischen und französischen Krone und ihrer unterschiedlichen Strukturen erstellt ORMROD [in: 1256: BONNEY, 123–160]; zu den Kosten des Krieges vgl. u. a. POSTAN [in: PP 27 (1964) 34–53], MCFARLANE [in: PP 22 (1962), 3–13] und BRIDBURY [1282]. Für das 13. Jh. ist die Bedeutung der Steuern auf bewegliches Vermögen noch hoch zu veranschlagen, im folgenden Säkulum wurden sie durch Fixbeträge abgelöst [1359: HARRISS]. Ohne die Abschöpfung des Handels hätte England nach ALLMAND [1281] den Krieg nicht so lange führen können. Daneben lässt sich seit dem 13. Jh. und wie in Frankreich durch den Hundertjährigen Krieg verstärkt das Wachsen eines Nationalbewusstseins verfolgen [1357: WAUGH; 1356: TURVILLE-PETRE; 1340: HILLINGMEIER].

Die Ausweisung der Juden nach dem vorhergehenden Verbot von Kreditgeschäften erklärt sich nach BATTENBERG [722] aus ihrer nunmehr mangelhaften finanziellen Leistungsfähigkeit. Nach HYAMS [in: 1338: HAVERKAMP/VOLLRATH, 173–192] kamen eine allgemeine anti-jüdische Haltung und die persönliche

Judenausweisung

Feindseligkeit Eduards hinzu. PRESTWICH [1328] verweist zudem auf den Einfluss Isabellas und KRIEGER [1323] auf die Entschuldung als Motiv.

Peasants' Revolt Die Peasants' Revolt rückte zuletzt wieder stärker in den Blickpunkt. Es gilt als ausgemacht, dass der Aufstand nicht ausschließlich gegen den König, sondern gegen alle als ungerecht empfundenen Formen von Herrschaftsausübung auf den verschiedenen Ebenen sowie gegen die Grundherren, aber auch gegen geistliche Einflüsse, gerichtet war [635: EIDEN; 638: HILTON; WICKHAM in: PP 160 (1998) 3–24; ASTON in: PP 143 (1994) 3–47; vergleichend 708: GRAUS]. Eine Quellensammlung mit ins moderne Englisch übertragenen Texten legte DOBSON [633] vor. Eine letzte Einordnung der Ereignisse in das System von Klassenkämpfen stammt von MOTHES [643].

8. PYRENÄENHALBINSEL

Überblicksliteratur Einen hervorragenden, deutschsprachigen Überblick über die Geschichte der Iberischen Halbinsel im Mittelalter bietet VONES [1377, mit umfangreicher, kommentierter Bibliographie]. Der maßgebliche spanischsprachige Überblick stammt von MENÉNDEZ PIDAL/JOVER ZAMORA [1374]. Studien zu einzelnen Reichen der Halbinsel liefern ARMANDO [1369], BISSON [1370], DEFFONTAINES [1372], HILLGARTH [1382], OLIVEIRA MARQUES [1376], SHNEIDMAN [1389]. Unter Einbeziehung kultureller Entwicklungen sind die Beiträge in RUSSELL [1387] wertvoll. Den Sonderweg Spaniens, das Wachsen aus verschiedenen Wurzeln und die hohe Bedeutung des Mittelalters für das Werden Spaniens betont CASTRO [1371]. Vom Einfluss der arabischen Kultur und des durch sie vermittelten Wissens handeln viele Studien, zuletzt die von VERNET [1390].

Cortes Auch in den Reichen der Pyrenäenhalbinsel begann wie im übrigen Europa die Entwicklung repräsentativer Gremien im 13. und 14. Jh., hier der Cortes [BULST in: 534: REINHARD, 41–58]. In León hatte erstmals 1188 eine derartige Versammlung stattgefunden, ohne Nachahmung zu finden. Die Entwicklungslinien der Cortes in den einzelnen Reichen verliefen unterschiedlich. In Aragón spielten die Cortes erst seit dem Ende des 13. Jhs. eine gewichtigere Rolle, bedeutender Einfluss wuchs ihnen aus dem Bewilligungsrecht von Sondersteuern vor dem Hintergrund lang andauernder innerer Krisen ab etwa 1350 zu. Die Cortes der Reichsteile versammelten sich getrennt, nur selten tagten die Generalstände (*Cortes generales*). Die Könige konnten, ohne der gesamten Ständevertretung entgegentreten zu müssen, sich in bestimmten Fragen an einzelne regionale Cortes der Krone wenden, um die Erfolgsaussichten zu erhöhen [ENGELS in: 1043: SCHNEIDER; 1388: RYCRAFT]. Die Bedeutung der Städte in den Cortes war in Katalonien und Valencia deutlich höher als in Aragón. Die Cortes tagten nicht regelmäßig, konnten nicht selbst gesetzgeberisch tätig werden, blieben auf Petitionen beschränkt. 1363/64 institutionalisierten die Generalstände von Aragón, Katalonien und Valencia gemeinsam bereits bestehende Gremien, die *Diputaciones del General*, die sowohl an der Steuereinziehung als auch an der Kontrolle der Mittelverwendung beteiligt waren. Die mittelmeerische Expansion der Krone Aragóns nach dem Erwerb Valencias [umfangreiche Untersuchungen von BURNS: 1378; 1379; 1380; 1381] mit dem Gewinn wichtiger Stützpunkte kam den Interessen der Handel treibenden Hafenstädte mit Barcelona an der Spitze entgegen, wie diese Politik überhaupt zu einer stärkeren Orientierung der aragonesischen Herrscher auf Katalonien führte [1370: BISSON]. In Kastilien nahmen Abgesandte der kastilischen Städte erstmals 1187 an einer königlichen ‚Curia' teil [1384: O'CALLAGHAN], die Vereinigung der Cortes von León und Kastilien erfolgte zu Beginn des 14. Jhs. Nunmehr waren auch die Kommunen regelmäßig vertreten. Die nie regelmäßig tagenden Cortes standen zwischen 1295 und 1324 auf einem Höhepunkt ihres Einflusses [1373: HILLGARTH]. Sie besaßen das Bewilligungsrecht für Sondersteuern [1385: O'CALLAGHAN] und hatten bei der Gesetzgebung eine wohl mehr als nur beratende Funktion [R. PÉREZ-BUSTAMANTE, Art. Cortes I, in: LexMA, III], zumal die Cortes von León anders als in Kastilien bereits unter Alfons IX. mit legislativen Tätigkeiten befasst waren [1386: PROCTER]. Auch sprachen sie bei allgemein-politischen Beschlüssen mit und erfüllten bei repräsentativen Anlässen ihre Rolle. Adel und Klerus zogen sich verstärkt aus den Cortes zurück, nutzten andere Formen der Machtteilhabe. Ab etwa 1370 schwand der Einfluss der Städte und auch der Cortes. Der Dynastiewechsel in Navarra zu den Évreux im Jahr 1328 war von Forderungen der Stände begleitet, über die frühe Entstehung der Cortes in Navarra ist wenig bekannt. Erst ab 1350 tagten die Cortes häufiger, bei relativ hoher Bedeutung der Kommunen. Gerade in kleineren Reichen funktionierten andere Mechanismen von (informeller) Mitherrschaft. Beträchtliches politisches Gewicht mit Beteiligung an den meisten zentralen politischen und verwaltungstechnischen Fragen erlangten die portugiesischen Cortes, an denen erstmals 1253 und 1254 Delegierte der Städte teilnahmen. Mit deren Interessen als Gegengewicht zu Adel und Klerus wandten sich die Cortes auch wirtschaftspolitischen Fragen zu, und 1385 lag sogar die Entscheidung über die Thronfolge in den Händen der Cortes von Coïmbra [1377: VONES]. Hier wie in Aragón blieb im Gegensatz zu Kastilien die Bedeutung der Cortes hoch.

Sowohl in Kastilien als auch für die Territorien der Krone Aragón finden sich Versuche, die Rechte zu vereinheitlichen und neue Elemente einzubauen. Für Aragón entstand 1247 unter Jakob I. mit Zustimmung der Cortes mit der Sammlung der *Fueros de Aragón* (*Fori Aragonum*) in acht Büchern ein einheitliches Rechtssystem, das aber nicht zum Recht der anderen Reiche der Krone Aragón (Barcelona bzw. Katalonien, Valencia, Mallorca) wurde. Diese bestanden auf ihren eigenen Rechten gegenüber einer Übertragung der als fremd empfundenen Sammlung. Auch der Adel pochte auf seine tradierten Rechte und war nicht gewillt, eine theoretische Erhöhung des Königtums hinzunehmen [VONES in: 1026: FRIED, 441–

Rechtsvereinheitlichung

487]. In Kastilien findet sich ein kompliziertes Nebeneinander von lokalen und regionalen Rechten sowie den Ansprüchen des Königtums, einheitliches und eigenes Recht zu schaffen. Auf königliche Städte beschränkt blieben die zunächst acht Bücher des *Fuero real* 1252/55, mit dem gleichzeitigen *Espéculo de las Leyes* sollte das Landrecht fixiert werden. Die *Siete Partidas*, ebenfalls unter Alfons X. entstanden, aber erst unter Ferdinand IV. redigiert, betonten die Gesetzgebungsbefugnis des Königs und dessen zentrale Stellung in der Rechtssprechung zur Sicherung des inneren Friedens, zur Wahrung der Einheit in einer organischen Reichsauffassung [1383: MacDonald]. Der Jakobus-Kult spielte für die Herrschaftslegitimation eine wechselnde Rolle [Herbers in: 1232: Petersohn, 177–275]. Eine Abgrenzung der verschiedenen Rechte und ihrer Geltungsbereiche konnte wohl erst 1348 durch die Cortes von Alcalá de Henares erreicht werden. Grundsätzlich leistete der Adel Widerstand, wenn er eigene Rechte bedroht sah. Insgesamt ließen sich die Ansprüche des Königtums auf deutliche Überordnung, gerade unter Alfons X., nicht aufrecht erhalten [1375: O'Callaghan].

Steuern   Wichtigste Einnahmequelle für die Krone Aragón waren die von den Cortes zu bewilligenden Sondersteuern. Sonstige Einnahmen wurden in den jeweiligen Reichen getrennt erhoben. Kennzeichnend für die Finanzverwaltung Kastiliens seit dem zweiten Viertel des 14. Jhs. war die häufige Verpachtung von Steuern unter starker Beteiligung von königsnahen Juden, denen das Einbringen der Mittel oblag, nachdem die Herrscher ihren Teil als Vorschuss erhalten hatten. Breiteren Finanzspielraum sicherten dem Königtum die Einführung der ertragreichen Alcabala, einer Handelssteuer arabischen Ursprungs, die seit 1342 im gesamten Reich statt bisher nur in einigen Städten erhoben wurde, sowie der Ausbau des Salzmonopols und eine veränderte Abgabenpraxis beim Viehtrieb [Ormrod in: 1256: Bonney, 123–160]. Unter den ersten Trastámara-Herrschern wurde die Verwaltung mit den *Contadurías Mayores* als obersten Behörden neu organisiert. Auch für die navarresische Finanzpraxis war die Einziehung von Sondersteuern bedeutsam. Als oberstes Finanzorgan fungierte hier die *Cámera de Comptos*, ansatzweise nach der Herrschaftsübernahme der Évreux installiert. In Portugal erfolgte der Ausbau einer zentralisierten Verwaltung und besonders des Finanzsystems unter Zurückdrängung adliger Sonderrechte verstärkt unter Dinis I. [1376: Oliveira Marques], begünstigt durch den wirtschaftlichen Aufschwung und die Zunahme des Handels, wenngleich der Agrarsektor die wichtigste Grundlage der Ökonomie des Landes blieb.

9. Der Deutsche Orden und Osteuropa

Überblicksliteratur   Einen Überblick über den Forschungsstand zum Deutschen Orden vermitteln Biskup [in: 1395: Arnold/Biskup, 1–35] und Arnold [1392]. Die Historiographie über den Deutschen Orden war lange nationalideologisch geprägt [zur Versachlichung der Diskussion 1397: BOOCKMANN; zu Deutungsmustern 1395: ARNOLD/BISKUP; 1410: WIPPERMANN]. Aus neuerer Zeit liegen neben den Werken von BOOCKMANN [1397] und BISKUP/LABUDA [1396] – in beiden scheinen gelegentlich die unterschiedlichen Forschungstraditionen noch durch – zahlreiche Darstellungen vor [u. a. 1394: ARNOLD; 1402: HAAF; PATZE in: 1419: SEIBT, 468–498]. Die Entwicklung vom Spital zum Orden verfolgen FAVREAU [1400] und ARNOLD [in: 1206: FLECKENSTEIN/HELLMANN, 81–107]. Für die Verwaltung und Organisation des Ordens vornehmlich im 13. Jh. ist MILITZER [1405; vgl. 1411: ZIESEMER] maßgeblich.

Die Bezeichnung des Ordens als *Ritterorden* ist modernen Ursprungs und in den mittelalterlichen Quellen auch nicht in lateinischer Entsprechung zu finden. Über die für die Entwicklung in Preußen wichtigen Quellen (Goldene Bulle von Rimini, Kruschwitzer Vertrag, Bulle von Rieti) ist intensiv gestritten worden. Sicherlich hat der Orden sein Vorgehen vorbereitet und auch rechtlich abgesichert [1397: BOOCKMANN; NEITMANN in: AfD 33 (1987) 293–321], aber die tatsächliche Umsetzung der Ansprüche in den machtpolitischen Auseinandersetzungen des 13. Jhs. ist ein eigenes Problem. Der Nordosten Europas war zunächst ein Betätigungsgebiet neben vielen anderen, der Orden blieb vorerst Orden und wandelte sich erst später zum Staat [1401: FORSTREUTER]. In der Frühgeschichte bestimmend ist der vierte und zugleich erste quellenmäßig gut fassbare Hochmeister des Ordens, Hermann von Salza, der aus einer thüringischen Ministerialenfamilie stammte, und durch seine Nähe zu Friedrich II., Honorius III. und Gregor IX. einflussreich war [1399: COHN; 1403: KLUGER; WOJTECKI in: 961: FLECKENSTEIN. 187–224]. Ansprüche und Hochmeister

Die Besitzungen des Ordens im Reich konzentrierten sich auf Gebiete mit eher schwächerer Stellung der Landesfürsten, wie auch die meisten Ordensritter der Ministerialität und dem Niederadel entstammten [1397: BOOCKMANN; 1404: MILITZER; DERS. in: 1408: NOWAK, 7–17]. Trotz der Errichtung der Residenz Marienburg [JÄHNIG in: 1029: JOHANEK, 45–75] ist weiterhin eine ausgedehnte Reisetätigkeit der Hochmeister feststellbar [1406: NEITMANN]. Preußen konnte sich bis ins 14. Jh. ohne konkurrierende Herrschaftsansprüche im Inneren zum Territorialstaat entwickeln und darüber hinaus, ohne auf tradierte Rechte der eingesessenen Bevölkerung in größerem Maße Rücksicht nehmen zu müssen, die Verwaltungen organisieren [1396: BISKUP/LABUDA; WENSKUS in: 1040: PATZE, I, 347–382; 1409: PERLBACH]. Die Verwaltungsgeschichte untersucht ARMGART anhand von Handfesten [1391], Verträge mit auswärtigen Mächten NEITMANN [1407] und ständische Vertretungen BOOCKMANN [1398]. Aspekte ökonomischen Handelns thematisieren die Beiträge in ARNOLD [1393]. Die Teilnahme breiter Kreise des europäischen Adels an den Kämpfen vornehmlich gegen Litauen – die Reisen fanden teilweise mehrfach im Jahr statt – analysiert zusammenfassend PARAVICINI [776; zu Litauen grundlegend: S.C. ROWELL, Lithuania Ascending. A Pagan Empire within East-Central Europe, 1295–1345, Cambridge 1994]. Verwaltung

Polen   Überblicke über die polnische Geschichte bieten HOENSCH [1413], KOSSMANN [1415] und RHODE [1417], für das 14. Jh. KNOLL [1414]. Die territoriale Zersplitterung, militärische Schwächungen und Menschenverluste nach den Niederlagen gegen die Mongolen 1241, 1258/59 und 1286/87 [zu 1241: 1418: SCHMILEWSKI] sowie deutliche ethnische Unterschiede ließen weder einen territorialen Landesbegriff noch eine Gemeinschaft als Träger eines Nationalbewusstseins in höherem Ausmaß aufkommen. Der Name ‚Polen' reduzierte sich trotz eines noch vorhandenen Zusammengehörigkeitsgefühls geographisch auf Großpolen [1417: RHODE]. Also musste eine symbolische Ebene der ‚Nation' gefunden werden [1412: GRAUS. Mit der *Corona Regni Poloniae* konnten neben der Betonung der Zusammengehörigkeit der polnischen Fürstentümer Ansprüche auf weitere Gebiete sowie eine transpersonale Staatsvorstellung gewonnen werden [RUSSOCKI, Art. Corona VII, in: LexMA, III; GIEYSZTOR, Art. Polen, in: LexMA, VII]. Neben dem Klerus trugen die Stände die Neuorientierung mit [SEIBT in: 1419: DERS. 1042–1079], deren wichtigste Elemente intensivierte Besteuerungspraxis [1416: LUDWIG], Rechtskodifizierungen – mit Berücksichtigung von groß- und kleinpolnischen Traditionen und Eigenheiten – sowie Verwaltungsreorganisationen waren. Das geistige Zentrum des Landes, Krakau, war seit 1320 zudem Krönungsort [STRZELCZYK in: 666: HARTMANN, 203–231]. Die Ausdehnung nach Osten um die Mitte des 14. Jhs. in Räume mit überwiegend ostslawischer Bevölkerung orthodoxen Glaubens brachte weitere Integrationsprobleme [1413: HOENSCH; 1414: KNOLL; NOWAK in: GWU 39 (1988) 291–300].

Moskau   Einen Überblick über die Entwicklungen im Moskauer Einflussgebiet bieten NITSCHE [1429, mit Forschungsdiskussion], CRUMMEY [1420], HAUMANN [1424], HÖSCH [1425] und STÖKL [1431]. Die „Nationswerdung" thematisiert PASKIEWICZ [1430], die Verrechtlichung KAISER [1426]. Das Großfürstentum Moskau entwickelte sich unter der Oberhoheit der Goldenen Horde zu einem ausgeprägt autokratischen System, für das neben den asiatischen Einflüssen Byzanz Pate stand [Überblick zu den Erklärungsmodellen 1421: DRALLE; zum Verhältnis zu Byzanz OBOLENSKY in: 22: HALE u. a., 248–275]. Ein Teil dessen waren „Unterwerfungsverhältnisse" des Adels [1427: KOLLMANN]. Die Expansion Moskaus, geduldet von den tatarischen Oberherren und unterstützt von der Kirche – zu nennen ist vor allem der Patriarch Aleksij –, führte zur Beseitigung unabhängiger Fürstentümer [1422: GOEHRKE; 1428: NITSCHE; 1423: HALPERIN]. Noch unklar ist die Gewichtung der Faktoren, die zum Aufstieg führten [STÖKL in: 1419: SEIBT, 999–1041]. Der Sieg gegen die Tartaren 1380 besaß hohe psychologische Bedeutung, da erstmals eine offene Feldschlacht gegen diesen Gegner gewonnen werden konnte [1429: NITSCHE] – in der Folgezeit interpretiert als Symbol nationaler Einheit und nationalen Aufstiegs [1431: STÖKL].

Ungarn   Knappe Überblicke zur ungarischen Geschichte bieten BAK [in: 1419: SEIBT, 1103–1124], BARTA u. a. [1433], BOGYAY [1434] und HOMAN [1436]. Mit der Goldenen Bulle von 1222 sicherte sich der ungarische Adel umfassende Rechte:

Neben Gewähr von Steuerfreiheit begrenzte das Dokument die Teilnahme an Kriegszügen, die Erblichkeit der Güter wurde ebenso fixiert wie ein Widerstandsrecht des hohen Adels und der Bischöfe gegen die Herrscher [1435: DEÉR]. Nur das Widerstandsrecht tauchte in der Neuausstellung von 1232 nicht mehr auf, an seine Stelle trat die Exkommunikation und damit die Stärkung geistlicher Würdenträger. Die Bestätigung der Bullen durch Ludwig I. 1351, die immerhin über 500 Jahre bestimmte Rechte sicherte, erfolgte vor einem gewandelten politischen Hintergrund mit stärkerer Königsherrschaft [SOMOGYI in: 1437: VARDY u. a., 429–451; Text mit englischer Übertragung zuletzt ebd.; vgl. 1432: BAK]. Die adligen Standesunterschiede waren prinzipiell rechtlich aufgehoben, die Königsunmittelbarkeit auch des Niederadels wurde betont, wenngleich dieser häufig in Diensten der führenden Familien stand [BAK in: 1419: SEIBT, 1103–1124; 952: WOLF]. Im Zuge der Neuorganisation der Finanzverwaltung unter Karl I. hatte nun jeder Hof eine einheitliche direkte Steuer (*lucrum camerae*, *portals*, Portalsteuer) anstelle der alten Abgaben zu zahlen, über deren Ertrag kaum Erkenntnisse vorliegen [BAK in: 1043: SCHNEIDER, 347–384]. Seit dem späten 14. Jh. wurden außerordentliche Steuern in größerem Umfang zur Deckung des Finanzbedarfs genutzt. Finanziell ergiebig waren im 14. Jh. die Abgaben vom Bergbau sowie die Gewinne aus dem Vorkaufsrecht für Edelmetalle.

10. STAATLICHE ENTWICKLUNGEN IN SKANDINAVIEN

Dänemark

Die verlorene Schlacht von Bornhöved 1227, die das Ausgreifen des Deutschordensstaates und der Hanse in den Ostseeraum ermöglichte [vgl. HOFFMANN in: ZVLG 57 (1977) 9–37], leitete für Dänemark eine krisenhafte Epoche ein. Die inneren Auseinandersetzungen fanden während der Wirren im dritten und vierten Jahrzehnt des 14. Jhs. einen Höhepunkt, wobei das Ausmaß der Zerstörungen umstritten ist [1442: FINDEISEN], nicht jedoch die sie begleitende Feudalisierung [1440, Bd. I]. Mit dem Stralsunder Frieden von 1370 sicherten sich die verbündeten Städte ihre Rechte [GÖTZE in: HGB 88 (1970) 83–122]; BRANDT in: ebd. 123–147; DOLLINGER in: ebd., 148–162; breite Literaturdiskussion bei SCHWEBEL in: JbWB 16 (1970) 7–232], während ein Fürstenbündnis umliegender Territorien mit Holstein, Schweden, Mecklenburg als Hauptakteuren seine Forderungen nicht durchsetzte [1440 Bd. II,1].

Unter Christoph hatte der Hoftag, der spätere ‚Danehof', als die Versammlung der Großen und Bischöfe an Bedeutung gewonnen, und 1282 musste Erich V. ein jährliches Treffen gestatten sowie einer Wahlkapitulation mit Machtabgrenzungen und -einschränkungen zustimmen [1449: RIIS]. Unter Waldemar IV. [1438: BRACKE] erreichte der Danehof seine höchste Bedeutung für die Krone. Steuern wurden in Skandinavien im 13. Jh. meist an Stelle persönlicher militärischer

Leistungen eingezogen, wovon vor allem die bäuerliche Bevölkerung betroffen war, und zusätzlich nahmen die auch schon im 13. Jh. erhobenen außerordentlichen Steuern im 14. deutlich zu [POULSEN in: 1256: BONNEY, 101–122].

Norwegen Gerade Hákon IV. Hákonarson (1217–1263) suchte den Anschluss an die Entwicklungen im Süden [KAUFHOLD in: HZ 265 (1997) 309–342; zur kirchlichen Orientierung auf Rom und den damit verbundenen konkreten Problemen vor Ort KAUFHOLD in: ZSRG.KA 83 (1997) 362–376]. Unter diesem Herrscher erfolgte bei zunehmender Verschriftlichung der Aufbau einer königlichen Verwaltung, der Herrscher ernannte oberste Richter. An Hákans Hof hielt sich mit Snorri Sturluson vorübergehend der später im Auftrag des Königs ermordete Verfasser der *Heimskringla* auf, der Darstellung des norwegischen Königtums bis ins späte 12. Jh. unter Vermittlung eines norwegischen bzw. skandinavischen Sonderbewusstseins, wenngleich wohl mit zeitgenössisch geringer Rezeption [KERSKEN, Geschichtsschreibung im Europa der „nationes". Nationalgeschichtliche Gesamtdarstellungen im Mittelalter, Köln/Weimar/Wien 1995]. Besonders Magnus Hákonarson Lagaboetir trat als Gesetzgeber in Erscheinung, u. a. mit dem ältesten norwegischen Reichsrecht (1274/75, *Magnús Hákonarsons Landslög*). Die ursprünglich nur regional gültigen Bestimmungen erlangten noch vor dem Jahrhundertende im gesamten Königreich Geltung. Das Strafrecht wurde Teil der öffentlichen Gewalt, die Verfolgung und Bestrafung von Missetätern sollte aus privater Hand gelöst, die Blutrache verboten werden [1443: GERHARDT/HUBATSCH]. Nach 1260 und 1273 war die Erbmonarchie weitgehend anerkannt, was die bisherigen Berufungen auf den heiligen Olaf überflüssig werden ließ [HOFFMANN in: 1232: PETERSOHN, 277–325].

Schweden Birger Jarl begann in Schweden mit dem Aufbau eines zentralisierteren Königtums; unter ihm und seinen Nachfahren wurden Gesetzgebungsbefugnisse der Krone durchgesetzt, die führenden Hofämter ausgeformt sowie die eigenständigen Handlungsmöglichkeiten der Landschaften eingeengt [IMHOF, Grundzüge der nordischen Geschichte, Darmstadt 1970]. Am Beginn der Gesetzgebung standen Landfriedensbestimmungen. Das schließlich um 1350 erlassene Landrecht als Reichsrecht (*Magnús Erikssons Landslag*) ersetzte nur langsam und teilweise die alten Landschaftsrechte [1452: SJÖHOLM], kirchenrechtliche Bestimmungen blieben nach Protesten des Klerus ausgeklammert. Im königlichen Dienst entstand ein neuer Adel (*Hird*). Entscheidende Fortschritte in der Finanzverwaltung kamen aus der Ablösung der Heerfolgepflicht durch eine Steuer, die allerdings aus Sicht der Krone nur unzureichende Mittel erbrachte [LINDKVIST in: 1245: GENET/MENÉ, 53–64. Darüber hinaus waren alle diejenigen von der Steuerlast befreit, die den Kriegsdienst zu Pferd ableisteten – eine Möglichkeit für Großbauern, gehobenen Sozialstatus zu gewinnen. Die ohnehin weiterbestehende persönliche Freiheit der Bauern und eine teilweise bauernfreundliche Politik als mögliches Gegengewicht zur Macht des Adels verhinderten im Unterschied zum Kontinent tiefere soziale Spannungen.

III. Quellen und Literatur

A. ALLGEMEINES

1. Quellen und Quellenkunden

1. A. von Brandt, Mittelalterliche Bürgertestamente. Neuerschlossene Quellen zur Geschichte der materiellen und geistigen Kultur, Heidelberg 1973.
2. R.C. van Caenegem, unter Mitarbeit von F.L. Ganshof, Kurze Quellenkunde des Westeuropäischen Mittelalters. Eine typologische, historische und bibliographische Einführung, Göttingen 1964.
3. R.C. van Caenegem, Guide to the Sources of Medieval History, Amsterdam/New York/Oxford ²1979.
4. R. Feller/E. Bonjour, Geschichtsschreibung der Schweiz vom Spätmittelalter zur Neuzeit, Basel/Stuttgart ²1979.
5. K. Jacob, Quellenkunde der deutschen Geschichte im Mittelalter (bis zur Mitte des 15. Jahrhunderts), Bd. III: Das Spätmittelalter (vom Interregnum bis 1500), hg. v. F. Weden, Berlin 1952.
6. A. Lhotsky, Quellenkunde zur mittelalterlichen Geschichte Österreichs, Graz/Köln 1963.
7. O. Lorenz, Deutschlands Geschichtsquellen im Mittelalter seit der Mitte des dreizehnten Jahrhunderts, 2 Bde., Berlin ³1886–1887; ND Graz 1966.
8. Repertorium fontium historiae medii aevi. Hg. vom Istituto Storico Italiano per il Medio Evo. Primum ab Augusto Potthast digestum, nunc cura collegii historicorum e pluribus nationibus emendatum et auctum Romae; bisher 6 Bde., Rom 1962–2002.
9. J.-P. Sosson (Hg.), Documents iconographiques et culture materielle – Iconografische bronnen en materiele cultuur, Brüssel 1985.
10. F. Stegmüller (Hg.), Repertorium biblicum medii aevi, 7 Bde., Madrid 1940–1980.
11. B. Tolkemitt/R. Wohlfeil (Hg.), Historische Bildkunde. Probleme – Wege – Beispiele, Berlin 1991.
12. L. Weinrich (Hg.), Quellen zur deutschen Verfassungs-, Wirtschafts- und Sozialgeschichte bis 1250, Darmstadt ²2000.

13. A. VAN DER WOUDE/A. SCHUURMANN, Probate Inventories. A New Source for the Historical Study of Wealth, Material Culture and Agricultural Development, Wageningen 1980.

2. ÜBERBLICKSWERKE

14. H. BOOCKMANN/J. LEUSCHNER, Europa im Hoch- und Spätmittelalter, Stuttgart 1982.
15. M. BORGOLTE, Sozialgeschichte des Mittelalters. Eine Forschungsbilanz nach der deutschen Einheit, München 1996.
16. A.-D. VON DEN BRINCKEN, Mappa mundi und Chronographia. Studien zur imago mundi des abendländischen Mittelalters, in: DA 24 (1968) 118–186.
17. F. BURGARD/C. CLUSE/A. HAVERKAMP (Hg.), Liber amicorum necnon et amicarum für Alfred Heit. Beiträge zur mittelalterlichen Geschichte und geschichtlichen Landeskunde, Trier 1996.
18. G. DUBY, Des sociétés médiévales. Leçon inaugurale prononcée au Collège de France le 4 décembre 1970, Paris 1972.
19. A. ESCH, Zeitalter und Menschenalter. Der Historiker und die Erfahrung vergangener Gegenwart, München 1994.
20. G.P. FEHRING, Einführung in die Archäologie des Mittelalters, Darmstadt 1987.
21. R. FOSSIER, Le moyen âge, 3 Bde., Paris 1982.
22. J.R. HALE/J.R.L. HIGHFIELD/B. SMALLEY (Hg.), Europe in the Late Middle Ages, London 1965.
23. H. HATTENHAUER, Europäische Rechtsgeschichte, Heidelberg 1992.
24. H. HEIMPEL, Über die Epochen der mittelalterlichen Geschichte, in: Die Sammlung 2 (1946/47) 245–262; ND in: DERS., Der Mensch und seine Gegenwart. Acht historische Essais, Göttingen ^{2}1957, 42–66.
25. H. HEIMPEL, Das Wesen des deutschen Spätmittelalters, in: ArchKulturg 35 (1953), 29–51; ND in: DERS., Der Mensch und seine Gegenwart. Acht historische Essais, Göttingen ^{2}1957, 109–135.
26. H. HEIMPEL, Das deutsche Spätmittelalter: Charakter einer Zeit, in: DERS., Deutsches Mittelalter, Leipzig 1941, 105–126.
27. J. HEINZLE, Wann beginnt das Spätmittelalter?, in: ZfdA 112 (1983) 207–223.
28. R. HERZOG/R. KOSELLECK (Hg.), Epochenschwelle und Epochenbewußtsein, München 1987.
29. J. HUIZINGA, Herbst des Mittelalters. Studien über Lebens- und Geistesformen des 14. und 15. Jahrhunderts in Frankreich und in den Niederlanden, Stuttgart ^{11}1975 (niederl. Originalausgabe 1919).
30. G. JARITZ, Zwischen Augenblick und Ewigkeit. Einführung in die Alltagsgeschichte des Mittelalters, Wien/Köln 1989.

31. K. KROESCHELL, Deutsche Rechtsgeschichte, Bd. I: bis 1250; Bd. II: 1250–1650, Opladen ^{10}1992.
32. Lexikon des Mittelalters, Bde. 1–6 München/Zürich 1980–1993, Bde. 7–9 München 1995–1998.
33. E. MEUTHEN, Gab es ein spätes Mittelalter?, in: J. KUNISCH (Hg.), Spätzeit. Studien zu den Problemen eines historischen Epochenbegriffs, Berlin 1990, 91–135.
34. A. NITSCHKE, Historische Verhaltensforschung. Analysen gesellschaftlicher Verhaltensweisen, Stuttgart 1981.
35. W. PARAVICINI/K.F. WERNER (Hg.), Histoire comparée de l'administration (IVe-XVIIIe siècles), Zürich 1980.
36. H. PATZE (Hg.), Geschichtsschreibung und Geschichtsbewußtsein im späten Mittelalter, Sigmaringen 1987.
37. F. SEIBT/W. EBERHARD (Hg.), Europa 1400. Die Krise des Spätmittelalters, Stuttgart 1984.
38. R. STADELMANN, Vom Geist des ausgehenden Mittelalters. Studien zur Geschichte der Weltanschauung von Nicolaus Cusanus bis Sebastian Franck, Halle 1929; ND Stuttgart/Bad Cannstatt 1966.
39. R.L. BENSON/J. FRIED (Hg.), Ernst Kantorowicz, Stuttgart 1997.
40. J. FLECKENSTEIN, Johan Huizinga als Kulturhistoriker, in: Philologie als Kulturwissenschaft. Festschrift K. Stackmann, Göttingen 1987, 326–341.
41. H. JAKOBS, Die Mediävistik bis zum Ende der Weimarer Republik, in: J. MIETHKE (Hg.), Geschichte in Heidelberg, Berlin/Heidelberg/New York 1992, 39–66.
42. B. LYON, Henri Pirenne. A Biographical and Intellectual Study, Gent 1974.
43. L. SCHORN-SCHÜTTE, Karl Lamprecht. Kulturgeschichtsschreibung zwischen Wissenschaft und Politik, Göttingen 1984.

B. RAUM, MENSCHEN, WIRTSCHAFT

1. Der Raum

1.1. Raum, Klima, Umwelt, Ernährung

Allgemeines

44. M. Born, Die Entwicklung der deutschen Agrarlandschaft, Darmstadt 1974.
45. L. Febvre, La terre et l'évolution humaine: introduction géographique à l'histoire, Paris 1922; ND Paris 1970.
46. Großer Historischer Weltatlas, Bd. II: Mittelalter, Redaktion J. Engel, München ²1979. – Erläuterungen, hg. v. E. W. Zeeden, München 1983.

Siedlungsgeschichte

47. W. Abel, Die Wüstungen des ausgehenden Mittelalters (1943), Stuttgart ³1976.
48. Archéologie des villages désertés, Paris 1970.
49. M. Beresford/J.G. Hurst (Hg.), Deserted Medieval Villages, New York 1971.
50. C. Dahm/U. Lobbedey/G. Weisgerber (Hg.), Der Altenberg. Bergwerk und Siedlung aus dem 13. Jahrhundert im Siegerland, 2 Bde., Bonn 1998.
51. K. Fehn, Entstehung und Entwicklung der mittelschwäbischen Angerdörfer des 14. Jahrhundert, in: MGGM 48 (1963) 33–58.
52. W. Geiser (Hg.), Bergeten ob Braunwald. Ein archäologischer Beitrag zur Geschichte des alpinen Hirtentums, Basel 1973.
53. H. Jäger, Wüstungsforschung in geographischer und historischer Sicht, in: H. Jankuhn/R. Wenskus, Geschichtswissenschaft und Archäologie. Untersuchungen zur Siedlungs-, Wirtschafts- und Kirchengeschichte, Sigmaringen 1979, 193–240.
54. W. Meyer/M.-L. Boscardin (Hg.), „Heidenhüttli". 25 Jahre archäologische Wüstungsforschung im schweizerischen Alpenraum, Basel 1998.
55. W.-D. Sick, Die Besiedlung der Mittelgebirge im alemannischen Raum, in: Siedlungsforschung 10 (1992) 49–62.
56. D. Staerk, Die Wüstungen des Saarlandes, Saarbrücken 1976.

Umweltgeschichte

57. B. Herrmann (Hg.), Mensch und Umwelt im Mittelalter, Stuttgart 1986.
58. B. Herrmann (Hg.), Umwelt in der Geschichte. Beiträge zur Umweltgeschichte, Göttingen 1989.

59. E. Schubert/B. Herrmann (Hg.), Von der Angst zur Ausbeutung. Umwelterfahrung zwischen Mittelalter und Neuzeit, Frankfurt/M. 1994.
60. R.P. Sieferle (Hg.), Fortschritte der Naturzerstörung, Frankfurt/M. 1988.
61. A. Zimmermann/A. Speer (Hg.), Mensch und Natur im Mittelalter, 2 Halbbde., Berlin 1991–1992.

Klima

62. P. Alexandre, Le climat en Europe au moyen âge. Contribution à l'histoire des variations climatiques de 1000 à 1425, d'après les sources narratives de l'Europe occidentale, Paris 1987.
63. R. Glaser, Klimageschichte Mitteleuropas. 1000 Jahre Wetter, Klima, Katastrophen, Darmstadt 2001.
64. H.H. Lamb, Klima und Kulturgeschichte. Der Einfluß des Wetters auf den Gang der Geschichte, Hamburg 1989 (engl. Originalausgabe 1982).
65. E. Le Roy Ladurie, Histoire du climat depuis l'an mil, Paris 1967; ND Paris 1983/1989; engl. Erw.: Times of Feast, Times of Famine. A History of Climate since the Year 1000, London 1971.
66. C. Pfister, Veränderungen der Sommerwitterung im südlichen Mitteleuropa von 1270–1400 als Auftakt zum Gletscherhochstand der Neuzeit, in: GH 40 (1985) 186–195.
67. G. Utterström, Climatic Fluctuations and Population Problems in Early Modern History, in: SEHR 3 (1955) 5–40.

Forstgeschichte

68. B. Andreolli/M. Montanari (Hg.), Il bosco nel medioevo, Bologna 1988.
69. R. Bechmann, Trees and Man. The Forest in the Middle Ages, New York 1990.
70. J. Birrell, Common Rights in the Medieval Forest: Disputes and Conflicts in the Thirteenth Century, in: PP 117 (1987) 22–49.
71. V. Fumagalli, Mensch und Umwelt im Mittelalter, Berlin 1992 (italien. Originalausgabe 1992).
72. K. Hasel, Forstgeschichte. Ein Grundriß für Studium und Praxis, Hamburg/Berlin 1985.
73. M. Irniger, Der Sihlwald und sein Umland. Waldnutzung, Viehzucht und Ackerbau im Albisgebiet von 1400–1600, Zürich 1991.
74. A. Jockenhövel (Hg.), Bergbau. Verhüttung und Waldnutzung im Mittelalter. Auswirkungen auf Mensch und Umwelt, Stuttgart 1996.
75. D. Lohrmann, Energieprobleme im Mittelalter: Zur Verknappung von Wasserkraft und Holz in Westeuropa bis zum Ende des 12. Jahrhunderts, in: VSWG 66 (1979) 297–316.

76. K. MANTEL, Die Anfänge der Waldpflege und Forstkultur im Mittelalter unter der Einwirkung der lokalen Waldordnung in Deutschland, in: FC 87 (1968) 75–100.
77. Die Reichswälder bei Nürnberg – aus der Geschichte des ältesten Kunstforstes, München 1968.
78. G. SCHRÖDER-LEMBKE, Waldzerstörung und Walderneuerung in Deutschland in der vorindustriellen Zeit, in: ZAA 35 (1987) 120–137.
79. T. SCLAFERT, Culture en Haute-Provence. Déboisement et pâturages au moyen âge, Paris 1959.
80. J. SEMMLER (Hg.), Der Wald in Mittelalter und Renaissance, Düsseldorf 1991.
81. L. SPORHAN/W. VON STROMER, Die Nadelholz-Saat in den Nürnberger Reichswäldern zwischen 1369–1600, in: ZAA 17 (1969) 79–106.
82. A. TIMM, Die Waldnutzung in Nordwestdeutschland im Spiegel der Weistümer, Köln/Graz 1960.
83. L'uomo e la foresta. Atti della XXVII Settimani di Studi, Prato/Florenz 1996.

Städteforschung

84. 25 Jahre Archäologie in Lübeck. Erkenntnisse von Archäologie und Bauforschung zur Geschichte und Vorgeschichte der Hansestadt. Amt für Vor- und Frühgeschichte (Bodendenkmalpflege) 1963–1988, Bonn 1988.
85. Archéologie urbaine. Actes du Colloque International. Tours, 17–20 novembre 1980, Paris 1982.
86. J. BAART/W. KROOK/A. LAGERWEIJ/N. OCKERS/H. VAN REGTEREN ALTENA/T. STAM/H. STOEPKER/G. STOUTHART/M. VAN DER ZWAN, Opgravingen in Amsterdam. 20 jaar stadskernonderzoek, Haarlem 1977.
87. M.W. BARLEY (Hg.), European Towns their Archaeology and Early History, London 1977.
88. W. BRAUNFELS, Abendländische Stadtbaukunst, Herrschaftsform und Baugestalt, Köln ²1977.
89. W. BRAUNFELS, Mittelalterliche Stadtbaukunst in der Toskana, Berlin ⁶1988.
90. M. CARVER, Underneath English Towns. Interpreting Urban Archaeology, London 1987.
91. U. DIRLMEIER, Die kommunalpolitischen Zuständigkeiten und Leistungen süddeutscher Städte im Spätmittelalter (vor allem auf dem Gebiet der Ver- und Entsorgung), in: J. SYDOW (Hg.), Städtische Versorgung und Entsorgung im Wandel der Geschichte, Sigmaringen 1981, 113–150.
92. G.P. FEHRING, Stadtarchäologie in Deutschland, in: KJbVFG 23 (1990) 605–611.
93. G. FOUQUET, Bauen für die Stadt. Finanzen, Organisation und Arbeit in kommunalen Baubetrieben des Spätmittelalters. Eine vergleichende Studie

vornehmlich zwischen den Städten Basel und Marburg, Köln/Weimar/ Wien 1999.

94. M. GECHTER, Wasserversorgung und Entsorgung in Köln vom Mittelalter bis zur frühen Neuzeit, in: KölnJbVorFrühgesch 20 (1987) 219–270.
95. R. GERBER, Öffentliches Bauen im mittelalterlichen Bern. Verwaltungs- und finanzgeschichtliche Untersuchung über das Bauherrenamt der Stadt Bern. 1300 bis 1550, Bern 1994.
96. R.A. GOLDTHWAITE, The Building of Renaissance Florence. An Economic and Social History, Baltimore/London 1980.
97. K. GREWE (Hg.), Die Wasserversorgung im Mittelalter, Mainz 1991.
98. M. ILLI, Von der schîssgruob zur modernen Stadtentwässerung, Zürich 1987.
99. H. JÄGER (Hg.), Stadtkernforschung, Köln/Wien 1987.
100. J. OEXLE, Der Ulmer Münsterplatz im Spiegel archäologischer Quellen, Stuttgart 1991.
101. C. PLATT u. a. (Hg.), Excavations in Medieval Southampton 1953–1969, Leicester 1975.
102. J.G.N. RENAUD (Hg.), Rotterdam Papers II. A Contribution to Medieval Archaeology, Rotterdam 1975.
103. H. RÖTTING (Hg.), Stadtarchäologie in Braunschweig, Hameln 1985.
104. A. SANDER-BERKE, Baustoffversorgung spätmittelalterlicher Städte Nord- deutschlands, Köln/Weimar/Wien 1995.
105. J. SCHNEIDER/D. GUTSCHER/H. ETTER/J. HANSER (Hg.), Der Münsterhof in Zürich, 2 Bde., Olten/Freiburg i.Br. 1982.
106. Stadtluft, Hirsebrei und Bettelmönch. Die Stadt um 1300, Stuttgart 1992.
107. H.-G. STEPHAN, Archäologie und Stadtgeschichte. Reflexionen zu Mög- lichkeiten, Grenzen und Nutzen archäologischer Stadtforschung in der Bundesrepublik Deutschland, in: F. ANDRASHKO/W. TEEGEN (Hg.), Ge- denkschrift für Jürgen Driehaus, Mainz 1990, 287–325.

Ernährung

108. I. BITSCH/T. EHLERT/X. VON ERTZDORFF (Hg.), Essen und Trinken in Mittelalter und Neuzeit, Sigmaringen 1987.
109. Contribution à l'histoire de la consommation alimentaires du XIVe aux XIXe siècle, in: AESC 30, 2–3 (1975) 402–632.
110. T. EHLERT, Zum Funktionswandel der Gattung Kochbuch in Deutschland, in: A. WIERLACHER/G. NEUMANN/H. J. TEUTEBERG (Hg.), Kulturthema Essen. Ansichten und Problemfelder, Berlin 1993, 319–341.
111. G. FOUQUET, Aspekte des privaten Bierkonsums im Süden und Westen Deutschlands während des ausgehenden Mittelalters und der beginnenden Neuzeit, in: ‚Proeve 't al, 't is prysselyck'. Verbruik in Europese steden (13de-18de eeuw). Consumption in European Towns (13th-18th Century). Liber amicorum Raymond van Uytven, Antwerpen 1998, 171–190.

112. F. IRSIGLER, Ein großbürgerlicher Kölner Haushalt am Ende des 14. Jahrhunderts, in: E. ENNEN/G. WIEGELMANN (Hg.), Studien zu Volkskultur, Sprache und Landesgeschichte. Festschrift Matthias Zender, Bonn 1972, 635–668.

113. C. LAMBERT (Hg.), Du manuscrit à la table. Essais sur la cuisine au moyen âge et Répertoire des manuscrits médiévaux contenant des recettes culinaires, Montréal/Paris 1992.

114. M. MONTANARI, Der Hunger und der Überfluß. Kulturgeschichte der Ernährung in Europa, München 1993 (italien. Originalausgabe ³1992).

115. T. SCULLY, The Art of Cookery in the Late Middle Ages, Woodbridge 1995.

1.2. Bevölkerung und Epidemien

Allgemeines

116. C.M. CIPOLLA/K. BORCHARDT (Hg.), Bevölkerungsgeschichte Europas, München 1971.

117. B. HERRMANN/R. SPRANDEL (Hg.), Determinanten der Bevölkerungsentwicklung im Mittelalter, Weinheim 1987.

118. A. HIGOUNET-NADAL, Bilan des recherches actuelles en démographie historique du moyen âge, in: G.A. RITTER/R. VIERHAUS (Hg.), Aspekte der historischen Forschung in Frankreich und Deutschland, Göttingen 1981, 139–163.

119. T.H. HOLLINGSWORTH, Historical Demography, London 1969.

120. W. PETERSEN, Malthus, London 1979.

121. M.M. POSTAN, Some Economic Evidence of Declining Population in the Later Middle Ages, in: EHR 2nd Ser. 2 (1950) 221–246.

122. J.C. RUSSELL, Late Ancient and Medieval Population, Philadelphia 1958.

123. I. WALLERSTEIN, The Modern World-System. Capitalist Agriculture and the Origins of the European World Economy in the Sixteenth Century, New York 1974.

Regionalstudien

124. E. BARATIER, La démographie provençale du XIIIe au XVIe siécle, Paris 1961.

125. H. BOOCKMANN, Die mittelalterliche deutsche Ostsiedlung. Zum Stand ihrer Erforschung und zu ihrem Platz im allgemeinen Geschichtsbewußtsein, in: H. BOOCKMANN/K. JÜRGENSEN/G. STOLTENBERG (Hg.), Geschichte und Gegenwart. FS Karl Dietrich Erdmann, Neumünster 1980, 131–147.

126. P. CATEURA BENNASSER, Sobre la aportación aragonesa a la conquista de Mallorca (1229–1232), in: X Congreso de Historia de la Corona de Aragón. Jaime I y su época. Comunicaciones 1 y 2, Valencia 1980, 17–40.

127. S. DE MOXÓ, Repoblación y Sociedad en la España Cristiana Medieval, Madrid 1979.
128. C. HIGOUNET, Die deutsche Ostsiedlung im Mittelalter, Berlin 1986 (frz. Ausgabe 1989).
129. A. HIGOUNET-NADAL, Périgueux aux XIVe et XVe siècles. Etude de démographie historique, Bordeaux 1978.
130. W. KUHN, Vergleichende Untersuchungen zur mittelalterlichen Ostsiedlung, Köln/Wien 1973.
131. J.-E. MARTÍNEZ FERRANDO, Estado actual de los estudios sobre la repoblación en los territorios de la Corona de Aragón en los siglos XII al XIV, in: Congreso de Historia de la Corona de Aragón, Bd. I, Barcelona 1962, 143–184.
132. H.-M. MAURER, Masseneide gegen Abwanderung im 14. Jahrhundert. Quellen zur territorialen Rechts- und Bevölkerungsgeschichte, in: ZWLG 39 (1980) 30–99.
133. J. MÖTSCH, Sponheimische Nichtabzugsverpflichtungen. Landflucht in der Grafschaft Sponheim und ihre Bekämpfung 1324–1435, in: JbWLG 9 (1983) 99–157.
134. K.-H. SPIESS, Zur Landflucht im Mittelalter, in: H. PATZE (Hg.), Die Grundherrschaft im späten Mittelalter, Bd. I, Sigmaringen 1983, 157–204.
135. W. SCHLESINGER (Hg.), Die deutsche Ostsiedlung des Mittelalters als Problem der europäischen Geschichte, Sigmaringen 1975.
136. P. VILAR, Le déclin catalan du bas moyen âge. Hypothèses sur sa chronologie, in: EHM 6 (1956–1959) 3–68.
137. P. ZINSLI, Walser Volkstum in der Schweiz, in Vorarlberg, Liechtenstein und Piemont. Erbe, Dasein, Wesen, Frauenfeld/Stuttgart ^{6}1991.

Städte und Demographie

138. H. AMMANN, Die Bevölkerung von Stadt und Landschaft Basel am Ausgang des Mittelalters, in: BZG 49 (1950) 25–52.
139. P. BAIROCH/J. BATOU/P. CHÉVRE, La population des villes européennes. Banque de données et analyse sommaire de résutats. 800 à 1850, Genf 1988.
140. K. BÜCHER, Die Bevölkerung von Frankfurt am Main im XIV. und XV. Jahrhundert, Tübingen 1886.
141. A. HIGOUNET-NADAL, La démographie des villes françaises au moyen âge, in: ADH (1980) 187–211.
142. F. LÜTGE, Roger Mols „Introduction à la démographie historique des villes d'Europe du XIVe au XVIIIe siècle", München 1957.
143. R. MOLS, Introduction à la démographie historique des villes d'Europe du XIVe au XVIIIe siècle, 3 Bde., Gembloux/Löwen 1954–1956.
144. U. PORTMANN, Bürgerschaft im mittelalterlichen Freiburg. Sozialtopographische Auswertung zum Ersten Bürgerbuch 1341–1416, Freiburg i.Üe. 1986.

145. W. PREVENIER, Le démographie des villes du comté de Flandre aux XIIIe et XIVe siècles. Etat de la question. Essai d'interpretation, in: RN 25 (1983) 255–275.

146. H. REINCKE, Bevölkerungsprobleme der Hansestädte, in: HGB 70 (1951) 1–33.

Epidemien

147. H.-P. BECHT, Medizinische Implikationen der historischen Pestforschung am Beispiel des „Schwarzen Todes" von 1347/51, in: B. KIRCHGÄSSNER/J. SYDOW (Hg.), Stadt und Gesundheitspflege, Sigmaringen 1982, 78–94.

148. O.J. BENEDICTOW, Plague in the Late Medieval Nordic Countries: Epidemiological Studies, Oslo 1992.

149. K. BERGDOLT, Der Schwarze Tod in Europa. Die Große Pest und das Ende des Mittelalters, München 1994.

150. K. BERGDOLT (Hg.), Die Pest 1348 in Italien: Fünfzig zeitgenössische Quellen, Heidelberg 1989.

151. J.-N. BIRABEN, Les hommes et la peste en France et dans les pays européens et méditerranéens, 2 Bde., Paris/Haag 1975–1976.

152. W.P. BLOCKMANS, The social and economic Effects of Plague in the Low Countries 1349–1500, in: RBPH 58 (1980) 833–863.

153. N. BULST, Der Schwarze Tod. Demographische, wirtschafts- und kulturgeschichtliche Aspekte der Pestkatastrophe von 1347–1352. Bilanz der neueren Forschung, in: Saeculum 30 (1979) 45–67.

154. N. BULST/R. DELORT (Hg.), Maladies et société (XIIe-XVIIIe siècles), Paris 1989.

155. L. DEL PANTA, Le epidemie nella storia demografica italiana (secoli XIV–XIX), Turin 1980.

156. P. DUBUIS, L'épidémie de peste de 1349 à Saint-Maurice d'Agaune, in: Etudes de lettres, série 4, 3 (1980) 3–20.

157. A. FÖSSEL, Der Schwarze Tod in Franken 1348–1350, in: MVGSN 74 (1987) 1–75.

158. R.S. GOTTFRIED, The Black Death. Natural and Human Disaster in Medieval Europe, London 1983.

159. P. GRAS, Le registre paroissial de Givry (1334–1357) et la peste noire en Bourgogne, in: BEC 100 (1939) 295–308.

160. J. HATCHER, Plague, Population and the English Economy 1348–1530, London 1977.

161. D.J. HERLIHY, Der Schwarze Tod und die Verwandlung Europas, Berlin 1998 (amerikan. Originalausgabe 1997).

162. R. HORROX (Hg.), The Black Death, Manchester/New York 1994.

163. J.H. IBS, Die Pest in Schleswig-Holstein 1350 bis 1547/48. Eine sozialgeschichtliche Studie über die wiederkehrende Katastrophe, Frankfurt a.M./Bern/New York/Paris 1994.

164. H. KLEIN, Das große Sterben von 1348/49 und seine Auswirkungen auf die Besiedelung der Ostalpenländer (1960), in: DERS., Beiträge zur Siedlungs-, Verfassungs- und Wirtschaftsgeschichte von Salzburg, Salzburg 1965, 33–113.

165. H.M. KOELBING, Zur Geschichte der Pest in der Schweiz, in: JbSoloG 57 (1984) 5–12.

166. K. LECHNER, Das Große Sterben in Deutschland in den Jahren 1348 bis 1351 und die folgenden Pestepidemien bis zum Schlusse des 14. Jahrhunderts, Innsbruck 1884.

167. G. MARÉCHAL, De Zwarte Dood te Brugge, 1349–1351, in: Biekorf 80, 11–12 (1980) 377–392.

168. O. PICKL, Die Auswirkungen des großen Sterbens auf die Siedlungsstruktur der Steiermark, in: Wirtschafts- und sozialhistorische Beiträge. Festschrift für Alfred Hoffmann zum 75. Geburtstag, hg. v. H. KNITTLER, Wien/München 1979, 41–66.

169. M. PRECHEL, Anthropologische Untersuchungen der Skelettreste aus einem Pestmassengrab am Heilig-Geist-Hospital zu Lübeck, in: LSAK 24 (1996) 323–339.

170. H. REINCKE, Bevölkerungsverluste der Hansestädte durch den Schwarzen Tod 1349/50, in: HGB 72 (1954) 88–90.

171. Y. RENOUARD, La Peste Noire de 1348–50. L'évènement mondial le plus important du XIVe siècle, in: RP 57 (1950) 107–119.

172. J. RUFFIÉ/J.-C. SOURNIA, Die Seuchen in der Geschichte der Menschheit, Stuttgart 1987; ND München 1992 (frz. Originalausgabe 1984).

173. J.F.D. SHREWSBURY, The History of Bubonic Plague in the British Isles, Cambridge 1970.

174. H. VAN WERVEKE, De Zwarte Dood in de Zuidelijke Nederlanden (1349–1351), Brüssel 1950.

175. J.-H. WOLF (Hg.), Aussatz, Lepra, Hansen-Krankheit. Ein Menschheitsproblem im Wandel, Tl. II: Aufsätze, Würzburg 1986.

176. P. ZIEGLER, The Black Death, London/Glasgow 1972.

2. DIE WIRTSCHAFT

Überblickswerke

177. J.L. BOLTON, The Medieval English Economy 1150–1500, London ^{3}1988.

178. K. BÜCHER, Volkswirtschaftliche Entwicklungsstufen, Tübingen 1914.

179. The Cambridge Economic History of Europe, 4 Bde., Cambridge 1966–1987.

180. G. FOURQUIN, Histoire économique de l'occident médiéval, Paris ^{3}1979.

181. F.-W. HENNING, Handbuch der Wirtschafts- und Sozialgeschichte Deutschlands, Bd. I: Deutsche Wirtschafts- und Sozialgeschichte im Mit-

telalter und in der frühen Neuzeit, Paderborn/München/Wien/Zürich 1991.
182. P.J. JONES, Economia e società nell'Italia medievale, Turin 1980.
183. H. KELLENBENZ (Hg.), Deutsche Wirtschaftsgeschichte. Bd. I: Von den Anfängen bis zum Ende des 18. Jahrhunderts, München 1977.
184. H. KELLENBENZ (Hg.), Handbuch der europäischen Wirtschafts- und Sozialgeschichte, Bd. II: Europäische Wirtschafts- und Sozialgeschichte im Mittelalter, hg. v. J.A. VAN HOUTTE, Stuttgart 1980.
185. F. LÜTGE, Deutsche Sozial- und Wirtschaftsgeschichte. Ein Überblick, Berlin/Heidelberg/New York ³1976.
186. H.A. MISKIMIN, The Economy of Early Renaissance Europe, 1300–1460, Cambridge ²1975.
187. H. PIRENNE, Histoire économique et sociale du moyen âge, überarb. v. H. VAN WERVEKE, Paris ²1969 (zuerst 1933); dt.: Sozial- und Wirtschaftsgeschichte Europas im Mittelalter, Bern 1946; München ⁶1986.
188. M.M. POSTAN, The Medieval Economy and Society. An Economic History of Britain in the Middle Ages, Harmondsworth ²1975; ND Harmondsworth 1993.
189. M.M. POSTAN, Die wirtschaftlichen Grundlagen der mittelalterlichen Gesellschaft, in: JbNÖS 166 (1954) 180–205.
190. J. VICENS VIVES, An Economic History of Spain, Princeton, New Jersey 1969.

2.1. Land- und Stadtwirtschaft

2.1.1. Das Land

Überblickswerke

191. W. ABEL, Geschichte der deutschen Landwirtschaft vom frühen Mittelalter bis zum 19. Jahrhundert (Deutsche Agrargeschichte, Bd. 3), Stuttgart ³1978.
192. The Agrarian History of England and Wales, Bd. II: 1042–1350, hg. v. H.E. HALLAM; Bd. III: 1348–1500, hg. v. E. MILLER, Cambridge 1988–1991.
193. G. DUBY (Hg.), L'économie rurale et la vie des campagnes dans l'Occident médiéval (France, Angleterre, Empire, IXe-XVe siècles). Essai de synthèse et perspectives de recherches, Paris 1962/2 Bde., Paris 1977; engl.: Rural Economy and Country Life in the Medieval West, London 1968.
194. G. DUBY/A. WALLON (Hg.), Histoire de la France rurale, Bd. I-II, Paris 1975.
195. E. ENNEN/W. JANSSEN, Deutsche Agrargeschichte. Vom Neolithikum bis zur Schwelle des Industriezeitalters, Wiesbaden 1979.
196. G. FRANZ, Geschichte des deutschen Bauernstandes vom frühen Mittelalter bis zum 19. Jahrhundert (Deutsche Agrargeschichte, Bd. 4), Stuttgart ²1976.
197. F.-W. HENNING, Landwirtschaft und ländliche Gesellschaft in Deutschland. Bd. 1: 800 bis 1750. Paderborn/München/Wien/Zürich 1979.

198. G.A.J. HODGETT, Agrarian England in the Later Middle Ages, London 1969.
199. E. LE ROY LADURIE, Die Bauern des Languedoc, Stuttgart 1983 (frz. Originalausgabe 1960).
200. F. LÜTGE, Geschichte der deutschen Agrarverfassung vom frühen Mittelalter bis zum 19. Jahrhundert (Deutsche Agrargeschichte, Bd. 2), Stuttgart ²1976.
201. J. MATHIEU, Eine Agrargeschichte der inneren Alpen. Graubünden, Tessin, Wallis 1500–1800, Zürich 1992.
202. E. MILLER/J. HATCHER, Medieval England. Rural Society and Economic Change. 1086–1348, London/New York ²1980.
203. W. RÖSENER, Bauern im Mittelalter, München ³1987.
204. W. RÖSENER, Agrarwirtschaft, Agrarverfassung und ländliche Gesellschaft im Mittelalter, München 1992.
205. W. RÖSENER, Die Bauern in der europäischen Geschichte, München 1993.
206. W. RÖSENER, Einführung in die Agrargeschichte, Darmstadt 1997.
207. W.B.H. SLICHER VAN BATH, The Agrarian History of Western Europe. A.D. 500–1850, London 1963.
208. W. TROSSBACH/C. ZIMMERMANN (Hg.), Agrargeschichte, Stuttgart 1998.
209. A. VERHULST, Histoire du paysage rural en Flandre de l'époque romaine au XVIIIᵉ siècle, Brüssel 1966.

Einzelprobleme

210. W. ABEL, Agrarkrisen und Agrarkonjunktur. Eine Geschichte der Land- und Ernährungswirtschaft Mitteleuropas seit dem hohen Mittelalter (1935), Hamburg ³1978.
211. W. ABEL, Massenarmut und Hungerkrisen im vorindustriellen Europa, Göttingen ²1977.
212. W. ABEL, Strukturen und Krisen der spätmittelalterlichen Wirtschaft, Stuttgart/New York 1980.
213. W. ACHILLES, Überlegungen zum Einkommen der Bauern im späten Mittelalter, in: ZAA 31 (1983) 5–26.
214. W. ACHILLES, Landwirtschaft in der Frühen Neuzeit, München 1991.
215. W. ACHILLES, Grundsatzfragen zur Darstellung von Agrarkonjunkturen und -krisen nach der Methode Wilhelm Abels, in: VSWG 85 (1998) 307–351.
216. K. ANDERMANN, Grundherrschaften des spätmittelalterlichen Adels in Südwestdeutschland. Zur Frage der Gewichtung von Geld- und Naturaleinkünften, in: BDLG 127 (1991) 145–190.
217. T.H. ASTON/C.H.E. PHILPIN (Hg.), The Brenner Debate: Agrarian Class Structure and Economic Development in Pre-Industrial Europe, Cambridge 1985.

218. W. BAUERNFEIND, Materielle Grundstrukturen im Spätmittelalter und der frühen Neuzeit. Preisentwicklung und Agrarkonjunktur am Nürnberger Getreidemarkt von 1339–1670, Nürnberg 1993.

219. N. BECKER, Das Land am unteren Niederrhein. Untersuchungen zur Verfassungs-, Wirtschafts- und Sozialgeschichte des ländlichen Raumes vom Hohen Mittelalter bis zur Frühen Neuzeit (1100–1600), Köln/Weimar/Wien 1992.

220. G. BOIS, Crise du féodalisme. Économie rurale et démographie en Normandie orientale du début du 14e siècle au milieu du 16e siècle, Paris ^{2}1981; engl.: The Crisis of Feudalism. Economy and Society in Eastern Normandy c. 1300–1550, Paris 1984.

221. G. BOIS, Against Neo-Malthusian Orthodoxy, in: PP 79 (1978) 60–69.

222. B.M.S. CAMPBELL, Population Pressure, Inheritance and the Land Market in a Fourteenth-Century Peasant Community, in: R.M. SMITH (Hg.), Land, Kinship and the Life Cycle, Cambridge 1984, 87–134.

223. C.M. CIPOLLA, Economic Depression of the Renaissance?, in: EHR 2nd ser. 16 (1963/64) 519–524.

224. P. DUBUIS, Une économie alpine à la fin du moyen âge. Orsières, l'Entremont et les régions voisines 1250–1500, Sitten 1990.

225. L'élevage et la vie pastorale dans les montagnes de l'Europe au moyen âge et à l'époque moderne, Clermont-Ferrand 1984.

226. R. und L. FOSSIER, Aspects de la crise frumentaire du XIVe siècle en Artois et en Flandre gallicante, in: Recueil de travaux offert à Clovis Brunel par ses amis, collègues et élèves, Bd. I, Paris 1955, 436–447.

227. H. FREIBURG, Agrarkonjunktur und Agrarstruktur in vorindustrieller Zeit, in: VSWG 64 (1977) 289–327.

228. L. GENICOT, La crise agricole du bas moyen âge dans le Namurois, Löwen/Gent 1970.

229. H.J. GILOMEN, Die Grundherrschaft des Basler Cluniazenser-Priorates St. Alban im Mittelalter. Ein Beitrag zur Wirtschaftsgeschichte am Oberrhein, Basel 1977.

230. W. HARWOOD LONG, The Low Yields of Corn in Medieval England, in: EHR 32 (1979) 468–469.

231. J. HATCHER, Rural Economy and Society in the Duchy of Cornwall. 1300–1500, Cambridge 1970.

232. C. HIGOUNET, La grange de Vaulerent. Structure et exploitation d'un terroir cistercien de la plaine de France (XIIe-XVe siècles), Paris 1965.

233. H. HOFFMANN, Das Braunschweiger Umland in der Agrarkrise des 14. Jahrhunderts, in: DA 37 (1981) 162–286.

234. F. IRSIGLER, Intensivwirtschaft, Sonderkulturen und Gartenbau als Elemente der Kulturlandschaftsgestaltung in den Rheinlanden (13.-16. Jahrhundert), in: A. GUARDUCCI (Hg.), Agricoltura e Trasformazione dell'Ambiente, secoli XIII-XVIII, Florenz 1984, 719–747.

235. H. Kellenbenz (Hg.), Agrarisches Nebengewerbe und Formen der Reagrarisierung im Spätmittelalter und 19./20. Jahrhundert, Stuttgart 1975.
236. P. Kriedte, Spätmittelalterliche Agrarkrise oder Krise des Feudalismus?, in: GuG 7 (1981) 42–68.
237. L. Kuchenbuch, Potestas und Utilitas. Ein Versuch über Stand und Perspektiven der Forschungen zur Grundherrschaft im 9.–13. Jahrhundert, in: HZ 265 (1997) 117–146.
238. K. Lamprecht, Deutsches Wirtschaftsleben im Mittelalter. Untersuchungen über die Entwicklung der materiellen Kultur des platten Landes auf Grund der Quellen zunächst des Mosellandes, 3 Bde., Leipzig 1885–1886; ND Aalen 1969.
239. E. Le Roy Ladurie, En Haute-Normandie: Malthus ou Marx?, in: AESC 33 (1978) 115–124.
240. F. Lauterbach, Geschichte der in Deutschland bei der Färberei angewandten Farbstoffe mit besonderer Berücksichtigung des mittelalterlichen Waidbaues, Leipzig 1905.
241. R.S. Lopez/H.A. Miskimin, The Economic Depression of the Renaissance, in: EHR 2nd ser. 14 (1961/62) 408–426.
242. H. Patze (Hg.), Die Grundherrschaft im späten Mittelalter, 2 Bde., Sigmaringen 1983.
243. A.I. Pini, La viticoltura italiana nel medioevo. Coltura della vite e consumo del vino a Bologna dal X al XV secolo, in: SM 15 (1974) 785–884.
244. G. Pinto, La Toscana nel tardo medioevo: ambiente, economia rurale, società, Florenz 1982.
245. C. Reinicke, Agrarkonjunktur und technisch-organisatorische Innovationen auf dem Agrarsektor im Spiegel niederrheinischer Pachtverträge 1200–1600, Köln/Wien 1989.
246. J. Rieder, Die Schiffelkultur in der Eifel und ihr Rückgang unter dem Einfluß der neuzeitlichen Entwicklung, in: JbGVV 46 (1922) 163–209.
247. W. Rösener, Grundherrschaft im Wandel. Untersuchungen zur Entwicklung geistlicher Grundherrschaften im südwestdeutschen Raum vom 9. bis 14. Jahrhundert, Göttingen 1991.
248. H. Rubner, Die Landwirtschaft der Münchener Ebene und ihre Notlage im 14. Jahrhundert, in: VSWG 51 (1964) 433–453.
249. M.L. Ryder, Sheep and Man, London 1983.
250. K. Schreiner, „Grundherrschaft". Entstehung und Bedeutungswandel eines geschichtswissenschaftlichen Ordnungs- und Erklärungsbegriffs, in: 242, Bd. I, 11–74.
251. O. Sigg, Spätmittelalterliche „Agrarkrise" im Spannungsfeld von Sempacher Krieg und Altem Zürichkrieg, in: SZG 31 (1981) 121–143.
252. S. Sonderegger, Landwirtschaftliche Entwicklung in der spätmittelalterlichen Nordostschweiz. Eine Untersuchung ausgehend von den wirtschaftlichen Aktivitäten des Heiliggeist-Spitals St. Gallen, St. Gallen 1994.

253. K.-H. Spiess, Teilpacht (métayage) et Teilbauverträge (baux a part de fruits) en Allemagne occidentale au moyen âge et aux temps modernes, in: Les revenus de la terre, complant, champart, métayage en Europe occidentale (IXe-XVIIIe siècles), Centre Culturell de l'Abbaye de Flaran 1987, 119–144; dt. (gekürzt): Teilpacht und Teilbauverträge in Deutschland vom frühen Mittelalter bis zur Neuzeit, in: ZAA 36 (1988) 228–244.
254. W. Störmer, Probleme der spätmittelalterlichen Grundherrschaft und Agrarstruktur in Franken, in: ZBLG 30 (1967) 118–160.
255. O. Stolz, Die Schwaighöfe in Tirol. Ein Beitrag zur Siedlungs- und Wirtschaftsgeschichte der Hochalpentäler, Innsbruck 1930.
256. J.Z. Titow, Winchester Yields. A Study in Medieval Agricultural Productivity, Cambridge 1972.
257. M.J. Tits-Dieuaide, La formation des prix céréaliers en Brabant et en Flandre au XVe siècle, Brüssel 1975.
258. O. Volk, Wirtschaft und Gesellschaft am Mittelrhein vom 12. bis zum 16. Jahrhundert, Wiesbaden 1998.
259. H. van der Wee/E. van Cauwenberghe (Hg.), Productivity of Land and Agricultural Innovation in the Low Countries, 1250–1800, Löwen 1978.
260. H. van Werveke, La famine de l'an 1316 en Flandre et dans les régions voisines, in: RN 41 (1959) 5–14.
261. J.-M. Yante, Le Luxembourg mosellan. Productions et échanges commerciaux 1200–1560, Brüssel 1996.
262. B. Zientara, Die Agrarkrise in der Uckermark im 14. Jahrhundert, in: E. Engel/B. Zientara, Feudalstruktur, Lehnbürgertum und Fernhandel im spätmittelalterlichen Brandenburg, Weimar 1967, 221–396.

Technikgeschichte
263. U. Bentzien, Bauernarbeit im Feudalismus. Landwirtschaftliche Arbeitsgeräte und -verfahren in Deutschland von der Mitte des ersten Jahrtausends u. Z. bis um 1800, Vaduz ^{2}1990.
264. J. Langdon, Horses, Oxen and Technological Innovation. The Use of Draught Animals in English Farming from 1066 to 1500, Cambridge 1986.

2.1.2. Die Stadt

Allgemeines
265. R.B. Dobson, Urban Decline in Late Medieval England, in: Transactions of the Royal Historical Society, 5th ser. 27 (1977) 1–14.
266. H. Heimpel, Das Gewerbe der Stadt Regensburg im Mittelalter, Stuttgart 1926.
267. F.-W. Hemann, Zur Telgter Wirtschaftsgeschichte im späten Mittelalter und früher Neuzeit, in: W. Frese (Hg.), Geschichte der Stadt Telgte, Münster 1999, 67–100.

268. R. HOLBACH, Exportproduktion und Fernhandel als raumbestimmende Kräfte. Entwicklungen in nordwesteuropäischen Gewerbelandschaften vom 13.-16. Jahrhundert, in: JbWLG 13 (1987) 227–256.

269. R. HOLBACH, Frühformen von Verlag und Großbetrieb in der gewerblichen Produktion (13.-16. Jahrhundert), Stuttgart 1994.

270. F. IRSIGLER, Die wirtschaftliche Stellung der Stadt Köln im 14. und 15. Jahrhundert. Strukturanalyse einer spätmittelalterlichen Exportgewerbe- und Fernhandelsstadt, Wiesbaden 1979.

271. F. IRSIGLER, Stadt und Umland in der historischen Forschung. Theorien und Konzepte, in: N. BULST/J. HOOCK/F. IRSIGLER (Hg.), Bevölkerung, Wirtschaft und Gesellschaft. Stadt-Land-Beziehungen in Deutschland und Frankreich. 14.-19. Jahrhundert, Trier 1983, 13–38.

272. F. IRSIGLER, Stadtwirtschaft im Spätmittelalter: Struktur-Funktion-Leistung, in: JbWB 27 (1983) 81–100.

273. R. KIESSLING, Stadt-Land-Beziehungen im Spätmittelalter. Überlegungen zur Problemstellung und Methode anhand neuerer Arbeiten vorwiegend zu süddeutschen Beispielen, in: ZBLG 40 (1977) 829–867.

274. R. KIESSLING, Die Stadt und ihr Land. Umlandpolitik, Bürgerbesitz und Wirtschaftsgefüge in Ostschwaben vom 14. bis ins 16. Jahrhundert, Köln/Wien 1989.

275. E. MASCHKE/J. SYDOW (Hg.), Stadt und Umland, Sigmaringen 1974.

276. E. MEYNEN (Hg.), Zentralität als Problem der mittelalterlichen Stadtgeschichtsforschung, Köln/Wien 1979.

277. H. MITTERAUER, Markt und Stadt im Mittelalter. Beiträge zur historischen Zentralitätsforschung, Stuttgart 1980.

278. H. PIRENNE, Les marchands-batteurs de Dinant au XIVe et au XVe siècle. Contribution à l'histoire du commerce en gros au moyen âge, in: VSWG 2 (1904) 442–449.

279. H. POHL (Hg.), Gewerbe- und Industrielandschaften vom Spätmittelalter bis ins 20. Jahrhundert, Stuttgart 1986.

280. H. VAN DER WEE, Structural Changes and Specialization in the Industry of the Southern Netherlands 1100–1600, in: EHR 2nd ser. 28 (1985) 203–221.

281. H. VAN WERVEKE, De koopman-ondernemer en de ondernemer in de vlaamsche lakennijverheid van die middeleeuwen, Antwerpen/Utrecht 1946.

282. H. VAN WERVEKE, Miscellanea Mediaevalia. Verspreide opstellen over economische en sociale geschiedenis van de middeleeuwen, Gent 1968.

Tuchgewerbe

283. H. AMMANN, Die Anfänge der Leinenindustrie des Bodenseeraums, in: AJb (1953) 251–313.

284. M. BOONE/W. PREVENIER (Hg.), La draperie ancienne des Pays-Bas: débouchés et stratégies de survie (14e–16e siècles). Drapery Production in

the late medieval Low Countries: Markets and Strategies for Survival (14th-16th Centuries), Leuven/Appeldoorn 1993.

285. D. CARDON, La draperie au moyen âge. Essor d'une grande industrie européenne, Paris 1999.

286. S. CAVACIOCCHI (Hg.), La seta in Europa, secc. XIII-XX, Florenz 1993.

287. A. DERVILLE, Les draperies flamandes et artésiennes vers 1250–1350. Quelques considerations critiques et problématiques, in: RN 54 (1972) 353–370.

288. A. DOREN, Die Florentiner Wollentuchindustrie vom 14. bis zum 16. Jahrhundert. Ein Beitrag zur Geschichte des modernen Kapitalismus, Stuttgart 1901; ND Aalen 1969.

289. G. ESPINAS, Les origines du capitalisme 1. Sire Jehan Boinebroke, patricien et drapier Douaisien (?–1286 environ), Lille 1933.

290. M. FENNELL MAZZAOUI, The Italian Cotton Industry in the Later Middle Ages, 1100–1600, Cambridge, Mass. 1981.

291. G. HERMES, Der Kapitalismus in der Florentiner Wollenindustrie, in: ZSW 72 (1916) 367–400.

292. H. LAURENT, La draperie des Pays-Bas en France et dans les pays méditerranées (XIIe-XVe siècle): un grand commerce d'exportation au moyen âge, Paris 1935; ND Brionne 1978.

293. K. MILITZER, Berechnungen zur Kölner Tuchproduktion des 14.–17. Jahrhunderts, in: JbKGV 51 (1980) 89–106.

294. J.H. MUNRO, The Transformation of the Flemish Woollen Industries ca. 1250–ca. 1400. The Response to Changing Factor Costs and Market Demand, Leuven 1971.

295. J.P. PEETERS, De-industrialization in the Small and Medium-sized Towns in Brabant at the End of the Middle Ages. A Case-Study: The Cloth Industry of Tienen, in: H. VAN DER WEE (Hg.), The Rise and Decline of Urban Industries in Italy and in the Low Countries (Late Middle Ages – Early Modern Times), Löwen 1988, 165–186.

296. H.C. PEYER, Leinwandgewerbe und Fernhandel der Stadt St. Gallen von den Anfängen bis 1520, 2 Bde., St. Gallen 1959–1960.

297. R. DE ROOVER, A Florentine Firm of Cloth Manufacturers. Management and Organization of a Sixteenth-Century Business, in: Speculum 16 (1941) 3–33.

298. M. SPALLANZANI (Hg.), Produzione, commercio e consumo dei panni di lana nei secoli XII–XVIII, Florenz 1976.

299. W. VON STROMER, Die Gründung der deutschen Baumwollindustrie in Mitteleuropa. Wirtschaftspolitik im Spätmittelalter, Stuttgart 1978.

Metallgewerbe

300. J. HATCHER/T.C. BARKER, A History of British Pewter, Harlow 1974.

301. A. JORIS, Probleme der mittelalterlichen Metallindustrie im Maasgebiet, in: HGB 87 (1969) 58–76.
302. R.A. PELTZER, Geschichte der Messingindustrie und der künstlerischen Arbeiten in Messing (Dinanderies) in Aachen und den Ländern zwischen Maas und Rhein von der Römerzeit bis zur Gegenwart, in: ZAGV 30 (1909) 235–463.
303. R. SPRANDEL, Das Eisengewerbe in Mittelalter, Stuttgart 1968.
304. R. STAHLSCHMIDT, Die Geschichte des eisenverarbeitenden Gewerbes in Nürnberg von den 1. Nachrichten im 12.–13. Jahrhundert bis 1630, Nürnberg 1971.
305. R. STAHLSCHMIDT, Das Messinggewerbe im spätmittelalterlichen Nürnberg, in: MVGSN 57 (1970) 124–149.

Zünfte und Handwerkergesellschaften

306. D. DEGRASSI, L'economia artigiana nell'Italia medievale, Rom 1996.
307. R.S. ELKAR (Hg.), Deutsches Handwerk in Spätmittelalter und Früher Neuzeit. Sozialgeschichte – Volkskunde – Literaturgeschichte, Göttingen 1983.
308. R. ENNEN, Zünfte und Wettbewerb. Möglichkeiten und Grenzen zünftlerischer Wettbewerbsbeschränkungen im städtischen Handel und Gewerbe des Spätmittelalters, Köln/Wien 1971.
309. S.A. EPSTEIN, Wage Labor and Guilds in Medieval Europe, Chapel Hill/London 1991.
310. F. GÖTTMANN, Handwerk und Bündnispolitik. Die Handwerkerbünde am Mittelrhein vom 14. bis zum 17. Jahrhundert, Wiesbaden 1977.
311. P. JOHANEK (Hg.), Einungen und Bruderschaften in der spätmittelalterlichen Stadt, Köln/Weimar/Wien 1993.
312. P. LAMBRECHTS/J.-P. SOSSON (Hg.), Les métiers au moyen âge. Aspects économiques et sociaux, Louvain-la-Neuve 1994.
313. H. LENTZE, Nürnbergs Gewerbeverfassung des Spätmittelalters im Rahmen der deutschen Entwicklung, in: Beiträge zur Wirtschaftsgeschichte Nürnbergs, Bd. II, Nürnberg 1967, 593–619.
314. O.G. OEXLE, Otto von Gierkes ‚Rechtsgeschichte der deutschen Genossenschaft'. Ein Versuch wissenschaftsgeschichtlicher Rekapitulation, in: N. HAMMERSTEIN (Hg.), Deutsche Geschichtswissenschaft um 1900, Stuttgart 1988, 193–217.
315. W. REININGHAUS, Die Entstehung der Gesellengilden im Spätmittelalter, Wiesbaden 1981.
316. L. REMLING, Bruderschaften in Franken. Kirchen- und sozialgeschichtliche Untersuchungen zum spätmittelalterlichen und frühneuzeitlichen Bruderschaftswesen, Würzburg 1986.
317. G. SCHMOLLER, Die Straßburger Tucher- und Weberzunft. Urkunden und Darstellungen nebst Regesten und Glossar. Ein Beitrag zur Geschichte der

deutschen Weberei und des deutschen Gewerberechts vom 13. bis 17. Jahrhundert, Straßburg 1879.

318. K. Schulz, Handwerksgesellen und Lohnarbeiter. Untersuchungen zur oberrheinischen und oberdeutschen Stadtgeschichte des 14. bis 17. Jahrhunderts, Sigmaringen 1985.

319. K. Schulz, Deutsche Handwerkergruppen in Italien, besonders in Rom (14.-16. Jahrhundert), in: S. Cavaciocchi (Hg.), Le migrazioni in Europa secc. XIII-XVIII, Florenz/Prato 1994, 567–591.

320. K. Simon-Muscheid, Basler Handwerkszünfte im Spätmittelalter. Zunftinterne Strukturen und innerstädtische Kämpfe, Bern/Frankfurt a.M./New York/Paris 1988.

321. K. Wesoly, Lehrlinge und Handwerksgesellen am Mittelrhein. Ihre soziale Lage und ihre Organisation vom 14. bis ins 17. Jahrhundert, Frankfurt/M. 1985.

Genderforschung

322. K. Arnold, Frauen in den mittelalterlichen Hansestädten – Eine Annäherung an die Realität, in: HGB 108 (1990) 13–29.

323. J.M. Bennett, „History that Stands Still": Women's Work in the European Past, in: FeSt 14 (1988) 2, 269–283.

324. K. Bücher, Die Frauenfrage im Mittelalter (1882), Tübingen ²1910.

325. M.C. Howell, Women, Production and Patriarchy in Late Medieval Cities, Chicago/London 1986.

326. Y. Ichikawa, Die Stellung der Frauen in den Handwerksämtern im spätmittelalterlichen und frühneuzeitlichen Lübeck, in: ZVLG 66 (1986) 91–118.

327. G. Jacobsen, Women's Work and Women's Role: Ideology and Reality in Danish Urban Society, 1300–1500, in: SEHR 31 (1983) 3–20.

328. M. Kowaleski/ J.M. Bennett, Crafts, Gilds and Women in the Middle Ages: Fifty Years after Marian K. Dale, in: Signs 14 (1989) 474–488.

329. E. Uitz, Die Frau in der mittelalterlichen Stadt, Leipzig 1988; ND Freiburg/Basel/Wien 1992.

330. M. Wensky, Die Stellung der Frau in der stadtkölnischen Wirtschaft im Spätmittelalter, Köln 1980.

331. M. Wensky, Women's Guilds in Cologne in the Later Middle Ages, in: JEEH 11 (1982) 631–650.

332. K. Wesoly, Der weibliche Bevölkerungsanteil in spätmittelalterlichen und frühneuzeitlichen Städten und die Betätigung von Frauen im zünftigen Handwerks (insbesondere am Mittel- und Oberrhein), in: ZGO 128 (1980) 69–117.

333. A. Winter, Studien zur sozialen Situation der Frauen in der Stadt Trier nach der Steuerliste von 1364. Die Unterschicht, in: KJb 15 (1975) 20–45.

334. H. WUNDER, Historische Frauenforschung. Ein Zugang zur Gesellschaftsgeschichte, in: W. AFFELDT (Hg.), Frauen in Spätantike und Frühmittelalter. Lebensbedingungen – Lebensnormen – Lebensformen, Sigmaringen 1990, 31–41.
335. H. WUNDER, „Jede Arbeit ist ihres Lohnes wert". Zur geschlechtsspezifischen Teilung und Bewertung von Arbeit in der Frühen Neuzeit, in: K. HAUSEN (Hg.), Geschlechterhierarchie und Arbeitsteilung. Zur Geschichte ungleicher Erwerbschancen von Männern und Frauen, Göttingen 1993, 19–39.

Löhne (Lohnarbeit) und Preise

336. W.H. BEVERIDGE, Prices and Wages in England from the Twelfth to the Nineteenth Century, London 1939
337. U. DIRLMEIER, Untersuchungen zu Einkommensverhältnissen und Lebenshaltungskosten in oberdeutschen Städten des Spätmittelalters (Mitte 14. bis Anfang 16. Jahrhundert), Heidelberg 1978.
338. U. DIRLMEIER, Zu den Bedingungen der Lohnarbeit im spätmittelalterlichen Deutschland, in: A. GUARDUCCI (Hg.), Forme ed evoluzione del lavoro in Europa: XIII–XVIII secc., Florenz 1991, 521–558.
339. M.J. ELSAS, Umriß einer Geschichte der Preise und Löhne in Deutschland im ausgehenden Mittelalter bis zum Beginn des neunzehnten Jahrhundert, 2 Bde., Leiden 1936–1940.
340. E. FIUMI, Economia e vita privata dei fiorentini nelle rilevazioni statistiche di Giovanni Villani, in: ASI 111 (1953) 207–241.
341. G. FOUQUET, Zeit, Arbeit und Muße im Wandel spätmittelalterlicher Kommunikationsformen: Die Regulierung von Arbeits- und Geschäftszeiten im städtischen Handwerk und Gewerbe, in: A. HAVERKAMP (Hg.), Information, Kommunikation und Selbstdarstellung in mittelalterlichen Gemeinden, München 1998, 237–275.
342. B. GEREMEK, Le salariat dans l'artisanat parisien aux XIIIe–XVe siècles. Etude sur le marché de la main d'oeuvre au moyen âge (1968), Paris/La Haye ²1982.
343. U. HAUSCHILD, Studien zu Löhnen und Preisen in Rostock im Spätmittelalter, Köln/Wien 1973.
344. G. JARITZ/K. SONNLEITNER (Hg.), Wert und Bewertung von Arbeit im Mittelalter und in der Frühen Neuzeit, Graz 1995.
345. C.M. DE LA RONCIÈRE, Florence. Centre économique et sociale au XIVe siècle. Le marché des denrées de première nécessité à Florence et dans sa campagne et les conditions de vie des salaries (1320–1380), 5 Bde., Aix-en-Provence 1976.
346. C.M. DE LA RONCIÈRE, Prix et salaires à Florence au XIVe siècle, 1280–1380, Rom 1982.
347. J.-P. SOSSON, Les travaux publics de la ville de Bruges, XIVe–XVe siècles. Les matériaux. Les hommes, Brüssel 1977.

2.2. Hochfinanz und Welthandel

Hochfinanz und Herrschaft

348. R.-H. BAUTIER/J. SORNAY/F. MURET (Bearb.), Les sources de l'histoire économique et sociale du moyen âge II. Les états de la maison de Bourgogne II: Archives des principautés du Nord, Paris 1984.
349. U. BESTMANN/F. IRSIGLER/J. SCHNEIDER (Hg.), Hochfinanz, Wirtschaftsräume, Innovation. Festschrift für W. von Stromer, 3 Bde., Trier 1987.
350. F. BURGARD/A. HAVERKAMP/F. IRSIGLER/W. REICHERT (Hg.), Hochfinanz im Westen des Reiches 1150–1500, Trier 1996.
351. M.A. DENZEL, Kurialer Zahlungsverkehr im 13. und 14. Jahrhundert, Stuttgart 1991.
352. M.A. DENZEL, „La Pratica della Cambiatura". Europäischer Zahlungsverkehr vom 14. bis zum 17. Jahrhundert, Stuttgart 1994.
353. M.A. DENZEL, Kleriker und Kaufleute. Polen im kurialen Zahlungsverkehrssystem des 14. Jahrhunderts, in: VSWG 82 (1995) 305–331.
354. U. DIRLMEIER, Mittelalterliche Hoheitsträger im wirtschaftlichen Wettbewerb, Wiesbaden 1966.
355. J.B. HENNEMAN, Royal Taxation in Fourteenth-Century France. The Development of War Financing, Princeton, NJ 1971.
356. B. LYON/A. VERHULST, Medieval Finance. A Comparison of Financial Institutions in Northwestern Europe, Brügge 1967.
357. I.-M. PETERS, Hansekaufleute als Gläubiger der englischen Krone (1294–1350), Köln 1978.
358. Y. RENOUARD, Les relations des papes d'Avignon et des compagnies commerciales et bancaires de 1316 à 1378, Paris 1941.
359. E. VON ROON-BASSERMANN, Die Handelssperre Englands gegen Flandern 1270–1274 und die lizensierte englische Wollausfuhr, in: VSWG 50 (1963) 71–82.
360. W. VON STROMER, Oberdeutsche Hochfinanz 1350–1450, 3 Bde., Wiesbaden 1970.

Banken, Geld- und Finanzwirtschaft

361. E. ASHTOR, Les métaux précieux et la balance de payements du Proche-Orient à la basse époque, Paris 1971.
362. A. ATTMAN, The Bullion Flow between Europe and the East, 1000–1750, Göteborg 1981.
363. H.P. BAUM, Hochkonjunktur und Wirtschaftskrise im spätmittelalterlichen Hamburg. Hamburger Rentengeschäfte 1371–1410, Hamburg 1976.
364. H.P. BAUM/R. SPRANDEL, Zur Wirtschaftsentwicklung im spätmittelalterlichen Hamburg, in: VSWG 59 (1972) 473–488.
365. A. VON BRANDT, Der Lübecker Rentenmarkt von 1320–1350, Kiel 1935.

366. M.A. DENZEL (Hg.), Währungen der Welt IX: Europäische Wechselkurse von 1383 bis 1620, Stuttgart 1995.

367. H. EMMERIG, Die Regensburger Hausgenossenschaft im 13. und 14. Jahrhundert, in: VHVObPfalz, 130 (1990) 7–170.

368. N. FRYDE, Die Kaufleute aus Cahors im England des 13. Jahrhunderts, in: M. NORTH (Hg.), Kredit im spätmittelalterlichen und frühneuzeitlichen Europa, Köln 1991, 25–37.

369. H.-J. GILOMEN, Wucher und Wirtschaft im Mittelalter, in: HZ 250 (1990) 265–301.

370. H.-J. GILOMEN, Anleihen und Steuern in der Finanzwirtschaft spätmittelalterlicher Städte. Option bei drohendem Dissens, in: S. GUEX/M. KÖRNER/J. TANNER (Hg.), Staatsfinanzierung und Sozialkonflikte (14.–20. Jahrhundert), Zürich 1994, 137–158.

371. M. GROTEN, Die Anfänge des Kölner Schreinswesens, in: JbKGV 56 (1985) 1–21.

372. H. HABERLAND, Der Lübecker Renten- und Immobilienmarkt in der Zeit von 1285–1313, Lübeck 1974.

373. F. IRSIGLER/W. REICHERT, Lombardi nell'occidente dell'Impero, in: M. DEL TREPPO (Hg.), Sistema di rapporti ed élites economiche in Europa (secoli XII–XVII), Neapel 1994, 323–336.

374. W. JESSE, Die deutschen Münzerhausgenossen, in: NuZ 63 (1930) 47–91.

375. H. KELLENBENZ (Hg.), Öffentliche Finanzen und privates Kapital im späten Mittelalter und in der ersten Hälfte des 19. Jahrhunderts, Stuttgart 1971.

376. R.S. KOHN, Le statut forain: marchands étrangers, Lombards et Juifs dans la France royale et la Bourgogne (seconde moitié du XIVe siècle), in: RHDF 61 (1983) 7–24.

377. F.C. LANE/R.C. MUELLER, Money and Banking in Medieval and Renaissance Venice, Bd. I: Coins and Money of Account, Baltimore 1985.

378. J.H. MUNRO, Wool, Cloth and Gold. The Struggle for Bullion in Anglo-Burgundian Trade, 1340–1478, Brüssel 1973.

379. J.H. MUNRO, Bullion Flows and Monetary Policies in England and the Low Countries, 1350–1500, Hampshire 1992.

380. M. NORTH, Das Geld und seine Geschichte. Vom Mittelalter bis zur Gegenwart, München 1994.

381. W. OGRIS, Der mittelalterliche Leibrentenvertrag, Wien 1961.

382. J. REETZ, Über das Niederstadtbuch, in: ZVLG 35 (1955) 34–56.

383. W. REICHERT, Lombarden zwischen Rhein und Maas. Versuch einer Zwischenbilanz, in: RVb 51 (1987) 188–223.

384. G. RÖSCH, Wucher in Deutschland 1200–1350, in: HZ 259 (1994) 593–636.

385. R. DE ROOVER, Money, Banking and Credit in medieval Bruges, Cambridge, Mass. 1948.

386. R. DE ROOVER, L'évolution de la lettre de change, XIVe-XVIIIe siècles, Paris 1953.
387. R. DE ROOVER, The Rise and Decline of the Medici Bank, 1397–1494, Cambridge, Mass. ²1968.
388. R. DE ROOVER, The Bruges Money Market around 1400, Brüssel 1968.
389. R. DE ROOVER, La pensée économique des scolastiques. Doctrines et méthodes, Montréal/Paris 1971.
390. R. DE ROOVER, Business, Banking and Economic Thought in Late Medieval and Early Modern Europe, hg. v. J. KIRSHNER, Chicago/London 1974.
391. R. SPRANDEL, Das mittelalterliche Zahlungssystem nach hansisch-nordischen Quellen des 13.-15. Jahrhunderts, Stuttgart 1975.
392. P. SPUFFORD, Handbook of Medieval Exchange, London 1986.
393. P. SPUFFORD, Money and its Use in Medieval Europe, Cambridge 1988; ND Cambridge 1991.
394. W. VON STROMER, Die oberdeutschen Geld- und Wechselmärkte. Ihre Entwicklung vom Spätmittelalter bis zum Dreißigjährigen Krieg, in: ScM 10 (1976) 23–49.
395. W. VON STROMER, Funktion und Rechtsnatur der Wechselstuben als Banken in Oberdeutschland, den Rheinlanden und den mitteleuropäischen Montanzentren im Spätmittelalter, in: BA 5 (1979) 3–33.
396. W. VON STROMER, Hartgeld, Kredit und Giralgeld. Zu einer monetären Konjunkturtheorie des Spätmittelalters und der Wende zur Neuzeit, in: V. BARBAGLI BAGNOLI (Hg.), La moneta nell'economia europea, secoli XIII–XVIII, Florenz 1981, 105–125.
397. M. TOCH, Der jüdische Geldhandel in der Wirtschaft des deutschen Spätmittelalters: Nürnberg 1350–1499, in: BDLG 117 (1981) 283–310.
398. W. TRUSEN, Spätmittelalterliche Jurisprudenz und Wirtschaftsethik dargestellt an Wiener Gutachten des 14. Jahrhunderts, Wiesbaden 1961.
399. W. TRUSEN, Zum Rentenkauf im Spätmittelalter, in: Festschrift für H. Heimpel zum 70. Geburtstag, Bd. II, Göttingen 1972, 140–158.
400. C. VORNEFELD, Einheimische und lombardische Wucherer im Frankreich von Charles VI. Eine neue Quelle zur Sozialgeschichte des Wuchers, in: JMH 15 (1989) 269–287.
401. P. WOLFF, Le problème des Cahorsins, in: AM 62 (1950) 229–238.

Versicherungswesen

402. H. GRONEUER, Die Seeversicherung in Genua am Ausgang des 14. Jahrhunderts, in: K. SCHULZ (Hg.), Beiträge zur Wirtschafts- und Sozialgeschichte des Mittelalters. Festschrift für Herbert Helbig zum 65. Geburtstag, Köln/Wien 1976, 218–260.
403. F. MELIS, I primi secoli delle assicurazioni (secoli XIII-XVI), Rom 1965.
404. K. NEHLSEN-VON STRYK, L'assicurazione marittima à Venezia nel XV. sec., Rom 1988.

Messen

405. H. Ammann, Die Zurzacher Messen im Mittelalter, in: Taschenbuch der Historischen Gesellschaft des Kantons Aargau (1923) 2–155.
406. H. Ammann, Neue Beiträge zur Geschichte der Zurzacher Messen, in: Taschenbuch der Historischen Gesellschaft des Kantons Aargau (1929) 1–207.
407. H. Ammann, Die Friedberger Messen, in: RVb 15/16 (1950/51) 192–225.
408. H. Ammann, Die Nördlinger Messe im Mittelalter, in: Aus Verfassungs- und Landesgeschichte. Festschrift Theodor Mayer, Bd. II, Lindau/Konstanz 1955, 283–315.
409. J.-F. Bergier, Les foires de Genève et l'économie internationale de la Renaissance, Paris 1963.
410. W.P. Blockmans, Aux origines des foires d'Anvers, in: P. Contamine/T. Dutour/B. Schnerb (Hg.), Commerce, finances et société (XVe–XVIe siècles). Recueil de travaux d'histoire médiévale offert à M. le Professeur H. Dubois, Paris 1993, 21–26.
411. F. Bourquelot, Etudes sur les foires de Champagne, 2 Bde., Paris 1865.
412. S. Cavaciocchi (Hg.), Fiere e mercati nella integrazione delle economie europee, secc. XIII–XVIII, Florenz 2001.
413. G. Des Marez, La lettre de foire à Ypres au XIIIe siècle, Brüssel 1901.
414. H. Dubois, Les foires de Chalon et le commerce dans la vallée de la Saône à la fin du moyen âge (vers 1280-vers 1430), Paris 1976.
415. La foire, Brüssel 1953.
416. R. Häpke, Brügges Entwicklung zum mittelalterlichen Weltmarkt, Berlin 1908; ND Aalen 1975.
417. P. Johanek/H. Stoob (Hg.), Europäische Messen und Märktesysteme in Mittelalter und Neuzeit, Köln/Weimar/Wien 1996.
418. R. Koch (Hg.), Brücke zwischen den Völkern – Zur Geschichte der Frankfurter Messe, Bd. I: H. Pohl (Hg.), Frankfurt im Messenetz Europas – Erträge der Forschung, Frankfurt a.M. 1991.
419. A. Lombard-Jourdan, Les foires de l'abbaye de Saint-Denis. Revue des données et revision des opinions admises, in: BEC 145 (1987) 273–338.
420. J. Martineau, Les Halles de Paris des origines à 1789. Évolution materielle, juridique et économique, Paris 1960.
421. M. Rothmann, Die Frankfurter Messen im Mittelalter, Stuttgart 1998.
422. C.F.J. Slootmans, Paas- en Koudemarkten te Bergen op Zoom 1365–1565, 3 Bde., Tilburg 1985.
423. H. Thomas, Beiträge zur Geschichte der Champagnemessen im 14. Jahrhundert, in: VSWG 64 (1977) 433–467.
424. H. Van der Wee, The Growth of the Antwerp Market and the European Economy (14th–16th Centuries), 3 Bde., Den Haag 1963.
425. E. Wedemeyer Moore, The Fairs of Medieval England. An Introductory Study, Toronto 1985.

Großhändler und Handelsgesellschaften, die Hanse

426. J.H.A. BEUKEN, De Hanze en Vlaanderen, Maastricht 1950.
427. W. BLOCKMANS, Handelstechniken in Flandern und Brabant im Vergleich mit denjenigen der Hanse, 14.-15. Jahrhundert, in: K. FRIEDLAND (Hg.), Brügge-Colloquium des Hansischen Geschichtsvereins 26.-29. Mai 1988, Köln/Wien 1990, 25–32.
428. J. BRACKER (Hg.), Die Hanse. Lebenswirklichkeit und Mythos, 2 Bde., Hamburg 1989.
429. A. CORDES, Spätmittelalterlicher Gesellschaftshandel im Hanseraum, Köln/Weimar/Wien 1998.
430. J. DEETERS (Hg.), Die Hanse und Köln, Köln 1988.
431. P. DOLLINGER, Die Hanse, Stuttgart ^{4}1989 (frz. Originalausgabe 1964).
432. W. EIKENBERG, Das Handelshaus der Runtinger zu Regensburg. Ein Spiegel süddeutschen Rechts-, Handels- und Wirtschaftslebens im ausgehenden 14. Jahrhundert, Göttingen 1976.
433. K. ENGEL, Die Organisation der deutsch-hansischen Kaufleute in England im 14. und 15. Jahrhundert bis zum Utrechter Frieden von 1474, in: HGB 39 (1913) 445–517; 40 (1914) 173–225.
434. G. FOUQUET, Ein Italiener in Lübeck: der Florentiner Gherardo Bueri (gest. 1449), in: ZVLG 78 (1998) 187–220.
435. K. FRIEDLAND, Die Hanse, Stuttgart 1991.
436. K. FRITZE/J. SCHILDHAUER/W. STARK, Die Hanse, Berlin ^{4}1981.
437. A. D'HAENENS (Hg.), De wereld van de Hanze, Antwerpen 1984.
438. R. HAMMEL-KIESOW, Häusermarkt und wirtschaftliche Wechsellagen in Lübeck 1284–1700, in: HGB 106 (1988) 41–109.
439. R. HAMMEL-KIESOW, Die Hanse, München 2000.
440. V. HENN, Über die Anfänge des Brügger Hansekontors, in: HGB 107 (1989) 43–66.
441. V. HENN/A. NEDKVITNE (Hg.), Norwegen und die Hanse. Wirtschaftliche und kulturelle Aspekte im Vergleich, Frankfurt a.M. 1994.
442. J.A. VAN HOUTTE, Bruges. Essai d'histoire urbaine, Brüssel 1967.
443. J.A. VAN HOUTTE, Herbergswesen und Gastlichkeit im mittelalterlichen Brügge, in: H.C. PEYER (Hg.), Gastfreundschaft, Taverne und Gasthaus im Mittelalter, München 1983, 177–187.
444. E.S. HUNT, The Medieval Super-Companies. A Study of the Peruzzi Company of Florence, Cambridge 1994.
445. F. IRSIGLER, Kaufmannsmentalität im Mittelalter, in: C. MECKSEPER/E. SCHRAUTH (Hg.), Mentalität und Alltag im Spätmittelalter, Göttingen ^{2}1991, 53–75.
446. C. JAHNKE, „Das Silber des Meeres". Fang und Vertrieb von Ostseehering zwischen Norwegen und Italien (12.–16. Jahrhundert), Köln/Weimar/Wien 2000.

447. S. Jenks, Hansische Vermächtnisse in London ca. 1363–1483, in: HGB 104 (1986) 35–111.
448. S. Jenks, England, die Hanse und Preußen. Handel und Diplomatie 1377– 1474, 3 Tle., Köln/Wien 1992.
449. S. Jenks/M. North (Hg.), Der hansische Sonderweg? Beiträge zur Sozial- und Wirtschaftsgeschichte der Hanse, Köln/Weimar/Wien 1993.
450. D. Kattinger, Die Gotländische Genossenschaft. Der frühhansisch- gotländische Handel in Nord- und Westeuropa, Köln/Weimar/Wien 1999.
451. D. Kattinger /H. Wernicke, Akteure und Gegner der Hanse – Zur Prosopographie der Hansezeit, Weimar 1998.
452. B.Z. Kedar, Merchants in Crises: Genoese and Venetian Men of affairs and the Fourteenth Century Depression, New Haven/London 1976.
453. F.C. Lane, Andrea Barbarigo. Merchant of Venice 1418–1449, Baltimore 1944.
454. R.S. Lopez, Benedetto Zaccaria, ammiraglio e mercante nella Genova del Duecento, Mailand 1932; ND Florenz 1996.
455. F. Melis, Aspetti della vita economica medievale. Studi nell'archivio Datini di Prato, Siena 1962.
456. R.C. Mueller, Les prêteurs juifs de Venise au moyen âge, in: AESC 30 (1975) 1277–1302.
457. I. Origo, „Im Namen Gottes und des Geschäfts". Lebensbild eines toskanischen Kaufmanns der Frührenaissance. Francesco di Marco Datini 1335–1410, München 1985 (engl. Originalausgabe 1957).
458. W. Paravicini, Lübeck und Brügge. Bedeutung und erste Ergebnisse eines Kieler Forschungsprojekts, in: H. Menke (Hg.), Die Niederlande und der europäische Nordosten. Ein Jahrtausend weiträumiger Beziehungen (700– 1700), Neumünster 1992, 91–166.
459. O. Pelc/G. Pickhan (Hg.), Zwischen Lübeck und Novgorod. Wirtschaft, Politik und Kultur im Ostseeraum vom frühen Mittelalter bis ins 20. Jahrhundert, Lüneburg 1996.
460. J.H. Pryor, The Origins of the Commenda Contract, in: Speculum 52 (1977) 5–37.
461. M. Puhle, Die Vitalienbrüder. Klaus Störtebeker und die Seeräuber der Hansezeit, Frankfurt a.M./New York ²1994.
462. F. Rörig, Wirtschaftskräfte im Mittelalter. Abhandlungen zur Stadt- und Hansegeschichte, hg. v. P. Kaegbein, Wien/Köln/Graz ²1971.
463. R. de Roover, The Story of the Alberti Company of Florence, 1302–1348, as Revealed in Its Account Books in: BHR 32 (1958) 14–59.
464. A. Sapori, La crisi delle compagnie mercantili dei Bardi e dei Peruzzi, Florenz 1926.
465. H. Stoob, Die Hanse, Graz/Wien/Köln 1995.
466. P. Stützel, Die Privilegien des Deutschen Kaufmanns in Brügge im 13. und 14. Jahrhundert, in: HGB 116 (1998) 23–63.

467. S.L. THRUPP, The Merchant Class of Medieval London, Ann Harbor 1948; ND Ann Harbor 1989.
468. V. VERMEERSCH (Hg.), Brugge en de zee. Van Bryggia tot Zeebrugge, Antwerpen 1982.

Fern- und Welthandel

469. E. ASHTOR, Levant Trade in the Later Middle Ages, Princeton, New Jersey 1983.
470. A. BABEL, Histoire économique de Genève, des origines au début du XVIe siècle, 2 Bde., Genf 1963.
471. M. BALARD, La Romanie Gênoise (XIIe-début du XVe siècle), 2 Bde., Genua bzw. Paris 1978.
472. J.-F. BERGIER, Le trafic à travers les Alpes et les liaisons transalpines du haut moyen âge au 17e siècle, in: Le Alpi e l'Europa 3: Economia e transiti, Bari 1975, 1–72.
473. J.-F. BERGIER, Les Alpes centrales et le trafic européen au moyen âge (1974), in: DERS., Hermès et Clio. Essais d'histoire économique, Lausanne 1984, 41–52.
474. C. CARRÈRE, Barcelone, centre économique à l'époque des difficultés 1380–1462, 2 Bde., Paris/La Haye 1967.
475. G. CARO, Genua und die Mächte am Mittelmeer 1257 bis 1311, 2 Bde., Halle 1895–1899, ND Aalen 1967.
476. E. CARUS-WILSON/O. COLEMAN, England's Export Trade, 1275–1547, Oxford 1963.
477. R. DELORT, Le commerce des fourreures en Occident à la fin du moyen âge (vers 1300 – vers 1450), 2 Bde., Rom 1978–1980.
478. H. DUBOIS, Frankreich und die europäische Wirtschaft im ausgehenden Mittelalter, Nürnberg 1979.
479. B. GILLE, Fonctions économiques de Paris, in: Paris, fonctions d'une capitale, Paris 1962, 115–151.
480. W. HEYD, Geschichte des Levantehandels im Mittelalter, 2 Bde., Stuttgart 1879; ND Hildesheim/Zürich/New York 1984; erw. frz. Übers.: Histoire du commerce du Levant au moyen âge, 2 Bde., Paris/Leipzig 1885–1886.
481. M.K. JAMES, Studies in the Medieval Wine Trade, hg. v. E.M. VEALE, Oxford 1971.
482. T.H. LLOYD, Alien Merchants in the High Middle Ages, Brighton 1981.
483. R.S. LOPEZ, Storia delle colonie genovesi, Bologna 1938.
484. G. LUZZATO, Storia economica di Venezia dall' XI al XVI secolo, Venedig 1961.
485. A.-E. SAYOUS, Les méthodes commerciales de Barcelone au XIIIe siècle, d'apres des documents inédits des archives de sa cathédrale (1931), in: DERS., Commerce et finance en Méditerranée au moyen âge, hg. v. M. STEELE, London 1988, I.

486. A.-E. SAYOUS, Les méthodes commerciales de Barcelone au XIVe siècle, surtout d'apres des protocoles inédits de ses archives notariales (1933), in: DERS., Commerce et finance en Méditerranée au moyen âge, hg. v. M. STEELE, London 1988, II.

487. A. SCHAUBE, Handelsgeschichte der romanischen Völker des Mittelmeergebiets bis zum Ende der Kreuzzüge, München/Berlin 1906; ND Osnabrück 1973.

488. A. SCHAUBE, Die Anfänge der venezianischen Galeerenfahrten nach der Nordsee, in: HZ 101 (1908) 28–89.

489. J. SCHNEIDER (Hg.), Wirtschaftskräfte und Wirtschaftswege. Festschrift für Hermann Kellenbenz, 5 Bde., Stuttgart 1978.

490. A. SCHULTE, Geschichte des mittelalterlichen Handels und Verkehrs zwischen Westdeutschland und Italien. 2 Bde., Berlin 1900; ND Berlin 1966.

491. W. STEIN, Handels- und Verkehrsgeschichte der deutschen Kaiserzeit, Berlin 1922; ND Darmstadt ^{2}1977.

Handelsbücher und Buchhaltung

492. F. BASTIAN (Hg.), Das Runtingerbuch 1383–1407 und verwandtes Material zum Regensburger südostdeutschen Handel und Münzwesen, 3 Bde., Regensburg 1935–1944.

493. R.A. GOLDTHWAITE/E. SETTESOLDI/M. SPALLANZANI (Bearb.), Due libri mastri degli Alberti: una grande compagnia di Calimala 1348–1358, Florenz 1995.

494. M.P. LESNIKOV (Hg.), Die Handelsbücher des hansischen Kaufmanns Veckinchusen, Berlin 1973.

495. F. MELIS, Storia della ragioneria, Bologna 1950.

496. B. PENNDORF, Luca Pacioli. Abhandlung über die Buchhaltung 1494, Stuttgart 1933.

497. R. DE ROOVER, Aux origines d'une technique intellectuelle: La formation et l'expansion de la comptabilité à partie double, in: AHES 9 (1937) 171–193 u. 270–298.

498. W. STIEDA (Hg.), Hildebrand Veckinchusen. Briefwechsel eines deutschen Kaufmanns im 15. Jahrhundert, Leipzig 1921.

499. W. VON STROMER, Das Schriftwesen der Nürnberger Wirtschaft vom 14. bis zum 16. Jahrhundert, in: Beiträge zur Wirtschaftsgeschichte Nürnbergs, Bd. II, Nürnberg 1967, 751–799.

500. B.S. YAMEY, Art and Accounting, New Haven 1989.

501. B.S. YAMEY, Bookkeeping and Accounts, 1200–1800, in: S. CAVACIOCCHI (Hg.), L'impresa. Industria, commercio, banca, secc. XIII–XVIII, Florenz 1991, 163–187.

502. T. ZERBI, Le origini della partita doppia, Mailand 1952.

3. Lebensformen

3.1. Familie, Haus und Verwandtschaft

Allgemeines

503. C. Allmand (Hg.), Society at War. The Experience of England and France during the Hundred Years War, Edingburgh 1973; ND Woodbridge 1998.
504. D. Altenburg/J. Jarnut/H.-H. Steinhoff (Hg.), Feste und Feiern im Mittelalter. Paderborner Symposion des Mediävistenverbandes, Sigmaringen 1991.
505. P. Ariès/G. Duby (Hg.), Geschichte des privaten Lebens, Bd. II: Vom Feudalzeitalter zur Renaissance, hg. v. G. Duby, Frankfurt a.M. ^{4}1990 (frz. Originalausgabe 1985).
506. F. Autrand, Pouvoir et societé en France (XIVe-XVe siècles), Paris 1974.
507. A. Borst, Lebensformen im Mittelalter (1973), Berlin ^{4}1987.
508. O. Brunner, Neue Wege der Verfassungs- und Sozialgeschichte, Göttingen ^{3}1980.
509. N. Bulst/J.-P. Genet (Hg.), Medieval Lives and the Historian. Studies in Medieval Prosopography, Kalamazoo, Michigan 1986.
510. R. Cazelles, Société, politique, noblesse et couronne sous Jean le Bon et Charles V, Genf 1982.
511. J. Chiffoleau, La comptabilité de l'au-delà. Les hommes, la mort et la religion dans la région d'Avignon à la fin du moyen âge (vers 1320 – vers 1480), Rom 1980.
512. P. Contamine, La vie quotidienne pendant la guerre de Cent ans. France et Angleterre (XIVe siècle), Paris 1976.
513. J. Delumeau, Angst im Abendland. Die Geschichte kollektiver Ängste im Europa des 14. bis 18. Jahrhundert, 2 Bde., Reinbek 1985 (frz. Originalausgabe 1978).
514. P. Dinzelbacher (Hg.), Europäische Mentalitätsgeschichte. Hauptthemen in Einzeldarstellungen, Stuttgart 1993.
515. U. Dirlmeier (Hg.), Geschichte des Wohnens, Bd. II: 500–1800. Hausen – Wohnen – Residieren, Stuttgart 1998.
516. G. Duby, Histoire des mentalités, in: C. Samaran (Hg.), L'histoire et ses methodes, Paris 1961, 937–966.
517. C.C. Dyer, Standards of Living in the Later Middle Ages. Social Change in England, c. 1200–1500, Cambridge 1989.
518. C.C. Dyer, Everyday Life in Medieval England, London/Rio Grande 1994.
519. D. Geuenich/O.G. Oexle (Hg.), Memoria in der Gesellschaft des Mittelalters, Göttingen 1994.
520. F. Graus, Pest – Geißler – Judenmorde. Das 14. Jahrhundert als Krisenzeit, Göttingen ^{3}1994.

521. F. Graus (Hg.), Mentalitäten im Mittelalter. Methodische und inhaltliche Probleme, Sigmaringen 1987.
522. N. B. Harte/K. G. Ponting (Hg.), Cloth and Clothing in Medieval Europe, London 1983.
523. J. Heers, Vom Mummenschanz zum Machttheater, Frankfurt a.M. 1986 (frz. Originalausgabe 1971).
524. D. Herlihy, The Social History of Italy and Western Europe 700–1500, London 1978.
525. M. Keen, English Society in the Later Middle Ages 1348–1500, London 1990.
526. H. Kühnel (Hg.), Alltag im Spätmittelalter, Graz/Wien/Köln ³1986.
527. J. Le Goff, Les trois fonctions indo-européens. L'histoire et l'Europe féodale, in: AESC 34 (1979) 1187–1215.
528. E. Mitre Fernández, La España Medieval. Sociedades, Estados, Culturas, Madrid 1979.
529. O.G. Oexle, Geschichte als Historische Kulturwissenschaft, in: W. Hardtwig/H.-U. Wehler (Hg.), Kulturgeschichte Heute, Göttingen 1996, 14–40.
530. O.G. Oexle (Hg.), Memoria als Kultur, Göttingen 1995.
531. O.G. Oexle/A. von Hülsen-Esch (Hg.), Die Repräsentation der Gruppen. Texte – Bilder – Objekte, Göttingen 1998.
532. C. Platt, Medieval England. A Social History and Archaeology from the Conquest to A.D. 1600, London/New York ²1988.
533. E. Rassart-Eeckhout/J.-P. Sosson/C. Thiry/T. Van Hemelryck (Hg.), La vie matérielle au moyen âge. L'apport des sources litteraires, normatives et la pratique, Louvain-La-Neuve 1997.
534. W. Reinhard (Hg.), Power Elites and State Building, Oxford 1996.
535. J.-C. Schmitt, Die Logik der Gesten im europäischen Mittelalter, Stuttgart 1992 (frz. Originalausgabe 1990).
536. K. Schreiner/G. Schwerhoff (Hg.), Verletzte Ehre. Ehrkonflikte in Gesellschaften des Mittelalters und der Frühen Neuzeit, Köln/Weimar/Wien 1995.
537. R. Sprandel, Mentalitäten und Systeme. Neue Zugänge zur mittelalterlichen Geschichte. Stuttgart 1972.
538. Le vêtement. Histoire, archéologie et symbolique vestimentaires aux moyen âge, Paris 1989.
539. H. Witthöft, Umrisse einer historischen Metrologie zum Nutzen der wirtschafts- und sozialgeschichtlichen Forschung: Maß und Gewicht in Stadt und Land Lüneburg, im Hanseraum und im Kurfürstentum/Königreich Hannover vom 13. bis zum 19. Jahrhundert, 2 Bde., Göttingen 1979.

Familie und Hausgemeinschaft

540. E. BRITTON, The Community of the Vill: A Study in the History of the Family and Village Life in Fourteenth-Century England, Toronto 1977.
541. O. BRUNNER, Das „Ganze Haus" und die alteuropäische „Ökonomik" (1958), in: 508, 103–127.
542. N. BULST, Zum Stand der spätmittelalterlichen demographischen Forschung in Frankreich, in: P.-J. SCHULER (Hg.), Die Familie als sozialer und historischer Verband. Untersuchungen zum Spätmittelalter und zur frühen Neuzeit, Sigmaringen 1987, 3–22.
543. G. DROSSBACH, Die „Yconomica" des Konrad von Megenberg. Das „Haus" als Norm für politische und soziale Strukturen, Köln/Weimar/Wien 1997.
544. G. DUBY, Ritter, Frau und Priester. Die Ehe im feudalen Frankreich, Frankfurt/M. 1985.
545. G. DUBY/J. LE GOFF (Hg.), Famille et parenté dans l'Occident médiéval, Rom 1977.
546. T. EHLERT (Hg.), Haushalt und Familie in Mittelalter und früher Neuzeit, Sigmaringen 1991.
547. L. FABBRI, Alleanza matrimoniale e patriziato nella Firenze del '400. Studia sulla famiglia Strozzi, Florenz 1991.
548. J. FLANDRIN, Familles, parenté, maison, sexualité dans l'ancienne société, Paris 1976.
549. R. FRANK, Marriage in the 12th and 13th Century Iceland, in: Viator 4 (1973) 473–484.
550. J. GAUDEMENT, Le marriage en Occident. Les moeurs et le droit, Paris 1987.
551. F. GIES/J. GIES, Marriage and Family in the Middle Ages, New York 1987.
552. J. GOODY, Strategies of Heirship, in: CSSH 15 (1973) 3–20.
553. J. GOODY, Die Entwicklung von Ehe und Familie in Europa, Berlin 1986 (engl. Originalausgabe 1983).
554. V. GROEBNER, Ökonomie ohne Haus. Zum Wirtschaften armer Leute in Nürnberg am Ende des 15. Jahrhunderts, Göttingen 1993.
555. A. GUERREAU-JALABERT, Sur les structures de parenté dans l'Europe médiévale, in: AESC 36 (1981) 1028–1049.
556. A. HAVERKAMP (Hg.), Haus und Familie in der spätmittelalterlichen Stadt, Köln/Wien 1984.
557. J. HEERS, Le clan familial au moyen âge. Etude sur les structures politiques et sociales des milieux urbains, Paris 1974.
558. D. HERLIHY, The Medieval Marriage Market, in: D.B.J. RANDELL (Hg.), Proceedings of the Southeastern Institute of Medieval and Renaissance Studies 1974, Durham N.C. 1976, 3–27.
559. D. HERLIHY/C. KLAPISCH-ZUBER, Les Toscans et leur familles. Une étude du Catasto florentin de 1427, Paris 1978; engl.: Tuscans and their Families. A Study of the Florentine Catasto of 1427, New Haven/London 1985.

560. A. HIGOUNET-NADAL, Familles patriciennes de Périgueux à la fin du moyen âge, Paris 1983.

561. M. HOWELL, Marriage, Family and Patriarchy in Douai, 1350–1600, in: W. PREVENIER (Hg.), Marriage and Social Mobility in the Late Middle Ages, Gent 1989, 9–34.

562. P. LASLETT/R. WALL (Hg.), Household and Family in Past Time, Cambridge 1972.

563. W.R. LEE, Past Legacies and Future Prospects: Recent Research on the History of the Family in Germany, in: JFH 6 (1981) 156–175.

564. E. MASCHKE, Die Familie in der deutschen Stadt des Mittelalters, Heidelberg 1980.

565. K. MERTES, The English Noble Household 1250–1600, Oxford/New York 1988.

566. M. MITTERAUER/R. SIEDER, Vom Patriarchat zur Partnerschaft. Zum Strukturwandel der Familie, München ²1980.

567. M. MITTERAUER, Christentum und Endogamie, in: DERS., Historisch-anthropologische Familienforschung, Wien/Köln 1990, 41–86.

568. J. NEMESKÉRI/L. HARSÁYI/G. GERENCSÉR, Die biologische Rekonstruktion der Population von Növenthien, Kreis Uelzen, aus dem 12.–13. Jahrhundert, in: NAFN 8 (1973) 127–166.

569. D. NICHOLAS, The Domestic Life of a Medieval City: Women, Children and the Family in Fourteenth Century Ghent, Lincoln/London 1985.

570. Z. RAZI, Life, Marriage and Death in a Medieval Parish Economy, Society and Demography in Halesowen. 1270–1400, Cambridge 1980.

571. Z. RAZI, Family, Land and the Village Community in Later Medieval England, in: PP 93 (1981) 3–36.

572. I. RICHARZ, Oikos, Haus und Haushalt. Ursprung und Geschichte der Haushaltsökonomik, Göttingen 1991.

573. M. SCHRÖTER, „Wo zwei zusammenkommen in rechter Ehe...". Sozio- und psychogenetische Studien über Eheschließungsvorgänge vom 12. bis 15. Jahrhundert, Frankfurt a.M. 1985.

574. M.M. SHEEHAN/K.D. SCARDELLATO, Family and Marriage in Medieval Europe. A Working Bibliography, Vancouver 1976.

575. G.L. SOLIDAY, History of the Family and Kinship: A select international Bibliography, New York 1980.

576. G. TABACCO, Il tema della famiglia e del suo funzionamento nella società medievale, in: Quaderni storici 33 (1976) 892–928.

577. D. VELDTRUP, Zwischen Eherecht und Familienpolitik. Studien zu den dynastischen Heiratsprojekten Karls IV., Warendorf 1988.

578. G. VÖLGER/K. VON WELCH (Hg.), Die Braut. Geliebt, verkauft, getauscht, geraubt. Zur Rolle der Frau im Kulturvergleich, 2 Bde., Köln 1985; ND Köln 1997.

579. J. WETTLAUFER, Das Herrenrecht der ersten Nacht. Hochzeit, Herrschaft und Heiratszins im Mittelalter und in der frühen Neuzeit, Frankfurt a.M./ New York 1999.

Genderforschung

580. H. DIENST, Rollenaspekte von Männern und Frauen im Mittelalter in zeitgenössischer Theorie und Praxis, in: C. OPITZ (Hg.), Weiblichkeit oder Feminismus?, Weingarten 1984, 137–157.
581. G. DUBY/M. PERROT (Hg.), Geschichte der Frauen, Bd. II: Mittelalter, hg. v. C. KLAPISCH-ZUBER, Frankfurt a.M./New York 1993 (italien. Originalausgabe 1990).
582. R.M. KARRAS, Common Women. Prostitution and Sexuality in Medieval England, New York/Oxford 1996.
583. C. OPITZ, Frauenalltag im Mittelalter. Biographien des 13. und 14. Jahrhunderts, Weinheim ³1991.
584. L.L. OTIS, Prostitution in Medieval Society. The History of an Urban Institution in Languedoc, Chicago 1987.
585. J. ROSSIAUD, Dame Venus. Prostitution im Mittelalter, München 1989 (frz. Originalausgabe 1988).
586. B. SCHUSTER, Die freien Frauen. Dirnen und Frauenhäuser im 15. und 16. Jahrhundert, Frankfurt a.M./New York 1995.
587. P. SCHUSTER, Das Frauenhaus. Städtische Bordelle in Deutschland (1350–1600), Paderborn/München/Wien/Zürich 1992.
588. P. SCHUSTER, „Sünde und Vergebung". Integrationshilfen für reumütige Prostituierte im Mittelalter, in: ZHF 21 (1994) 145–170.

Kinder

589. P. ARIÈS, Geschichte der Kindheit, München 1975 (frz. Originalausgabe 1960).
590. K. ARNOLD, Kind und Gesellschaft in Mittelalter und Renaissance, Paderborn 1980.
591. N. BULST, Illegitime Kinder – viele oder wenige? Quantitative Aspekte der Illegitimität im spätmittelalterlichen Europa, in: L. SCHMUGGE (Hg.), Illegitimität im Spätmittelalter, München 1994, 21–39.
592. R. CARRON, Enfant et parenté dans la France médiévale X^e–XIIIe siècles, Genf 1989.
593. L. FENSKE, Der Knappe: Erziehung und Funktion, in: J. FLECKENSTEIN (Hg.), Curialitas. Studien zu Grundfragen der höfisch-ritterlichen Kultur, Göttingen 1990, 55–127.
594. B.A. HANAWALT, Growing up in Medieval London. The Experience of Childhood in History, New York/Oxford 1993.
595. N. ORME, From Childhood to Chivalry. The Education of the English Kings and Aristocracy 1066–1530, London 1984.

596. L. Schmugge, Kirche, Kinder, Karrieren. Päpstliche Dispense von der unehelichen Geburt im Spätmittelalter, Zürich 1995.
597. J.A. Schultz, The Knowledge of Childhood in the German Middle Ages, 1100–1350, Philadelphia 1995.
598. S. Shahar, Kindheit im Mittelalter, Zürich/München 1991 (hebräisch. Originalausgabe 1990).
599. R. Sprandel, Die Diskriminierung der unehelichen Kinder im Mittelalter, in: J. Martin/A. Nitschke (Hg.), Zur Sozialgeschichte der Kindheit, Freiburg/München 1986, 487–502.

Kriminalität
600. S. Burghartz, Leib, Ehre und Gut. Delinquenz in Zürich Ende des 14. Jahrhunderts, Zürich 1990.
601. C.I. Hammer, Patterns of Homicide in a Medieval University Town. Fourteenth Century Oxford, in: PP 78 (1978) 3–23.
602. B.A. Hanawalt, Crime and Conflict in English Communities, 1300–1388, Cambridge, Mass./London 1979.
603. P. Schuster, Eine Stadt vor Gericht. Recht und Alltag im spätmittelalterlichen Konstanz, Paderborn-München-Wien-Zürich 2000.
604. J. Verdon, La nuit au moyen âge, Paris 1994.

3.2. Nachbarschaft, Genossenschaft und Gemeinde

3.2.1. Ländliche Gemeinde und bäuerliche Bewegungen

Landgemeinden
605. K. Andermann, Leibeigenschaft im pfälzischen Oberrheingebiet während des späten Mittelalters und der frühen Neuzeit, in: ZHF 17 (1990) 281–303.
606. Die Anfänge der Landgemeinde und ihr Wesen, 2 Bde., Sigmaringen 1964.
607. K.S. Bader, Studien zur Rechtsgeschichte des mittelalterlichen Dorfes, 3 Bde., Weimar/Wien/Köln/Graz 1957–1974.
608. P. Bierbrauer, Freiheit und Gemeinde im Berner Oberland 1300–1700, Bern 1991.
609. P. Blickle, Leibherrschaft als Instrument der Territorialpolitik im Allgäu, Grundlagen der Landeshoheit der Klöster Kempten und Ottobeuren, in: G. Franz (Hg.), Deutsches Bauerntum im Mittelalter, Darmstadt 1976, 258–280.
610. P. Blickle (Hg.), Deutsche ländliche Rechtsquellen. Probleme und Wege der Weistumsforschung, Stuttgart 1977.
611. P. Blickle, Deutsche Untertanen. Ein Widerspruch, München 1981.
612. P. Blickle, Kommunalismus: Skizzen einer gesellschaftlichen Organisationsform, 2 Bde., München 2000.
613. J. Chapelot/R. Fossier, Le village et la maison au moyen âge, Paris 1980.

614. P. DOLLINGER, Der bayerische Bauernstand vom 9. bis zum 13. Jahrhundert, München 1982 (frz. Originalausgabe 1949).
615. C.C. DYER, The Past, the Present and the Future in Medieval Rural History, in: RuH (1990) 37–49.
616. L. ENDERS, Die Landgemeinde in Brandenburg. Grundzüge ihrer Funktion und Wirkungsweise vom 13. bis zum 18. Jahrhundert, in: BDLG 129 (1993) 195–256.
617. L. GENICOT, Rural Communities in the Medieval West, Baltimore 1990.
618. H. GREES, Ländliche Unterschichten und ländliche Siedlung in Ostschwaben, Tübingen 1975.
619. R.H. HILTON, The English Peasantry in the Later Middle Ages, Oxford 1975.
620. E. LE ROY LADURIE, Montaillou. Ein Dorf vor dem Inquisitor, 1294 bis 1324, Frankfurt 1980 (frz. Originalausgabe 1975).
621. M. NIKOLAY-PANTER, Entstehung und Entwicklung der Landgemeinde im Trierer Raum, Bonn 1976.
622. R. SABLONIER, Das Dorf im Übergang vom Hoch- und Spätmittelalter. Untersuchungen zum Wandel ländlicher Gemeinschaftsformen im ostschweizerischen Raum, in: L. FENSKE/W. RÖSENER/T. ZOTZ (Hg.), Institutionen, Kultur und Gesellschaft im Mittelalter. Festschrift für J. Fleckenstein, Sigmaringen 1984, 727–745.
623. H. SCHMIDT, Adel und Bauern im friesischen Mittelalter, in: NSJbLG 45 (1973) 45–95.
624. S. SCHMITT, Territorialstaat und Gemeinde im kurpfälzischen Oberamt Alzey vom 14. bis zum Anfang des 17. Jahrhunderts, Stuttgart 1992.
625. K.-H. SPIESS, Die Weistümer und Gemeindeordnungen des Amtes Cochem im Spiegel der Forschung, in: C. KRÄMER/K.-H. SPIESS (Hg.), Ländliche Rechtsquellen aus dem kurtrierischen Amt Cochem, Stuttgart 1986, 1–56.
626. C. ULBRICH, Leibherrschaft am Oberrhein im Spätmittelalter. Göttingen 1979.
627. H. WEISS, Die Zisterzienserabtei Ebrach. Eine Untersuchung zur Grundherrschaft, Gerichtsherrschaft und Dorfgemeinde im fränkischen Raum, Stuttgart 1962.
628. J. WEITZEL, Dinggenossenschaft und Recht. Untersuchungen zum Rechtsverständnis im fränkisch-deutschen Mittelalter, 2 Bde., Köln/Wien 1985.
629. D. WERKMÜLLER, Über Aufkommen und Verbreitung der Weistümer. Nach der Sammlung von Jacob Grimm, Berlin 1972.
630. H. WUNDER, Die bäuerliche Gemeinde in Deutschland, Göttingen 1986.

Ländliche Unruhen

631. P. BIERBRAUER, Bäuerliche Revolten im Alten Reich. Ein Forschungsbericht, in: P. BLICKLE/ P. BIERBRAUER/R. BLICKLE/C. ULBRICH,

Aufruhr und Empörung? Studien zum bäuerlichen Widerstand im Alten Reich, München 1980, 1–68.

632. P. BLICKLE, Bäuerliche Erhebungen im spätmittelalterlichen deutschen Reich, in: ZAA 27 (1979) 208–231.

633. P. BLICKLE, Unruhen in der ständischen Gesellschaft 1300–1800, München 1988.

634. R.B. DOBSON, The Peasants' Revolt of 1381, London 1971; ND London 1983.

635. H. EIDEN, „In Knechtschaft werdet ihr verharren...". Ursachen und Verlauf des englischen Bauernaufstandes von 1381, Trier 1995.

636. J. FRIED (Hg.), Die abendländische Freiheit vom 10. zum 14. Jahrhundert. Der Wirkungszusammenhang von Idee und Wirklichkeit im europäischen Vergleich, Sigmaringen 1991.

637. R.H. HILTON, Bond Men Made Free. Medieval Peasant Movement and the English Rising of 1381, London 1973.

638. R.H. HILTON, Soziale Programme im englischen Aufstand von 1381, in: P. BLICKLE (Hg.), Revolte und Revolution in Europa, München 1975, 31–46.

639. R.H. HILTON/T.H. ASTON (Hg.), The English Rising of 1381, Cambridge/London/New York 1984.

640. S. JUSTICE, Writing and Rebellion. England in 1381, Berkeley 1994.

641. A. LEGUAI, Les révoltes rurales dans le royaume de France du milieu du XIVe siècle à la fin du XVe, in: MA 88 (1982) 49–76.

642. M. MOLLAT/P. WOLFF, Ongles bleus, Jacques et Ciompi. Les révolutions populaires en Europe aux XIVe–XVe siècles, Paris 1970.

643. G. MOTHES, England im Umbruch. Volksbewegungen an der Wende vom Mittelalter zur Neuzeit, Weimar 1983.

644. H. SCHMIDT, „Bauernaufstände" im südlichen Nordseeküstengebiet, in: W. RÖSENER (Hg.), Grundherrschaft und bäuerliche Gesellschaft im Hochmittelalter, Göttingen 1995, 413–442.

3.2.2. Rat und städtische Gemeinde

Allgemeines

645. Atlas historique des villes de France, hg. v. C. HIGOUNET, J. B. MARQUETTE u. P. WOLFF, Paris 1982.

646. (The Atlas of) Historic Towns, hg. v. M. D. LOBEL, 2 Bde., London 1969–1975.

647. Deutscher Städteatlas, hg. v. H. STOOB, Bd. I-V, Dortmund 1973–1993.

648. Österreichischer Städteatlas, hg. v. F. CZEIKE u. R. BANIK-SCHWEITZER, Lfg. I–IV, 2, Wien 1982–1993.

649. G. VON BELOW, Zur Entstehung der deutschen Stadtverfassung, in: HZ 58 (1887) 193–244; 59 (1888) 193–247.

650. W.P. BLOCKMANS, De ontwikkeling van een verstedelijkte samenleving (XIde–XVde eeuw), in: E. WITTE (Hg.), Geschiedenis van Vlaanderen, van de oorsprong tot heden, Brüssel 1983, 43–103.
651. R. BORDONE, La società urbana nell' Italia communale (secoli XI-XIV), Turin 1984.
652. B. CHEVALIER, Les bonnes villes de France du XIVe au XVIe siècle, Paris 1982.
653. G. CHITTOLINI, Città, communità e feudi negli stati dell' Italia centro-settentrionale (XIV-XVI secolo), Mailand 1998.
654. W. CHRISTALLER, Die zentralen Orte in Süddeutschland. Eine ökonomisch-geographische Untersuchung über die Gesetzmäßigkeit der Verbreitung und Entwicklung der Siedlungen mit städtischen Funktionen, Jena 1933.
655. P. CLARK (Hg.), Small Towns in Early Modern Europe, Cambridge 1995.
656. S.K. COHN, The Laboring Classes in Renaissance Florence, New York 1980.
657. G. DILCHER, Bürgerrecht und Stadtverfassung im europäischen Mittelalter, Köln/Weimar/Wien 1996.
658. G. DUBY (Hg.), Histoire de la France urbaine, Bd. II: La ville médiévale, hg. v. J. LE GOFF, Paris 1980.
659. W. EBEL, Der Bürgereid als Geltungsgrund und Gestaltungsprinzip des deutschen mittelalterlichen Stadtrechts, Weimar 1958.
660. R. ELZE/G. FASOLI (Hg.), Stadtadel und Bürgertum in den italienischen und deutschen Städten des Spätmittelalters, Berlin 1991 (italien. Originalausgabe 1984).
661. E. ENGEL, Die deutsche Stadt des Mittelalters, München 1993.
662. E. ENNEN, Die europäische Stadt des Mittelalters (1972), Göttingen ⁴1987.
663. J. FLECKENSTEIN, Vom Stadtadel im spätmittelalterlichen Deutschland, in: ZSLK 4 (1980) 3, 1–93.
664. K. FRITZE, Am Wendepunkt der Hanse. Untersuchungen zur Wirtschafts- und Sozialgeschichte wendischer Hansestädte in der ersten Hälfte des 15. Jahrhunderts, Berlin 1967.
665. O. VON GIERKE, Das deutsche Genossenschaftsrecht, Bd. I: Rechtsgeschichte der deutschen Genossenschaft, Berlin 1868; ND Graz 1954.
666. C. HAASE (Hg.), Die Stadt des Mittelalters, 3 Bde., Darmstadt ³1978–1984.
667. W. HARTMANN (Hg.), Europas Städte zwischen Zwang und Freiheit. Die europäischen Städte um die Mitte des 13. Jahrhunderts, Regensburg 1995.
668. R.H. HILTON, English and French Towns in Feudal Society. A Comparative Study, Cambridge 1992.
669. R. HOLT/G. ROSSER (Hg.), The English Medieval Town. A Reader in English Urban History, 1200–1540, London/New York 1990.
670. E. ISENMANN, Die deutsche Stadt im Spätmittelalter 1250–1500. Stadtgestalt, Recht, Stadtregiment, Kirche, Gesellschaft, Wirtschaft, Stuttgart 1988.

671. M. LYNCH/M. SPEARMAN/G. STELL (Hg.), The Scottish Medieval Town, Edinburgh 1988.
672. E. MASCHKE, Städte und Menschen. Beiträge zur Geschichte der Stadt, der Wirtschaft und Gesellschaft. 1959–1977, Wiesbaden 1980.
673. U. MEIER/K. SCHREINER, Regimen sanitatis. Zum Spannungsverhältnis von Freiheit und Ordnung in alteuropäischen Stadtgesellschaften, in: DIES. (Hg.), Stadtregiment und Bürgerfreiheit. Handlungsspielräume in deutschen und italienischen Städten des Späten Mittelalters und der frühen Neuzeit, Göttingen 1994, 11–34.
674. H.A. MISKIMIN/D. HERLIHY/A. L. UDOVITCH (Hg.), The Medieval City, New Haven/London 1977.
675. D. NICHOLAS, The Growth of Medieval City. From Late Antiquity to the Early Fourteenth Century, London/New York 1997.
676. D. NICHOLAS, The Later Medieval City 1300–1500, London/New York 1997.
677. H. PIRENNE, Les villes et les institutions urbaines, 2 Bde., Paris/Brüssel 1939.
678. E. PITZ, Europäisches Städtewesen und Bürgertum, Darmstadt 1991.
679. K. SCHREINER, Die mittelalterliche Stadt in Webers Analyse und die Deutung des okzidentalen Rationalismus, in J. KOCKA (Hg.), Max Weber, der Historiker, Göttingen 1986, 119–150.
680. K. SCHULZ, Die politische Zunft – eine die spätmittelalterliche Stadt prägende Institution?, in: W. EHBRECHT (Hg.), Verwaltung und Politik in Städten Mitteleuropas. Beiträge zu Verfassungsnorm und Verfassungswirklichkeit in altständischer Zeit, Köln/Weimar/Wien 1994, 1–20.
681. C. TILLY/W. P. BLOCKMANS (Hg.), Cities and the Rise of States in Europe, A.D. 1000 to 1800, Boulder/San Francisco/Oxford 1994.
682. M. WEBER, Die Stadt, in: ASS 47 (1920/21) 621–772; wieder in: M. WEBER, Wirtschaft und Gesellschaft, hg. v. J. WINCKELMANN, Tübingen ^{5}1980, 727–814 (Die nichtlegitime Herrschaft (Typologie der Städte)).

Einzelne Städte

683. G. BRUCKER, Florenz in der Renaissance. Stadt, Gesellschaft, Kultur, Reinbek 1990 (amerikan. Originalausgabe 1969).
684. R. CAZELLES, Nouvelle histoire de Paris. De la fin du règne de Pilippe Auguste à la mort de Charles V (1223–1380), Paris 1972.
685. R. DEMSKI, Adel und Lübeck. Studien zum Verhältnis zwischen adeliger und bürgerlicher Kultur im 13. und 14. Jahrhundert, Frankfurt a.M./Berlin/New York/Paris/Wien 1996.
686. P. DESPORTES, Reims et les Rémois aux XIIIe et XIVe siècles, Paris 1979.
687. T. DUTOUR, Une société de l'honneur. Les notables et leur monde à Dijon à la fin du moyen âge, Paris 1997.

688. K. FLINK, Die Mär vom Ackerbürger. Feld- und Waldwirtschaft im spätmittelalterlichen Alltag rheinischer Städte, Saarbrücken (o.J., 1998).
689. G. FOUQUET, Stadt, Herrschaft und Territorium – Ritterschaftliche Kleinstädte Südwestdeutschlands an der Wende vom Mittelalter zur Neuzeit, in: ZGO 141 (1993) 70–120.
690. A. GROHMANN, Città e territorio tra medioevo ed età moderna (Perugia, secc. XIII–XVI), Perugia 1981.
691. M. GROTEN, Köln im 13. Jahrhundert. Gesellschaftlicher Wandel und Verfassungsentwicklung, Köln/Weimar/Wien 1995.
692. W. HERBORN, Die politische Führungsschicht der Stadt Köln im Spätmittelalter, Bonn 1977.
693. H.H. HOFMANN, Nobiles Norimbergenses. Beobachtungen zur Struktur der reichsstädtischen Oberschicht, in: Untersuchungen zur gesellschaftlichen Struktur der mittelalterlichen Städte in Europa, Konstanz/Stuttgart 1966, 53–92.
694. M. MATHEUS, Trier am Ende des Mittelalters. Studien zur Sozial-, Wirtschafts- und Verfassungsgeschichte der Stadt Trier vom 14. bis 16. Jahrhundert, Trier 1984.
695. C. MEEK, Lucca 1369–1400: Politics and Society in an Early Renaissance City-State, Oxford 1978.
696. W. MEYER, Basel im 13. Jahrhundert, in: Das ritterliche Basel. Zum 700. Todestag Konrads von Würzburg, Basel 1987, 23–31.
697. E. RAISER, Städtische Territorialpolitik im Mittelalter. Eine vergleichende Untersuchung ihrer verschiedenen Formen am Beispiel Lübecks und Zürichs, Lübeck 1969.
698. A. RIGAUDIÈRE, Hiérarchie socioprofessionnelle et gestion municipale dans les villes du Midi français au bas moyen âge, in: RH 269 (1983), 25–68.
699. J. SCHMUCK, Ludwig der Bayer und die Reichsstadt Regensburg. Der Kampf um die Stadtherrschaft im späten Mittelalter, Regensburg 1997.
700. J. SCHNEIDER, La ville de Metz aux XIIIe et XIVe siècle, Nancy 1950.
701. E. VOLTMER, Reichsstadt und Herrschaft. Zur Geschichte der Stadt Speyer im hohen und späten Mittelalter, Trier 1981.

Städtische Widerstandsbewegungen

702. R. BARTH, Argumentation und Selbstverständnis der Bürgeropposition in städtischen Auseinandersetzungen des Spätmittelalters Lübeck 1403–1408/Braunschweig 1374–1376/Mainz 1444–1446/Köln 1396–1400, Köln/Wien 1974.
703. F. BLENDINGER, Die Zunfterhebung von 1368 in der Reichsstadt Augsburg, in: F. QUARTHAL/W. SETZLER (Hg.), Stadtverfassung-Verfassungsstaat-Pressepolitik. Festschrift für E. Naujoks, Sigmaringen 1980, 72–90.
704. H. BOOCKMANN, Spätmittelalterliche Stadt-Tyrannen, in: BDLG 119 (1983) 73–91.

705. R. Cazelles, Les mouvements révolutionnaires du milieu du XIVe siècle et le cycle de l'action politique, in: RH 228 (1962) 279–312.
706. B. Chevalier, Corporations, conflits politiques et paix sociale en France aux XIVe et XVe siècles, in: RH 268 (1983) 17–44.
707. K. Czok, Zur Volksbewegung in den deutschen Städten des 14. Jahrhunderts. Bürgerkämpfe und antikuriale Opposition, in: E. Werner/M. Steinmetz (Hg.), Städtische Volksbewegungen im 14. Jahrhundert, Berlin 1960, 157–169.
708. T. Diederich, Revolutionen in Köln 1074–1918, Köln 1973.
709. W. Ehbrecht, Hanse und spätmittelalterliche Bürgerkämpfe in Niedersachsen und Westfalen, in: NSJbLG 48 (1976) 77–105.
710. G. Fourquin, Les soulèvements populaires au moyen âge, Paris 1972.
711. F. Graus, Ketzerbewegungen und soziale Unruhen im 14. Jahrhundert, in: ZHF 1 (1974) 3–21.
712. B.-U. Hergemöller, „Pfaffenkriege" im spätmittelalterlichen Hansebereich. Quellen und Studien zu Braunschweig, Osnabrück, Lüneburg und Rostock, 2 Bde., Köln/Wien 1988.
713. V. Hunecke, Il tumulto dei Ciompi – 600 Jahre danach. Bemerkungen zum Forschungsstand, in: QFIAB 58 (1978), 360–410.
714. A. Largiadèr, Bürgermeister Rudolf Brun und die Zürcher Revolution von 1336, Zürich 1936.
715. A. Leguai, Les troubles urbains dans le Nord de la France à la fin du XIIIe et au début du XIVe siècle, in: RHES 54 (1976) 281–303.
716. L. Martines (Hg.), Violence and Civil Disorder in Italian Cities 1200–1500, Berkeley 1972.
717. K. Militzer, Ursachen und Folgen der innerstädtischen Auseinandersetzungen in Köln in der zweiten Hälfte des 14. Jahrhunderts, Köln 1980.
718. O. Mörke, Der „Konflikt" als Kategorie städtischer Sozialgeschichte der Reformationszeit. Ein Diskussionsbeitrag am Beispiel der Stadt Braunschweig, in: B. Diestelkamp (Hg.), Beiträge zum spätmittelalterlichen Städtewesen, Köln/Wien 1982, 144–161.
719. R.A. Rotz, Urban Uprisings in Fourteenth Century Germany. Comparative Study of Brunswick (1374–1380) and Hamburg (1376), Princeton, New Jersey 1970.
720. Il Tumulto dei Ciompi. Un momento di storia Fiorentina ed Europea, Florenz 1981.

Juden

721. K. Arnold, Die Armledererhebung in Franken 1336, in: MJbGK 26 (1974), 35–62.
722. P. Aufgebauer/E. Schubert, Königtum und Juden im deutschen Spätmittelalter, in: S. Burghartz/H.-J. Gilomen/G. P. Marchal/R. C.

Schwinges/K. Simon-Muscheid (Hg.), Spannungen und Widersprüche. Gedenkschrift für F. Graus, Sigmaringen 1992, 273–314.
723. F. Battenberg, Das europäische Zeitalter der Juden. Zur Entstehung einer Minderheit in der nichtjüdischen Umwelt Europas, Darmstadt 1990.
724. R. Erb (Hg.), Die Legende vom Ritualmord. Zur Geschichte der Blutbeschuldigung gegen Juden, Berlin 1993.
725. A. Haverkamp (Hg.), Zur Geschichte der Juden im Deutschland des späten Mittelalters und der frühen Neuzeit, Stuttgart 1981.
726. A. Haverkamp, Lebensbedingungen der Juden im spätmittelalterlichen Deutschland, in: D. Blasius/D. Diner (Hg.), Zerbrochene Geschichte. Leben und Selbstverständnis der Juden in Deutschland, Frankfurt a.M. 1991, 11–31.
727. S. Jenks, Judenverschuldung und Verfolgung von Juden im 14. Jahrhundert: Franken bis 1349, in: VSWG 65 (1968) 309–356.
728. G. Mentgen, Studien zur Geschichte der Juden im mittelalterlichen Elsaß, Hannover 1995.
729. M. Toch, Die Juden im mittelalterlichen Reich, München 1998.
730. F.-J. Ziwes, Studien zur Geschichte der Juden im mittleren Rheingebiet während des hohen und späten Mittelalters, Hannover 1995.

Fahrendes Volk, Arme und Randgruppen

731. B. Geremek, Les marginaux parisiens aux XIVe et XVe siècles, Paris 1976; engl.: The Margins of Society in Late Medieval Paris, Cambridge 1987.
732. F. Graus, Randgruppen der städtischen Gesellschaft im späten Mittelalter, in: ZHF 8 (1981), 385–437.
733. M. Mollat, Die Armen im Mittelalter, München ²1987 (französ. Originalausgabe 1978).
734. B.-U. Hergemöller (Hg.), Randgruppen der spätmittelalterlichen Gesellschaft, Warendorf 1990.
735. H. Reiff, Vagierende Unterschichten, Vagabunden und Bandenkriminalität im Ancien Régime, in: BHS 11 (1981), 27–37.
736. F. Rexroth, Das Milieu der Nacht. Obrigkeit und Randgruppen im spätmittelalterlichen London, Göttingen 1999.
737. E. Schubert, Fahrendes Volk im Mittelalter, Darmstadt 1995.
738. C. Verlinden, L'esclavage dans l'Europe médiévale, 2 Bde., Brügge/Gent 1955–1977.

3.3. Adel im Wandel

Kultur des Adels

739. Adelige Sachkultur des Spätmittelalters, Wien 1982.
740. U. ALBRECHT, Der Adelssitz im Mittelalter. Studien zum Verhältnis von Architektur und Lebensform in Nord- und Westeuropa, München/Berlin 1995.
741. K. ANDERMANN (Hg.), „Raubritter" oder „Rechtschaffene vom Adel"? Aspekte von Politik, Friede und Recht im späten Mittelalter, Sigmaringen 1997.
742. B. ARNOLD, German Knighthood 1050–1300, Oxford 1985.
743. J.M. BAK (Hg.), Nobilities in Central and Eastern Europe. Kinship, Property and Privilege, Budapest/Krems 1994.
744. R. BARBER/J. BARKER, Die Geschichte des Turniers, Darmstadt 2001 (amerikan. Originalausgabe 1989).
745. A. BORST (Hg.), Das Rittertum im Mittelalter, Darmstadt ²1989.
746. D'A.J.D. BOULTON, The Knights of the Crown. The Monarchical Orders of Knighthood in Later Medieval Europe 1325–1520, Woodbridge 1987.
747. J. BUMKE, Höfische Kultur. Literatur und Gesellschaft im hohen Mittelalter, 2 Tle., München 1986.
748. H. EHMER (Hg.), Burgen im Spiegel der historischen Überlieferung, Sigmaringen 1998.
749. J. FLECKENSTEIN, Zum Problem der Abschließung des Ritterstandes, in: H. BEUMANN (Hg.), Historische Forschungen für Walter Schlesinger, Köln/Wien 1974, 252–271.
750. J. FLECKENSTEIN (Hg.), Das ritterliche Turnier im Mittelalter. Beiträge zu einer vergleichenden Formen- und Verhaltensgeschichte des Rittertums, Göttingen 1985.
751. J. HIRSCHBIEGEL, Étrennes. Untersuchungen zum höfischen Geschenkverkehr im spätmittelalterlichen Frankreich der Zeit König Karls VI. (1380–1422) am Beispiel der Neujahrsgeschenke, München 2001.
752. M. KEEN, Das Rittertum, München 1987 (amerikan. Originalausgabe 1984).
753. H. KRUSE/W. PARAVICINI/A. RANFT, Ritterorden und Adelsgesellschaften im spätmittelalterlichen Deutschland. Ein systematisches Verzeichnis, Frankfurt a.M./Bern/New York/Paris 1991.
754. H. KRUSE/W. PARAVICINI (Hg.), Höfe und Hofordnungen 1200–1600, Sigmaringen 1999.
755. L. KURRAS, Ritter und Turniere: ein höfisches Fest in Buchillustrationen des Mittelalters und der frühen Neuzeit, Stuttgart/Zürich 1992.
756. O.G. OEXLE/W. PARAVICINI (Hg.), Nobilitas. Funktion und Repräsentation des Adels in Alteuropa, Göttingen 1997.
757. W. PARAVICINI, Die Preußenreisen des europäischen Adels, 2 Bde., Sigmaringen 1989–1995.

758. W. Paravicini, Die ritterlich-höfische Kultur des Mittelalters, München 1994.
759. W. Paravicini (Hg.), Alltag bei Hofe, Sigmaringen 1995.
760. H. Patze (Hg.), Die Burgen im deutschen Sprachraum. Ihre rechts- und verfassungsgeschichtliche Bedeutung, 2 Bde., Sigmaringen 1976.
761. H. Patze/W. Paravicini (Hg.), Fürstliche Residenzen im spätmittelalterlichen Europa, Sigmaringen 1991.
762. F. Piponnier, Costume et vie sociale. La cour d'Anjou. XIVe-XVe siècle, Paris 1970.
763. G. Quaas (Hg.), Eisenkleider. Plattnerarbeiten aus drei Jahrhunderten, Berlin 1992.
764. A. Ranft, Adelsgesellschaften. Gruppenbildung und Genossenschaft im spätmittelalterlichen Reich, Sigmaringen 1994.
765. L. Rangström (Hg.), Riddarlek och Tornerspel. Tournaments and the Dream of Chivalry, Stockholm 1992.
766. J.T. Rosenthal, The Purchase of Paradise, Gift-Giving and the Aristocracy, London 1972.
767. W. Rösener, Zur Problematik des spätmittelalterlichen Raubrittertums, in: H. Maurer/H. Patze (Hg.), Festschrift für B. Schwineköper, Sigmaringen 1982, 463–488.
768. W. Rösener (Hg.), Jagd und höfische Kultur im Mittelalter, Göttingen 1997.
769. M. Schiendorfer (Hg.), Die Schweizer Minnesänger, Bd. I: Texte, Tübingen 1990.
770. F.V. Spechtler/B. Maier (Hg.), Ich – Ulrich von Liechtenstein: Literatur und Politik im Mittelalter, Klagenfurt 1999.
771. M.G.A. Vale, War and Chivalry. Warfare and Aristocratic Culture in England, France and Burgundy at the End of the Middle Ages, London 1981.
772. J.M. van Winter, Das Rittertum. Ideal und Wirklichkeit, München 1969 (niederländ. Originalausgabe 1965).
773. H.-M. Zijlstra-Zweens, Of his array telle I no lenger tale: Aspects of Costume, Arms and Armour in Western Europe, 1200–1400, Amsterdam 1988.

Soziale Gruppen in der Adelsgesellschaft

774. K. Andermann/P. Johanek (Hg.), Zwischen Nicht-Adel und Adel, Stuttgart 2001.
775. M. Bloch, Die Feudalgesellschaft, Frankfurt a.M./Berlin/Wien 1982 (französ. Originalausgabe 1949).
776. K. Bosl, Die Reichsministerialität der Salier und Staufer. Ein Beitrag zur Geschichte des hochmittelalterlichen deutschen Volkes, Staates und Reiches, 2 Bde., Stuttgart 1950–1951.

777. J. FLECKENSTEIN (Hg.), Herrschaft und Stand. Untersuchung zur Sozialgeschichte im 13. Jahrhundert, Göttingen ²1979.
778. R.H. HILTON, A Crisis of Feudalism, in: PP 80 (1978) 3–19.
779. M. KEEN, Nobles, Knights and Men-at-arms in the Middle Ages, London/Rio Grande 1996.
780. K.-F. KRIEGER, Fürstliche Standesvorrechte im Spätmittelalter, in: BDLG 122 (1986) 91–116.
781. K.-H. SPIESS, Ständische Abgrenzung und soziale Differenzierung zwischen Hochadel und Rittertum im Spätmittelalter, in: RVb 56 (1992) 181–205.
782. K.-H. SPIESS, Familie und Verwandtschaft im deutschen Hochadel des Spätmittelalters. 13. bis Anfang des 16. Jahrhunderts, Stuttgart 1993.

Finanzwesen
783. M. BITTMANN, Kreditwirtschaft und Finanzierungsmethoden. Studien zu den wirtschaftlichen Verhältnissen des Adels im westlichen Bodenseeraum 1300–1500, Stuttgart 1991.
784. M. CHIAUDANO, Il più antico rotolo di rendiconti della finanza sabauda (1257–1259), Casale Monferrato 1930.
785. M. MERSIOWSKY, Die Anfänge territorialer Rechnungslegung im deutschen Nordwesten. Spätmittelalterliche Rechnungen, Verwaltungspraxis, Hof und Territorium, Stuttgart 2000.
786. H. VON SEGGERN/G. FOUQUET (Hg.), Adel und Zahl. Studien zum adligen Rechnen und Haushalten in Spätmittelalter und Früher Neuzeit, Ubstadt-Weiher 2000.

Regional- und Einzelstudien
787. Den nordiske Adel i Senmiddelalderen. Struktur, funktioner og internordiske relationer, Kopenhagen 1971.
788. K. ANDERMANN, Studien zur Geschichte des pfälzischen Niederadels im späten Mittelalter. Eine vergleichende Untersuchung an ausgewählten Beispielen, Speyer 1982.
789. U. ANDERMANN, Ritterliche Gewalt und bürgerliche Selbstbehauptung: Untersuchungen zur Kriminalisierung und Bekämpfung des spätmittelalterlichen Raubrittertums am Beispiel norddeutscher Handelsstädte, Frankfurt a.M./Bern/New York/Paris 1991.
790. A. BICKEL, Die Herren von Hallwil im Mittelalter. Beitrag zur schwäbisch-schweizerischen Adelsgeschichte, Aarau 1978.
791. M.-T. CHARON, La noblesse dans le duché de Bourgogne 1315–1477, Lille 1987.
792. M.-T. CHARON, Noblesse et pouvoir royal en France, XIIIe–XVIe siècle, Paris 1994.

793. P. CONTAMINE, The French Nobility and the War, in: K. FOWLER (Hg.), The Hundred Years War, London 1971, 135–162.

794. P. CONTAMINE, La noblesse au royaume de France de Philippe le Bel à Louis XII. Essai de synthèse, Paris 1997.

795. J.B. FREED, The Counts of Falkenstein. Noble Self-Consciousness in Twelfth-Century Germany, Philadelphia 1984.

796. M.-C. GERBET, Les noblesses espagnoles au moyen âge, XIe–XVe siècle, Paris 1994.

797. C. GIVEN-WILSON, The English Nobility in the Late Middle Ages. The Fourteenth-Century Political Community, London 1987.

798. J.B. HENNEMANN, Olivier de Clisson and Political Society in France under Charles V and Charles VI, Philadelphia 1996.

799. K.B. McFARLANE, The Nobility of Later Medieval England, Oxford 1973.

800. A. MINDERMANN, Adel in der Stadt des Spätmittelalters. Göttingen und Stade 1300 bis 1600, Bielefeld 1996.

801. P. MÜLLER, Die Herren von Fleckenstein im späten Mittelalter. Untersuchungen zur Geschichte eines Adelsgeschlechts im pfälzisch-elsässischen Grenzraum, Stuttgart 1990.

802. M. PARISSE, Noblesse et chevalerie en Lorraine médiévale. Les familles nobles du XIe au XIIIe siècle, Nancy 1982.

803. G. RECHTER, Die Seckendorff, 3 Bde., Neustadt/Aisch 1987–1997.

804. H.G. RISCH, Die wirtschaftliche Betätigung des holsteinischen Adels im 13. und 14. Jahrhundert, in: S. URBANSKI (Hg.), Recht und Alltag im Hanseraum. G. Theuerkauf zum 60. Geburtstag, Lüneburg 1993, 385–410.

805. V. RÖDEL, Reichslehenswesen, Ministerialität, Burgmannschaft und Niederadel. Studien zur Rechts- und Sozialgeschichte des Adels in den Mittel- und Oberrheinlanden während des 13. und 14. Jahrhunderts, Darmstadt/Marburg 1979.

806. D. RÜBSAMEN, Kleine Herrschaftsträger im Pleißenland. Studien zur Geschichte des mitteldeutschen Adels im 13. Jahrhundert, Köln/Wien 1987.

807. R. SABLONIER, Adel im Wandel. Eine Untersuchung zur sozialen Situation des ostschweizerischen Adels um 1300, Göttingen 1979.

808. R. SABLONIER, Die aragonesische Königsfamilie um 1300, in: H. MEDICK/ D. SABEAN (Hg.), Emotionen und materielle Interessen. Sozialanthropologische und historische Beiträge zur Familienforschung, Göttingen 1984, 282–317.

809. M. SCHAAB, Die Ministerialität der Kirchen, des Pfalzgrafen, des Reiches und des Adels am unteren Neckar und im Kraichgau, in: F.L. WAGNER (Hg.), Ministerialität im Pfälzer Raum, Speyer 1975, 95–121.

810. B. SCHNERB, Enguerrand de Bournonville et les siens. Un lignage noble du Boulonnais aux XIVe et XVe siècles, Paris 1997.

811. K. SCHULZ, Ministerialität und Bürgertum in Trier. Untersuchungen zur rechtlichen und sozialen Gliederung der Trierer Bürgerschaft vom ausgehenden 11. bis zum 14. Jahrhundert, Bonn 1968.

812. A. SCHWOB, Oswald von Wolkenstein, Bozen ²1977.

813. K.-H. SPIESS, Vom reichsministerialen Inwärtseigen zur eigenständigen Herrschaft. Untersuchungen zur Besitzgeschichte der Herrschaft Hohenecken vom 13. bis zum 17. Jahrhundert, in: JbGK 12/13 (1974/75) 84–106.

814. K.-H. SPIESS, État de la recherche sur la noblesse allemande au bas moyen âge (XIIe–XVe siècle), in: BHFA 18 (1989) 63–85.

815. F. TRAUTZ, Noblesse allemande et noblesse anglaise. Quelques points de comparaison, in: Famillie et parenté dans l'occident médiéval, Rom 1977, 63–81.

816. T. VOGTHERR, Wirtschaftlicher und sozialer Wandel im Lüneburger Landadel während des späten Mittelalters, Hildesheim 1983.

817. E. WARLOP, The Flemish Nobility before 1300, Bd. I, 2, Kortrijk 1975.

818. S. WILKE, Ministerialität und Stadt. Vergleichende Untersuchungen am Beispiel von Halberstadt, in: JbGM 25 (1976) 1–41.

819. T. ZOTZ, Adel in der Stadt des deutschen Spätmittelalters. Erscheinungsformen und Verhaltensweisen, in: ZGO 141 (1993) 22–50.

3.4. Kultur und Wissenschaften, schulische Bildung und Universitäten, technische Entwicklung

Wissenschaften

820. H. BARON, From Petrarch to Leonardo Bruni, Chicago/London 1968.

821. J.P. BECKMANN, Wilhelm von Ockham, München 1995.

822. H. BIELEFELDT, Von der päpstlichen Universalherrschaft zur autonomen Bürgerrepublik. Aegidius Romanus, Johannes Quidort von Paris, Dante Alighieri und Marsilius von Padua im Vergleich, in: ZSRG. KA 72 (1987) 70–130.

823. A. BLACK, Political Thought in Europe 1250–1450, Cambridge 1992.

824. The Cambridge History of Medieval Political Thought, hg. v. J.H. BURNS, Cambridge 1988.

825. The Cambridge History of Later Medieval Philosophy, 1100–1600, hg. v. N. KRETZMANN/A. KENNY/J. PINBERG, Cambridge/London/New York/New Rochelle/Melbourne/Sydney 1982.

826. M.-D. CHENU, Das Werk des hl. Thomas von Aquin, Heidelberg 1960.

827. R.C. DALES, The Intellectual Life of Western Europe in the Middle Ages, Washington 1980.

828. W.K. FERGUSON, The Renaissance in Historical Thought. Five Centuries of Interpretation, Boston 1948.

829. K. FLASCH, Einführung in die Philosophie des Mittelalters, Darmstadt ³1994.
830. K. FLASCH, Das philosophische Denken im Mittelalter. Von Augustin zu Machiavelli, Stuttgart ²2000.
831. K. FLASCH (Hg.), Interpretationen. Hauptwerke der Philosophie: Mittelalter, Stuttgart 1998.
832. E. GARIN, L'umanesimo italiano: filosofia e vita civile nel Rinascimento, Rom/Bari ¹²1994; dt.: Der italienische Humanismus, Bern 1947.
833. E. GARIN, La cultura filosofica del Rinascimento italiano, Florenz ²1979.
834. E. GILSON, Johannes Duns Scotus. Einführung in die Grundgedanken seiner Lehre, Düsseldorf 1959 (frz. Originalausgabe 1952).
835. E. GILSON, La philosophie au moyen âge, Paris ²1952.
836. E.H. KANTOROWICZ, Die zwei Körper des Königs. Eine Studie zur politischen Theologie des Mittelalters, München 1990 (amerikan. Originalausgabe 1957).
837. P.O. KRISTELLER, Studies in Renaissance Thought and Letters, Rom 1956.
838. H. KUSCH (Hg.), Marsilius von Padua, Defensor Pacis/Der Verteidiger des Friedens, 2 Bde., Berlin 1958.
839. R. LAMBERTINI, La povertà pensata. Evoluzione storica della definizione dell'identità minoritica da Bonaventura ad Ockham, Modena 2000.
840. H. LANGE, Römisches Recht im Mittelalter, Bd. I: Die Glossatoren, München 1997.
841. D.C. LINDBERG (Hg.), Roger Bacon and the Origins of Perspectiva in the Middle Ages, Oxford 1996.
842. M. LÖFFELBERGER, Marsilius von Padua. Das Verhältnis zwischen Kirche und Staat im ‚Defensor pacis', Berlin 1992.
843. J. MARENBON, Later Medieval Philosophy, 1150–1350, London 1987.
844. A.-S. MCGRADE, The Political Thought of William Ockham. Personal and Institutional Principles, London/New York 1974.
845. J. MIETHKE, Ockhams Weg zur Sozialphilosophie, Berlin 1969.
846. J. MIETHKE, De potestate papae. Die päpstliche Amtskompetenz im Widerstreit der politischen Theorie von Thomas von Aquin bis Wilhelm von Ockham, Tübingen 2000.
847. J. MIETHKE, Marsilius von Padua. Die politische Philosophie eines lateinischen Aristotelikers des 14. Jahrhunderts, in: H. BOOCKMANN/B. MOELLER/K. STACKMANN (Hg.), Lebenslehren und Weltentwürfe im Übergang vom Mittelalter zur Neuzeit. Politik – Bildung – Naturkunde – Theologie, Göttingen 1989, 52–76.
848. K. PRIBRAM, Geschichte des ökonomischen Denkens, 2 Bde., Frankfurt 1992 (amerikan. Originalausgabe 1983).
849. K. RUH, Meister Eckhart. Theologe, Prediger, Mystiker, München ²1989.
850. H. SCHIPPERGES, Arabische Medizin im lateinischen Mittelalter, Berlin 1976.

851. P.G. STEIN, Römisches Recht und Europa. Die Geschichte einer Rechtskultur, Frankfurt a.M. 1996.
852. W. TOTOK, Handbuch der Geschichte der Philosophie, Bd. II: Mittelalter unter Mitarb. v. H. HEIDERICH u. H. SCHRÖER, Frankfurt/M. 1973.
853. K. UBL, Engelbert von Admont. Ein Gelehrter im Spannungsfeld von Aristotelismus und christlicher Überlieferung, Wien/München 2000.
854. H.G. WALTHER, Imperiales Königtum, Konziliarismus und Volkssouveränität. Studien zu den Grenzen des mittelalterlichen Souveränitätsgedankens, München 1976.
855. J.R. WEINBERG, Medieval Philosophy, Princeton 1964.
856. A. ZIMMERMANN (Hg.), Albert der Große. Seine Zeit, sein Werk, seine Wirkung, Berlin 1981.

Literatur

857. Geschichte der deutschen Literatur von den Anfängen bis zur Gegenwart, hg. v. H. DE BOOR u. R. NEWALD, Bd. II: H. DE BOOR/U. HENNIG, Die höfische Literatur. Vorbereitung, Blüte, Ausklang 1170–1250, München ^{11}1991; Bd. III, 1: H. DE BOOR, Das späte Mittelalter. Zerfall und Neubeginn 1250–1350, München ^{4}1974; III, 2: I. GLIER (Hg.), Die deutsche Literatur im späten Mittelalter 1250–1370: Reimpaargedichte, Drama, Prosa, München 1987; Bd. IV. 1: H. RUPPRICH (Hg.), Das ausgehende Mittelalter, Humanismus und Renaissance (1370–1520), München 1970.
858. K. LANGOSCH, Die deutsche Literatur des lateinischen Mittelalters in ihrer geschichtlichen Entwicklung, Berlin 1964.
859. R. SPRANDEL, Chronisten als Zeitzeugen. Forschungen zur spätmittelalterlichen Geschichtsschreibung in Deutschland, Köln/Weimar/Wien 1994.
860. J. TAYLOR, English Historical Literature in the Fourteenth Century, Oxford 1987.

Universitäten

861. T.H. ASTON (Hg.), The History of the University of Oxford, Bd. I, Oxford 1984.
862. O. CAPITANI (Hg.), L'Università a Bologna. Personaggi, momenti e luoghi dalle origini al XVI secolo, Bologna 1987.
863. A.B. COBBAN, The Medieval English Universities. Oxford and Cambridge to c. 1500, Aldershot 1988.
864. H. DENIFLE, Die Entstehung der Universitäten des Mittelalters bis 1400, Berlin 1885; ND Graz 1956.
865. J. FRIED (Hg.), Schulen und Studium im sozialen Wandel des hohen und späten Mittelalters, Sigmaringen 1986.
866. H. GRUNDMANN, Vom Ursprung der Universität im Mittelalter, Darmstadt ^{2}1976.

867. J. Ijsewijn/J. Paquet (Hg.), The Universities in the Later Middle Ages, Löwen 1978.
868. G. Kaufmann, Die Geschichte der deutschen Universitäten, 2 Bde., Stuttgart 1888–1896; ND Graz 1958.
869. M. Kintzinger (Hg.), Schule und Schüler im Mittelalter. Beiträge zur europäischen Bildungsgeschichte des 9. bis 15. Jahrhunderts, Köln/Weimar/Wien 1996.
870. J. Klüver, Universität und Wissenschaftssystem. Die Entstehung einer Institution durch gesellschaftliche Differenzierung, Frankfurt/M. 1983.
871. P. Moraw, Zur Sozialgeschichte der deutschen Universität im späten Mittelalter, in: GUB 8 (1975) 44–60.
872. P. Moraw, Die Universität Prag im Mittelalter. Grundzüge ihrer Geschichte im europäischen Zusammenhang, in: Die Universität zu Prag, München 1986, 9–134.
873. P. Moraw, Das spätmittelalterliche Universitätssystem in Europa – sozialgeschichtlich betrachtet, in: H. Brunner/N.R. Wolf (Hg.), Wissensliteratur im Mittelalter und in der Frühen Neuzeit, Wiesbaden 1993, 9–25.
874. O.G. Oexle, Alteuropäische Voraussetzungen des Bildungsbürgertums – Universitäten, Gelehrte und Studierte, in: W. Conze/J. Kocka (Hg.), Bildungsbürgertum im 19. Jahrhundert, Bd. I, Stuttgart 1985, 29–78.
875. H. Rashdall, The Universities in the Middle Ages, 2. Aufl. hg. v. F.M. Powicke u. A.M. Emden, 3 Bde., Oxford 1936.
876. F. Rexroth, Deutsche Universitätsstiftungen von Prag bis Köln. Die Intentionen des Stifters und die Chancen ihrer Realisierbarkeit im spätmittelalterlichen deutschen Territorialstaat, Köln 1992.
877. H. de Ridder-Symoens (Hg.), A History of the University in Europe, Bd. 1: Universities in the Middle Ages, Cambridge 1992.
878. R.C. Schwinges, Deutsche Universitätsbesucher im 14. und 15. Jahrhundert. Studien zur Sozialgeschichte des Alten Reiches, Stuttgart 1986.
879. D.J. de Solla Price, Science since Babylon, New Haven 1961.
880. J. Verger, Les universités au moyen âge, Paris 1973.

Reisen und interkulturelle Begegnungen

881. W. Paravicini (Hg.), Europäische Reiseberichte des späten Mittelalters, 3 Bde., Frankfurt a.M./Berlin/Bern u. a. 1994–2000.
882. M. Mollat, Les explorateurs du XIIIe au XVIe siècle: premiers regards sur des mondes nouveaux, Paris 1984.
883. P. Moraw (Hg.), Unterwegssein im Spätmittelalter, Berlin 1985.
884. L. Olschki, Marco Polo's Asia. An Introduction to his „Description of the World" called „il Milione", Berkeley/Los Angeles/London 1960.
885. L. Olschki, Marco Polo's Precursors, Baltimore 1943.

886. F.E. Reichert, Begegnungen mit China. Die Entdeckung Ostasiens im Mittelalter, Sigmaringen 1992.
887. F.E. Reichert (Hg.), Fernreisen im Mittelalter (Das Mittelalter. Zeitschrift des Mediävistenverbandes, 3, 1998, 2), Berlin 1998.
888. F. Schmieder, Europa und die Fremden. Die Mongolen im Urteil des Abendlandes vom 13. bis in das 15. Jahrhundert, Sigmaringen 1994.

Technikgeschichte: Allgemeines

889. M. Bloch, Antritt und Siegeszug der Wassermühle, in: C. Honegger (Hg.), Schrift und Materie der Geschichte. Vorschläge zur systematischen Aneignung historischer Prozesse, Frankfurt a.M. 1977, 171–197 (frz. Erstveröffentlichung 1935).
890. G. Dohrn-van Rossum, Die Geschichte der Stunde. Uhren und moderne Zeitordnung, München/Wien 1992.
891. A.. Erlande-Brandenburg, La cathédrale, Paris 1989.
892. J. Gimpel, Die industrielle Revolution des Mittelalters, Zürich/München ²1981 (frz. Originalausgabe 1975).
893. H. Kälin, Papier in Basel bis 1500, Basel 1974.
894. F. Klemm, Der Beitrag des Mittelalters zur Entwicklung der abendländischen Technik, Wiesbaden 1961.
895. U. Lindgren (Hg.), Europäische Technik im Mittelalter: 800–1400: Tradition und Innovation – ein Handbuch, Berlin ²1997.
896. K.-H. Ludwig/V. Schmidtchen, Propyläen Technikgeschichte, Bd. II: Metalle und Macht. 1000 bis 1600, Berlin 1992.
897. A. Maier, Die Vorläufer Galileis im 14. Jahrhundert, Rom 1949.
898. P. Souffrin/A. Segonds (Hg.), Nicolas d'Oresmes. Tradition et innovation, Padua/Paris 1988.
899. A. von Müller/K.-H. Ludwig, Die Technik des Mittelalters, in: U. Troitzsch/W. Weber (Hg.), Die Technik, Braunschweig ³1989, 120–179.
900. N. Nussbaum, Deutsche Kirchenbaukunst der Gotik, Darmstadt ²1994.
901. V. Schmidtchen, Kriegswesen im späten Mittelalter. Technik, Taktik, Theorie, Weinheim 1990.
902. C. Singer/E.J. Holmyard/A.R. Hall/T.I. Williams (Hg.), A History of Technology, Bd. 2–3, Oxford 1956–1957.
903. P. Sternagel, Die Artes Mechanicae im Mittelalter. Begriffs- und Bedeutungsgeschichte bis zum Ende des 13. Jahrhunderts, Kallmünz 1966.
904. W. von Stromer, Eine „Industrielle Revolution" des Spätmittelalters?, in: U. Troitzsch/G. Wohlauf (Hg.), Technik-Geschichte. Historische Beiträge und neuere Ansätze, Frankfurt/M. 1980, 105–138.
905. A. Timm, Einführung in die Technikgeschichte, Berlin/New York 1972.
906. L. White jr., Die mittelalterliche Technik und der Wandel der Gesellschaft, München 1968 (engl. Originalausgabe 1962).

907. L. WHITE jr., Medieval Religion and Technology. Collected Essays, Berkeley 1987.

Bergbau

908. M. ARNOUX, Mineurs, férons et maîtres de forge. Étude sur la production du fer dans la Normandie du moyen âge (XIe-XIVe siècles), Paris 1993.
909. B. BENOIT/P. BRAUNSTEIN (Hg.), Mines carrières et métallurgie dans la France médiévale, Paris 1983.
910. A. BINGENER, Mittelalterlicher Metallhandel im Harz. Märkte und Transportwege, in: ScM 32 (1998) 20–43.
911. E. GEIS, Die Entwicklung der kapitalistischen Organisations-Formen im deutschen Erzbergbau des Mittelalters und zu Beginn der Neuzeit, Diss., München 1925.
912. D. HÄGERMANN/K.-H. LUDWIG, Europäisches Montanwesen im Hochmittelalter. Das Trienter Bergrecht 1185–1214, Köln/Wien 1986.
913. K.-H. LUDWIG/F. GRUBER, Gold- und Silberbergbau im Übergang vom Mittelalter zur Neuzeit. Das Salzburger Revier von Gastein und Rauris, Köln/Wien 1987.
914. M. MITTERAUER (Hg.), Österreichisches Montanwesen. Produktion, Verteilung, Sozialformen, Wien 1974.
915. F.M. RESS, Unternehmungen, Unternehmer und Arbeiter im Eisenerzbergbau und in der Eisenverhüttung der Oberpfalz von 1300 bis um 1630, in: JbGVV 74 (1954) 49–106.
916. H.R. SCHUBERT, History of the British Iron and Steel Industry from c. 450 B.C. to A.D. 1775, London 1957.
917. R. SPRANDEL, Die oberitalienische Eisenproduktion im Mittelalter, in: VSWG 52 (1965) 289–329.
918. R. SPRANDEL, Zur Geschichte der Eisenerzeugung im Spätmittelalter, in: W. KROKER/E. WESTERMANN (Hg.), Montanwirtschaft Mitteleuropas vom 12. bis 17. Jahrhundert, Bochum 1984, 74–85.
919. W. VON STROMER, Die Große Oberpfälzer Hammereinung vom 7. Januar 1387. Kartell und Konzerne, Krisen und Innovationen in der mitteleuropäischen Eisengewinnung, in: TechG 56 (1989) 279–304.
920. M. TANGHERONI, La città dell'argento, Iglesias dalle origini alle fine del medioevo, Neapel 1985.
921. O. WAGENBRETH/E. WÄCHTLER (Hg.), Bergbau im Erzgebirge. Technische Denkmale und Geschichte, Leipzig 1990.

Salzgewinnung

922. J.-F. BERGIER, Die Geschichte vom Salz, Frankfurt a.M. 1989.
923. J.C. HOCQUET, Le sel et le pouvoir. De l'an mil à la révolution française, Paris 1984.
924. J.C. HOCQUET, Chioggia, capitale del sale nel Medioevo, Sottomarina 1991.

925. J.C. HOCQUET/R. PALME (Hg.), Das Salz in der Rechts- und Handelsgeschichte, Schwaz 1991.
926. R. PALME, Rechts-, Wirtschafts- und Sozialgeschichte der inneralpinen Salzwerke bis zu deren Monopolisierung, Frankfurt a.M. 1983.
927. W. RAUSCH (Hg.), Stadt und Salz, Linz 1988.
928. H. WITTHÖFT, Struktur und Kapazität der Lüneburger Saline seit dem 12. Jahrhundert, in: VSWG 63 (1976) 1–117.

Schiffsbau
929. R. GARDINER/R.W. UNGER, Cogs, Caravels and Galleons. The Sailing Ship 1000–1650, London 1994.
930. Die Kogge von Bremen, 2 Bde., Hamburg 1992.
931. U. SCHNALL, Schiffbau und Navigation vom Spätmittelalter bis zum Beginn des 19. Jahrhunderts, in: Focus Behaim Globus, Bd. I, Nürnberg 1992, 321–330.
932. R.W. UNGER, The Ship in the Medieval Economy 600–1600, London/Montreal 1980.

C. DIE STAATENWELT DES 13. UND 14. JAHRHUNDERTS

1. Das Imperium Friedrichs II.: Deutschland – Italien – Sizilien

Allgemeines

933. L. Ambrosi u. a., Potere, società e popolo tra età normanna ed età sveva (1189–1210), Bari 1983.

934. G. Baaken, Ius Imperii ad Regnum. Königreich Sizilien, Imperium Romanum und Römisches Papsttum vom Tode Kaiser Heinrichs VI. bis zu den Verzichterklärungen Rudolfs von Habsburg, Köln/Weimar/Wien 1993.

935. G. Baaken, Die Verhandlungen von Cluny (1245) und der Kampf Innozenz' IV. gegen Friedrich II., in: DA 50 (1994) 531–579.

936. O. Engels, Die Staufer, Stuttgart/Berlin/Köln ^{7}1998.

937. O. Hageneder, Weltherrschaft im Mittelalter, in: MIÖG 93 (1985) 257–278.

938. K. Hampe, Deutsche Kaisergeschichte in der Zeit der Salier und Staufer, Heidelberg ^{12}1969; ND Darmstadt 1979.

939. G. Kirchner, Die Steuerliste von 1241. Ein Beitrag zur Entstehung des staufischen Königsterritoriums, in: ZRG. GA 70 (1953) 64–104.

940. T. Kölzer (Hg.), Die Staufer im Süden. Sizilien und das Reich, Sigmaringen 1996.

941. M. Laufs, Politik und Recht bei Innozenz III. Kaiserprivilegien, Thronstreitregister und Egerer Goldbulle in der Reichs- und Rekuperationspolitik Papst Innozenz' III., Köln/Wien 1980.

942. D.J.A. Matthew, Reflections on the Medieval Roman Empire, in: Hist 77 (1992) 363–390.

943. H.E. Mayer, Geschichte der Kreuzzüge, Stuttgart/Berlin/Köln ^{8}1995.

944. W. Metz, Staufische Güterverzeichnisse. Untersuchungen zur Verfassungs- und Wirtschaftsgeschichte des 12. und 13. Jahrhunderts, Berlin 1964.

945. J. Miethke/A. Bühler, Kaiser und Papst im Konflikt. Zum Verhältnis von Staat und Kirche im späten Mittelalter, Düsseldorf 1988.

946. H. Möhring, Die Weltkaiser der Endzeit. Entstehung, Wandel und Wirkung einer tausendjährigen Weissagung, Stuttgart 2000.

947. S. Runciman, Geschichte der Kreuzzüge, 3 Bde., München 1957–1960 (engl. Originalausgabe 1951–1954).

948. W. Schirmer, Castel del Monte. Forschungsergebnisse der Jahre 1990 bis 1996, Mainz 2000.

949. J. Strothmann, Kaiser und Senat. Der Herrschaftsanspruch der Stadt Rom zur Zeit der Staufer, Köln/Weimar/Wien 1988.

950. M. THUMSER, Rom und der römische Adel in der späten Stauferzeit, Tübingen 1995.
951. B. TÖPFER, Das kommende Reich des Friedens. Zur Entwicklung chiliastischer Zukunftshoffnungen im Hochmittelalter, Berlin 1964.
952. A. WOLF, Gesetzgebung in Europa 1100–1500: Zur Entstehung der Nationalstaaten, München ²1996.
953. Die Zeit der Staufer, hg. v. R. HAUSSHERR, 5 Bde., Stuttgart 1977–1979.

Friedrich II.

954. D. ABULAFIA, Herrscher zwischen den Kulturen. Friedrich II. von Hohenstaufen, Berlin 1991 (engl. Originalausgabe 1988).
955. E. BOSHOF, Reichsfürstenstand und Reichsreform in der Politik Friedrichs II., in: BDLG 122 (1986) 41–66.
956. M.S. CALO MARIANI/R. CASSANO (Hg.), Federico II. Immagine e potere, Marsilio 1995.
957. T. C. VAN CLEVE, The Emperor Frederick II of Hohenstaufen. Immutator Mundi, Oxford 1972.
958. H. CONRAD/, T. VON DER LIECK-BUYKEN/W. WAGNER (Hg.), Die Konstitutionen Friedrichs II. von Hohenstaufen für sein Königreich Sizilien. Nach einer lateinischen Handschrift des 13. Jahrhunderts, Köln/Wien 1973.
959. H. DILCHER, Die sizilische Gesetzgebung Kaiser Friedrichs II. Quellen der Constitutionen von Melfi und ihrer Novellen, Köln/Wien 1975.
960. A. ESCH/N. KAMP (Hg.), Friedrich II., Tübingen 1996.
961. J. FLECKENSTEIN (Hg.), Probleme um Friedrich II., Sigmaringen 1974.
962. E. KANTOROWICZ, Kaiser Friedrich der Zweite, 2 Bde., Berlin 1927–1931; Stuttgart ³1987.
963. E. KLINGELHÖFER, Die Reichsgesetze von 1220, 1231/32 und 1235. Ihr Werden und ihre Wirkung im deutschen Staat Friedrichs II., Weimar 1955.
964. T. KÖLZER, Magna Imperialis Curia. Die Zentralverwaltung im Königreich Sizilien unter Friedrich II., in: HJb 114 (1994) 287–311.
965. J.M. POWELL, Medieval Monarchy and Trade: The Economic Policy of Frederick II in the Kingdom of Sicily, in: SM, 3. Ser. 3 (1962) 420–524.
966. E.S. RÖSCH/G. RÖSCH, Kaiser Friedrich II. und sein Königreich Sizilien, Sigmaringen 1995.
967. H. M. SCHALLER, Kaiser Friedrich II. Verwandler der Welt, Göttingen ²1971.
968. A. SOMMERLECHNER, Stupor Mundi? Kaiser Friedrich II. und die mittelalterliche Geschichtsschreibung, Wien 1999.
969. Das Staunen der Welt. Kaiser Friedrich II. von Hohenstaufen, 1194–1250, hg. v. der Gesellschaft für staufische Geschichte, Göppingen 1996.
970. W. STÜRNER, Die Konstitutionen Friedrichs II. für das Königreich Sizilien, Hannover 1996.

971. W. Stürner, Friedrich II., 2 Tle., Darmstadt 1992–2000.
972. P. Toubert/A. Paravicini Bagliani (Hg.), Federico II e il mondo mediterraneo, Palermo 1994.
973. W. Tronzo (Hg.), Intellectual Life at the Court of Frederick II Hohenstaufen, Hanover 1994.
974. E. Winkelmann, Kaiser Friedrich II., 2 Bde., Leipzig 1889–1897; ND Darmstadt 1963.
975. G. Wolf (Hg.), Stupor mundi. Zur Geschichte Friedrichs II. von Hohenstaufen, Darmstadt 1966.

Die späten Staufer

976. H. Arndt, Studien zur inneren Regierungsgeschichte Manfreds. Mit einem Regestenanhang als Ergänzung zu Regesta Imperii V, Heidelberg 1911.
977. O.H. Becker, Kaisertum, deutsche Königswahl und Legitimitätsprinzip in der Auffassung der späteren Staufer und ihres Umkreises, Bern/Frankfurt a.M. 1975.
978. K. Borchardt, Der sogenannte Aufstand Heinrichs (VII.) in Franken 1234/35, in: K. Borchardt/E. Bünz (Hg.), Forschungen zur bayerischen und fränkischen Geschichte. P. Herde zum 65. Geburtstag, Würzburg 1998, 53–119.
979. K.E. Demandt, Der Endkampf des staufischen Kaiserhauses im Rhein-Maingebiet, in: HJLG 7 (1957) 102–164.
980. K. Hampe, Geschichte Konradins von Hohenstaufen (1894), Stuttgart ²1940.
981. K. Hampe, Urban IV. und Manfred (1261–1264), Heidelberg 1905; ND Nendeln 1977.
982. C. Hillen, Curia Regis. Untersuchungen zur Hofstruktur Heinrichs (VII.) 1220–1235 nach den Zeugen seiner Urkunden, Frankfurt a. M. 1999.
983. A. Karst, Geschichte Manfreds vom Tode Friedrichs II. bis zu seiner Krönung (1250–1258), Berlin 1897; ND Vaduz 1965.
984. A. Nitschke, Der Prozeß gegen Konradin, in: ZRG. KA 42 (1956) 25–54.
985. A. Nitschke, Konradin und Clemens IV., in: QFIAB 38 (1958) 268–277.
986. H.M. Schaller, Zur Verurteilung Konradins, in: QFIAB 37 (1957) 311–327.
987. W. Stürner, Der Staufer Heinrich (VII.) (1211–1242). Lebensstationen eines gescheiterten Königs, in: ZWLG 52 (1993) 13–33.
988. P. Thorau, König Heinrich (VII.), das Reich und die Territorien. Untersuchungen zur Phase der Minderjährigkeit und der „Regentschaften" Erzbischof Engelberts I. von Köln und Herzog Ludwigs I. von Bayern (1211) 1220–1228, Berlin 1998.

2. DEUTSCHLAND ZWISCHEN 1251 UND 1400: KÖNIG, REICH UND TERRITORIEN

Allgemeines

989. D. BERG, Deutschland und seine Nachbarn 1200–1500, München 1997.
990. H. BEUMANN (Hg.), Kaisergestalten des Mittelalters, München ³1991.
991. H. BOOCKMANN, Stauferzeit und spätes Mittelalter. Deutschland 1125–1517, Berlin 1987.
992. F.R.H. DU BOULAY, Germany in the Later Middle Ages, London 1983.
993. M.R. BRABÄNDER, Die Einflußnahme auswärtiger Mächte auf die deutsche Königswahlpolitik vom Interregnum bis zur Erhebung Karls IV., Frankfurt a.M. 1994.
994. J. EHLERS, Die deutsche Nation des Mittelalters als Gegenstand der Forschung, in: DERS. (Hg.), Ansätze und Diskontinuität deutscher Nationsbildung im Mittelalter, Sigmaringen 1989, 11–58.
995. E. ENGEL/E. HOLTZ (Hg.), Deutsche Könige und Kaiser des Mittelalters, Köln/Wien 1989.
996. A. HAVERKAMP, Aufbruch und Gestaltung. Deutschland 1056–1273, München ²1993.
997. K.-U. JÄSCHKE, Europa und das römisch-deutsche Reich um 1300, Stuttgart/Berlin/Köln 1999.
998. H. KELLER, Zwischen regionaler Begrenzung und universalem Horizont. Deutschland im Imperium der Salier und Staufer 1024 bis 1250, Berlin 1986.
999. J. LEUSCHNER, Deutschland im späten Mittelalter, Göttingen 1975.
1000. P. MORAW, Von offener Verfassung zu gestalteter Verdichtung. Das Reich im späten Mittelalter 1250 bis 1490, Berlin 1985; ND Berlin 1989.
1001. B. SCHMEIDLER, Das spätere Mittelalter von der Mitte des 13. Jahrhunderts bis zur Reformation, Wien 1937; ND Darmstadt 1980.
1002. E. SCHUBERT, Einführung in die Grundprobleme der deutschen Geschichte im Spätmittelalter, Darmstadt 1992.
1003. F. SEIBT/W. EBERHARD (Hg.), Europa 1500. Integrationsprozesse im Widerstreit: Staaten, Regionen, Personenverbände, Christenheit, Stuttgart 1987.
1004. T. STRUVE, Die Entwicklung der organologischen Staatsauffassung im Mittelalter, Stuttgart 1978.
1005. H. THOMAS, Deutsche Geschichte des Spätmittelalters, 1250–1500, Stuttgart 1983.
1006. B. TÖPFER/E. ENGEL, Vom staufischen Imperium zum Hausmachtkönigtum. Deutsche Geschichte vom Wormser Konkordat 1122 bis zur Doppelwahl von 1314, Weimar 1976.
1007. H. G. WALTHER, Ursprungsdenken und Evolutionsgedanke im Geschichtsbild der Staatstheorien in der ersten Hälfte des 14. Jahrhunderts, in: A. ZIMMERMANN (Hg.), Antiqui und Moderni. Traditionsbewußtsein

und Fortschrittsbewußtsein im späten Mittelalter, Berlin/New York 1974, 236–261.

1008. H. ZIMMERMANN, Das Mittelalter, Bd. II: Von den Kreuzzügen bis zum Beginn der großen Entdeckungsfahrten, Braunschweig 1979.

Recht und Gericht

1009. H. ANGERMEIER, Königtum und Landfriede im deutschen Spätmittelalter, München 1966.

1010. F. BATTENBERG, Gerichtsschreiberamt und Kanzlei am Reichshofgericht 1235–1451, Köln/Wien 1974.

1011. F. BATTENBERG, Herrschaft und Verfahren. Politische Prozesse im mittelalterlichen Römisch-Deutschen Reich, Darmstadt 1995.

1012. B. DIESTELKAMP, Die höchste Gerichtsbarkeit in England, Frankreich und Deutschland zwischen Absolutismus und Aufklärung, in: Rättshistoriske Studier 16 (1990) 19–45.

1013. I. MÄNNL, Die gelehrten Juristen im Dienste der Territorialherren im Norden und Nordosten des Reiches von 1250 bis 1440, in: R.C. SCHWINGES (Hg.), Gelehrte im Reich. zur Sozial- und Wirkungsgeschichte akademischer Eliten des 14. bis 16. Jahrhunderts, Berlin 1996, 269–290.

1014. P. MORAW, Über König und Reich. Aufsätze zur deutschen Verfassungsgeschichte des späten Mittelalters, hg. v. R.C. SCHWINGES, Sigmaringen 1995.

1015. P. MORAW, Neuere Forschungen zur Reichsverfassung des späten Mittelalters, in: M. BORGOLTE (Hg.), Mittelalterforschung nach der Wende 1989, München 1995, 453–484.

1016. U. RÖDEL, Königliche Gerichtsbarkeit und Streitfälle der Fürsten im Südwesten des Reiches 1250–1313, Köln/Wien 1979.

1017. E. SCHUBERT, König und Reich: Studien zur spätmittelalterlichen deutschen Verfassungsgeschichte, Göttingen 1979.

1018. H. K. SCHULZE, Grundstrukturen der Verfassung im Mittelalter, 3 Bde., Stuttgart/Berlin/Köln 1985–1998.

1019. R. SPRANDEL, Verfassung und Gesellschaft im Mittelalter, Paderborn/München/Wien/Zürich ²1978.

1020. W. TRUSEN, Die Rechtsspiegel und das Kaiserrecht, in: ZSRG. GA 102 (1985) 12–59.

1021. D. WILLOWEIT, Deutsche Verfassungsgeschichte. Vom Frankenreich bis zur Teilung Deutschlands, München ²1992.

Herrschaftsstrukturen

1022. G. ALTHOFF, Staatsdiener oder Häupter des Staates. Fürstenverantwortung zwischen Reichsinteressen und Eigennutz, in: DERS., Spielregeln der Politik im Mittelalter. Kommunikation in Frieden und Fehde, Darmstadt 1997, 126–153.

1023. E. BIELFELDT, Der Rheinische Bund von 1254. Ein erster Versuch einer Reichsreform, Berlin 1937.

1024. O. BRUNNER, Land und Herrschaft – Grundfragen der territorialen Verfassungsgeschichte Österreichs im Mittelalter, Darmstadt ⁶1984.

1025. J. FICKER, Vom Reichsfürstenstande, 2 Bde. (ab Bd. 2,1 hg. u. bearb. v. P. PUNTSCHART), Innsbruck/Graz 1861–1923.

1026. J. FRIED (Hg.), Träger und Instrumentarien des Friedens im hohen und späten Mittelalter, Sigmaringen 1996.

1027. H.-G. HOFACKER, Die schwäbischen Reichslandvogteien im späten Mittelalter, Stuttgart 1980.

1028. K.G.A. JESERICH/H. POHL/G.-C. VON UNRUH (Hg.), Deutsche Verwaltungsgeschichte, Bd. I: Vom Spätmittelalter bis zum Ende des Reiches, Stuttgart 1983.

1029. P. JOHANEK (Hg.), Vorträge und Forschungen zur Residenzfrage, Sigmaringen 1990.

1030. M. KAUFHOLD, Deutsches Interregnum und europäische Politik. Konfliktlösungen und Entscheidungsstrukturen 1230–1280, Hannover 2000.

1031. M. KÖRNER, Steuern und Abgaben in Theorie und Praxis im Mittelalter und in der frühen Neuzeit, in: E. SCHREMMER (Hg.), Steuern, Abgaben und Dienste vom Mittelalter bis zur Gegenwart, Stuttgart 1994, 53–76.

1032. K.-F. KRIEGER, Die Lehnshoheit der deutschen Könige im Spätmittelalter (ca. 1200–1437), Aalen 1979.

1033. K.-F. KRIEGER, König, Reich und Reichsreform im Spätmittelalter, München 1992.

1034. G. LANDWEHR, Die Verpfändungen der deutschen Reichsstädte im Mittelalter, Köln/Graz 1967.

1035. H. MAURER (Hg.), Kommunale Bündnisse Oberitaliens und Oberdeutschlands im Vergleich, Sigmaringen 1978

1036. P. MORAW, Landesgeschichte und Reichsgeschichte im 14. Jahrhundert, in: JbWLG 3 (1977) 175–191.

1037. P. MORAW, „Herrschaft" im Mittelalter, in: Geschichtliche Grundbegriffe, Bd. III, Stuttgart 1982, 5–13.

1038. P. MORAW, Die Entfaltung der deutschen Territorien im 14. und 15. Jahrhundert, in: Landesherrliche Kanzleien im Spätmittelalter, Referate zum VI. Internationalen Kongreß für Diplomatik, München 1984, 61–108; wieder in: 1014, 89–126.

1039. P. MORAW, Fürstentum, Königtum und „Reichsreform" im deutschen Spätmittelalter, in: BDLG 122 (1986) 117–136.

1040. H. PATZE (Hg.), Der deutsche Territorialstaat im 14. Jahrhundert. 2 Bde., Sigmaringen 1970–1971.

1041. „Propter culturam pacis.../...um des Friedens willen". Der Rheinische Städtebund von 1254/56, Koblenz 1986.

1042. A.C. SCHLUNK, Königsmacht und Krongut. Die Machtgrundlage des deutschen Königtums im 13. Jahrhundert – und eine neue historische Methode, Stuttgart 1988.

1043. R. SCHNEIDER (Hg.), Das spätmittelalterliche Königtum im europäischen Vergleich, Sigmaringen 1987.

1044. E. SCHUBERT, Fürstliche Herrschaft und Territorium im späten Mittelalter, München 1996.

1045. G. SILAGI (Hg.), Landesherrliche Kanzleien im Spätmittelalter. Referate zum VI. Internationalen Kongreß für Diplomatik, München 1983, 2 Bde., München 1984.

Kurfürsten

1046. W. BECKER, Der Kurfürstenrat. Grundzüge seiner Entwicklung in der Reichsverfassung und seine Stellung auf dem Westfälischen Friedenskongreß, Münster 1973.

1047. B. CASTORPH, Die Ausbildung des römischen Königswahlrechtes. Studien zur Wirkungsgeschichte des Dekretale „Venerabilem", Frankfurt/Zürich 1978.

1048. F.-R. ERKENS, Der Erzbischof von Köln und die deutsche Königswahl. Studien zur Kölner Kirchengeschichte, zum Königsrecht und zur Verfassung des Reiches, Siegburg 1987.

1049. H. JAKOBS, Cessante pristina palatinorum electione. Dynastisches Thronfolgerecht in höfischer Vorstellung, in: Deus qui mutat tempora. Menschen und Institutionen im Wandel des Mittelalters, Festschrift Alfons Becker, Sigmaringen 1987, 269–282.

1050. R.SCHNEIDER/H. ZIMMERMANN (Hg.), Wahlen und Wählen im Mittelalter, Sigmaringen 1990.

1051. H. THOMAS, König Wenzel I., Reinmar von Zweter und der Ursprung des Kurfürstentums im Jahre 1239, in: H. MORDEK (Hg.), Aus Archiven und Bibliotheken. Festschrift R. Kottje, Frankfurt a.M./Bern/New York/Paris 1992, 347–372.

1052. A. WOLF, Die Entstehung des Kurfürstenkollegs 1198–1298. Zur 700-jährigen Wiederkehr der ersten Vereinigung der sieben Kurfüsten, Idstein 1998.

Reich und Kirche

1053. H.-J. BECKER, Die Appellation vom Papst an ein allgemeines Konzil. Historische Entwicklung und kanonistische Diskussion im späten Mittelalter und in der frühen Neuzeit, Köln/Wien 1988.

1054. J. MIETHKE, Die Anfänge des säkularisierten Staates in der politischen Theorie des späteren Mittelalters, in: R. MUSSGNUG (Hg.) Entstehen und Wandel verfassungsdenkens, Berlin 1996, 7–43.

1055. G. SCHWAIGER, Suprema Potestas. Päpstlicher Primat und Autorität der Allgemeinen Konzilien im Spiegel der Geschichte, in: Konzil und Papst. Historische Beiträge zur Frage der höchsten Gewalt in der Kirche. Festschrift H. Tüchle, München/Paderborn/Wien 1975, 611–678.

1056. H.J. SIEBEN, Die Konzilsidee des lateinischen Mittelalters (847–1378), Paderborn/München/ Wien/Zürich 1984.

1057. E.E. STENGEL, Avignon und Rhens. Forschungen zur Geschichte des Kampfes um das Recht am Reich in der 1. Hälfte des 14. Jahrhunderts, Weimar 1930.

1058. D. UNVERHAU, Approbatio-Reprobatio. Studien zum päpstlichen Mitspracherecht bei Kaiserkrönung und Königswahl vom Investiturstreit bis zum ersten Prozeß Johanns XXII. gegen Ludwig IV., Lübeck 1973.

Einzelne Herrscher und Territorien

1059. G. BENKER, Ludwig der Bayer. Ein Wittelsbacher auf dem Kaiserthron. 1282–1347, München 1980.

1060. E. BOSHOF/F.-R. ERKENS (Hg.), Rudolf von Habsburg 1273–1291. Eine Königsherrschaft zwischen Tradition und Wandel, Köln/Weimar/Wien 1993.

1061. K. BOSL (Hg.), Handbuch der Geschichte der böhmischen Länder, Bd. I-II, Stuttgart 1967–1974.

1062. W.M. BOWSKY, Henry VII in Italy. The Conflict of Empire and City-State 1310–1313, Westport ²1974.

1063. E. ENGEL (Hg.), Karl IV. Politik und Ideologie im 14. Jahrhundert, Weimar 1982.

1064. M. E. FRANKE, Kaiser Heinrich VII. im Spiegel der Historiographie, Köln/Weimar/Wien 1992.

1065. W.D. FRITZ/E. MÜLLER-MERTENS, Die Goldene Bulle. Das Reichsgesetz Kaiser Karls IV. vom Jahre 1356, Weimar 1978.

1066. A. GERLICH, Studien zur Landfriedenspolitik König Rudolfs von Habsburg, Mainz 1963.

1067. H. GLASER (Hg.), Wittelsbach und Bayern. Die Zeit der frühen Herzöge. Von Otto I. zu Ludwig dem Bayern, München/Zürich 1980.

1068. C. HAIDACHER, Die älteren Tiroler Rechnungsbücher. Analyse und Edition, 2 Bde., Innsbruck 1993–1998.

1069. U. HELBACH, Das rheinische Reichsgut in der Politik des Königtums nach der Stauferzeit, in: M. NIKOLAY-PANTER/W. JANSSEN/W. HERBORN (Hg.), Geschichtliche Landeskunde der Rheinlande. Regionale Befunde und raumübergreifende Perspektiven. G. Droege zum Gedenken, Köln/Weimar/Wien 1994, 185–215.

1070. B.-U. HERGEMÖLLER, Fürsten, Herren und Städte zu Nürnberg 1355/56: Die Entstehung der „Goldenen Bulle" Karls IV., Köln/Wien 1983.

1071. B.-U. HERGEMÖLLER, Maiestas Carolina. Der Kodifikationsentwurf Karls IV. für das Königreich Böhmen von 1355, München 1995.

1072. F. J. HEYEN (Hg.), Balduin von Luxemburg. Erzbischof von Trier – Kurfürst des Reiches 1285–1354, Mainz 1985.

1073. O. HINTZE, Das Königtum Wilhelms von Holland, Leipzig 1885.

1074. J.K. HOENSCH, Premysl Otakar II. von Böhmen. Der goldene König, Graz/Wien/Köln 1989.

1075. J.K. HOENSCH, Die Luxemburger. Eine spätmittelalterliche Dynastie gesamteuropäischer Bedeutung, Stuttgart/Berlin/Köln 2000.

1076. K.-U. JÄSCHKE, Zu universalen und regionalen Reichskonzeptionen beim Tode Kaiser Heinrichs VII., in: H. MAURER/H. PATZE, Festschrift für B. Schwineköper, Sigmaringen 1982, 415–435.

1077. F. KAVKA, Am Hofe Karls IV., Stuttgart 1990.

1078. J. KEJR, Die sogenannte Maiestas Carolina. Forschungsergebnisse und Streitfragen, in: F. B. FAHLBUSCH/P. JOHANEK (Hg.), Studia Luxemburgensia, Festschrift H. Stoob, Warendorf 1989, 79–122.

1079. J. KOLB, Heidelberg. Die Entstehung einer landesherrlichen Residenz im 14. Jahrhundert, Sigmaringen 1999.

1080. K.-F. KRIEGER, Die Habsburger im Mittelalter. Von Rudolf I. bis Friedrich III., Stuttgart/Berlin/Köln 1994.

1081. J. KUTHAN, Premysl Ottokar II. König, Bauherr und Mäzen. Höfische Kunst im 13. Jahrhundert, dt. Wien/Köln/Weimar 1996.

1082. A. LHOTSKY, Geschichte Österreichs seit der Mitte des 13. Jahrhunderts (1281–1358), Wien 1967.

1083. H. LIEBERICH, Kaiser Ludwig der Baier als Gesetzgeber, in: ZSRG. GA 76 (1959) 173–245.

1084. T.M. MARTIN, Die Städtepolitik Rudolfs von Habsburg, Göttingen 1976.

1085. R.J. MEYER, Königs- und Kaiserbegräbnisse im Spätmittelalter. Von Rudolf von Habsburg bis zu Friedrich III., Köln/Weimar/Wien 2000.

1086. P. MORAW, Kaiser Karl IV. 1378–1978. Ertrag und Konsequenzen eines Gedenkjahres, in: H. LUDAT/R. C. SCHWINGES (Hg.), Politik, Gesellschaft, Geschichtsschreibung. Gießener Festgabe für F. Graus zum 60. Geburtstag, Köln/Wien 1982, 224–318.

1087. A. NUGLISCH, Das Finanzwesen des deutschen Reiches unter Kaiser Karl IV., Straßburg 1899.

1088. H. PATZE (Hg.), Kaiser Karl IV. 1316–1378. Forschungen über Kaiser und Reich, Neustadt/Aisch 1978.

1089. O. REDLICH, Rudolf von Habsburg. Das deutsche Reich nach dem Untergange des alten Kaisertums, Innsbruck 1903; ND Aalen 1965.

1090. J. RIEDMANN, Mittelalter, in: J. FONTANA (Hg.), Geschichte des Landes Tirol, Bd. I, Innsbruck/Wien 1985, 265–661.

1091. H. SCHLOSSER/I. SCHWAB, Oberbayerisches Landrecht Kaiser Ludwigs des Bayern von 1346. Edition, Übersetzung und juristischer Kommentar, Köln/Weimar/Wien 2000.

1092. F. SEIBT (Hg.), Kaiser Karl IV. – Staatsmann und Mäzen, München ²1978.

1093. F. SEIBT, Karl IV. Ein Kaiser in Europa 1346–1378, München ²1985.

1094. J. SPEVACEK, Karl IV., Wien/Köln/Graz 1978.

1095. H. STOOB, Kaiser Karl IV. und seine Zeit, Graz/Wien/Köln 1990.

1096. B. STREICH, Zwischen Reiseherrschaft und Residenzbildung: Der wettinische Hof im späten Mittelalter, Köln/Wien 1989.

1097. H. THOMAS, Ludwig der Bayer (1282–1347). Kaiser und Ketzer, Regensburg 1993.

1098. F. TRAUTZ, Die Reichsgewalt in Italien im Spätmittelalter, in: HeiJb 7 (1963) 45–81.

1099. F. TRAUTZ, Richard von Cornwall. Zum Gedenken an die Hochzeit zu Lautern im Jahre 1269, in: JbGK 7 (1969) 27–59.

1100. F. TRAUTZ, Studien zur Geschichte und Würdigung König Adolfs von Nassau, in: Geschichtliche Landeskunde, Bd. II, Wiesbaden 1975, 1–45.

1101. W. TREICHLER, Mittelalterliche Erzählungen und Anekdoten um Rudolf von Habsburg, Bern/Frankfurt a.M. 1971.

1102. Vita Karoli Quarti. Karl IV. Selbstbiographie, Prag 1978; Hanau 1979.

1103. E. WIDDER, Itinerar und Politik. Studien zur Reiseherrschaft Karls IV. südlich der Alpen, Köln/Weimar/Wien 1993.

1104. A. WOLF, Das „Kaiserliche Rechtbuch" Karls IV. (sogenannte Goldene Bulle), in: Ius Commune 2 (1969) 1–32.

1105. K. ZEUMER, Die Goldene Bulle Kaiser Karls IV., 2. Tle., Weimar 1908; ND Hildesheim/New York 1972.

3. DIE ENTSTEHUNG DER EIDGENOSSENSCHAFT

Allgemeines

1106. J. DIERAUER, Geschichte der Schweizerischen Eidgenossenschaft, Bd. I, Gotha/Stuttgart ⁴1924.

1107. U. IM HOF, Geschichte der Schweiz, Stuttgart/Berlin/Köln ⁶1997.

1108. G.P. MARCHAL, Die Ursprünge der Unabhängigkeit (401–1394), in: Geschichte der Schweiz und der Schweizer, Bd. I, Basel/Frankfurt a.M. ²1983, 109–214.

1109. H.C. PEYER, Verfassungsgeschichte der alten Schweiz, Zürich 1978.

1110. H.C. PEYER, Die Entstehung der Eidgenossenschaft, in: Handbuch der Schweizer Geschichte, Bd. I, Zürich ²1980, 161–238.

Einzelstudien

1111. J.-F. BERGIER, Wilhelm Tell. Realität und Mythos, München/Leipzig 1990 (frz. Originalausgabe 1988).

1112. H. DE BOOR, Die nordischen, deutschen und englischen Darstellungen des Apfelschussmotivs, in: Quellenwerk zur Entstehung der Schweizerischen Eidgenossenschaft III, I, Aarau 1947, *1–*26.

1113. R. FELLER, Geschichte Berns, Bd. I: Von den Anfängen bis 1516, Bern ³1963.

1114. A. GASSER, Der älteste Dreiländerbund von 1273, in: DERS., Ausgewählte historische Schriften 1933–1983, Basel 1983, 238–255.

1115. Geschichte des Kantons Zürich, Bd. 1, Zürich 1995.

1116. Innerschweiz und frühe Eidgenossenschaft. Jubiläumsschrift 700 Jahre Eidgenossenschaft, 2 Bde., Olten 1990.

1117. G. P. MARCHAL, Neue Aspekte der frühen Schweizer Geschichte, in: SZG 41 (1991) 235–248.

1118. G.P. MARCHAL, Das Mittelalter und die nationale Geschichtsschreibung der Schweiz, in: S. BURGHARTZ/H.-J. GILOMEN/G. P. MARCHAL/R. C. SCHWINGES/K. SIMON-MUSCHEID (Hg.), Spannungen und Widersprüche. Gedenkschrift für F. Graus, Sigmaringen 1992, 91–108.

1119. W. MEYER, Die Bildung der Eidgenossenschaft im 14. Jahrhundert, Zürich 1972.

1120. W. MEYER, Hirsebrei und Hellebarde: Auf den Spuren des mittelalterlichen Lebens in der Schweiz, Olten/Freiburg i.Br. 1986.

1121. W. MEYER/J. OBRECHT/H. SCHNEIDER, Die bösen Türnli. Archäologische Beiträge zur Burgenforschung in der Urschweiz, Olten/Freiburg i. Br. 1984.

1122. P. MORAW, Reich, König und Eidgenossen im späten Mittelalter, in: JbHGL 4 (1986) 15–33.

1123. H.C. PEYER, Zürich im Mittelalter, in: R. SCHNEEBELI (Hg.), Zürich. Geschichte einer Stadt, Zürich 1986, 67–107.

1124. H. STRAHM, Geschichte der Stadt und Landschaft Bern, Bern 1971.

1125. F. WERNLI, Die Entstehung der Schweizerischen Eidgenossenschaft. Verfassungsgeschichte und politische Geschichte in Wechselwirkung, Uznach 1972.

4. DIE DREI ITALIEN: DIE OBERITALIENISCHEN STÄDTE – DER KIRCHENSTAAT – UNTERITALIEN UND SIZILIEN

1126. Dalla caduta dell' Impero romano al secolo XVIII, 2 Bde., Turin 1974.

1127. W. GOEZ, Grundzüge der Geschichte Italiens in Mittelalter und Renaissance, Darmstadt 1975.

1128. J. LARNER, Italy in the Age of Dante and Petrarch, 1216–1380, London 1980.

1129. R. PAULER, Die deutschen Könige und Italien im 14. Jahrhundert. Von Heinrich VII. bis Karl IV., Darmstadt 1997.

1130. Storia d'Italia. Bd. IV: O. CAPITANI, Comuni e signorie: institutioni, società e lotte per l'egemonia, Turin 1981, ²1992; Bd. V: A.M. NADA PATRONE/G. AIRALDI, Comuni e signorie nell' Italia settentrionale: il Piemonte e la Liguria, Turin 1986, ³1998; Bd. VII: Comuni e signorie nell' Italia nordorientale e centrale 1: G. CRACCO, Veneto, Emilia-Romagna, Toscana, Turin 1987, ³1999; 2: G. ARNALDI, Lazio, Umbria e Marche, Lucca, Turin 1987, ³1998; Bd. XV,1: G. GALASSO, Il regno di Napoli. Il mezzogiorno angioino e aragonese (1266–1494), Turin 1992.

1131. G. TABACCO, The struggle for power in medieval Italy. Structures of political rule, Cambridge 1989.

Einzelstudien

1132. W. BUSCH, Zum Prozeß der Verschriftlichung des Rechtes in lombardischen Kommunen des 13. Jahrhunderts, in: FMA 25 (1991) 373–390.

1133. G. CHITTOLINI/D. WILLOWEIT (Hg.), Hochmittelalterliche Territorialstrukturen in Deutschland und Italien, Berlin 1996.

1134. H. DICKERHOFF, Friede als Herrschaftslegitimation in der italienischen Politik des 13. Jahrhunderts, in: AKG 59 (1977) 366–389.

1135. P. HERDE, Guelfen und Neoguelfen. Zur Geschichte einer nationalen Ideologie vom Mittelalter zum Risorgimento, Stuttgart 1986.

1136. H. KELLER, Die Veränderung gesellschaftlichen Handelns und die Verschriftlichung der Administration in den italienischen Stadtkommunen, in: H. KELLER/K. GRUBMÜLLER/N. STAUBACH (Hg.), Pragmatische Schriftlichkeit im Mittelalter. Erscheinungsformen und Entwicklungsstufen, München 1992, 21–36.

1137. G.V. SCAMMELL, The World Encompassed. The first European maritime empires, c. 800–1650, London/New York 1981.

Städte und Territorien

1138. M.B. BECKER, Florence in Transition, 2 Bde., Baltimore 1967–1968.

1139. G.A. BRUCKER, Florentine Politics and Society 1343–1378, Princeton, N.J. 1962.

1140. G. A. BRUCKER, The Civic World of Early Renaissance Florence, Princeton, N.J. 1977.

1141. N. RUBINSTEIN (Hg.), Florentine Studies. Politics and Society in Renaissance Florence, London 1968.

1142. M. BUENO DE MESQUITA, Giangaleazzo Visconti, Duke of Milan (1351–1402). A Study in the Political Career of an Italian Despot, Cambridge 1941.

1143. K. HELLER, Venedig. Recht, Kultur und Leben in der Republik, 697–1797, Wien/Köln/Weimar 1999.

1144. F.C. Lane, Seerepublik Venedig, München 1980 (amerikan. Originalausgabe 1973).

1145. D. Romano, Patricians and Popolani. The Social Foundations of the Venetian Renaissance State, Baltimore/London 1987.

1146. E.S. Rösch/G. Rösch, Venedig im Spätmittelalter, 1200–1500, Freiburg/Würzburg 1991.

1147. G. Rösch, Venedig. Geschichte einer Seerepublik, Stuttgart/Berlin/Köln 2000.

1148. G. Rösch, Der venezianische Adel bis zur Schließung des Großen Rats. Zur Genese einer Führungsschicht, Sigmaringen 1989.

1149. T. Dean, Land and Power in Late Medieval Ferrara. The Rule of the Este, 1350–1450, Cambridge 1988.

1150. A. Esch, Bonifaz IX. und der Kirchenstaat, Tübingen 1969.

1151. F. Gregorovius, Geschichte der Stadt Rom im Mittelalter vom V. bis XVI. Jahrhundert, Tübingen 1953; ND Basel 1963.

1152. P. Partner, The Lands of St Peter. The Papal State in the Middle Ages and the Early Renaissance, London 1972.

1153. A. Rehberg, Kirche und Macht im römischen Trecento. Die Colonna und ihre Klientel auf dem kurialen Pfründenmarkt (1278–1378), Tübingen 1999.

1154. B. Schimmelpfennig, Utriusque potestatis monarchia. Zur Durchsetzung der päpstlichen Hoheit im Kirchenstaat mittels des Strafrechts während des 13. Jahrhunderts, in: ZSRG. KA 74 (1988) 304–327.

1155. D. Waley, The Papal State in the Thirteenth Century, London 1961.

1156. D. Abulafia, Italy, Sicily and the Mediterranean, 1050–1400, London 1987.

1157. C.R. Backman, The Decline and Fall of medieval Sicily. Politics, Religion and Economy in the Reign of Frederick III, 1296–1337, Cambridge 1995.

1158. H. Bresc, Un monde méditerranéen: Économie et société en Sicile, 1300–1450, 2 Bde., Rom/Palermo 1986.

1159. L. Cadier, Essai sur l'administration du royaume de Sicile sous Charles I et Charles II d'Anjou, Paris 1891.

1160. N. Housley, The Italian Crusaders, Oxford 1982.

1161. É.G. Léonard, Les Angevins de Naples, Paris 1954.

1162. J. Peri, Restaurazione e pacifico stato in Sicilia (1377–1501), Bari 1988.

1163. E. Pispisa, Regnum Siciliae. La polemica sulla intitolazione, Palermo 1988.

1164. S. Runciman, Die sizilianische Vesper. Der Volksaufstand von 1282 und die europäische Geschichte im 13. Jahrhundert, München ²1976 (engl. Originalausgabe 1958).

5. Kirche und Papsttum

Allgemeines

1165. A. Angenendt, Geschichte der Religiosität im Mittelalter, Darmstadt ²2000.

1166. G. Barraclough, Papal Provisions: Aspects of Church History, Constitutional, Legal and Administrative in the Later Middle Ages, Westport 1971.

1167. M. Borgolte, Die mittelalterliche Kirche, München 1992.

1168. L. Buisson, Potestas und Caritas. Die päpstliche Gewalt im Spätmittelalter, Köln/Wien ²1982.

1169. K.A. Fink, Papsttum und Kirche im abendländischen Mittelalter, München 1981.

1170. H. Fuhrmann, Die Päpste. Von Petrus zu Johannes Paul II., München 1998.

1171. K. Ganzer, Papsttum und Bistumsbesetzungen in der Zeit von Gregor IX. bis Bonifaz VIII. Ein Beitrag zur Geschichte der päpstlichen Reservation, Köln/Graz 1968.

1172. M. Goodich, Vita Perfecta: The Ideal of Sainthood in the Thirteenth Century, Stuttgart 1982.

1173. H. Jedin (Hg.), Handbuch der Kirchengeschichte, Bd. III/2, Vom kirchlichen Hochmittelalter bis zum Vorabend der Reformation, Freiburg i.Br. 1968.

1174. C. Morris, The Papal Monarchy. The Western Church from 1050 to 1250, Oxford 1989.

1175. S. Ozment, The Age of Reform 1250–1550. An Intellectual and Religious History of Late Medieval and Reformation Europe, New Haven/London 1980.

1176. B. Roberg, Der konziliare Wortlaut des Konklave-Dekrets Ubi Periculum von 1274, in: AHC 2 (1970) 231–262.

1177. B. Roberg, Das Zweite Konzil von Lyon [1274], Paderborn/München/Wien/Zürich 1990.

1178. B. Schimmelpfennig, Das Papsttum: von der Antike bis zur Renaissance, Darmstadt ⁴1996.

1179. W. Ullmann, Kurze Geschichte des Papsttums im Mittelalter, Berlin 1978 (engl. Originalausgabe 1972).

1180. H. Zimmermann, Das Papsttum im Mittelalter. Eine Papstgeschichte im Spiegel der Historiographie, Stuttgart 1981.

Deutsche Domkapitel

1181. G. Fouquet, Das Speyerer Domkapitel im späten Mittelalter (ca. 1350–1540). Adlige Freundschaft, fürstliche Patronage und päpstliche Klientel, 2 Bde., Mainz 1987.

1182. R. HOLBACH, Stiftsgeistlichkeit im Spannungsfeld von Kirche und Welt. Studien zur Geschichte des Trierer Domkapitels und Domklerus im Spätmittelalter, 2 Tle., Trier 1982.

1183. R. HOLBACH, Zu Ergebnissen und Perspektiven neuerer Forschung zu spätmittelalterlichen deutschen Domkapiteln, in: RVb 56 (1992) 148–180.

1184. M. HOLLMANN, Das Mainzer Domkapitel im späten Mittelalter (1306–1476), Mainz 1990.

1185. H. MILLET (Hg.), I canonici al servizio dello stato in Europa, secc. XIII-XVI/Les chanoines au service de l'Etat en Europe du XIIIe au XVIe siècle, Modena 1992.

1186. K. SCHREINER, „Consanguinitas". „Verwandtschaft" als Strukturprinzip religiöser Gemeinschafts- und Verfassungsbildung in Kirche und Mönchtum des Mittelalters, in: I. CRUSIUS (Hg.), Studien zum weltlichen Kollegiatstift in Deutschland, Göttingen 1995, 176–305.

Päpste in Avignon und Abendländisches Schisma

1187. C. BAUER, Die Epochen der Papstfinanz. Ein Versuch, in: HZ 138 (1928) 457–503; ND in: DERS., Gesammelte Aufsätze zur Wirtschafts- und Sozialgeschichte, Freiburg/Basel/Wien 1965, 112–147.

1188. W. BRANDMÜLLER, Zur Frage nach der Gültigkeit der Wahl Urbans VI. Quellen und Quellenkritik, in: AHC 6 (1974) 78–120.

1189. A. ESCH, Das Papsttum unter der Herrschaft der Neapolitaner. Die führende Gruppe der Neapolitaner Familien an der Kurie während des Schismas 1378–1415, in: Festschrift für H. Heimpel zum 70. Geburtstag, Bd. II, Göttingen 1972, 713–800.

1190. Genèse et débuts du Grand Schisme d'occident, Paris 1980.

1191. B. GUILLEMAIN, La cour pontificale d'Avignon (1309–1376). Étude d'une société, Paris ²1966.

1192. G. MOLLAT, Les papes d'Avignon (1305–1378), Paris ¹⁰1965; engl.: The Popes at Avignon, London 1963.

1193. O. PREROVSKY, L'Elezione di Urbano VI e l'insorgere dello Scisma d'Occidente, Rom 1960.

1194. Y. RENOUARD, La papauté a Avignon, Paris ³1969.

1195. C. SCHUCHARD, Die Deutschen an der päpstlichen Kurie im späten Mittelalter (1378–1477), Tübingen 1987.

1196. B. SCHWARZ, Die Organisation kurialer Schreiberkollegien von ihrer Entstehung bis zur Mitte des 15. Jahrhunderts, Tübingen 1972.

1197. M. SEIDLMAYER, Die Anfänge des großen abendländischen Schismas. Studien zur Kirchenpolitik insbesondere der spanischen Staaten und zu den geistigen Kämpfen der Zeit, München 1940.

1198. B. TIERNEY, Origins of Papal Infallibility. A Study on the Concepts of Infallibility, Sovereignty and Tradition in the Middle Ages, Leiden 1972.

1199. W. ULLMANN, The Origins of the Great Schism. A Study in Fourteenth-Century Ecclesiastical History, London 1948; ND with a Preface by the Author Hamden 1982.

Ordensgemeinschaften

1200. P.K. BALTHASAR, Geschichte des Armutsstreites im Franziskanerorden bis zum Konzil von Vienne, Münster 1911.

1201. D. BERG, Bettelorden und Stadt. Bettelorden und städtisches Leben im Mittelalter und in der Neuzeit, Werl 1992.

1202. P. DINZELBACHER/J.L. HOGG (Hg.), Kulturgeschichte der christlichen Orden in Einzeldarstellungen, Stuttgart 1997.

1203. L. DUVAL-ARNOULD, La Constitution ‚Cum inter nonnullus' de Jean XXII sur la pauvreté du Christ et des Apôtres: Rédaction préparatoire et rédaction définitive, in: AFrH 77 (1984) 406–420.

1204. K. ELM, Franziskus und Dominikus. Wirkungen und Antriebskräfte zweier Ordensstifter, in: Saeculum 23 (1972) 127–147.

1205. H. FELD, Franziskus von Assisi und seine Bewegung, Darmstadt 1994.

1206. J. FLECKENSTEIN/M. HELLMANN (Hg.), Die geistlichen Ritterorden Europas, Sigmaringen 1980.

1207. W.A. HINNEBUSCH, The History of the Dominican Order, 2 Bde., New York 1966–1973.

1208. U. HORST, Evangelische Armut und päpstliches Lehramt. Minoritentheologen im Konflikt mit Papst Johannes XXII. (1316–1334), Stuttgart/Berlin/Köln 1996.

1209. J. JASSMEIER, Das Mitbestimmungsrecht der Untergebenen in den älteren Männerordensverbänden, München 1954.

1210. M.D. LAMBERT, Franciscan Poverty. The Doctrine of the Absolute Poverty of Christ and the Apostles in the Franciscan Order 1210–1323, London 1961.

1211. L.C. LANDINI, The Causes of the Clericalization of the Order of Friars Minor 1209–1260 in the Light of Early Franciscan Sources, Chicago 1968.

1212. B. NIMMO, Reform and Division in the Franciscan Order (1226–1538). From Saint Francis to the Foundation of the Capuchins, Rom 1987.

1213. G. SCHWAIGER (Hg.), Mönchtum, Orden, Klöster. Von den Anfängen bis zur Gegenwart. Ein Lexikon, München 1993.

1214. A. TABARRONI, Paupertas Christi et apostolorum. L'ideale francescano in discussione (1322–1324), Rom 1990.

Volksfrömmigkeit und Häresie

1215. D.B. BALTRUSCH-SCHNEIDER, Klosterleben als alternative Lebensform zur Ehe?, in: H.-W. GOETZ (Hg.), Weibliche Lebensgestaltung im frühen Mittelalter, Köln/Weimar/Wien 1991, 45–64.

1216. A. Borst, Barbaren, Ketzer und Artisten. Welten des Mittelalters, München-Zürich 1988.
1217. P. Chaunu, Le temps des Réformes. Histoire religieuse et système de civilisation. La crise de la chrétienté. L'éclatement (1250–1550), Paris 1975.
1218. P. Dinzelbacher, Christliche Mystik im Abendland, Paderborn 1993.
1219. M. Erbstösser, Sozialreligiöse Strömungen im späten Mittelalter. Geißler, Freigeister und Waldenser im 14. Jahrhundert, Berlin 1970.
1220. H. Grundmann, Ketzergeschichte im Mittelalter, Göttingen ^{2}1967.
1221. H. Grundmann, Religiöse Bewegungen im Mittelalter. Untersuchungen über die geschichtlichen Zusammenhänge zwischen der Ketzerei, den Bettelorden und der religiösen Frauenbewegung im 12. und 13. Jahrhundert und über die geschichtlichen Grundlagen der deutschen Mystik, Darmstadt ^{4}1977.
1222. P. L'Hermite-Leclercq, La femme à la fenestrelle du reclusoir, in: M. Rouche (Hg.), Les femmes au moyen âge, Paris 1990, 49–68.
1223. L. Kolmer, Ad Capientes Vulpes. Die Ketzerbekämpfung in Südfrankreich in der ersten Hälfte des 13. Jahrhunderts und die Ausbildung des Inquisitionsverfahrens, Bonn 1982.
1224. M. Lambert, Medieval Heresy – Popular Movements from Bogomil to Hus, London 1977 (dt.: Ketzerei im Mittelalter. Häresien von Bogumil bis Hus, München 1981).
1225. R.E. Lerner, The Heresy of the Free Spirit in the Later Middle Ages, Berkeley/Los Angeles/London 1972.
1226. G.J. Lewis, Bibliographie zur deutschen mittelalterlichen Frauenmystik. Mit einem Anhang zur niederländischen Frauenmystik von F. Willaert, Berlin 1989.
1227. L.K. Little, Religious Poverty and the Profit Economy in Medieval Europe, London 1978.
1228. W. Lourdaux/D. Verhelst (Hg.), The Concept of Heresy in the Middle Ages (11th-13th C.), Löwen/Den Haag 1976.
1229. J. Miethke/K. Schreiner (Hg.), Sozialer Wandel im Mittelalter. Wahrnehmungsformen, Erklärungsmuster, Regelungsmechanismen, Sigmaringen 1994.
1230. C. Peters, Heresy and Authority in Medieval Europe. Documents in Translation, London 1980.
1231. U. Peters, Vita religiosa und spirituelles Erleben. Frauenmystik und frauenmystische Literatur im 13. und 14. Jahrhundert, in: G. Brinker-Gabler (Hg.), Deutsche Literatur von Frauen, Bd. I: Vom Mittelalter bis zum Ende des 18. Jahrhunderts, München 1988, 88–109.
1232. J. Petersohn (Hg.), Politik und Heiligenverehrung im Hochmittelalter, Sigmaringen 1994.
1233. F. Rapp, L'Église et la vie religieuse en Occident à la fin du moyen âge, Paris ^{5}1994.

1234. J.-C. SCHMITT, Mort d'une hérésie. L'Eglise et les clercs face aux béguines et aux béghards du Rhin supérieur du XIVe au XVe siècle, Paris 1978.

1235. P. SEGL (Hg.), Die Anfänge der Inquisition im Mittelalter, Köln/Weimar/Wien 1993.

1236. W. TRUSEN, Vom Inquisitionsverfahren zum Ketzer- und Hexenprozeß, in: Staat, Kirche, Wissenschaft in einer pluralistischen Gesellschaft, Festschrift P. Mikat, Berlin 1989, 435–450.

1237. U. WEINMANN, Mittelalterliche Frauenbewegungen. Ihre Beziehungen zur Orthodoxie und Häresie, Pfaffenweiler 1990.

1238. E. WERNER/M. ERBSTÖSSER, Kleriker, Mönche, Ketzer. Das religiöse Leben im Mittelalter, Berlin ^{2}1992.

6. FRANKREICH UND BURGUND

Allgemeines

1239. M. BOURIN-DERRUAU, Temps d'équilibres, temps de ruptures. XIIIe siecle, Paris 1990.

1240. G. DUBY, Le Moyen Age de Hughes Capet à Jeanne d'Arc, 987–1460, Paris 1987.

1241. J. EHLERS, Geschichte Frankreichs im Mittelalter, Stuttgart 1987.

1242. J. EHLERS, Die Kapetinger, Stuttgart/Berlin/Köln 2000.

1243. J. EHLERS/H. MÜLLER/B. SCHNEIDMÜLLER (Hg.), Die französischen Könige des Mittelalters. Von Odo bis Karl VIII. 888–1498, München 1996.

1244. J. FAVIER, Frankreich im Zeitalter der Lehnsherrschaft 1000–1515 (Geschichte Frankreichs, Bd. II), Stuttgart 1989 (frz. Originalausgabe 1984).

1245. J.-P. GENET/M. LE MENÉ (Hg.), Genèse de l'état moderne. Prélèvement et redistribution, Paris 1987.

1246. E. HINRICHS (Hg.), Kleine Geschichte Frankreichs, Stuttgart 1994.

1247. J. LE GOFF (Hg.), Des dieux de la Gaule à la papauté d'Avignon (Histoire de la France religieuse, 1), Paris 1988.

1248. J.-F. LEMARIGNIER, La France médiévale. Institutions et sociétés, Paris ^{2}1975.

1249. P. LEWIS, Later Medieval France. The Polity, 1968; erw. frz.: La France à la fin du Moyen Age. La société politique, Paris 1977.

1250. F. LOT/R. FAWTIER (Hg.), Histoire des institutions françaises au Moyen Age, 3 Bde., Paris 1957–1962.

Einzelstudien

1251. F. AUTRAND, Naissance d'un grand corps de l'Etat. Les gens du Parlement de Paris 1345–1454, Paris 1981.

1252. J.W. BALDWIN, The Government of Philip Augustus. Foundations of French Royal Power in the Middle Ages, Baltimore 1986.

1253. R.H. BAUTIER (Hg.), La France de Philipp Auguste. Le Temps des Mutations, Paris 1982.

1254. C. BEAUNE, Naissance de la nation France, Paris 1985.

1255. H.J. BERMAN, Recht und Revolution. Die Bildung der westlichen Rechtstradition, Frankfurt ²1991 (amerikan. Originalausgabe 1983).

1256. R. BONNEY (Hg.), Economic Systems and State Finance, Oxford 1995.

1257. A.M. CAZALIS, La Jacquerie de Paris, 1358: le destin tragique du „maire" Etienne Marcel, Paris 1977.

1258. R. DELACHENAL, Histoire de Charles V., 5 Bde., Paris 1909–1931.

1259. G. DUPONT-FERRIER, Études sur les institutions financières de la France a la fin du moyen âge, 2 Bde., Paris 1930–1932.

1260. K. ELM, Das Attentat von Anagni. Der Überfall auf Papst Bonifaz VIII. am 7. September 1303, in: A. DEMANDT (Hg.), Das Attentat in der Geschichte, Köln/Weimar/Wien 1996, 91–105.

1261. J. FAVIER, Les légistes et le gouvernement de Philippe le Bel, in: Journal des Savantes (1969) 92–108.

1262. J.-L. HARUEL/J. BARBEY/É. BOURNAZEL/J. THIBAUT-PAYEN, Histoire des institutions de l'époque franque à la Révolution, Paris 1987.

1263. P. HERDE, Karl I. von Anjou, Stuttgart/Berlin/Köln/Mainz 1979.

1264. H. JASSEMIN, La Chambre des Comptes des Paris au XVe siècle, Paris 1933.

1265. W. KIENAST, Deutschland und Frankreich in der Kaiserzeit (900–1270). Weltkaiser und Einzelkönige, Tle. II u. III, Leipzig ²1943; ND Stuttgart 1975.

1266. J. KRYNEN, L'empire du roi. Idées et croyances politiques en France XIIIe-XVe siècle, Paris 1993.

1267. J. KRYNEN, „Rex Christianissimus". A Medieval Theme at the Roots of French Absolutism, in: History and Anthropology 4 (1989) 79–96.

1268. J. LE GOFF, Reims, Krönungsstadt, Berlin 1997 (frz. Originalausgabe 1986).

1269. J. LE GOFF, Ludwig der Heilige, Stuttgart 2000 (bz. Originalausgabe Paris 1996).

1270. P. LEHUGEUR, Histoire de Philippe le Long, roi de France (1316–1322). Bd. I: Le règne, Paris 1897; Bd. II: Le mécanisme du gouvernement, Paris 1931; ND Genf 1975.

1271. E. MAUGIS, Histoire du Parlement de Paris de l'avènement des rois Valois à la mort d'Henri IV, T. I: Période des rois Valois; T. III: Role de la cour par règnes, 1345–1610, Paris 1914–1916; ND New York 1967.

1272. S. MENACHE, Mythe et symbolisme au début de la Guerre de Cent Ans. Vers une conscience nationale, in: MA 89 (1985) 85–97.

1273. R. PERNOUD, Herrscherin in bewegter Zeit: Blanca von Kastilien, Königin von Frankreich, München 1991 (frz. Originalausgabe 1972).

1274. L. PERRICHET, La Grande Chancellerie de France des origines a 1328, Paris 1912.

1275. D. POIREL, Philippe le Bel, Paris 1991.

1276. J. RICHARD, Saint Louis, roi d'une France féodale, soutien de la Terre sainte, Paris 1983; engl.: Saint Louis: Crusader King of France, Cambridge 1992.

1277. B. SCHNEIDMÜLLER, Nomen Patriae. Die Entstehung Frankreichs in der politisch-geographischen Terminologie (10.–13. Jahrhundert), Sigmaringen 1987.

1278. G. SIVÉRY, Saint Louis et son siècle, 1983.

1279. J. R. STRAYER/C.H. TAYLOR, Studies in Early French Taxation, Cambridge 1939

1280. J.R. STRAYER, The Reign of Philip the Fair, Princeton, N.J. 1980.

Hundertjähriger Krieg

1281. C. ALLMAND, The Hundred Years War. England and France at War, c. 1300-c. 1450, Cambridge 1988.

1282. A.R. BRIDBURY, The Hundred Years War: Costs an Profits, in: D.C. COLEMAN/A.H. JOHN (Hg.), Trade, Government and Economy in Pre-Industrial England. Essays presented to F.J. Fischer, London 1976, 80–95.

1283. P. CONTAMINE, La guerre de Cent ans, Paris ^{3}1977.

1284. A. CURRY, The Hundred Years War, Houndmills-London 1993.

1285. E. DÉPREZ, Les préliminaires de la Guerre de Cent Ans. La papauté, la France et l'Angleterre, Paris 1902.

1286. J. FAVIER, La Guerre de Cent ans, Paris 1980.

1287. M. VALE, The Origins of the Hundred Years War. The Angevin Legacy 1250–1340, Oxford ^{2}1996.

Katharer und Templer

1288. M. BARBER, The Trial of the Templars, Cambridge 1978.

1289. M. BENAD, Domus und Religion in Montaillou, Tübingen 1990.

1290. A. BORST, Die Katharer (1953), Stuttgart ^{5}1986.

1291. A. DEMURGER, Die Templer. Aufstieg und Untergang 1118–1314, München 1991 (frz. Originalausgabe 1985).

1292. J. DUVERNOY, L'histoire des Cathares. Le Catharisme, Toulouse ^{2}1986.

1293. Effacement du Catharisme? (XIIIe–XIVe s.), Toulouse-Fanjeaux 1985.

1294. É. GRIFFE, Le Languedoc cathare et l'inquisition (1229–1329), Paris 1980.

1295. M. HANSSLER, Katharismus in Südfrankreich: Struktur der Sekte und inquisitorische Verfolgung in der zweiten Hälfte des 13. Jahrhunderts, Diss., Regensburg 1991.

1296. M. LAMBERT, Geschichte der Katharer. Aufstieg und Fall der großen Ketzerbewegung, Darmstadt 2001 (engl. Originalausgabe 1998).

1297. G. LIZERAND, Le dossier de l'affaire des Templiers, Paris 1923; ND Paris 1989.
1298. J. MICHELET, Le procès des Templiers, 2 Bde., 1841–1851; ND Paris 1987.
1299. R. NELLI, La vie quotidienne des Cathares du Languedoc au XIIIe siècle, Paris 1969.
1300. A. PALES-GOBILLIARD, L'Inquisiteur Geoffrey d'Ablis et les cathares du comté de Foix (1308–1309), Paris 1984.
1301. M. ROQUEBERT, L'Épopée Cathare, 4 Bde., Paris 1970–1989.
1302. G. ROTTENWÖHRER, Der Katharismus, 4 Bde., Bonn 1982–1993.
1303. T. SCHMIDT, Das „factum Bonifatianum" auf dem Konzil von Vienne (1311/12), in: K. BORCHARDT/E. BÜNZ (Hg.), Forschungen zur Reichs-, Papst- und Landesgeschichte. P. Herde zum 65. Geburtstag, Tl. II, Stuttgart 1998, 623–633.
1304. H.C. STOODT, Katharismus im Untergrund. Die Reorganisation durch Petrus Auterii 1300–1310, Tübingen 1996.
1305. P. DES VAUX-DE-CERNAY, Petri Vallium Sarnaii Monachi Hystoria Albigensis, hg. v. P. GUÉBIN, E. LYON, 3 Bde., Paris 1926–1939; dt. (Auszüge): Kreuzzug gegen die Albigenser, übertr. v. G.E. SOLLBACH, Zürich 1996.

Burgund und Niederlande

1306. J. BILLIOUD, Les états de Bourgogne aux XIVe et XVe siècles, Dijon 1922.
1307. W. BLOCKMANS, De volksvertegenwoordiging in Vlaanderen in de Overgang van Middeleeuwen naar Nieuwe Tijden (1384–1506), Brüssel 1978.
1308. L. BOEHM, Geschichte Burgunds. Politik – Staatsbildungen – Kultur, Wiesbaden ^{2}1998.
1309. P. COCKSHAW, Le personnel de la chancellerie de Bourgogne-Flandre sous les ducs de Bourgogne de la maison de Valois (1384–1477), Kortrijk-Heule 1982.
1310. H.S. LUCAS, The Low Countries and the Hundred Years' War, 1326–1346, Ann Arbor 1929; ND Philadelphia 1976.
1311. D. NICHOLAS, The van Arteveldes of Ghent. The Varieties of Vendetta and the Hero in History, Leiden u. a. 1988.
1312. A. VAN NIEUWENHUYSEN, Les finances du duc de Bourgogne Philippe le Hardi (1384–1404). Économie et politique, Brüssel, 1984.
1313. H. PIRENNE, Histoire de Belgique, Bd. I: Des origines au commencement du XIVe siècle, Brüssel ^{3}1909; Bd. II: Du commencement du XIVe siècle à la mort de Charles le Téméraire, Brüssel ^{2}1908; dt.: Geschichte Belgiens, 4 Bde., Gotha 1899–1913.
1314. W. PREVENIER, Les États de Flandre depuis les origins jucsqu'en 1790, in: Standen en Landen 33 (1965) 17–59.
1315. W. PREVENIER/W. P. BLOCKMANS, Die burgundischen Niederlande, Weinheim 1986 (frz. Originalausgabe 1983).
1316. J. RICHARD (Hg.), Histoire de la Bourgogne, Toulouse ^{2}1988.

1317. P. Rogghé, Vlaanderen en het zevenjarig beleid van Jacob van Artevelde, 1338–1345, Eerste Deel, Brüssel 1949.

1318. R. Vaughan, Philip the Bold. The formation of the Burgundian State, London 1979.

7. England

Allgemeines

1319. H.M. Colvin (Hg.), The History of the King's Works, 2 Bde., London 1963.

1320. G.R. Elton, England 1200–1640, London 1969.

1321. D.A. Hinton, Archaeology, Economy and Society. England from the Fifth to the Fifteenth Century, London ²1993.

1322. M.H. Keen, England in the Later Middle Ages. A Political History, London 1973.

1323. K.-F. Krieger, Geschichte Englands von den Anfängen bis zum 15. Jahrhundert, München 1990.

1324. M. Maurer, Kleine Geschichte Englands, Stutgart 1997.

1325. M. McKisack, The Fourteenth Century (The Oxford History of England, Bd. V), London 1971.

1326. R. Myers, England in the Late Middle Ages (The Pelican History of England, 4), Harmondsworth ⁸1971.

1327. M. Powicke, The Thirteenth Century, 1216–1307, Oxford ²1961.

1328. M. Prestwich, The Three Edwards. War and State in England 1272–1355, London 1980.

1329. W. Stubbs, A Constitutional History of England in its Origin and Development, Bd. 2, 1897; ND New York, 1967.

Einzelstudien

1330. R. Barber, Edward, Prince of Wales and Aquitaine. A Biography of the Black Prince, London 1978.

1331. A.L. Brown, The Governance of Late Medieval England, 1272–1461 (The Governance of England, 3), London/Melbourne/Auckland 1989.

1332. H. Cole, The Black Prince, Abingdon 1976.

1333. J.C. Davies, The Baronial Opposition to Edward II. Its Character and Policy. A Study in Administrative History, Cambridge 1918; ND London 1967.

1334. E.B. Fryde, The Financial Policies of the Royal Governments and Popular Resistance of them in France and England, c. 1270–c. 1420, in: RBPH 57 (1979) 824–860.

1335. N. Fryde, The Tyranny and Fall of Edward II 1321–1326, Cambridge 1979.

1336. C. Given-Wilson, The Royal Household and the King's Affinity. Service, Politics and Finance in England 1360–1413, New Haven/London 1986.
1337. R.M. Haines, The Church and Politics in Fourteenth-Century England. The Career of Adam Orleton, c. 1275–1345, Cambridge 1978.
1338. A. Haverkamp/H. Vollrath (Hg.), England and Germany in the High Middle Ages, Oxford 1996.
1339. H.J. Hewitt, The Black Prince's Expedition of 1355–1357, Manchester 1958.
1340. K. Hillingmeier, Untersuchungen zur Genese des englischen Nationalbewußtseins im Mittelalter. Von 1066 bis 1453, Berlin 1996.
1341. J.C. Holt, Magna Carta, Cambridge ²1992.
1342. J.C. Holt, Magna Carta and Medieval Government, London/Ronceverte 1985.
1343. P. Johnson, The Life and Times of Edward III, London 1973.
1344. R.A. Kaeuper, War, Justice and Public Order: England and France in the Later Middle Ages, Oxford 1988.
1345. J.R. Maddicott, Thomas of Lancaster, 1307–1322. A Study in the Reign of Edward II, Oxford 1970.
1346. W.M. Ormrod, The Reign of Edward III. Crown and Political Society in England 1327–1377, Stroud/Charleston ²2000.
1347. W.A. Pantin, The English Church in the Fourteenth Century, Cambridge 1955.
1348. G. Post, Studies in Medieval Legal Thought. Public Law and the State, 1100–1322, Princeton, N.J. 1964.
1349. F.M. Powicke, Henry III and the Lord Edward. The Community of the Realm in the Thirteenth Century, 2 Bde., Oxford 1947.
1350. M. Prestwich, Edward I, London 1988.
1351. M. Prestwich, England and Scotland during the Wars of Independence, in: M. Jones/M. Vale (Hg.), England and her Neighbours, 1066–1453. Essays in Honour of P. Chaplais, London/Ronceverte 1989, 181–197.
1352. J. Sherborne, John of Gaunt, Edward's III Retinue and the French Campaign of 1369, in: R.A. Griffiths/J. Sherborne, Kings and Nobels in the Later Middle Ages. A Tribute to Charles Ross, Gloucester/New York 1986, 41–61.
1353. E.L.G. Stones, Edward I, Oxford 1968.
1354. D.W. Sutherland, Quo-Warranto Proceedings in the Reign of Eduard I, 1278–1294, Oxford 1963.
1355. F. Trautz, Die Könige von England und das Reich 1272–1377. Mit einem Rückblick auf ihr Verhältnis zu den Staufern, Heidelberg 1971.
1356. T. Turville-Petre, The „Nation" in English Writings of the Early Fourteenth Century, in: N. Rogers (Hg.), England in the Fourteenth Century. Proceedings of the 1991 Harlaxton Symposium, Stanford 1993, 128–139.
1357. S.L. Waugh, England in the Reign of Edward III, Cambridge 1991.

Recht und Verfassung

1358. R.C. v. CAENEGEM, The Birth of the English Common Law, Cambridge 1973.

1359. G.L. HARRISS, King, Parliament and Public Finance in Medieval England to 1369, Oxford 1975.

1360. G.A. HOLMES, The Good Parliament, Oxford 1975.

1361. G.O. SAYLES, Modus Tenendi Parliamentum. Irish or English, in: F.J. LYDON (Hg.), England and Ireland in the Later Middle Ages, Dublin 1981, 122–152.

1362. G.O. SAYLES, The King's Parliament of England, London 1975.

1363. P. SPUFFORD, Origins of English Parliament, London 1967.

Irland und Schottland

1364. G.W.S. BARROW, Robert Bruce and the Community of the Realm of Scotland, London ³1988.

1365. W.C. DICKINSON, Scotland from the Earliest Times to 1603, Oxford ³1977.

1366. C. MCNAMEE, The Wars of the Bruces. Scotland, England and Ireland, 1306–1328, East Linton 1997.

1367. R. NICHOLSON, Scotland: the Later Middle Ages, Edinburgh 1974; ND Edinburgh 1978.

1368. M. RICHTER, Irland im Mittelalter. Kultur und Geschichte, München 1996.

8. DIE PYRENÄENHALBINSEL

Allgemeines

1369. W.G. ARMANDO, Geschichte Portugals, Stuttgart/Berlin/Köln/Mainz 1966.

1370. T.N. BISSON, The Medieval Crown of Aragon. A Short History, Oxford 1986.

1371. A. CASTRO, Spanien. Vision und Wirklichkeit, Köln/Berlin 1957 (mexikan. Originalausgabe 1954, ⁷1980).

1372. P. DEFFONTAINES, La Méditerranée catalane, Paris 1975.

1373. J.V. HILLGARTH, The Spanish Kingdoms 1250–1516, Bd. I: 1250–1410, Oxford 1975.

1374. R. MENÉNDEZ PIDAL/J.M. JOVER ZAMORA (Hg.), Historia de España, T. XIII, La Expansión peninsular y mediterránea (c. 1212–c. 1350), 2 Bde., Madrid 1990; T. XIV, España Cristiana. Crisis de la Reconquista. Luchas civiles, Madrid ³1981.

1375. J.F. O'CALLAGHAN, A History of Medieval Spain, Ithaca/London 1975.

1376. A. H. DE OLIVEIRA MARQUES, History of Portugal, New York ²1976.

1377. L. VONES, Geschichte der Iberischen Halbinsel im Mittelalter 711–1480, Sigmaringen 1993.

Einzelstudien

1378. R.I. BURNS S.J., The Crusader Kingdom of Valencia. Reconstruction of an Thirteenth Century Frontier, 2 Bde., Cambridge 1967.
1379. R.I. BURNS S.J., Islam under the Crusaders. Colonial Survival in the Thirteenth-Century Kingdom of Valencia, Princeton, N.J. 1973.
1380. R.I. BURNS S.J., Medieval Colonialism: Postcrusade Exploitation of Islamic Valencia, Princeton, N.J. 1975.
1381. R.I. BURNS, Muslims, Christians, and Jews in the crusader kingdom of Valencia. Societies in symbiosis, Cambridge 1984.
1382. J. HILLGARTH, The Problem of a Catalan Mediterranean Empire 1229–1327, London 1975.
1383. R.A. MACDONALD, Law and Politics: Alfonso's Program of Political Reform, in: R.I. BURNS (Hg.), The Worlds of Alfonso the Learned and James the Conqueror. Intellect & Force in the Middle Ages, Princeton 1985, 150–202.
1384. J.F. O'CALLAGHAN, The Beginnings of the Cortes of León-Castile, in: AHR 74 (1969) 1503–1537.
1385. J.F. O'CALLAGHAN, The Cortes and the Royal Taxation during the Reign of Alfonso X of Castile, in: Traditio 27 (1971) 379–398.
1386. E.S. PROCTER, Curia and Cortes in León Castile, 1072–1295, Cambridge 1980.
1387. P.E. RUSSELL, Spain. A Companion to Spanish Studies, London/New York ³1985.
1388. P. RYCRAFT, The Role of the Catalan Corts in the Later Middle Ages, in: EHR 89 (1974) 241–269.
1389. L. SHNEIDMAN, The Rise of the Aragonese-Catalan Empire, 1200–1350, New York/London 1970.
1390. J. VERNET, Die Spanisch-Arabische Kultur in Orient und Okzident, München/Zürich 1984 (span. Originalausgabe 1978).

9. DER DEUTSCHE ORDEN UND OSTEUROPA

Deutscher Orden

1391. M. ARMGART, Die Handfesten des preußischen Oberlandes bis 1410 und ihre Aussteller. Diplomatische und prosopographische Untersuchungen zur Kanzleigeschichte des Deutschen Ordens in Preußen, Köln/Weimar/Wien 1995.
1392. U. ARNOLD, Forschungsprobleme der Frühzeit des Deutschen Ordens 1190–1309, in: Z.H. NOWAK (Hg.), Werkstatt des Historikers der mit-

telalterlichen Ritterorden. Quellenkundliche Probleme und Forschungsmethoden, Toruń 1987.

1393. U. ARNOLD (Hg.), Zur Wirtschaftsentwicklung des Deutschen Ordens im Mittelalter, Marburg 1989.

1394. U. ARNOLD (Hg.), Deutscher Orden 1190–1990, Lüneburg 1997.

1395. U. ARNOLD/M. BISKUP (Hg.), Der Deutschordensstaat Preußen in der polnischen Geschichtsschreibung der Gegenwart, Marburg 1982.

1396. M. BISKUP/G. LABUDA, Die Geschichte des Deutschen Ordens in Preußen. Wirtschaft – Gesellschaft – Staat – Ideologie, Osnabrück 2000.

1397. H. BOOCKMANN, Der Deutsche Orden. Zwölf Kapitel aus seiner Geschichte, München 1981.

1398. H. BOOCKMANN (Hg.), Die Anfänge der ständischen Vertretungen in Preußen und seinen Nachbarländern, München 1992.

1399. W. COHN, Hermann von Salza, Breslau 1930; erw. ND Aalen 1978.

1400. M.-L. FAVREAU, Studien zur Frühgeschichte des Deutschen Ordens, Stuttgart 1974.

1401. K. FORSTREUTER, Der Deutsche Orden am Mittelmeer, Bad Godesberg 1967.

1402. R. TEN HAAF, Deutschordensstaat und Deutschordensballeien. Untersuchungen über Leistung und Sonderung der Deutschordensprovinzen vom 13. bis zum 16. Jahrhundert, Göttingen/Frankfurt/Berlin ^{2}1954.

1403. H. KLUGER, Hochmeister Hermann von Salza und Kaiser Friedrich II. Ein Beitrag zur Frühgeschichte des Deutschen Ordens, Marburg 1987.

1404. K. MILITZER, Die Entstehung der Deutschordensballeien im Deutschen Reich, Marburg ^{2}1981.

1405. K. MILITZER, Von Akkon zur Marienburg. Verfassung, Verwaltung und Sozialstruktur des Deutschen Ordens, 1190–1309, Marburg 1999.

1406. K. NEITMANN, Der Hochmeister des Deutschen Ordens in Preußen – ein Residenzherrscher unterwegs. Untersuchungen zu den Hochmeisteritineraren im 14. und 15. Jahrhundert, Köln/Wien 1990.

1407. K. NEITMANN, Die Staatsverträge des Deutschen Ordens in Preußen 1230–1449, Köln/Wien 1986.

1408. Z.H. NOWAK (Hg.), Das Kriegswesen der Ritterorden im Mittelalter, Toruń 1991.

1409. M. PERLBACH, Die Statuten des Deutschen Ordens nach den ältesten Handschriften, Halle 1890; ND Hildesheim/New York 1975.

1410. W. WIPPERMANN, Der Ordensstaat als Ideologie. Das Bild des Deutschen Ordens in der deutschen Geschichtsschreibung und Publizistik, Berlin 1979.

1411. W. ZIESEMER, Das Große Ämterbuch des Deutschen Ordens, Danzig 1921; ND Wisbaden 1968.

Polen

1412. F. Graus, Die Nationenbildung der Westslawen im Mittelalter, Sigmaringen 1980.
1143. J.K. Hoensch, Geschichte Polens, Stuttgart ³1998.
1414. P.W. Knoll, The Rise of the Polish Monarchy. Piast Poland in East Central Europe, 1320–1370, Chicago/London 1972.
1415. O. Kossmann, Polen im Mittelalter, Bd. 2: Staat, Gesellschaft, Wirtschaft im Bannkreis des Westens, Marburg 1985.
1416. M. Ludwig, Besteuerung und Verpfändung königlicher Städte im spätmittelalterlichen Polen, Berlin 1984.
1417. G. Rhode, Geschichte Polens, Darmstadt ³1980.
1418. U. Schmilewski (Hg.), Wahlstatt 1241. Beiträge zur Mongolenschlacht bei Liegnitz und zu ihren Nachwirkungen, Würzburg 1991.
1419. F. Seibt (Hg.), Europa im Hoch- und Spätmittelalter (Handbuch der Europäischen Geschichte, 2), Stuttgart 1987.

„Russland"

1420. R.O. Crummey, The Formation of Muscovy 1304–1613, London/New York 1987.
1421. L. Dralle, Die Wurzeln der Moskauer Autokratie, in: H. Ludat/R. C. Schwinges (Hg.), Politik, Gesellschaft, Geschichtsschreibung. Gießener Festgabe für F. Graus zum 60. Geburtstag, Köln/Wien 1982, 362–379.
1422. C. Goehrke, Rußland, Augsburg 2000.
1423. C.J. Halperin, Russia and the Golden Horde. The Mongol Impact on Russian History, London ²1987.
1424. H. Haumann, Geschichte Russlands, München/Zürich 1996.
1425. E. Hösch, Geschichte Rußlands. Vom Kiever Reich bis zum Zerfall des Sowjetimperiums, Stuttgart/Köln/Berlin 1996.
1426. D.H. Kaiser, The Growth of the Law in Medieval Russia, Princeton/New York 1980.
1427. N.S. Kollmann, Kinship and Politics. The Making of the Muscovite Political System, 1345–1547, Stanford 1987.
1428. P. Nitsche (Hg.), Die Anfänge des Moskauer Staates, Darmstadt 1977.
1429. P. Nitsche, Die Mongolenzeit und der Aufstieg Moskaus (1240–1538), in: M. Hellmann (Hg.), Handbuch der Geschichte Rußlands, Bd. I, Stuttgart 1981–1982, 534–715.
1430. H. Paszkiewicz, The Making of the Russian Nation, London 1963
1431. G. Stökl, Russische Geschichte. Von den Anfängen bis zur Gegenwart, Stuttgart ⁶1997.

Ungarn

1432. J.M. BAK, Königtum und Stände in Ungarn im 14.-16. Jahrhundert, Wiesbaden 1973.
1433. I. BARTA/I.T. BEREND/P. HANAK u. a., Die Geschichte Ungarns, o.O. 1971.
1434. T. VON BOGYAY, Grundzüge der Geschichte Ungarns, Darmstadt ³1977.
1435. J. DEÉR, Der Weg zur Goldenen Bulle Andreas' II. von 1222, in: SBAG 10 (1952) 104–138.
1436. B. HOMAN, Geschichte des ungarischen Mittelalters, Bd. II, Berlin 1943.
1437. S.B. VARDY/G. GROSSCHMID/L.S. DOMONKOS (Hg.), Louis the Great. King of Hungary and Poland, New York 1986.

10. STAATLICHE ENTWICKLUNGEN IN SKANDINAVIEN

1438. N. BRACKE, Die Regierung Waldemars IV. Eine Untersuchung zum Wandel von Herrschaftsstrukturen im spätmittelalterlichen Dänemark, Frankfurt/M. u. a. 1999.
1439. J.L. BYOCK, Medieval Iceland. Society, Sagas and Power, Berkeley/Los Angeles/London 1988.
1440. Danmarks historie, Bd. I: I. SKOVGAARD-PETERSEN/A.E. CHRISTENSEN/H. PALNDAN, Tiden indtil 1340, Kopenhagen 1977; Bd. II, 1: K. HØRBY/M. VENGE, Tiden 1340–1559, Kopenhagen 1980.
1441. J.-P. FINDEISEN, Schweden. Von den Anfängen bis zur Gegenwart, Regensburg 1997.
1442. J.-P. FINDEISEN, Dänemark. Von den Anfängen bis zur Gegenwart, Regensburg 1999.
1443. M. GERHARDT/W. HUBATSCH, Norwegische Geschichte, Bonn ²1963.
1444. P. GIRGENSOHN, Die skandinavische Politik der Hansa 1375–1395, Uppsala 1989.
1445. K. HASTRUP, Culture and History in medieval Iceland. An anthropological analysis of structure and change, Oxford 1985.
1446. K. HELLE, Handbok i Norges historie, Bd. III: Norge blir en stat 1130–1319, Oslo ²1991.
1447. E. HOFFMANN, Königserhebung und Thronfolgeordnung in Dänemark bis zum Ausgang des Mittelalters, Berlin/New York 1976.
1448. D. KJERSGAARD, Borgerkrieg og Kalmarunionen, Bd. IV von Danmarks Historie, hg. v. J. DANSTRUP/H. KOCH, Kopenhagen 1977.
1449. T. RIIS, Les institutions politiques centrales du Danemark 1100–1332, Odense 1977.
1450. B. SAWYER/P. SAWYER, Medieval Scandinavia: From Conversion to Reformation, circa 800–1500, Minneapolis 1993.
1451. F. SINGLETON, A short History of Finland, Cambridge 1989.

1452. E. Sjöholm, Swedish Medieval Laws. European Legal Tradition – Political Change, in: SJH 15 (1990) 65–87.

ABKÜRZUNGSVERZEICHNIS

ADH	Annales de démographie historique
AESC	Annales. Economies – Sociétes – Civilisations
AfD	Archiv für Diplomatik, Schriftgeschichte, Siegel- und Wappenkunde
AFrH	Archivum Francis canum Historieum
AHC	Annarium Historiae Conciliorun
AHES	Annales d'histoire économique et sociale
AHR	The American Historical Review
AHSS	Annulese Histoire, Sciences Sociales
AJb	Alemannisches Jahrbuch
AKG	Archiv für Kulturgeschichte
AM	Annales du midi. Revue de la France méridionale
ASI	Archivio storico italiano
ASS	Archiv für Sozialwissenschaft und Sozialpolitik
BA	Bankhistorisches Archiv
BDLG	Blätter für deutsche Landesgeschichte
BEC	Bibliothèque de'l École des Chartes
BHFA	Bulletin d'Information de la Mission Historique Française en Allemagne
BHR	Business History Review
BHS	Beiträge zur historischen Sozialkunde
BZG	Basler Zeitschrift für Geschichte und Altertumskunde
CF	Collectanea Franciscana
CSSH	Comparative Studies in Society and History
DA	Deutsches Archiv für Geschichte des Mittelalters
EHM	Estudios de Historia Moderna
EHR	The Economic History Review
FC	Forstwissenschaftliches Centralblatt
FMA	Frühmittelalterliche Studien
FeSt	Feministische Studien
GH	Geographica Helvetica
GUB	Gießener Universitätsblätter
GuG	Geschichte und Gesellschaft. Zeitschrift für historische Sozialwissenschaften
GWU	Geschichte in Wissenschaft und Unterricht
HeiJb	Heidelberger Jahrbücher
HGB	Hansische Geschichtsblätter
Hist	History
HJb	Historisches Jahrbuch der Görresgesellschaft
HJLG	Hessisches Jahrbuch für Landesgeschichte
HRG	Handwörterbuch zur deutschen Rechtsgeschichte
HZ	Historische Zeitschrift
JbGK	Jahrbuch zur Geschichte von Stadt und Landkreis Kaiserslautern
JbGM	Jahrbuch für die Geschichte Mittel- und Ostdeutschlands

JbGVV	Jahrbuch für Gesetzgebung, Verwaltung und Volkswirtschaft
JbHGL	Jahrbuch der Historischen Gesellschaft Luzern
JbKGV	Jahrbuch des Kölnischen Geschichtsvereins
JbNÖS	Jahrbücher für Nationalökonomie und Statistik
JbSoloG	Jahrbuch für solothurnische Geschichte
JbWB	Jahrbuch der Wittheit zu Bremen
JbWLG	Jahrbuch für westdeutsche Landesgeschichte
JEEH	Journal of European Economic History
JFH	Journal of Family History
JMH	Journal of Medieval History
KJb	Kurtrierisches Jahrbuch
KJbVFG	Kölner Jahrbuch für Vor- und Frühgeschichte
LexMA	Lexikon des Mittelalters
LSAK	Lübecker Schriften zur Archäologie und Kulturgeschichte
MA	Le Moyen Age
MGGM	Mitteilungen der Geographischen Gesellschaft in München
MIÖG	Mitteilungen des Instituts für Österreichische
MJbGK	Mainfränkisches Jahrbuch für Geschichte und Kunst
MS	Medieval Studies
MVGSN	Mitteilungen des Vereins für Geschichte der Stadt Nürnberg
NA	Nassauische Annalen. Jahrbuch des Vereins für Nassauische Altertumskunde und Geschichtsforschung
NAFN	Neue Ausgrabungen und Forschungen in Niedersachsen
NSJbLG	Niedersächsisches Jahrbuch für Landesgeschichte
NuZ	Numismatische Zeitschrift
PP	Past and Present
QFIAB	Quellen und Forschungen aus italienischen Archiven und Bibliotheken
RBPH	Revue belge de philologie et d'histoire
RH	Revue historique
RHDF	Revue historique de droit français et étranger
RHEccl	Revue d'histoire ecclésiastique
RHES	Revue d'histoire économique et sociale
RN	Revue du Nord. Revue historique trimestrielle, nord
RP	Revue des Paris
RuH	Rural History
RVb	Rheinische Vierteljahrsblätter
SEHR	Scandinavian Economic History Review
SBAG	Schweizer Beiträge zur allgemeinen Geschichte
ScM	Scripta Mercaturae. Zeitschrift für Wirtschafts- und Sozialgeschichte
SJH	Scandinavien Journal of History
SM	Studi Medievali
SZG	Schweizerische Zeitschrift für Geschichte
TechG	Technikgeschichte. Beiträge über die geschichtliche Entwicklung der Technik und der Industrie sowie deren naturwissenschaftliche Voraussetzungen

VHVObPfalz	Verhandlungen des Historischen Vereins der Oberpfalz
VSWG	Vierteljahrschrift für Sozial- und Wirtschaftsgeschichte
ZAA	Zeitschrift für Agrargeschichte und Agrarsoziologie
ZAGV	Zeitschrift des Aachener Geschichtsvereins
ZBLG	Zeitschrift für bayerische Landesgeschichte
ZfdA	Zeitschrift für deutsches Altertum und deutsche Literatur
ZfK	Zeitschrift für Kirchengeschichte
ZGO	Zeitschrift für die Geschichte des Oberrheins
ZHF	Zeitschrift für historische Forschung
ZRG.GA	Zeitschrift der Savignystiftung für Rechtsgeschichte, Germanistische Abteilung
ZRG.KA	Zeitschrift der Savignystiftung für Rechtsgeschichte, Kanonistische Abteilung
ZSLK	Zeitschrift für Siebenbürgische Landeskunde
ZSW	Zeitschrift für die gesamte Staatswissenschaft
ZVLG	Zeitschrift des Vereins für Lübeckische Geschichte und Altertumskunde
ZWLG	Zeitschrift für Württembergische Landesgeschichte

HERRSCHERLISTEN

Wir beschränken uns hier auf die Vorstellung von Herrscherlisten, für ausführliche Stammtafeln sei auf die einschlägige Literatur sowie LexMa, IX, verwiesen.

Deutsches Reich
1212–1250	Friedrich II., Ks. 1220
1220–1235	Heinrich (VII.), Mitkönig
1250–1254	Konrad IV.
1247–1256	Wilhelm v. Holland, als Gegenkönig gewählt
1257–1272	Richard von Cornwall
1257–1284	Alfons von Kastilien
1273–1291	Rudolf von Habsburg
1292–1298	Adolf von Nassau
1298–1308	Albrecht von Habsburg
1308–1313	Heinrich VII. von Luxemburg, Ks. 1312
1314–1347	Ludwig der Bayer, Ks. 1328
1314–1330	Friedrich der Schöne von Österreich
1346–1378	Karl IV., Ks. 1355
1378–1400	Wenzel, † 1419

Frankreich
1180–1223	Philipp II.
1223–1226	Ludwig VIII.
1226–1270	Ludwig IX.
1270–1285	Philipp III.
1285–1314	Philipp IV. der Schöne
1314–1316	Ludwig X.
1316/17–1322	Philipp V.
1322–1328	Karl IV.
1328–1350	Philipp VI.
1350–1364	Johann II.
1364–1380	Karl V.

England
1199–1216	Johann Ohneland
1216–1272	Heinrich III.
1272–1307	Eduard I.
1307–1327	Eduard II.
1327–1377	Eduard III.
1377–1399	Richard II.

Schottland
1306–1329   Robert I.
1329–1371   David II.
1371–1390   Robert II.

Kastilien
1217–1252   Ferdinand III.
1252–1284   Alfons X.
1284–1295   Sancho IV.
1295–1312   Ferdinand IV.
(1312–1325)   Minderjährigkeit Alfons (XI.)
1325–1350   Alfons XI.
1350–1369   Peter I.
1369–1379   Heinrich II. (Trastámara)

Aragón
1213–1276   Jakob I.
1276–1285   Peter III.
1285–1291   Alfons III.
1291–1327   Jakob II.
1327–1336   Alfons IV.
1336–1376   Peter IV.

Portugal
1211–1223   Alfons II.
1223–1248   Sancho II.
1248–1279   Alfons III.
1279–1325   Dinis I.
1325–1356   Alfons IV.
1357–1367   Peter I.
1367–1383   Ferdinand I.

Navarra
1194–1234   Sancho VII.
1234–1253   Theobald I.
1253–1270   Theobald II.
1270–1274   Heinrich I.
1274–1305   Johanna I.
1305–1328   (Personalunion mit Frankreich)
1328–1343   Philipp
1343–1349   Johanna II.
1349–1387   Karl II.

Dänemark
1202–1241   Waldemar II.
1241–1250   Erich IV. Plovpenning
1250–1252   Abel

1252–1259	Christoph I.
1259–1286	Erich V. Klipping
1286–1319	Erich VI. Menved
1319–1332	Christoph II.
1340–1375	Waldemar IV. Atterdag

Norwegen

1217–1263	Hákon IV. Hákonarson
1263–1280	Magnús Lagaboetir
1280–1299	Erik Magnússon
1299–1319	Hákon V. Magnússon
1319–1355, 1371–1374	Magnús Eriksson
1355–1380	Hákon VI. Magnússon (Wahl 1343/44)

Schweden

1208–1216	Erik Knutsson
1216–1222	Johan Sverkersson
1222–1249	Erik Eriksson
1229–1234	Knut Holmgersson (Gegenkönig)
1250–1266	Birger Jarl (Reichsverweser)
1266–1275	Valdemar Birgersson
1275–1290	Magnus Birgersson
1298–1318	Birger Magnusson
1332–1363	Magnús Eriksson (= Magnús VII. v. Norwegen)
1362–1364	Hákon VI. Magnússon (= Hákon VI. v. Norwegen)
1364–1389	Albrecht von Mecklenburg

Polen
Herzöge im Seniorat Krakau

1211–1227	Leszek Biały
1228–1229	Władysław Laskonogi und Henryk Brodaty
1229–1230	Konrad I. Mazowiecki
1230–1238	Henryk Brodaty
1238–1241	Henryk Pobożny
1241–1243	Konrad I. Mazowiecki
1243–1279	Bolesław V. Wstydliwy
1279–1288	Leszek Czarny
1288–1290	Henryk IV. Probus
1290–1291	Przemysł II.
1291–1305	Wenzel II. v. Böhmen
1305–1306	Wenzel III. v. Böhmen

Königreich Polen

1305–1333	Władysław I. Łokietek
1333–1370	Kazimierz III. Wielki
1370–1382	Ludwig von Umgarn

Deutschordenshochmeister
1209–1239   Hermann von Salza
1239–1240   Konrad von Thüringen
1240–1244   Gerhard von Malberg
1244–1249   Heinrich von Hohenlohe
1249–1252   Gunther von Wüllersleben
1252–1256   Poppo von Osterna
1256–1273   Anno von Sangershausen
1273–1282   Hartmann von Heldrungen
1282–1290   Burchard von Schwanden
1291–1296   Konrad von Feuchtwangen
1297–1303   Gottfried von Hohenlohe
1303–1311   Siegfried von Feuchtwangen
1311–1324   Karl von Trier
1324–1330   Werner von Orseln
1331–1335   Luther von Braunschweig
1335–1341   Dietrich von Altenburg
1342–1345   Ludolf König
1345–1351   Heinrich Dusemer
1352–1382   Winrich von Kniprode

Päpste
1198–1216   Innozenz III.
1216–1227   Honorius III.
1227–1241   Gregor IX.
1241   Coelestin IV.
1243–1254   Innozenz IV.
1254–1261   Alexander IV.
1261–1264   Urban IV.
1265–1268   Clemens IV.
1271–1276   Gregor X.
1276   Innozenz V.
1276   Hadrian V.
1276–1277   Johannes XXI.
1277–1280   Nikolaus III.
1281–1285   Martin IV.
1285–1287   Honorius IV.
1288–1292   Nikolaus IV.
1294   Coelestin V., † 1296
1294–1303   Bonifatius/Bonifaz VIII.
1303–1304   Benedikt XI.
1305–1314   Clemens V.
1316–1334   Johannes XXII.
1328–1330, 1333   Nikolaus V.
1335–1342   Benedikt XII.
1342–1352   Clemens VI.
1352–1362   Innozenz VI.

1362–1370   Urban V.
1371–1378   Gregor XI.
1378–1389   Urban VI.
1378–1394   Clemens VII.

ZEITTAFEL

1180–1223	König Philipp II. Augustus von Frankreich; beträchtliche Ausdehnung der Krondomäne.
1198–1208/1215	Im Reich konkurrieren seit der Doppelwahl zwei Könige: der Staufer Philipp von Schwaben (1198–1208) und der Welfe Otto IV. (1198–1215).
1198–1216	Pontifikat Papst Innozenz' III.
um 1200–1300	Der Weizenanbau verdrängt in den Niederlanden den Akkerbau mit Spelz; in Flandern setzt sich Zeitpachtsystem auf 6, 9 oder 12 Jahre durch; im Reich verbreitet sich die Wassermühle in den standortgünstigen Gebieten.
um 1200	Das islamische Iberien einschließlich der Balearen wird unter den nordafrikanischen Almohaden – sie lösen die kleinen Teilherrschaften der Almoraviden ab – zu einem Großreich vereinigt, das jedoch nicht von langer Dauer ist.
ab 1200	Die Universität Paris emanzipiert sich von der Bischofsschule, nachträglich 1215 durch Bulle eines päpstlichen Legaten anerkannt; als weitere Universitäten und Rechtsschulen bestehen bereits Salerno, Montpellier, Bologna; die Universität Oxford entsteht um oder kurz nach 1200.
1202–1225	König Waldemar II. von Dänemark (1202–1241) errichtet sein sog. „Ostseeimperium" entlang der baltischen Küsten, das nach der verlorenen Schlacht von Bornhöved 1227 auseinanderfällt.
1203/04	Vierter Kreuzzug; Venedig veranlasst die Eroberung von Byzanz durch christliches Heer; bis 1261 existiert im Osten das lateinische Kaiserreich Romania.
1203–1222	In Holland setzt während der Regierungszeit Gf. Wilhelms I. intensiver Landesausbau ein (Ein- und Abdeichungen, Entstehung der genossenschaftlichen *Waterstaaten* [Wasserachten]).
1208–1229	Kreuzzug gegen die Katharer (nach ihrem ersten Bistum in Albi auch Albigenser genannt).
1209	Gründung der Universität Cambridge.
1209–1211	Italienzug König Ottos IV., Kaiserkrönung 1209, Wiedererrichtung der Königsherrschaft in Mittelitalien und Sizilien 1210, Bannung durch Papst Innozenz III. 1211.
1212	Schlacht von Las Navas de Tolosa: Niederlage der Almohaden gegen Koalition von Aragón und Kastilien.
1212/15–1250	Im Reich regiert Friedrich II. (1194–1250), nachdem er schon 1211 von Gegnern Ottos IV. in Nürnberg zum Gegenkönig gewählt worden war; 1212 Reise nach Deutschland und Wahlwiederholung am rechten Ort (Frankfurt); 1215 Krönungswiederholung am rechten Ort (Aachen).
1214	Schlacht von Bouvines: Niederlage Kaiser Ottos IV. gegen König Philipp II. Augustus von Frankreich.

1215	IV. Laterankonzil mit weitreichenden (amts-)kirchenrechtlichen Beschlüssen zu Kreuzzug, Kirchenmission, Ketzerbekämpfung und Ehegesetzgebung. Kreuzzugsversprechen Friedrichs II. In England erzwingen geistliche und weltliche Große die Verabschiedung der Magna Carta gegen König Johann ‚ohne Land' (1199–1216).
1216	Anerkennung des Dominikanerordens durch Honorius III.
1217–1221	Fünfter Kreuzzug.
1218	Gründung der Universität Salamanca.
1219	„Freiheits"-Privileg Friedrichs II. für Nürnberg (weitere Privilegien werden z. B. 1226 für Lübeck erteilt).
1220	Kaiserkrönung Friedrichs II. Privileg Friedrichs für die geistlichen Fürsten (‚Confoederatio cum principibus ecclesiasticis'); Königswahl Heinrichs (VII.).
1221	Wiener Stapelrecht.
1222	Gründung der Universität Padua.
1223	Der Franziskaner-Orden gibt sich nach langwierigen Auseinandersetzungen eine Regel.
1224	Gründung der Universität Neapel durch Kaiser Friedrich II.
1226–1270	In Frankreich herrscht König Ludwig IX. ‚der Heilige'; im Gebiet der Krondomäne werden in der ersten Hälfte des 13. Jhs. königliche Baillis für die Lokalregierung installiert; in der zweiten Jahrhunderthälfte lösen sich Parlament und Rechenkammer vom königlichen Hof.
1226	Goldbulle von Rimini für den Deutschen Orden
1227	Papst Gregor IX. bannt Kaiser Friedrich II.
1228/29	Kreuzzug Friedrichs. Vertrag über die Rückgabe Jerusalems an die Christen.
1229	Gründung der Universität Toulouse durch Papst Gregor IX. (Förderung der kirchlichen Orthodoxie gegen Katharer), des weiteren von Angers und Orléans.
1230	Im Königreich León besteigt Ferdinand III. von Kastilien den Thron; von nun ab bleiben beide Königreiche vereinigt; das neue Reich benennt sich nach Kastilien.
1230–1250	Erfolgreiche Eroberungswelle der Reconquista auf der iberischen Halbinsel: 1229 fallen die Balearen, 1236 Córdoba, 1238 Valencia, 1246 Jaén, 1247 Carmona und 1248 Sevilla.
1230	Ausgleich zwischen Kaiser Friedrich II. und dem Papsttum in San Germano.
1232	Privileg Kaiser Friedrichs II. zugunsten der weltlichen Fürsten (‚Statutum in favorem principum').
1234	Dekretalensammlung Papst Gregors IX.
1235	Triumphaler Deutschlandzug des Kaisers; Heinrich (VII.) wird abgesetzt und inhaftiert. Auf dem Mainzer Hoftag wird ein Reichslandfriede verkündet.

1237	Mongolen setzen über die Wolga; in der Folge schwere Verwüstungen in Polen und Ungarn.
1239	Kaiser Friedrich II. erneut und endgültig vom Papst gebannt.
1241	Schlachten gegen Mongolen bei Liegnitz (u. a. Zerstörung Breslaus) und Mohi; Abzug der Mongolen aus Ungarn 1242; 1243 kommt es zu einer verheerendenden Hungersnot.
1245	Absetzung Kaiser Friedrichs II. auf dem Konzil von Lyon.
1246	Kaiser Friedrich II. zieht das Herzogtum Österreich als Reichslehen ein.
1246/47	Heinrich Raspe, Landgraf von Thüringen (1246–1247), und Wilhelm Graf von Holland (1247–1256) als Gegenkönige in Deutschland gewählt.
1247–1248	Kanalbau zwischen Frome und Aven für den Hafen von Bristol; ermöglicht den Aufstieg Bristols zum zweitgrößten Hafen Englands.
1248	Niederlage Kaiser Friedrichs II. vor Parma; 1250 Tod des Kaisers.
1248–1254	Sechster Kreuzzug, initiiert von König Ludwig IX. von Frankreich.
1249	Schlacht von Faro: Christen erobern die Algarve-Küste, von wo die Mauren vertrieben werden; Faro markiert das Ende der portugiesischen Reconquista; das Königreich Portugal erreicht seine südliche Ausdehnung; danach Beginn der Groß- und Meeresfischerei u. a. auf Wale; Küstenschifffahrt bis zum Kanal (Flandern); Intensivierung des Schiffbaus für Handelsschifffahrt und königliche Flotte.
seit ca. 1250	Stadtrevolten in Frankreich (Évreux 1244, Paris 1250, Arras 1252, Pontoise 1267, Provins und Paris 1279, Rouen und Caen 1281, Reims und Rouen 1292), im Languedoc (Figeac 1255, Béziers 1280, Toulouse 1289) und im Reich (Augsburg 1276, Wien 1281, 1288, 1309).
1250–1254	Der letzte Stauferkönig Konrad IV.; 1252 Italienzug des Königs.
1250–1273	‚(Großes) Interregnum' im Reich.
1251	Genuesen lassen sich in Sevilla nieder, das drei Jahre zuvor erobert worden ist, und beginnen mit der Anlage von Zuckerrohrplantagen.
1252	Florenz beginnt mit der Goldmünzenprägung (gerichtet gegen den byzantinischen Hyperperon), Genua folgt kurz darauf.
1254–1257	Der Rheinische Städtebund.
1256	König Wilhelm von Holland fällt im Kampf gegen die Friesen.
1257	Doppelwahl im Reich: Richard von Cornwall († 1272) und Alfons von Kastilien († 1284). Der engere Kreis der Königswähler (Kurfürsten) wird erstmals erkennbar.

1258	Vertrag von Corbeil zwischen König Ludwig IX. von Frankreich und Jakob I. von Aragón: Aragón verliert bis auf Montpellier alle südfranzösischen Besitzungen, Frankreich alle Ansprüche auf die sog. Spanische Mark (Katalonien, Grafschaft Barcelona).
1258–1265	Reformbewegung/Aufstand des Adels in England.
1259	Vertrag von Paris zwischen England und Frankreich: Die langwierigen Auseinandersetzungen zwischen den französischen Kapetingern und englischen Plantagenets werden weitgehend beigelegt, indem der König von England die ligische Lehnshoheit des französischen Königs über das Herzogtum Guyenne anerkennt; Ende des sog. Ersten Hundertjährigen Kriegs.
	Der Erzbischof von Köln erkennt den seit dem 12. Jahrhundert bestehenden Stapelzwang der Stadt Köln an (später von Karl IV. 1349 und 1355 bestätigt).
1260er Jahre	Antijüdische Pogrome in England.
1265–1285	In Unteritalien übernimmt Karl I. von Anjou (1220–1285) die ihm angetragene Führung; mit der Hinrichtung Konradins, Enkel Friedrichs II., am 29. Oktober 1268 in Neapel wird die staufische Herrschaft endgültig beendet.
1266	Manfred, letzter Stauferkönig von Sizilien, fällt in der Schlacht von Benevent.
	In Frankreich wird zum ersten Mal auf Veranlassung König Ludwigs IX. der Silbergroschen (*gros tournois*) geprägt.
ca. 1270	Beginn exportorientierter Produktion im englischen Tuchgewerbe.
1270/71	Schiffe der italienischen Seestädte gelangen auf dem Seeweg um die iberische Halbinsel direkt nach Brügge; Brügge entwickelt sich zum wichtigsten internationalen Handels- und Finanzplatz nördlich der Alpen.
1270–1274	Störung der englisch-flämischen Beziehungen; wird durch den Vertrag von Montreuil beendet.
1270–1275	Siebter Kreuzzug.
1273–1291	Im Reich regiert König Rudolf I. von Habsburg; er entfaltet das Programm der Rückforderung (Revindikation) von entfremdetem Reichsgut.
1273	Der König von England verbietet die Wollausfuhr nach Flandern.
	Zusammenschluss der vier Mestas von Léon, Soria, Segovia und Cuenca zu einer einzigen, königlich privilegierten adligen Schafzuchtgenossenschaft.
1274	II. Konzil von Lyon.

1275–1280	Ende des inneren Landesausbaus durch Rodungen in der Grafschaft Flandern. Einpolderungen längs der flämischen Küste erreichen bis 1300 ihren Höhepunkt (Yser, Zwin, seeländisch Flandern); danach kommt es zu keinem größeren Landgewinn mehr.
1275–1300	In den Städten des Fürstbistums Lüttich (Dinant, Huy und Lüttich selbst) erwerben Zünfte innere Autonomie und Anteilnahme an der Stadtregierung. Auch in den größeren flämischen Städten kommt es zu Unruhen, Handwerkerzünfte streben nach Beteiligung am Stadtregiment.
1277–1282	König Eduard I. von England erobert in mehreren Zügen Wales.
1278	König Ottokar II. Přemysl von Böhmen unterliegt König Rudolf I. in der Schlacht von Dürnkrut.
1278/1282	König Rudolf I. verleiht die Herzogtümer Österreich und Steiermark an seine Söhne.
1280–1282	Fremde Kaufleute in Brügge erreichen günstige Privilegien.
1282	‚Sizilianische Vesper': Aufständische bieten die Krone Peter III. von Aragón an; Aragón nimmt Sizilien ein.
1284	Der König von Frankreich verleibt die Grafschaft Champagne der Krondomäne ein.
	Venedig beginnt mit der Goldmünzenprägung (Dukaten).
1286–1319	In Dänemark regiert König Erich Menved, der ein dänisches Großreich im Ostseeraum zu errichten trachtet; dieses führt zum finanziellen Zusammenbruch der dänischen Herrschaft, so dass Graf Gerhard III. von Holstein fast das gesamte Königreich als Pfandschaft erwerben kann.
1288	Schlacht von Worringen: Sieg des Herzogs von Brabant über den Kölner Erzbischof; die Kontrolle der Straße Köln-Brügge durch Brabant ermöglicht Ausbau des brabantischen Aktivhandels.
	Gründung der ersten portugiesischen Universität in Lissabon (1308–1338 nach Coimbra verlegt, dann wieder in Lissabon).
1289	Gründung der Universität Montpellier.
1290	In Lissabon lassen sich fremde Kaufleute aus den west- und mitteleuropäischen Ländern nieder, u. a. auch ein Holzhändler aus Deutschland.
1291	Erster, aber fehlgeschlagener Ausgriff nach Westafrika über Kap Verde hinaus in den Golf von Guinea durch die genuesischen Kaufleute Vivaldi und den Kapitän Tedisio Doria.
1291	‚Ewiger Bund' der drei Waldstätte Uri, Schwyz und Nidwalden.
	Fall Akkons und Ende der Kreuzfahrerstaaten.
1292–1298	Im Reich regiert König Adolf von Nassau.
1295	Krönung von Přemysl II. zum König von Großpolen in Gnesen.

1296	König Adolf von Nassau verkündet die Einziehung von Meißen und Thüringen zum Reich.
	Versuch König Eduards I. von England, Schottland zu erobern.
1297–1302	Streit zwischen Flandern und dem König von Frankreich.
1297	Vertrag zwischen Portugal und Kastilien: definitive Festlegung der Grenze zwischen beiden Königreichen.
1298–1308	Im Reich regiert König Albrecht I. von Habsburg, nachdem er Adolf von Nassau in der Schlacht von Göllheim besiegt und getötet hat.
1299	Dordrecht wird Stapelplatz für Waren des Rheinlandes.
um 1300	In Italien beginnen einige Banken die Doppelte Buchführung; für Mailand werden ca. 200000 Einwohner angenommen, für Florenz ca. 100000, für Paris 80–100000, für Gent und Brügge je 40000, für Toulouse 30–40000 Einwohner; Köln ist mit geschätzten 35000 Einwohnern größte deutsche Stadt.
	Erste Uhren und Brillen werden in Venedig erwähnt.
1300	Erstes Jubeljahr (*anno santo*) in Rom.
ab 1300	In einigen Teilen Frankreichs wird der Kehrpflug eingesetzt; das Spinnrad wird in der Wollverarbeitung verwendet. Intensivierung und Spezialisierung der Landwirtschaft auch in Flandern, Seeland und Südholland: Krappanbau (zur Gewinnung roten Farbstoffs für Tuchindustrie) in Seeland intensiviert; Waid (für blaue Farbe) im Haspengau, Namur und im Lillois; Flachs in Südflandern, Hanf (für Seilerei) in Holland um Gouda; Hopfen (zur Haltbarmachung von Bier) in Nordbrabant in 's-Hertogenbosch und in Südholland in Heusden und Altena.
	Paris löst die Champagnemessen als Finanzplatz ab; in Brügge errichten Florentiner Banken Filialen. Genf und Frankfurt am Main steigen als Messeorte des internationalen Handels auf.
	Versuche der Zünfte in deutschen Städten, an der Stadtregierung beteiligt zu werden (Magdeburg und Nordhausen 1299, Erfurt 1309/10, Mühlhausen i.Th. 1310, Magdeburg 1330, Regensburg 1330/34, Mainz 1332).
1300–1310	Höhepunkt der englischen Wollausfuhr in die Niederlande.
1301	Mit dem Tod Königs Andreas' III. endet in Ungarn die Arpaden-Dynastie. Nach längeren inneren Auseinandersetzungen kann eine von mehreren aristokratischen Faktionen Karl Robert von Anjou als neuen König durchsetzen, der jedoch erst 1321 das gesamte Ungarn seiner Herrschaft zu unterwerfen vermag; unter der Regierung des Anjou (bis 1342) geht Dalmatien an Venedig verloren, die Walachei erkämpft ihre Selbstständigkeit.
1301/02	Niederwerfung der rheinischen Kurfürsten durch König Albrecht I.
1302	Päpstlicher Suprematieanspruch in der Bulle ‚Unam Sanctam' durch Papst Bonifaz VIII. verkündet.

	Der französische König entlässt in großem Umfang Hörige in die Freiheit.
1302, 11. Juli	Schlacht von Kortrijk/Courtrai (‚Goldene Sporenschlacht'): Sieg der flämischen Städte über ein französisches Ritterheer; in der Folge gewinnen in den Städten die Zünfte ein Mitspracherecht.
1303	König Albrecht I. erlangt die Approbation von Papst Bonifaz VIII.
	‚Attentat von Anagni': Festnahme des Papstes Bonifaz VIII. durch eine Gesandtschaft des französischen Königs Philipp IV. unter Guillaume de Nogaret: Höhepunkt in der 1296 wegen der Klerusbesteuerung durch den französischen König beginnenden Auseinandersetzung um das Machtverhältnis zwischen dem Papsttum und der Krone Frankreichs. Bonifaz VIII. zieht sich, befreit aus der Gefangenschaft, sofort nach Rom zurück, wo er am 11. Oktober 1303 stirbt. Der Nachfolger, Benedikt XI., lenkt ein.
1304	König Albrecht I. beginnt mit seinem Zugriff auf Böhmen. In der Stadt Utrecht gelangen Zünfte an die Macht.
1306	Ausweisung der Juden aus Frankreich; Wiederzulassung 1315.
1308	Ermordung König Albrechts I. durch seinen Neffen Johann.
1308–1313	Im Reich regiert König Heinrich VII. von Luxemburg, ab 1312 Kaiser.
1309	Papst Clemens V. beginnt, sich ständig in Avignon aufzuhalten. Die Stadt Brügge erkennt Freiheit des Gästehandels an.
1309–1343	Im Königreich Neapel regiert König Robert ‚der Weise' von Anjou.
1310/11	Ehe zwischen Johann, dem Sohn König Heinrichs VII., und Elisabeth von Böhmen; Krönung in Prag.
1310–1313	Italienzug König Heinrichs VII.; Kaiserkrönung in Rom 1313.
1311–1312	Konzil von Vienne.
1314	Doppelwahl im Reich: Ludwig IV. der Bayer (1314–1347, ab 1328 Kaiser) und Friedrich ‚der Schöne' von Österreich (1314–1330).
1315	Niederlage der Habsburger (Herzog Leopold von Österreich) am Morgarten gegen die Eidgenossen.
1315–1317	Missernten in den Niederlanden, Frankreich, Deutschland; europaweite Hungersnot ab 1316.
1317–1319	Der Graf von Flandern führt eine neue Silberwährung ein: den Groot.
1319	‚Skandinavisches Schicksalsjahr': zufällig zeitgleiches Ende der regierenden Dynastien in Dänemark, Norwegen und Schweden; Beginn der nordischen Unionskönigreiche.
1320	Krönung von Wladislaw II. (‚der Kleine') zum König von Polen in Krakau.
1322	König Ludwig der Bayer besiegt Friedrich den Schönen bei Mühldorf am Inn.

	Erneute Ausweisung der Juden aus Frankreich.
1322–1346	In Flandern regiert Graf Ludwig von Nevers, der eine Frankreich-freundliche Politik führt, was nach Beginn des 100-jährigen Kriegs negative Folgen für die flämische Tuchausfuhr nach England hat.
1323	Frieden von Schlüsselburg: Grenze zwischen Russland und Schweden/Finnland wird festgelegt.
1324	Ludwig der Bayer wird vom Papst gebannt
1325–1350	Dreijährige Brache in einigen Teilen Flanderns fest etabliert, darauf großmaßstäblicher Anbau von Leguminosen (Wicken, Bohnen und Erbsen) gefolgt von Rapsarten als Futterpflanzen.
1325	Beginn der Prägung von Goldmünzen im Königreich Böhmen.
1327	In England wird König Eduard II. abgesetzt.
1327–1330	Italienzug Ludwigs des Bayern mit Kaiserkrönung in Rom.
1328	Tod König Karls IV. von Frankreich ohne direkten Erben, was das Ende der kapetingischen Dynastie bedeutet; Nachfolger wird Philipp von Valois (als König Philipp VI.).
	Große Herdfeuer-Zählung in Frankreich; Paris hat ca. 80 000 Einwohner, nach anderen Hochrechnungen zählt es über 200 000 Köpfe.
1331/1333	Hungersnöte in Portugal.
1333–1370	In Polen regiert König Kasimir III. („der Große"); Vereinigung der polnischen Herzogtümer in einem Königreich vollendet, Residenz wird Krakau; 1348–1366 Angliederung des ausgedehnten Fürstentums Ruthenien, das wegen seiner Handelsstraßen von Vladimir und Lemberg/Lwów nach Caffa, Killia und Leukopolis, die die genuesischen Kolonien am Schwarzen Meer mit dem Baltikum verbinden, bedeutend ist.
1335–1337	Konflikt Kaiser Ludwigs des Bayern mit dem Papsttum.
1337	Bankrott des Haushalts des englischen Königs, reißt das Florentiner Bankhaus Bardi mit in den Abgrund.
1337/38	Beginn des ‚Hundertjährigen Krieges' zwischen Frankreich und England (Sammelbezeichnung für eine Reihe von Feldzügen, die bis 1453 fortgeführt werden); nach dem Ende der kapetingischen Dynastie 1328 erhebt König Eduard III. von England als Enkel König Philipps IV. von Frankreich Anspruch auf den Königsthron; die Kampfhandlungen beginnen mit einem Zug des englischen Königs auf den Kontinent.
1338	Im ‚Kurverein von Rhense' werden die Kurfürsten als rechtmäßige Königs- und Kaiserwähler festgeschrieben, das päpstliche Approbationsrecht wird zurückgewiesen; treibende Kraft dabei ist Erzbischof Balduin von Trier. ‚Kaisergesetz' Ludwigs des Bayern.
1340	König Eduard III. von England wird von den Flamen als König von Frankreich anerkannt; die englischen Könige führen fortan bis 1802 den Titel ‚König von Frankreich'.

	Gesamt-iberischer Kreuzzug gegen die Mauren; portugiesische Schiffe überqueren den Atlantik südwärts bis nach Marokko und zu den Kanarischen Inseln, nordwärts gelangen sie nach Madeira.
1340–1375	In Dänemark regiert König Waldemar IV. Atterdag.
1342	Erwerbung der Grafschaft Tirol durch Kaiser Ludwig den Bayern. Der Kaiser legt den Juden eine Sondersteuer auf, den ‚güldenen Opferpfennig'.
1342–1382	In Ungarn folgt König Ludwig ‚der Große' seinem Vater Karl Robert von Anjou nach; Ausdehnung Ungarns auf den Balkan nach Bosnien, Serbien, Bulgarien und in die Walachei; 1358 wird Dalmatien von Venedig zurückerobert und Dubrovnik (Ragusa) unterworfen; 1370 wird Ludwig als Nachfolger Kasimirs III. König von Polen.
1343–1351/1346	Beginn der Goldmünzen-Prägungen in England sowie in Aragón und in Ungarn.
1346	Schlacht von Crécy: In der ersten großen Schlacht des Hundertjährigen Kriegs erleiden die Franzosen eine schwere Niederlage.
1346/49–1378	Im Reich regiert Karl IV. aus dem Haus der Grafen von Luxemburg, ab 1355 Kaiser.
1347	In Aragón wird durch König Alfons XI. die gesamte Schafzucht der königlichen Aufsicht unterstellt. Fall von Calais; die Engländer bauen im Norden Frankreichs eine eigene Herrschaft auf.
1347/48–1352	Rückkehr der Pest (‚Schwarzer Tod') nach Europa; im Reich werden in vielen Städten Pogrome gegen die Juden inszeniert, zahlreiche Juden werden dabei ermordet.
1348	Gründung der Universität Prag durch König Karl IV.
ab ca. 1350	Hydrographische Veränderungen im Rhein-Maas-Waal-Schelde-Delta: die Hont wird zum bedeutendsten Scheldearm. Umfangreiche Einpolderungen in Holland (1350–1375), zugleich Ende des inneren Landesausbaus durch Rodungen in Holland, Utrecht und Geldern.
1354/55	Erster Italienzug König Karls IV.; Kaiserkrönung in Rom.
1356	Schlacht von Poitiers zwischen England und Frankreich; bei der gravierenden französischen Niederlage gerät König Johann II. von Frankreich in englische Kriegsgefangenschaft. Beginn der Goldmünzen-Prägung in Flandern (‚mottoen', ‚Goldenes Lamm'), diese auch in Holland eingeführt. Verabschiedung der ‚Goldenen Bulle' auf zwei Hoftagen in Nürnberg und Metz: umfassende Subressionsordnung mit Regelung der Königswahl und Festlegung der Rechte der Kurfürsten. Erneute Pestwelle im Reich.
1357	‚Erster Hansetag'; Beginn der Goldmünzen-Prägung in Schottland.

1358	Revolten („Jacquerie') in Frankreich.
1359	Wiederzulassung von Juden in Frankreich.
1360	Im Hundertjährigen Krieg werden durch die Verträge von Brétigny (8. Mai) und von Calais (24. Oktober) die Bedingungen für die Freilassung König Johanns II. von Frankreich geregelt: Neben einem enormen Lösegeld in Höhe von 4 Mio. Kronen erhält England große Teile Aquitaniens sowie im Norden Frankreichs Calais und die Grafschaft Ponthieu, verzichtet aber auf das Thronfolgerecht in Frankreich.
1360/61–1365	Erneute Pestwellen im Reich und in Ungarn.
1363	Eheschließung zwischen Hákon VI. von Norwegen und Margarethe von Dänemark.
1367/68–1370	Krieg hansischer Städtebünde gegen König Waldemar IV. von Dänemark.
1368/69	Zweiter Italienzug Kaiser Karls IV.
1369	Im Hundertjährigen Krieg nimmt König Karl V. von Frankreich den Kampf gegen die kontinentalen Besitzungen Englands auf und erzielt dabei bedeutende Gewinne.
1369–1374	Erneute Pestwelle in Teilen des Reichs und in Ungarn.
um 1370	In mehreren Städten des Reichs erkämpfen sich die Zünfte den Zugang zur Stadtregierung (Augsburg 1368, Köln [‚Weberschlacht'] 1369/70, Konstanz 1371, Schwäbisch Gmünd 1373).
1370	Der Friede von Stralsund beendet den Krieg zwischen den Hansestädten und dem Königreich Dänemark; die von Lübeck angeführte hansischen Städtebünde sind auf dem Höhepunkt ihrer Geltung.
1373	Kauf der Mark Brandenburg durch Kaiser Karl IV.
1375–1378	Krieg zwischen Florenz und dem Kirchenstaat.
1376	Im Reich wird Wenzel, der Sohn Karls IV., zum König gewählt (regiert bis 1399). Zusammenschluss des Schwäbischen Städtebunds.
1378	Beginn des ‚Großen (Abendländischen) Schismas' (bis 1415/17) durch Wahl zweier Päpste: Urban VI. (1378–1389) in Rom, Clemens VII. (1378–1394) in Avignon.
1378–1381	‚Krieg von Chioggia' zwischen Venedig und Genua; wird durch Frieden von Turin 1383 beendet.
1380/82	Erneute Pestwelle im Reich und in Ungarn.
1381	Bauernaufstand in Südost- und Ostengland.

REGISTER

Personenregister

Abel (Hzg. von Schleswig, Kg. von Dänemark 1250–52) 148
Adolf von Nassau (dt. Kg. 1292–1298) 102, 103, 225
Aegidius Albornoz 116, 121
Aegidius Romanus 11, 87, 88
Aegidius Tschudi 235
Albertus Magnus 86, 118
Albrecht I. von Habsburg (dt. Kg. 1298–1308) 102, 103, 106, 107, 111, 223, 225, 226
Albrecht von Mecklenburg (Kg. von Schweden 1364–89) 151
Aleksij, Patr. von Moskau 258
Al-Kamir von Ägypten, Sultan 98
Al-Mustansir von Tunis, Emir 123
Alfons II. (Kg. v. Portugal 1211–1223) 143
Alfons III. (Kg. v. Portugal 1248–1279) 143
Alfons IV. (Kg. v. Portugal 1325–1356) 144
Alfons IX. (Kg. v. Kastilien) 116
Alfons X. (Kg. v. Kastilien 1252–1284) 100, 101, 141, 256
Alfons XI. (Kg. v. Kastilien 1325–1350) 142
Alvarus Pelagius 89
Anna von der Pfalz (dt. u. böhm. Kgn. *1329 †1353) 228
Andreas III. (Kg. v. Ungarn) 148
Aristoteles 86, 89, 90, 227, 243
Augustinus von Ancona 89

Baiamonte Tiepolo 114
Balduin von Luxemburg, Ebf. v. Trier 103, 105, 108, 109
Bartoldus von Sassoferrato 85
Bartolomeo Prignano 122
Béla IV. (Kg. v. Ungarn 1235–1270) 147
Benedetto Zaccaria 34
Benedikt XI., Pp. 118, 120
Benedikt XII., Pp. 120
Bernabò Visconti 115
Bernard Gui (Bernardus Guidonis) 117
Bernard Saisset von Pamiers 125

Birger Jarl 150, 260
Birger Magnússon 150
Blanche von Artois (Kgn. v. Kastilien) 143
Blanche von Kastilien 123, 245
Bonaventura 88
Bonifaz VIII., Pp. 4, 85, 87, 89, 101, 102, 114, 119, 120, 125, 126, 247, 249
Brun, Rudolf 112

Cicero 88
Christoph I. (Kg. v. Dänemark 1252–1259) 149, 259
Christoph II. (Kg. v. Dänemark 1319–1332) 148
Clemens IV., Pp. 124
Clemens V. (Bertrand de Got, Papst 1305–1314) 104, 120, 122, 126, 249
Clemens VI. (Pierre Roger, Papst 1342–1352) 121, 244
Clemens VII. (Robert von Genf, Papst 1378–1394) 106, 122, 245
Cola di Rienzo 115
Cölestin V. (Pietro del Morrone, Papst 1294) 119

Dafydd ap Llywelyn, Fs. von Wales 134
Dante Alighieri 89, 93, 94,
David II. (Kg. v. Schottland 1329–1371) 139
Dietrich von Freiberg 90
Dinis (Dionysius) I. (Kg. v. Portugal 1279–1325) 143, 144
Dominikus 117, 118

Eduard I. (Kg. v. England 1272–1307) 22, 37, 120, 125, 132, 133, 134, 135, 136, 251
Eduard II. (Kg. v. England 1307–1327) 127, 136, 137, 252
Eduard III. (Kg. v. England 1327–1377) 82, 105, 127, 130, 134, 136, 137, 138, 249, 252, 253, 254
Eduard (Schwarzer Prinz, Sohn Eduards III.) 142
Eleonore von der Provence (engl. Kgn.) 132, 134

Elisabeth von Böhmen 103
Erich IV. (Kg. v. Dänemark 1241–1250) 148
Erich V. (Kg. v. Dänemark 1259–1286) 149, 259
Erich VI. (Kg. v. Dänemark 1286–1319) 149
Erich Magnússon (schwed. Hzg.) 150
Engelbert von Admont 88
Enzio (Heinrich), Sohn Friedrichs II. 99
Étienne Marcel 129
Euklid 90

Ferdinand I. (Kg. v. Portugal 1367–1383) 144
Ferdinand IV. (Kg. v. Kastilien 1295–1312) 256
Fra Paolino 54
Francesc Eiximenis 88
Francesco Datini 57, 60
Francesco di Balduccio Pegolotti 40
Francesco di Marco Datini in Prato 38
Francesco Petrarca 93, 94
Franziskus von Assisi 118, 242
Friedrich I. Barbarossa (Ks., dt. Kg. 1152–1190) 217
Friedrich der Schöne von Österreich (1314–1330) 104, 226
Friedrich II. (Ks., dt. Kg. 1196/1212–50) 27, 29, 47, 72, 81, 85, 86, 95, 96, 97, 98, 99, 106, 110, 114, 116, 123, 124, 145, 217, 218, 219, 220, 221, 225, 230, 233, 238, 240, 241, 248, 257
Fritsche Closener 51

Gedimin (Gfs. von Litauen *um 1275 † 1340/41) 147
Geert Groote 93
Giacomo Orsini 122
Giordano da Pisa 90
Gratian 85
Gregor IX., Pp. 85, 97, 98, 119, 257
Gregor X., Pp. 101, 119
Gregor XI., Pp. 121, 122
Guala de Roniis (päpstl. Legat) 132
Guido III. (Gui) Gf. von Flandern 125, 131
Guillaume de Nogaret 87, 126
Guillaume le Maréchal 83
Guillaume Ruyelle 52
Günter von Schwarzburg 105

Hákon IV. Hákonarson (Kg. v. Schweden 1217–1263) 260
Hákon V. Magnússon (Kg. v. Schweden 1299–1319) 150
Hákon VI. Magnússon (Kg. v. Schweden 1355–1380) 150
Hans Schriber 235
Heinrich von Trastámara 130, 142
Heinrich I. der Löwe 44
Heinrich III. (Kg. v. England 1216–1272) 124, 132, 133, 251
Heinrich Kunter 8
Heinrich Raspe 97
Heinrich Seuse 93
Heinrich VI. (Ks., dt. Kg. 1190–1197, Kg. v. Sizilien 1194–97) 95, 115
Heinrich (VII.) 95, 96, 221, 226
Heinrich VII. (Ks., dt. Kg. 1308–1313) 103, 108, 111, 120
Herman von Salza 145, 257
Honorius III., Pp. 69, 117, 257
Hugo von Lusignan, Gf. der Marche 123
Humbert von Romans 117

Ibn Battuta 156
Innozenz III., Pp. 95, 115, 117, 118, 221, 239, 243, 248
Innozenz IV., Pp. 98, 99, 143, 221
Innozenz V., Pp. 117
Innozenz VI., Pp. 121
Isabella von Aragón 124
Isabella von Brienne 98
Isabella v. Frankreich (Kgn. v. England) 127, 137

Jack Straw 68
Jacques Duèse (Johannes XXII., Pp.) 120
Jagiello (Gfs. von Litauen und Kg. von Polen) 147
Jakob I. (Kg. v. Aragón 1213/18–1276) 124, 140, 143, 255
Jakob II. (Kg. v. Aragón 1291–1327) 141
Jakob Twinger von Königshofen 6
Jakob van Artevelde 131
Jakob von Viterbo 89
Jean d'Anneux 88
Jehan Boinebroke 39
Joachim von Fiore 86, 117, 119
Joao das Regras (Großkanzler Portugals) 144
Johann Boernave 91

Johann I. (Kg. v. Aragón 1387–1395) 81
Johann I. (Kg. v. Kastilien 1379–1390) 144
Johann (Jean) II. der Gute (Kg. v. Frankreich 1350–1364) 80, 128, 129, 130, 138
Johann (Jens) Grand, Ebf. v. Lund, Riga, Hamburg-Bremen 149
Johann Ohneland 95, 132
Johann Schiltberger 83
Johann von Habsburg-Rapperswil 112
Johann von Luxemburg 128
Johann von Montfort 128
Johanna von Evreux 127
Johannes XXII., Pp. 227, 243
Johannes Andreae 85
Johannes Duns Scotus 85, 140
Johannes Quidort 87
Johannes Tauler 93
Johannes Teutonicus 85
Johannes Bromyard 139
Johannes von Plano Carpini 156
Johannes von Salisbury 88
John Ball 68, 139
John Balliol 134, 139
John of Stratford, Ebf. von Canterbury 138
John Wyclif 139
John of Gaunt Hzg. von Lancaster 129, 252
Justinian (oström. Ks. 527–565 n. Chr.) 218

Karl de la Cerda (Charles d'Espagne) 128
Karl der Große 218
Karl I. (Kg. v. Ungarn 1301–1342) 148, 259
Karl II. von Anjou (Kg. v. Sizilien 1289–1309) 240
Karl II. (Kg. von Navarra, 1349–1387) 128, 129, 130, 143
Karl III. (Kg. v. Navarra 1387–1425) 81
Karl IV. (Kg. v. Frankreich 1322–1328) 137
Karl IV. (Ks. 1355, dt. Kg. 1346–1378) 81, 105, 106, 108, 109, 115, 121, 127, 138, 224, 228, 229, 230, 231
Karl V., (Kg v. Frankreich 1364–1380) 70, 81, 129, 130, 246, 248
Karl VI. (Kg. v. Frankreich 1380–1422) 70, 130
Karl von Anjou (Kg. v. Sizilien 1266–1285) 99, 116, 124, 221

Karl von Blois 128
Karl von Valois 103, 124, 127
Kasimir III. (Kg. v. Polen 1333–1370) 81, 146
Klara von Assisi 119
Konrad Groß 34
Konrad I., Hzg. v. Masowien 145, 146
Konrad IV. (dt. Kg. 1250–1254) 99, 100, 221
Konrad Justinger 234
Konrad von Marburg 117
Konrad von Megenberg 11, 22, 54
Konradin (Kg. v. Sizilien und Jerusalem, Hzg. v. Schwaben † 1268) 99, 124, 221, 240
Konstantin (röm. Ks. 306–337 n. Chr.) 218
Konstanze, Kgn. v. Sizilien 95
Konstanze, Tochter Manfreds 116
Konstanze von Aragon 95

Ladislaus IV. (Kg. v. Ungarn 1272–1290) 147
Llywelin ap Gruffydd, Fs. v. Wales 133
Leopold von Österreich 113
Levold von Northof 88
Ludwig der Bayer (Ks., dt. Kg. 1314–1347) 34, 87, 104, 108, 109, 111, 115, 120, 128, 138, 226, 227
Ludwig IX. der Heilige (Kg. v. Frankreich 1226–1270) 123, 124, 125, 133, 247, 248
Ludwig VIII. (Kg. v. Frankreich 1223–1226) 123, 248
Ludwig von Brandenburg 107
Ludwig von Male, Gf. von Flandern 130
Ludwig von Nevers 125, 131
Ludwig X. (Kg. v. Navarra 1305–1314, Kg. v. Frankreich 1314–16) 126, 143

Magnús Eriksson (Kg. v. Schweden 1319–1364, Kg. v. Norwegen 1319–1355) 150
Magnús Hákonarson Lagaboetir (Kg. v. Norwegen 1263–1280) 260
Manfred, (Kg. v. Sizilien 1258–1266) 99, 116, 124, 240
Manuele Zaccaria 34
Marco Polo 42
Margarete Maultasch 107
Margarete von Male 130, 250
Margarete von Provence 124
Maria von Brabant 124

Marsilius von Padua 87, 89, 227
Martin IV., Pp. 116, 119, 124
Matteo Polo 42
Mattheus Teutonicus 31
Meinhard II., Gf. v. Görz und Tirol 107
Meinhard III., Gf. v. Görz und Tirol 108
Meister Eckhart 93
Michael Scotus 86
Michael VIII. Palaiologos (Ks. v. Byzanz 1259–1281) 34, 243
Michael von Cesena 87, 227
Mindowe (Kg. v. Litauen 1253–1263) 147
Monna Margherita Datini 60

Nicolaus Oresme 89, 94, 129
Nicolò Polo 42
Nikolaus III., Pp. 119
Nikolaus IV., Pp. 119
Nikolaus V. (Gegenpapst 1328–1330) 227

Odorich von Pordenone 156
Oldradus de Ponte 85
Oluv (Kg. v. Dänemark 1376–1387, Kg. v. Norwegen 1380–1387) 149
Otto III. Hzg. v. (Nieder-)Bayern 148
Otto IV., (Ks., dt. Kg. 1198–1218) 95
Ottokar II. Premysl 101, 105, 107, 110, 148

Peter I. (Kg. v. Kastilien 1350–1369) 142
Peter I. (Kg. v. Portugal 1357–1367) 144
Peter I. von Zypern 83
Peter III. (Kg. v. Aragón 1276–1285) 81, 116, 124, 140
Peter IV. (Kg. v. Aragón 1336–1376) 141
Peter Parler 8
Peter Stromer d. Ä. 10
Petrus de Vinea 97
Philipp II. Augustus (Kg. v. Frankreich 1180–1223) 123, 246
Philipp II. von Schwaben 95
Philipp III. der Kühne (Kg. v. Frankreich 1270–1285) 124, 127, 130, 246
Philipp IV. der Schöne (Kg. von Frankreich 1285–1314) 4, 51, 87, 102, 103, 120, 124, 125, 126, 127, 134, 143, 225, 245, 247, 248, 249
Philipp V. der Lange (Kg. v. Frankreich und Navarra 1316–1322) 126, 127, 245

Philipp VI. von Valois (Hzg. v. Burgund, Kg. v. Frankreich 1328–1350) 80, 121, 127, 128
Philipp de Beaumanoir 248
Philipp van Artevelde 131
Philipp von Burgund 132, 250
Philipp von Évreux (Kg. v. Navarra 1328–1349) 143
Philipp von Leyden 11, 88
Pierre de la Broce 124
Pierre Mauclerc, Gf. der Bretagne 123
Pierre de Rouvres 130
Piers Gaveston 136
Pietro del Morrone 119
Ptolemäus 90

Raoul de Brienne 128
Raymundus Lullus 93
Richard II. (Kg. v. England 1377–1399) 131, 139
Richard von Cornwall 100, 101, 223
Robert I. (the Bruce) (Kg. v. Schottland 1306–1329) 134, 135, 137
Robert II. (Kg. v. Schottland 1371–1390) 139
Robert Anglicus 90
Robert Grosseteste 90, 140
Robert Holcot 140
Robert II. von Artois 125
Robert von Neapel 120
Roger Bacon 90, 140
Roger Marston 140
Roger Mortimer 137
Romano von Sant Angelo (Romano Frangipani) 123
Rudolf Brun 112, 113
Rudolf I. von Habsburg (dt. Kg. 1273–1291) 55, 101, 102, 107, 110, 148, 224, 225, 235
Ruprecht I., Pfgf. bei Rhein 108
Ruprecht II., Pfgf. bei Rhein 108

Salvestro Medici 239
Sancho II. (Kg. v. Portugal 1223–1248) 143
Sancho VII. (Kg. v. Navarra 1194–1234) 143
Sciarra Colonna 126
Siegfried von Westerburg, Ebf. v. Köln 225
Siegmund (Kg. v. Ungarn) 83

Simon von Montfort, Earl of Leicester 133
Snorii Sturluson 260
Sver(r)ir (Kg. v. Norwegen 1177–1202) 78

Theodor von Antiochia 86
Thibaut IV., Gf. der Champagne 123, 142
Thomas of Berkeley 57
Thomas, Earl of Lancaster 136, 137
Thomas von Aquin 85, 87, 88, 89, 118, 243
Tideman Lemberg 40
Tileman Ehlen von Wolfhagen 6, 36

Ugolino Vivaldi 43
Ulman Stromer 91,
Urban IV., Pp. 119, 124
Urban V., Pp. 116, 121
Urban VI., Pp. 106, 122, 244, 245

Vadino Vivaldi 43

Waldemar II. (Kg. v. Dänemark 1202–1241) 148

Waldemar IV. Atterdag (Kg. v. Dänemark 1340–1375) 149, 150, 259
Walter Kesinger 36
Wat Tyler 68, 139
Wenzel I. (Kg. v. Böhmen 1230–1253) 223
Wenzel II. (Kg. v. Böhmen 1283–1305, Kg. von Polen 1300–1305) 226
Wenzel III. (Kg. v. Böhmen 1305–1306, Kg. v. Ungarn 1301–1305) 147
Wenzel IV. (Kg. v. Böhmen 1363–1419, dt. Kg. 1376–1400) 105, 106, 245
William Marshal, Earl of Pembroke 132
William Merle 6
William Wallace 134
Wilhelm II. Gf. von Hennegau 84, 137
Wilhelm von Ockham 85, 87, 89, 227
Willhelm von Holland 97, 100, 222, 227
Wilhelm von Rubruk 156
Witen, Sohn Mindowes von Litauen 147
Wladyslaw I. Lokietek (Kg. v. Polen 1320–1333) 146
Woldemar (der Falsche), Mgf. von Brandenburg 105, 109

Sachregister

Abfallentsorgung 162 f.
Ablass 121
Adel 63, 67, 77–84, 205, 208–214, 246
Adelsgesellschaften 82, 141, 144, 211
Adelshaushalt 198
Agrarkrisen(-depression)-Theorie 158 f., 173–175
Allmende 65, 161
Alpwirtschaft 13, 28
Anerbenrecht 59, 64
Arbeit 33–39, 68, 160, 179, 181–183
Arbeitslohn, s. Lohn
Arbeitspaar 61, 64, 201 f.
Arbeitsverfassung 4 f.
Arbeitszeit 35 f., 181, 183
Aristoteles-Rezeption 85, 89 f., 227
Armenstiftung 65
Armut 74, 167, 183
Armutsbewegung 117–119, 241–243
Armutsstreit 120, 242 f.
Audientia sacri palatii 243
Augustiner-Eremiten 119

Auld alliance 134
Aussaat-Ernte-Verhältnis 26 f., 171, 175

Bäuerliche Besitzrechte 16, 24–26, 63, 107, 158, 171, 174 f.
Bankwesen 42 f., 47–52, 185, 188–192
Baratthandel 49, 191
Barchentproduktion 36, 177
Bastard Feudalismus 135
Bauern 61–66
Bauernhaus 62
Begarde 242
Begine 200, 242
Benediktiner 121
Bergbau 33 f., 107, 161, 177 f.
Bergrecht 33
Beschäftigungsverhältnisse 37–39, 183
Bettler 74, 167
Bevölkerungsbewegungen 15–19, 158, 161, 164–167
Bildung 4, 84–94, 214–216
Binnenwanderungen 17

Blutrache 55
Bodmerei, s. auch Seeversicherung 41, 185
Brot(-preis) 182
Bruderschaft 65, 72, 178, 196
Brücke 8, 105
Buchführung 192 f.
Bürgerrecht 70 f.
Bürgereid 70
Bürgermeister 73, 112
Burgen 82
Burgenbau 109, 134

Chambre des comptes 246 f.
Champagne-Messen 37, 47 f., 50 f., 184, 186 f.
Chinahandel 184 f.
Ciompi 77, 239
Community of the Realm 251
Confoederatio cum principibus ecclesiasticis 96, 219
Contadurías Mayores 256
Corona Regni Poloniae 258
Cortes 141, 254 f.

Danehof 259
Deichbau 7 f., 17
Demographie 15–19, 31, 54 f., 69, 158, 164–167, 169, 196 f.
Deutscher Orden 145–147, 149, 256 f.
Doge 114
Dominikaner 117–119, 121, 126, 242
Doppelte Buchführung 192
Dorf 61–68, 202–206
Dorfbildung 61
Dorfformen 62
Dorfgericht 66
Dorfrecht 63, 204
Dreifelderwirtschaft 26
Dynastie 79 f.

Ehe 57–59, 198 f., 205
Eheanbahnung 198 f.
Eheberedung 58, 198
Ehehindernisse 59
Eherecht 57, 59, 198 f.
Ehesakrament 57, 59
Ehescheidung 58 f., 107
Ehevertrag 58, 199
Ehre 53 f., 83, 195, 202
Eigenwirtschaft 24, 63, 171

Einfeldwirtschaft 26
Einkommen 78
Einwohner 70
Energienutzung 9 f., 161
Entdeckungsfahrten 43
Entsorgung 12
Epidemie 3, 18–21, 105, 116, 121, 128, 159, 161, 164–169
Epoche 1
Erbleihe (Erbpacht) 25 f.
Erbrecht 59, 68, 205
Erdbeben 6, 160
Ernährung 12–15, 163 f.
Erziehung 57, 199–201
Espéculo de las Leyes 256
États de Bourgogne 131
États généraux 247
Ewiger Bund 111
Ewigrente 49

Fahrergenossenschaft 45
Fakultät 92
Familie 54–61, 193–197, 199
Familienplanung 199
Fehde 212, 231
Finanzverwaltung 108 f., 233, 247 f., 252 f., 256, 259 f.
Fischerei 29 f., 173
Flößerei 9
Flur 26, 65
Forst 161
Franc 129
frankpledge-System 67
Franziskaner 118 f., 121, 242
Frauenarbeit 60 f., 201 f.
Freie Stadt 69
Freundschaft 56
Frömmigkeit 20
Frondienst 23, 63, 66, 171
Frühhumanismus 93 f.
Fürkauf 35
Fuero real 256
Fueros de Aragón 255
Fürstenhof 81, 84–87, 92, 209
Fürstenspiegel 88, 201, 214

Gartenbau 27, 172, 174
Geburtlichkeit 60
Geld 49–52, 129, 183, 189
Geldhandel 50–52, 189
Geldmengentheorie 89 f., 175 f.

Sachregister

Gelehrsamkeit 84–94, 214–216, 220, 227, 232
Geleit 48
Gemeinde 52 f., 61–77, 195, 203 f., 206 f., 236–238
Gemeiner Nutzen 72, 163, 248
Genossenschaft 53, 61 f., 65–73, 76 f., 82, 88, 110–113, 195, 203 f., 206, 234–236
Gentry 80, 133
Gerichtsherrschaft 63
Geschlecht 54–56, 196
Gesellen 57, 178
Gesinde 56 f.
Geste 194
Getreidebau 13, 26 f., 160, 171 f., 175
Getreidepreise 173, 182
Gewerberevier 177 f.
Ghibellinen 237 f.
Gilde 68, 72, 76, 195
Gletscher 7
Goldene Bulle (1356) 100, 106, 108, 223 f., 228 f.
Goldene Horde 258
Gotländische Genossenschaft 44, 186
Großbetrieb 34, 38
Großes abendländisches Schisma 106, 123, 244 f.
Großfamilie 55
Grundherrschaft 23 f., 63, 67, 70, 160, 170 f., 204
Grundrente 16, 24–26, 63, 158, 174 f.
Guelfen 237 f.
Gulden 50

Häresien 241, 249
Handel 36, 41–46, 50 f., 183–185, 188–190, 192 f.
Handelsgesellschaft 41–46, 50 f., 183–185, 188–190, 192 f.
Handelsroute 42, 105
Handwerk 35 f., 178 f., 181, 201
Handwerkermigration 176
Hanse 43–47, 149, 185–187
Hansetag 46
Haus 54–61, 64, 196–198, 201 f.
Haushalt 56–61, 64, 67, 84, 108 f., 198, 202
Haushaltsbuch 163
Hausmutter 59 f., 201
Hausvater 59
Hauswirtschaft 23 f., 38, 197
Heirat 57 f., 64, 198 f.

Heiratsmarkt 64, 198 f.
Heringshandel 29 f., 44
Herrenrecht der ‚ersten Nacht' 58, 198
Herrschaft 53, 63 f., 68, 232 f., 246
Historiographie 94
Hochadel 77–81, 127, 136 f., 140, 142–144, 147 f., 150 f., 209 f., 258–260
Hochzeit, s. Heirat
Höfische Literatur 130, 212
Hof 81 f., 135, 211 f., 220–222, 228, 230, 232, 247, 251
Hofämter 81
Hofgenossenschaft 53, 58, 62 f.
Hofgericht 230 f.
Hoforden 82, 128, 138, 211
Hofordnung 81, 135, 247
Holzversorgung 9 f., 161
Hosenbandorden 82
Hôtel du roi 247
Hunger 164 f.
Hungerkrisen 18, 137, 158 f., 164 f.
Hygiene 162 f.

Idealstadt 163
Illegitimität 200 f.
Immediatstadt 69
Impeachment 138, 251
Importgewürz 14
Indienhandel 184 f.
Inquisition 117 f., 241, 249
Insolvenzkrise 184
Internationalität 3 f.
Interregnum 100, 222 f.

Jacquerie 68, 129
Juden 51, 74–76, 105, 126, 136, 190, 205, 233 f., 253 f.
Judengasse 75
Judengemeinde 74 f.
Judenpogrom 3, 68, 75 f., 105, 190, 205, 233 f.

Käseproduktion 28
Kaisertum 98–100, 104, 120, 141, 217–220, 226 f.
Kanal 8
Kanzlei 109, 230, 232, 243, 246 f., 251
Karmeliter 119
Kaufmannsgenossenschaft 44–46
Kawerschen 50 f., 190
Kernfamilie 54–56, 196 f.

Kindersterblichkeit 197, 199
Kindheit 199 f.
Kirche 2, 4, 117–123, 200, 232, 241–245
Kirchenbau 130
Kirchenfabrik 65
Kleidung 212
Kleinadel 78
Kleinstadt 177
Kleriker 200
Klima 6–8, 159 f., 173
Kloake 162 f.
Kochbuch 163 f.
Köhlerei 10 f.
Königtum 79–81, 246, 248, 253, 255 f., 258, 260
Kommunalismus 4 f., 52 f., 61–78, 88, 195, 203, 236–238
Konstitutionen von Melfi 97, 219 f.
Konsum 13–15
Kontor 46
Konzil 2, 57 f., 86, 98 f., 117, 119, 126, 221, 227, 243
Kredit 49
Kreuzzug 83 f., 97 f., 117, 123, 132 f., 141, 145 f., 205, 221, 241, 249
Kriminalität 195
Kupferproduktion 39 f., 180
Kurfürst 108 f., 223 f., 228 f.

Landesausbau 8 f., 17, 62, 169 f.
Landesgemeinde 66
Landesherrschaft 64
Landflucht 176
Landfriede 96, 102, 149, 219, 222 f., 225, 231, 235 f.
Landhandwerk 32 f.
Landrecht 97, 219 f., 228, 255 f., 260
Landschaft 107
Landstände, s. auch Stände 233, 257
Landwirtschaft 13, 22–30, 141, 170–175, 202 f.
Lateinisches Kaiserreich 114
Laudemialabgaben 25 f.
Lebensformen 5, 53, 65, 82, 92 f., 117 f., 194 f., 197, 209, 211 f., 241 f., 246
Lebenshaltung 182 f.
Lebensmittelversorgung 12 f.
Lebensstandard 164
Lehnswesen 210
Lehrling 57, 200
Lehrmädchen 200

Leibherrschaft 58, 63, 176, 204 f.
Leibpacht 24 f.
Leibrente 49
Lepra 21, 167
Levantehandel 42 f., 184
Lohn 38 f., 173 f., 181–183
Lohnarbeit 179
Lohnordnung 35
Lohnwerk 35
Lombarden 50 f., 126, 190
Luxusverordnung 70

Magna Carta 132
Magnús Erikssons Landslag 260
Magnús Hákonarsons Landslög 260
Maillotins 77
Mainzer Reichslandfrieden 96, 102, 219, 231, 260
Maklerei 49, 188
Malaria 21, 167
Manor 67, 204
Melioration 17
Memoria 82, 194
Messe(-Handel) 46–49, 186–189
Messingschlägerei 40, 180 f.
Mesta 141
Metallproduktion 39 f., 180 f.,
Miasma-Lehre 20
Ministerialität 78 f., 209–212
Mitgift 58
Mode 36
Montanstandort 33
Morgengabe 58
Mühle 91
Mündigkeit 58
Münzerhausgenossen 50, 190
Münzprägung 50, 95 f., 248
Muntgewalt 60, 201
Mystik 93, 200

Nachbarschaft 56, 65 f.
Nadelholzsaat 10
Nadlerei 40
Nationalgeschichte 1 f., 221
Nationalbewusstsein 220, 222, 226, 248, 258, 260
Natur 159 f.
Naturkunde 86, 216
Neustadt 70
Niederadel 63, 78 f., 133, 209–211, 257, 259

Nordische Union 149
Nutzungsgenossenschaft 66

Ökonomik 56f., 60, 84, 197f.
Order of the Garter 82, 138
Ortsvogtei 63
Ostbewegung 15f., 45, 61, 169

Papierherstellung 91, 140
Papsthof 81, 86f.
Papsttum 4, 88f., 92, 115-123, 125f., 220f., 226f., 239f., 242-245
Pariser Pestgutachten 21
Parlement 127, 246f.
Parliament 133, 135-138, 251
Patrimonialisierung 77
Pelzhandel 43, 186
Personengeschichte 215
Personenverbände 196
Pest 18-21, 65, 75, 105, 116, 121, 128, 165-169, 172f., 181
Pestarten 19f., 167-169
Pestausbreitung 19f.
Pesthauch-Lehre 20f.
Pestmassengräber 19, 165
Pfahlbürger 63
Pfandkredite 49
Pfandleihe 191
Pfarrkirche 65f.
Pfennig 50
Pflug 27
Plattnerei 40
Podestat (Podestà) 236-238
Politische Theorie 88f.
Polygamie 57
Preis 173
Preis-Lohn-Schere 182
Preiswerk 35
Preußenreise 83f., 146, 211
Prince of Wales 134
Privilegio de Unión 141
Prostitution 202

Randgruppe 74, 202
Ratsverfassung 73
Realteilung 59
Rechtswissenschaft 85
Reconquista 140
Reichsfürst 80f., 97, 106-109, 209f., 231f.
Reichsreform 97
Reichsstadt 69

Reichsunmittelbarkeit 109f.
Reisen 3f.
Rentenkauf 49, 191
Rentenmarkt 191
Repoblación 15-17, 169
Residenz 70, 106, 119-122, 146, 209, 219, 224, 228-230, 243f., 246
Revindikation 101, 148, 224
Rheinischer Städtebund 100, 222
Rhenser Kurverein 104, 106
Rhenser Weistum 224
Rinderhaltung 27f.
Riten 194
Ritterschlag 81f.
Rittertum 81-84, 211f.
Rodung 8, 17
Rollenverhalten 59-61, 201

Sackbrüder (Ordo de Poenitentia Jesu Christi) 119
Saline 10
Salz 33
Salzhandel 181
Salzproduktion 40f., 181
Schafzucht 28f., 141, 173
Schisma 2, 122f., 244f.
Scholastik 84f.
Schule 199
Schulzenverfassung 204
Schwäbischer Städtebund 106
Schweinezucht 28
Schwertbrüderorden 146
Seeräuberei 186
Seeschifffahrt 13, 47, 185, 187
Seeversicherung 41, 185
Seidenproduktion 37, 179, 180
Seidenzwirnmühle 36
Siete Partidas 256
Signoria 70, 115, 237, 239
Sizilianische Vesper 116, 123, 240
Sklavenhandel 43, 56, 184
Sonderkultur 27, 172
Soziale Gruppe 52-54, 58, 64f., 69, 193, 195f., 202, 211
Soziale Schichtung 73f., 193
Sozialkonflikt 67f., 76f.
Stadt 63, 68-77, 112-115, 206-208, 236-239
Stadtadel 72-74, 114-116, 212-214, 237-240
Stadtbefestigung 71

Stadtbevölkerung 69
Stadtgericht 72
Stadtherrschaft 68–72
Stadtkernforschung 162
Stadt-Land-Verhältnis 22f., 31–35, 69f., 159, 171, 174, 176f., 207
Stadtplanung 71, 162f.
Stadtrat 68, 72, 76, 112, 114, 206, 208
Stadtrechnung 72, 163
Stadtrecht 71f.
Stadtrechtskreis 72
Stadtwald 9
Stadtwechsel 50, 190f.
Stadtwirtschaft 30–33, 35–52, 175–193
Städtebau 163
Städtebund 45f., 100, 106, 222
Städtisches Landgebiet 34f., 177
Städtischer Markt 32, 46–49, 69, 177
Stände, s. auch Landstände 127, 133, 135–138, 141, 246f., 250f., 254f., 259f.
Stapelrecht 48, 186f.
Statute of Quo-warranto 135, 251
Statutum in favorem principum 96, 219
Steinkohle 33
Sternenorden 128
Steuern 64, 68, 124, 128, 131, 136, 139, 141, 149, 182, 205, 219, 231, 233, 238, 247f., 252f., 256f., 259f.
Stockfisch 44
Sturmflut 7

Technik 90, 216
Technische Innovation 36, 90f.
Teilbau 25f., 171f.
Templer 126, 141, 144, 249
Testament 118, 187
Textil-Landschaft 32f.
Theologie 85
Tier 7
Tierproduktion 13, 27–30
Transhumanz 28f., 173
Transportgewerbe 41, 185
Truck-System 39
Tuchproduktion 32f., 36–39, 48, 177–180
Tuchsorte 180
Turnier 82f., 211f.

Uhr 90f.
Umwelt 159–165, 216
Umweltpolitik 11
Umweltprobleme 11, 29

Umweltschutz 10
Universität 70, 85, 91–93, 97, 139f., 144, 200, 214–216, 247
Universitätsgründung 216
Universitätsmatrikel 215
Unruhe 67f., 76f., 129, 132f., 139, 205–208, 238, 250, 254
Urbanisierung 22f., 176

Verbrauchsmengen 14f.
Verfassung 1–5
Verkehr 8f.
Verlag 28, 33f., 38–40, 174, 177–181, 191
Versicherung, s. auch Seeversicherung 41, 185
Verwandtschaft 55–58, 60, 194
Verzelgung 26
Viehhandel 27f.
Viehverlag 174
Viehwirtschaft 172f.
Volkssprache 93f., 130, 139
Vormundschaft 55
Vorstadt 71

Waffenproduktion 40
Wald 8–11, 160–162
Waldordnung 9–11, 161
Waldschaden 161
Waldschutzmaßnahme 161
Waldwirtschaft 10f., 161
Wallfahrt 3, 83f., 211
Wandern (Handwerk) 31
Wardrobe 135
Wasserentsorgung 12
Wasserhygiene 11f.
Wasserleitung 12
Wasserversorgung 11f., 162f.
Webstuhl 179
Wechselbrief 43, 52, 189, 191f.
Wechsler 50–52, 190f.
Weinbau 6, 14, 27, 160, 172
Weistum 63, 65, 161, 204f.
Winkelehe 58, 200
Wirtschaftskrise 30f.
Witwe 59f., 64
Wolle 28f., 37, 179
Wollhandel 37, 125
Wucher 49, 190
Wüstung 159, 173f.

Zehnt 175

Zeitleihe   24f., 171
Zeitmessung   90f.
Zensualität   195
Zinnproduktion   40, 181
Zinsleihe   51
Zisterzienser   121

Zoll   47f., 95f., 108, 136, 223, 231, 238, 253
Zunft   35f., 61, 70, 76, 178f., 196, 201, 207f.
Zunftkauf   35
Zweizelgen-Brachwirtschaft   26

Autorenregister

Abel, W.   156, 158f., 164–166, 173, 182
Abulafia, D.   220, 240
Achilles, W.   159, 174f.
Aerts, E.   158
Alberzoni, M.P.   241
Albrecht, U.   211
Alexandre, P.   160
Allmand, C.   193, 250, 253
Altenburg, D.   156
Althoff, G.   5, 229
Ambrosi, L.   220
Ammann, H.   176f., 179, 186, 188
Andermann, K.   158, 175, 204, 209, 211f.
Andreolli, B.   160
Angenendt, A.   241
Angermeier, H.   219, 228, 230f.
Ariès, P.   194, 200
Armando, W.G.   254
Armgart, M.   257
Arndt, H.   221
Arnold, K.   156, 178, 200f., 205, 209, 210
Arnold, U.   256f.
Arnoux, M.   178
Ashtor, E.   184, 189
Aston, T.H.   166, 205, 215, 254
Attman, A.   189
Aufgebauer, P.   233
Autrand, F.   196, 247
Aymard   163

Baaken, G.   221
Baart, J.   162, 164
Babel, A.   188
Backman, C.R.   240
Bader, K.S.   203
Bagliani, A.   218, 220
Bairoch, P.   176
Bak, J.M.   209, 258f.
Balard, M.   184
Baldwin, J.W.   246f.
Balthasar, P.K.   242

Baltrusch-Schneider, D.B.   200
Bamberger, E.   233
Baratier, E.   203
Barber, R.   211, 249, 252
Barker, J.   211
Barker, T.C.   181
Barley, M.W.   162
Barta, I.   258
Baron, H.   214
Barraclough, G.   243
Barrow, G.W.S.   253
Barth, R.   207
Bastian, F.   189
Batou, J.   176
Battenberg, F.   225, 231, 234, 253
Bauer, C.   243
Bauernfeind, W.   173
Baum, H.P.   191
Bautier, R.-H.   187, 198, 245f.
Beaune, C.   248
Bechmann, R.   160
Becht, H.P.   169
Becker, H.J.   227
Becker, M.B.   239
Becker, N.   174
Becker, O.H.   221
Becker, W.   223
Beckmann, J.P.   227
Bellomo, M.   198
Below, G. von   206
Benad, M.   249
Benedictow, O.J.   166
Benker, G.   228
Bennett, J.M.   201
Benoit, B.   178
Benson, R.L.   217
Bentzien, U.   171
Beresford, M.   159
Berg, D.   221f., 227, 242
Bergdolt, K.   167, 169
Bergier, J.F.   181, 185, 188, 235

Berman, H.J.   246
Berr, H.   154
Bertrand, G.   160
Bestmann, U.   154, 163, 189
Beuken, J.H.A.   186
Beumann, H.   222, 226
Beveridge, W.H.   173, 181
Bickel, A.   211
Bielfeldt, E.   223, 227
Bierbrauer, P.   204 f.
Billioud, J.   250
Billot, C.   176, 246
Bingener, A.   178
Biraben, J.-N.   164, 166–168
Birell, J.   162
Biskup, M.   256 f.
Bisson, T.N.   254 f.
Bitsch, I.   155, 164
Bittmann, M.   191
Black, A.   214
Blendinger, F.   208
Blickle, P.   4 f., 154, 170, 177, 195, 202–205, 208, 236
Bloch, M.   154, 208, 216
Blockmans, W.P.   154, 167, 187 f., 191, 207, 250
Boehm, L.   250
Bogyay, T. von   258
Bois, G.   158, 165 f., 175
Bolton, J.L.   187
Bonjour, E.   234, 235
Bonney, R.   238, 247 f., 253, 256, 258
Boockmann, H.   154, 169, 213, 218, 222, 226, 228, 257
Boone, M.   177
Borchardt, K.   165 f., 221
Bordone, R.   207
Borgolte, J.   156, 194, 197, 241
Born, M.   159, 169
Borst, A.   53, 156, 194, 211, 241
Boscardin, L.   173
Boshof, E.   219, 224 f., 246
Bosl, K.   209, 210, 225
Boulay, F.R.H. du   222
Boulton, D', A.J.D.   211
Bourin-Derruau, M.   245
Bourquelot, F.   187
Bowsky, W.M.   226
Brabender, M.R.   226
Bracke, N.   259
Bracker, J.   186

Brackmann, A.   217
Brandmüller, W.   244
Brandt, A. von   157, 185, 191, 259
Braunfels, W.   162, 163
Braunstein, P.   171, 178, 182, 183
Brenner, R.   165
Brentano, R.   239
Bresc, H.   240
Bridbury, A.R.   253
Brincken, A.-D. von den   157
Britton, E.   204
Brown, A.L.   245, 251
Brucker, G.A.   71, 163, 207, 239
Brunner, O.   56, 197, 212, 232
Bücher, K.   23, 156, 165, 176, 178, 182, 201, 206
Bühler, A.   220
Buisson, L.   243
Bulst, N.   155 f., 165–167, 176, 197, 199, 232, 250, 254
Bulst-Thiele, N.   249
Bumke, J.   212
Burckhardt, J.   218
Burgard, F.   190 f., 234
Burghartz, S.   195
Burns, J.H.   169, 255
Busch, W.   237
Buschmann, A.   223

Cadier, L.   240
Caenegem, R.C. van   253
Calo Mariani, M.S.   218
Cameron, A. Ross   252
Campbell, B.M.S.   167
Capitani, O.   200, 215
Cardon, D.   179
Caro, G.   184
Carpenter, D.A.   251
Carron, R.   200
Carrère, C.   184
Carus-Wilson, E.   187, 216
Carver, M.   162
Cassano, R.   218
Castorph, B.   223
Castro, A.   254
Casutt, L.   118
Cateura Bennasser, P.   169
Cauwenberghe, E. van   158, 171
Cavaciocchi, S.   186
Cazalis, A.M.   250
Cazelles, R.   205, 207

Chapelot, J. 204
Charon, M.T. 209
Chaunu, P. 241
Chenu, M.-D. 214
Chevalier, B. 207, 250
Chèvre, P. 176
Chiaudano, M. 198
Chiffoleau, J. 157, 194
Chittolini, G. 207, 238, 239
Chojnacki, S. 238
Christaller, W. 207
Cipolla, C.M. 165f., 175
Clanchy, M.T. 251
Clark, P. 177
Classen, P. 241
Cleve, T.C. 218
Cluse, C. 234
Cobban, A.B. 200, 215
Cockshaw, P. 250
Cohn, S.K. 183
Cohn, W. 257
Cole, H. 252
Coleman, O. 187
Colvin, H.M. 251
Conrad, H. 219
Contamine, P. 77, 81, 159, 199, 209, 246, 250
Cordes, A. 185
Cosandey, F. 245
Crummey, R.O. 258
Curry, A. 250
Czok, K. 207f.

Dahm, C. 170
Dales, R.C. 214
Davies, J.C. 252
Dean, T. 237
Déer, J. 259
Deeters, J. 186
Deffontaines, P. 254
Degrassi, D. 178
Delachenal, R. 245
Delort, R. 156, 166f., 186
Del Panta, L. 176
Del Treppo, M. 220
Demandt, K.E. 221
Demski, R. 213
Demurger, A. 249
Denifle, H. 215
Denzel, M.A. 189, 192, 243
Déprez, E. 250

Dervilles, A. 179
Des Marez, G. 187
Desportes, P. 196
Dickerhoff, H. 226, 238
Dickinson, W.C. 251
Diederich, T. 207
Diener, H. 245
Dienst, H. 201
Dierauer, J. 234 f.
Diestelkamp, B. 230
Dietmar, C.C. 226
Dilcher, G. 206, 219
Dinzelbacher, P. 155, 194, 200, 241
Dirlmeier, U. 155, 162–165, 176, 181–183, 208
Dobson, R.B. 175, 205, 254
Dohrn-van Rossum, G. 154, 182
Dollinger, P. 171, 186, 259
Dopsch, A. 171
Doren, A. 177, 180
Dotson, J.E. 238
Dralle, L. 258
Droege, G. 233
Drossbach, G. 197
Dubois, H. 188, 250
Dubuis, P. 167, 173f., 197
Duby, G. 154, 156, 160, 170, 194, 199, 203, 245
Duhem, P. 216
Dupont-Ferrier, G. 248
Dutour, T. 213
Duval-Arnould, L. 242
Dyer, C.C. 156, 204, 209

Ebel, W. 206
Eberhard, W. 154f., 158, 171, 182f., 229, 248
Ehbrecht, W. 207f.
Ehlers, J. 222, 245f., 248f.
Ehlert, T. 156, 164, 198
Eiden, H. 206, 254
Eikenberg, W. 183, 185, 193
Elkar, R.S. 178
Elm, K. 119, 242
Elsas, M.J. 181
Elton, G.R. 251
Elze, R. 213
Emmerig, H. 190
Enders, L. 204
Engel, E. 222f., 225, 228f.
Engel, K. 187, 207

Engels, O.   99, 219, 221, 254
Ennen, E.   176, 178, 203, 207
Epstein, S.A.   178
Erb, R.   234
Erbstösser, M.   241
Erkens, F.-R.   224f., 246
Erlande-Brandenburg, A.   154
Ertzdorff, X. von   156, 164
Esch, A.   5, 155, 196, 218f., 220, 244, 245
Espinas, G.   179

Fabbri, L.   199
Fasoli, G.   213
Faussner, H.C.   223
Favier, J.   245, 248, 250
Favreau, M.L.   257
Fawtier, R.   246f., 250
Febvre, L.   159
Fehn, K.   170
Fehring, G.P.   156, 162, 166
Feld, H.   242
Feller, R.   234–236
Fennell Mazzaoui, M.   172, 180
Fenske, L.   199
Ferguson, W.K.   155
Ficker, J.   209, 221
Findeisen, J.P.   259
Fink, K.A.   120, 241, 244
Fiumi, E.   163
Flandrin, J.   196
Flasch, K.   85, 94, 214
Fleckenstein, J.   154, 209–211, 213, 218–221, 241, 249, 257
Flink, K.   205
Fössel, A.   166
Foreville, R.   121
Forstreuter, K.   257
Fossier, R. und L.   167, 204, 245
Fouquet, G.   162f., 177, 181–183, 189, 198, 200f., 232f.
Fourquin, G.   164, 207
Frank, R.   117, 198
Franke, M.E.   226
Franz, G.   202
Freed, J.B.   199
Fried, J.   200, 217, 241, 249, 255
Friedland, K.   186
Fritz, W.D.   228
Fritze, K.   186, 207
Fryde, E.B.   253
Fryde, N.   190, 252

Fuhrmann, H.   244
Fumagalli, V.   159

Ganzer, K.   243
Gardiner, R.   185
Garin, E.   214
Gasnault, P.   243
Gasser, A.   236
Gaudement, J.   198
Gechter, M.   162
Geirnaert, N.   188
Geis, E.   178
Geiser, W.   173
Genet, J.-P.   155, 176, 196, 232, 250, 252
Genet, J.-P.   250, 252, 260
Genicot, L.   174, 204f.
Gerber, R.   163
Gerbet, M.-C.   209f.
Geremek, B.   74, 178, 181f., 202
Gerencsér, G.   197
Gerhardt, M.   260
Gerlich, A.   109, 224f., 229
Geuenich, D.   5, 194
Gierke, O. von   206
Gies, F.   198
Gies, J.   198
Giese, W.   223
Gieysztor, A.   258
Gille, B.   188
Gilomen, H.J.   174, 191
Gilson, E.   214
Gimpel, J.   216
Given-Wilson, C.   209, 251
Glaser, H.   160, 227f., 231
Göttmann, F.   178
Götze, J.   259
Goehrke, C.   258
Goez, W.   225, 236f.
Goldthwaite, R.A.   182, 192
Goodich, M.   241
Goody, J.   198f.
Gottfried, R.S.   166
Gras, P.   167
Graus, F.   3, 154–156, 166, 190, 194, 202, 208, 217, 234, 254, 258
Grees, H.   204
Gregorovius, F.   239
Greve, A.   188
Grewe, K.   162
Groebner, V.   57, 198

Grohmann, A.   177
Groneuer, H.   185
Groten, M.   155, 191, 213
Gruber, F.   178
Grundmann, H.   214f., 241
Guenèe, B.   246, 248
Guerreau-Jalabert, A.   196
Guillemain, B.   155, 243f.
Guttiérrez, D.   119
Guyotjeannin, O.   247

Haaf, R. ten   257
Haberland, H.   191
Hägermann, D.   178
Häpke, R.   187
Haenens, A. de   186
Hageneder, O.   220, 241
Haidacher, C.   107, 233
Haines, R.M.   252
Hale, J.R.   229, 239, 258
Halperin, C.J.   258
Hammel-Kiesow, R.   186
Hammer, C.I.   196
Hampe, K.   219, 221
Hanawalt, B.A.   195, 200
Harnisch, H.   204
Harriss, G.L.   251, 253
Harsáyi, L.   197
Harte, N.B.   156, 180
Hartmann, W.   207, 258
Haruel, J.-L.   246
Harwood Long, W.   171
Hasel, K.   161
Hatcher, J.   164, 174, 181, 203
Haumann, H.   258
Hauptmeyer, C.H.   195
Hauschild, U.   181
Haverkamp, A.   54, 71, 109, 154, 190, 198, 201, 222, 234, 238, 253
Heers, J.   18, 156, 197, 213
Heimpel, H.   1, 153, 178
Heinzle, J.   154
Helbach, U.   224
Hellmann, M.   249, 257
Hemann, F.-W.   177
Henn, V.   160, 186, 188
Hennemann, J.B.   190, 250
Henning, F.-W.   193, 203
Herbers, K.   256
Herborn, W.   186, 213
Herde, P.   119, 221, 238

Hergemöller, B.-U.   74, 156, 202, 207f., 228
Herlihy, D.J.   18, 156, 166, 168, 172, 193, 196–199, 207
Hermes, G.   180
Herrmann, B.   156, 159, 161, 163–166
Herzog, R.   153, 155, 181
Hewitt, H.J.   252
Heyd, W.   184
Heyen, F.J.   224, 226
Hiestand, R.   220
Higounet, C.   169, 171
Higounet-Nadal, A.   166, 176, 196
Hillen, C.   221
Hillenbrandt, E.   228
Hillgarth, J.V.   254f.
Hillingmeier, K.   253
Hilton, R.H.   174, 204f., 207, 252, 254
Hinnebusch, W.A.   242
Hinrichs, E.   245
Hinton, D.A.   251
Hirschbiegel, J.   212
Hocquet, J.C.   181, 238
Hodgett, G.A.J.   170, 203
Hödl, G.   55, 107
Hoensch, J.K.   222, 224, 228, 258
Hösch, E.   258
Hofacker, H.-G.   224
Hoffmann, E.   259f.
Hoffmann, H.   2, 174
Hofmann, H.H.   213
Hogg, J.L.   241
Holbach, R.   155, 177–179, 181, 196, 200, 232
Hollingsworth, T.H.   164
Hollmann, M.   200, 232
Holmes, G.A.   251
Holtz, E.   222
Homan, B.   258
Horrox, R.   167
Horst, U.   242
Hoshino, H.   180
Housley, N.   240
Houtte, J.A. van   166, 187f., 193
Howell, M.C.   178, 197
Hucker, B.U.   95
Hubatsch, W.   260
Hübler, P.   113
Hülsen-Esch, A. von   195–197, 211
Huizinga, J.   3, 154, 211
Hunecke, V.   180, 239

Hunt, E.S.   184, 192
Hurst, J.G.   159
Huth, V.   221
Hyams, P.R.   253
Hyde, J.K.   5

Ibs, J.H.   166 f.
Ichikawa, Y.   178, 201
Ijsewijn, J.   200, 215
Illi, M.   162
Imhof, U.   234, 260
Imkamp, W.   117
Imsen, S.   5
Inama-Sternegg, K.T.   171
Irniger, M.   161 f.
Irsigler, F.   30, 47, 154, 163, 171 f., 176 f., 179, 181, 186, 189–191, 198
Isenmann, E.   207, 231, 248
Iserloh, E.   242

Jacobs, H.   218, 223
Jacobsen, G.   178, 201
Jäger, H.   159, 162, 166
Jähnig, B.   257
Jäschke, K.U.   103, 226
Jahnke, C.   173
James, M.K.   172
Janssen, W.   203
Jaritz, G.   156, 181, 194
Jarnut, J.   156
Jaroschka, W.   228
Jassmeier, J.   242
Jassemin, H.   247
Jedin, H.   241 f.
Jenks, S.   186 f., 190, 234
Jeserich, K.G.A.   227, 230–232
Jesse, W.   190
Jockenhövel, A.   161
Johanek, P.   178, 186, 209, 230, 257
Johnson, P.   252
Jones, P.J.   170, 172
Jones, M.   193
Joris, A.   181
Jover Zamora, J.M.   254
Justice, S.   205

Kälin, H.   154
Kaiser, D.H.   258
Kaluper, R.A.   253
Kamp, N.   218–220

Kantorowicz, E.   86, 217 f., 248
Karras, R.M.   202
Karst, A.   221
Kattinger, D.   186
Kaufhold, M.   222–224, 260
Kaufmann, G.   215
Kavka, F.   228
Kedar, B.Z.   184
Keen, M.   193, 210 f., 250
Kejr, J.   228
Kellenbenz, H.   166, 172, 176 f., 191, 193, 233
Keller, H.   5, 219, 222, 237–239
Kempf, F.   221
Kersken, N.   260
Kienast, W.   245, 248
Kiessling, R.   176 f., 179, 207
Kintzinger, M.   199
Kirchgässner, B.   177, 192
Kirchner, G.   219
Kjersgaard, D.   176
Klapisch-Zuber, C.   156, 197, 199
Klein, H.   159, 166
Klemm, F.   216
Klingelhöfer, E.   218
Klüver, J.   215
Kluger, H.   257
Knoll, P.W.   258
Koch, R.   186 f.
Köbler, G.   198
Köhn, R.   204
Koelbing, H.M.   166
Kölzer, T.   218, 220
Körner, M.   233
Kohn, R.S.   190
Kolb, J.   209
Kollmann, N.S.   258
Kolmer, L.   241, 249
Koselleck, R.   153, 155, 181
Kossmann, O.   258
Kotelnikova, L.A.   177
Kowalski, M.   201
Kracauer, S.   2
Kriedte, P.   158, 165
Krieger, K.-F.   80, 209 f., 222–226, 231, 250, 254
Kristeller, P.O.   214
Krüger, A.   249
Kruse, H.   155, 209, 211, 247, 252
Krynen, J.   246
Kuchenbuch, L.   171

Kühnel, H. 156
Kuhn, W. 169
Kurras, L. 211
Kurze, D. 241
Kuthan, J. 224

Labuda, G. 257
Lachaud, F. 252
Ladurie, E. Le Roy 3, 54, 158, 160, 165, 203 f., 249
Lalou, E. 247
Lamb, H.H. 160
Lambert, C. 164, 242
Lambert, M. 241
Lambertini, R. 214, 242
Lambrecht, P. 178
Lammers, W. 218
Lamprecht, K. 17, 154, 171, 174
Landini, L.C. 242
Landwehr, G. 231
Lane, F.C. 184 f., 207, 238
Langdon, J. 171
Lange, H. 248
Langosch, K. 214
Largiadèr, A. 213
Larner, J. 236
Laslett, P. 196
Laufs, M. 221
Laurent, H. 187
Lauterbach, F. 172
Lechner, K. 166
Lee, W.R. 196
Le Goff, J. 164, 194, 199, 245, 248
Leguai, A. 205, 207
Lehugeur, P. 245
Lemarignier, J.-F. 246
Lentze, H. 208
Leonard, É.G. 240
Lerner, R.E. 241
Lesnikov, M.P. 186, 193
Leuschner, J. 154, 222
Lewis, G.J. 200, 245
L'Hermite-Leclercq, P. 200
Lhotsky, A. 226
Lieberich, H. 228
Lieck-Buyken, T. von der 219
Lind, G. 237
Lindberg, D.C. 214
Lindgren, U. 177, 216
Lindkvist, T. 260
Little, L.K. 242

Lizerand, G. 249
Lloyds T.H. 186, 187
Löffelberger, M. 214
Lohrmann, D. 161
Lombard-Jourdan, A. 188
Lopez, R.S. 175, 183 f.
Lot, F. 246 f., 250
Lourdaux, W. 241
Lucas, H.S. 30, 250
Ludwig, K.-H. 177 f., 216
Ludwig, M. 258
Lütge, F. 165, 174, 176, 182, 202
Luzzato, G. 184
Lynch, M. 207
Lyon, B. 157, 198

MacDonald, R.A. 256
Maddicott, J.R. 252
Männl, I. 232
Maier, A. 216
Maier, B. 212
Maleczek, W. 229
Malthus, T.R. 158, 165
Mantel, K. 161
Marchal, G.P. 234, 236
Maréchal G. 167
Marenbon, J. 214
Marongiu, A. 220
Martin, T.M. 225
Martineau, J. 188
Martines, L. 207, 238 f.
Martinez Ferrando, J.-E. 169
Maschke, E. 55, 56, 73, 155, 177, 193, 196, 206, 208, 220
Matheus, M. 207, 213
Mathieu, J. 170
Matthew, D.J.A. 218
Maugis, E. 247
Maurer, H.M. 176
Maurer, H. 223, 238
Maurer, M. 250
Mayer, H.E. 220
McFarlane, K.B. 209 f., 253
McGrade, A.-S. 214, 227
McKisack, M. 250, 252
McNamee, C. 253
Medick, H. 195
Meek, C. 207
Meier, U. 208
Melis, F. 155, 180, 183, 185, 193
Menacher, S. 248

Mené, M. 250, 252, 260
Menéndez Pidal, R. 254
Mentgen, G. 190, 234
Mersiowsky, M. 157, 198
Mertes, K. 198
Mesquita, M. 239
Metz, W. 217, 219
Meuthen, E. 1, 153f.
Meyer, W. 173, 213, 225, 234–236
Meynen, E. 177
Meznik, J. 228
Michelet, J. 249
Miethke, J. 89, 214, 220, 227, 241f., 245
Militzer, K. 179, 208, 257
Miller, E. 178, 203
Millet, H. 196
Mindermann, A. 214
Miskimin, H.A. 164, 175, 184, 207
Mitre Fernández, E. 193
Mitterauer, M. 54, 177f., 196, 198, 201
Moeglin, J.-M. 228
Mörke, O. 208
Mötsch, J. 176
Möhring, H. 217
Mollat, M. 156, 205, 243f., 250
Mols, R. 166, 176
Montanari, M. 160, 165
Morard, N. 173
Moraw, P. 102, 106, 154–156, 163, 196, 209, 215, 222f., 226–234
Morris, C. 240
Morsel, J. 77
Mothes, G. 254
Moxo, S. de 169
Müller, A. von 35, 211, 216
Müller, H. 245
Müller, P. 211
Mueller, R.C. 184, 190
Müller-Mertens, E. 228
Munro, J.H. 177, 188
Muret, F. 198
Myers, R. 250

Nedkvitne, A. 160, 186, 188
Nehlsen-von Stryk, K. 185
Neitmann, K. 230, 257
Nelli, R. 249
Nemeskéri, J. 197
Nicholas, D. 175, 197, 207, 250
Nicholson, R. 251
Nieuwenhuysen, A. van 250

Nikolay-Panter, M. 205
Nimmo, B. 242
Nitsche, P. 258
Nitschke, A. 156, 194, 221
North, M. 189
Nowak, Z.H. 257f.
Nuglisch, A. 231
Nussbaum, N. 154

Obolensky, D. 258
Obrecht, J. 235
O'Callaghan, J.F. 255f.
Oexle, O.G. 5, 51, 156, 162, 194–197, 206, 211, 215, 237, 239, 242
Ogris, W. 191, 201
Oliveira Marques, A.H. de 254f.
Olschki, L. 185
Opitz, C. 201
Origo, I. 60, 193
Orme, N. 199
Ormrod, W.M. 247, 252f., 256
Otis, L.L. 202
Ozment, S. 241, 243

Pales-Gobilliard, A. 249
Palme, R. 178, 181
Pantin, W.A. 252
Paquet, J. 200, 215
Paravicini, W. 155, 157, 161, 186, 196, 208f., 211f., 218, 220, 224, 231, 237, 239, 243, 247f., 252, 257
Parisse, M. 210
Partner, P. 239f.
Paskiewicz, H. 258
Patschovsky, A. 117, 241f.
Patze, H. 155, 170f., 176, 209, 211, 224, 228f., 233, 250, 257
Pauler, R. 227
Peeters, J.P. 177
Pelc, O. 186
Peltzer, R.A. 180f.
Penndorf, B. 192
Pérez-Bustamente, R. 255
Peri, J. 240
Perlbach, M. 257
Pernoud, R. 245
Perrot, M. 156, 193
Peters, C. 241
Peters, I.-M. 185
Peters, U. 200
Petersen, W. 158, 165, 228

Petersohn, J. 229, 256, 260
Petri, F. 170
Peyer, H.C. 172, 177, 234–236
Pfister, C. 160
Philpin, C.H.E. 166
Pickhan, G. 186
Pickl, O. 166, 178
Pini, A.I. 172
Pinto, G. 171
Piponnier, F. 212
Pirenne, H. 179f., 206–208, 250
Piron, S. 129
Pispisa, E. 240
Pitz, E. 44, 206f., 233
Platt, C. 163, 193, 251
Pohl, H. 177f.
Poirel, D. 245
Ponting, K.G. 156, 180
Portmann, U. 176
Post, G. 248, 251
Postan, M.M. 158, 160, 165, 173, 253
Poulsen, B. 260
Powell, J.M. 220
Powicke, F.M. 250f.
Prechel, M. 165, 169
Prerovsky, O. 244
Prestwich, M. 250–254
Prevenier, W. 176f., 250
Pribram, K. 243
Procter, E.S. 255
Pryor, J.H. 185
Puhle, M. 186

Quaas, G. 212

Raiser, E. 177
Ranft, A. 211
Rangström, L. 211
Rapp, F. 3
Rashdall, H. 215
Rassart-Eeckhout, E. 194
Rausch, W. 181
Razi, Z. 166, 197, 204
Rechter, G. 211
Redlich, O. 224
Reetz, J. 191
Rehberg, A. 240
Reichert, F.E. 185
Reichert, W. 156f., 189f., 219
Reiff, H. 183
Reincke, H. 167, 176

Reinhard, W. 196, 237, 240, 244, 254
Reinicke, C. 171–173
Reininghaus, W. 178
Reinle, C. 212
Renaud, J.G.N. 162
Renouard, Y. 166, 183, 189, 243
Ress, F.M. 178
Reverchon, A. 202
Rexroth, F. 156, 195, 200, 202, 216
Reynolds, S. 251
Rhode, G. 258
Ricardo, D. 158
Richard, J. 245, 250
Richarz, I. 197
Richter, M. 224, 253
Ridder-Symoens, H. de 216
Rieder, J. 172
Rigaudière, A. 155
Riis, T. 259
Risch, H.G. 171
Roberg, B. 243
Rödel, V. 210, 231
Rörig, F. 45, 185, 193
Rösch, E.S. 218, 238
Rösch, G. 218, 237–239
Rösener, W. 161, 170, 174, 202f., 210–212
Rötting, H. 162
Rogghé, P. 250
Romano, D. 238
Roncière, C.M. de la 156, 173, 182, 201, 239
Roover, R. de 180, 183, 185, 187–189, 191f.
Rosenthal, J.T. 212
Ross, A. 252
Rossiaud, J. 202
Rothmann, M. 186, 188, 191
Rottenwöhrer, G. 249
Rotz, R.A. 207
Rowell, S.C. 257
Rubinstein, N. 172, 239
Rubner, H. 174
Rübsamen, D. 211
Ruffié, J. 167, 169
Ruh, K. 214
Runciman, S. 220, 240
Russell, J.C. 18, 166
Russell, P.E. 254
Russocki, St. 258
Rycraft, P. 254
Ryder, M.L. 173

Sablonier, R. 32, 53, 61, 65, 158, 172, 195, 199, 203, 209, 211
Sapori, A. 183
Sayles, G.O. 251
Sayous, A.-E. 185
Scammell, G.V. 238
Scardellato, K.D. 196, 198
Schaab, M. 177, 211
Schaller, H.M. 218, 220f.
Schaube, A. 184, 187
Schiendorfer, M. 212
Schildhauer, J. 186
Schimmelpfennig, B. 240f., 244
Schipperges, H. 216
Schirmer, W. 220
Schlesinger, W. 169f.
Schlosser, H. 228
Schlunk, A.C. 224
Schmidt, H. 204f.
Schmidt, T. 249
Schmidtchen, V. 154, 177, 216
Schmidt-Wiegand, R. 198f.
Schmieder, F. 156, 185
Schmilewski, U. 258
Schmitt, J.C. 156, 194, 205
Schmitt, S. 242
Schmoller, G. 206, 216
Schmuck, J. 213
Schmugge, L. 200
Schnall, U. 185
Schneider, G. 202
Schneider, H. 235
Schneider, J. 162
Schneider, J. 174, 177, 213
Schneider, J. 154, 163, 189, 192
Schneider, R. 155, 229, 237, 254, 259
Schneidmüller, B. 245, 248
Schnerb, B. 209
Schnith, K. 250
Schorn-Schütte, L. 154
Schreiner, K. 153, 170, 181, 196, 207f., 232, 241f.
Schröder-Lembke, G. 161
Schröter, M. 199
Schubert, E. 18, 21, 54, 70, 72, 155f., 159, 161, 178, 210, 222, 225f., 229, 231–233
Schuchard, C. 155, 245
Schütz, A. 227
Schulte, A. 185, 187, 189f.
Schultz, J.A. 200
Schulz, K. 176, 178, 182, 200, 207f., 213

Schuster, B. 202
Schuster, P. 195
Schuurmann, A. 157
Schwab, I. 228
Schwaiger, G. 221, 241
Schwarz, B. 155, 243
Schwebel, K.H. 259
Schwerhoff, G. 196
Schwinges, R.C. 200, 215, 217
Schwob, A. 212
Sclafert, T. 161
Scully, T. 156, 164
Seggern, H. von 198
Segl, P. 241, 249
Segond, A. 216
Seibt, F. 106, 154f., 158, 171, 182f., 228f., 238, 248, 250, 257–259
Seidlmayer, M. 244
Selge, K.-V. 241
Semmler, J. 161
Sennett, R. 73
Settesoldi, E. 192
Shahar, S. 200
Sheehan, M.M. 196, 198
Sherborne, J. 252
Shneidman, L. 254
Shrewsbury, J.F.D. 166, 168
Sick, W.-D. 170
Sieben, H.J. 227
Sieferle, R.P. 161
Sigg, O. 174
Silagi, G. 232
Simmel, G. 194
Simon-Muscheid, K. 201
Singer, C. 216
Sivéry, G. 245
Sjöholm, E. 260
Slicher van Bath, W.B.H. 164, 166f., 170, 203
Slootmans, C.J.F. 188
Smalley, B. 229
Soliday, G.L. 196
Solla Price, D.J. de 215
Sombart, W. 206
Sommerlechner, A. 217
Somogyi, F. 259
Sonderegger, S. 174
Sonnleitner, K. 181
Sornay, J. 198
Sosson, J.-P. 156, 163, 178, 182
Souffrin, P. 216

Sournia, J.-C. 167, 169
Spallanzani, M. 177, 180, 192
Spearman, M. 207
Spechtler, F.V. 212
Speer, A. 159
Spevacek, J. 229
Spiess, K.-H. 56, 172, 176, 197, 199, 201, 205, 209f.
Sporhan, L. 161
Sprandel, R. 94, 164–166, 178, 180, 185, 191, 194, 200, 216, 222, 246
Spufford, P. 192, 251
Stadelmann, R. 154
Staerk, D. 159
Stahlschmidt, R. 180f.
Stark, W. 186
Stein, W. 185, 248
Steinhoff, H.-H. 156
Stell, G. 207
Stengel, E.E. 227
Stephan, H.-G. 162
Sternagel, P. 216
Stettler, B. 235f.
Stieda, W. 193
Stökl, G. 258
Störmer, W. 174
Stolz, O. 173
Stone, L. 60
Stones, E.L.G. 251f.
Stoob, H. 22, 186, 229
Stoodt, H.C. 249
Strahm, H. 236
Strayer, J.R. 245, 247
Streich, B. 209, 233
Stromer, U. 43, 91
Stromer, W. von 34, 155, 161, 175, 177f., 180, 183f., 189, 191–193, 216, 229
Strothmann, J. 221
Struve, T. 227
Strzelcyk, J. 258
Stubbs, W. 251
Stürner, W. 86, 218, 221
Stützel, P. 187
Supphellen, S. 240
Sutherland, D.W. 252
Sydow, J. 177

Tabacco, G. 196, 236, 238
Tabarroni, A. 242
Tangheroni, M. 178
Taylor, J. 214, 247

Te Brake 161
Thomas, H. 47, 120, 154, 187, 222–228, 245
Thorau, P. 221
Thrupp, S.L. 187
Thumser, M. 221, 240
Tierney, B. 243
Tilly, C. 154, 207
Timm, A. 161, 216
Tinnefeld, F. 98
Titow, J.Z. 172
Tits-Dieuaide, M.J. 173
Toch, M. 190, 233
Töpfer, B. 217, 222f., 225
Tolkemitt, B. 156
Totok, W. 214
Toubert, P. 218, 220
Trautz, F. 210, 222f., 225f., 252
Treichler, W. 225
Tronzo, W. 220
Trossbach, W. 170
Trusen, W. 191, 230, 241
Turville-Petre, T. 253

Ubl, K. 214
Udovitch, A.L. 207
Uitz, E. 178, 201
Ulbrich, C. 176, 204
Ullmann, W. 241, 244
Unger, R.W. 185
Unverhau, D. 226
Utterström, G. 160
Uytven, R. van 177

Vale, M.G.A. 211, 250
Vandewalle, A. 188
Vaneczek, V. 228
Varanini, G.M. 238
Vardy, S.B. 259
Vaughan, R. 250
Vaux-de-Cernay, P. de 249
Veldtrup, D. 198f.
Verdon, J. 195
Verger, J. 215
Verhelst, D. 241
Verhulst, A. 157, 198, 203
Verlinden, C. 184
Vermeersch, V. 188
Vernet, J. 254
Vilar, P. 174
Visens Vives, J. 184

Völger, G. 199
Vogtherr, T. 211, 213, 221 f.
Volk, O. 172
Vollrath, H. 253
Voltmer, E. 190, 201, 238
Vones, L. 240, 244 f., 254 f.
Vornefeld, C. 190

Wächtler, E. 178
Wackernagel, R. 113
Wagenbreth, O. 178
Waley, D. 239, 240
Wall, R. 196
Wallerstein, I. 158
Wallon, A. 160, 170, 203
Walther, H.G. 214, 225, 227, 241
Warlop, E. 209
Waugh, S.L. 252 f.
Weber, M. 194, 206 f.
Wedemeyer Moore, E. 187
Wee, H. van der 171, 177, 188
Wehrli-Johns, M. 241
Weinberg, J.R. 214
Weinmann, U. 200, 242
Weinrich, L. 219
Weiss, H. 203
Weitzel, J. 205, 230
Welch, K. von 199
Wenskus, R. 257
Wensky, M. 179, 200 f.
Werkmüller, D. 205
Werner, E. 155, 241
Werner, K.F. 161, 208, 224, 231, 243
Wernicke, H. 186
Wernli, F. 236
Werveke, H. van 164, 167, 179
Wesoly, K. 178, 182, 200 f.
Wettlaufer, J. 198

White, L. 216
Wickham, C. 254
Widder, E. 229
Wilke, S. 213
Willoweit, D. 96, 227 f., 232, 238 f.
Winkelmann, E. 217
Winter, A. 201
Winter, J.M. van 210 f.
Wippermann, W. 257
Witthöft, H. 157, 181, 194
Wohlfeil, R. 156
Wojtecki, D. 257
Wolf, J.H. 167
Wolf, A. 219, 223, 228, 246, 259
Wolf, G. 218, 220
Wolff, P. 5, 190, 205, 250
Wollasch, J. 5
Wolter, U. 232
Wood, D. 121
Woude, A. van der 157
Wunder, H. 64, 67, 195, 201, 203

Yamey, B.S. 192
Yante, J.M. 174

Zerbi, T. 192
Zeumer, K. 228
Ziehen, E. 225
Zientara, B. 166
Ziesemer, W. 257
Zijlstra-Zweens, H.-M. 212
Zimmermann, A. 159, 214, 229
Zimmermann, H. 222, 229, 237, 241
Zimmermann, C. 170
Zinsli, P. 170
Ziwes, F.-J. 234
Zorzi, A. 239
Zotz, T. 213, 246

ORTSREGISTER

Aachen 10, 34, 46, 180 f., 222
Aargau 23, 102
Adria 29, 105, 238
Ägypten 19, 98 f., 123
Afrika 16, 43, 118
Agrigent 42
Ahr 25
Aigues-Mortes 123
Akkon 42, 83, 145

Al-Andalus 140
Alcanices 140
Alcántara 141
Alexandria 83
Algarve 29, 141, 143
Aljubarrota 145
Alpen 4, 7, 9–11, 28, 33–35, 37, 40 f., 47–49, 95 f., 99, 105, 107, 154, 161, 170, 172 f., 185, 189, 193, 213, 217, 224

Ortsregister

Alston 34
Altenberg 17, 170
Altmark 24
Amberg 34, 40
Amiens 129
Amsterdam 162
Anagni 4, 87, 103, 119, 126
Ancona 91, 115
Anklam 9
Antwerpen 48, 179, 188
Apennin 29
Appenzell 28
Apulien 26
Aquitanien 22, 125, 127, 130, 138, 249
Arabien 216, 254, 256
Aragón 29, 72, 91, 116, 125, 140–143, 164, 169, 199, 240, 254–256
Aragón-Katalonien 141
Aragón-Zaragoza 167
Arelat 106
Arezzo 35
Armenien 42
Arras 37, 47, 69
Artois 26f., 37, 130, 167, 179, 188
Asien 19, 42, 168, 258
Asti 50, 239
Ativa 140
Athen 141
Athis-sur-Orge 125
Atlantik 29, 187
Attendorn 45
Augsburg 36, 48, 50, 208
Aussee 40
Avignon 4, 42, 50, 72, 81, 85, 87, 91f., 106, 115, 120–122, 188, 194, 240, 243, 245
Axminster 12
Azoren 173

Balearen 140, 169
Balkan 148
Bannockburn 134
Bar-sur-Aube 46
Barcelona 5, 20, 30f., 50, 72, 76, 141, 184f., 255
Bari 47, 122, 218
Barletta 42
Basel 9, 23, 50, 69, 91, 113, 174, 178, 190, 213, 222
Bayern 108, 171, 173, 223, 226, 228f.
Beaucaire 123
Beaumaris 134

Beauvais 130
Belgien 153, 163, 176
Bellinzona 31
Bergen 20, 31, 45, 150
Bergen-op-Zoom 48, 188
Berlin 22
Bern 11, 34f., 113, 234, 236
Besançon 69, 167
Bingen 222
Blois 128
Bodensee 33, 177
Böhmen 26, 33, 40, 75, 79, 100, 103, 105, 107, 146, 181, 223, 225, 228, 230
Bologna 36, 50, 54, 56, 91f., 94, 99, 115, 172
Bonn 108
Bordeaux 13, 120, 125
Bornhöved 1f., 148, 259
Boroughbridge 137
Bosnien 33
Boston 46, 187
Bourgneuf 181
Bouvines 1, 95, 111
Brabant 26, 29, 37, 48, 68, 179, 188, 191
Brandenburg 16, 24, 100, 104, 109, 204
Braunschweig 40, 45, 77, 96, 162, 174
Bremen 68, 167, 222
Brescia 239
Breslau 43
Bretagne 26, 123, 127
Brétigny 130, 138
Brindisi 97
Bristol 8, 32, 40, 181
Brouage 181
Bruchsal 28
Brügge 22, 36f., 42, 45f., 48, 50–52, 69, 71, 125, 131, 180, 182, 186, 188f., 191, 207, 250
Brühl 108
Brüssel 37, 179
Buda 23
Budweis 40
Burgos 142, 154
Burgund 130–132, 160, 209, 225, 245, 250
Burton Abbey 161
Bury St. Edmunds 187
Byzanz 98, 124, 185, 243, 258
 (s. auch Konstantinopel)

Caen 36
Caernafon 134

Caffa/Feodosia 19
Cagliari 42
Cahors 50, 91, 190
Calais 20, 128, 138
Calatrava 141
Cambrai 47, 69
Cambridge 91, 139f.
Campagne 21, 82, 188
Canterbury 135, 138, 153
Capua 47, 219
Carcassonne 123, 249
Cassel 127
Châlon-sur-Marne 182
Chalon-sur-Saône 18, 48, 188
Champagne 37, 46–48, 83, 123, 143, 184, 186f.
Chartres 176
Chester 133
China 185
Chioggia 40, 181
Coimbra 144, 255
Coltishall 166
Conway 134
Córdoba 140
Cornwall 33f., 40, 100f., 174, 181
Coron 42
Corona 258
Cotswolds 10
Coventry 32, 181
Crécy 128, 138
Cremona 239
Curzola 43

Dänemark 1, 7, 17, 19, 23f., 62, 148f., 150f., 176, 201, 259
Dalmatien 114
Damme 207
Damiette 123
Dampierre 125, 131
Danzig 45, 77, 146
Deutschland 4, 8f., 17, 24–26, 29, 43f., 49, 52, 58, 62, 67, 77, 91, 96, 100, 109, 149, 153f., 158, 160f., 167, 170f., 173, 175–177, 181–186, 188, 190–194, 201, 203–205, 207–209, 211, 213–216, 221–224, 229, 245
Deventer 93
Devon 40, 181
Dijon 55, 70, 213
Dinant 34, 180
Dithmarschen 27

Dobrin 146
Donau 25, 28
Donauwörth 28, 47, 184, 186
Dorpat/ Tallin 44
Dortmund 10, 44f.
Douai 12, 37, 39, 47, 51, 69, 179, 197
Dounai 250
Dresden 162
Driby 6
Düna 9
Dürnkrut 101
Duisburg 12, 46
Dunwich 7
Durance 121

Ebersberg 10
Edinburgh 135
Eger 95
Eiderstedt 27
Eifel 172f.
Einsiedeln 111
Elba 33
Elbe 8, 105
Elbing 22, 45
Elsass 23, 33, 68, 75, 102
Elvas 144
England 1, 8, 17f., 20, 24, 26, 29, 32–34, 37, 42f., 45f., 63f., 68, 77–79, 105, 120, 125, 127–132, 135–137, 145, 153f., 158, 160, 162, 164, 166, 170f., 173, 178f., 186–188, 190, 198f., 203–205, 207, 209, 215, 230, 245, 248–250, 252f.
Entremont 197
Erfurt 19, 23, 34, 45, 50, 74, 76, 92
Erzgebirge 33, 178
Estland 44, 146, 149
Evesham 133

Fabriano 91
Falköping 151
Falster 62
Falsterbo 48
Ferrara 70, 237
Finnland 151
Firenzuola 163
Flandern 8f., 24–27, 29, 32, 37, 42, 45f., 68f., 76, 102, 128, 130–132, 158, 164, 170, 176f., 179, 186f., 191, 203, 205, 209, 250
Flensburg 28

Florenz 13, 15, 20, 22, 31, 35–39, 42, 50, 56f., 77, 90, 107, 114f., 162, 167, 172, 175f., 180, 182f., 189, 192, 196, 199, 207, 237, 239, 250
Föhr 7
Foix 249
Forez 164
Fränk. Jura 47
Franken 68, 75, 82, 101, 174
Frankenhausen 40
Frankfurt/M. 19, 23, 31, 40, 47–49, 52, 54, 71, 95, 105, 176, 186, 189, 191, 205
Frankreich 1, 4, 8, 16, 18, 22f., 25–27, 33, 49–51, 54, 58, 65, 68, 70, 72, 75, 77–81, 83, 91, 93f., 102–104, 106, 117, 120, 124–128, 130–133, 137–139, 142, 153f., 162, 165, 170f., 176, 178, 180, 186, 188, 190, 193f., 196, 199, 202, 204f., 207, 209, 221, 225f., 228, 230, 240, 242–250, 253
Französisch-Flandern 167
Freiberg 33
Freiburg/Br. 12, 38
Freiburg/Schweiz 28, 110
Friedberg 47
Friesland 27, 66, 104, 204
Fünfkirchen 92

Gascogne 20, 27, 133, 137
Gelderland 8
Gelnhausen 47
Genf 122, 188
Gent 22, 24, 36f., 68, 71, 131, 180, 196, 207, 250
Genua 14, 19f., 34, 41–43, 48, 50, 91, 114f., 145, 180, 184f., 187, 237f.
Gibraltar 140, 187
Givry 167
Glarus 113
Glastonbury 134
Göllheim 102
Göttingen 162
Goldenes Horn 43
Goslar 12, 34, 50
Gotha 12
Gotland 43–45, 149, 186
Gotthard 41, 102, 109f.
Granada 16, 140, 144
Graubünden 17
Grönland 29, 150
Groningen 28
Großbritannien 166, 176

Guyenne 124, 127, 250

Habsburg 101, 107, 110–113
Halesowen 166
Hall/Tirol 40
Hallein 40
Hallstadt 40
Hamburg 8f., 20, 28, 31, 36, 45, 49, 77, 162, 180, 186f., 191
Hannover 12
Harlech 134
Harz 17, 34, 178
Haseldorfer Marsch 8
Hasli 35
Hatzfeld 23
Haute-Provence 161
Hebriden 150
Heidelberg 92, 108
Helston 12
Hennegau 27, 33, 88, 104, 179
Hessen 28, 75, 82, 108
Holland 8, 17, 27, 68, 88, 102, 104, 170
Holstein 149, 171, 259
Hull 7
Hunsrück 10, 173
Huy 179

Iberische Halbinsel 23, 25, 47, 117, 140, 245, 254 (s. auch Spanien)
Iglau 33
Iglesias 33
Illiez 20
Indien 20, 42f., 184
Indischer Ozean 42
Ingelheim 31
Insel Man 150
Irland 17, 20, 57, 133, 158, 252
Island 29, 77, 150, 198
Italien 4f., 8, 13, 18, 22f., 25f., 29–32, 34f., 37f., 41f., 47–51, 56, 58, 63, 68–70, 81, 86f., 90f., 93, 95, 97, 99f., 103f., 106f., 109, 111, 113, 115f., 120, 123f., 132, 145, 172, 175–178, 180f., 184, 187–193, 196, 199, 201, 207, 213, 217f., 221, 226f., 229, 233, 236, 238–240, 245f.

Jaén 140
Játiva 140
Jerusalem 4, 82, 98, 117, 220
Jesi 98
Jönköping 72

Jütland 28
Jura 113

Kärnten 28, 101, 107
Kairo 19
Kalmar 44
Kanarische Inseln 144
Karpaten 33
Karthago 123
Kastilien 29, 78, 91, 140–145, 255 f.
Katalonien 18, 124, 164, 169, 174, 184, 254 f.
Kenilworth 133
Kiel 22, 193
Kiew(v) 20, 147, 164
King's Lynn 187
Köln 9 f., 12, 20, 22 f., 28, 30, 36 f., 40, 43–46, 48, 50–52, 69, 71 f., 77, 91 f., 100, 108, 154, 162, 167, 178–180, 186–188, 190, 191, 200 f., 208, 213, 225 f.
Königsberg 84
Konstantinopel 19, 42 f., 114, 117 (s. auch Byzanz)
Konstanz 70, 95, 162
Kopenhagen 20, 149
Kortrijk 24, 76, 125
Krakau 43, 81, 92, 146, 258
Krempermarsch 8
Kreta 42, 114
Krim 19, 42
Kulm 22, 145 f.
Kyburg 110
Kyffhäuser 217

Lagny 46
Lajazzo 42
Lancaster 137
Landshut 28
Languedoc 19, 117, 124, 203
La Pielle 91
La Rivière-Bourdet 198
La Rochelle 130
Lateran 120
Lauenburg 8, 109
Laufenberg 110
Laupen 113
Lausitz 105
Leicester 38
Leipzig 162, 218
León 140, 154, 254 f.
Lérida 50, 91

Levante 42
Leventina 40
Liegnitz 146
Lille 37, 46, 69, 207, 250
Limburg 6, 36, 167
Lincolnshire 6
Linz 48
Lissabon 13, 91, 140, 144
Litauen 9, 84, 146 f., 257
Livland 44, 146
Löwen 37, 179
Loire 23
Lombardei 8–10, 27, 31 f., 115, 117, 172, 239, 249
London 11 f., 40, 42 f., 45, 48, 130, 132, 139, 161 f., 175, 180 f., 186–188, 202
Lothringen 23, 33
Lucca 36 f., 40, 42, 50, 70–72, 180, 207
Lucera 47, 97
Lübeck 1 f., 8, 12, 16, 19 f., 28, 30 f., 34 f., 41, 44–46, 48, 50, 54 f., 72, 77, 96, 150, 160, 162, 165, 167, 169, 184 f., 187, 191, 193
Lüneburg 8, 10, 31, 40 f., 96, 109, 181, 211
Lüttich 33 f., 40
Lusshardt 17, 28
Luxemburg 103, 109, 174, 199
Luzern 110, 112 f.
Lyon 43, 54, 57, 98 f., 119 f., 123, 167, 221, 243
Lyonnais 56

Maas 27, 179, 180
Maastricht 179
Mähren 33, 105
Magdeburg 77, 146, 162
Mailand 8, 22, 36, 39 f., 43, 50, 90, 109, 115 f., 192, 227, 237, 239
Main 108
Mainz 9, 19, 31, 47, 69, 71, 96, 100, 102, 219, 222, 226, 229, 231
Mallorca 17, 42, 81, 140, 255
Malmö 48
Mansura 117
Marburg 23, 117, 154
Marche 123
Marienburg 146
Mark, Grafschaft 28, 88
Mark Brandenburg 106, 109
Marle 131
Marokko 29

Marseille 20, 41, 69, 180, 185, 188
Masowien 145
Maupertuis 129
Meaux 123
Mecheln 36, 37, 130, 179
Mecklenburg 259
Meißen 102
Melfi 97, 219 f.
Memmingen 179
Messina 20, 219
Metz 34, 69, 174 f., 202, 213
Mittelgebirge 7, 13, 17, 26, 170, 172 f.
Mittelmeer 15, 21, 42 f., 91, 101, 123–125, 140, 145, 183, 238, 255
Modon 42
Mohi 147
Moldau 105
Mongolei 147, 185
Mons-en-Pévèle 125
Montaillou 204
Monte-Rosa-Massiv 17
Montesa 141
Montfort 133
Montiel 142
Montpellier 54, 91–93, 180, 247
Morella 12
Morgarten 111, 112
Mosel 174
Moskau 20, 147, 258
Mühldorf/ Inn 226
München 87, 104, 174
Münster 19, 28, 45
Murbach 110

Nájera 142
Namur 24
Namurois 174
Nantes 70
Navarra 140, 143, 255
Neapel 42, 91, 97, 99, 115 f., 119, 240, 245
Neopatras 141
Nevers 130
Newcastle 33
Niederlande 8 f., 23 f., 27, 29, 32 f., 38, 43, 45, 81, 162, 167, 172 f., 177 f., 180, 186, 188, 207, 252
Niedersachsen 24, 45
Nikopolis 83
Nil 123
Nimwegen 28
Ninive 69

Nördlingen 47 f., 186
Növenthien 197
Nogat 146
Nordsee 7, 29, 43, 45, 187
Norfolk 32
Normandie 27, 128, 158, 165, 178, 198
Northampton 187
Norwegen 7, 9, 13, 19, 78, 149–151, 160, 260
Norwich 40, 181
Norrland 17
Northumberland 33
Nottingham 6
Novgorod 20, 44–46, 147, 151
Nürnberg 9, 10, 28, 31, 34–36, 40, 43, 48, 51 f., 74, 91, 95, 105 f., 161, 180, 183 f., 188–191, 198, 208, 213, 224, 229

Oberbayern 24
Oberwalden 235
Östergötland 150
Österreich 75, 88, 96, 101, 107 f., 112 f., 177, 207, 212, 245
Ofen 43
Oppenheim 31, 47, 222
Orléans 91 f., 247
Ormuz 42
Orsières 197
Osco 41
Oslo 20
Ostpreußen 96
Ostsee 7, 29, 33, 43–45, 72, 101, 105, 109, 133, 140, 148 f., 192
Oxford 91 f., 132, 139, 196, 215

Padua 91 f., 107
Palästina 83 f., 119, 123, 133, 145
Palermo 42, 86, 116
Paris 1, 9, 12, 19, 23, 38, 39, 42, 48, 60, 70, 77, 80, 84, 87, 89–93, 118, 125–130, 178, 180–182, 187 f., 205, 207, 246
Parma 31, 99, 239
Passau 40
Pavia 91 f., 108, 239
Peipussee 145
Peloponnes 42
Pembroke 132, 137
Pera (Galata) 43
Périgueux 54, 56, 176, 196
Perpignan 72, 81
Persien 42

Persischer Golf 42
Perugia 12, 120, 177
Pfalz 10, 33, 40, 43, 75, 107f., 178, 211
Phokaia 34
Piacenza 42, 50, 239
Picardie 27
Piemont 27
Pisa 20f., 42f., 72, 114, 239
Plasencia 12
Pleißenland 211
Po 8
Poitiers 129
Poitou 132
Polen 7–9, 26, 34, 105, 146–148, 189, 257f.
Portugal 24, 26, 91, 140f., 143–145, 164, 245, 255f.
Prag 8, 81, 91, 103, 105, 215, 228f.
Prato 60, 180, 188f., 192
Prenzlau 35
Preußen 2, 9, 82–84, 145, 186, 257
Provence 19, 117, 203
Provins 46
Pyrenäen 29, 143

Rapperswil 112
Ravensburg(h) 7, 40
Regensburg 12, 28, 30, 48, 50f., 69, 71, 75, 178, 189f., 192, 213, 222
Reichenau 169
Reichenhall 40
Reims 130, 196
Rethel 130
Reval 44, 45
Rhein 9, 12, 15, 17, 23f., 27, 43, 46, 50f., 68, 74f., 100–102, 107–109, 172, 174, 178, 186–188, 190, 200, 202, 205, 213, 222–224, 226, 233, 242
Rheinfeld 101
Rheingau 10, 23
Rheinisches Schiefergebirge 17
Rheinland 23, 45, 172
Rhens 104, 106
Rhodos 42
Rhône 121
Rialto 43, 49
Ribe 28, 176
Rieti 145, 257
Riga 44f., 146
Rimini 145, 257
Rinteln 73
Römisches Reich 203

Rom 4, 31, 50, 82, 97f., 106, 115–117, 119, 120–123, 126, 176, 218, 221, 227, 239, 240–242, 244f., 260
Romagna 115
Rostock 22, 45
Rotes Meer 42
Rothenburg o. T. 34, 184, 213
Rouen 36, 129
Ruhrgebiet 33
Russland 26

Saanen 204
Sachsen 16, 78, 82, 100
Saint-Saturnin-du-Port 8
Salamanca 91
Salerno 97
Salisbury 32
Salvatierra de Magos 144
Salzburg 28, 178
Salzungen 40
St. Denis 154
St. Gallen 174
St. Ives 187
St. Omer 24, 37
San Germano 97
San Gimignano 18, 71
Sant Angelo 123
Santiago de Compostela 4, 141
Sarai 19
Sardinien 33, 140, 178
Sauerland 28
Savoyen 75, 245
Schlesien 7, 16, 27, 33, 82, 105, 146
Schleswig 148
Schlüsselburg 151
Schonen 29, 30, 44, 149, 173
Schottland 17, 20, 79, 128, 133–135, 137, 139, 150, 159, 207, 245, 252f.
Schwaben 23, 32f., 36, 75, 101, 106, 177, 191, 204, 225
Schwäbisch Hall 34, 40
Schwäbische Alb 47
Schwarzes Meer 42, 185
Schwarzwald 9, 17, 28, 170
Schweden 15, 17, 19, 23, 33, 44, 149–151, 259f.
Schweiz 26, 32f., 58, 61, 66, 102, 110, 160, 162, 166, 167, 172, 176, 203, 211, 234f.
Schweizer Jura 9
Schwyz 102, 110f., 113
Scone 134

Ortsregister

Seeland 33, 102, 104
Seestermüher Marsch 8
Seine 12
Sempach 32, 112f.
Senlis 130
Sens 85
Serbien 33, 148
Setubal 181
Sevilla 140
Siebenbürgen 33
Siegerland 17, 33, 170
Siena 35, 42, 77, 91, 114, 162
Sinai 82
Sizilien 91, 95, 97–99, 113, 116, 119, 124f., 140f., 219–221, 238, 240
Skagerak 7
Skandinavien 5, 10, 13, 21, 23f., 26, 37, 50, 57, 72, 117, 148, 186, 189, 209, 259f.
Skanor 48
Sluis 138, 187
Smolensk 147
Soest 28, 44f.
Soldaia 42
Solingen 40
Solothurn 113
Southampton 162
Spanien 12, 16, 25f., 29, 84, 91, 144, 154, 179, 193, 209, 254 (s. auch Iberische Halbinsel)
Speyer 10, 27, 31, 38, 47, 56, 69, 75, 190, 225
Spoleto 98, 115
Stamford 187
Steiermark 33, 96, 101, 178
Stendal 35
Stettin 9
Stockholm 44f., 150
Stralsund 22, 45, 149
Straßburg 6, 12, 33f., 49, 51, 68f., 76, 91, 205
Suffolk 7
Sulzbach 34
Sursee 32
Sylt 7
Syrien 42

Täbriz 42
Tavoliere 29
Theiß 28
Thorenburg 41
Thorn 22, 45, 146

Thüringen 23, 27, 75, 82, 102f., 257
Ticinello 8
Tirol 28, 33, 104, 107, 173, 178, 233, 235
Tiverton 12
Toskana 13, 27, 29, 117, 171f., 177, 189, 192, 239
Toul 69
Toulouse 5, 27, 54, 72, 91f., 117, 123, 128, 247
Tournai 132, 207
Tours 70
Trapezunt 42
Treviso 114
Trient 178
Trier 50, 71, 100, 103, 105, 109, 154, 201, 207
Troyes 46, 91, 130
Tunis 42, 123
Turin 238
Turkestan 19
Tvér 147

Überlingen 34
Üchtland 110, 173
Uelzen 197
Ulm 34, 36, 162
Ungarn 2, 23, 26, 33, 41, 50, 105, 114, 145, 147f., 181, 189, 245, 258
Unterwalden 102, 110f.
Uri 102, 110f., 113
Utrecht 46, 72

Valencia 50, 140f., 169, 254f.
Valladolid 91
Valois 128
Vaulerent 171
Venaissin 121, 193
Venedig 9, 10, 13f., 20, 22, 31, 41–43, 48, 50, 52, 70, 105, 114f., 146, 161, 176, 180f., 184f., 188, 190, 192, 207, 238
Verdun 69
Verona 70, 78
Vienne 126
Visby 44f.
Vogesen 17, 28, 33, 170
Vorarlberg 17
Wakenitz 12
Wales 17, 22, 33, 57, 133f., 159, 203, 253
Wallis 17, 167, 173f., 197
Warendorf 45
Warwick 134

Weimar 217
Weißensee 12
Wesel 75
Westfalen 24, 33, 45, 177
Westminster 187
Wetterau 47, 186
Weymouth 20
Wien 28, 50, 92, 179
Winterthur 111
Wiesental 17
Wilster Marsch 8
Winchester 46, 162, 187
Wismar 45
Wittenberg 109
Wolga 19
Wolgast 9
Worms 31, 47, 69, 72, 75, 102, 222
Worringen 225, 108

Würzburg 20, 47, 75

Xativa 91

York 32, 40, 135, 181
Ypern 36f., 47f., 51, 69, 71, 131f., 164, 207, 250

Zürich 34, 90, 110–113, 162, 174, 212f., 236
Zürichgau 102
Zug 32, 113
Zurzach 23, 48
Zutphen 28
Zwin 188
Zwolle 28
Zypern 42, 220

OLDENBOURG GRUNDRISS DER GESCHICHTE

Herausgegeben von Jochen Bleicken, Lothar Gall und Hermann Jakobs

Band 1: *Wolfgang Schuller*
Griechische Geschichte
5. Aufl. 2002. 267 S., 4 Karten
ISBN 3-486-49085-0

Band 1A: *Hans-Joachim Gehrke*
Geschichte des Hellenismus
2. Aufl. 1995. 285 S.
ISBN 3-486-53052-6

Band 2: *Jochen Bleicken*
Geschichte der Römischen Republik
5., überarb. und erw. Aufl. 1999.
XV, 342 S.
ISBN 3-486-49665-4

Band 3: *Werner Dahlheim*
Geschichte der Römischen Kaiserzeit
3., überarb. und erw. Aufl. 2003. 452 S.,
3 Karten
ISBN 3-486-49673-5

Band 4: *Jochen Martin*
Spätantike und Völkerwanderung
4. Aufl. 2001. 336 S.
ISBN 3-486-49684-0

Band 5: *Reinhard Schneider*
Das Frankenreich
4., überarb. u. erw. Aufl. 2001. 222 S.,
2 Karten
ISBN 3-486-49694-8

Band 6: *Johannes Fried*
Die Formierung Europas 840–1046
2. Aufl. 1993. 302 S.
ISBN 3-486-49702-2

Band 7: *Hermann Jakobs*
Kirchenreform und Hochmittelalter
1046–1215
4. Aufl. 1999. 380 S.
ISBN 3-486-49714-6

Band 8: *Ulf Dirlmeier/Gerhard Fouquet/ Bernd Fuhrmann*
Europa im Spätmittelalter 1215–1378
2003. 390 S.
ISBN 3-486-49721-9

Band 9: *Erich Meuthen*
Das 15. Jahrhundert
3., erg. und erw. Aufl. 1996. 327 S.
ISBN 3-486-49733-2

Band 10: *Heinrich Lutz*
Reformation und Gegenreformation
5. Aufl., durchges. und erg.
v. Alfred Kohler 2002. 283 S.
ISBN 3-486-49585-2

Band 11: *Heinz Duchhardt*
Das Zeitalter des Absolutismus
3., überarb. Aufl. 1998. 302 S.
ISBN 3-486-49743-X

Band 12: *Elisabeth Fehrenbach*
Vom Ancien Régime zum Wiener Kongreß
4., überarb. u. erw. Aufl. 2001. 323 S.,
1 Karte
ISBN 3-486-49754-5

Band 13: *Dieter Langewiesche*
Europa zwischen Restauration
und Revolution 1815–1849
3., überarb. und erw. Aufl. 1993. 259 S.,
3 Karten
ISBN 3-486-49763-4

Band 14: *Lothar Gall*
Europa auf dem Weg in die Moderne
1850–1890
3., überarb. und erw. Aufl. 1997. 332 S.,
4 Karten
ISBN 3-486-49773-1

Band 15: *Gregor Schöllgen*
Das Zeitalter des Imperialismus
4. Aufl. 2000. 277 S.
ISBN 3-486-49784-7

Band 16: *Eberhard Kolb*
Die Weimarer Republik
6. Aufl. 2002. 335 S., 1 Karte
ISBN 3-486-49796-0

Band 17: *Klaus Hildebrand*
Das Dritte Reich
6. Aufl. 2003. 474 S., 1 Karte
ISBN 3-486-49095-8

Band 18: *Jost Dülffer*
Europa nach dem Zweiten Weltkrieg
1945 bis zur Gegenwart
In Vorbereitung

Band 19: *Rudolf Morsey*
Die Bundesrepublik Deutschland
Entstehung und Entwicklung bis 1969
4., überarb. und erw. Aufl. 2000. 343 S.
ISBN 3-486-52354-6

Band 20: *Hermann Weber*
Die DDR 1945–1990
3., überarb. und erw. Aufl. 2000. 355 S.
ISBN 3-486-52363-5

Band 21: *Horst Möller*
Europa zwischen den Weltkriegen
1998. 278 S.
ISBN 3-486-52321-X

Band 22: *Peter Schreiner*
Byzanz
2., überarb. und erw. Aufl. 1994. 260 S.,
2 Karten
ISBN 3-486-53072-0

Band 23: *Hanns J. Prem*
Geschichte Altamerikas
1989. 289 S., 4 Karten
ISBN 3-486-53031-3

Band 24: *Tilman Nagel*
Die islamische Welt bis 1500
1998. 312 S.
ISBN 3-486-53011-9

Band 25: *Hans J. Nissen*
Geschichte Alt-Vorderasiens
1999. 276 S., 4 Karten
ISBN 3-486-56373-4

Band 26: *Helwig Schmidt-Glintzer*
Geschichte Chinas bis zur mongolischen
Eroberung 250 v. Chr.–1279 n. Chr.
1999. 235 S., 7 Karten
ISBN 3-486-56402-1

Band 27: *Leonhard Harding*
Geschichte Afrikas im 19.
und 20. Jahrhundert
1999. 272 S., 4 Karten
ISBN 3-486-56273-8

Band 28: *Willi Paul Adams*
Die USA vor 1900
2000. 294 S.
ISBN 3-486-53081-X

Band 29: *Willi Paul Adams*
Die USA im 20. Jahrhundert
2000. 296 S.
ISBN 3-486-53439-0

Band 30: *Klaus Kreiser*
Der Osmanische Staat 1300–1922
2001. 252 S.
ISBN 3-486-53711-3

Band 31: *Manfred Hildermeier*
Die Sowjetunion 1917–1991
2001. 238 S., 2 Karten
ISBN 3-486-56179-0

Band 32: *Peter Wende*
Großbritannien 1500–2000
2001. 234 S., 1 Karte
ISBN 3-486-56180-4

Band 33: *Christoph Schmid*
Russische Geschichte 1547–1917
2003. 261 S., 1 Karte
ISBN 3-486-56704-7